Springer-Lehrbuch

Louisa Specht-Riemenschneider ·
Severin Riemenschneider ·
Ruben Schneider

Internetrecht

 Springer

Louisa Specht-Riemenschneider
Lehrstuhl für Bürgerliches Recht,
Informations- und Datenrecht
Rheinische Friedrich-Wilhelms-
Universität Bonn
Bonn, Deutschland

Severin Riemenschneider
Media Kanzlei Frankfurt
Frankfurt am Main, Deutschland

Ruben Schneider
Lehrstuhl für Bürgerliches Recht,
Informations- und Datenrecht
Rheinische Friedrich-Wilhelms-
Universität Bonn
Bonn, Deutschland

ISSN 0937-7433   ISSN 2512-5214 (electronic)
Springer-Lehrbuch
ISBN 978-3-662-61725-0   ISBN 978-3-662-61726-7 (eBook)
https://doi.org/10.1007/978-3-662-61726-7

Die Deutsche Nationalbibliothek verzeichnet diese Publikation in der Deutschen Nationalbibliografie; detaillierte bibliografische Daten sind im Internet über http://dnb.d-nb.de abrufbar.

Springer ist ein Imprint der eingetragenen Gesellschaft Springer-Verlag GmbH, DE und ist ein Teil von Springer Nature.
Die Anschrift der Gesellschaft ist: Heidelberger Platz 3, 14197 Berlin, Germany

Für Lian und Isi

Vorwort

Das Internetrecht ist als äußerst praxisrelevante Querschnittsmaterie mit Bezug zu aktuellen technischen Entwicklungen für Studierende Fluch und Segen zugleich. Segen, weil es sich anhand lebensnaher Fallbeispiele veranschaulichen lässt und Fragen betrifft, auf die viele Studierende auch selbst alltäglich treffen. Fluch, weil es den Studierenden tiefe Kenntnisse in einer Reihe von Rechtsgebieten abverlangt, aus denen sich das Internetrecht zusammensetzt. Denn es fasst eben all jene Fragen zusammen, die sich in Bezug auf die Nutzung des Internets aus rechtlicher Perspektive ergeben. Diese betreffen das öffentliche Recht, das Zivilrecht und das Strafrecht zugleich. Um öffentlich-rechtliche Vorschriften handelt es sich beispielsweise bei den Jugendschutzvorschriften im Jugendschutzgesetz oder bei den Vorschriften zur Medienregulierung im Medienstaatsvertrag. Auch steuerrechtliche Fragen mit Bezug zu Internetsachverhalten, z. B. im Zusammenhang mit unternehmerischen Tätigkeiten auf Verkaufsplattformen, für die Umsatzsteuer anfällt, sind öffentlich-rechtlicher Natur. Das Strafrecht regelt besondere Internetsachverhalte z. B. in den §§ 202a ff. StGB (Ausspähen und Abfangen von Daten sowie Vorbereitungshandlungen), jüngst wurde gar ein Plattformbetreiber wegen fahrlässiger Tötung verurteilt, weil über seine Verkaufsplattform die Waffe für einen Amoklauf vertrieben wurde. Wesentlich sind aber v. a. die zivilrechtlichen Vorschriften des Internetrechts und zwar insbesondere das Urheberrecht, das E-Commerce-Recht, das Äußerungsrecht und die internetrechtlichen Fragen des Marken-, Domain- und Lauterkeitsrechts. Auch das Datenschutzrecht regelt heute nicht mehr nur das Verhältnis zwischen Bürger und Staat, sondern wirkt sich auf jedwede Datenverarbeitung gerade auch durch Private aus. Diese zivilrechtlich geprägten Rechtsgebiete oder ihre Teilbereiche haben wir in diesem Buch für Studierende aufbereitet und sie jeweils mit Klausuren sowie einer Reihe an Lern- und Klausurtipps angereichert. Wir hoffen, den Studierenden hiermit eine wirkliche Hilfestellung geben zu können, um sich im Dickicht des Internetrechts ein wenig besser zu recht zu finden. Unser Dank gilt den Mitarbeiterinnen und Mitarbeitern des Lehrstuhls für Bürgerliches Recht, Informations- und Datenrecht der Universität Bonn, die durch ihre unermüdlichen Hilfstätigkeiten die Bearbeitungsdauer dieses Buches nicht unerheblich verkürzt haben.

Bonn/Frankfurt   Louisa Specht-Riemenschneider
April 2020   Severin Riemenschneider
                                                       Ruben Schneider

Inhaltsverzeichnis

Urheberrecht 1

Louisa Specht-Riemenschneider

Schutzrechte an immateriellen Gütern unterliegen in einer zunehmend digitalisierten Umgebung einer besonderen Verletzungsgefahr. Dies gilt auch und gerade für das Urheberrecht.Über das Internet können urheberrechtlich geschützte Werke mit nur einem Mausklick kopiert und einer breiten Öffentlichkeit zur Verfügung gestellt werden, womit vielfache Rechtsverletzungen einhergehen. Dieses Kapitel erläutert diese internetspezifischen Herausforderungen für das Urheberrecht. Nach einer Darstellung des materiellen Urheberrechts (Abschn. 1.1 ff.) folgen Ausführungen zur Behandlung von Rechtsverletzungen (Abschn. 1.10), die auch für die Bereiche des Marken- und Persönlichkeitsrechts von grundsätzlicher Relevanz sind. Das Kapitel schließt mit einer Erläuterung der internationalen Bezüge des Urheberrechts (Abschn. 1.11).

1.1 Einführung

1.1.1 Allgemeines

Das Urheberrecht schützt sogenannte **Werke** (sog. persönliche geistige Schöpfungen) und stammt ursprünglich vom 09.09.1965, ist seither aber immer wieder umfassenden Änderungen und Anpassungen unterworfen worden. Es regelt sowohl die vermögensrechtlichen Befugnisse des Urhebers im Hinblick auf sein Werk (vgl. §§ 15 ff. UrhG) als auch die persönlichkeitsrechtlichen Befugnisse (vgl. v. a. §§ 12 ff. UrhG, aber auch im weiteren Sinne die §§ 25, 29, 34 f., 39, 41 f., 62, 63,

L. Specht-Riemenschneider (✉)
Lehrstuhl für Bürgerliches Recht, Informations- und Datenrecht
Rheinische Friedrich-Wilhelms-Universität Bonn, Bonn, Deutschland
E-Mail: louisa.specht@forschungsstelle-datenrecht.de

© Springer-Verlag GmbH Deutschland, ein Teil von Springer Nature 2020
L. Specht-Riemenschneider et al., *Internetrecht*, Springer-Lehrbuch,
https://doi.org/10.1007/978-3-662-61726-7_1

97 Abs. 2, 113 ff. UrhG). **Verfassungsrechtlich** sind die vermögensrechtlichen Befugnisse durch Art. 14 Abs. 1 GG geschützt. Die Gemeinwohlbindung gem. Art. 14 Abs. 1 S. 2 GG macht es aber erforderlich, Nutzungsbefugnisse im Lichte von z. B. Presse-, Kunst- und Meinungsfreiheit auszulegen. Auch das Unionsverfassungsrecht schützt das Urheberrecht als geistiges Eigentumsrecht gem. Art. 17 Abs. 2 EUGrCh. Indes gilt dieser Schutz nicht absolut, da Art. 17 Abs. 2 EUGrCh als Unionsgrundrecht einem Gesetzesvorbehalt unterliegt. Insbesondere bei einer Kollision mit anderen Grundrechten, z. B. der Meinungs- und Informationsfreiheit, Art. 11 GEurCh kann Art. 17 EuGrCh zurücktreten.[1] Nationale Gerichte haben die EuGrCh zu berücksichtigen, wenn sie die Rechte des Urhebers und die Befugnisse der Nutzer gegeneinander abwägen und damit die Reichweite der Schrankenbestimmungen bestimmen, denn die Schrankenbestimmungen und die Rechte der Urheber sind unionsrechtlich harmonisiert.[2]

Diese sogenannten **Schrankenbestimmungen** oder auch Beschränkungen des Urheberrechts finden sich in den §§ 44a ff. UrhG. Das Urheberrecht ist damit nicht einseitig auf den Schutz des Urhebers ausgerichtet, sondern soll in seiner heutigen Fassung einen tri- bzw. quadrupolaren Interessenausgleich zwischen Urhebern, Werkverwertern, privaten Endnutzern und Wettbewerbern herbeiführen.[3] Die in weiten Teilen auf europäischen Vorgaben beruhenden Schrankenbestimmungen nehmen diesen Interessenausgleich vor, sind dabei aber, wie gezeigt, im Lichte der Unionsgrundrechte sowie der Vorgaben der ihnen zugrundeliegenden Richtlinienbestimmungen auszulegen.[4] Der sog. Dreistufentest (gesetzlich statuiert in Art. 9 Abs. 2 RBÜ, Art. 13 TRIPS, Art. 10 WCT sowie Art. 16 Abs. 2 WPPT) verlangt, dass Schrankenbestimmungen auf bestimmte Sonderfälle beschränkt sind, die weder die normale Verwertung der Werke beeinträchtigen, noch die berechtigten Interessen der Urheber[5] unzumutbar verletzen. Schränkt der Gesetzgeber das Urheberrecht durch Schrankenbestimmungen ein, so bedeutet dies, dass der Bereich der Schrankenbestimmungen dem Urheber schon nicht vermögensrechtlich zugewiesen wird. Schrankenbestimmungen beseitigen damit keine Rechte oder Befugnisse,

---

[1] EuGH, Urt. v. 24.11.2011 – C-70/10, ECLI:EU:C:2011:771 = ZUM 2012, 29 – *Scarlet/SABAM*; Vgl. dazu auch: *Wandtke*, Urheberrecht, 7. Aufl. 2019, S. 28.

[2] BVerfG, Beschl. v. 18.02.2019 – 1 BvR 2556/17, GRUR 2019, 606 Rn. 18 – *Loud*; Zustimmend: *Dreier*, GRUR 2019, 1003, 1006.

[3] Dreier/Schulze-*Dreier*, UrhG, 6. Aufl. 2018, UrhG Einl. Rn. 1; Fromm/Nordemann-*Nordemann*, UrhG, 12. Aufl. 2018, Einl., Rn. 19 ff.; Schricker/Loewenheim-*Loewenheim*, UrhG, 6. Aufl. 2020, Einl. Rn. 12.

[4] EuGH, Urt. v. 03.09.2014 – C-201/13, ECLI:EU:C:2014:2132 = GRUR 2014, 972 Rn. 17 – *Deckmyn*; BVerfG, Urt. v. 31.05.2016 – 1 BvR 1585/13, GRUR 2016, 690 Rn. 115 – *Metall auf Metall*; Schricker/Loewenheim-*Melichar/Stieper*, UrhG, 6. Aufl. 2020, Vor §§ 44a ff. Rn. 39 f.; Dreyer/Kotthoff/Meckel/Hentsch-*Dreyer*, UrhG, 4. Aufl. 2018, Vor §§ 44a ff. Rn. 19; Wandtke/Bullinger-*Lüft*, UrhR, 5. Aufl. 2019, UrhG Vor § 44a ff., Rn. 5.

[5] Die im weiteren Text gewählte männliche Form bezieht sich immer zugleich auf Personen aller Geschlechter. Wir bitten um Verständnis für den weitgehenden Verzicht auf Mehrfachbezeichnungen zugunsten einer besseren Lesbarkeit des Textes.

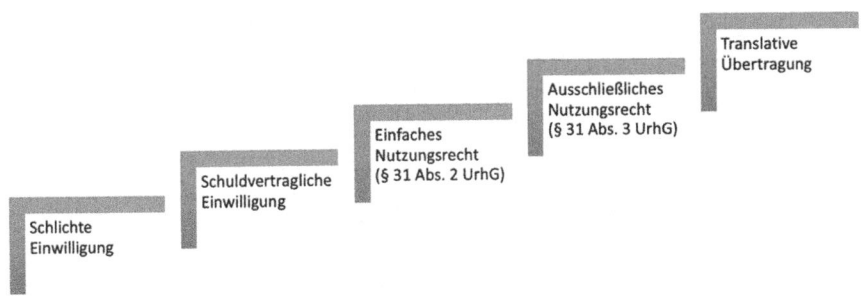

Abb. 1.1 Stufenleiter der Gestattungen nach Ohly

sondern bestimmen generell und abstrakt für die Zukunft unter welchen Voraussetzungen die zustimmungsfreie Nutzung urheberrechtlicher Werke zulässig ist.[6] Zentraler Schutzgegenstand des Urheberrechts ist das urheberrechtliche Werk als persönliche geistige Schöpfung (Abschn. 1.2.1). Mittlerweile genießen aber auch zahlreiche verwandte Schutzrechte Schutz nach dem Urheberrechtsgesetz. Schutzgrund sind hier nicht persönliche geistige Schöpfungen, sondern z. B. nachschöpferische Leistungen wie die des ausübenden Künstlers, § 73 UrhG, sowie organisatorisch-kaufmännische Investitionsleistungen (Rechte des Tonträgerherstellers, des Sendeunternehmens, des Filmherstellers sowie des Licht- und Laufbildherstellers).[7] Mit dem Urhebervertragsrecht finden sich in den §§ 31 ff. UrhG zentrale Vorschriften zur privatautonomen Disposition über urheberrechtlich gewährleistete Befugnisse, wobei das Urheberrecht nicht im Ganzen (translativ) übertragen werden kann. Eingeräumt werden können lediglich absolute und einfache Nutzungsrechte (Abschn. 1.7.2). Auch kann in die jeweilige Nutzungshandlung eingewilligt werden, wobei nach *Ohly* auf der **Stufenleiter der Gestattungen** zwischen der schuldvertraglichen und der schlichten Einwilligung unterschieden wird (Abb. 1.1).[8]

Abbildung: Stufenleiter der Gestattungen nach *Ohly*, Fn. 10.

Das Urheberrecht ist bei alledem trotz seiner umfassenden europäischen Harmonisierung zunächst nationales Recht in dem Sinne, dass jede staatliche Gesetzgebung Wirkung zunächst allein für das eigene Staatsgebiet erzeugt (sog. Territorialitätsprinzip). Das heißt. im Falle einer Werkverwertung in mehreren Staaten sind stets (mit Ausnahme von Satellitensendungen, hierzu mehr im internationalen

---

[6] Es ist daher nicht zutreffend, dass Schrankenregelungen das Urheberrecht enteignen, wie dies etwa von *Hirsch-Ballin*, UFITA 19 (1955), 274, 280 vertreten wird; vgl. hierzu umfassend: *Specht*, Diktat der Technik, 2019, S. 233.

[7] Dreier/Schulze-*Dreier*, UrhG, 6. Aufl. 2018, UrhG Einl. Rn. 17; Schricker/Loewenheim-*Loewenheim*, UrhG, 6. Aufl. 2020, Einl. Rn. 39.

[8] Die schlichte Einwilligung begründend: BGH, Urt. v. 29.04.2010 – I ZR 69/08, NJW 2010, 2731 Rn. 33 ff. – *Vorschaubilder I*; Vgl. zur Stufenleiter der Gestattungen: *Ohly*, „Volenti non fit iniuria": die Einwilligung im Privatrecht, 2002, S. 141 ff.

Urheberrecht) Nutzungsrechte für jedes Staatsgebiet einzuholen.[9] Der Urheber erwirbt also kein weltweit einheitliches Urheberrecht, sondern ein Bündel nationaler Schutzrechte.[10] Teilweise wird der Schutz des Urheberrechts durch das sog. **Fremdenrecht** (§§ 120 ff. UrhG) auch Nichtstaatsangehörigen zuerkannt.

1.1.2 Verhältnis des Urheberrechts zu anderen Rechtsgebieten

Das Urheberrecht ist dem Bereich des **geistigen Eigentums** zuzuordnen,[11] stellt aber keinen Teil des **gewerblichen Rechtsschutzes** dar. Dies liegt darin begründet, dass Schutzgegenstand des Urheberrechts persönliche geistige Schöpfungen sind (Abschn. 1.2.3), die mehr dem künstlerischen als dem gewerblichen Bereich entstammen. Dies macht eine Klärung des Verhältnisses des Urheberrechts zu anderen Rechtsgebieten notwendig.

Viele Parallelen bestehen etwa zwischen dem Urheberrecht und dem **Designrecht**: Dieses wird oftmals als „kleines Urheberrecht" bezeichnet, weil designschutzfähige Gestalten sowohl gemäß § 1 DesignG als auch über § 2 Abs. 1 Nr. 4 UrhG – als Werke der angewandten Kunst – geschützt sein können. Beide Schutzrechte ergänzen einander und bestehen folglich nebeneinander.[12] Unterschiede bestehen aber hinsichtlich der Schutzvoraussetzungen und der Schutzdauer. Wichtigster Unterschied ist das Anmelde- und Eintragungserfordernis gemäß §§ 11, 27 DesignG und Art. 1, 12, 35 GemGeschmMVO. Das Urheberrecht hingegen entsteht mit der Werkschöpfung. (Abschn. 1.2.3)

Grundsätzlicher Unterschied zwischen **Markenrecht** und Urheberrecht ist, dass im Markenrecht Kennzeichen geschützt werden, während das Urheberrecht Werke schützt. Oftmals unterfallen jedoch z. B. gestaltete Firmenlogos sowohl dem Urheber- als auch dem Markenrecht.[13] Zudem besteht die Möglichkeit, Titel urheberrechtlicher Werke gemäß § 5 Abs. 3 MarkenG schützen zu lassen. Während hingegen der Markenschutz durch Eintragung, Benutzung oder Bekanntheit entstehen kann (vgl. § 4 MarkenG), entsteht das Urheberrecht immer durch den reinen Akt der Werkschöpfung.

Das **Patentrecht** unterscheidet sich vom Urheberrecht schon qua seines Schutzzweckes: Es stellt ein rein technisches Schutzrecht dar, während das

---

[9] Dreier/Schulze-*Dreier*, UrhG, 6. Aufl. 2018, UrhG Vor §§ 120 ff. Rn. 31; *Albrecht/Mutschler-Siebert/Bosch*, ZUM 2012, 93, 94; *Peifer*, ZUM 2006, 1, 6;

[10] Ahlberg/Götting-*Lauber-Rönsberg*, BeckOK UrhR, 24. Ed. Stand: 01.04.2019, Sonderbereiche – Kollisionsrecht und internationale Zuständigkeit, Rn. 4; Dreier/Schulze-*Dreier*, UrhG, 6. Aufl. 2018, UrhG Vor §§ 120 ff. Rn. 28; *Albrecht/Mutschler-Siebert/Bosch*, ZUM 2012, 93, 94; *Peifer*, ZUM 2006, 1, 1.

[11] *Götting*, GRUR 2006, 353, 353; Zur Stellung als geistiges Eigentumsrecht seit jeher: *Gieseke*, Vom Privileg zum Urheberrecht, 1998, S. 157 ff.

[12] Vgl. dazu grundlegend: BGH, Urt. v. 13.11.2013 – I ZR 143/12, GRUR 2014, 175 – *Geburtstagszug.*

[13] Fromm/Nordemann-*Nordemann*, UrhG, 12. Aufl. 2018, Einl., Rn. 83.

Urheberrecht vielmehr künstlerischen Charakter hat. Zudem ist es ein reines Formalrecht, d. h. es entsteht nur im Falle der Patenterteilung durch DPMA oder EPA. Wesentliche Schutzvoraussetzung ist eine Erfindung, die neu sein und auf einer erfinderischen Tätigkeit beruhen muss. Die Schutzdauer ist verglichen mit dem Urheberrecht kurz und beträgt lediglich 20 Jahre, während für ein urheberrechtliches Werk der Schutz 70 Jahre *post mortem auctoris* besteht.

Gleiches gilt für das Verhältnis des Urheberrechts zum **Gebrauchsmusterrecht**, welches nach den jüngsten Änderungen des GebrMG dem Patent nahezu gleichsteht.

Von besonderer Relevanz ist auch das Verhältnis des Urheberrechts zum **Wettbewerbsrecht**, insbesondere zum ergänzenden Leistungsschutz gemäß § 4 Nr. 3 UWG. Grundsätzlich wird von einem Vorrang des urheberrechtlichen Schutzes auszugehen sein, soweit die Tatbestandsvoraussetzungen und Wertungen des Urheberrechts mit denen des ergänzenden Leistungsschutzrechts identisch sind.[14] Dennoch besteht keine Sperrwirkung. Wettbewerbsrecht und Urheberrecht sind parallel anwendbar.[15] Sofern urheberrechtliche Verträge zu spürbaren Wettbewerbsbeschränkungen führen, ist das **Kartellrecht**, welches einen Teil des Wettbewerbsrechts darstellt, anwendbar. Urheberrechtliche Verträge sind sodann an Art. 101 AEUV sowie § 1 GWB zu messen.[16]

Letztlich stellt sich die Frage der Konkurrenz zum **Deliktsrecht**. Das Urheberrecht enthält in den §§ 97 ff. UrhG eigene Anspruchsvoraussetzungen, die als lex speciales § 823 BGB vorgehen. Eines Rückgriffs auf das Deliktsrecht bedarf es nur in wenigen Fällen, z. B. im Falle mehrerer Urheberrechtsverletzer.[17] Hier kann auch auf die §§ 830, 840 zurückgegriffen werden. Auch eine Haftung für den Verrichtungsgehilfen gem. § 831 BGB kommt in Betracht. Dies gilt auch für das Urheberpersönlichkeitsrecht (vgl. dazu eingehend Abschn. 1.4.1), dessen Verletzungen Ansprüche v. a. über § 97 Abs. 2 S. 4 UrhG begründen. Eines Rückgriffs auf den deliktsrechtlichen Schutz des Allgemeinen Persönlichkeitsrechts über § 823 BGB bedarf es nicht.

Das **Bereicherungsrecht** bleibt gem. § 102a UrhG ausdrücklich anwendbar.

---

[14] Dreier/Schulze-*Dreier*, UrhG, 6. Aufl. 2018, UrhG Einl. Rn. 37; Dreyer/Kotthoff/Meckel/ Hentsch-*Dreyer*, UrhG, 4. Aufl. 2018, Einl. Rn 164; Fromm/Nordemann-*Nordemann*, UrhG, 12. Aufl. 2018, Einl. Rn. 99; Köhler/Bornkamm/Feddersen-*Köhler*, UWG, 38. Aufl. 2020, § 4 UWG Rn. 3.7; Gloy/Loschelder/Danckwerts-*Eck*, UWG-HdB, 4. Aufl, 2010, § 56 Rn. 4; Schricker/Loewenheim-*Ohly*, UrhG, 6. Aufl. 2020, Einl. Rn. 66 ff.

[15] BGH, Urt. v. 12.05.2011 – I ZR 53/10, GRUR 2012, 58 – *Seilzirkus*.

[16] Dreier/Schulze-*Dreier*, UrhG, 6. Aufl. 2018, UrhG Einl. Rn. 38; Dreyer/Kotthoff/Meckel/ Hentsch-*Dreyer*, UrhG, 4. Aufl. 2018, Einl., Rn 169; Fromm/Nordemann-*Nordemann*, UrhG, 12. Aufl. 2018, Vor §§ 31 ff., Rn. 56; Schricker/Loewenheim-*Ohly*, UrhG, 5. Aufl. 2017, Einl., Rn. 81 ff.

[17] Dreier/Schulze-*Dreier*, UrhG, 6. Aufl. 2018, UrhG Einl. Rn. 33; Dreyer/Kotthoff/Meckel/ Hentsch-*Dreyer*, UrhG, 4. Aufl. 2018, Einl. Rn 157 ff.; Fromm/Nordemann-*Cychowski*, UrhG, 12. Aufl. 2018, Einl., Rn. 92; Schricker/Loewenheim-*Ohly*, UrhG, 5. Aufl. 2017, Einl., Rn. 43.

1.1.3 Historischer Abriss

Vor Inkrafttreten des Gesetzes über Urheberrecht und verwandte Schutzrechte
(**UrhG**) am 09.09.1965 befanden sich die urheberrechtlichen Regelungen in zwei
verschiedenen Gesetzen. So existierte einerseits das Gesetz betreffend das Urheberrecht an Werken der Literatur und der Tonkunst (**LUG**) vom 19.06.1901 sowie andererseits das Gesetz betreffend das Recht an Werken der bildenden Künste und der
Photografie (**KUG**) vom 09.01.1907. Aufgrund des technischen Fortschritts und der
damit einhergehenden zunehmenden Verwertungsmöglichkeiten wurden sowohl
das KUG als auch das LUG ihren Aufgaben jedoch immer weniger gerecht.[18] Es
entstanden zunehmend neue Techniken, etwa Film, Rundfunk, Tonband und Foto-
kopie, deren Verwertungsmöglichkeiten nicht unter das LUG und das KUG gefasst
werden konnten. Problematisch war insbesondere, dass das materielle Urheberrecht
nun zum großen Teil richterrechtlich geprägt wurde, gesetzlich aber nur unzureichend
abgebildet war.[19] Mit Inkrafttreten des UrhG wurde das LUG schließlich vollständig
abgelöst, während das KUG zumindest noch hinsichtlich des Rechtes am eigenen
Bild (§§ 22 ff. KUG) fortbesteht.

Seit Inkrafttreten des UrhG hat dieses jedoch erhebliche Änderungen durch den
nationalen und europäischen Gesetzgeber erfahren. Das **BVerfG** erklärte Teile des
UrhG für nicht mit dem Grundgesetz vereinbar.[20] Aber auch und gerade der europäische Gesetzgeber hat mit seiner Richtliniengesetzgebung einen nicht zu unterschät-
zenden Einfluss auf das nationale Urheberrecht. So führte die **Software-RL**[21] zur
Implementierung der §§ 69a–69g UrhG und die **Vermiet- und Verleih-RL**[22] zur
inhaltlichen Änderung des Verbreitungsrechts. Erhebliche Änderungen – insbesondere die Einführung der §§ 20a, 20b UrhG – entstanden auch durch die **Satelliten-
und KabelRL**[23] sowie durch die **Datenbank-RL,**[24] mit deren Umsetzung im We-

---

[18] Ahlberg/Götting-*Ahlberg*, BeckOK UrhR, 24. Ed. Stand: 01.04.2019, UrhG Einführung Rn. 2;
Dreier/Schulze-*Dreier*, UrhG, 6. Aufl. 2018, UrhG Einl. Rn. 55.

[19] Gesetzesbegründung BT-Drs. IV/270, S. 27; Vgl. dazu auch: Ahlberg/Götting-*Ahlberg*, BeckOK
UrhR, 24. Ed. Stand: 01.04.2019, UrhG Einführung Rn. 2.

[20] BVerfG, Beschl. v. 25.10.1978 – 1 BvR 352/71, GRUR 1980, 44 – *Kirchenmusik*; BVerfG, Beschl. v. 08.07.1971 – 1 BvR 766/66, GRUR 1972, 491 – *Schallplatten*; BVerfG, Beschl. v.
07.07.1971 – 1 BvR 765/66, GRUR 1972, 481 – *Kirchen- und Schulgebrauch*; Vgl. dazu auch:
Ahlberg/Götting-*Ahlberg*, BeckOK UrhR, 24. Ed. Stand: 01.04.2019, Einf. Rn. 4.

[21] Richtlinie 91/250/EWG des Rates vom 14. Mai 1991 über den Rechtsschutz von Computerprogrammen, ABl. Nr. L 122/42 v. 17.05.1991 geändert durch die Richtlinie 2009/24/EG, ABl. Nr. L
111/16 v. 05.05.2009.

[22] Richtlinie 92/100/EWG des Rates vom 19. November 1992 zum Vermietrecht und Verleihrecht
sowie zu bestimmten dem Urheberrecht verwandten Schutzrechten im Bereich des geistigen Eigentums, ABl. Nr. L 346/61 v. 27.11.1992 geändert durch die Richtlinie 2006/115/EG, ABl. Nr. L
376/28 v. 27.12.2006.

[23] Richtlinie 93/83/EWG des Rates vom 27. September 1993 zur Koordinierung bestimmter urhe-
ber- und leistungsschutzrechtlicher Vorschriften betreffend Satellitenrundfunk und Kabelweiterverbreitung, ABl. Nr. L 248/15 v. 06.10.1993.

[24] Richtlinie 96/9/EG des Europäischen Parlaments und des Rates vom 11. März 1996 über den
rechtlichen Schutz von Datenbanken, ABl. Nr. L 77/20 v. 27.03.1996.

sentlichen die §§ 87a–87e UrhG in das nationale Urheberrecht eingefügt wurden. Als Meilenstein kann die **InfoSoc-RL**[25] bezeichnet werden, die das Urheberrecht an das digitale Zeitalter anpasste. Namhafte Änderungen waren die Einführung des Rechts der öffentlichen Zugänglichmachung in § 19a UrhG sowie die Etablierung des Rechtsschutzes technischer Schutzmaßnahmen in den §§ 95a–95d UrhG. Weiter aufzuführen sind die **Folgerechts-RL,**[26] die **Durchsetzungs-RL,** die **Schutzdauer-RL,**[27] die **Verwaiste Werke-RL,**[28] die **VG-RL,**[29] die **Geoblocking-VO**[30] sowie der **Vertrag von Marrakesch,** der die Nutzung urheberrechtlich geschützter Werke zugunsten blinder, sehbehinderter oder anderweitig lesebehinderter Personen privilegieren soll.[31]

Am 6. Juni 2019 trat außerdem die sog. **DSM-Richtlinie**[32] in Kraft. Sie enthält v. a. Beschränkungen des Urheberrechts zugunsten von Text und Data Mining (Art. 3 und 4), für grenzüberschreitende Unterrichts- und Lehrtätigkeiten (Art. 5) sowie zur Erhaltung des Kulturerbes (Art. 6). Das Leistungsschutzrecht für Presseverleger (Art. 15) und die Haftung besonderer Plattformen (Art. 17) wurden besonders kontrovers diskutiert. Die Mitgliedstaaten haben diese Regelungen bis zum 07. Juni 2021 in nationales Recht umzusetzen.

---

[25] Richtlinie 2001/29/EG des Europäischen Parlaments und des Rates vom 22. Mai 2001 zur Harmonisierung bestimmter Aspekte des Urheberrechts und der verwandten Schutzrechte in der Informationsgesellschaft, ABl. Nr. L 167/10 v. 22.06.2001.

[26] Richtlinie 2001/84/EG des Europäischen Parlaments und Rates vom 27. September 2001 über das Folgerecht des Urhebers des Originals eines Kunstwerks, ABl. Nr. L 272/32 v. 13.10.2001.

[27] Richtlinie 93/98/EWG des Rates vom 29. Oktober 1993 zur Harmonisierung der Schutzdauer des Urheberrechts und bestimmter verwandter Schutzrechte, ABl. Nr. L 290/9 v. 24.11.1993 geändert durch die Richtlinie 2011/77/EU, ABl. Nr. L 265/1 v. 11.10.2011.

[28] Richtlinie 2012/28/EU des Europäischen Parlaments und Rates vom 25. Oktober 2012 über bestimmte zulässige Formen der Nutzung verwaister Werke, ABl. Nr. L 299/5 v. 27.10.2012.

[29] Richtlinie 2014/26/EU des Europäischen Parlaments und des Rates vom 26. Februar 2014 über die kollektive Wahrnehmung von Urheber- und verwandten Schutzrechten und die Vergabe von Mehrgebietslizenzen für Rechte an Musikwerken für die Online-Nutzung im Binnenmarkt Text von Bedeutung für den EWR, ABl. Nr. L 84/72 v. 20.03.2014.

[30] Verordnung (EU) 2018/302 des Europäischen Parlaments und des Rates vom 28. Februar 2018 über Maßnahmen gegen ungerechtfertigtes Geoblocking und andere Formen der Diskriminierung aufgrund der Staatsangehörigkeit, des Wohnsitzes oder des Ortes der Niederlassung des Kunden innerhalb des Binnenmarkts und zur Änderung der Verordnungen (EG) Nr. 2006/2004 und (EU) 2017/2394 sowie der Richtlinie 2009/22/EG, ABl. Nr. L 60 I/1 v. 02.03.2018.

[31] Richtlinie (EU) 2017/1564 des Europäischen Parlaments und des Rates vom 13. September 2017 über bestimmte zulässige Formen der Nutzung bestimmter urheberrechtlich oder durch verwandte Schutzrechte geschützter Werke und sonstiger Schutzgegenstände zugunsten blinder, sehbehinderter oder anderweitig lesebehinderter Personen und zur Änderung der Richtlinie 2001/29/EG zur Harmonisierung bestimmter Aspekte des Urheberrechts und der verwandten Schutzrechte in der Informationsgesellschaft, ABl. Nr. L 242/6 v. 20.09.2017.

[32] Richtlinie (EU) 2019/790 des Europäischen Parlaments und des Rates vom 17. April 2019 über das Urheberrecht und die verwandten Schutzrechte im digitalen Binnenmarkt und zur Änderung der Richtlinien 96/9/EG und 2001/29/EG, ABl. Nr. L 130/92 v. 17.05.2019.

1.1.4 Durchsetzung und Durchsetzungsprobleme, Verwertungsgesellschaften

Für den einzelnen Urheber bestehen erhebliche Probleme, seine durch das UrhG garantierten Rechte effektiv durchzusetzen. Dies liegt nicht zuletzt an der strukturellen Unterlegenheit des einzelnen Künstlers gegenüber den meist international agierenden Verwertern. Diese verfügen einerseits über erheblich größere finanzielle Mittel, aber haben andererseits auch und gerade eine faktisch überlegene Marktmacht, da der einzelne Urheber jedenfalls in der Vergangenheit auf sie angewiesen war, um sein Werk zu verwerten und zu publizieren. Dies wird auch durch die zunehmende Möglichkeit der Selbstvermarktung über das Internet nicht vollständig überwunden.

Damit der Urheber diesem Ungleichgewicht angemessen begegnen kann, hat der Gesetzgeber die sog. **Verwertungsgesellschaften** geschaffen. Sie nehmen die Vergütungsansprüche der Urheber wahr und schütten die Einnahmen jährlich anhand eines konkreten Verteilungsplans an diese aus. Dies effektiviert die Rechtsdurchsetzung zugunsten jedes individuellen Urhebers. Im **VGG** werden klare Regelungen darüber geschaffen, wie das Verhältnis der Urheber und Verwerter ausgestaltet sein soll. Das Gesetz löste – basierend auf der VG-RL (Abschn. 1.1.2) – zum 01.06.2016 das bis dahin geltende UrhWahrnG ab.[33]

Verwertungsgesellschaften müssen im Wesentlichen zwei Voraussetzungen erfüllen: Ihre Anteile müssen einerseits von den Mitgliedern gehalten bzw. beherrscht werden, andererseits dürfen sie nicht auf Gewinnerzielung ausgerichtet sein, vgl. § 2 Abs. 2 VGG. Das Kernelement des VGG ist der sog. **Wahrnehmungszwang** gemäß § 9 VGG. Danach muss die Verwertungsgesellschaft (VG) auf Verlangen des Berechtigten dessen Rechte wahrnehmen, sofern sie inhaltlich zum Tätigkeitsgebiet der VG gehören und dem keine objektiven Gründe entgegenstehen. Die größte und gleichsam wohl prominenteste VG ist die GEMA (Gesellschaft für musikalische Aufführungs- und mechanische Vervielfältigungsrechte). Sie verwaltet in Deutschland die Nutzungs- und Urheberrechte von knapp 70.000 Mitgliedern der Musikbranche, insbesondere von Komponisten, Textdichtern und Musikverlegern. Sie verwaltet jährlich Erträge von über 1 Milliarde €, von denen sie knapp 860 Millionen € an ihre Mitglieder ausschüttet. Weiterhin bekannt und zu nennen sind die Verwertungsgesellschaft Bild-Kunst (VG Bild-Kunst, für z. B. Fotografen und Designer), die Verwertungsgesellschaft Wort (VG Wort, für z. B. Autoren und Übersetzer), die Gesellschaft zur Verwertung von Leistungsschutzrechten (GVL, ausschließlich für Leistungsschutzrechtsinhaber), die Verwertungsgesellschaft der Film- und Fernsehproduzenten (VFF, für Rundfunkanstalten und Sendeunternehmen), die Verwertungsgesellschaft Musikedition (VG Musikedition, i. d. R. für Komponisten) sowie die Gesellschaft zur Verwertung der Urheber- und Leistungs-

---

[33] Zur Umsetzung der VG-RL ins deutsche Recht: *Peifer*, ZUM 2014, 453.

schutzrechte von Sendeunternehmen und Presseverlegern (VG Media, für Fernseh- und Hörfunksendeunternehmen sowie Presseverleger).

Einige Verwertungsgesellschaften haben sich zur Effektivierung der Rechtewahrnehmung in der Zentralstelle für private Überspielungsrechte (ZPÜ) zusammengeschlossen.

1.1.5 Aufbau des Urheberrechts

In seiner Grundstruktur besteht das UrhG aus fünf Teilen. Teil 1 (§§ 1–69g UrhG) regelt das **Urheberrecht** als solches und enthält knapp die Hälfte aller Regelungen des UrhG. Es ist in mehrere Abschnitte untergliedert: Abschnitt 1 (§ 1 UrhG) widmet sich dem grundsätzlichen Schutzzweck des Urheberrechts. Der zweite Teil (§§ 2–6 UrhG) enthält Voraussetzungen über die Schutzfähigkeit eines urheberrechtlichen Werkes. Darauf folgen der dritte Teil (§§ 7–10 UrhG), der sich mit der Urheberschaft auseinandersetzt, sowie der vierte Teil (§§ 11–27 UrhG), der – in vier Unterabschnitte aufgegliedert – den Inhalt des Urheberrechts enthält. Der fünfte Abschnitt (§§ 28–44 UrhG) enthält sodann Vorschriften über den Rechtsverkehr im Urheberrecht, insbesondere über die Rechtsnachfolge und die Einräumung urheberrechtlicher Nutzungsrechte. Der sechste Abschnitt (§§ 44a–63a UrhG) enthält die Regelungen über die Schrankenbestimmungen des Urheberrechts, die auch als Ausnahmen und Beschränkungen bezeichnet werden. Sie bestimmen die Reichweite der Verwertungsrechte des Urhebers. Im siebten Abschnitt (§§ 64–69 UrhG) folgen schließlich Regelungen über die Dauer des Urheberrechts. Der erste Teil des UrhG schließt letztlich mit den besonderen Bestimmungen für Computerprogramme (§§ 69a–69g UrhG) im achten Abschnitt.

Teil 2 (§§ 70–87h UrhG) befasst sich sodann mit den sog. **verwandten Schutzrechten** und untergliedert diese in sieben Abschnitte. In Teil 3 (§§ 88–95 UrhG) folgen **besondere Bestimmungen für Filme** (Filmwerke und Laufbilder). Weiter finden sich **gemeinsame Bestimmungen für das Urheberrecht und verwandte Schutzrechte** in Teil 4 (§§ 95a–119 UrhG), bei denen insbesondere die Vorschriften der §§ 95a ff. UrhG als besonders relevant hervorzuheben sind. Letztlich enthält das UrhG noch zahlreiche Regelungen zum **Anwendungsbereich** sowie **Übergangs- und Schlussbestimmungen** in Teil 5 (§§ 120–143 UrhG).

1.2 Das Werk

1.2.1 Werkbegriff des § 2 UrhG

1.2.1.1 Allgemeines

Dreh- und Angelpunkt des Urheberrechts ist der **Werkbegriff** des § 2 UrhG. Als zentrale Vorschrift führt § 2 Abs. 1 UrhG beispielhaft einige Werkarten auf,

z. B. Sprachwerke, Werke der Musik und Lichtbildwerke.[34] Diese Liste ist **nicht abschließend**, was aus der Formulierung „insbesondere" hervorgeht. Auch anderen, im Katalog des § 2 Abs. 1 UrhG nicht aufgeführten Werkarten, z. B. neuartigen Schöpfungen kann damit Werkcharakter zukommen, wenn sie **persönliche geistige Schöpfungen** sind und somit den Anforderungen des § 2 Abs. 2 UrhG genügen.[35]

Nicht nur Meisterwerke der Kunst genießen urheberrechtlichen Schutz, die Anforderungen an die urheberrechtliche Schutzfähigkeit sind, ganz im Gegenteil, eher gering.[36] Selbst im Bereich der angewandten Kunst werden seit der *Geburtstagszug*-Entscheidung des BGH keine strengen Anforderungen mehr an die urheberrechtliche Schutzfähigkeit gestellt.[37] Strengere Anforderungen in diesem Bereich wurden lange Zeit damit begründet, dass für diese Werkart bereits das Geschmacksmustergesetz (heute: DesignG) Schutz bietet und der urheberrechtliche Schutz erst dort beginnen soll, wo der geschmacksmusterrechtliche (heute: designrechtliche) Schutz endet. Der BGH hat diese Ansicht aber zu Recht aufgegeben, weil sich Urheberrecht und Designrecht sowohl in ihren Tatbestandsvoraussetzungen als auch in ihren Rechtsfolgen erheblich unterscheiden und daher nebeneinander bestehen können. Die Geringfügigkeit der Anforderungen an den urheberrechtlichen Schutz von Werken wird auch als **Schutz der kleinen Münze** bezeichnet. Urheberrechtlicher Schutz kann daher auch dann bestehen, wenn sich dieser dem Betrachter nicht auf den ersten Blick aufdrängt.[38] Dies führt insbesondere bei Computerprogrammen dazu, dass der urheberrechtliche Schutz inzwischen die Regel ist.[39] Der für Computerprogramme zusätzlich anwendbare § 69a Abs. 3 UrhG enthält insofern keine weiteren Voraussetzungen. Enge Grenzen ergeben sich aber für den Schutz wissenschaftlicher Schriftwerke, da wissenschaftliche Ideen und Erkenntnisse in der Regel frei bleiben sollen.[40] Sofern keine eigenschöpferischen Formulierungen vorliegen, sondern lediglich solche der Fachsprache verwendet werden (z. B. rein technische Beschreibungen), muss ein solches

---

[34] Ahlberg/Götting-*Ahlberg*, BeckOK UrhR, 24. Ed. Stand: 01.04.2019, UrhG § 2 Rn. 2; Dreier/Schulze-*Schulze*, UrhG, 6. Aufl. 2018, UrhG § 2 Rn. 1; Schricker/Loewenheim-*Loewenheim*, UrhG, 5. Aufl. 2017, § 2 Rn. 1.

[35] Dreier/Schulze-*Schulze*, UrhG, 6. Aufl. 2018, UrhG § 2 Rn. 3; Dreier/Kotthoff/Meckel/Hentsch-*Dreyer*, UrhG, 4. Aufl. 2018, § 2 Rn. 194; Fromm/Nordemann-*Nordemann*, UrhG, 12. Aufl. 2018, § 2 Rn. 230 ff.

[36] Dreyer/Kotthoff/Meckel/Hentsch-*Dreyer*, UrhG, 4. Aufl. 2018, § 2 Rn. 103 ff.; Fromm/Nordemann-*Nordemann*, UrhG, 12. Aufl. 2018, § 2 Rn. 13 ff.; *Schulze*, GRUR 1987, 769, 770.

[37] BGH, Urt. v. 13.11.2013 – I ZR 143/12, GRUR 2014, 175 Rn. 38 ff. – *Geburtstagszug*.

[38] Dreier/Schulze-*Schulze*, UrhG, 6. Aufl. 2018, UrhG § 2 Rn. 4.

[39] BGH, Urt. v. 13.11.2013 – I ZR 143/12, GRUR 2014, 175 – *Geburtstagszug*; OLG Düsseldorf, Urt. v. 25.11.2008 – I-20 U 72/06, ZUM-RD 2009, 182, 186 – *Transportsimulationsspiel*; Dreier/Schulze-*Schulze*, UrhG, 6. Aufl. 2018, UrhG § 2 Rn. 127; Fromm/Nordemann-*Czychowski*, UrhG, 12. Aufl. 2018, § 69a Rn. 17; Früher verlangte der BGH indes ein deutliches Überragen über das Können eines Durchschnittsprogrammierers, um einem Computerprogramm urheberrechtlichen Schutz zuzumessen, vgl. BGH, Urt. v. 09.05.1985 – I ZR 52/83, GRUR 1985, 1041, 1047 f. – *Inkasso-Programm*.

[40] Dreier/Schulze-*Schulze*, UrhG, 6. Aufl. 2018, UrhG § 2 Rn. 26; Dreyer/Kotthoff/Meckel/Hentsch-*Dreyer*, UrhG, 4. Aufl. 2018, § 2 Rn. 292.

Werk grundsätzlich schutzlos bleiben.[41] Von herausragender Bedeutung und gleichsam praktischer Relevanz sind weiterhin die sog. Lichtbildwerke und die Filmwerke. Der Schutz von Lichtbildwerken unterscheidet sich vom einfachen Lichtbildschutz gemäß § 72 UrhG darin, dass dem Lichtbildwerk Werkcharakter zuzumessen ist. Lichtbildwerke müssen sich folglich von bloßen Knipsbildern, z. B. durch die Gestaltung des Lichts und die die Positionierung der Objekte, abheben.[42] Der Schutz der Filmwerke verläuft dazu parallel, wobei Filmwerke sich dadurch auszeichnen, dass sie bewegte Bild- und Tonfolgen mit Werkcharakter beinhalten,[43] die sich von bloßen Laufbildern ebenfalls durch einen hinreichenden Grad an Kreativität abheben. Laufbilder ohne Werkcharakter genießen Schutz über § 95 UrhG.

1.2.1.2   Persönliche geistige Schöpfung

Um urheberrechtlichen Schutz zu genießen, muss es sich bei dem erschaffenen Werk um eine **persönliche geistige Schöpfung** nach § 2 Abs. 2 UrhG handeln. Diese **Schutzvoraussetzung** gilt für alle Werkarten.[44] Folgende Voraussetzungen müssen erfüllt sein:

1.2.1.2.1   Persönliche Schöpfung

Eine persönliche Schöpfung liegt nur dann vor, wenn Erschaffender ein **Mensch** ist.[45] Reine Maschinenerzeugnisse oder Naturprodukte sind keine persönlichen Schöpfungen, wenn der Mensch nicht zumindest **steuernd** in den Prozess oder die Gestaltung eingegriffen hat. Nicht ausgeschlossen ist die Verwendung **technischer Hilfsmittel**, z. B. Computer, solange der Mensch diese steuernd einsetzt.[46]

Beispiel 1

Herumliegende Steine sind von sich aus nicht geschützt. Werden diese jedoch durch einen Künstler in besonderen Formationen angeordnet oder bearbeitet, kann bei Erreichen der Schöpfungshöhe ein urheberrechtlicher Schutz bestehen, was im Einzelfall festzustellen ist. ◄

---

[41] BGH, Urt. v. 29.03.1984 – I ZR 32/82, GRUR 1984, 659 – *Ausschreibungsunterlagen*; BGH, Urt. v. 21.11.1980 – I ZR 106/78, GRUR 1981, 352 – *Staatsexamensarbeit*; Vgl. dazu auch Dreier/Schulze-*Schulze*, UrhG, 6. Aufl. 2018, UrhG § 2 Rn. 26.

[42] Ahlberg/Götting-*Ahlberg*, BeckOK UrhR, 24. Ed. Stand: 01.04.2019, UrhG § 2 Rn. 141; Dreier/Schulze-*Schulze*, UrhG, 6. Aufl. 2018, UrhG § 2 Rn. 192; Dreyer/Kotthoff/Meckel/Hentsch-*Dreyer*, UrhG, 4. Aufl. 2018, § 2 Rn. 264.

[43] Dreier/Schulze-*Schulze*, UrhG, 6. Aufl. 2018, UrhG § 2 Rn. 204; Dreyer/Kotthoff/Meckel/Hentsch-*Dreyer*, UrhG, 4. Aufl. 2018, § 2 Rn. 275; Fromm/Nordemann-*Nordemann*, UrhG, 12. Aufl. 2018, § 2 Rn. 203.

[44] Ahlberg/Götting-*Ahlberg*, BeckOK UrhR, 24. Ed. Stand: 01.04.2019, UrhG § 2 Rn. 57; Dreier/Schulze-*Schulze*, UrhG, 6. Aufl. 2018, UrhG § 2 Rn. 6; Schricker/Loewenheim-*Loewenheim*, UrhG, 5. Aufl. 2017, § 2 Rn. 30 ff.; Fromm/Nordemann-*Nordemann*, UrhG, 12. Aufl. 2018, § 2 Rn. 19.

[45] Dreier/Schulze-*Schulze*, UrhG, 6. Aufl. 2018, UrhG § 2 Rn. 8; Dreyer/Kotthoff/Meckel/Hentsch-*Dreyer*, UrhG, 4. Aufl. 2018, § 2 Rn. 19.

[46] Dreier/Schulze-*Schulze*, UrhG, 6. Aufl. 2018, UrhG § 2 Rn. 8; Schricker/Loewenheim-*Loewenheim*, UrhG, 5. Aufl. 2017, § 2 Rn. 39 f.

Beispiel 2

Aktuell ist in der Diskussion,[47] ob auch Werke, die von künstlicher Intelligenz (KI) geschaffen wurden, urheberrechtlichen Schutz genießen können. Prominentestes Beispiel ist das Projekt „The next Rembrandt".[48] Hier ist eine KI in der Lage, im Stil des berühmten niederländischen Künstlers *Rembrandt van Rijn* zu malen. Auch in diesen Konstellationen wird eine Schutzfähigkeit nur dann anzunehmen sein, wenn ein Mensch noch einen hinreichenden Einfluss auf Ablauf und Ergebnis der Werkschöpfung nimmt, wenn ihm das Werk also als eigenes zuzurechnen ist. De lege ferenda lässt sich über die Schaffung eines eigenen Leistungsschutzrechts für durch KI geschaffene Arbeitsergebnisse nachdenken. ◄

1.2.1.2.2 Geistiger Inhalt

Für das Vorliegen eines Werkes ist es entscheidend, ob ein **geistiger Inhalt** geschaffen wird, mithin nicht nur ein rein handwerkliches Erzeugnis gegeben ist, sondern sich auch ein gedanklicher Inhalt im Werk wiederfindet.[49] Denn das urheberrechtlich geschützte Werk ist ein **Immaterialgut, das sich im konkreten Werkstück lediglich konkretisiert**.[50] Das Werk muss damit Ausdruck eines vom Urheber stammenden **Gedanken- oder Gefühlsinhalts** sein.[51]

1.2.1.2.3 Formgebung

Das Werk muss auch **tatsächlich wahrgenommen** werden können, d. h. es muss eine Gestalt angenommen haben und nicht allein als Idee oder geistige Vorstellung vorliegen.[52] Dafür ist es unerheblich, ob das Werk körperlich festgehalten worden ist, solange eine Wahrnehmbarkeit von außen möglich ist. Auch Vorträge oder Aufführungen weisen dieses Merkmal auf.

---

[47] Vgl. etwa Schricker/Loewenheim-*Loewenheim*, UrhG, 5. Aufl. 2017, § 2 Rn. 38 ff.; *Fierdag*, Aleatorik in der Kunst und das Urheberrecht, 2004, S. 68; *Ory/Sorge*, NJW 2019, 710; *Hetmank/Lauber-Rönsberg*, GRUR 2018, 574, 577; *Lauber-Rönsberg*, GRUR 2019, 244; Vgl. dazu eingehend: *Specht-Riemenschneider*, Rechte an Arbeitserzeugnissen von KI, in: Bitburger Gespräche: Jahrbuch 2020, i. E.

[48] Informationen zu dem Projekt sind abrufbar unter https://www.nextrembrandt.com.

[49] Ahlberg/Götting-*Ahlberg*, BeckOK UrhR, 24. Ed. Stand: 01.04.2019, UrhG § 2 Rn. 54 ff.; Schricker/Loewenheim-*Loewenheim*, § 2 UrhG, Rn. 45.

[50] BGH, Urt. v. 07.02.2002 – I ZR 304/99, GRUR 2002, 532, 534 – *Unikatrahmen*; Dreier/Schulze-*Schulze*, UrhG, 6. Aufl. 2018, UrhG § 2 Rn. 11.

[51] Dreier/Schulze-*Schulze*, UrhG, 6. Aufl. 2018, § 2 Rn. 12; Dreyer/Kotthoff/Meckel/Hentsch-*Dreyer*, UrhG, 4. Aufl. 2018, § 2 Rn. 47; Fromm/Nordemann-*Nordemann*, UrhG, 12. Aufl. 2018, § 2 Rn. 25.

[52] Ahlberg/Götting-*Ahlberg*, BeckOK UrhR, 24. Ed. Stand: 01.04.2019, UrhG § 2 Rn. 58; Dreier/Schulze-*Schulze*, UrhG, 6. Aufl. 2018, § 2 Rn. 13; Schricker/Loewenheim-*Loewenheim*, UrhG, 5. Aufl. 2017, § 2 Rn. 47 ff.

Beispiel

So ist die Idee einer Quizsendung, in der ein Teilnehmer gestaffelt Geld gewinnen kann und dabei verschiedene Joker o. ä. zur Verfügung hat, nicht geschützt. Sehr wohl geschützt ist dann die konkret daraus entstehende Sendung. ◄

Unerheblich ist weiterhin, ob das Werk unmittelbar oder erst über technische Hilfsmittel wahrgenommen werden kann.[53]

Beispiel

Ein Werk ist auch dann urheberrechtlich geschützt, wenn es vom Urheber in einem geheimen Raum aufbewahrt wird und nur mittels TV-Bildern für die Gesellschaft sichtbar ist. ◄

Die Vollendung des Werkes ist ebenfalls keine Voraussetzung. So können **Vor- und Zwischenstufen** bereits schutzfähig sein, wenn sie in ihrer Form eine persönliche geistige Schöpfung darstellen.[54]

1.2.1.2.4 Neu für den Urheber

Objektiv neu muss das Werk nicht sein, es reicht die **subjektive Neuheit für den Urheber**. So können zwei unabhängig Schaffende zufällig zu fast identischen Ergebnissen kommen und dennoch genießen beide Werke urheberrechtlichen Schutz; man spricht insoweit von einer **Doppelschöpfung**.[55] In der Praxis spielt regelmäßig die Beweisbarkeit der subjektiven Neuschöpfung eine nicht unerhebliche Rolle.[56]

Hier kann § 10 UrhG helfen, der eine Vermutung der Urheber- bzw. Rechtsinhaberschaft statuiert, wenn auf dem Werk in der üblichen Weise der Urheber bzw. der Rechtsinhaber bezeichnet ist. Der Anwendungsbereich der Vorschrift ist – anders als der Wortlaut suggeriert – nicht auf Werke der bildenden Kunst beschränkt. § 10 UrhG ist vielmehr auf alle nach dem UrhG schutzfähigen Werke anwendbar.[57] Dabei wird vermutet, dass demjenigen, der als Urheber (Abs. 1), Herausgeber (Abs. 2 S. 1) oder Verleger (Abs. 2 S. 2) bezeichnet ist, die Rechte an dem Werk auch tat-

---

[53] Vgl. erstmals BGH, Beschl. v. 27.02.1962 – I ZR 118/60, GRUR 1962, 470 – *AKI*; Dazu: *Schack*, Urheber- und Urheberverlagsrecht, 8. Aufl. 2017, Rn. 187; *Rehbinder/Peukert*, Urheberrecht, 18. Aufl. 2018, Rn. 214; Dreier/Schulze-*Schulze*, UrhG, 6. Aufl. 2018, UrhG § 2 Rn. 13; Schricker/ Loewenheim-*Loewenheim*, UrhG, 5. Aufl. 2017, § 2 Rn. 47.

[54] BGH, Urt. v. 23.06.2005 – I ZR 227/02, GRUR 2005, 854, 856 – *Karten-Grundsubstanz*; OLG München, Urt. v. 15.03.1990 – 29 U 4346/89, GRUR 1990, 674, 675 – *Forsthaus Falkenau*; Dreier/ Schulze-*Schulze*, UrhG, 6. Aufl. 2018, UrhG § 2 Rn. 15.

[55] Dreier/Schulze-*Schulze*, 5. Aufl. 2015, UrhG § 2 Rn. 17; Wandtke/Bullinger-*Bullinger*, UrhR, 5. Aufl. 2019, UrhG § 23 Rn. 19 ff.; *Braun*, DS 2015, 55; *Hertin*, GRUR 1989, 159, 160.

[56] Jüngst: OLG Hamburg, Urt. v. 11.10.2018 – 5 U 57/15, ZUM 2019, 262.

[57] BGH, Urt. v. 14.11.2002 – I ZR 199/00, NJW 2003, 665, 667 – *Staatsbibliothek*; BGH, Urt. v. 07.06.1990 – I ZR 191/88, GRUR 1991, 456, 457 – *Goggolore*; LG Frankfurt a. M., Urt. v. 06.09.2006 – 2-6 O 224/06, ZUM-RD 2006, 525, 526.

sächlich zustehen. Eine Anwendung der Vorschrift ist insbesondere auch zugunsten der Verwertungsgesellschaften möglich, sofern diesen ausschließliche Rechte eingeräumt sind.[58] Diese Vermutung gilt bis zum Beweis des Gegenteils.[59] Eine Vermutung dahingehend, dass es sich bei dem jeweiligen Gegenstand um eine persönliche geistige Schöpfung, also ein schutzfähiges Werk i. S. d. UrhG, handelt, existiert hingegen nicht.[60]

1.2.1.2.5 Schöpfungshöhe/Individualität/Originalität

Als Schöpfung kann nicht jedes Tätigwerden bezeichnet werden. Voraussetzung ist, dass das Schaffen eine gewisse **Gestaltungshöhe,** also eine **schöpferische Eigentümlichkeit,**[61] aufweist. Dies ist üblicherweise dann der Fall, wenn etwas Neuartiges und Individuelles geschaffen wurde,[62] d. h. wenn ein Gestaltungsspielraum bestand, den der Urheber ausgenutzt hat. Um dies zu beurteilen, lässt sich folgende Kontrollfrage stellen: Wäre das streitgegenständliche Geschaffene von einer anderen Person mit hoher Wahrscheinlichkeit anders gestaltet worden? Wird diese Frage positiv beantwortet, ist eine Schöpfungshöhe in der Regel zu bejahen, wird sie negativ beantwortet, ist die Schöpfungshöhe in der Regel zu verneinen. Eine Karikatur einer Person etwa wird je nach Karikaturist unterschiedlich gestaltet sein, ein einfaches Strichmännchen hingegen in der Regel nicht. Wohl die Karikatur, nicht aber das einfache Strichmännchen werden daher in der Regel Schöpfungshöhe aufweisen.

▶   **Klausurtipp** Stellen Sie sich auch in der Klausur immer die entscheidende **Testfrage:** Wäre das streitgegenständliche Geschaffene von einer anderen Person mit hoher Wahrscheinlichkeit anders gestaltet worden? Bejahen Sie diese Frage, können Sie i. d. R. vom Vorliegen der erforderlichen Schöpfungshöhe ausgehen.

Der Werkbegriff ist, anders als andere Bereiche des Urheberrechts, nicht ausdrücklich und umfassend unionsrechtlich harmonisiert. Eine Harmonisierung findet

---

[58] BGH, Urteil vom 15.10.1987 – I ZR 96/85, GRUR 1988, 296, 297 f. – *GEMA-Vermutung IV*; BGH, Urt. v. 26.06.1963 – Ib ZR 127/62, GRUR 1964, 94, 95 – *Tonbandgeräte-Händler*; Vgl. dazu auch Ahlberg/Götting-*Ahlberg*, BeckOK UrhR, 24. Ed. Stand: 01.04.2019, UrhG § 10 Rn. 60.
[59] BGH, Urt. v. 26.02.2009 – I ZR 142/06, GRUR 2009, 1046 – *Kranhäuser*; BGH, Urt. v. 07.06.1990 – I ZR 191/88, GRUR 1991, 456, 457 – *Goggolore*; BGH, Urt. v. 10.07.1986 – I ZR 128/84, GRUR 1986, 887 – *BORA BORA*.
[60] BGH, Urt. v. 11.12.1997 – I ZR 170/95, GRUR 1998, 376 – *Coverversion*; OLG München, Urt. v. 22.01.1998 – 6 U 3279/97, ZUM-RD 1998, 165 – *Stille Nacht*; OLG Frankfurt a. M., Urt. v. 07.02.1995 – 11 U 76/94, ZUM 1995, 795 – *Golf-Regeln*.
[61] BGH, Urt. v. 10.12.1987 – I ZR 198/85, GRUR 1988, 533, 535 – *Vorentwurf II*; BGH, Urteil vom 13.06.1980 – I ZR 45/78, GRUR 1981, 196 (197) – *Honorarvereinbarung*; Dreier/Schulze-*Schulze*, UrhG, 6. Aufl. 2018, UrhG § 2 Rn. 16 ff.; Fromm/Nordemann-*Nordemann*, UrhG, 12. Aufl. 2018, § 2 Rn. 30; Schricker/Loewenheim-*Loewenheim*, UrhG, 5. Aufl. 2017, § 2 Rn. 50.
[62] Dreier/Schulze-*Schulze*, UrhG, 6. Aufl. 2018, UrhG § 2 Rn. 16.

sich zwar für den Bereich der Computerprogramme (Art. 1 Abs. 3 Computer-RL),[63] Datenbanken (Art. 3 Abs. 1 Datenbank-RL)[64] und Fotografien (Art. 6 Schutzdauer-RL).[65] Ob mit Vereinheitlichung dieser drei konkreten Werktypen auch eine darüber hinausgehende unionsrechtliche Harmonisierung des allgemeinen Werkbegriffes stattgefunden hat ergibt sich jedoch allenfalls aus der den Werkbegriff prägenden Rechtsprechung des EuGH.[66]

Der Grad an Schöpfungshöhe bzw. Individualität oder Originalität korrespondiert mit dem Schutzumfang. Werke mit einem hohen Grad an Schöpfungshöhe/Individualität/Originalität sind daher von vornherein stärker gegen Verletzungshandlungen geschützt, als Werke mit einer geringen Schöpfungshöhe/Individualität/Originalität. Bei Letzteren können bereits geringe Abweichungen ausreichen, um eine Urheberrechtsverletzung auszuschließen, während Werke mit einem höheren Grad an Schöpfungshöhe/Individualität/Originalität auch gegen Nutzungen mit einem gewissen Grad an Abweichungen geschützt sind. Je individueller ein Werk gestaltet ist, desto langsamer verblassen außerdem seine individuellen Züge bei der Benutzung des Werkes, desto eher liegt also eine Bearbeitung und keine freie Benutzung vor.[67]

Beispiel 1

Für den urheberrechtlichen Schutz einer Website kann sprechen, dass sie sprachlich so geschickt verfasst ist, dass sie in den Suchergebnissen einer Suchmaschine bevorzugt angezeigt wird.[68] Auch Werbegrafiken sowie Layout und Design einer Website können Indizien für die Schutzfähigkeit darstellen, sofern es

---

[63] Richtlinie 91/250/EWG des Rates vom 14. Mai 1991 über den Rechtsschutz von Computerprogrammen, ABl. Nr. L 122/42 v. 17.05.1991, zuletzt geändert durch die Richtlinie 2009/24/EG, ABl. Nr. L 111/16 v. 05.05.2009.

[64] Richtlinie 96/9/EG des Europäischen Parlaments und des Rates vom 11. März 1996 über den rechtlichen Schutz von Datenbanken, ABl. Nr. L 77/20 v. 27.03.1996.

[65] Richtlinie 2006/116/EG des Europäischen Parlaments und des Rates vom 12. Dezember 2006 über die Schutzdauer des Urheberrechts und bestimmter verwandter Schutzrechte, ABl. Nr. L 372/12 v. 27.12.2006.

[66] Vgl. Dreier/Schulze-*Schulze*, UrhG, 6. Aufl. 2018, UrhG § 2 Rn. 22; Gegen eine Harmonisierung: *Riesenhuber*, Der Schutzgegenstand und die Rechtsinhaber, in: Riesenhuber, Systembildung im Europäischen Urheberrecht, 2007, S. 126; Wandtke/Bullinger-*Bullinger*, UrhR, 4. Aufl. 2010, UrhG § 2 Rn. 14; *Schulze*, GRUR 2009, 1019, 1021; *Berger*, ZUM 2012, 353, 354 f.; Für eine Harmonisierung: Schricker/Loewenheim-*Leistner*, UrhG, 5. Aufl. 2017, § 2 Rn. 4 ff.; Ahlberg/Götting-*Ahlberg*, BeckOK UrhR, 24. Ed. Stand: 01.04.2019, UrhG § 2 Rn. 161; *Metzger*, GRUR 2012, 118, 121; *Leistner*, GRUR 2014, 1145, 1147 f.

[67] BGH, Urt. v. 10.10.1991 – I ZR 147/89, GRUR 1993, 34, 35 – *Bedienungsanweisung*; Dreier/Schulze-*Schulze*, UrhG, 6. Aufl. 2018, UrhG § 2 Rn. 34; Schricker/Loewenheim-*Loewenheim*, UrhG, 5. Aufl. 2017, § 2 Rn. 93.

[68] OLG Rostock, Beschl. v. 27.06.2007 – 2 W 12/07, CR 2007, 737, 738 – *Urheberrechtsschutz von Webseiten*; LG Köln, Urt. v. 12.08.2009 – 28 O 396/09, MMR 2010, 110 f.; Vgl. dazu eingehend: *Härting*, Internetrecht, 6. Aufl. 2017, Rn. 1371.

sich nicht um „Alltagsgrafiken" handelt.[69] Demgegenüber sind an den urheber-
rechtlichen Schutz eines sog. Tweets hohe Anforderungen zu stellen.[70] Das *LG
Bielefeld* hat etwa die Schutzfähigkeit zugunsten eines Tweets, der einen bloßen
Sprachwitz enthielt, abgelehnt.[71] ◄

Beispiel 2

Das OLG München entschied jüngst, dass die Einbindung einer kurzen Wortfolge in einen Sketch oder eine Situationskomik nicht geeignet ist, der als solchen nicht eigentümlichen Wortfolge die hinreichende Schöpfungshöhe und damit Werkqualität zu verschaffen.[72] Die Wortfolge „Früher war mehr Lametta"
des deutschen Comedians ist demnach z. B. nicht als Werk schutzfähig. ◄

Maßgeblicher Zeitpunkt für das Vorliegenmüssen der den Werkcharakter be-
gründenden Merkmale ist der **Zeitpunkt der Erschaffung des Werkes**.

1.2.2 Prüfung der Werkeigenschaft in der Klausur

Ob urheberrechtlicher Schutz besteht, kann nicht generell am Vorliegen einer Werk-
kategorie festgemacht werden. Es ist daher nicht ausreichend, darauf zu verweisen,
dass ein Werk aus dem Katalog des § 2 Abs. 1 UrhG vorliegt. Vielmehr bedarf es
einer detaillierten Betrachtung des **konkreten einzelnen Werkes**, seiner **Bestandteile** und **Gestaltungselemente** sowie des vermittelten **Gesamteindrucks**.[73] Eine
Prüfung in der Klausur ließe sich daher wie folgt einleiten:

Beispiel

„Fraglich ist, ob es sich bei dem vorliegenden Schriftstück um ein Werk i. S. d.
§ 2 Abs. 1, Abs. 2 UrhG handelt. In Betracht kommt ein Sprachwerk i. S. d. § 2
Abs. 1 Nr. 1 UrhG. Hierbei handelt es sich um Werke, deren geistiger Gehalt
durch das Mittel der Sprache zum Ausdruck kommt. Es müssen aber stets die
Anforderungen des § 2 Abs. 2 UrhG erfüllt sein, d. h. es muss sich um eine per-

---

[69] LG Oldenburg, Urt. v. 03.07.1986 – 5 O 3691/85, GRUR 1987, 235 – *Preishammer*; Wandtke/
Bullinger-*Bullinger*, UrhR, 4. Aufl. 2014, UrhG § 2 Rn. 102; Fromm/Nordemann-*Nordemann*,
UrhG, 12. Aufl. 2018, § 2 Rn. 189.
[70] LG Bielefeld, Beschl. v. 03.01.2017 – 4 O 144/16, MMR 2017, 641 Rn. 7; *Härting*, Internetrecht, 6. Aufl. 2017, Rn. 1372.
[71] LG Bielefeld, Beschl. v. 03.01.2017 – 4 O 144/16, MMR 2017, 641.
[72] OLG München, Beschl. v. 14.08.2019 – 6 W 927/19, GRUR-RR 2020, 148 – *Früher war mehr
Lametta*.
[73] Ahlberg/Götting-*Ahlberg*, BeckOK UrhR, 24. Ed. Stand: 01.04.2019, UrhG § 2 Rn. 68; Dreier/
Schulze-*Schulze*, UrhG, 6. Aufl. 2018, § 2 Rn. 36; Schricker/Loewenheim-*Loewenheim*, UrhG, 5.
Aufl. 2017, § 2 Rn. 53 ff.

sönliche geistige Schöpfung handeln. Dies ist der Fall, wenn das Schriftstück durch einen Menschen geschaffen wurde, es einen geistigen Gehalt aufweist, der eine gewisse Gestalt angenommen hat und nicht allein als Idee oder geistige Vorstellung vorliegt und der einen ausreichenden Grad an Schöpfungshöhe aufweist. Ein ausreichender Grad an Schöpfungshöhe ist gegeben, wenn ein Gestaltungsspielraum vorlag, der ausgenutzt wurde, wobei an die Schöpfungshöhe nur geringe Anforderungen zu stellen sind (sog. Schutz der kleinen Münze). Vorliegend ..." ◄

Einzelfälle

*   **Bekannte und gängige Gestaltungsmittel** genießen keinen Werkschutz; ein Jeder kann sich den gängigen Moderichtungen und Arbeitsmethoden anschließen.[74] **Bsp.**: Verwendet ein Künstler den Hundertwasserstil, so ist nicht diese Kunstform an sich geschützt, sondern das Werk selbst, das der Künstler daraus herstellt. Ein Dritter darf folglich denselben Stil verwenden, aber nicht das gleiche Bild fertigen.[75]
*   Von der Funktion und Art des Werkes vorgegebene oder technisch bedingte **Formen** sind nicht geschützt.[76] **Bsp.**: In der Anbringung von Halbleitern auf Platinen wird in der Regel mehr eine technische Notwendigkeit als ein urheberrechtlich geschütztes Werk vorliegen.
*   **Aufwand, Mühen und Kosten** sind bei der Bewertung der Schutzfähigkeit eines Werkes nicht einzustellen. Nur die kreative Tätigkeit an sich, nicht die dafür nötigen Investitionen und Fleiß sind ausschlaggebend.[77] Investitionen können allerdings mittelbar zu einem verwandten Schutzrecht führen (z. B. Datenbankherstellerrecht, § 87a UrhG, vgl. Abschn. 1.1.1).
*   Der **Umfang** eines Werkes ist grundsätzlich irrelevant, sodass auch kurze Texte oder Musikwerke das nötige Schutzniveau erreichen können. Je kürzer allerdings ein Werk ist, desto genauer ist zu prüfen, ob es sich dabei um eine übliche Redewendung oder eine schutzfähige Schöpfung handelt.[78] Selbst Werktitel können einem urheberrechtlichen Schutz unterliegen. **Bsp.**: Dem Slogan „Ein Him-

---

[74] BGH, Urt. v. 21.01.1977 – I ZR 68/75, GRUR 1977, 574 – *Kettenkerze*; OLG Frankfurt a. M., Urt. v. 19.11.1981 – 6 U 110/81, WRP 1982, 227 – *Cartier-Uhr*; OLG Frankfurt a. M., Urt. v. 06.11.1980 – 6 U 244/79, WRP 1981, 465 – *Vorhangstoffe*; Vgl. dazu auch Dreier/Schulze-*Schulze*, UrhG, 6. Aufl. 2018, UrhG § 2 Rn. 45.

[75] OGH, Beschl. v. 19.11.2002 – 4 Ob 229/02h, ZUM-RD 2003, 451, 453 – *Hundertwasser-Haus*.

[76] BGH, Urt. v. 13.11.2013 – I ZR 143/12, GRUR 2014, 175 Rn. 41 ff. – *Geburtstagszug*; BGH, Urt. v. 12.05.2011 – I ZR 53/10, GRUR 2012, 58 Rn. 19 ff. – *Seilzirkus*; Siehe dazu auch: Dreier/Schulze-*Schulze*, UrhG, 6. Aufl. 2018, UrhG § 2 Rn. 47.

[77] EuGH, Urt. v. 01.03.2012 – C-604/10, ECLI:EU:C:2012:115 = GRUR 2012, 386 Rn. 42 – *Football Dataco/Yahoo*; BGH, Urt. v. 09.05.1985 – I ZR 52/83, GRUR 1985, 1041, 1048 – *Inkasso-Programm*; Dreier/Schulze-*Schulze*, UrhG, 6. Aufl. 2018, UrhG § 2 Rn. 53; Schricker/Loewenheim-*Loewenheim*, UrhG, 5. Aufl. 2017, § 2 Rn. 47.

[78] LG Berlin, Urt. v. 18.02.1974 – 16 S 3/73, GRUR 1974, 412 – *Werbeprospekt*; Dreier/Schulze-*Schulze*, UrhG, 6. Aufl. 2018, § 2 Rn. 55; Wandtke/Bullinger-*Bullinger*, UrhR, 4. Aufl. 2014, UrhG § 2 Rn. 27 f.

melbett als Handgepäck" als Werbung für einen Schlafsack wurde die nötige Schöpfungshöhe zugesprochen.[79] Bedeutsam ist auch das sog. Sound-Sampling, bei dem kurze Musiksequenzen entnommen werden und in Sound-Datenbanken eingespeist werden. Der Schutz des Komponisten ist in diesen Fällen fraglich, da die entnommenen Musikteile zumeist nicht die benötigte Schutzhöhe aufweisen. Anders ist dies im Hinblick auf das verwandte Schutzrecht des Tonträgerherstellers gem. § 85 UrhG zu beurteilen. Bei diesem ist keine Gestaltungshöhe erforderlich, weswegen Schutz nach dem verwandten Schutzrecht selbst für kleinste Teile besteht.[80] (vgl. jedoch die neue Rechtsprechung des EuGHs in der Rechtssache *Metall auf Metall III*: 1.6.3.2)

▶ **Merkhilfe für die Klausur** Für die Werkeigenschaft i. S. d. § 2 UrhG sind immer dieselben fünf Kriterien in einer Klausur zu prüfen:

1. Persönliche Schöpfung
2. Geistiger Gehalt
3. Formgebung
4. Neu für den Urheber
5. Schöpfungshöhe

Merksatz: **P**erfekt **g**emacht **f**ür **n**eue **S**chöpfer.

1.2.3 Bearbeitungen § 3 UrhG

Urheberrechtlicher Schutz besteht auch an solchen Werken, die keine vollständige Neuschöpfung sind, sondern sich an bereits **bestehende Werke anlehnen**. Um schutzfähig zu sein, müssen diese jedoch einen **eigenen schöpferischen Beitrag aufweisen**.[81] Es entstehen mithin zwei selbstständige Urheberrechte nebeneinander: Das Urheberrecht des Originalurhebers am unbearbeiteten Werk und das Bearbeiterurheberrecht an der Bearbeitung.[82] Dabei regelt § 3 UrhG nicht, ob die Bearbeitung an sich zulässig ist, sondern normiert lediglich das Entstehen des sog. **Bearbeiterurheberrechts**.

---

[79] OLG Düsseldorf, Urt. v. 28.02.1964 – 2 U 76/63, DB 1964, 617; Dreier/Schulze-*Schulze*, UrhG, 6. Aufl. 2018, UrhG § 2 Rn. 55; Vgl. vertiefend zu Werbeslogans: *Wandtke/Gerlach*, ZUM 2011, 788; *Erdmann*, GRUR 1996, 550; *Traub*, GRUR 1973, 186; *Schricker*, GRUR 1996, 815.

[80] BGH, Urt. v. 20.11.2008 – I ZR 112/06, GRUR 2009, 403 – *Metall auf Metall*; Fromm/Nordemann-*Nordemann*, UrhG, 12. Aufl. 2018, § 2 Rn. 127.

[81] Dreier/Schulze-*Schulze*, UrhG, 6. Aufl. 2018, UrhG § 3 Rn. 1; Dreyer/Kotthoff/Meckel/Hentsch-*Dreyer*, UrhG, 4. Aufl. 2018, § 3 Rn. 5; Fromm/Nordemann-*Nordemann*, UrhG, 12. Aufl. 2018, § 3 Rn. 15.

[82] Ahlberg/Götting-*Ahlberg*, BeckOK UrhR, 24. Ed. Stand: 01.04.2019, UrhG § 3 Rn. 2; Dreier/Schulze-*Schulze*, UrhG, 6. Aufl. 2018, UrhG § 3 Rn. 11; Schricker/Loewenheim-*Loewenheim*, UrhG, 5. Aufl. 2017, § 3 Rn. 2.

Ob eine Bearbeitung gegeben ist, richtet sich nicht nach dem Willen und der Vorstellung des Bearbeiters, sondern ist anhand **objektiver Kriterien** zu bestimmen.[83] Das Entstehen eines Bearbeiterurheberrechts kommt nur dann in Betracht, wenn tatsächlich eine persönliche geistige Schöpfung des Bearbeiters vorliegt,[84] wobei an die Gestaltungshöhe **keine hohen Anforderungen** zu stellen sind.[85] Jedoch steht die Bearbeitung in **Abhängigkeit** zur Gestaltungshöhe bzw. des Eigentümlichkeitgrads des Ausgangswerkes. Je höher diese ist, desto höher sind die Anforderungen an die Bearbeitungshöhe.[86]

Beispiel

Wird ein Werk in eine andere Sprache übersetzt und nutzt der Bearbeiter seine sprachlichen Kenntnisse, um eine stilistisch saubere Lösung in der anderen Sprache zu finden, so liegt in der Regel eine Bearbeitung mit Werkcharakter vor.[87] Wird das Werk hingegen nur vergrößert oder in einem anderen Werkstoff nachgebildet so wird in der Regel keine eigene geistige Schöpfung vorliegen.[88] Die bloße Anwendung von Darstellungstechniken ist keine geistige Schöpfung.[89] ◄

1.2.4 Freie Benutzung und Bearbeitung, §§ 23, 24 UrhG

Von erheblicher praktischer Relevanz ist die Abgrenzung der Bearbeitung gemäß § 23 UrhG zur freien Benutzung gemäß § 24 UrhG. § 23 UrhG lässt eine Veröffentlichung und Verwertung der Bearbeitung des Werkes nur unter Zustimmung des Urhebers zu. Erst wenn die individuellen Züge des bisherigen Werkes verblassen und gleichsam zurücktreten, liegt eine freie Benutzung nach § 24 UrhG vor (sog.

---

[83] LG Köln, Urt. v. 14.01.1972 – 5 O 401/71, GRUR 1973, 88 – *Kinder in Not*; Fromm/Nordemann-*Nordemann*, UrhG, 12. Aufl. 2018, §§ 23/24 Rn. 9; Wandtke/Bullinger-*Bullinger*, UrhR, 4. Aufl. 2014, UrhG § 3 Rn. 10.

[84] Dreier/Schulze-*Schulze*, UrhG, 6. Aufl. 2018, UrhG § 3 Rn. 11; Dreyer/Kotthoff/Meckel/Hentsch-*Dreyer*, UrhG, 4. Aufl. 2018, § 3 Rn. 24; Schricker/Loewenheim-*Loewenheim*, UrhG, 5. Aufl. 2017, § 3 Rn. 13.

[85] Ahlberg/Götting-*Ahlberg*, BeckOK UrhR, 24. Ed. Stand: 01.04.2019, UrhG § 3 Rn. 10 ff.; Schricker/Loewenheim-*Loewenheim*, UrhG, 5. Aufl. 2017, § 3 Rn. 14.

[86] BGH, Urt. v. 24.01.1991 – I ZR 72/89, GRUR 1991, 533, 534 – *Brown Girl II*; BGH, Urt. v. 19.11.1971 – I ZR 31/70, GRUR 1972, 143, 144 – *Biografie: Ein Spiel*; Dreier/Schulze-*Schulze*, UrhG, 6. Aufl. 2018, UrhG § 3 Rn. 11.

[87] BGH, Urt. v. 15.09.1999 – I ZR 57/97, ZUM 2000, 160, 161 – *Comic-Übersetzungen II*; OLG Zweibrücken, Urt. v. 21.02.1997 – 2 U 30/96, GRUR 1997, 363 – *Jüdische Friedhöfe*; Schricker/Loewenheim-*Loewenheim*, UrhG, 5. Aufl. 2017, § 3 Rn. 22.

[88] BGH, Urt. v. 07.02.2002 – I ZR 304/99, GRUR 2002, 532, 534 – *Unikatrahmen*.

[89] BGH, Urt. v. 13.10.1965 – Ib ZR 111/63, GRUR 1966, 503 – „*Apfel-Madonna*"; BGH, Urt. v. 01.04.1958 – I ZR 49/57, GRUR 1958, 500 – „*Mecki*"-*Igel*; Ahlberg/Götting-*Ahlberg*, BeckOK UrhR, 24. Ed. Stand: 01.04.2019, UrhG § 3 Rn. 26 f.

Verblassensformel). Damit § 23 UrhG nicht sinnentleert wird, bedarf es einer gewissen Höhe an Individualität, die überwunden werden muss.[90]

▶ **Klausurtipp** Die Verblassensformel ist in jeder Klausurlösung, die die Abgrenzung von freier Benutzung und Bearbeitung zum Inhalt hat, umfassend zu erörtern. Hier können durch eine umfassende Einzelfallbetrachtung leicht Punkte mitgenommen werden! Wichtig ist hierfür, zunächst darzulegen, welche individuellen Züge das konkrete Werk prägen. Sodann ist darauf abzustellen, welche Wesenszüge das neu erstellte Werk – die Bearbeitung oder freie Benutzung – prägen. Die Wesenszüge von Ausgangswerk und Bearbeitung sind zu vergleichen und nur dann, wenn sie das neu erstellte Werk nicht länger prägen, ist von einer freien Benutzung auszugehen.

Beispiel

Wird eine Comicfigur zwar so verändert, dass die für ihre Erscheinung eher von untergeordneter Bedeutung einzuordnende Kleidung gegenüber dem Ausgangswerk verändert wird, bleiben die sie prägenden Gesichtszüge aber gleich, wird eine freie Benutzung nach § 24 UrhG zu verneinen sein. ◀

Im **Internet** kann die Abgrenzung von Bearbeitung und freier Benutzung insbesondere für die Erstellung sog. **Memes** und Collagen eine Rolle spielen. Relevant ist sie auch, wenn kurze Zusammenfassungen (**Abstracts**) von Beiträgen aus Printmedien veröffentlicht werden. Grundsätzlich schließt die Übernahme von Textpassagen dabei eine freie Benutzung i. S. d. § 24 UrhG nicht aus, solange der Abstract einem modifizierten Gedankengang folgt und die Übernahme – etwa aufgrund ihres deskriptiven Charakters – kaum vermeidbar war.[91]

Das Konzept der freien Benutzung wurde in der **Entscheidung des EuGHs in der Rechtssache Metall auf Metall**[92] jedoch als unionsrechtswidrig verworfen. Er mahnte an, dass die bestrebten Harmonisierungen im Urheberrecht an ihrer Effektivität verlieren würden, wenn einzelne Mitgliedstaaten über die Schranken des Art. 5 InfoSoc-RL hinaus eigene Ausnahmen und Beschränkungen der urheberrechtlich garantierten Rechte gesetzlich statuieren würden.[93] Art. 5 Abs. 3 lit. k InfoSoc-RL enthält zwar eine fakultative Schrankenbestimmung für Parodien, Karikaturen und Satire, § 24 UrhG geht darüber aber hinaus und ist daher aufzuheben und durch eine unionsrechtskonforme Lösung zu ersetzen.[94]

---

[90] BGH, Urt. v. 24.01.1991 – I ZR 78/89, GRUR 1991, 531 – *Brown Girl I*; BGH, Urt. v. 26.09.1980 – I ZR 17/78, GRUR 1981, 267, 269 – *Dirlada*; Dreier/Schulze-*Schulze*, UrhG, 6. Aufl. 2018, UrhG § 2 Rn. 21.

[91] OLG Frankfurt a. M., Urt. v. 11.12.2007 – 11 U 75/06, AfP 2008, 90; Vgl. dazu eingehend: *Härting*, Internetrecht, 6. Aufl. 2017, Rn. 1489.

[92] EuGH, Urt. v. 29.07.2019 – C-476/17, ECLI:EU:C:2019:624 = BeckRS 2019, 15823 Rn. 56 ff. – *Metall auf Metall*.

[93] EuGH, Urt. v. 29.07.2019 – C-476/17, ECLI:EU:C:2019:624 = BeckRS 2019, 15823 Rn. 63 – *Metall auf Metall*.

[94] *Hauck*, GRUR-Prax 2019, 385; *Wagner*, MMR 2019, 727, 729.

§ 24 UrhG ist jedoch jedenfalls in seiner heutigen Ausgestaltung europarechtswidrig. Ob der Gesetzgeber ihn gänzlich aufheben und durch eine Neuregelung ersetzen wird oder er jedenfalls in seiner Eigenschaft als Begrenzung des § 23 UrhG aufrechterhalten werden kann, bleibt abzuwarten.

1.2.5 Veröffentlichte und erschienene Werke, § 6 UrhG

§ 6 UrhG regelt mit der Veröffentlichung und dem Erscheinen zwei der wichtigsten Definitionen im deutschen Urheberrecht. Dabei gilt der **Merksatz**:

▶   „Jedes Erscheinen beinhaltet […] eine Veröffentlichung; nicht jede Veröffentlichung stellt jedoch zugleich ein Erscheinen dar".[95]

1.2.5.1 Veröffentlichung nach Abs. 1
Für eine **Veröffentlichung** müssen **drei Voraussetzungen** erfüllt sein:[96]

1. Das Werk muss an die Öffentlichkeit gerichtet sein,
2. es muss der Öffentlichkeit zugänglich gemacht worden sein und
3. diese Zugänglichmachung muss mit Zustimmung des Berechtigten erfolgt sein.

Umstritten war lange Zeit, wie der Begriff der **Öffentlichkeit** i. R. d. § 6 UrhG auszulegen ist.[97] Fraglich war vor allem, ob § 6 UrhG dem Öffentlichkeitsbegriff des § 15 Abs. 3 UrhG folgt oder ob § 6 Abs. 1 UrhG von einem autonomen Begriff der Öffentlichkeit ausgeht. Das weite Öffentlichkeitsverständnis des § 15 Abs. 3 UrhG stärkt nämlich die Rechte des Urhebers hinsichtlich der Werkverwertung, da es eine Vielzahl von Verwertungsvorgängen erfasst. Wenn man diese weite Auslegung auch auf § 6 UrhG anwendet, so sind die Rechte des Urhebers i. S. d. § 6 Abs. 1 UrhG verkürzt, da dies nachteilige Folgen für ihn – wie etwa den Verlust des Rechtes aus § 12 Abs. 2 UrhG sowie kürzere Schutzfristen – mit sich bringen würde.[98] Eine einheitliche Anwendung des Öffentlichkeitsbegriffes aus § 15 Abs. 3 UrhG auch i. R. d. § 6 Abs. 1 UrhG ist aber wohl unumgänglich. Denn innerhalb

---

[95] Dreier/Schulze-*Dreier*, UrhG, 6. Aufl. 2018, UrhG § 6 Rn. 1.

[96] Ahlberg/Götting-*Ahlberg*, BeckOK UrhR, UrhG § 6 UrhG Rn. 13 ff.; Dreier/Schulze-*Dreier*, UrhG, 6. Aufl. 2018, UrhG § 6 Rn. 6; Fromm/Nordemann-*Nordemann*, UrhG, 12. Aufl. 2018, § 6 Rn. 10 ff.

[97] Für ein Verständnis des Öffentlichkeitsbegriffes analog zu § 15 Abs. 3 UrhG: KG, Urt. v. 21.04.1995 – 5 U 1007/95, NJW 1995, 3392, 3393 – *Botho Strauß*; Schricker/Loewenheim-*Katzenberger/Metzger*, UrhG, 5. Aufl. 2017, § 6 Rn. 9 ff.; Ahlberg/Götting-*Ahlberg*, BeckOK UrhR, 24. Ed. Stand: 01.04.2019, UrhG § 6 Rn. 18 ff.; Wandtke/Bullinger-*Marquardt*, UrhR, 4. Aufl. 2014, UrhG § 6 Rn. 6; Für einen autonomen Öffentlichkeitsbegriff in § 6 UrhG: *Bueb*, Der Veröffentlichungsbegriff im deutschen und internationalen Urheberrecht, 1974, S. 8 ff.; Dreier/Schulze-*Dreier*, UrhG, 6. Aufl. 2018, UrhG § 6 Rn. 7; Fromm/Nordemann-*Nordemann*, UrhG, 12. Aufl. 2018, § 6 Rn. 10; *Schiefler*, UFITA 48 (1966), 81, 85.

[98] Dreier/Schulze-*Dreier*, UrhG, 6. Aufl. 2018, UrhG § 6 Rn. 7; Anerkennend aber nicht übereinstimmend etwa Fromm/Nordemann-*Katzenberger/Metzger*, UrhG, 12. Aufl. 2018, § 6 Rn. 8.

eines Gesetzes können demselben Begriff ohne entsprechenden Hinweis durch den Gesetzgeber nicht unterschiedliche Bedeutungen beigemessen werden. Der Wortlaut lässt daher keine divergierenden Auffassungen des Öffentlichkeitsbegriffes innerhalb des UrhG zu.[99]

Die **Zugänglichmachung** an sich ist ein objektiver, einmaliger sowie irreversibler Akt, der dann erfüllt ist, wenn für die Öffentlichkeit die **tatsächliche Möglichkeit** besteht, das Werk gleichviel auf welche Weise, sinnlich wahrzunehmen.[100] Dies kann im Wege der benannten und unbenannten Verwertungsarten des § 15 UrhG erfolgen, oder aber auch durch sonstige Handlungen (z. B. Aufstellen eines Kunstwerkes an einem der Öffentlichkeit zugänglichen Platz).[101] Entscheidend ist, dass das Werk „mit Auge oder Ohr" wahrgenommen werden kann.[102] Hinzukommen muss jedoch stets auch eine subjektive Komponente: Der Urheber muss das Werk der Öffentlichkeit „gewidmet" haben.[103]

Die **Berechtigung der Zustimmung** liegt grundsätzlich beim Urheber selbst oder seinen Rechtsnachfolgern, kann aber auch bei Dritten liegen, wenn der Urheber diesen das Recht der Veröffentlichung übertragen hat.[104] Über die **Rechtsnatur** der Einwilligung hat sich noch kein abschließendes Meinungsbild geprägt. Vorherrschend ist jedoch die Auffassung, dass es sich bei der Einwilligung um eine rechtsgeschäftsähnliche Handlung handelt, sodass die **allgemeinen Regeln über Willenserklärungen** Anwendung finden.[105] Ebenso verfährt die Rechtsprechung.[106]

Eine Einwilligung kann auch nur für Teile eines Werkes erteilt, an Bedingungen geknüpft oder zeitlich befristet erteilt werden.[107] Die Zustimmung kann entweder

---

[99] Dreyer/Kotthoff/Meckel/Hentsch-*Dreyer*, UrhG, 4. Aufl. 2018, § 6 Rn. 8; Wandtke/Bullinger-*Marquardt*, UrhR, 4. Aufl. 2014, UrhG § 6 Rn. 5 f.; *Goebel/Hackemann/Scheller*, GRUR 1986, 355, 357; *Hoeren/Herring*, MMR 2011, 500, 501; Ahlberg/Götting-*Ahlberg*, BeckOK UrhR, § 6 UrhG Rn. 18 ff.

[100] BT-Drs. IV/270; Dreier/Schulze-*Dreier*, UrhG, 6. Aufl. 2018, UrhG § 6 Rn. 8; Schricker/Loewenheim-*Katzenberger/Metzger*, UrhG, 5. Aufl. 2017, § 6 Rn. 33 f.

[101] Dreier/Schulze-*Dreier*, UrhG, 6. Aufl. 2018, UrhG § 6 Rn. 8.

[102] BT-Drs. IV/270; EuGH, Urt. v. 07.12.2006 – C-306/05, ECLI:EU:C:2006:764 = GRUR 2007, 225 – *SGAE/Rafael*; Dreyer/Kotthoff/Meckel/Hentsch-*Dreyer*, UrhG, 4. Aufl. 2018, § 6 Rn. 33; Schricker/Loewenheim-*Katzenberger/Metzger*, UrhG, 5. Aufl. 2017, § 6 Rn. 15.

[103] Ahlberg/Götting-*Ahlberg*, BeckOK UrhR, 24. Ed. Stand: 01.04.2019, UrhG § 6 Rn. 15 ff.; Wandtke/Bullinger-*Marquardt*, UrhR, 4. Aufl. 2014, UrhG § 6 Rn. 5.

[104] BT-Drs. IV/270; Dreier/Schulze-*Dreier*, UrhG, 6. Aufl. 2018, UrhG § 6 Rn. 9; Spindler/Schuster-*Wiebe*, Recht der elektronischen Medien, 3. Aufl 2015, UrhG § 6 Rn. 10.

[105] Wandtke/Bullinger-*Marquardt*, UrhR, 4. Aufl. 2014, UrhG § 6 Rn. 14; Zum Charakter der Einwilligung: Staudinger-*Schäfer*, § 823 BGB, Neubearb. 2017, Rn. 456 ff.; vgl. umfassend: *Ohly*, „Volenti non fit iniuria" – Die Einwilligung im Privatrecht, 2002.

[106] Der BGH sieht die Einwilligung zwar als Realakt an, wendet aber trotzdem die rechtsgeschäftlichen Vorschriften an: BGH, Urt. v. 18.03.1980 – VI ZR 155/78, NJW 1980, 1903, 1904; Anders die Instanzrechtsprechung, die die Einwilligung als rechtsgeschäftliche bzw. rechtsgeschäftsähnliche Handlung ansieht: OLG München, Urt. v. 30.05.2001 – 21 U 1997/00, ZUM 2001, 708; vgl. dazu eingehend: Dreier/Schulze-*Specht*, UrhG, 6. Aufl. 2018, KUG § 22 Rn. 16.

[107] Dreier/Schulze-*Dreier*, UrhG, 6. Aufl. 2018, UrhG § 6 Rn. 9; Schricker/Loewenheim-*Katzenberger/Marquardt*, UrhG, 5. Aufl. 2017, § 6 Rn. 26; kritisch dazu: Fromm/Nordemann-*Nordemann*, UrhG, 12. Aufl. 2018, § 6 Rn. 29.

als **Einwilligung** i. S. d. § 183 Satz 1 BGB vor Veröffentlichung oder als **Genehmigung** i. S. d. § 184 Abs. 1 BGB erteilt werden.[108] Sie kann grundsätzlich **formlos** und auch **stillschweigend** erklärt werden, sodass insbesondere auch eine sog. schlichte Einwilligung in Betracht kommt (Abschn. 1.1.1, vgl. dort insbesondere die Stufenleiter von *Ohly*).

1.2.5.2 Erscheinen nach Abs. 2

Unter dem Erscheinen ist eine **qualifizierte Form** der Veröffentlichung zu verstehen; das Werk muss **festgelegt** und es müssen **Vervielfältigungsstücke** hergestellt worden sein,[109] welche sodann der **Öffentlichkeit angeboten** oder in **Verkehr** gebracht worden sind.[110]

Vervielfältigungen sind wegen des umfassenden Vervielfältigungsbegriffes des § 16 UrhG (Abschn. 1.4.1.3) **alle Verkörperungen**, die es ermöglichen, das Werk entweder direkt oder indirekt mittels technischer Geräte wahrzunehmen, wobei eine Festlegung auf Dauer nicht erforderlich ist.[111]

Das **Inverkehrbringen** ist parallel zu § 17 UrhG (Abschn. 1.4.2.2.2) als jede Handlung zu verstehen, mit der Werkstücke der Öffentlichkeit zugeführt werden,[112] unabhängig davon, ob dies im Wege eines Verkaufs, einer Leihe o. ä. erfolgt. Dabei genügt ausdrücklich die Zuführung nur eines einzelnen Werkstückes.[113] Lediglich ist zu fordern, dass die Handlung sich an Dritte richtet, die nicht in enger Verbindung zu dem Inverkehrbringenden stehen.[114] Einer **tatsächlichen Wahrnehmung** bedarf es nicht.[115]

---

[108] Ahlberg/Götting-*Ahlberg*, BeckOK UrhR, UrhG § 6 Rn. 25a; Schricker/Loewenheim-*Katzenberger/Marquardt*, UrhG, 5. Aufl. 2017, § 6 Rn. 25; Wandtke/Bullinger-*Marquardt*, UrhR, 4. Aufl. 2014, UrhG § 6 Rn. 15.

[109] BT-Drs. IV/270; Dreier/Schulze-*Dreier*, UrhG, 6. Aufl. 2018, UrhG § 6 Rn. 12; Dreyer/Kotthoff/Meckel/Hentsch-*Dreyer*, UrhG, 4. Aufl. 2018, § 6 Rn. 59.

[110] Fromm/Nordemann-*Nordemann*, UrhG, 12. Aufl. 2018, § 6 Rn. 15 ff.; Schricker/Loewenheim-*Katzenberger/Metzger*, UrhG, 5. Aufl. 2017, § 6 Rn. 32 ff.; Wandtke/Bullinger-*Marquardt*, UrhR, 4. Aufl. 2014, UrhG § 6 Rn. 27.

[111] Ahlberg/Götting-*Ahlberg*, BeckOK UrhR, 24. Ed. Stand: 01.04.2019, UrhG § 6 Rn. 28; Dreier/Schulze-*Dreier*, UrhG, 6. Aufl. 2018, UrhG § 6 Rn. 13; Dreyer/Kotthoff/Meckel/Hentsch-*Dreyer*, UrhG, 4. Aufl. 2018, § 6 Rn. 64.

[112] BGH, Urt. v. 23.01.1981 – I ZR 170/78, GRUR 1981, 360 – *Erscheinen von Tonträgern*; Dreier/Schulze-*Dreier*, UrhG, 6. Aufl. 2018, UrhG § 6 Rn. 14; Schricker/Loewenheim-*Katzenberger/Metzger*, UrhG, 5. Aufl. 2017, § 6 Rn. 34.

[113] BGH, Urt. v. 13.12.1990 – I ZR 21/89, GRUR 1991, 316 – *Einzelangebot*.

[114] BGH, Urt. v. 22.01.2009 – I ZR 19/07, GRUR 2009, 942, 944 – *Montezuma*; Dreier/Schulze-*Dreier*, UrhG, 6. Aufl. 2018, UrhG § 6 Rn. 14.

[115] Fromm/Nordemann-*Nordemann*, UrhG, 12. Aufl. 2018, § 6 Rn. 19; Ahlberg/Götting-*Ahlberg*, BeckOK UrhR, 24. Ed. Stand: 01.04.2019, UrhG § 6 Rn. 38; Dreyer/Kotthoff/Meckel/Hentsch-*Dreyer*, UrhG, 4. Aufl. 2018, § 6 Rn. 68; Wandtke/Bullinger-*Marquardt*, UrhR, 4. Aufl. 2014, UrhG § 6 Rn. 27.

> **Beispiel**
>
> Für ein Inverkehrbringen kann es genügen, wenn das Werk Werkvermittlern angeboten oder zur Verfügung gestellt wird.[116] Nicht ausreichend ist es hingegen, wenn eine einzelne Filmkopie zur einmaligen Vorführung auf einem Festival verliehen wird.[117] ◄

Welche genaue **Anzahl** an Vervielfältigungsstücken erforderlich ist, kann nicht allgemeingültig festgelegt werden. Ausreichend ist eine „zur Deckung des normalen Bedarfs genügende Anzahl".[118] Dies ist beispielsweise abhängig von der jeweiligen Werkart, der Größe der angesprochenen Öffentlichkeit, der Höhe des typischen Umsatzes etc. Die von der Literatur häufig geforderte – starre – Zahl von 50 Exemplaren ist aufgrund ihrer Pauschalisierung hingegen abzulehnen.[119]

> **Beispiel**
>
> Folgende Exemplarmengen wurden als ausreichend erachtet: Kinofilm – 8 Filmkopien,[120] 50 Tonträger, gerichtet an institutionelle Vermittler,[121] Übergabe eines Werkstückes bei Zugänglichmachung durch Werkvermittler.[122] Als nicht ausreichend wurden etwa der Verleih nur einzelner Filmkopien zum Resonanztest sowie das Kursieren privater Kopien in einem Schneeballsystem angesehen.[123] ◄

1.3   Der Urheber

Dem deutschen Urheberrecht liegt das sog. **Schöpferprinzip** zugrunde. Das bedeutet, Urheber kann **stets** nur diejenige **natürliche Person** sein, die das Werk tatsächlich **selbst** durch eine persönliche geistige Leistung geschaffen hat.[124] Da juristische

---

[116] BGH, Urt. v. 21.04.2016 – I ZR 43/14, GRUR 2016, 1048, Rn. 37 – *An Evening with Marlene Dietrich*; BGH, Urt. v. 19.12.1980 – I ZR 1 26/78, GRUR 1981, 355, 360 – *Video-Recorder*; vgl. dazu: Dreier/Schulze-*Dreier*, UrhG, 6. Aufl. 2018, UrhG § 6 Rn. 14.

[117] Fromm/Nordemann-*Nordemann*, UrhG, 12. Aufl. 2018, § 6 Rn. 19.

[118] BT-Drs. IV/270; Fromm/Nordemann-*Nordemann*, UrhG, 12. Aufl. 2018, § 6 Rn. 22; *Hubmann*, GRUR 1980, 537.

[119] Dreier/Schulze-*Dreier*, UrhG, 6. Aufl. 2018, UrhG § 6 Rn. 15; Fromm/Nordemann-*Nordemann*, UrhG, 12. Aufl. 2018, § 6 Rn. 22; Schricker/Loewenheim-*Katzenberger/Metzger*, UrhG, 5. Aufl. 2017, § 6 Rn. 22.

[120] BGH, Urt. v. 19.05.1972 – I ZR 42/71, GRUR Int. 1973, 49 – *Goldrausch*.

[121] BGH, Urt. v. 23.01.1981 – I ZR 170/78, GRUR 1981, 360 – *Erscheinen von Tonträgern*.

[122] BGH, Urt. v. 22.01.2009 – I ZR 19/07, GRUR 2009, 942, 945 – *Montezuma*; vgl. zum Ganzen Dreier/Schulze-*Dreier*, UrhG, 6. Aufl. 2018, UrhG § 6 Rn. 15;

[123] BGH, Urt. v. 16.04.1975 – I ZR 40/73, GRUR 1975, 561 – *August Vierzehn*; OLG Frankfurt a. M., Urt. v. 28.02.1996 – 11 U 64/94, ZUM 1996, 697, 701 f. – *Yellow Submarine*; vgl. dazu schon: *Dietz*, GRUR Int. 1975, 341.

[124] Ahlberg/Götting-*Ahlberg*, BeckOK UrhR, 24. Ed. Stand: 01.04.2019, UrhG § 7 Rn. 2; Dreier/Kotthoff/Meckel/Hentsch-*Dreyer*, UrhG, 4. Aufl. 2018, § 7 Rn. 1; Wandtke/Bullinger-*Thum*, UrhR, 4. Aufl. 2014, UrhG § 7 Rn. 1.

Personen und Personengesellschaften selbst keine eigene geistige Schaffenskraft besitzen, können diese niemals selbst Urheber sein,[125] sondern nur Inhaber abgeleiteter Nutzungsrechte.[126]

Bei der Schöpfung handelt es sich um einen **Realakt**, auf die Geschäftsfähigkeit der Person kommt es nicht an. Somit können selbst **Minderjährige** oder **Geschäftsunfähige** Urheber sein.[127]

Exkurs[128]
Die Verwaltung der Urheberrechte erfolgt bei Minderjährigen durch ihre gesetzlichen Vertreter, i. d. R. also durch die Eltern gemäß §§ 1626 Abs. 1 S. 2, 1629 BGB. Umstritten ist, ob bei der Ausübung der urheberpersönlichkeitsrelevanten Befugnisse auf die Vertreter oder den Minderjährigen selbst abzustellen ist. Nach teilweise vertretener Auffassung obliegt diese den Eltern, wobei ein Schutz vor Missbrauch durch § 1666 BGB gegeben ist.[129] Dieser sieht vor, dass falls durch die Ausübung der urheberpersönlichkeitsrechtlichen Befugnisse durch die Eltern eine Gefährdung des Kindeswohls droht, das Familiengericht geeignete Abwehrmaßnahmen treffen kann. Nach anderer Auffassung ist eine Stellvertretung bei der Ausübung urheberpersönlichkeitsrechtlicher Befugnisse insoweit ausgeschlossen, wie der Minderjährige über eine natürliche Einsichtsfähigkeit verfügt.[130] Nicht einsichtsfähige Minderjährige sind aber auch nach dieser Ansicht durch ihre Erziehungsberechtigten zu vertreten.

Wichtig wird das Schöpferprinzip insbesondere im Bereich der **Arbeits- und Dienstverhältnisse**. Grundsätzlich können vom Arbeit- oder Auftraggeber nur **Nutzungsrechte** vertraglich erworben werden, Urheber bleibt jedoch der Ersteller des Werks selbst.[131] Als Sondervorschrift stärkt § 69b UrhG die Rechte der **Arbeit- und Dienstgeber** im Bereich von **Computerprogrammen**. Wenn vertraglich nicht ausdrücklich geregelt, erwirbt der Arbeitgeber **alle vermögensrechtlichen Befugnisse an den Computerprogrammen**, die der Angestellte in Wahrnehmung seiner Aufgaben oder nach Anweisungen seines Arbeitgebers geschaffen hat. § 69b UrhG geht damit über die für andere Werkarten gültige Regelung des § 43 UrhG hinaus, welche dem Arbeitgeber Nutzungsrechte nur in dem Maße einräumt, in dem Inhalt und Wesen des Arbeitsvertrages dies erfordert.[132]

---

[125] BGH, Urt. v. 27.09.1990 – I ZR 244/88, GRUR 1991, 523 – *Grabungsmaterialien*; Dreier/Schulze-*Schulze*, UrhG, 6. Aufl. 2018, UrhG § 7 Rn. 2; Fromm/Nordemann-*Wirtz*, UrhG, 12. Aufl. 2018, § 7 Rn. 9.

[126] BGH, Urt. v. 18.09.2014 – I ZR 76/13, GRUR 2015, 258, Rn. 41 – *CT-Paradies*; *Thielcke/v. Bechtolsheim*, GRUR 2003, 754; Wandtke/Bullinger-*Thum*, UrhR, 4. Aufl. 2014, UrhG § 7 Rn. 1.

[127] Dreier/Schulze-*Schulze*, UrhG, 6. Aufl. 2018, UrhG § 7 Rn. 3; Fromm/Nordemann-*Wirtz*, UrhG, 12. Aufl. 2018, § 7 Rn. 9; Schricker/Loewenheim-*Loewenheim/Peifer*, UrhG, 5. Aufl. 2017, § 7 Rn. 5; *Wandtke*, Urheberrecht, 6. Aufl. 2017, S. 65.

[128] Vgl. zum Ganzen: Wandtke/Bullinger-*Thum*, UrhR, 4. Aufl. 2014, UrhG § 7 Rn. 5 ff.

[129] *Rehbinder/Peukert*, Urheberrecht, 18. Aufl. 2018, S. 249 (Rn. Ergänzen!!!).

[130] *Schack*, Urheber- und Urhebervertragsrecht, 8. Aufl. 2017, S. 269 (Rn. Ergänzen!!!).

[131] OLG Köln, Beschl. V. 14.10.1952 – 4 U 82/52, GRUR 1953, 499 – *Kronprinzessin Cäcilie*; Dreier/Schulze-*Schulze*, UrhG, 6. Aufl. 2018, UrhG § 7 Rn. 4 ff.

[132] Dreier/Schulze-*Dreier*, UrhG, 6. Aufl. 2018, UrhG § 69b Rn. 1 f.; Dreyer/Kotthoff/Meckel/Hentsch-*Kotthoff*, UrhG, 4. Aufl. 2018, § 69b Rn. 1; Ahlberg/Götting-*Kaboth/Spies*, BeckOK UrhR, 24. Ed. Stand: 01.04.2019, UrhG § 69b Rn. 2.

Abzugrenzen ist die **Mitwirkung an der Schöpfung**, die i. d. R. zu einer Miturheberschaft führt, von **Anregungen** und sonstiger Beteiligung, die – bewusst oder unbewusst – lediglich einen Gestaltungsakt beim Schöpfer in Gang setzten.[133] Dies betrifft insbesondere Auftraggeber, Ideengeber oder Hilfstätigkeiten, die nach genauer Vorgabe des Urhebers ausgeführt werden. Sind hingegen **mehrere** Personen tatsächlich schöpferisch tätig, so sind sie i. d. R. Miturheber nach § 8 UrhG.[134]

Eine solche Miturheberschaft entsteht dann, wenn mehrere Personen **gemeinsam** ein Werk schaffen, schöpferisch hierzu beitragen und sich die Beiträge nicht voneinander losgelöst verwerten lassen. Dabei haben die Schöpfer nicht nur gemeinsam das Urheberrecht inne, sie sind bei der Verwertung auch aufgrund ihrer besonderen Gemeinschaft zu gegenseitiger **Rücksichtnahme** verpflichtet.[135] Unerheblich ist bei der Erschaffung des Werkes, ob die beigetragenen Arbeitsleistungen gleichzeitig eingebracht wurden (**horizontale Arbeitsteilung**) oder die Urheber nacheinander tätig geworden sind (**vertikale Arbeitsteilung**), solange das Ergebnis eine wirtschaftliche Einheit darstellt.[136] Relevant wird die Miturheberschaft besonders bei der **Erteilung von Nutzungsrechten**. Gemäß § 8 Abs. 2 UrhG steht das Recht der Veröffentlichung und Verwertung des Werkes den Miturhebern nur zur gesamten Hand zu. Es handelt sich zwischen ihnen somit um eine Gesamthandsgemeinschaft, die der bürgerlich-rechtlichen GbR ähnlich ist, aber von urheberrechtlichen Grundsätzen geprägt wird.[137] Es kann dabei ergänzend – sofern die urheberrechtlichen Regelungen nicht ausreichend sind – auf die §§ 705 ff. BGB zurückgegriffen werden.

Eine Besonderheit besteht darin, dass unter der gemäß § 8 Abs. 2 S. 1 UrhG nötigen Einwilligung nach inzwischen allgemeiner Auffassung nur die vorherige Zustimmung i. S. d. § 183 S. 1 BGB zu verstehen ist.[138] Die Verweigerung der Einwil-

---

[133] Dreyer/Kotthoff/Meckel/Hentsch-*Dreyer*, UrhG, 4. Aufl. 2018, § 7 Rn. 3 ff.; Fromm/Nordemann-*Wirtz*, UrhG, 12. Aufl. 2018, § 7 Rn. 10; Schricker/Loewenheim-*Loewenheim/Peifer*, UrhG, 5. Aufl. 2017, § 7 Rn. 6 ff.

[134] Ahlberg/Götting-*Ahlberg*, BeckOK UrhR, 24. Ed. Stand: 01.04.2019, UrhG § 7 Rn. 9 ff.; Fromm/Nordemann-*Wirtz*, UrhG, 12. Aufl. 2018, § 7 Rn. 14; Wandtke/Bullinger-*Thum*, UrhR, 4. Aufl. 2014, UrhG § 7 Rn. 12 ff.

[135] BT-Drs. IV/270; Dreyer/Kotthoff/Meckel/Hentsch-*Dreyer*, UrhG, 4. Aufl. 2018, § 7 Rn. 1; Dreier/Schulze-*Schulze*, UrhG, 6. Aufl. 2018, UrhG § 8 Rn. 1; Schricker/Loewenheim-*Loewenheim/Peifer*, UrhG, 5. Aufl. 2017, § 8 Rn. 1.

[136] *Plett*, Urheberschaft, Miturheberschaft und wissenschaftliches Gemeinschaftswerk, 1984, S. 6 ff, S. 60 ff.; Dreier/Schulze-*Schulze*, UrhG, 6. Aufl. 2018, UrhG § 8 Rn. 3; Ahlberg/Götting-*Ahlberg*, BeckOK UrhR, 24. Ed. Stand: 01.04.2019, UrhG § 8 Rn. 4 ff.

[137] LG München I, Urt. v. 22.12.1998 – 7 O 6654/97, ZUM 1999, 332; *Schack*, Urheber- und Urhebervertragsrecht, 8. Aufl. 2017, Rn. 283; Wandtke/Bullinger-*Thum*, UrhR, 4. Aufl. 2014, UrhG § 8 Rn. 23.

[138] BT-Drs. IV/270, 41; BGH, Urt. v. 23.02.2012 – I ZR 6/11, GRUR 2012, 1022, Rn. 18 – *Kommunikationsdesigner*; *Schack*, Urheber- und Urhebervertragsrecht, 8. Aufl. 2017, Rn. 320; Ahlberg/Götting-*Ahlberg*, BeckOK UrhR, 24. Ed. Stand: 01.04.2019, UrhG § 8 Rn. 31; Schricker/Loewenheim-*Loewenheim*, UrhG, 5. Aufl. 2017, § 8 Rn. 15; Wandtke/Bullinger-*Thum*, UrhR, 4. Aufl. 2014, UrhG § 8 Rn. 31; Dreyer/Kotthoff/Meckel/Hentsch-*Dreyer*, UrhG, 4. Aufl. 2018, § 8 Rn. 39; Fromm/Nordemann-*Wirtz*, UrhG, 12. Aufl. 2018, § 8 Rn. 19;

ligung kann als Einschränkung jedoch nicht wider Treu und Glauben (§ 8 Abs. 2 S. 2 UrhG) verweigert werden; der sich weigernde Miturheber kann in diesen Fällen auf Erteilung der Einwilligung verklagt werden.[139] Sobald das Urteil rechtskräftig ist, gilt die Einwilligung gemäß § 894 S. 1 ZPO, der die Fiktion der Abgabe einer Willenserklärung enthält, als erteilt[140]

Im Unterschied zur Miturheberschaft nach § 8 UrhG bleibt der Urheber bei **verbundenen Werken** gem. § 9 UrhG alleiniger Rechteinhaber des jeweiligen Werkes. Verbundene Werke sind dadurch gekennzeichnet, dass mehrere Urheber ihre Werke zur gemeinsamen Verwertung miteinander verbinden (vgl. § 9 UrhG). Da sich verbundene Werke in der Regel gemeinsam besser verwerten lassen, kann auch in diesem Fall der Urheber seine Einwilligung zur gemeinsamen Verwertung nicht wider Treu und Glauben verweigern.

Beispiele

Verbundene Werke liegen regelmäßig vor, wenn mehrere Werke verschiedener Werkkategorien verbunden werden (z. B. Text und Musik bei Opern, Pop- und Rapsongs sowie z. B. Text und Bilder bei Illustrationen oder Sachbüchern). ◄

Der **Nachweis der Urheberschaft** wird mit der **Beweislastumkehr** des § 10 UrhG erleichtert. Hat der Urheber sein Werk kenntlich gemacht und gelangt es derartig gekennzeichnet an die Öffentlichkeit, muss derjenige, der die Urheberschaft bestreitet, das Gegenteil beweisen.[141] § 10 UrhG statuiert demnach eine Rechtsvermutung i. S. d. § 292 ZPO.[142]

Das Urheberrecht gilt nicht auf unbestimmte Zeit fort, sondern **erlischt** gemäß § 64 UrhG grundsätzlich **siebzig Jahre nach dem Tod** des Urhebers. Die Frist beginnt allerdings nicht mit dem Todestag des Urhebers, sondern nach § 69 UrhG mit **Ablauf des Kalenderjahres, in dem das für den Beginn der Frist maßgebliche Ereignis – also der Tod des Urhebers – eingetreten ist.**[143] Abgelaufen ist das Ka-

[139] OLG Köln, Urt. v. 10.06.2005 – 6 U 12/05, GRUR-RR 2005, 337, 338 – *Dokumentarfilm Massaker*; Ahlberg/Götting-*Ahlberg*, BeckOK UrhR, 24. Ed. Stand: 01.04.2019, UrhG § 8 Rn. 32; Dreier/Schulze-*Schulze*, UrhG, 6. Aufl. 2018, UrhG § 8 Rn. 16.

[140] *Schack*, Urheber- und Urhebervertragsrecht, 8. Aufl. 2017, Rn. 320; Schricker/Loewenheim-*Loewenheim*, UrhG, 5. Aufl. 2017, § 8 Rn. 16; Wandtke/Bullinger-*Thum*, UrhR, 4. Aufl. 2014, UrhG § 8 Rn. 33.

[141] Dreier/Schulze-*Schulze*, UrhG, 6. Aufl. 2018, UrhG § 10 Rn. 1; Dreier/Kotthoff/Meckel/Hentsch-*Dreier*, UrhG, 4. Aufl. 2081, § 10 Rn. 2 ff.; Fromm/Nordemann-*Nordemann*, § 10 UrhG, Rn. 1.

[142] OLG Koblenz, Urt. v. 18.12.1986 – 6 U 1334/85, GRUR 1987, 435, 436 – *Verfremdete Fotos*; OLG München, Urt. v. 19.05.1988 – 29 U 2068/87, GRUR 1988, 819, 820 – *Der Goggolore*; *Riesenhuber*, GRUR 2003, 187, 195.

[143] Dreier/Schulze-*Dreier*, UrhG, 6. Aufl. 2018, UrhG § 64 Rn. 4; Spindler/Schuster-*Wiebe*, Recht der elektronischen Medien, 3. Aufl. 2015, UrhG § 69 Rn. 1; Wandtke/Bullinger-*Lüft*, UrhR, 4. Aufl. 2014, UrhG § 69 Rn. 1 f.

lenderjahram 31.12, die Frist beginnt mit dem auf dieses Ereignis folgenden Tag, also am 1.1. des auf das Jahr, in dem der Urheber gestorben ist, folgenden Jahres. In Fällen der Miturheberschaft nach § 8 UrhG endet das Urheberrecht gemäß § 65 Abs. 1 UrhG siebzig Jahre nach dem Tod des längstlebenden Miturhebers. Auf verbundene Werke i. S. d. § 9 UrhG ist diese Regelung jedoch nicht anzuwenden, da die einzelnen Werke trotz ihrer Verbindung an Selbstständigkeit und Eigenständigkeit nicht einbüßen.[144] Hier verbleibt es bei der getrennten Fristberechnung nach Maßgabe des § 64 UrhG. Das Urheberrecht erlischt also an jedem einzelnen verbundenen Werk siebzig Jahre nach dem Tod des jeweiligen Urhebers.

Beispiel

Urheber U stirbt am 22.03.2020. Das Urheberrecht erlischt gemäß § 64 UrhG siebzig Jahre nach seinem Tod. Gemäß § 69 UrhG beginnt diese Frist mit Ablauf des Kalenderjahres 2020, also am 01.01.2021. Darauf siebzig Jahre addiert ergibt ein Ende der Schutzfrist am 31.12.2090. Die Werke des Urhebers U sind somit ab dem 01.01.2091 gemeinfrei. ◄

> ▶ **Klausurtipp** Es gibt keine urheberrechtlichen Schutzfristen, die im Laufe eines Jahres ablaufen. Aufgrund der eindeutigen und unabdingbaren Vorschriften der §§ 64, 69 UrhG beginnen Schutzfristen immer am 01.01. eines Jahres und enden am 31.12. Zur Berechnung des Endes der Schutzfrist nehmen Sie also das Jahr, in dem der Urheber gestorben ist (z. B. 2020) und addieren 70 Jahre.

1.4 Inhalt des Urheberrechts

Gemäß § 11 S. 1 UrhG schützt das Urheberrecht den Urheber in seinen geistigen und persönlichen Beziehungen zum Werk und in der Nutzung des Werkes. § 11 S. 2 UrhG ergänzt diesen Schutzgedanken dadurch, dass auch die Sicherung einer angemessenen Vergütung des Urhebers durch das Urheberrecht bezweckt ist. Ausgehend von diesem Leitbild wird im Urheberrecht zwischen **Urheberpersönlichkeitsrechten** (§§ 12–14 UrhG) und **Verwertungsrechten** (§§ 15–24 UrhG) unterschieden. Die Zweiteilung dieser Rechte folgt aus der sog. **monistischen Theorie**, die dem deutschen Urheberrecht zugrunde liegt und in § 11 UrhG Ausdruck findet. Es wurde schon früh erkannt, dass für den Urheber der ökonomische, aber auch und gerade der persönlichkeitsrechtliche Schutz Relevanz hat. Nach *Ulmer* ist das Urheberrecht ein **Baum mit zwei Wurzeln**[145]: Einer urheberpersönlichkeitsrechtlichen Wurzel

---

[144] Schricker/Loewenheim-*Katzenberger/Metzger*, UrhG, 5. Aufl. 2017, § 65 Rn. 3; Wandtke/Bullinger-*Lüft*, UrhR, 4. Aufl. 2014, UrhG § 65 Rn. 2.
[145] *Ulmer*, Urheber- und Verlagsrecht, 3. Aufl. 1980, S. 114 ff.

und einer verwertungsrechtlichen Wurzel. Aus beiden Wurzeln wachsen Äste und Zweige, die untrennbar miteinander verwachsen sind und den Inhalt des Urheberrechts abbilden. Im Folgenden sollen die Urheberpersönlichkeitsrechte sowie die für das Internet besonders relevanten Verwertungsrechte näher erläutert werden.

1.4.1 Urheberpersönlichkeitsrechte

Das Urheberpersönlichkeitsrecht ist eine besondere Ausformung des allgemeinen Persönlichkeitsrechtes aus Art. 2 Abs. 1, Art. 1 Abs. 1 GG und genießt daher auch verfassungsrechtlichen Schutz gem. Art. 2 Abs. 1, Art. 1 Abs. 1 GG.[146] Es findet seine einfachgesetzliche Ausprägung in den §§ 12–14 UrhG (vgl. ergänzend das Kapitel zum Allgemeinen Persönlichkeitsrecht Kap. 2).

1.4.1.1 Veröffentlichungsrecht, § 12 Abs. 1 UrhG

Gemäß § 12 Abs. 1 UrhG kann der Urheber selbst entscheiden, ob, wann, wo und in welcher Form er das geschaffene Werk **veröffentlichen** will. Dies gilt nicht nur für fertige Werke, sondern auch für Vorstufen des Werkes, soweit diese bereits selbst schutzfähig sind (Abschn. 1.2).[147] Die Veröffentlichung eines Werkes entscheidet oft darüber, welche Persönlichkeits- und Verwertungsrechte zugunsten des Urhebers bestehen (vgl. etwa das Ausstellungsrecht gemäß § 18 UrhG, das nur hinsichtlich unveröffentlichter Werke besteht). Bezüglich des Begriffs der Veröffentlichung ist auf § 6 Abs. 1 UrhG zu verweisen (Abschn. 1.2.5).[148] Umstritten ist, ob § 12 Abs. 1 UrhG nur das Recht der **Erstveröffentlichung** des Werkes umfasst – gleichwohl auf welche Art und Weise – oder ob ein Werk **mehrfach** auf verschiedene Arten und Weisen veröffentlicht werden kann. Argumentieren lässt sich einerseits, dass eine Veröffentlichung z. B. zunächst in gedruckter Form und sodann im Fernsehen vollzogen werden kann,[149] sodass in jeder neuen Form der Werkverwertung auch eine neue Veröffentlichung i. S. d. § 12 Abs. 1 UrhG zu sehen sein könnte. Die wohl überwiegende Meinung erkennt heute jedoch nach der Erstveröffentlichung einen **Verbrauch des Veröffentlichungsrechts** an.[150] Dabei ist jedoch zu beachten,

---

[146] Erstmals: BGH, Urt. v. 25.05.1954 – I ZR 211/53, GRUR 1955, 197 – *Leserbrief.*

[147] BGH, Urt. v. 19.03.2014 – I ZR 35/13, GRUR 2014, 974, Rn. 56 – *Portraitkunst*; Dreier/Schulze-*Schulze*, UrhG, 6. Aufl. 2018, UrhG § 12 Rn. 2; Schricker/Loewenheim-*Dietz/Peukert*, UrhG, 5. Aufl. 2017, § 12 Rn. 11.

[148] Ahlberg/Götting-*Kroitzsch/Götting*, BeckOK UrhR, 24. Ed. Stand: 01.04.2019, UrhG § 12 Rn. 9; Dreier/Schulze-*Schulze*, UrhG, 6. Aufl. 2018, UrhG § 12 Rn. 4; Fromm/Nordemann-*Dustmann*, UrhG, 12. Aufl. 2018, § 12 Rn. 8.

[149] LG Berlin, Urt. v. 09.06.1983 – 16 S 5/83, GRUR 1983, 761, 762 – *Portraitbild*; vgl. dazu: Dreier/Schulze-*Schulze*, UrhG, 6. Aufl. 2018, UrhG § 12 Rn. 6; Fromm/Nordemann-*Hertin*, UrhG, 9. Aufl. 1998, § 12 Rn. 10.

[150] OLG München, Urt. v. 21.03.1996, 29 U 5512/95, NJW-RR 1997, 493, 494; Fromm/Nordemann-*Dustmann*, UrhG, 12. Aufl. 2014, § 12 Rn. 9; Schricker/Loewenheim-*Dietz/Peukert*, UrhG, 5. Aufl. 2017, § 12 Rn. 7; Wandtke/Bullinger-*Bullinger*, UrhR, 4. Aufl. 2014, UrhG § 12 Rn. 9.

dass eine Erstveröffentlichung nur durch Handlungen des Urhebers bzw. durch Handlungen Dritter, denen der Urheber zugestimmt, vorgenommen werden kann.[151]

1.4.1.2 Anerkennung der Urheberschaft, § 13 UrhG

§ 13 S. 1 UrhG räumt dem Urheber das Recht ein, dass seine Urheberschaft am Werk anerkannt wird. Satz 2 ergänzt diesen Schutz dadurch, dass dem Urheber die Bestimmung darüber überlassen wird, ob das Werk mit einer Urheberbezeichnung versehen wird und – falls ja – welche Bezeichnung dabei zu verwenden ist.

Nach **h.M.** ist der Urheber, sollte er das wünschen, aufgrund des persönlichkeitsrechtlichen Einschlags von § 13 UrhG bei jeder Nutzung des Werkes zu nennen.[152] § 13 UrhG lässt es dem Urheber jedoch frei, auf das Recht zur Namensnennung zu verzichten.[153] So gesehen kann von einem „**Recht, nicht genannt zu werden**" gesprochen werden. Möglich ist auch, dass der Urheber unter einem Künstlernamen oder sog. „Verlagspseudonym" auftritt.[154] Der Urheber ist an diese Entscheidung allerdings nicht dauerhaft gebunden: So kann er den Verzicht auf das Recht zur Namensnennung gemäß § 41 Abs. 4 S. 2 UrhG widerrufen, falls die Gefahr besteht, dass er in Vergessenheit gerät, seine Rechte nicht mehr ordnungsgemäß geltend machen kann oder nicht absehbar war, dass sein Werk über einen langen Zeitraum hin verwertet werden wird.[155]

Der Urheber kann sich mithin:[156]

- jederzeit auf seine Urheberschaft berufen,
- gegen ein Bestreiten seiner Urheberschaft wehren sowie
- gegen Dritte vorgehen, sollten diese sich die Urheberschaft anmaßen.

Sollte keine konkrete bzw. ausdrückliche Regelung hinsichtlich der Urheberbenennung getroffen worden sein, so ist anhand des Vertragszweckes und der Ver-

---

[151] Dreier/Schulze-*Schulze*, UrhG, 6. Aufl. 2018, UrhG § 12 Rn. 7; Fromm/Nordemann-*Dustmann*, UrhG, 12. Aufl. 2018, § 12 Rn. 15; Schricker/Loewenheim-*Dietz/Peukert*, UrhG, 5. Aufl. 2017, § 12 Rn. 9.

[152] BGH, Urt. v. 16.06.1994 – I ZR 3/92, GRUR 1995, 671, 672 – *Namensnennungsrecht des Architekten;* BGH, Urt. v. 28.04.1972 – I ZR 108/70, GRUR 1972, 713, 714 – *Im Rhythmus der Jahrhunderte;* BGH, Urt. v. 19.10.1962 – I ZR 174/60, GRUR 1963, 40, 43 – *Straßen, gestern und morgen;* vgl. dazu auch: Dreier/Schulze-*Schulze*, UrhG, 6. Aufl. 2018, UrhG § 13 Rn. 3; Schricker/ Loewenheim-*Dietz/Peukert*, UrhG, 5. Aufl. 2017, § 12 Rn. 18; Wandtke/Bullinger-*Bullinger*, UrhR, 4. Aufl. 2014, UrhG § 12 Rn. 7.

[153] OLG München, Urt. v. 04.09.2003 – 29 U 4743/02, ZUM 2003, 964, 967 – *Pumuckl;* LG Berlin, Urt. v. 04.11.2014 – 15 O 153/14, ZUM 2015, 264, 265; Schricker/Loewenheim-*Dietz/Peukert*, UrhG, 5. Aufl. 2017, § 12 Rn. 34 ff.

[154] OLG Hamm, Urt. v. 22.07.1966 – 4 U 105/66, GRUR 1967, 260 – *Irene von Velden;* Ulmer, Urheber- und Verlagsrecht, 3. Aufl. 1980, § 40 V 2 (Seite ergänzen!); *Schricker*, VerlG, 3. Aufl. 2001, § 8 Rn. 3.

[155] OLG München, Urt. v. 10.02.2011 – 29 U 2749/10, ZUM 2011, 422, 428 – *Tatort-Vorspann;* OLG München, Urt. v. 04.09.2003 – 29 U 4743/02, ZUM 2003, 964, 967 – *Pumuckl;* Schricker/ Loewenheim-*Dietz/Peukert*, UrhG, 5. Aufl. 2017, Vor §§ 12 ff. Rn. 17 ff.

[156] Fromm/Nordemann-*Dustmann*, UrhG, 12. Aufl. 2018, § 13 Rn. 9.

kehrssitte zu beurteilen, wie eine Urheberbenennung durchzuführen ist.[157] Auf eine solche Branchenübung kann sich jedoch nicht berufen werden, wenn sie eine „soziale Unsitte" darstellt und den Urheber mit zunehmenden Nachteilen belastet.[158] Unter Umständen kann v. a. im Bereich des Kunstgewerbes sowie bei serienmäßig hergestellten Gebrauchsgegenständen von einem stillschweigenden Verzicht auf die Namensnennung ausgegangen werden.[159]

Prozessual gewährt § 13 UrhG in Satz 1 dem Urheber einen Unterlassungsanspruch gegen Personen, die seine Urheberschaft leugnen sowie ein ausdrückliches Recht auf Namensnennung in Satz 2. Beide Rechte stehen neben den sonstigen Ansprüchen aus §§ 97 ff. UrhG.[160]

1.4.1.3   Entstellung des Werkes, § 14 UrhG

Einen Schutz gegen Entstellungen und andere Beeinträchtigungen des Werkes bietet § 14 UrhG. Er umfasst sowohl **Beeinträchtigungen,** die die Substanz des Werkes selbst verändern, als auch reine **Umfeldeinwirkungen,** die das Werk herabsetzen, ohne es selbst zu verändern.[161] Dabei kann der Rechteinhaber die Entstellungen und Beeinträchtigungen des Werkes verhindern, die geeignet sind, seine berechtigten **geistigen** oder **persönlichen Interessen** am Werk zu gefährden. Geschützte Interessen des Urhebers sind etwa das Bestands- und Integritätsinteresse, der soziale Kontext des Werkes sowie sein Gebrauchszweck.[162]

Die Begriffe des Entstellens und Beeinträchtigens sind nach **objektiven Kriterien** zu bewerten,[163] wobei **Entstellung** heißt, das Werk zu verfälschen oder zu ver-

---

[157] BGH, Urt. v. 16.06.1994 – I ZR 3/92, GRUR 1995, 671 – *Namensnennungsrecht des Architekten*; OLG München, Urt. v. 04.09.2003 – 29 U 4743/02, ZUM 2003, 964, 968 – *Pumuckl*; vgl. dazu auch: *Schack*, Urheber- und Urhebervertragsrecht, 8. Aufl. 2017, Rn. 33; Schricker/Loewenheim-*Dietz/Peukert*, UrhG, 5. Aufl. 2017, § 13 Rn. 28.

[158] LG München I, Urt. v. 05.03.1993 – 21 O 7688/92, ZUM 1995, 57, 58; *Schack*, Urheber- und Urhebervertragsrecht, 8. Aufl. 2017, Rn. 377; Fromm/Nordemann-*Dustmann*, UrhG, 12. Aufl. 2018, § 13 Rn. 14; Wandtke/Bullinger-*Bullinger*, UrhR, 4. Aufl. 2014, UrhG § 13 Rn. 25; Kritisch dazu jedoch *Radmann*, ZUM 2001, 788, 791.

[159] Dreyer/Kotthoff/Meckel/Hentsch-*Dreyer*, UrhG, 4. Aufl. 2018, § 13 Rn. 33; dazu jedoch kritisch: Wandtke/Bullinger-*Bullinger*, UrhR, 4. Aufl. 2014, UrhG § 13 Rn. 24.

[160] BGH, Urt. v. 15.01.2015 – I ZR 148/13, GRUR 2015, 780, Rn. 38 – *Motorradteile*; Dreyer/Kotthoff/Meckel/Hentsch-*Dreyer*, UrhG, 4. Aufl. 2018, § 12 Rn. 49 ff.; Fromm/Nordemann-*Dustmann*, UrhG, 12. Aufl. 2018, § 13 Rn. 1.

[161] *Schack*, Urheber- und Urhebervertragsrecht, 8. Aufl. 2017, Rn. 384; Schricker/Loewenheim-*Dietz/Peukert*, UrhG, 5. Aufl. 2017, § 14 Rn. 13 ff.; Wandtke/Bullinger-*Bullinger*, UrhR, 4. Aufl. 2014, UrhG § 14 Rn. 1.

[162] BVerfG, Beschl. v. 29.06.2000 – 1 BvR 925/98, GRUR 2001, 149, 151 f. – *Germania*; BGH, Urt. v. 19.03.2008 – I ZR 166/05, GRUR 2008, 984, 986 – *St. Gottfried*; BGH, Urt. v. 01.10.1998 – I ZR 104/96, GRUR 1999, 230, 231 – *Treppenhausgestaltung*; BGH, Urt. v. 29.04.1970 – I ZR 30/69, GRUR 1971, 35, 37 – *Maske in Blau*; vgl. dazu auch: Schricker/Loewenheim-*Dietz/Peukert*, UrhG, 5. Aufl. 2017, § 14 Rn. 26.

[163] Dreier/Schulze-*Schulze*, UrhG, 6. Aufl. 2018, UrhG § 14 Rn. 10; Schricker/Loewenheim-*Dietz/Peukert*, UrhG, 5. Aufl. 2017, § 14 Rn. 12; Wandtke/Bullinger-*Bullinger*, UrhR, 4. Aufl. 2014, UrhG § 14 Rn. 5.

stümmeln und eine **Beeinträchtigung** dann vorliegt, wenn das Werk in seiner Wirkung gehemmt, behindert, eingeschränkt oder geschmälert wird.[164] Beeinträchtigungen sind also etwa zu sehen in Störungen der öffentlichen Wahrnehmbarkeit oder der Verhinderung des Zugangs zum Werkstandort. Nicht ausdrücklich genannt, aber auch von der Beeinträchtigung umfasst, ist die vollständige Vernichtung des Werkes.[165] Dies hat der *BGH* jüngst in der Entscheidung *HHole (for Mannheim)* bestätigt.[166]

Beispiel

In einem Berliner Wohnhaus wurde 1894 ein Wandfresko gemalt, das nackte Sirenen (weibliche Fabelwesen der griechischen Mythologie) zeigte. Der Eigentümer übermalte dieses Wandfresko anschließend in einer Weise, dass diese nackten Frauen bekleidet waren. Dies wurde durch das Reichsgericht als Entstellung bewertet. Dennoch führte das RG in einem *obiter dictum* aus, dass man es dem Eigentümer im Regelfall nicht versagen dürfe, ein Gemälde vollständig zu zerstören.[167] ◀

Um nicht jedweden Fall des Entstellens, Beeinträchtigens oder Zerstörens zu verbieten, enthält der zweite Halbsatz des § 14 UrhG eine **Einschränkung** dieses Rechts. Umfasst sind danach nur solche Eingriffe, die geeignet sind, die berechtigten Interessen des Urhebers zu verletzen, wobei grundsätzlich das objektive Vorliegen der einzelnen Kriterien eine Verletzung indiziert.[168] Zu berücksichtigende Kriterien bei der Interessenabwägung sind etwa das Bestandsinteresse des Urhebers, der soziale Kontext des Werkes, der Gebrauchszweck des Eigentümers, Nutzungs- und Gebrauchsinteressen, Art und Intensität des Eingriffes, Grad der schöpferischen Eigenart des Werkes, Verwertungszweck und Verwertungsgebiet.[169] In einer **umfas-**

---

[164] Dreyer/Kotthoff/Meckel/Hentsch-*Dreyer*, UrhG, 4. Aufl. 2018, § 14 Rn. 39 ff.; Fromm/Nordemann-*Dustmann*, UrhG, 12. Aufl. 2018, § 14 Rn. 12 f.; Wandtke/Bullinger-*Bullinger*, UrhR, 4. Aufl. 2014, UrhG § 14 Rn. 3.

[165] Dreier/Schulze-*Schulze*, UrhG, 6. Aufl. 2018, UrhG § 14 Rn. 27; Schricker/Loewenheim-*Dietz/Peukert*, UrhG, 5. Aufl. 2017, § 14 Rn. 20; *Schulze*, GRUR 2019, 609, 618.

[166] BGH, Urt. v. 21.02.2019 – I ZR 98/17, BeckRS 2019, 5360 – *HHole (for Mannheim)*; vgl. schon zur Vorinstanz: *Strobl*, GRUR 2017, 1094.

[167] RG, Urt. v. 08.06.1912 – Rep. I 382/11, DJZ 1912, 921 – *Felseneiland mit Sirenen*.

[168] BGH, Urt. v. 02.10.1981 – I ZR 137/79, GRUR 1982, 107, 110 – *Kirchen-Innenraumgestaltung*; Fromm/Nordemann-*Dustmann*, UrhG, 12. Aufl. 2018, § 14 Rn. 15; *Honscheck*, GRUR 2007, 944, 946; *Paschke*, GRUR 1984, 858, 865.

[169] BVerfG, Beschl. v. 29.06.2000 – 1 BvR 825/98, GRUR 2001, 149, 151 f. – *Germania*; BGH, Urt. v. 19.03.2008 – I ZR 166/05, GRUR 2008, 984, 986 – *St. Gottfried*; BGH, Urt. v. 01.10.1998 – I ZR 104/96, GRUR 1999, 230, 231 – *Treppenhausgestaltung*; BGH, Urt. v. 29.04.1970 – I ZR 30/69, GRUR 1971, 35, 37 – *Maske in Blau*; vgl. dazu auch: Schricker/Loewenheim-*Dietz/Peukert*, UrhG, 5. Aufl. 2017, § 14 Rn. 26 ff.; Wandtke/Bullinger-*Bullinger*, UrhR, 4. Aufl. 2014, UrhG § 14 Rn. 26 ff.

senden Interessenabwägung ist zu berücksichtigen, ob dem verändernden Dritten durch den Rechteinhaber nicht bereits ausdrücklich oder stillschweigend eine Änderungsbefugnis eingeräumt wurde oder eine Versagung von verkehrsüblichen und unwesentlichen Änderungen bereits nach Treu und Glauben nicht angebracht ist.[170]

▶   **Klausurtipp** Die Interessenabwägung ist in einem Dreischritt vorzunehmen, der stets folgende Prüfungspunkte enthält:[171]

1. Liegt eine Beeinträchtigung vor?
2. Werden die berechtigten Interessen des Urhebers verletzt?
3. Ergibt eine Interessenabwägung das Überwiegen der Interessen des Urhebers?

Bei dieser Interessenabwägung sind alle Umstände des Einzelfalles zu berücksichtigen, u. a., ob sich ein streitiges Werk in der Öffentlichkeit befindet (dann wiegt die Beeinträchtigung des Urhebers schwerer) oder in einer Privatwohnung (dann wiegt die Beeinträchtigung des Urhebers in der Regel weniger schwer)

Beispiel

Das Bestandsinteresse eines Architekten an einem von ihm entworfenen Bahnhof muss wohl regelmäßig hinter Modernisierungsinteressen des Eigentümers zurücktreten.[172] Jedoch hat der BGH die Veränderung einer Fotografie im Rahmen einer Parodie dann als Verletzung des § 14 UrhG gewertet, wenn die Entstellung des Werkes die berechtigten geistigen und persönlichen Interessen des Klägers in besonderem Maße betrifft und die Bearbeitung sich nicht mit dem eigentlichen Werk des Künstlers auseinandersetzt, sondern das abgebildete Motiv verspottet und außerhalb des Urheberrechts liegende Rechte Dritter verletzt.[173] ◀

Seit dem *Deckmyn*-Urteil[174] des EuGHs hat sich auch das Verhältnis von § 14 UrhG zu § 24 UrhG geändert:[175] Bis zum Urteil war die antithematische Behand-

---

[170] LG Berlin, Urt. v. 28.11.2006 – 16 O 240/05, GRUR 2007, 964, 966 ff.; Dreier/Schulze-*Schulze*, UrhG, 6. Aufl. 2018, UrhG § 14 Rn. 16 ff.
[171] Dreier/Schulze-*Schulze*, UrhG, 6. Aufl. 2018, UrhG § 14 Rn. 9 ff.; Dreyer/Kotthoff/Meckel/Hentsch-*Dreyer*, UrhG, 4. Aufl. 2018, § 14 Rn. 35 ff.; Schricker/Loewenheim-*Dietz/Peukert*, UrhG, 5. Aufl. 2017, § 14 Rn. 12.
[172] *Grohmann*, GRUR-Prax 2010, 275.
[173] BGH, Urt. v. 28.07.2016 – I ZR 9/15, ZUM 2016, 985 – *Auf fett getrimmt*.
[174] EuGH, Urt. v. 03.09.2014 – C-201/13, ECLI:EU:C:2014:2132 = GRUR 2014, 972 – *Deckmyn*.
[175] Vgl. dazu ausführlich: *Specht/Koppermann*, ZUM 2016, 19, 19 ff.

lung des Ausgangswerkes Voraussetzung des § 24 und Argument für einen Ausschluss des § 14 UrhG, weil das Band zwischen Urheber und Werk durch die freie
Benutzung i. S. d. § 24 UrhG gewissermaßen durchschnitten wird. Der Begriff der
Parodie in Art. 5 Abs. 3 lit. k RL 2001/29 erfordert eine solche antithematische
Behandlung des Werkes aber nach dem Deckmyn-Urteil nicht mehr zwingend. Die
wesentlichen Merkmale des Begriffs der Parodie bestehen bei unionsrechtlich autonomer Auslegung darin, „zum einen an ein bestehendes Werk zu erinnern, gleichzeitig aber ihm gegenüber wahrnehmbare Unterschiede aufzuweisen, und zum anderen einen Ausdruck von Humor oder eine Verspottung darzustellen".[176] Weiterhin
hängt der Begriff der Parodie i. S. d. Art. 5 Abs. 3 lit. k RL 2001/29 „nicht von den
Voraussetzungen ab, dass die Parodie einen eigenen ursprünglichen Charakter hat,
der nicht nur darin besteht, gegenüber dem parodierten ursprünglichen Werk wahrnehmbare Unterschiede aufzuweisen, dass sie vernünftigerweise einer anderen Person als dem Urheber des ursprünglichen Werkes zugeschrieben werden kann, dass
sie das ursprüngliche Werk selbst betrifft oder dass sie das parodierte Werk angibt".[177] Deutschland hat von der Implementierung der Parodie-Schranke aus der
InfoSoc-RL keinen Gebrauch gemacht. Dennoch können die Wertungen auch auf
das nationale Recht übertragen werden:
    Eine Parodie kann insofern nunmehr eine Entstellung eines urheberrechtlich ge-
schützten Werkes nach Maßgabe des § 14 UrhG darstellen.[178]

1.4.2 Verwertungsrechte

Während die Urheberpersönlichkeitsrechte in den §§ 12 ff. UrhG statuiert sind, finden sich in den §§ 15 ff. UrhG die sog. Verwertungsrechte. Diese verleihen dem
Urheber einerseits **positive Benutzungsrechte**, andererseits aber auch **negative
Benutzungsrechte (= Verbotsrechte)**.[179] Sie konkretisieren also den Inhalt des Urheberrechts zugunsten des Urhebers und bestimmen gleichzeitig, welche Nutzungsarten der Urheber Dritten verbieten darf. Die §§ 15 ff. UrhG sollen dabei – anders
als noch § 11 LUG und § 15 KUG – möglichst jede Art der Werknutzung unter die
Kontrolle des Urhebers bringen.[180] In § 15 UrhG sind dabei zunächst die möglichen

---

[176] EuGH, Urt. vom 03.09.2014 – C-201/13, ECLI:EU:C:2014:2132 = GRUR 2014, 972, Rn. 33 –
Deckmyn.

[177] EuGH, Urt. v. 03.09.2014 – C-201/13, ECLI:EU:C:2014:2132 = GRUR 2014, 972, Rn. 33 –
Deckmyn.

[178] EuGH, Urt. v. 03.09.2014 – C-201/13, ECLI:EU:C:2014:2132 = GRUR 2014, 972, Rn. 34 –
Deckmyn.

[179] Fromm/Nordemann-*Dustmann*, UrhG, 12. Aufl. 2018, § 15 Rn. 1.

[180] So der RegE UrhR 1962 – BT-Drs. IV/270, S. 44 f.; vgl. dazu auch: Dreier/Schulze-*Schulze*,
UrhG, 6. Aufl. 2018, UrhG § 15 Rn. 5; Dreyer/Kotthoff/Meckel/Hentsch-*Dreyer*, UrhG, 4. Aufl.
2018, § 15 Rn. 2; Fromm/Nordemann-*Dustmann*, UrhG, 12. Aufl. 2018, § 15 Rn. 4; Schricker/
Loewenheim-*v. Ungern-Sternberg*, UrhG, 5. Aufl. 2017, § 15 Rn. 6.

Verwertungsformen aufgeführt: § 15 Abs. 1 UrhG erfasst die Werkverwertung in körperlicher Form. Dies erfasst alle Verwertungsformen, die unmittelbar das Original des Werkes oder Vervielfältigungsstücke zum Gegenstand haben.[181] Darunter fallen das Vervielfältigungsrecht gemäß § 16 UrhG (Abschn. 1.4.1.3), das Verbreitungsrecht nach § 17 UrhG (Abschn. 1.4.2.1.1) sowie das Ausstellungsrecht i. S. d. § 18 UrhG. § 15 Abs. 2 UrhG erfasst dem gegenüber die Werkverwertung in unkörperlicher Form. Diese Verwertungsformen sind dadurch gekennzeichnet, dass sie das Original oder ein Vervielfältigungsstück des Werkes nur mittelbar zum Gegenstand haben und dieses wahrnehmbar machen.[182] Dazu zählen das Vortrags-, Aufführungs- und Vorführungsrecht gemäß § 19 UrhG, das Recht der öffentlichen Zugänglichmachung nach § 19a UrhG (Abschn. 1.4.2.2.5), das Senderecht i. S. d § 20 UrhG, das Recht der Wiederhabe durch Bild und Tonträger gemäß § 21 UrhG sowie das Recht der Wiedergabe und öffentlichen Zugänglichmachung von Funksendungen nach § 22 UrhG. In § 15 Abs. 3 UrhG ist schließlich der Öffentlichkeitsbegriff normiert.

Die Aufzählung der Verwertungsrechte in § 15 Abs. 1, Abs. 2 UrhG ist jedoch nicht abschließend, wie sich aus dem vorangestellten Wort „insbesondere" ergibt. Der Gesetzgeber wollte bewusst eine Regelung treffen, die auch die Erfassung neuer, unbenannter Verwertungsformen zulässt. Durch die fortschreitende Medialisierung und Digitalisierung verschwimmen die Grenzen zwischen den einzelnen Verwertungsrechten jedoch zunehmend. So wird beispielsweise bei der Verletzung des Rechtes der öffentlichen Zugänglichmachung nach § 19a UrhG regelmäßig auch eine Vervielfältigungshandlung gemäß § 16 UrhG vorliegen. Unterschiede ergeben sich sodann allerdings auf der Ebene der Rechtfertigung (vgl. insbesondere die nur vorübergehende Vervielfältigung nach Maßgabe des § 44a UrhG, Abschn. 1.4.2.3.2).

Die Verwertungsrechte sind letztlich von den Nutzungsrechten nach §§ 31 ff. UrhG abzugrenzen: Während die Verwertungsrechte die Rechte des Urhebers festlegen, entscheiden die Nutzungsrechte darüber, welche Rechte anderen Personen durch den Urheber bzw. Rechtsinhaber eingeräumt werden.

1.4.2.1 Das Vervielfältigungsrecht, § 16 UrhG

Der Katalog der Verwertungsrechte beginnt in § 16 UrhG mit dem Vervielfältigungsrecht. § 15 Abs. 1 Nr. 1 UrhG räumt dem Urheber diesbezüglich das **ausschließliche** Vervielfältigungsrecht ein. Dieses erfasst nicht nur 1:1-Vervielfäl-

---

[181]Amtliche Begründung, *M. Schulze*, S. 437; vgl. dazu Dreier/Schulze-*Schulze*, UrhG, 6. Aufl. 2018, UrhG § 15 Rn. 25; Dreyer/Kotthoff/Meckel/Hentsch-*Dreyer*, UrhG, 4. Aufl. 2018, § 15 Rn. 40.

[182]Dreier/Schulze-*Dreier*, UrhG, 4. Aufl. 2018, UrhG § 15 Rn. 29; Fromm/Nordemann-*Dustmann*, UrhG, 12. Aufl. 2018, § 15 Rn. 22; Wandtke/Bullinger-*Heerma*, UrhR, 4. Aufl. 2014, UrhG § 15 Rn. 13.

tigungen, sondern auch eine Reproduktion mit Abweichungen. So fallen etwa auch Werkteile und Fragmente unter § 16 UrhG, sofern sie selbst den Schutzvoraussetzungen der §§ 1 ff. UrhG genügen.[183]

1.4.2.1.1 Die Vervielfältigungshandlung im Allgemeinen

§ 16 UrhG definiert das Vervielfältigungsrecht als das Recht, Vervielfältigungsstücke des Werkes herzustellen, ohne dass es darauf ankommt, ob diese Vervielfältigungsstücke dauerhaft oder vorübergehend sind, in welcher Form sie hergestellt werden oder in welcher Zahl. Der Begriff der Vervielfältigung reicht damit sehr weit. **Vervielfältigung** ist „jede körperliche Festlegung, die geeignet ist, ein Werk auf irgendeine Weise den menschlichen Sinnen unmittelbar oder mittelbar zugänglich zu machen".[184] Auf die Anzahl oder Dauer der Vervielfältigungen kommt es dabei nicht an.[185] Der bloße Werkgenuss stellt jedoch keine Vervielfältigung dar.

Beispiel

Auch das Kopieren von Software auf einen Fremdserver ist eine solche körperliche Festlegung. Spielt aber ein Musiker ein Stück nach Noten, so sind diese Noten an sich ein Vervielfältigungsstück. Die gespielte Melodie hingegen wird nicht körperlich fixiert, es liegt eine unkörperliche Nutzung nach § 15 Abs. 2 UrhG vor.[186] ◄

Das Vervielfältigungsstück muss nicht aus demselben Material bestehen oder in gleicher Form entstehen wie das Ausgangswerkstück.[187] So ist beispielsweise auch

---

[183] EuGH, Urt. v. 04.10.2011 – C-403/08, 429/08, ECLI:EU:C:2011:631 = GRUR 2012, 156, 163 – *Football Association Premier League u. a.*; BGH, Urt. v. 10.12.1987 – I ZR 198/85, GRUR 1988, 533, 535 – *Vorentwurf II*; vgl. dazu auch: Wandtke/Bullinger-*Heerma*, UrhR, 4. Aufl. 2014, UrhG § 16 Rn. 6.

[184] So erstmals: BGH, Urt. v. 18.05.1955 – I ZR 8/54, GRUR 1955, 492, 494; vgl. dazu auch: Wandtke/Bullinger-*Heerma*, UrhR, 4. Aufl. 2014, UrhG § 16 Rn. 4; Dreier/Schulze-*Schulze*, UrhG, 6. Aufl. 2018, UrhG § 16 Rn. 6; Ahlberg/Götting-*Kroitzsch/Götting*, BeckOK UrhR, 24. Ed. Stand: 01.04.2019, UrhG § 16 Rn. 3.

[185] EuGH, Urt. v. 04.10.2011 – C-403/08, C-429/08, ECLI:EU:C:2011:631 = ZUM 2011, 803, 817 – *Football Association Premier League u. a.*; Dreier/Schulze-*Schulze*, UrhG, 6. Aufl. 2018, UrhG § 16 Rn. 12; Dreyer/Kotthoff/Meckel/Hentsch-*Dreyer*, UrhG, 4. Aufl. 2018, § 16 Rn. 12 f.

[186] BGH, Urt. v. 16.06.1971 – I ZR 120/69, GRUR 1972, 141 – *Konzertveranstalter*; vgl. Dazu: Dreier/Schulze-*Schulze*, UrhG, 6. Aufl. 2018, UrhG § 16 Rn. 6.

[187] BGH, Urt. v. 05.07.2001 – I ZR 335/98, GRUR 2002, 246, 247 – *Scanner*; BGH, Urt. v. 10.12.1998 – I ZR 100/96, GRUR 1999, 325, 327 – *Elektronische Pressearchive*; Dreier/Schulze-*Schulze*, UrhG, 6. Aufl. 2018, UrhG § 16 Rn. 7; Schricker/Loewenheim-*Loewenheim*, UrhG, 5. Aufl. 2017, § 16 Rn. 20.

das Digitalisieren,[188] Scannen,[189] Einstellen in das Internet,[190] Telefaxen[191] oder die Nachbildung einer Fotografie mittels Tonfiguren als Vervielfältigung anzusehen.[192]

Beispiel

Auch das Zwischenspeichern der Daten im Arbeitsspeicher des Computers stellt somit eine Vervielfältigungshandlung dar. Eine Rechtfertigung kann jedoch über § 44a UrhG (Abschn. 1.4.2.3.2) erfolgen. ◄

Keine Voraussetzung für das Vorliegen einer Vervielfältigung ist, dass das kopierte Werk selbst körperlich ist.[193] Auch die **erstmalige Fixierung** eines bisher nur unkörperlichen Werkes (sog. **Erstfixierung**) ist als solche anzusehen.[194] Die Vervielfältigung **beginnt** bereits bei den Vorstufen (z. B. dem Herstellen nötiger Druckstöcke, Negativen oder Masterbänden) des finalen Vervielfältigungsexemplares, soweit das Werk in diesen bereits verkörpert ist.[195] Konsequenz daraus ist, dass das Vervielfältigungsrecht einen sehr breit gefächerten Anwendungsbereich hat.

Eine ganzheitliche Kopie des ursprünglichen Werkes ist nicht erforderlich, ausreichend ist es auch, einzelne **Teile eines Werkes** zu vervielfältigen, solange dieser Werkteil selbst eigenständig schutzfähig ist.[196] Dabei stellt sich jedoch die Frage, ob die kleinen übernommenen Teile für sich allein genommen urheberrechtlich schutzfähig i. S. d. § 2 UrhG sind.[197] Wird hingegen ein Werk in kleinen Fragmenten (z. B. beim Streaming) gleichzeitig vervielfältigt, so ist nicht auf das einzelne Fragment, welches meist nicht den Anforderungen eines Werkes nach § 2 UrhG genügt,

---

[188] BGH, Urt. v. 10.12.1998 – I ZR 100/96, GRUR 1999, 325, 327 – *Elektronische Pressearchive*; KG, Urt. v. 28.09.2015 – 24 U 178/14, GRUR-RR 2016, 265, 267 – *Davidoff-Parfum*; OGH, Urt. v. 26.01.1999 – 4 Ob 345/98h, ZUM-RD 1999, 213, 215.

[189] BGH, Urt. v. 05.07.2001 – I ZR 335/98, GRUR 2002, 246, 247 – *Scanner*.

[190] BGH, Urt. v. 18.09.2014 – I ZR 76/13, GRUR 2015, 258 Rn. 35 – *CT-Paradies*; KG, Urt. v. 24.07.2001 – 5 U 9427/99, ZUM-RD 2001, 485, 488; Ahlberg/Götting-*Kroitzsch/Götting*, BeckOK UrhR, 24. Ed. Stand: 01.04.2019, UrhG § 16 Rn. 13.

[191] BGH, Urt. v. 28.01.1999 – I ZR 208/96, GRUR 1999, 928, 930 – *Telefaxgeräte*.

[192] Vgl. zum Ganzen auch: Dreier/Schulze-*Schulze*, UrhG, 6. Aufl. 2018, UrhG § 16 Rn. 7.

[193] BGH, Urt. v. 19.01.2006 – I ZR 5/03, GRUR 2006, 319 Rn. 25 – *Alpensinfonie*; Ahlberg/Götting-*Kroitzsch/Götting*, BeckOK UrhR, 24. Ed. Stand: 01.04.2019, UhrG § 16 Rn. 14; Dreier/Schulze-*Schulze*, UrhG, 6. Aufl. 2018, UrhG § 16 Rn. 8

[194] BGH, Urt. v. 22.01.2009 – I ZR 19/07, GRUR 2009, 942, Rn. 26 – *Motezuma*; vgl. Dazu: Schricker/Loewenheim-*Loewenheim*, UrhG, 5. Aufl. 2017, § 16 Rn. 7; Wandtke/Bullinger-*Heerma*, UrhR, 4. Aufl. 2014, UrhG § 16 Rn. 8.

[195] BGH, Urt. v. 03.07.1981 – I ZR 106/79, GRUR 1982, 102, 103 – *Masterbänder*; Dreier/Schulze-*Schulze*, UrhG, 6. Aufl. 2018, UrhG § 16 Rn. 8; Fromm/Nordemann-*Dustmann*, 12. Aufl. 2018, § 16 Rn. 10.

[196] Dreier/Schulze-*Schulze*, UrhG, 6. Aufl. 2018, UrhG § 16 Rn. 9; Schricker/Loewenheim-*Loewenheim*, UrhG, 5. Aufl. 2017, § 16 Rn. 14.

[197] Dreier/Schulze-*Schulze*, UrhG, 6. Aufl. 2018, UrhG § 16 Rn. 9; Schricker/Loewenheim-*Loewenheim*, UrhG, 5. Aufl. 2017, § 16 Rn. 14.

sondern auf die Summe aller Fragmente, die im Zeitpunkt der Vervielfältigung verarbeitet werden, abzustellen.[198]

Einschränkungen des Vervielfältigungsrechts finden sich v. a. in den Schrankenregelungen der §§ 44a, 45, 46, 47, 48, 49, 50, 51, 53, 55, 56 UrhG (s.u.). In Umsetzung der „Marrakesch-Richtlinie" finden sich zugunsten von Menschen mit Behin-
derungen Einschränkungen des Vervielfältigungsrechts in den §§ 45a, 45b, 45c
UrhG. Durch das 2018 eingeführte UrhWissG finden sich zudem einige Einschränkungen in den §§ 60a ff. UrhG zugunsten von Lehre und Wissenschaft. Diese müssen nun aber ihrerseits durch die Vorgaben der DSM-Richtlinie (Abschn. 1.1.2)
wiederum modifiziert werden.

1.4.2.1.2   Vervielfältigung ausgesuchter Werkarten

- **Musik- und Filmwerke**: Nach § 16 Abs. 2 UrhG ist das Überspielen oder Aufnehmen von Werken auf Tonband, CD, Videoband, DVD oder andere Speichermedien eine Vervielfältigung.[199] Dies gilt auch für die Verwendung als Klin-
  gelton.[200]
- **Lichtbilder/Lichtbildwerke**: Das Fotografieren eines Werkes, die Entwicklung eines Negativs, das Nachstellen eines bereits fotografierten Objekts in
  Kombination mit der fotografierten Fixierung dieses Objekts sowie der Ab-
  druck eines Lichtbildes in einem Druckwerk stellen allesamt Vervielfältigungen dar.[201]
- **2D/3D**: Auch der Dimensionswechsel – etwa von 2D in 3D oder 3D in 2D – ist
  vom Vervielfältigungsrecht nach § 16 UrhG erfasst. Dies ergibt sich einerseits
  aus den §§ 58, 59 UrhG, die die zweidimensionale Abbildung von dreidimensionalen Gebilden als urheberrechtlich relevante Handlung erfassen, andererseits
  daraus, dass das UrhG keine Differenzierung der verschiedenen Dimensionen
  vornimmt.[202]
- **Computerprogramme**: Für Computerprogramme existiert hinsichtlich ihrer Vervielfältigung die Sondervorschrift des § 69c Nr. 1 UrhG. Die §§ 15 ff UrhG – und

---

[198] So erstmals: EuGH, Urt. v. 04.10.2011 – C-403/08, 429/08, ECLI:EU:C:2011:631 GRUR 2012,
156, 163 – *Football Association Premier League u. a.*; vgl. dazu: Dreyer/Kotthoff/Meckel/Hentsch-
Dreyer, UrhG, 4. Aufl. 2018, § 16 Rn. 39; Wandtke/Bullinger-*Heerma*, UrhR, 4. Aufl. 2014, UrhG
§ 16 Rn. 6.

[199] BGH, Urt. v. 03.07.1981 – I ZR 106/79, GRUR 1982, 102, 103 – *Masterbänder*; Wandtke/Bul-
linger-*Heerma*, UrhR, 4. Aufl. 2014, UrhG § 16 Rn. 12.

[200] BGH, Urt. v. 18.12.2008 – I ZR 23/06, MMR 2019, 246 – *Klingeltöne für Mobiltelefone*; OLG
Hamburg, Beschl. v. 04.02.2002 – 5 U 106/01, ZUM 2002, 480; *Poll*, MMR 2004, 67.

[201] OLG Köln, Urt. v. 05.03.1999 – 6 U 189/97, ZUM-RD 1999, 223 – *Doppelschöpfung*; OLG
Hamburg, Urt. v. 12.10.1995 – 3 U 140/95, ZUM 1996, 315 – *„Power of Blue"*; Wandtke/Bullin-
ger-*Heerma*, UrhR, 4. Aufl. 2014, UrhG § 16 Rn. 14.

[202] Exemplarisch: BGH, Urt. v. 22.01.1952 – I ZR 68/51, GRUR 1952, 516 – *Hummelfiguren*;
ähnlich: Ahlberg/Götting-*Kroitzsch/Götting*, BeckOK UrhR, 24. Ed. Stand: 01.04.2019, UrhG
§ 16 Rn. 10; vgl. zur Problematik des 3D-Drucks ausführlich: *Nordemann/Rüberg/Schaefer*, NJW
2015, 1265.

somit auch die Schranken der §§ 44a ff. UrhG – sind auf Computerprogramme daher nicht anwendbar.[203] Es existieren Sondervorschriften, die urheberrechtlich relevante Nutzungshandlungen erlauben (vgl. eingehend Abschn. 1.4.2.3.1).

1.4.2.2 Verbreitungsrecht, § 17 UrhG

1.4.2.2.1 Einführung

Neben dem Vervielfältigungsrecht aus § 16 UrhG ist das Verbreitungsrecht gem. § 15 Abs. 1 Nr. 2, § 17 UrhG eines der wichtigsten **körperlichen Verwertungsrechte**. Dabei stellt das Verbreitungsrecht ein **selbstständiges Verwertungsrecht** dar, welches gleichberechtigt neben dem Vervielfältigungsrecht besteht. Daraus folgt, dass der Urheber getrennt über diese Rechte disponieren kann.[204]

1.4.2.2.2 Gegenstand des Verbreitungsrechts, § 17 Abs. 1 UrhG

Das Verbreitungsrecht ist das Recht, das Original oder Vervielfältigungsstücke des Werkes der Öffentlichkeit **anzubieten** oder **in Verkehr zu bringen**. Nach klassischem Verständnis bezieht sich das Verbreitungsrecht allein auf das Inverkehrbringen körperlicher Werkexemplare, was v. a. aus dem Wortlaut „Werkstück" folgen soll. Die fortschreitende Digitalisierung löst das immaterielle Werk aber zunehmend von seiner Fixierung auf einem Trägermedium und gestattet auch die unkörperliche Weitergabe. In der Rechtssache *Oracle/UsedSoft* entschieden EuGH und BGH daher, dass die Online-Überlassung einer Programmkopie wirtschaftlich-funktional der Weiterreichung eines Datenträgers entspricht und sich das Verbreitungsrecht an Computerprogrammen gem. § 69 Nr. 3 UrhG daher auch im Falle eines unkörperlichen Inverkehrbringens einer Programmkopie, z. B. beim Download einer Kopie eines Computerprogramms sowie beim Online-Bezug von Software allgemein,[205] unter bestimmten Umständen erschöpft (vgl. zur Erschöpfung: Abschn. 1.4.2.2.5).[206] Jedenfalls das Verbreitungsrecht gem. § 69c Nr. 3 UrhG erfasst daher **auch unkörperliche Gegenstände**. Ob dies auch für das Verbreitungsrecht gem. § 17 UrhG der Fall ist, sich die Erwägungen von EuGH und BGH also auf andere Werkarten über-

---

[203] Schricker/Loewenheim-*Loewenheim*, UrhG, 5. Aufl. 2017, § 16 Rn. 16 ff.; Wandtke/Bullinger-*Heerma*, UrhR, 4. Aufl. 2014, UrhG § 16 Rn. 11.

[204] Dreier/Schulze-*Schulze*, UrhG, 6. Aufl. 2018, UrhG § 17 Rn. 2; Redeker-*Redeker*, IT-Recht, 6. Aufl. 2017, Rn. 51 ff.

[205] Vgl. hierzu: *Hoeren/Försterling*, MMR 2012, 642, 642 ff.

[206] EuGH, Urt. v. 01.07.2012 – C-128/11, ECLI:EU:C:2012:407 GRUR 2012, 904 – *UsedSoft*; BGH, Urt. v. 19.03.2015 – I ZR 4/14, ZUM-RD 2015, 642 – *Green-IT*; BGH, Urt. v. 11.12.2014 – I ZR 8/13, GRUR 2015, 772 – *UsedSoft III*; BGH, Urt. v. 17.07.2013 – I ZR 129/08, MMR 2014, 232 – *UsedSoft II*; BGH, Urt. v. 11.02.2010 – I ZR 178/08, GRUR 2010, 822 – *Half-Life 2*; OLG München, Beschl. v. 02.03.2015 – 6 U 2759/07, MMR 2015, 397 – *UsedSoft*; vgl. hierzu auch: Bräutigam/Rücker-*Specht*, E-Commerce, 1. Aufl. 2017, S. 563 Rn. 15; *Ganzhorn*, CR 2014, 492, 493; zur Bestätigung der *UsedSoft*-Rechtsprechung in der Rechtssache *Green-IT*: *Roth*, ZUM 2015, 981; zum Erschöpfungsgrundsatz allgemein: *Hauck*, EuZW 2017, 645.

tragen lassen, ist allerdings umstritten.[207] Insbesondere in der Rechtsprechung wird dies abgelehnt.[208] Die UsedSoft-Rechtsprechung von EuGH und BGH nimmt wesentlichen Bezug auf die Software-Richtlinie[209] und hier insbesondere auf Art. 4 Abs. 2 Software-Richtlinie.[210] Innerhalb ihres Anwendungsbereiches sollen nach dem Willen des Unionsgesetzgebers **körperliche und unkörperliche Programmkopien im Wesentlichen gleichbehandelt** werden, was sich als gesetzgeberische Wertung so in der InfoSoc- Richtlinie für andere unkörperliche Werke nicht findet.[211] Neben den Erwägungen der InfoSoc-Richtlinie[212] werden gegen eine Übertragbarkeit auf andere unkörperliche Güter im Wesentlichen Erwägungen des WCT, die Gefahr eines Zusammenbruchs des Erstmarktes sowie der entgegenstehende Wille des Gesetzgebers herangezogen.[213]

---

[207] Grundlegend: *Apel*, ZUM 2015, 640, 640 ff.; für eine Übertragbarkeit auf andere Werke spricht nicht zwingend das Urteil des EuGHs v. 10.11.2016 in der Rs. C-174/15, ECLI:EU:C:2016:856, GRUR 2017, 76 – *Vereniging Openbare Bibliotheken/Stichting Leenrecht*; für eine Übertragbarkeit auf andere Werke aber: *Ganzhorn*, CR 2014, 492, 497; *ders.*, InTeR 2014, 31, 38; *Dreier/Schulze-Dreier*, UrhG, 6. Aufl. 2018, UrhG § 69c Rn. 24; *Redeker*, CR 2014, 73, 77; *Hoeren/Försterling*, MMR 2012, 642, 647; *Hoeren/Jakopp*, MMR 2014, 646, 647; *Terhaag/Telle*, K&R 2013, 549, 553; *Malevanny*, CR 2013, 422, 426; *Neuber*, WRP 2014, 1274, 1277; *Ohly*, JZ 2013, 42, 43; *Hartmann*, GRUR Int. 2012, 980, 984; wohl auch: *Senftleben*, NJW 2012, 2924, 2926; *Kubach*, CR 2013, 279, 283; *Hilty/Köklü/Hafenbrädl*, IIC 2013, 263; *Schmidt-Kessel*, K&R 2014, 475, 482; differenzierend: *Hilty*, CR 2012, 625, 633; unentschieden: *Grützmacher*, ZGE 2013, 46, 81; *Eichelberger*, WRP 2013, 852, 856; *Möhring/Nicolini-Stang*, UrhR, 4. Aufl. 2018, UrhG § 85 Rn. 23; *Lutz*, IPRB 2013, 237, 239; *Schneider/Spindler*, CR 2012, 489, 497; *Lee*, IIC 2012, 846, 846 ff.; zumindest für eine Übertragung auf Hybridprodukte: *Schneider/Spindler*, CR 2014, 213, 222; eine Übertragung ablehnend: *Schippel*, MMR 2016, 802; *Dietrich*, NJ 2014, 194, 197; *Hauck*, NJW 2014, 3616, 3616 ff.; *Stieper*, ZUM 2012, 668, 670, Dreyer/Kotthoff/Meckel/Hentsch-*Kotthoff*, UrhG, 4. Aufl. 2018, § 69c Rn. 25; *Jani*, K&R 2012, 297, 297 ff.; *Hilgert*, CR 2014, 354, 354 ff.; *Marly*, EuZW 2012, 654, 657; *Bäcker*, ZUM 2014, 333,335; *Krüger/Biehler/Apel*, MMR 2013, 760, 765; wohl auch: *Ohly*, NJW-Beil. 2014, 47, 47 ff.

[208] Court of Appeal Amsterdam, Urt. v. 20.01.2015, Cri 2015, 47, 47 ff. – *NUV v. Tom Kubinet*; OLG Hamburg, Beschl. v. 24.03.2015 – 10 U 5/11, MMR 2015 740, 740 ff.; OLG Hamm, Urt. v. 15.05.2014 – 22 U 60/13, GRUR 2014, 853 – *Hörbuch-AGB*; OLG Stuttgart, Urt. v. 03.11.2011 – 2 U 49/11, MMR 2012, 834; LG Berlin, Urt. v. 11.03.2014 – 16 O 73/13, K&R 2014, 445; LG Bielefeld, Urt. v. 05.03.2013 – 4 O 191/11, GRUR-RR 2013, 281 – *Hörbuch*; LG Hamburg, Urt. v. 20.09.2011 – 312 O 414/10, BeckRS 2013, 19556; ablehnend auch: *Hauck*, NJW 2014, 3616, 3616 ff.; *Stieper*, ZUM 2012, 668, 670, Dreyer/Kotthoff/Meckel/Hentsch-*Kotthoff*, UrhG, 4. Aufl. 2018, § 69c Rn. 25; *Jani*, K&R 2012, 297, 297 ff.; *Marly*, EuZW 2012, 654, 657; *Bäcker*, ZUM 2014, 333, 335; *Krüger/Biehler/Apel*, MMR 2013, 760, 765; wohl auch: *Ohly*, NJW-Beilage 2014, 47, 47 ff.

[209] Richtlinie 2009/24/EG des Europäischen Parlaments und des Rates vom 23. April 2009 über den Rechtsschutz von Computerprogrammen, ABl. Nr. L 111/16 v. 05.05.2009.

[210] Richtlinie 2009/24/EG des Europäischen Parlaments und des Rates vom 23. April 2009 über den Rechtsschutz von Computerprogrammen, ABl. Nr. L 111/16 v. 05.05.2009.

[211] EuGH, Urt. v. 03.07.2012 – C-128/11, ECLI:EU:C:2012:407 = MMR 2012, 586, Rn. 58 – *Oracle/UsedSoft*.

[212] Richtlinie 2001/29/EG des Europäischen Parlaments und des Rates vom 22. Mai 2001 zur Harmonisierung bestimmter Aspekte des Urheberrechts und der verwandten Schutzrechte in der Informationsgesellschaft, ABl. Nr. L 167/10 v. 22.06.2001.

[213] Vgl. hierzu eingehend: *Specht*, Diktat der Technik, 2019, S. 302 ff.

Dieser ablehnenden Haltung hat sich der EuGH nunmehr in der Rechtssache *Tom Kabinet* angeschlossen. Unter Verweis auf die Vorschriften der WCT stellt er fest, dass das Verbreitungsrecht nicht für eBooks als unkörperliche Gegenstände gilt.[214] Dies hat die wesentliche Folge, dass auch der Erschöpfungsgrundsatz des § 17 Abs. 2 UrhG (Abschn. 1.4.2.2.5) keine Anwendung findet und ein Lösungsweg über das Recht der öffentlichen Wiedergabe gefunden werden muss.

1.4.2.2.3 Angebot an die Öffentlichkeit

Das Angebot als solches ist **wirtschaftlich** zu verstehen, sodass auch reine Werbemaßnahmen erfasst sind.[215] Nicht erforderlich ist ein Antrag i. S. d. §§ 145 ff. BGB;[216] Eine bloße invitatio ad offerendum – etwa durch Prospekte, Anzeigen oder Rundschreiben – genügt. Im Internet können somit reine Werbebanner und Werbe-Popups bereits Angebote i. S. d. § 17 UrhG darstellen. Auch das Ausstellen des Werkes auf einer Messe oder im Schaufenster ist als Angebot anzusehen, solange deutlich wird, dass dieses zum Verkauf oder einer Besitzüberlassung gedacht ist.[217] Nicht angeboten werden somit beispielsweise Regale oder Dekorationsmaterialien, solange sie nur dem Verkauf des Werkes dienen und nicht selbst zum Erwerb angeboten werden.[218] Auch die in einem Kaufhaus für Herren- und Damenbekleidung zu Erholungs- und Dekorationszwecken aufgestellten Polstermöbel verletzen nicht das Verbreitungsrecht nach § 17 UrhG, da keine Verbreitung durch Verkauf oder in sonstiger Weise vorliegt, wenn der Öffentlichkeit nur (kurzfristiger) Gebrauch der Sachen gewährt wird.[219]

Das **Angebot** muss derart **konkret** sein, dass der Adressat erkennen kann, was genau ihm angeboten wird, wobei es keiner eindeutigen Titelangabe bedarf, wenn eine Erkennbarkeit dennoch gewährleistet ist.[220]

---

[214] EuGH, Urt. v. 19.12.2019 – C-263/18, ECLI:EU:C:2019:1111 = GRUR 2020, 179, Rn. 39 ff. – *Tom Kabinet*.

[215] Dreier/Schulze-*Schulze*, UrhG, 6. Aufl. 2018, UrhG § 17 Rn. 11; Schricker/Loewenheim-*Loewenheim*, UrhG, 5. Aufl. 2017, § 17 Rn. 12; Wandtke/Bullinger-*Heerma*, UrhR, 4. Aufl. 2014, UrhG § 17 Rn. 15.

[216] BGH, Urt. v. 23.01.1981 – I ZR 170/78, GRUR 1981, 360, 362 – *Erscheinen von Tonträgern*; KG, Urt. v. 01.12.1982 – (2) Ss 169/82 (30/82), GRUR 1983, 174 – *Videoraubkassetten*; Wandtke/Bullinger-*Heerma*, UrhR, 4. Aufl. 2014, UrhG § 17 Rn. 15.

[217] BGH, Urt. v. 21.01.1982 – I ZR 196/79, GRUR 1982, 371, 372 – *Scandinavia*; Dreier/Schulze-*Schulze*, UrhG, 6. Aufl. 2018, UrhG § 17 Rn. 14; ablehnend jedoch für den Fall, dass ausdrücklich betont wird, ein Produkt sei noch nicht erhältlich: BGH, Urt. v. 23.02.2017 – I ZR 92/16, GRUR 2017, 793, Rn. 25 ff. – *Mart-Stam-Stuhl*.

[218] EuGH, Urt. v. 17.04.2008 – C-456/06, ECLI:EU:C:2008:232 = ZUM 2008, 508 Rn. 36 – *Le-Corbusier-Möbel II*; anders noch in der Vorinstanz: BGH, Beschl. v. 05.10.2006 – I ZR 247/03, GRUR 2007, 50, Rn. 20 – *Le-Corbusier-Möbel*; vgl. dazu auch: Dreier/Schulze-*Schulze*, UrhG, 6. Aufl. 2018, UrhG § 17 Rn. 14.

[219] EuGH, Urt. v. 17.04.2008 – C-456/06, ECLI:EU:C:2008:232 = GRUR 2008, 604, Rn. 41 – *Peek & Cloppenburg KG/Cassina SpA*.

[220] KG, Urt. v. 01.12.1982 – (2) Ss 169/82 (30/82), GRUR 1983, 174 – *Videoraubkassetten*; Ahlberg/Götting-*Götting*, BeckOK UrhR, 24. Ed. Stand: 01.04.2019, UrhG § 17 Rn. 11 ff.; Wandtke/Bullinger-*Heerma*, UrhR, 4. Aufl. 2014, UrhG § 17 Rn. 16.

Nicht erforderlich ist, dass das Angebot auch **Erfolg** hat.[221] Ein Vorrat an Werkstücken bei Abgabe des Angebots ist nicht erforderlich,[222] es reicht aus, wenn der Anbieter das Werkstück beschaffen oder selbst produzieren kann.[223]

Für den Begriff der Öffentlichkeit kann unmittelbar auf § 15 Abs. 3 S. 2 UrhG zurückgegriffen werden.[224] (Vgl. die Ausführungen zu § 19a UrhG: Abschn. 1.4.2.2.4) Öffentlich ist eine Verbreitung also dann, wenn das Angebot des Verwerters an Personen gerichtet ist, die mit dem Anbietenden **persönlich nicht verbunden** sind. Eine rein private Nutzung bleibt somit gemeinfrei.[225] Wie groß die **Anzahl der Adressaten** des Angebotes ist, ist unerheblich. Auch eine **Einzelverbreitung** an nur eine Person ist öffentlich, wenn diese Person nicht im privaten Verhältnis zum Verwertenden steht.[226] Entscheidend ist lediglich, dass die Verbreitung in der Öffentlichkeit stattfindet.[227]

Eine **Weitergabe innerhalb der Arbeitsstelle** ist keine Verbreitung, wenn die Exemplare ausschließlich innerhalb des Betriebes (physisch oder unphysisch, z. B. im Intranet) zirkulieren.[228] **Unerheblich** ist, ob eine Verbreitung gewerbsmäßigen oder ideellen oder sonstigen Motiven folgt.[229]

---

[221] BGH, Urt. v. 13.12.1990 – I ZR 21/89, GRUR 1991, 316 – *Einzelangebot*; Dreier/Schulze-*Schulze*, UrhG, 6. Aufl. 2018, UrhG § 17 Rn. 11; Wandtke/Bullinger-*Heerma*, UrhR, 4. Aufl. 2014, UrhG § 17 Rn. 16.

[222] BGH, Urt. v. 17.12.1998 – I ZR 37/96, ZUM 1999, 478, 480; BGH, Urt. v. 13.12.1990 – I ZR 21/89, GRUR 1991, 316 – *Einzelangebot*; Dreier/Schulze-Schulze, UrhG, 6. Aufl. 2018, UrhG § 17 Rn. 13.

[223] BGH, Urt. v. 25.02.1999 – I ZR 118/96, NJW 1999, 1953, 1956 – *Kopienversanddienst*; BGH, Urt. v. 13.12.1990 – I ZR 21/89, GRUR 1991, 316 – *Einzelangebot*; Wandtke/Bullinger-*Heerma*, UrhR, 4. Aufl. 2014, § 17 UrhG Rn. 16.

[224] BGH, Urt. v. 03.07.1981 – I ZR 106/79, GRUR 1982, 102, 103 – *Masterbänder*; Dreier/Schulze-*Schulze*, UrhG, 6. Aufl. 2018, UrhG § 17 Rn. 7; Wandtke/Bullinger-Heerma, UrhR, 4. Aufl. 2014, UrhG § 17 Rn. 17.

[225] Dreyer/Kotthoff/Meckel/Hentsch-*Dreyer*, UrhG, 4. Aufl. 2018, § 17 Rn. 35; Wandtke/Bullinger-Heerma, UrhR, 4. Aufl. 2014, UrhG § 17 Rn. 17; so angedeutet auch in: BGH, Urt. v. 13.12.1990 – I ZR 21/89, GRUR 1991, 316 – *Einzelangebot*; BGH, Urt. v. 10.05.1984 – I ZR 85/82, NJW 1986, 1045 – *Elektrodenfabrik*.

[226] Dreier/Schulze-*Schulze*, UrhG, 6. Aufl. 2018, UrhG § 17 Rn. 7 f.; Fromm/Nordemann-*Dustmann*, UrhG, 12. Aufl. 2018, § 17 Rn. 13; Schricker/Loewenheim-*Loewenheim*, UrhG, 5. Aufl. 2017, § 17 Rn. 15; Wandtke/Bullinger-*Heerma*, UrhR, 4. Aufl. 2014, UrhG § 17 Rn. 17.

[227] BGH, Urt. v. 13.12.1990 – I ZR 21/89, GRUR 1991, 316, 317 – *Einzelangebot*; vgl. dazu: Dreier/Schulze-*Schulze*, UrhG, 6. Aufl. 2018, UrhG § 17 Rn. 7.

[228] BGH, Urt. v. 24.05.2007 – I ZR 42/04, GRUR 2007, 691, 692 – *Staatsgeschenk*; BGH, Urt. v. 06.05.1981 – I ZR 92/78, GRUR 1982, 100, 102 – *Schallplattenexport*; Dreier/Schulze-*Schulze*, UrhG, 6. Aufl. 2018, UrhG § 17 Rn. 9.

[229] Amtliche Begründung des UrhG, *M. Schulze*, S. 440; Dreier/Schulze-*Schulze*, UrhG, 6. Aufl. 2018, UrhG § 17 Rn. 10.

1.4.2.2.4 Inverkehrbringen

Ein **Inverkehrbringen** ist bei unionsrechtlich-autonomer Auslegung jede Handlung, die mindestens ein Original oder Vervielfältigungsstück aus der **internen Betriebssphäre** der Öffentlichkeit durch Wechsel der Eigentumsverhältnisse zuführt.[230] Ein **bloßes Zeigen, Vermieten oder Verleihen** reicht hingegen nicht aus, wenn keine Aufforderung zum Erwerb des Eigentums ergeht.[231]

Ursprünglich wurde eine Eigentumsübertragung für eine Verbreitung i. S. d. § 17 Abs. 1 UrhG als nicht erforderlich angesehen.[232] Dem hat sich jedoch der **EuGH** in der Rechtssache *Peek & Cloppenburg. /. Cassina* **entgegengestellt** und setzt nunmehr unter Berufung auf Art. 6 des WCT-Vertrages für die Verbreitung i. S. d. § 17 Abs. 1 UrhG eine Eigentumsübertragung voraus.[233] Diese Rechtsprechung hat der BGH inzwischen in den Rechtssachen *Meilensteine der Psychologie, Le-Corbusier-Möbel II* sowie *Zigarren-Loung übernommene*.[234] Insbesondere aufgrund der insofern eindeutigen Formulierung in Art. 6 Abs. 2 WCT-Vertrag, der vom „Verkauf […] oder der […] sonstigen Eigentumsübertragung" i. R. d. Verbreitungsrechts spricht, ist der Auffassung des EuGH zu folgen. Auch wenn der deutschen Zivilrechtsdogmatik die Gleichsetzung von Kauf und Eigentumsübertragung fremd ist. Vorgaben des Völkerrechts müssen dieser Dogmatik nicht folgen und sind nicht nach Maßgabe einer Einzelrechtsordnung auszulegen. Für die Verbreitung i. S. d. § 17 Abs. 1 UrhG ist also eine Eigentumsübertragung erforderlich.

1.4.2.2.5 Erschöpfung des Verbreitungsrechts, § 17 Abs. 2 UrhG

Das Verbreitungsrecht gem. § 17 Abs. 1 wird gem. § 17 Abs. 2 UrhG durch den Erschöpfungsgrundsatz eingeschränkt.[235] § 17 Abs. 2 UrhG liegt der Gedanke zu-

---

[230] OLG Hamburg, Urt. v. 28.10.1971 – 3 U 108/70, GRUR 1972, 375, 376 – *Polydor II*; Wandtke/Bullinger-*Heerma*, UrhG, 4. Aufl. 2014, UrhG § 17 Rn. 19; Dreier/Schulze-*Schulze*, UrhG, 6. Aufl. 2018, UrhG § 17 Rn. 15.

[231] BGH, Urt. v. 24.05.2007 – I ZR 42/04, GRUR 2007, 691, 692 – *Staatsgeschenk*; Fromm/Nordemann-*Dustmann*, UrhG, 12. Aufl. 2018, § 17 Rn. 19; Wandtke/Bullinger-*Heerma*, UrhR, 4. Aufl. 2014, UrhG § 17 Rn. 19.

[232] Exemplarisch in: BGH, Urt. v. 13.12.1990 – I ZR 21/89, GRUR 1991, 316, 317 – *Einzelangebot*; vgl. dazu auch: Dreier/Schulze-*Schulze*, UrhG, 6. Aufl. 2018, UrhG § 17 Rn. 15; Wandtke/Bullinger-*Heerma*, UrhR, 4. Aufl. 2014, UrhG § 17 Rn. 20.

[233] EuGH, Urt. v. 17.04.2008 – C-456/06, ECLI:EU:C:2008:232 = ZUM 2008, 508, Rn. 36 – *Peek&Cloppenburg KG/Cassina SpA*.

[234] BGH, Urt. v. 28.11.2013 – I ZR 76/12, GRUR 2014, 549, Rn. 18 – *Meilensteine der Psychologie*; BGH, Urt. v. 22.01.2009 – I ZR 247/03, GRUR 2009, 840, Rn. 21 – *Le-Corbusier-Möbel II*; dennoch agiert der BGH widersprüchlich, da er teilweise die Besitzübertragung für ein Inverkehrbringen ausreichen lässt: BGH, Urt. v. 22.01.2009 – I ZR 19/07, GRUR 2009, 942, Rn. 28 – *Motezuma*.

[235] Dreier/Schulze-*Schulze*, UrhG, 6. Aufl. 2018, UrhG § 17 Rn. 24; Dreyer/Kotthoff/Meckel/Hentsch-*Dreyer*, UrhG, 4. Aufl. 2018, § 17 Rn. 45 ff.; Schricker/Loewenheim-*Loewenheim*, UrhG, 5. Aufl. 2017, § 17 Rn. 35 ff.

grunde, dass der Rechtsinhaber durch eigene Benutzungshandlungen das ausschließliche Verwertungsrecht der **Erstverbreitung verbraucht** und bestimmte
weitere Verwertungshandlungen daher nicht mehr seiner Kontrolle unterliegen.[236]
§ 17 Abs. 2 UrhG bezweckt die Auflösung des Spannungsverhältnisses zwischen
Ausschließlichkeitsrecht und tatsächlicher Verkehrsfähigkeit des Werkstückes.[237]
So ist zwar anzuerkennen, dass das Eigentumsrecht am körperlichen Werkstück
nicht mit dem Ausschließlichkeitsrecht am Immaterialgut in rechtlicher Hinsicht
kollidiert, weil sich beide Rechte auf jeweils unterschiedliche Schutzgegenstände
beziehen.[238] Dennoch soll das Sacheigentum seiner Verkehrsfähigkeit nach erstma-
ligem Inverkehrbringen des in ihm verkörperten immateriellen Werkes nicht durch
immaterialgüterrechtliche Befugnisse beraubt werden.[239] Im Interesse der Allgemeinheit soll der freie Handel nicht dadurch unzumutbar beschränkt werden können, dass das Schicksal eines einmal in Verkehr gebrachten Gegenstands nach Gut-
dünken beeinflusst werden kann.[240] Diese Notwendigkeit wird noch dadurch
unterstrichen, dass das Immaterialgüterrecht grundsätzlich keinen Gutglaubenser-
werb von Nutzungsrechten kennt.[241] Ohne Anerkennung des Erschöpfungsgrundsatzes wären spätere Erwerber des Werkstückes den Ansprüchen des Rechtsinhabers ausgesetzt, wenn eine Weiterverbreitung nicht konsentiert wäre; dies gilt selbst
dann, wenn sie von dieser fehlenden Konsentierung keine Kenntnis hätten.[242] Weiterhin gilt zu beachten, dass der Erschöpfungsgrundsatz die wirtschaftliche Beteiligung des Rechtsinhabers begrenzt. Der Rechtsinhaber soll für die Heranführung
seines Werkes an den Konsumenten keine Doppelvergütung erhalten.[243] Vielmehr

---

[236] BGH, Urt. v. 21.03.1985 – I ZR 166/82, GRUR 1985, 924, 925 – *Schallplattenimport II*.

[237] *Specht*, Diktat der Technik, 2019, S. 323; *Joos*, Die Erschöpfungslehre im Urheberrecht, 1991,
S. 52 f.; Ahlberg/Götting-*Götting*, BeckOK UrhR, 24. Ed. Stand: 01.04.2019, UrhG § 17 Rn. 37;
Fromm/Nordemann-*Dustmann*, UrhG, 12. Aufl. 2018, § 17 Rn. 25.

[238] BGH Urt. v. 04.05.2000 – I ZR 256/97, GRUR 2001, 51, 54 – *Parfumflakon*; BGH, Urt. v.
23.02.1995 – I ZR 68/93, GRUR 1995, 673, 676 – *Mauer-Bilder*; *Joos*, Die Erschöpfungslehre im
Urheberrecht, 1991, S. 53; Fromm/Nordemann-*Dustmann*, UrhG, 12. Aufl. 2018, § 17 Rn. 25.

[239] BGH, Urt. v. 12.02.1952 – I ZR 15/51, GRUR 1952, 530, 531; RG, Urt. v. 16.06.1906 – I5-06,
RGZ 63, 394, 398 – *Koenigs Kursbuch*; *Specht*, Diktat der Technik, 2019, S. 323; *Becker*, UFITA
2015/III, 687, 689.

[240] BGH, Urt. v. 04.05.2000 – I ZR 256/97, GRUR 2001, 51, 51 ff. – *Parfumflakon*; *Joos*, Die Erschöpfungslehre im Urheberrecht, 1991, S. 53; Dreier/Schulze-*Schulze*, UrhG, 6. Aufl. 2018,
UrhG § 17 Rn. 24; *Reimer*, GRUR Int. 1972, 221, 222.

[241] Statt vieler: *Kraßer/Ann*, Patentrecht, 7. Aufl. 2016, § 20 d) 3.

[242] *Specht*, Diktat der Technik, 2019, S. 323; *Stieper*, Rechtfertigung, Rechtsnatur und Disponibilität der Schranken des Urheberrechts, 2009, S. 189.

[243] *Specht*, Diktat der Technik, 2019, S. 323; *Hubmann*, Der Erschöpfungsgrundsatz und das Recht
der öffentlichen Wiedergabe, in: Herschel/Hubmann/Rehbinder, Festschrift für Georg Roeber zum
10. Dezember 1981, 1982, S. 181, 186; *Blachian*, Die Lehre von der Erschöpfung des Verbreitungsrechts im Urheberrecht, 1964, S. 59; *Joos*, Die Erschöpfungslehre im Urheberrecht,
1991, S. 56.

ist der Rechtsinhaber im Interesse der Allgemeinheit mit der Erstvergütung bereits ordnungsgemäß abgefunden.[244]

Beispiel

Bringt ein Maler als Urheber sein Werk im Wege der Veräußerung in Verkehr, so darf der Erwerber dieses grundsätzlich weiterverbreiten und benötigt hierfür nicht die Zustimmung des Urhebers. Dies gilt z. B. auch für die Weiterveräußerung von Büchern über Marktplätze wie eBay.[245] ◄

Eine Erschöpfung kann nur hinsichtlich derjenigen Werkexemplare eintreten, die tatsächlich **veräußert** wurden.[246] Unter Veräußerung ist in diesem Zusammenhang jedoch nicht die Eigentumsübertragung gem. § 929 BGB zu verstehen, sondern nur jede endgültige Aufgabe der Verfügungsmöglichkeit.[247]

Beispiel

Die **Sicherungsübereignung** bewirkt keinen endgültigen Verlust der Verfügungsgewalt.[248] Beim Verkauf unter **Eigentumsvorbehalt** tritt demgegenüber in der Regel Erschöpfung ein, es sei denn, dem Erwerber des Anwartschaftsrechts ist eine Veräußerung untersagt.[249] Erschöpfungswirkung tritt jedenfalls in Folge von Kauf, Tausch und Schenkung ein.[250] Abzulehnen ist sie in Konstellationen von Vermietung und Verleih.[251] ◄

Die Erschöpfungswirkung bezieht sich immer nur auf das jeweils **veräußerte Werkexemplar** in seiner **konkreten Form**.[252] Besondere Bedeutung erlangt eine

---

[244] *Specht*, Diktat der Technik, 2019, S. 323; *Joos*, Die Erschöpfungslehre im Urheberrecht, 1991, S. 56, vgl. zu den Funktionen des Erschöpfungsgrundsatzes umfassend auch: Specht, Diktat der Technik, S. 284 ff.

[245] Vgl. etwa: *Ohly/Hofmann/Zech*, Fälle zum Recht des geistigen Eigentums, 2. Aufl. 2018, S. 201.

[246] *Joos*, Die Erschöpfungslehre im Urheberrecht, 1991, S. 55 f.; Dreier/Schulze-*Schulze*, UrhG, 6. Aufl. 2018, UrhG § 17 Rn. 25; Fromm/Nordemann-*Dustmann*, UrhG, 12. Aufl. 2018, § 17 Rn. 27 ff.

[247] Wandtke/Bullinger-*Heerma*, UrhR, 4. Aufl. 2014, UrhG § 17 Rn. 24.

[248] Schricker/Loewenheim-*Loewenheim*, UrhG, 5. Aufl. 2017, § 17 Rn. 43; Wandtke/Bullinger-*Heerma*, UrhR, 4. Aufl. 2014, UrhG § 17 Rn. 24.

[249] Dreier/Schulze-*Schulze*, UrhG, 6. Aufl. 2018, UrhG § 17 Rn. 25.

[250] BGH, Urt. v. 03.03.2005 – I ZR 133/02, ZUM 2005, 475, 476 – *Atlanta*; BGH, Urt. v. 23.02.1995 – I ZR 68/93, GRUR 1995, 673, 675 – *Mauer-Bilder*; vgl. dazu auch: Dreier/Schulze-*Schulze*, UrhG, 6. Aufl. 2018, UrhG § 17 Rn. 25.

[251] OLG Köln, Urt. v. 02.06.2010 – 28 O 77/06, ZUM-RD 2010, 636, 639; Begründung RegE UrhG – IV/270, S. 48; Fromm/Nordemann-*Dustmann*, UrhG, 12. Aufl. 2018, § 17 Rn. 29.

[252] BGH, Urt. v. 10.10.1991 – I ZR 147/89, GRUR 1993, 34, 36 – *Bedienungsanweisung*; Dreier/Schulze-*Schulze*, UrhG, 6. Aufl. 2018, UrhG § 17 Rn. 28; Schricker/Loewenheim-*Loewenheim*, UrhG, 5. Aufl. 2017, § 17 Rn. 56.

mögliche Erschöpfung im Bereich der Online-Software.[253] Voraussetzung einer solchen Online-Erschöpfung von Software ist, dass der Download durch den Ersterwerber mit **Willen des Rechtsinhabers** erfolgt, dem Erwerber durch den Rechtsinhaber ein **zeitlich unbeschränktes Nutzungsrecht** an der Programmkopie eingeräumt wird und diese Einräumung gegen Zahlung eines **angemessenen Entgelts** erfolgt.[254] **Umstritten** ist in diesen Konstellationen, ob der **Zeitpunkt der Erschöpfungswirkung** bereits bei Bereitstellung einer Programmkopie zum Download im Internet oder erst nach erfolgtem Download vorliegt.[255]

Die Erschöpfungswirkung ist nicht beliebig auf andere Werke übertragbar. Unter Verweis auf die Vorschriften der WCT hat der EuGH in der Rechtssache *Tom Kabinet*, dass das Erschöpfungsrecht nicht für eBooks als unkörperliche Gegenstände gilt (s. o.).[256]

1.4.2.2.6   Vermietrecht, § 17 Abs. 3 UrhG

Grundsätzlich kann der Erwerber eines Werkstückes aufgrund der Erschöpfung fortan das Werk weiterreichen, ohne an die Zustimmung des Urhebers gebunden zu sein. Dies gilt aber nicht für die Vermietung des Werkes.[257] Dies ist von der Erschöpfungswirkung ausgenommen. Das Vermietrecht ist ein **selbstständiges**, dinglich **abspaltbares** Verwertungsrecht.[258]

Gem. § 17 Abs. 3 UrhG ist die **Vermietung** die zeitlich begrenzte, unmittelbar oder mittelbar Erwerbszwecken dienende Gebrauchsüberlassung. Dabei ist der Begriff der Miete aufgrund der unionsrechtlichen Harmonisierung nicht auf die engen Voraussetzungen der §§ 535 ff. BGB beschränkt, sondern in **einem weiten Sinn** zu sehen.[259] Denn: § 17 Abs. 3 UrhG dient der Umsetzung von Art. 1 Abs. 2 der Vermiet- und Verleih-RL[260]

---

[253] Bräutigam/Rücker-*Specht*, E-Commerce, 2016, S. 573 Rn. 20; vgl. dazu auch: *Ohly*, JZ 2013, 42, 43; *Stieper/Henke*, NJW 2015, 3548, 3548.

[254] Bräutigam/Rücker-*Specht*, E-Commerce, 2016, S. 574 Rn. 21.

[255] Vgl. hierzu eingehend: Bräutigam/Rücker-*Specht*, E-Commerce, 2016, S. 574 Rn. 22 ff.

[256] EuGH, Urt. v. 19.12.2019 – C-263/18, ECLI:EU:C:2019:1111 = GRUR 2020, 179 Rn. 39 ff. – *Tom Kabinet*.

[257] Dreier/Schulze-*Schulze*, UrhG, 6. Aufl. 2018, UrhG § 17 Rn. 41; Dreyer/Kotthoff/Meckel/Hentsch-*Dreyer*, UrhG, 4. Aufl. 2018, § 17 Rn. 91; Fromm/Nordemann-*Dustmann*, UrhG, 12. Aufl. 2018, § 17 Rn. 37.

[258] Fromm/Nordemann-*Dustmann*, UrhG, 12. Aufl. 2018, § 17 Rn. 37.

[259] BT-Drs. 13/115, S. 12; vgl. dazu: Dreier/Schulze-*Schulze*, UrhG, 6. Aufl. 2018, UrhG § 17 Rn. 44; Wandtke/Bullinger-*Heerma*, UrhR, 4. Aufl. 2014, UrhG § 17 Rn. 28.

[260] Richtlinie 92/100/EWG des Rates vom 19. November 1992 zum Vermietrecht und Verleihrecht sowie zu bestimmten dem Urheberrecht verwandten Schutzrechten im Bereich des geistigen Eigentums, ABl. Nr. L 346/61 v. 27.11.1992.

Eine unmittelbar oder mittelbar Erwerbszwecken dienende Gebrauchsüberlassung liegt immer dann vor, wenn die Überlassung in weitester Weise den **wirtschaftlichen Interessen** des Vermieters dient, unabhängig davon, ob direkt ein Entgelt erhoben wird oder sich ein finanzieller Vorteil anderweitig einstellt.[261] Hierdurch soll ein Unterlaufen des Vermietrechts verhindert werden, das anderenfalls dadurch eintreten könnte, dass z. B. ein Kauf mit Rückkaufgarantie oder ein Kauf auf Probe vereinbart wird.[262]

1.4.2.3 Das Recht der öffentlichen Zugänglichmachung, § 19a UrhG

1.4.2.3.1 Grundsätze

§ 19a UrhG gehört zu den unkörperlichen Verwertungsrechten des § 15 Abs. 2 UrhG und beinhaltet das ausschließliche Recht, ein Werk öffentlich zugänglich zu machen.[263] Hauptanwendungsbereich ist die Nutzung von Werken im Internet.

Das Recht der öffentlichen Zugänglichmachung gem. § 19a UrhG ist das Recht, das Werk drahtgebunden oder drahtlos der Öffentlichkeit in einer Weise zugänglich zu machen, dass es Mitgliedern der Öffentlichkeit von Orten und zu Zeiten ihrer Wahl zugänglich ist. Dabei ist das Recht der öffentlichen Zugänglichmachung **technologieneutral** auszulegen und nicht auf die Zugänglichmachung im Internet beschränkt, auch wenn diese sicherlich in der Praxis eine erhebliche Rolle spielt.[264] Wichtigste Anwendungsfälle sind öffentlich zugänglichen Datenbanken[265] und Diskussionsforen,[266] WLAN- und LAN-Netze,[267] Filesharing-Systeme[268]

---

[261] BGH, Urt. v. 07.06.2001 – I ZR 21/99, WRP 2001, 1231, 1233 – *Kauf auf Probe*; Dreyer/Kotthpff/Meckel/Hentsch-*Dreyer*, UrhG, 4. Aufl. 2018, § 17 Rn. 94; Wandtke/Bullinger-*Heerma*, 4. Aufl. 2014, UrhG § 17 Rn. 41.

[262] BGH, Urt. v. 07.06.2001 – I ZR 21/99, WRP 2001, 1231, 1233 – *Kauf auf Probe*; BGH, Urt. v. 02.02.1989 – I ZR 100/87, GRUR 1989, 417, 418 – *Kauf mit Rückgaberecht*; vgl. dazu auch: Dreier/Schulze-*Schulze*, UrhG, 6. Aufl. 2018, UrhG § 17 Rn. 44.

[263] Ahlberg/Götting-*Götting*, BeckOK UrhR, 24. Ed. Stand: 01.04.2019, UrhG § 19a Rn. 1; Schricker/Loewenheim-*v. Ungern-Sternberg*, UrhG, 5. Aufl. 2017, § 19a Rn. 1; Wandtke/Bullinger-*Bullinger*, UrhR, 4. Aufl. 2014, UrhG § 19a Rn. 1.

[264] Vgl. zu weiteren Anwendungsfällen eingehend: Dreier/Schulze-*Dreier*, UrhG, 6. Aufl. 2018, UrhG § 19a Rn. 6.

[265] Dreier/Schulze-*Dreier*, UrhG, 6. Aufl. 2018, UrhG § 19a Rn. 6.

[266] AG Charlottenburg, Urt. v. 17.11.2003 – 236 C 105/03, MMR 2004, 269.

[267] Dreier/Schulze-*Dreier*, UrhG, 6. Aufl 2018, UrhG § 19a Rn. 6.

[268] BGH, Urt. v. 06.12.2017 – I ZR 186/16, GRUR 2018, 400 – *Konferenz der Tiere*; BGH, Urt. v. 12.05.2010 – I ZR 121/08, GRUR 2010, 633 – *Sommer unseres Lebens*; AG Frankenthal, Urt. v. 27.09.2017 – 3c C 169/17, ZUM-RD 2018, 123; vgl. Dazu: Fromm/Nordemann-*Dustmann/Engels*, UrhG, 12. Aufl. 2018, § 19a Rn. 18.

(Abschn. 1.4.2.3), Podcasts[269] sowie die Versendung von Massen-E-Mails[270] und das Einstellen von Inhalten in ein Intranet.[271]

Der Begriff der Öffentlichkeit entspricht dem des § 15 Abs. 3 S. 2 UrhG. Öffentlichkeit liegt danach vor, wenn die Wiedergabe für eine Mehrzahl von Mitgliedern der Öffentlichkeit bestimmt ist, und diese nicht in einer **persönlichen Beziehung** zueinander oder zum Verwerter des Werkes stehen.[272] § 19a UrhG ist Gegenstand vielfältiger Entscheidungen des EuGHs. Dabei geht es vornehmlich um die richtlinienkonforme Auslegung des nationalen Rechts der öffentlichen Zugänglichmachung, welches auf Art. 3 Abs. 1 der InfoSoc-RL[273] zurückzuführen ist.

Maßgeblich für den Begriff der Öffentlichkeit ist nach dem EuGH, dass aus Nutzersicht einer „**unbestimmten Zahl potentieller Leistungsempfänger und recht vielen Personen**" Zugang zum Werk verschafft wird.[274] Dies wird etwa angenommen für das Zeigen von TV-Programmen in einer Gaststätte oder die Weiterleitung von TV-Signalen in Hotelzimmer.[275] Auch aufgestellte Radio- und Fernsehgeräte in Reha-Zentren, Gastwirtschaften und Kureinrichtungen machen Inhalte öffentlich zugänglich.[276] Abgelehnt hat der EuGH eine Öffentlichkeit hingegen für das Betreiben eines Online-Videorekorders, auf den nur einzelne Personen Zugriff hatten.[277] Auch das Abspielen von Hintergrundmusik im Wartezimmer durch einen Arzt wurde als nicht-öffentlich angesehen.[278] Die im rein privaten Kreis erfolgte Zugäng-

[269] Dreier/Schulze-*Dreier*, UrhG, 6. Aufl. 2018, UrhG § 19a Rn. 6; Schricker/Loewenheim-*v. Ungern-Sternberg*, UrhG, 5. Aufl. 2017, § 20 Rn. 79 ff.; *Sasse/Waldhausen*, ZUM 2000, 837, 842.

[270] LG Berlin, Urt. v. 15.05.2001 – 16 O 173/01, AfP 2001, 339; vgl. dazu: Ahlberg/Götting-*Götting*, BeckOK UrhR, 24. Ed. Stand: 01.04.2019, UrhG § 19a Rn. 9; Dreier/Schulze-*Dreier*, UrhG, 6. Aufl. 2018, UrhG § 19a Rn. 7; a.A. jedoch Wandtke/Bullinger-*Bullinger*, UrhR, 4. Aufl. 2014, UrhG § 19a Rn. 31; Fromm/Nordemann-*Dustmann/Engels*, UrhG, 12. Aufl. 2018, § 19a Rn. 26.

[271] Dreier/Schulze-*Dreier*, UrhG, 6. Aufl. 2018, UrhG § 19a Rn. 7; Fromm/Nordemann-*Dustmann/Engels*, UrhG, 12. Aufl. 2018, § 19a Rn. 16.

[272] *Wandtke*, Urheberrecht, 6. Aufl. 2017, S. 81; Dreier/Schulze-*Dreier*, UrhG, 6. Aufl. 2018, UrhG § 19a Rn. 7; Wandtke/Bullinger-*Bullinger*, UrhR, 4. Aufl. 2014, UrhG § 19a Rn. 6.

[273] Richtlinie 2001/29/EG des Europäischen Parlaments und des Rates vom 22. Mai 2001 zur Harmonisierung bestimmter Aspekte des Urheberrechts und der verwandten Schutzrechte in der Informationsgesellschaft, ABl. Nr. L 167/10 v. 22.06.2001.

[274] EuGH, Urt. v. 19.11.2015 – C-325/14, ECLI:EU:C:2015:764 = GRUR 2016, 60, 60 ff. – *SBS/SABAM*; EuGH, Urt. v. 15.03.2012 – C-162/10, ECLI:EU:C:2012:141 = GRUR 2012, 597, Rn. 42 – *Phonographic Performance*; vgl. dazu: Wandtke, Urheberrecht, 6. Aufl. 2017, S. 82; Wandtke/Bullinger-*Bullinger*, UrhR, 4. Aufl. 2014, UrhG § 19a Rn. 6.

[275] EuGH, Urt. v. 15.03.2012 – C-162/10, ECLI:EU:C:2012:141 = GRUR 2012, 597, Rn. 25 ff – *Phonographic Performance*; EuGH, Urt. v. 07.12.2006 – C-306/05, ECLI:EU:C:2006:764 = GRUR 2007, 225, Rn. 33 ff. – *SGAE/Rafael*; vgl. dazu auch: *v. Ungern-Sternberg*, GRUR 2012, 576, 576.

[276] EuGH, Urt. v. 31.05.2016 – C-117/15, ECLI:EU:C:2016:379 = GRUR 2016, 684 – *Reha Training/GEMA*.

[277] BGH, Urt. v. 22.04.2009 – I ZR 216/06, GRUR 2009, 845, Rn. 26 – *Internet.Videorecorder*; vgl. dazu auch: Ahlberg/Götting-*Götting*, BeckOK UrhR, 24. Ed. Stand: 01.04.2019, UrhG § 19a Rn. 9; Dreyer/Kotthoff/Meckel/Hentsch-*Dreyer*, UrhG, 4. Aufl. 2018, § 19a Rn. 16; kritisch hierzu jedoch: *Ohly/Hofmann/Zech*, Fälle zum Recht des geistigen Eigentums, 2. Aufl. 2018, S. 193.

[278] BGH, Urt. v. 18.06.2015 – I ZR 14/14, GRUR 2016, 278, Rn. 33 ff. – *Hintergrundmusik in Zahnarztpraxen*; vgl. dazu auch: GA Bot, Schlussantrag vom 23.02.2016, ECLI:EU:C:2016:109 Rn. 54 f. – *Reha Training/GEMA*.

lichmachung geschützter Werke wird nicht von § 19a UrhG erfasst.[279] Der Begriff der „Öffentlichkeit" stellt dementsprechend die Grenze zwischen urheberrechtlich relevanten (öffentlichen) und irrelevanten (nicht-öffentlichen) Nutzungshandlungen dar. Der Nutzer muss, um eine Wiedergabehandlung vorzunehmen, in voller Kenntnis der Folgen seines Verhaltens – also **absichtlich und gezielt** – tätig werden, um Dritten einen Zugang zu einem geschützten Werk oder einer geschützten Leistung zu verschaffen.

Weiterhin ist erforderlich, dass die Wiedergabe durch ein **neues technisches Verfahren** oder an ein **neues Publikum** erfolgt.[280] Dies wird etwa für die Fälle des sog. Linkings und Framings rechtmäßig in das Internet gelangter Inhalte abgelehnt(Abschn. 1.4.2.3.2.) (jedenfalls dann, wenn durch das Linking und Framing keine technischen Schutzmaßnahmen umgangen werden), da sich die Inhalte hier bereits durch ihre erstmalige Zugänglichmachung im Internet befinden und damit grundsätzlich durch den Urheber bzw. Rechteinhaber dem gesamten Internetoublikum zugänglich gemacht wurden, sodass der Link oder Frame grundsätzlich kein neues Publikum erreicht. Etwas anderes gilt aber hinsichtlich unrechtmäßig ins Internet gelangter Inhalte, auf die verlinkt wird (hierzu ausführlich: Abschn. 1.4.2.3.2).

Beispiel

Bei der Zugänglichmachung von Inhalten auf Facebook ist eine Öffentlichkeit jedenfalls dann gegeben, wenn das Profil öffentlich einsehbar ist. Dies gilt freilich auch für andere soziale Netzwerke wie Twitter, Instagram, YouTube, Google+, LinkedIn oder XING. ◄

Bei der Bestimmung des Ortes der Zugriffsmöglichkeit ist nicht auf den Anbieter, sondern auf den Werknutzer abzustellen. Dieser muss von einem **beliebigen Ort** auf das Werk zugreifen können.[281] Um mögliche **Schutzlücken** zu vermeiden, ist es jedoch nicht erforderlich, dass eine Zugriffsmöglichkeit von jedem erdenklichen Ort und Mittel besteht, der Nutzer muss lediglich eine **Wahlmöglichkeit** haben.[282]

---

[279] Fromm/Nordemann-*Dustmann*, UrhG, 12. Aufl. 2018, § 19a Rn. 12 f.

[280] EuGH, Beschl. v. 21.10.2014 – C-348/13, ECLI:EU:C:2014:2315 = GRUR 2014, 1196 – *Bestwater International*.

[281] Dreyer/Kotthoff/Meckel/Hentsch-*Dreyer*, UrhG, 4. Aufl. 2018, § 19a Rn. 17 ff.; Wandtke/Bullinger-*Bullinger*, UrhR, 4. Aufl. 2014, UrhG § 19a Rn. 7.

[282] Dreier/Schulze-*Dreier*, UrhG, 6. Aufl. 2018, UrhG § 19a Rn. 8; Wandtke/Bullinger-*Bullinger*, UrhR, 4. Aufl. 2014, UrhG § 19a Rn. 8.

Beispiel

Kann der Nutzer im Intranet eines Unternehmens auf Inhalte von verschiedenen Arbeitsplätzen zu einer Zeit seiner Wahl zugreifen ist das Merkmal erfüllt. Kann er das Werk hingegen nur zu einer bestimmten Zeit abrufen, so ist er zwar hinsichtlich der Wahl des Ortes, nicht aber hinsichtlich der Wahl der Zeit frei. ◄

Wichtigstes Tatbestandsmerkmal in Abgrenzung zum Senderecht nach § 20 UrhG ist, dass der Nutzer selbst entscheiden kann, wann er auf das Werk zugreift.[283] Das urheberrechtlich geschützte Werk muss also für den Betrachter zu Zeiten seiner Wahl abrufbar sein. Die Modalitäten der Abrufbarkeit des Werkes dürfen nicht – wie im Falle des Senderechts – durch den Sendenden vorgegeben werden. Vielmehr muss der Betrachter diese autonom bestimmen können. Dies ist beim Abruf von Internetseiten regelmäßig der Fall, solange diese nicht Sendungscharakter haben und jederzeit frei abrufbar sind.

Das Werk muss weiterhin **zugänglich** gemacht werden. Dies setzt voraus, dass Dritten der Zugriff auf das geschützte Werk eröffnet wird.[284] Ein solches Zugänglichmachen erfordert lediglich die Ermöglichung der Abrufbarkeit, ohne dass es darauf ankommt, dass das Werk tatsächlich durch einen oder mehrere Nutzer abgerufen wird.[285] Bereits ausreichend ist also das Einstellen einer Datei in das Internet, ohne dass es zu einem konkreten Abruf kommt.[286]

1.4.2.3.2 Linking und Framing als öffentliche Zugänglichmachung

Die öffentliche Zugänglichmachung ist eine Ausprägung der öffentlichen Wiedergabe i. S. d. § 15 Abs. 2 UrhG, die durch die InfoSoc-Richtlinie[287] (Art. 3 Abs. 1) harmonisiert wurde. § 15 Abs. 2 UrhG ist daher unionsrechtskonform auszulegen. Danach ist der Begriff der öffentlichen Wiedergabe weit zu verstehen.[288] Die Bereit-

---

[283] OLG Stuttgart, Beschl. v. 21.01.2008 – 2 Ws 328/07, GRUR-RR 2008, 289, Rn. 10 – *Music-on-demand-Dienst*; vgl. dazu auch: Dreier/Schulze-*Dreier*, UrhG, 6. Aufl. 2018, UrhG § 19a Rn. 9; Wandtke/Bullinger-*Bullinger*, UrhR, 4. Aufl. 2014, UrhG § 19a Rn. 9.

[284] BGH, Urt. v. 21.09.2017 – I ZR 11/16, GRUR 2018, 178, Rn. 19 – *Vorschaubilder III*; BGH, Urt. v. 05.10.2010 – I ZR 127/09, GRUR 2011, 415, Rn. 10 – *Kunstausstellung im Online-Archiv*; BGH, Urt. v. 29.04.2010 – I ZR 68/08, GRUR 2010, 623, Rn. 14 – *Restwertbörse*.

[285] Spindler/Schuster-*Wiebe*, Recht der elektronischen Medien, 3. Aufl. 2015, UrhG § 19a Rn. 2; Wandtke/Bullinger-*Bullinger*, UrhR, 4. Aufl. 2014, UrhG § 19aRn. 10.

[286] Spindler/Schuster-*Wiebe*, Recht der elektronischen Medien, 3. Aufl. 2015, UrhG § 19a Rn. 2; Wandtke/Bullinger-*Bullinger*, UrhR, 4. Aufl. 2014, UrhG § 19a Rn. 10.

[287] Richtlinie 2001/29/EG des Europäischen Parlaments und des Rates vom 22. Mai 2001 zur Harmonisierung bestimmter Aspekte des Urheberrechts und der verwandten Schutzrechte in der Informationsgesellschaft, ABl. Nr. L 167/10 v. 22.06.2001.

[288] Vgl. Erwägungsgrund 23 der InfoSoc-Richtlinie (RL 2001/29/EG).

stellung von Links kann dabei eine Handlung der öffentlichen Wiedergabe sein.[289] Dies haben EuGH und BGH in Abkehr von der *Paperboy*-Entscheidung[290] in einer Reihe neuerer Entscheidungen festgehalten.[291] Zu unterscheiden ist die Verlinkung auf ein auf einer Website mit Zustimmung des Rechtsinhabers frei zugängliches Werk und einer Verlinkung von Werken, die ohne die Erlaubnis des Rechtsinhabers auf einer Website wiedergegeben werden.

Eine Handlung der Wiedergabe erfordert es zunächst, dass das der Nutzer fremder Werke in voller Kenntnis der Folgen seines Verhaltens – also absichtlich und gezielt an ein Publikum gerichtet – tätig wird, um Dritten einen Zugang zum geschützten Werk zu verschaffen, den diese ohne sein Tätigwerden nicht hätten.[292] Dies ist bei einer Verlinkung durchaus der Fall. Allerdings ist diese durch eine Verlinkung vorgenommene Wiedergabehandlung nur dann eine öffentliche Wiedergabe, wenn sie sich eines anderen technischen Verfahrens als die ursprüngliche öffentliche Wiedergabe bedient, oder wenn sie ein neues Publikum erreicht. Dies ist der Fall, wenn ein solches Publikum erreicht wird das von den Inhabern der Rechte an den geschützten Werken nicht berücksichtigt wurde, als sie der Nutzung durch Wiedergabe an das ursprüngliche Publikum zugestimmt haben.[293]

Dies führt zu einer Unterscheidung dahingehend, ob das Werk ursprünglich **mit Zustimmung des Rechtsinhabers** frei in das Netz eingestellt wurde oder nicht. Denn wenn es mit Zustimmung des Rechteinhabers in das Internet eingestellt wurde, wollte der Rechteinhaber mit der Onlinestellung das gesamte Internetpublikum erreichen,[294] es sei denn, er hat das Werk technisch gesichert. Eine erneute öffentliche Wiedergabe liegt daher nur vor, wenn durch die Verlinkung **Zugangssper-**

---

[289] Umstritten ist indes die genaue Einordnung. Teilweise wird das Linking als Unterfall eines unbenannten Verwertungsrechts i. S. d. § 15 Abs. 2 UrhG angesehen, vgl. BGH, Urt. v. 21.09.2017 – I ZR 11/16, GRUR 2018, 178, Rn. 20 – *Vorschaubilder III*; dazu: *Ohly/Hofmann/Zech*, Fälle zum Recht des geistigen Eigentums, 2. Aufl. 2018, S. 173. Jedoch erscheint auch eine Einordnung als öffentliche Zugänglichmachung gemäß § 19a UrhG vertretbar.

[290] BGH, Urt. v. 17.07.2003 – I ZR 259/00, MMR 2003, 719 – *Paperboy*.

[291] EuGH, Urt. v. 08.09.2016 – C-160/15, ECLI:EU:C:2016:644 = GRUR 2016, 1152, Rn. 43 – *GS Media*; EuGH, Beschl. v. 21.10.2014 – C-348/13, ECLI:EU:C:2014:2315 = GRUR 2014, 1196, Rn. 15 – *BestWater International/Mebes und Potsch*; EuGH, Urt. v. 13.02.2014 – C-466/12, ECLI:EU:C:2014:76 = GRUR 2014, 360 Rn. 18 – *Svensson/Retriever Sverige*.

[292] EuGH, Urt. v. 08.09.2016 – C-160/15, ECLI:EU:C:2016:644 = GRUR 2016, 1152, Rn. 43 – *GS Media*; EuGH, Beschl. v. 21.10.2014 – C-348/13, ECLI:EU:C:2014:2315 = GRUR 2014, 1196, Rn. 15 – *BestWater International/Mebes und Potsch*; EuGH, Urt. v. 13.02.2014 – C-466/12, ECLI:EU:C:2014:76 = GRUR 2014, 360 Rn. 18 – *Svensson/Retriever Sverige*; Dreier/Schulze-*Dreier*, UrhG, 6. Aufl. 2018, UrhG § 15 Rn. 39.

[293] EuGH, Urt. v. 08.09.2016 – C-160/15, ECLI:EU:C:2016:644 = GRUR 2016, 1152, Rn. 43 – *GS Media*; EuGH, Beschl. v. 21.10.2014 – C-348/13, ECLI:EU:C:2014:2315 = GRUR 2014, 1196, Rn. 15 – *BestWater International/Mebes und Potsch*; EuGH, Urt. v. 13.02.2014 – C-466/12, ECLI:EU:C:2014:76 = GRUR 2014, 360, Rn. 18 – *Svensson/Retriever Sverige*; Dreier/Schulze-*Dreier*, UrhG, 6. Aufl. 2018, UrhG § 15 Rn. 39.

[294] EuGH, Urt. v. 26.04.2017 – C-527/15, ECLI:EU:C:2017:300 = ZUM 2017, 587, Rn. 48 – *Stichting Brein/Wullems*; kritisch dazu Grünberger, ZUM 2015, S. 273, 281.

ren zu Inhalten umgangen werden.[295] Einen Akt der öffentlichen Wiedergabe stellt daher das Setzen eines Hyperlinks in der Form eines sog. Deep-Links dar, wenn dabei eine vom Berechtigten eingerichtete technische Schutzvorrichtung umgangen wird.[296] Eine Unterscheidung zwischen einem bloßen Hyperlink und einem Frame oder auch einem Inline-Link soll allerdings nicht vorgenommen werden.[297] Nach alter Rechtsprechung wurde im Falle des Framings eine öffentliche Zugänglichmachung nur dann angenommen, wenn nicht erkennbar war, dass es sich um fremde Inhalte handelt, die eingebetteten Inhalte mithin als eigene präsentiert wurden[298] oder diese zu einem integralen Bestandteil des Internetauftritts gemacht wurden[299] (sog. Zu-eigen-Machen).

Eine Verlinkung von Werken, die **ohne die Erlaubnis des Rechtsinhabers** auf einer Website wiedergegeben werden, erreicht hingegen ein neues Publikum, weil der Rechtsinhaber das Werk ursprünglich nicht der Internetöffentlichkeit zugänglich machen wollen. Es stellt Akt der öffentlichen Wiedergabe dar, wenn der Linksetzer wusste oder hätte wissen müssen, dass der von ihm gesetzte Hyperlink Zugang zu einem unbefugt im Internet veröffentlichten Werk verschafft. Diese Kenntnis wird vermutet, wenn der Linksetzer mit Gewinnerzielungsabsicht handelt.[300]

Gewinnerzielungsabsicht liegt bereits dann vor, wenn der Internetauftritt, auf dem die Verlinkung erfolgt, zumindest auch der Gewinnerzielung dient.[301] Dies gilt wiederum nicht, wenn die Linksetzung im Rahmen eines Geschäftsmodells erfolgt, in dem Nachforschungen, die zur Kenntnis der Rechtswidrigkeit geführt hätten, unzumutbar sind – etwa bei der automatisierten Verlinkung in Suchmaschinen.[302]

Selbst in der Bereitstellung und dem Betrieb einer Filesharing-Plattform im Internet kann eine öffentliche Wiedergabe gesehen werden, wenn die Filesharing-Plattform durch die Indexierung von geschützten Werken und das Anbieten einer Suchmaschine den Nutzern den Zugriff auf ohne Zustimmung des Rechtsinhabers bereitgestellte Werke ermöglicht.[303] Ob dies auch dann der Fall ist, wenn kein Inhaltsverzeichnis und keine unmittelbare Suchfunktion angeboten wird, liegt derzeit dem EuGH zur Vorabentscheidung vor.[304]

---

[295] EuGH, Urt. v. 08.09.2016 – C-160/15, ECLI:EU:C:2016:644 = ZUM 2016, 975, Rn. 50 – *GS Media*.

[296] BGH, Beschl. v. 16.05.2013 – I ZR 46/12, GRUR 2013, 818, Rn. 25 – *Die Realität*.

[297] Zu Recht kritisch: *Ohly*, GRUR 2016, 1152, 1156.

[298] *Ohly*, GRUR 2016, 1152, 1156; *Leistner*, ZUM 2016, 580, 581.

[299] BGH, Beschl. v. 16.05.2013 – I ZR 46/12, GRUR 2013, 818, Rn. 26 f. – *Die Realität*.

[300] EuGH, Urt. v. 08.09.2016 – C-160/15, ECLI:EU:C:2016:644 ZUM 2016, 975, Rn. 49 ff. – *GS Media*; vgl. hierzu auch: *Specht*, ZUM 2017, 582, 582 ff.

[301] LG Hamburg, Beschl. v. 18.11.2016 – 310 O 402/16, GRUR-RR 2017, 216 – *Architekturfotos*.

[302] BGH, Urt. v. 21.09.2017 – I ZR 11/16, GRUR 2018, 178 – *Vorschaubilder III*; LG Hamburg, Urt. v. 13.06.2017 – 310 O 117/17, BeckRS 2017, 127832, Rn. 53 ff. – *Mops-Foto*.

[303] EuGH, Urt. v. 14.06.2017 – C-610/17, ECLI:EU:C:2017:456 = GRUR 2017, 790 Rn. 35 bis 39 – *The Pirate Bay*.

[304] BGH, Beschl. v. 20.09.2018 – I ZR 53/17, GRUR 2018, 1239 – *uploaded*.

Als eigenen Akt der öffentlichen Wiedergabe hat die Rechtsprechung jüngst ebenfalls angesehen:

- den Vertrieb von Geräten, deren vorinstallierte Software Hyperlinks zu urheberrechtsverletzenden Inhalten bereitstellt;[305]
- das Betreiben eines Online-Terminkalenders, in dem Hyperlinks den Zugang zu urheberrechtlich geschützten Inhalten ermöglichen, welche der Betreiber zuvor auf eigene Server abgespeichert hat;[306]
- Die Einstellung einer Fotografie auf einer Website, wenn die Fotografie zuvor ohne beschränkende Maßnahme, die ihr Herunterladen verhindert, und mit Zustimmung des Urheberrechtsinhabers auf einer anderen Website veröffentlicht worden ist.[307]

1.4.2.3.3 Öffentliche Zugänglichmachung im Rahmen des Filesharing und Streaming

Das Bereitstellen eines Werkes auf einem Server zum jederzeitigen Abruf im Wege des Filesharing, Streaming, Podcasts, Blogs etc. ist ebenso eine öffentliche Zugänglichmachung wie das Abspielen von Musik in der Warteschleife einer Telefonanlage,[308] die Nutzung einer Datenbank im Intranet eines Unternehmens[309] sowie Video und Audio-on-Demand Dienste.[310]

So erfasst die öffentliche Zugänglichmachung nach § 19a UrhG zunächst sog. **Peer-to-Peer-Dienste**, unter die auch das **Filesharing** fällt.[311] Wer also im Rahmen solcher Dienste – etwa auf Tauschplattformen – anderen Benutzern Dateien anbietet, was beim Filesharing bei einem Download eines Werkes meist automatisch ebenfalls geschieht, nimmt eine Handlung nach § 19a UrhG vor. Dabei ist es irrelevant, ob die jeweilige Tauschsoftware den Benutzer zum Anbieten der Dateien verpflichtet, da die öffentliche Zugänglichmachung lediglich auf objektiver Ebene zu betrachten ist.[312]

Auch im Rahmen des sog. **Streamings** kommt es zu einer öffentlichen Zugänglichmachung.[313] Dabei geht es um diejenigen Fälle, in denen Nichtberechtigte Werke auf Streaming-Plattformen hochladen.[314] Nach Ansicht des EuGH haftet in

---

[305] EuGH, Urt. v. 26.04.2017 – C-527/15, ECLI:EU:C:2017:300 = ZUM 2017, 582 – *Stichting Brein/Wullems* m. Anm. *Specht*.

[306] BGH, Urt. v. 04.07.2013 – I ZR 39/12, GRUR 2014, 180 – *Terminhinweis mit Kartenausschnitt*.

[307] EuGH, Urt. v. 07.08.2018 – C-161/17, ECLI:EU:C:2018:634 = GRUR 2018, 911 – *Cordoba*.

[308] Schricker/Loewenheim-*v. Ungern-Sternberg*, UrhG, 5. Aufl. 2017, § 19a Rn. 53; Wandtke/Bullinger-*Bullinger*, UrhR, 4. Aufl. 2014, UrhG § 19a Rn. 23.

[309] Wandtke/Bullinger-*Bullinger*, UrhR, 4. Aufl. 2014, UrhG § 19a Rn. 24; *Zecher*, ZUM 2002, 451, 453; *Kothoff*, GRUR 1997, 597, 599.

[310] Wandtke/Bullinger-*Bullinger*, UrhR, 4. Aufl. 2014, UrhG § 19a Rn. 25.

[311] BGH, Urt. v. 06.10.2016 – I ZR 154/15, GRUR 2017, 386 – *Afterlife*; BGH, Beschl. v. 19.04.2012 – I ZB 77/11, ZUM-RD 2012, 587, Rn. 32 f.; OLG Hamburg, Urt. v. 28.04.2005 – 5 U 156/04, MMR 2005, 453, 454 – *Rammstein*; *Nordemann/Dustmann*, CR 2004, 380, 380 ff.

[312] Fromm/Nordemann-*Dustmann/Engels*, UrhG, 12. Aufl. 2018, § 19a Rn. 18.

[313] OLG Hamburg, Urt. v. 11.02.2009, 5 U 154/07, ZUM 2009, 414 – *StayTuned III*; OLG Köln, Urt. v. 09.09.2005 – 6 U 90/05, GRUR-RR 2006, 5 – *Personal Video Recorder*; Hoeren/Sieber/Holznagel-*Ernst*, Multimedia-Recht, 47. Aufl. 2018, Teil 7.1 Rn. 52; *Ensthaler*, NJW 2014, 1553; kritisch dazu allerdings: Redeker-*Redeker*, IT-Recht, 6. Aufl. 2017, Rn. 1247 ff.

[314] *Ernsthaler*, NJW 2014, 1553.

diesem Kontext auch der Vertreiber von Gerätschaften, die vorinstallierte Links auf rechtswidrig eingestellte Werke bereithalten, für derartige Urheberrechtsverletzungen.[315] In der Diskussion steht auch, ob die Nutzer, die das Streaming-Angebot wahrnehmen, ebenfalls urheberrechtlich verantwortlich sind.[316] Sie nehmen durch das Streaming eine Handlung der Vervielfältigung vor. Eine Lösung wird hier über die interessengerechte Auslegung der urheberrechtlichen Schrankenbestimmungen – insbesondere der §§ 44a und 53 UrhG – gefunden werden müssen. Die Anwendung des § 44a UrhG wird jedoch regelmäßig aufgrund des sog. Drei-Stufen-Tests verneint (vgl. Einführung Abschn. 1.1).[317]

Abzugrenzen ist das Streaming vom **Live-Streaming**, welches den Nutzer nur zur Betrachtung eines Streaming-Programms berechtigt und eine spätere Abrufbarkeit ausschließt. In diesen Fällen liegt keine Verletzung des Rechts der öffentlichen Zugänglichmachung gemäß § 19a UrhG vor, sondern vielmehr eine Verletzung des Senderechts aus § 20 UrhG.[318] Live-Streaming gleicht somit eher dem Live-Fernsehen und nicht dem „gewöhnlichen" – interaktiven – On-Demand-Streaming. Die Zuschauer können den Stream namentlich nicht zu Zeiten ihrer Wahl i. S. d. § 19a UrhG anschauen.

1.4.2.4 Besondere Bestimmungen für Computerprogramme, §§ 69a ff. UrhG

Von besonderer Relevanz zur Ausfüllung des Urheberrechts im Internet sind **Computerprogramme**. Für diese hält das UrhG in den **§§ 69a ff. UrhG** besondere Bestimmungen bereit. Diese Vorschriften konkretisieren letztlich § 2 Abs. 1 Nr. 1 UrhG, der Computerprogramme exemplarisch als Sprachwerke i. S. d. UrhG benannt. Es kann daher auf die obigen Ausführungen, insbesondere derer zum Verbreitungsrecht nach Maßgabe des § 17 UrhG (Abschn. 1.4.2.1), zurückgegriffen werden.

Computerprogramme sind gemäß § 69a Abs. 1 UrhG Programme jeder Gestalt, einschließlich des Entwurfsmaterials. Eine konkrete Definition ist vom Gesetzgeber jedoch weder erwünscht noch vorgenommen worden, da „zu befürchten sei, dass sie alsbald durch die Entwicklung überholt würde".[319] Unter dem Begriff erfasst sein sollten indes alle denkbaren Arten von Computerprogrammen, also z. B. Betriebssysteme, Anwendungen, Hilfsprogramme, Makros, Programmteile und in Hardware integrierte Programme wie z. B. Firmware oder embedded Software.[320] Qua Gesetz sind auch die Entwurfsmaterialen vom Be-

---

[315] EuGH, Urt. v. 26.04.2017 – C-527/15, ECLI:EU:C:2017:300 = MMR 2017, 460 – *Filmspeler*; vgl. dazu auch: Dreier/Schulze-*Dreier*, UrhG, 6. Aufl. 2018, UrhG § 19a Rn. 6a.

[316] Redeker-*Redeker*, IT-Recht, 6. Aufl. 2017, Rn. 1247 ff.; *Ernsthaler*, NJW 2014, 1553, 1556 ff.; *Fangerow/Schulz*, GRUR 2010, 677.

[317] EuGH, Urt. v. 26.04.2017 – C-527/15, ECLI:EU:C:2017:300 = MMR 2017, 460 – *Filmspeler*.

[318] *Härting*, Internetrecht, 6. Aufl. 2017, Rn. 1440; *Stieper*, MMR 2011, 12, 16; *Koch*, GRUR 2010, 574; *Büscher/Müller*, GRUR 2009, 558; *Schack*, GRUR 2007, 639.

[319] BT-Drs. 12/4022, S. 9.

[320] KG, Urt. v. 27.02.1996 – 5 U 8281/95, NJW 1997, 330, 331; Ahlberg/Götting-*Kaboth/Spies*, BeckOK UrhR, 24. Ed. Stand: 01.04.2019, UrhG § 69a Rn. 3; Dreier/Schulze-*Dreier*, UrhG, 6. Aufl. 2018, UrhG § 69a Rn. 13.

griff geschützt, was etwa vorbereitende Diagramme und Programmablaufpläne[321] erfasst. Gemäß § 69a Abs. 1 S. 1 UrhG sind **alle Ausdrucksformen** eines Computerprogrammes geschützt. **Ideen und Grundsätze**, die einem Element eines Computerprogramms zugrunde liegen, einschließlich der den Schnittstellen zugrunde liegenden Ideen und Grundsätze, sind hingegen gemäß § 69a Abs. 2 S. 2 UrhG nicht geschützt.

Soweit nichts anderes bestimmt ist, finden auf Computerprogramme gemäß § 69a Abs. 4 UrhG die für Sprachwerke geltenden Vorschriften Anwendung. Die Vorschriften der §§ 32d, 32e, 36 bis 36c, 40a und 95a bis 95d UrhG finden auf Computerprogramme hingegen aufgrund der Regelung des § 69a Abs. 5 UrhG keine Anwendung. § 69b UrhG enthält Regelungen über die Urheberschaft an Computerprogrammen in **Arbeits- und Dienstverhältnissen** (s. o. Abschn. 1.2.7). § 69c UrhG regelt die **Verwertungsrechte** für Computerprogramme, von denen das Recht der Vervielfältigung und die damit einhergehende Erschöpfungswirkung gemäß § 69c Nr. 3 UrhG hervorzuheben sind (vgl. dazu schon eingehend oben Abschn. 1.4.2.2.2). § 69d UrhG statuiert diesbezügliche **Schrankenregelungen,** § 69e UrhG hält Sondervorschriften für **Dekompilierungen**[322] bereit. Die §§ 69f, 69g UrhG regeln schließlich die Anwendbarkeit der allgemeinen Vorschriften des UrhG.

1.5 Schranken des Urheberrechts

Die urheberrechtlichen Verwertungsrechte i. S. d. §§ 15 ff. UrhG werden in ihrer Reichweite beschränkt durch die Schrankenregelungen/Beschränkungen der §§ 44a ff. UrhG. Diese dienen dem **Ausgleich der Interessen** der Urheber und Rechtsinhaber einerseits sowie der Werkvermittler und Endnutzer andererseits.[323] Abgesehen vom Veröffentlichungsrecht in den §§ 45, 57 UrhG lassen die Schrankenbestimmungen die Urheberpersönlichkeitsrechte unberührt.[324] Im Folgenden wird auf ausgewählte Schrankenregelungen mit besonderer Bedeutung für das Internetrecht näher eingegangen. Die urheberrechtlichen Schrankenregelungen sind richtlinienkonform, einheitlich, nach Auffassung der Rechtsprechung und h.L. eng und jeweils am Maßstab der technischen Gegebenheiten zum Zeitpunkt ihrer Ein-

---

[321] BGH, Urt. v. 09.05.1985 – I ZR 52/83, GRUR 1985, 1041, 1047 – *Inkassoprogramm.*

[322] Dekompilierung beschreibt den Prozess, bei dem ein maschinenlesbarer Objektcode in einen menschenlesbaren Programmcode (zurück-)umgewandelt wird.

[323] Dreier/Schulze-*Dreier*, UrhG, 6. Aufl. 2018, UrhG Vor §§ 44a ff. Rn. 1; Fromm/Nordemann-*Dustmann*, UrhG, 12. Aufl. 2018, Vor § 44a ff. Rn. 1 ff.; Wandtke/Bullinger-*Lüft*, UrhR, 4. Aufl. 2014, UrhG Vor §§ 44a ff. Rn. 1.

[324] Dreier/Schulze-*Dreier*, UrhG, 6. Aufl. 2018, UrhG Vor §§ 44a ff. Rn. 19; Dreyer/Kotthoff/Meckel/Hentsch-*Dreyer*, UrhG, 4. Aufl. 2018, Vor §§ 44a ff. Rn. 59; Schricker/Loewenheim-*Melichar*, UrhG, 5. Aufl. 2017, Vor §§ 44a ff. Rn. 14.

führung auszulegen,[325] wobei das Dogma der engen Schrankenauslegung äußerst kritisch zu betrachten ist.[326]

1.5.1 Vorübergehende Vervielfältigungshandlungen, § 44a UrhG

Da das Vervielfältigungsrecht des § 16 Abs. 1 UrhG sehr weit umschrieben ist, bedarf es einer Einschränkung, um nicht sämtliche Vervielfältigungshandlungen pauschal zu untersagen.[327] Gerade der digitalen Nutzung ist es immanent, dass Daten flüchtig und nutzungsbegleitend bei Übertragungen zwischengespeichert werden.[328] Daher stellt § 44a UrhG eine Schranke für solche Vervielfältigungen auf, die **vorübergehend** sind, **keine eigenständige wirtschaftliche Bedeutung** haben, einen **integralen und wesentlichen Teil eines technischen Verfahrens** darstellen und deren alleiniger Zweck es ist, ein geschütztes Werk in einem Netz zwischen Dritten durch einen Vermittler zu **übertragen** (§ 44a Nr. 1 UrhG) oder eine **rechtmäßige Nutzung** zu ermöglichen (§ 44a Nr. 2 UrhG).

Im Rahmen der vorübergehenden Vervielfältigungshandlungen ist eine genaue Betrachtung und **Erläuterung der verschiedenen Tatbestandsmerkmale** unerlässlich:

- **Vorübergehend**: Vorübergehend sind Speichervorgänge dann, wenn sie aus rein technischen Gründen vorgenommen wurden und nach einer **nicht ins Gewicht fallenden Zeit automatisch** gelöscht werden.[329] In der Rechtsprechung des EuGH wird dem Tatbestandsmerkmal „vorübergehend" neben den Merkmalen „flüchtig oder begleitend" bisher keine Relevanz zugemessen.[330] Die Tatbestandsmerkmale

---

[325] So erstmals: BGH, Urt. v. 03.04.1968 – I ZR 83/66, GRUR 1968, 607, 608 – *Kandinsky I*; vgl. übereinstimmend: Dreyer/Kotthoff/Meckel/Hentsch-*Dreyer*, UrhG, 4. Aufl. 2018, Vor §§ 44a ff. Rn. 16 ff.; Fromm/Nordemann-*Dustmann*, UrhG, 12. Aufl. 2018, Vor § 44a ff. Rn. 7; Schricker/Loewenheim-*Melichar/Stieper*, UrhG, 5. Aufl. 2017, Vor §§ 44a ff Rn. 36.

[326] *Specht*, Diktat der Technik, 2019, S. 217; vgl. dazu auch: *Dreier*, GRUR Int. 2015, 648, 656; *Geiger*, GRUR Int. 2004, 815; 818 ff.; *ders.*, GRUR Int. 2008, 459, 461; *ders.*, Die Schranken des Urheberrechts im Lichte der Grundrechte Zur Rechtsnatur der Beschränkungen des Urheberrechts, in: Hilty/Peukert, Interessenausgleich im Urheberrecht, 2004, S. 143, 150.

[327] Dreier/Schulze-*Dreier*, UrhG, 6. Aufl. 2018, UrhG § 44a Rn. 1; Fromm/Nordemann-*Dustmann*, UrhG, 12. Aufl. 2018, § 44a Rn. 1; Schricker/Loewenheim-*Loewenheim*, UrhG, 5. Aufl. 2017, § 44a Rn. 1; Spindler/Schuster-*Wiebe*, Recht der elektronischen Medien, 3. Aufl. 2015, UrhG § 44a Rn. 1.

[328] Dreier/Schulze-*Dreier*, UrhG, 6. Aufl. 2018, UrhG § 44a Rn. 1; Wandtke/Bullinger-*v. Welser*, UrhR, 4. Aufl. 2014, UrhG § 44a Rn. 1; Spindler/Schuster-*Wiebe*, Recht der elektronischen Medien, 3. Aufl. 2015, UrhG § 44a Rn. 2 ff.

[329] EuGH, Urt. v. 26.04.2017 – C-527/15, ECLI:EU:C:2017:300 = MMR 2017, 460, Rn. 61 – *Stichting Brein*; EuGH, Urt. v. 05.06.2014 – C-360/13, ECLI:EU:C:2014:1195, GRUR 2014, 654 – *Public Relations Consultants Association*; vgl. dazu auch: Dreier/Schulze-*Dreier*, UrhG, 6. Aufl. 2018, UrhG § 44a Rn. 4.

[330] EuGH, Urt. v. 16.07.2009 – C-5/08, ECLI:EU:C:2009:465 = GRUR 2009, 1041 Rn. 61 – *Infopaq*; vgl. dazu: Fromm/Nordemann-*Dustmann*, UrhG, 12. Aufl. 2018, § 44a Rn. 8.

„flüchtig" und „begleitend" stehen dabei bereits aus logischen Gründen in einem Alternativverhältnis und schließen sich folglich gegenseitig aus.[331] Um **flüchtig** zu sein, darf die angefertigte Vervielfältigung nur kurzlebig gespeichert werden und muss automatisch nach Beendigung eines Prozesses bzw. einer Arbeitssitzung ohne Beteiligung einer natürlichen Person gelöscht werden.[332] **Begleitend** ist eine Vervielfältigung hingegen dann, wenn sie im Zuge eines technischen Verfahrens nur beiläufig entsteht und keinem eigenen Zweck dient.[333]

Beispiel

Der Cache beim Betrachten einer Website, der bei Aufruf einer anderen Seite automatisch gelöscht oder geleert wird, entsteht **begleitend**. Dem gegenüber erfolgen Kopien auf dem nur lokalen Arbeitsspeicher **flüchtig**. ◄

- **<u>Integraler und wesentlicher Teil eines technischen Verfahrens</u>**: Die Vervielfältigung muss **nötig** sein und in ihrer **Gesamtheit** im Rahmen eines technischen Verfahrens erfolgen.[334]
- **<u>Keine eigene wirtschaftliche Bedeutung</u>**: Die Vervielfältigung darf selbst keinen wirtschaftlichen Vorteil schaffen, also **keine neue, eigenständige Nutzungsmöglichkeit** eröffnen, die über den Vorteil der bloßen Vervielfältigung hinausgeht.[335]

Beispiel

§ 44a UrhG gilt nicht für den Betreiber eines Online Videorekorders, der dem Nutzer eine Aufnahme zum Abruf bereithält, da durch Werbeeinblendungen Einnahmen generiert werden.[336] ◄

---

[331] Damit übereinstimmend etwa: Dreyer/Kotthoff/Meckel/Hentsch-*Dreyer*, UrhG, 4. Aufl. 2018, § 44a Rn. 8; Fromm/Nordemann-*Dustmann*, UrhG, 12. Aufl. 2018, § 44a Rn. 10; Wandtke/Bullinger-*v. Welser*, UrhR, 4. Aufl. 2014, UrhG § 44a Rn. 2.

[332] KG, Urt. v. 30.04.2004 – 5 U 98/02, GRUR-RR 2004, 228, 231 – *Ausschnittdienst*; Ahlberg/Götting-*Schulz*, BeckOK UrhR, 24. Ed. Stand: 01.04.2019, UrhG § 44a Rn. 4; Dreyer/Kotthoff/Meckel/Hentsch-*Dreyer*, UrhG, 4. Aufl. 2018, § 44a Rn. 8; Wandtke/Bullinger-*v. Welser*, UrhR, 4. Aufl. 2014, UrhG § 44a Rn. 2.

[333] EuGH, Urt. v. 05.06.2014 – C-360/13, ECLI:EU:C:2014:1195 = GRUR 2014, 654 Rn. 43 – *PRCA/NLA*; Ahlberg/Götting-*Schulz*, BeckOK UrhR, 24. Ed. Stand: 01.04.2019, UrhG § 44a Rn. 6; Schricker/Loewenheim-*Loewenheim*, UrhG, 5. Aufl. 2017, § 44a Rn. 8.

[334] EuGH, Urt. v. 05.06.2014 – C-360/13, ECLI:EU:C:2014:1195 = GRUR 2014, 654 Rn. 61 – *Public Relations Consultants Association*; EuGH, Beschl. v. 17.01.2012 – C-302/10, ECLI:EU:C:2012:16 = MMR 2013, 45 Rn. 30 – *Infopaq II*; vgl. auch: Dreier/Schulze-*Dreier*, UrhG, 6. Aufl. 2018, UrhG § 44a Rn. 6.

[335] EuGH, Urt. v. 04.10.2011 – C-403/08, ECLI:EU:C:2011:631 = MMR 2011, 817 Rn. 177 – *Football. Association Premier League*; EuGH, Beschl. v. 17.01.2012 – C-302/10, ECLI:EU:C:2012:16 = MMR 2013, 45 Rn. 50 ff. – *Infopaq II*; Vgl. dazu auch Dreier/Schulze-*Dreier*, UrhG, 6. Aufl. 2018, UrhG § 44a Rn. 10; *Mittsdörfer/Gutfleisch*, MMR 2009, 731, 733.

[336] BGH, Urt. v. 29.04.2010 – I ZR 69/08, GRUR 2010, 628, Rn. 24 – *Vorschaubilder*; vgl. dazu: Dreier/Schulze-*Dreier*, UrhG, 6. Aufl. 2018, UrhG § 44a Rn. 10.

- **Übertragung in einem Netz**: § 44a Nr. 1 UrhG **privilegiert einen Dritten**, der als **Vermittler** die Daten von Absender und Empfänger vermittelt, diese nicht verändert oder in anderer Weise speichert. Eine **Rechtmäßigkeit der Nutzung** zwischen Absender und Empfänger ist gerade keine Voraussetzung.[337]
- **Rechtmäßige Nutzung i. S. d. § 44a Nr. 2 UrhG**: Rechtmäßig ist eine Nutzung dann, wenn sie in dieser Form vom Rechtsinhaber **gestattet** wurde, im Rahmen einer gesetzlichen **Schranke** zulässig ist und auch nicht anderweitig durch Gesetz beschränkt ist.[338] Problematisch wird die Einordnung der Rechtmäßigkeit der Nutzung aktuell bei **Streamingportalen** wie kinox.to. Da das **bloße Betrachten** eines Werkes keine urheberrechtlich geschützte Tätigkeit ist, kann vertreten werden, dass die Schrankenregelung des § 44a UrhG greift. Bisher war nach der untergerichtlichen Rechtsprechung (z. B. bezüglich der Redtube-Abmahnungen) eine Nutzung jedenfalls dann von der Schrankenregelung erfasst, wenn die Quelle **nicht offensichtlich rechtswidrig** war.[339] Der EuGH entschied jedoch für den Fall des Streamings, dass die Schranke der nur vorübergehende Vervielfältigung i. S. d. § 44a UrhG aufgrund des entgegenstehenden Drei-Stufen-Tests keine Anwendung findet (s. o. Abschn. 1.4.2.3).[340]

1.5.2 Vervielfältigungen zum privaten und sonstigen eigenen Gebrauch, § 53 UrhG

Da Urheberrechte nicht nur im geschäftlichen, sondern auch im privaten und nicht öffentlichen Bereich gelten, sind auch **private Vervielfältigungen** vom Schutzbereich des § 16 UrhG erfasst.[341] Da eine Kontrolle in diesem Bereich nur schwer möglich ist, sieht § 53 UrhG als Schrankenregelung eine **Legalisierung** bestimmter Vervielfältigungen vor, die einer gesetzlichen Lizenz gleichkommen.[342] Den Aus-

---

[337] Dreier/Schulze-*Dreier*, UrhG, 6. Aufl. 2018, UrhG § 44a Rn. 7; vielmehr sollen gemäß Erwägungsgrund 33 der InfoSoc-RL alle „Handlungen, die das effiziente Funktionieren der Übertragungssysteme ermöglichen, sofern der Vermittler die Information nicht verändert und nicht die erlaubte Anwendung von Technologien zur Sammlung von Daten über die Nutzung der Information, die von der gewerblichen Wirtschaft weiterhin anerkannt und verwendet werden", privilegiert werden.

[338] Dreier/Schulze-*Dreier*, UrhG, 6. Aufl. 2018, UrhG § 44a Rn. 8; Fromm/Nordemann-*Dustmann*, UrhG, 12. Aufl. 2018, § 44a Rn. 17; Schricker/Loewenheim-*Loewenheim*, UrhG, 5. Aufl. 2017, § 44a Rn. 12; Wandtke/Bullinger-*v. Welser*, UrhR, 4. Aufl. 2014, UrhG § 44a Rn. 16 ff.

[339] AG Hannover, Urt. v. 27.05.2014 – 550 C 13749/13, ZUM-RD 2014, 667 – *RedTube*; AG Potsdam, Urt. v. 09.04.2014 – 20 C 423/13, ZUM-RD 2014, 587.

[340] EuGH, Urt. v. 26.04.2017 – C-527/15, ECLI:EU:C:2017:300 = MMR 2017, 460 – *Filmspeler*.

[341] Dreyer/Kotthoff/Meckel/Hentsch-*Dreyer*, UrhG, 4. Aufl. 2018, § 53 Rn. 10; Fromm/Nordemann-*Wirtz*, UrhG, 12. Aufl. 2018, § 53 Rn. 2; Schricker/Loewenheim-*Loewenheim*, UrhG, 5. Aufl. 2018, § 53 Rn. 1 ff.

[342] BVerfG, Beschl. v. 25.07.2005 – 1 BvR 2182/04, GRUR 2005, 1032 – *Eigentum und digitale Privatkopie*; *Lauber-Rönsberg*, Urheberrecht und Privatgebrauch, 2011, S. 164 ff.; Ahlberg/Götting-*Grübler*, BeckOK UrhR, 24. Ed. Stand: 01.04.2019, UrhG § 53 Rn. 1; Fromm/Nordemann-*Wirtz*, UrhG, 12. Aufl. 2018, § 53 Rn. 2.

führungen voranzustellen ist, dass das **Recht der Privatkopie** seine Grenzen grundsätzlich dort findet, wo Werke durch technische Schutzmaßnahmen i. S. v. §§ 95a ff. UrhG (Abschn. 1.7.3) gegen Vervielfältigungen gesichert sind. Das Kopieren derartiger Werke ist bereits aufgrund der §§ 95a ff. UrhG unrechtmäßig.[343]

Im Rahmen des § 53 UrhG ist eine Vervielfältigung zu zwei Zwecken erlaubt: Einerseits zum privaten (Abs. 1) und andererseits zum eigenen (Abs. 2) Gebrauch.[344]

1.5.2.1 Vervielfältigung zum Privatgebrauch, § 53 Abs. 1 UrhG

Unter **Privatgebrauch** ist der Gebrauch in der Privatsphäre, mithin der häusliche Bereich und/oder Freundeskreis, zur Befriedigung **rein persönlicher Bedürfnisse** durch die eigene Person oder einer mit ihr durch ein persönliches Band verbundenen Person zu verstehen.[345] Da nur natürliche Personen ein Privatleben haben können, gilt die Schrankenregelung nur für diese.[346]

Da nur der Gebrauch in der Privatsphäre privilegiert wird, darf eine Vervielfältigung weder **mittelbar noch unmittelbar zugleich Erwerbszwecken** dienen.[347] Somit darf ein Erwerbszweck noch nicht einmal eine entfernte Begleiterscheinung sein.[348]

Beispiel

Fertigt ein Student für das Studium Kopien an, so handelt er nicht nur zu rein privaten Zwecken.[349] Dies gilt jedoch nicht für Kopien, die zu familiären Unterhaltungszwecken angefertigt werden.[350] ◄

---

[343] Dreyer/Kotthoff/Meckel/Hentsch-*Dreyer*, UrhG, 4. Aufl. 2018, § 53 Rn. 10; Fromm/Nordemann-*Wirtz*, UrhG, 12. Aufl. 2018, § 53 Rn. 3; Schricker/Loewenheim-*Loewenheim*, UrhG, 5. Aufl. 2017, § 44a Rn. 3; *Ulbricht*, CR 2004, 674 ff.; *Bornkamm*, ZUM 2005, 1010 ff.

[344] Fromm/Nordemann-*Wirtz*, UrhG, 12. Aufl. 2018, § 53 Rn. 8; Spindler/Schuster-*Wiebe*, Recht der elektronischen Medien, 3. Aufl. 2015, UrhG § 53 Rn. 1 ff.; Wandtke/Bullinger-*Lüft*, UrhR, 4. Aufl. 2014, UrhG § 53 Rn. 8.

[345] BGH, Urt. v. 14.04.1978 – I ZR 111/76, GRUR 1978, 474, 475 – *Vervielfältigungsstücke*; Fromm/Nordemann-*Wirtz*, UrhG, 12. Aufl. 2018, § 53 Rn. 9; Bisges-*Haupt*, UrhR, 2016, Kap. 3 Rn. 426. *Flechsig*, GRUR 1993, 532, 533.

[346] BGH, Urt. v. 16.01.1997 – I ZR 9/95, GRUR 1997, 459, 462 – *CB Infobank I*; BT-Drs. 10/837; vgl. dazu eingehend: Fromm/Nordemann-*Wirtz*, UrhG, 12. Aufl. 2018, § 53 Rn. 10.

[347] BGH, Urt. v. 06.10.2016 – I ZR 25/15, GRUR 2017, 266, Rn. 49 – *Word of Warcraft I*; BGH, Urt. v. 14.04.1978 – I ZR 111/76, GRUR 1978, 474, 475 – *Vervielfältigungsstücke*; Fromm/Nordemann-*Wirtz*, UrhG, 12. Aufl. 2018, § 53 Rn. 11.

[348] BGH, Urt. v. 24.06.1993 – I ZR 148/91, GRUR 1993, 899, 900 – *Dia Duplikate*; KG, Urt. v. 05.03.1991 – 5 U 4433/91, GRUR 1992, 168, 169 – *Dia Kopien*; KG, Urt. v. 30.04.2004 – 5 U 98/02, GRUR-RR 2004, 228, 232 – *Ausschnittdienst*; vgl. auch: Fromm/Nordemann-*Wirtz*, UrhG, 12. Aufl. 2018, § 53 Rn. 13.

[349] BGH, Urt. v. 09.06.1983 – I ZR 70/81, GRUR 1984, 54, 55 – *Kopierläden*; Fromm/Nordemann-*Wirtz*, UrhG, 12. Aufl. 2018, § 53 Rn. 11; Heute werden für Kopien zu wissenschaftlichen Zwecken v. a. die Schranken der §§ 60a ff. UrhG, welche durch das UrhWissG (Abschn. 1.5.2.1) eingeführt wurden, einschlägig sein. Der ehemalige § 53 Abs. 2 Nr. 1 UrhG a. F. sowie § 53 Abs. 3 UrhG a. F. wurden im Gegenzug aufgehoben.

[350] Dreier/Schulze-*Dreier*, UrhG, 6. Aufl. 2018, UrhG § 53 Rn. 10; Fromm/Nordemann-*Wirtz*, UrhG, 12. Aufl. 2018, § 53 Rn. 11; Schricker/Loewenheim-*Loewenheim*, UrhG, 5. Aufl. 2017, § 53 Rn. 23.

Die Kopie braucht durch den Privilegierten nicht selbst hergestellt werden, er kann sich dabei unter den Voraussetzungen des § 53 Abs. 1 S. 2 UrhG auch der **Hilfe Dritter** bedienen.[351] Bei **Unentgeltlichkeit** der Herstellung können sowohl analoge als auch digitale Kopien erstellt werden.[352] Bei **Entgeltlichkeit** ist eine Privatkopie nur zulässig, wenn sie mittels fotomechanischen oder einem ähnlichen Verfahren erstellt wird.[353]

Umstritten ist, **wie viele** einzelne Kopien der Private anfertigen darf, da § 53 Abs. 1 UrhG von „**einzelnen**" Vervielfältigungen spricht. In der Praxis hat sich eine Obergrenze von **sieben Exemplaren** durchgesetzt.[354] Diese Obergrenze wird vielfach als zu starr und hoch angesehen und es wird darauf abgestellt, wie viele Exemplare tatsächlich **zur Deckung des rein persönlichen Bedarfs** nötig sind, wobei regelmäßig eine Vervielfältigung, in Ausnahmefällen aber auch durchaus mehrere erstellt werden dürften.[355]

Nicht erfasst werden solche Vervielfältigungen, die auf einer **offensichtlich rechtswidrig hergestellten** oder **öffentlich zugänglich** gemachten Vorlage beruhen. Die Offensichtlichkeit der Rechtswidrigkeit ist nach **objektiven** und nicht nach subjektiven Kriterien zu beurteilen, wobei offensichtlich das ist, was ein **Durchschnittsnutzer** auf den ersten Blick erkennen kann.[356] Anzunehmen ist dies beispielsweise, wenn eine Kopie des Werkes bereits vor der ersten Veröffentlichung zirkuliert oder kostenlos angeboten wird, obgleich üblicherweise eine Vergütung zu zahlen ist.[357] Bei in rechtswidriger Weise öffentlich zugänglich gemachten Vorlagen ist auf die **Offensichtlichkeit** der Rechtswidrigkeit der öffentlichen Zugänglichmachung abzustellen.[358] Dem Durchschnittsnutzer ist aufgrund der zunehmenden Sen-

---

[351] LG München I, Urt. v. 07.11.2002 – 7 O 18271/02, ZUM 2003, 240 – *CD-Kopierautomaten*; Fromm/Nordemann-*Wirtz*, UrhG, 12. Aufl. 2018, § 53 Rn. 14; Wandtke/Bullinger-*Lüft*, UrhR, 4. Aufl. 2014, UrhG § 53 Rn. 20; Dreyer/Kotthoff/Meckel/Hentsch-*Dreyer*, UrhG, 4. Aufl. 2018, § 53 Rn. 45.

[352] EuGH, Urt. v. 27.06.2013 – C-457/11 bis C-460/11, ECLI:EU:C:2013:426 = GRUR 2013, 812, Rn. 63 – *VG Wort/kyocera u. Fujitsu/VG Wort*; BT-Drs. 15/38, S. 20; Fromm/Nordemann-*Wirtz*, UrhG, 12. Aufl. 2018, § 53 Rn. 14; Schricker/Loewenheim-*Loewenheim*, UrhG, 5. Aufl. 2017, § 53 Rn. 27.

[353] BGH, Urt. v. 25.02.1999 – I ZR 118/96, GRUR 1999, 707, 709 – *Kopienversanddienst*; Fromm/Nordemann-*Wirtz*, UrhG, 12. Aufl. 2018, § 53 Rn. 14; Wandtke/Bullinger-*Lüft*, UrhR, 4. Aufl. 2014, UrhG § 53 Rn. 22.

[354] Fromm/Nordemann-*Wirtz*, UrhG, 12. Aufl. 2018, § 53 Rn. 17; Ahlberg/Götting-*Grübler*, BeckOK UrhR, 24. Ed. Stand: 01.04.2019, UrhG § 53 Rn. 6; Die Anzahl von sieben Vervielfältigungstücken findet auch Stütze in der Gesetzesbegründung: BT-Drs. IV/270, S. 73.

[355] *Schack*, Urheber- und Urhebervertragsrecht, 7. Aufl. 2017, Rn. 558; Bisges-*Haupt*, UrhR, 2016, Kap. 3 Rn. 427; Dreier/Schulze-*Dreier*, UrhG, 6. Aufl. 2018, UrhG § 53 Rn. 9.

[356] Dreyer/Kotthoff/Meckel/Hentsch-*Dreyer*, UrhG, 4. Aufl. 2018, § 53 Rn. 35; Fromm/Nordemann-*Wirtz*, UrhG, 12. Aufl. 2018, § 53 Rn. 20; *Jani*, ZUM 2003, 842, 850; *Czychowski*, NJW 2003, 2409, 2411.

[357] Fromm/Nordemann-*Wirtz*, UrhG, 12. Aufl. 2014, § 53 Rn. 21; Vgl. dazu eingehend Schricker/Loewenheim-*Loewenheim*, UrhG, 5. Aufl. 2017, § 53 Rn. 20; *Reinbacher*, GRUR 2008, 394, 394 ff.

[358] BT-Drs. 16/1828, S. 26; Dreier/Schulzer-*Dreier*, UrhG, 6. Aufl. 2018, UrhG § 53 Rn. 12b; Fromm/Nordemann-*Wirtz*, UrhG, 12. Aufl. 2014, § 53 Rn. 22.

sibilisierung gegenüber geistigem Eigentum inzwischen hinreichend bekannt, dass es sich insbesondere bei Angeboten auf Tauschbörsen oder Sharehostern i. d. R. um rechtswidrige Zugänglichmachungen handelt.[359]

1.5.2.2 Sonstiger eigener Gebrauch, § 53 Abs. 2 UrhG

Auch zum sonstigen Eigengebrauch können Vervielfältigungen gem. Abs. 2 zulässig sein. Abs. 3 ist durch das UrhWissG (Abschn. 1.5.2.1) weggefallen. Der Unterschied zum Privatgebrauch nach Abs. 1 liegt darin, dass der Gebrauch auch erwerbswirtschaftlichen oder beruflichen Zwecken dienen kann.[360] Daraus folgt, dass Privilegierte nach Abs. 2 auch **juristische Personen des privaten und öffentlichen Rechts** sein können[361] und eine Herstellung durch Dritte auch **entgeltlich** ohne die Einschränkungen des § 53 Abs. 1 S. 2 UrhG erfolgen kann.[362] Zulässig ist eine Vervielfältigung allerdings nur dann, wenn ein **Gebrauchszweck** nach § 53 Abs. 2 Nr. 2–4 UrhG vorliegt. Dazu zählen Archivzwecke, die eigene Unterrichtung über Tagesfragen sowie der sonstige eigene Gebrauch von nur kleinen Teilen eines Werkes oder von Werken, die seit mindestens zwei Jahren vergriffen sind.

1.5.3 Das Zitatrecht, § 51 UrhG

Um die Meinungs- und Wissenschaftsfreiheit und das Allgemeininteresse an freier geistiger Auseinandersetzung zu fördern, ist das Zitieren in den Grenzen des § 51 UrhG **zustimmungs- und vergütungsfrei**.[363] Um der Privilegierung des § 51 UrhG zu unterfallen, muss ein geeigneter **Zitatzweck** vorliegen. Das Zitat muss als Beleg oder Auseinandersetzung des Inhalts des zitierenden Werkes, nicht des zitierten, dienen und derart gekennzeichnet sein, dass dem eigenen Werk erkennbar fremde Werkteile beigefügt wurden.[364] Dies gilt insbesondere für Online-Beiträge, die oft

---

[359] OLG München, Urt. v. 08.03.2000 – 29 U 3282/00, GRUR 2001, 499, 503; *Härting*, Internetrecht, 6. Aufl. 2017, Rn. 1598; Fromm/Nordemann-*Wirtz*, UrhG, 12. Aufl. 2014, § 53 Rn. 22; Schricker/Loewenheim-*Loewenheim*, UrhG, 5. Aufl. 2017, § 53 Rn. 20; *Czychowski*, NJW 2003, 2409, 2411; *Meschede*, K&R 2008, 585, 585; noch unentschieden: Ahlberg/Götting-*Grübler*, BeckOK UrhR, 24. Ed. Stand: 01.04.2019, UrhG § 53 Rn. 14.

[360] BGH, Urt. v. 24.06.1993 – I ZR 148/91, GRUR 1993, 899, 890 – *Dia Duplikate*; BGH, Urt. v. 14.04.1978 – I ZR 111/76, GRUR 1978, 474, 475 – *Vervielfältigungsstücke*; Fromm/Nordemann-*Wirtz*, UrhG, 12. Aufl. 2018, § 53 Rn. 25.

[361] OLG Köln, Urt. v. 14.01.2000 – 6 U 73/99, GRUR 2000, 414, 416 – *GRUR/GRUR Int*; Fromm/Nordemann-*Wirtz*, UrhG, 12. Aufl. 2018, § 53 Rn. 25; Ahlberg/Götting-*Grübler*, BeckOK UrhR, 24. Ed. Stand: 01.04.2019, UrhG § 53 Rn. 18.

[362] BGH, Urt. v. 24.06.1993 – I ZR 148/91, GRUR 1993, 899, 890 – *Dia Duplikate*; BGH, Urt. v. 14.04.1978 – I ZR 111/76, GRUR 1978, 474, 475 – *Vervielfältigungsstücke*; Fromm/Nordemann-*Wirtz*, UrhG, 12. Aufl. 2018, § 53 Rn. 25.

[363] BGH, Urt. v. 01.07.1982 – I ZR 118/80, NJW 1983, 1196, 1199 – *Presseberichterstattung und Kunstwiedergabe I*; Dreier/Schulze-*Dreier*, UrhG, 6. Aufl. 2018, UrhG § 51 Rn. 1; Dreyer/Kotthoff/Meckel/Hentsch-*Dreyer*, UrhG, 4. Aufl. 2018, § 51 Rn. 7.

[364] BGH, Urt. v. 29.04.2010 – I ZR 69/08, GRUR 2010, 628, Rn. 25 – *Vorschaubilder*; OLG München, Urt. v. 26.03.1998 – 29 U 5798/97, NJW 1999, 1975 – *Stimme Brechts*; Dreier/Schulze-*Dreier*, UrhG, 6. Aufl. 2018, UrhG § 51 Rn. 3.

mit fremden Werken geschmückt sind, sich aber nicht näher mit diesen auseinandersetzen.[365] Auch sog. „Thumbnails" bei der Online-Bildersuche enthalten nicht den notwendigen Zitatzweck.[366] Beim Setzen sog. Hyperlinks liegt bereits kein Zitat vor, da die Verweisung auf eine andere Website nicht mit der Übernahme von Teilen dieser gleichsteht, sondern lediglich einen Hinweis auf sie darstellt.[367]

Beispiel

Eine neue Erscheinung im Internet sind sog. **Memes**, bei denen über altbekannte Bilder karikaturistische Überschriften und Untertitel gesetzt werden. Neben einer freien Benutzung i. S. d. § 24 UrhG könnte bei diesen auch über eine Rechtfertigung aufgrund des Zitatrechts nach Maßgabe des § 51 UrhG nachgedacht werden, sofern ein Zitatzweck vorliegt. ◄

Der Umfang des Zitats muss sich auf das Erforderliche beschränken. In einer Abwägung des Einzelfalls ist der vernünftige und sachgerechte Umfang zu bestimmen.[368] Voraussetzung ist weiterhin, dass das Werk, in welches ein anderes Werk mittels Zitat aufgenommen werden soll, selbstständig nach dem UrhG schutzfähig ist.[369]

Auch und gerade bei Zitaten im Internet ist es zudem essenziell, das **Änderungsverbot** und die Pflicht zur **Quellenangabe** (§§ 62, 63 UrhG) zu beachten. Bei der Entnahme von Werken aus Datenbanken sind im Zweifel der Name des Herstellers, der Name der Datenbank sowie die Versionsnummer oder das Erscheinungsdatum der Datenbank anzugeben.[370] Eine Quellenangabe hat dabei stets **deutlich** zu erfolgen: Das heißt, dass sie in Form und Größe so auszugestalten ist, dass der Urheber ohne besondere Mühe zu erkennen und die Quellenangabe leicht auffindbar ist.[371] Insbesondere auf Internetseiten sollte die Quellenangabe daher in unmittelbarer Nähe zum zitierten Inhalt stehen, da v. a. bei Internetpräsenzen mit einer Fülle von Inhalten ansonsten schnell Unklarheiten entstehen können.

---

[365] BGH, Urt. v. 29.04.2010 – I ZR 69/08, GRUR 2010, 628 – *Vorschaubilder*; vgl. dazu eingehend: *Härting*, Internetrecht, 6. Aufl. 2017, Rn. 1573.

[366] BGH, Urt. v. 29.04.2010 – I ZR 69/08, GRUR 2010, 628, Rn. 25 – *Vorschaubilder*; LG Hamburg, Urt. v. 26.09.2008 – 308 O 42/06, CR 2008, 47, 52 – *Google-Bildersuche*; *Härting*, Internetrecht, 6. Aufl. 2017, Rn. 1574; *Ott*, ZUM 2009, 345, 346.

[367] Hoeren/Sieber/Holznagel-*Raue/Hegemann*, Multimedia-Recht, 47. Aufl. 2018, Teil 7.3.B.II.1 Rn. 80; Fromm/Nordemann-*Dustmann*, UrhG, 12. Aufl. 2018, § 51 Rn. 45.

[368] LG Frankfurt a. M., Urt. v. 22.06.1995 – 2/3 O 221/94, AfP 1995, 687; Dreier/Schulze-*Dreier*, UrhG, 6. Aufl. 2018, UrhG § 51 Rn. 5; Schricker/Loewenheim-*Spindler*, UrhG, 5. Aufl. 2017, § 51 Rn. 23 f.

[369] BT-Drs. 18/12329, S. 32; Dreier/Schulze-*Dreier*, UrhG, 6. Aufl. 2018, UrhG § 51 Rn. 6; Schricker/Loewenheim-*Spindler*, UrhG, 5. Aufl. 2017, § 51 Rn. 20.

[370] Ahlberg/Götting-*Engels*, BeckOK UrhR, 24. Ed. Stand: 01.04.2019, UrhG § 63 Rn. 18; Schricker/Loewenheim-*Dietz/Spinder*, UrhG, 5. Aufl. 2017, § 63 Rn. 14a.

[371] Ahlberg/Götting-*Engels*, BeckOK UrhR, 24. Ed. Stand: 01.04.2019, UrhG § 63 Rn. 20 f.

▶ **Klausurtipp** Die §§ 62, 63 UrhG werden von Prüfungskandidaten gerne übersehen, weil sie am Ende des 6. Abschnitts des UrhG stehen. Dennoch gelten sie gemäß §§ 62 Abs. 1 S. 1, 63 Abs. 1 S. 1 UrhG für nahezu alle Schrankenregelungen des UrhG, sodass ihre Bedeutung nicht genug betont werden kann. Behalten Sie die §§ 62, 63 UrhG in Klausursituationen also immer im Hinterkopf!

1.5.4 Neue Schrankenregelungen des Urheberrechts-Wissensgesellschafts-Gesetzes (UrhWissG)

Mit dem am 1. März 2018 in Kraft getretenen Urheberrechts-Wissensgesellschafts-Gesetz werden insbesondere die Schrankenregelungen zugunsten von Bildung und Wissenschaft vereinheitlicht. Dabei soll insbesondere die nicht-kommerzielle,[372] wissenschaftliche Werkverwertung privilegiert werden.

§ 60a UrhG erlaubt Nutzungen im Zusammenhang mit **Unterricht**. Die Vorschrift führt Regelungen zusammen, die sich vormals in §§ 47, 52 Abs. 1 S. 1, 52a Abs. 1 S. 1 und § 53 Abs. 3 UrhG a. F. befanden.[373] Zur Veranschaulichung des Unterrichts und der Lehre an Bildungseinrichtungen dürfen zu nicht kommerziellen Zwecken bis zu 15 Prozent eines veröffentlichten Werkes vervielfältigt, verbreitet, öffentlich zugänglich gemacht und in sonstiger Weise öffentlich wiedergegeben werden. Die Vorschrift kann daher als äußerst zukunftsorientiert angesehen werden, da sie bereits offen für neue Formen der öffentlichen Wiedergabe ist. Sie möchte die Verbreitung von Unterrichts- und Lehrmaterial aktiv fördern. Darüber hinaus gestattet § 60c UrhG gewisse Nutzungen eines Werkes zugunsten nicht-kommerzieller wissenschaftlicher **Forschung**. Auch hier dürfen zum Zweck der nicht kommerziellen wissenschaftlichen Forschung bis zu 15 Prozent eines Werkes vervielfältigt, verbreitet und öffentlich zugänglich gemacht werden. § 60a UrhG sowie § 60c UrhG enthalten anschließend **Bereichsausnahmen**, die eine umfangreichere Nutzung in spezifizierten Fällen gestatten. So darf bspw. für die eigene wissenschaftliche Forschung bis zu 75 Prozent eines Werkes vervielfältigt werden. Abbildungen dürfen zu nicht-kommerziellen Forschungszwecken sogar vollständig genutzt werden. Dies gilt auch für Werke geringen Umfangs. Welchen Umfang ein Werk haben darf, damit es noch als ein Werk geringen Umfangs qualifiziert werden kann, spezifizieren schon heute Gesamtverträge zwischen Nutzern und Verwertungsgesellschaften (z. B. Druckwerke bis 25 Seiten, Musik bis 5 Minuten). Auf diese Regelungen nimmt die Gesetzesbegründung ausdrücklich Bezug.[374] § 60a Abs. 3 und § 60c Abs. 4 enthalten schließlich Ausnahmen zu den Erlaubnistatbeständen.

---

[372] Vgl. eingehend zum Begriff der Kommerzialität: *Schneider*, Zur Entwicklung des Kommerzialitätsbegriffs im deutschen und europäischen Urheberrecht, 2019, S. 25 ff.

[373] Vgl. BT-Drs. 18/12329, S. 36; vgl. die Synopse bei Dreier/Schulze-*Dreier*, UrhG, 6. Aufl. 2018, UrhG § 60a Rn. 2.

[374] Vgl. BT-Drs. 18/12329, S. 35.

Der Begriff des Unterrichts in § 60a Abs. 1 UrhG meint sowohl den Unterricht an Schulen, Berufsschulen, frühkindlichen Bildungseinrichtungen etc., vgl. § 60a Abs. 4 UrhG. Lehre umfasst Lehrveranstaltungen an Universitäten, Fachhochschulen und sonstigen Hochschulen, z. B. Seminare und Vorlesungen. Auch Fernunterrichtsmethoden (sog. distance learning) sind erfasst.[375] Die Veranschaulichung kann sowohl im Unterricht aber auch vorher oder nachher erfolgen (z. B. zur Vor- und Nachbereitung des Unterrichts).[376] Der Unterricht darf nicht darauf gerichtet sein, Gewinn zu erzielen. Dies schließt es aber nicht von vornherein aus, dass der Unterricht an Privatschulen von der Regelung umfasst ist.[377]

Nicht kommerzielle Forschung i. S. d. § 60c UrhG kann grds. auch über Drittmittel finanzierte Forschung an staatlichen oder privaten Universitäten sein, solange mit der Forschung kein Gewinn erzielt wird. Veröffentlicht ein Wissenschaftler seine Forschungen in einem Verlag und erhält er hierfür ein Honorar, reicht dies allein für eine kommerzielle Tätigkeit nicht aus.[378] Es sind stets alle Umstände des Einzelfalles zu beachten, um den kommerziellen Charakter einer Handlung festzustellen.

Hervorzuheben ist ebenfalls das sog. **Text und Data Mining** gemäß § 60d UrhG. Danach besteht die Möglichkeit, große Datenmengen, die erhebliches Forschungspotenzial versprechen, digital zu analysieren. Aufgrund der bereits heute exorbitant hohen Datenmengen im Internet, wird das Text und Data Mining v. a. im Rahmen von Big Data eine große Rolle spielen und kann dabei helfen, gesammeltes Wissen für die Allgemeinheit verfügbar zu machen.[379] Denkbare Fälle sind vor allem Notsituationen wie Umweltkatastrophen und Krankheitsepidemien, bei denen mithilfe des Text und Data Minings erforderliche Informationen in der gebotenen Schnelle beschafft werden können.

§§ 60a und 60c UrhG sind gem.§ 60g Abs. 1 UrhG zwingend und gem. § 95b Abs. 1 Nr. 8–10 UrhG auch gegenüber technischen Schutzmaßnahmen **durchsetzungsstark** ausgestaltet.

Die jüngst erlassene **DSM-Richtlinie** (s. o. Abschn. 1.1.2) hat erheblichen Einfluss auf die Bildungs- und Wissenschaftsschranken des nationalen Urheberrechts: **Art. 3 und 4** der RL behandeln zunächst das sog. Text und Data Mining, sehen aber, anders als das nationale Urheberrecht in den §§ 60d, 60h UrhG, keinen Vergütungsanspruch vor.[380] Zu begrüßen ist jedoch, dass die RL das Data Mining nunmehr auch für andere als wissenschaftliche Institutionen gestattet,[381] sofern die Rechteinhaber ihre Werke nicht mit einem anderslautenden maschinenlesbaren Vorbehalt versehen

---

[375] Vgl. BT-Drs. 18/12329, S. 36; Dreier/Schulze-*Dreier*, UrhG, 6. Aufl. 2018, UrhG § 60a Rn. 4.

[376] Vgl. BT-Drs. 18/12329, S. 36; Dreier/Schulze-*Dreier*, UrhG, 6. Aufl. 2018, UrhG § 60a Rn. 5.

[377] Vgl. BT-Drs. 18/12329, S. 36.

[378] Vgl. BT-Drs. 18/12329, S. 39; vgl. Dreier/Schulze-*Dreier*, UrhG, 6. Aufl. 2018, UrhG § 60c Rn. 6.

[379] Vgl. dazu eingehend Ahlberg/Götting-*Hagemeier*, BeckOK UrhR, 24. Ed. Stand: 01.04.2019, UrhG § 60d Rn. 1 f.

[380] *Wandtke*, NJW 2019, 1841, 1842; a.A. *Stieper*, ZUM 2019, 211, 213.

[381] *Stieper*, ZUM 2019, 211, 213; *Dreier*, GRUR 2019, 771, 772.

haben.[382] Die deutsche Löschpflicht aus §. 60d Abs. 3 UrhG nach Abschluss eines Mining-Prozesses ist in der RL nicht vorgesehen und muss daher aus dem UrhG entfernt werden.[383] Auch die im deutschen Recht vorgesehene Befristung der Schrankenbestimmungen für Bildung und Forschung kennt die DSM-RL nicht. Sie ist daher aufzuheben. **Art. 5** der RL entspricht im Wesentlichen dem deutschen § 60a UrhG und enthält Privilegierungen zugunsten der Werknutzung in Unterricht und Lehre. Neu vorgesehen sind insbesondere digitale sog. gesicherte elektronische Umgebungen, zu denen sich Schüler oder Studierende mittels geeigneter Authentifizierungsverfahren (vgl. ErwGr 22 der RL) Zugang verschaffen können. **Art. 6** der RL dient schließlich der Erhaltung des kulturellen Erbes und entspricht maßgeblich den jetzigen §§ 60e, 60f UrhG. Einziger Unterschied ist, dass die Bibliotheken nach dem nationalen § 60e UrhG ein Verbreitungs- und Verleihrecht haben, welches in der DSM-Richtlinie nicht vorgesehen ist.[384] Dieses ist auf einen „notwendigen" Umfang beschränkt, was jedoch nicht bedeuten soll, dass Bibliotheken und andere Einrichtungen des Kulturerbes erst dann tätig werden dürfen, wenn unmittelbar die Gefahr des Verfalls bzw. der unwiederbringlichen Verschlechterung von kulturellem Erbe droht.[385] Sie sollten vielmehr auch schon präventiv tätig werden dürfen. Die Neuerungen der DSM-RL hinsichtlich der Schrankenbestimmungen sind gemäß **Art. 7 Abs. 1** schließlich vertragsfest und unabdingbar. **Art. 7 Abs. 2** der RL enthält einen klarstellenden Verweis auf die Fortgeltung des Drei-Stufen-Tests.

1.5.5 Berichterstattung über Tagesereignisse, § 50 UrhG

§ 50 UrhG erlaubt die Vervielfältigung, Verbreitung und öffentliche Wiedergabe von urheberrechtlich geschützten Werken, sofern dies im Rahmen der Berichterstattung über Tagesereignisse geschieht. Mit dieser Vorschrift soll dem Informationsinteresse der Allgemeinheit gedient sowie die Meinungs- und Pressefreiheit sichergestellt werden.[386] Eine Werkverwertung ist demnach zustimmungs- und vergütungsfrei, was vom Gesetzgeber damit begründet wird, dass die Berichterstattung nicht mit der eigentlichen Werkverwertung konkurriert. Durch die zunehmende Digitalisierung findet eine Berichterstattung auch im Internet statt, sodass § 50 UrhG dort vermehrt Anwendung findet. Digitale Online-Dienste sind ausdrücklich vom Anwendungsbereich der Norm erfasst.[387]

---

[382] Vgl. *Dreier*, GRUR 2019, 771, 772. Insbesondere Ausschlüsse in Verträgen und AGB sind daher unwirksam, sodass betroffene Werke für Text und Data Mining benutzt werden dürfen, vgl. auch ErwGr 18 Abs. 2 der DSM-RL.

[383] A.A. *Dreier*, GRUR 2019, 771, 772, der eine Rechtfertigung über die InfoSoc-RL für möglich hält.

[384] *Wandtke*, NJW 2019, 1841, 1843.

[385] *Dreier*, GRUR 2019, 771, 773; *ders.*, ZUM 2019, 384, 390.

[386] *Härting*, Internetrecht, 6. Aufl. 2017, Rn. 1563; Dreier/Schulze-*Dreier*, UrhG, 6. Aufl. 2018, UrhG § 50 Rn. 1; Fromm/Nordemann-*Nordemann/Schiffel*, UrhG, 12. Aufl. 2018, § 50 Rn. 1.

[387] Hoeren/Sieber/Holznagel-*Raue/Hegemann*, Multimedia-Recht, 47. Aufl. Oktober 2018, Teil 7.3.B.II. Rn. 74; Schricker/Loewenheim-*Vogel*, UrhG, 5. Aufl. 2017, § 50 Rn. 14.

Unter **Berichterstattung** wird die sachliche Schilderung tatsächlicher Ereignisse oder Vorgänge verstanden.[388] Sie muss sich konkret auf **Tagesereignisse** beziehen. Dies sind alle aktuellen Gegebenheiten, die vom Verkehr noch als „Gegenwartsberichterstattung" verstanden werden und sich auf Ereignisse beziehen, bei denen es der Öffentlichkeit auf zeitnahe Berichterstattung ankommt.[389] Irrelevant ist, aus welchem Bereich das Ereignis stammt (Sport, Politik, Wirtschaft, Kultur etc.), da es lediglich darauf ankommt, dass das Ereignis für eine größere Gruppe von Interesse ist.[390]

Als Konsequenz der Berichterstattung über Tagesereignisse stellt sich oftmals die Frage, wie mit Berichten umzugehen ist, die nach ihrer Veröffentlichung in **Online-Archiven** gespeichert werden. Der BGH hat hierzu in den Rechtssachen *Exklusivinterview*[391] und *Kunstausstellung*[392] festgestellt, dass die Aktualität einer Berichterstattung nicht nur während ihrer erstmaligen Veröffentlichung gegeben sein muss, sondern über den gesamten Zeitraum der Bereitstellung in einem Online-Archiv vorliegen muss.[393] Die Aktualität eines Ereignisses kann allerdings wieder aufleben, sodass unter Umständen die Wieder-Einstellung in ein Online-Archiv in Betracht kommt. Dies kann etwa dann der Fall sein, wenn sich ein Ereignis jährt oder neue Erkenntnisse zu einer Berichterstattung aufkommen.

1.5.6 Zeitungsartikel und Rundfunkkommentare, § 49 UrhG

§ 49 UrhG erlaubt die Weiterverwendung von Zeitungsartikeln, Rundfunkkommentaren und damit zusammenhängenden Abbildungen, um das Interesse der Allgemeinheit an einer schnellen und umfangreichen Berichterstattung zu befriedigen.[394]

Rundfunkkommentare sind verlesene oder selbstgesprochene Meinungsäußerungen einer Einzelperson, die i. S. d. § 20 UrhG gesendet werden.[395] **Artikel** meint in dem Zusammenhang jede Art der Darlegung, während **Abbildungen** ausdrück-

---

[388] Ahlberg/Götting-*Engels*, BeckOK UrhR, 24. Ed. Stand: 01.04.2019, UrhG § 50 Rn. 6; Dreyer/Kotthoff/Meckel/Hentsch-*Dreyer*, UrhG, 4. Aufl. 2018, § 50 Rn. 8; Fromm/Nordemann-*Nordemann/Schiffel*, UrhG, 12. Aufl. 2018, § 50 Rn. 1; Schricker/Loewenheim-*Vogel*, UrhG, 5. Aufl. 2017, § 50 Rn. 13.

[389] OLG Frankfrut a. M., Urt. v. 25.01.2005 – 11 U 25/04, ZUM 2005, 477, 481 – *TV Total*; *Härting*, Internetrecht, 6. Aufl. 2017, Rn. 1564; Wandtke/Bullinger-*Lüft*, UrhR, 4. Aufl. 2014, UrhG § 50 Rn. 4; *Schönewald*, WRP 2014, 142, 144.

[390] BGH, Urt. v. 11.07.2002 – I ZR 285/99, GRUR 2002, 1050 – *Zeitungsbericht als Tagesereignis*; Dreyer/Kotthoff/Meckel/Hentsch-*Dreyer*, UrhG, 4. Aufl. 2018, § 50 Rn. 9; Wandtke/Bullinger-*Lüft*, UrhR, 4. Aufl. 2014, UrhG § 50 Rn. 4;

[391] BGH, Urt. v. 17.12.2015 – I ZR 69/14, GRUR 2016, 368, Rn. 21 – *Exklusivinterview*.

[392] BGH, Urt. v. 05.10.2010 – I ZR 127/09, GRUR 2011, 415, Rn. 13 – *Kunstausstellung*.

[393] Vgl. dazu auch Schricker/Loewenheim-*Vogel*, UrhG, 5. Aufl. 2017, § 50 Rn. 21.

[394] BT-Drs. IV/270; vgl. dazu: Dreier/Schulze-*Dreier*, UrhG, 6. Aufl. 2018, UrhG § 49 Rn. 1.

[395] Fromm/Nordemann-*Nordemann-Schiffel*, UrhG, 12. Aufl. 2018, § 49 Rn. 4; Ahlberg/Götting-*Engels*, BeckOK UrhR, 24. Ed. Stand: 01.04.2019, UrhG § 49 Rn. 7; Wandtke/Bullinger-*Lüft*, UrhR, 4. Aufl. 2014, UrhG § 49 Rn. 4.

lich nur Lichtbilder (§ 72 UrhG), Lichtbildwerke (§ 2 Abs. 1 Nr. 5 UrhG) und Darstellungen wissenschaftlicher oder technischer Art (§ 2 Abs. 1 Nr. 7 UrhG) sind.[396] Voraussetzung für die Verwendung ist indes, dass die Schutzgegenstände gemäß § 49 Abs. 1 S. 1 UrhG politische, wirtschaftliche oder religiöse **Tagesfragen** betreffen und nicht mit einem **Vorbehalt der Rechte** versehen sind. Außerdem muss dem Urheber gemäß § 49 Abs. 1 S. 2 UrhG eine **Vergütung** gezahlt werden, sofern es sich nicht um Presseübersichten handelt, die lediglich kurze Auszüge oder Artikelübersichten enthalten. Ein Auszug ist dann **kurz**, wenn er maximal ein Viertel des gesamten Artikels umfasst.[397] Zulässig ist die **Verwertung** von Rundfunkkommentaren, Artikeln und Abbildungen gemäß Art. 49 Abs. 1 S. 1 UrhG mittels Vervielfältigung (§ 16 UrhG), Verbreitung (§ 17 UrhG) oder öffentlicher Wiedergabe (§§ 15 Abs. 2, 19 ff. UrhG). Allerdings darf eine Verwertung nur in Zeitungen und lediglich Tagesinteressen dienenden Informationsblättern erfolgen. Anerkannt ist inzwischen, dass betriebs- und behördeninterne **Pressespiegel** ein solches **Informationsblatt** darstellen.[398] Für kommerziell vertriebene Pressespiegel ist dies nach wie vor ungeklärt. **Elektronische Pressespiegel** werden daher allgemein nur unter zwei Voraussetzungen als zulässig erachtet: So sollen auch sie einerseits nur betriebs- und behördenintern erlaubt sein sowie andererseits lediglich als faksimilierte Datei erstellt werden dürfen.[399] Faksimilation meint in diesen Fällen insbesondere die nur grafische Darstellung eines Textes, damit dieser nicht ausgelesen und damit einhergehend weiterverbreitet werden kann. Dafür bieten sich insbesondere Bilddateien der Formate *.jpeg*, *.gif* etc. an, ggf. kann auch auf nicht auslesbare *.pdf*-Dokumente ausgewichen werden.

1.6   Verwandte Schutzrechte

Neben den urheberrechtlichen Werken schützt das UrhG auch die sog. verwandten Schutzrechte. Unter **verwandten Schutzrechten** sind Rechte an Leistungen zu verstehen, die nicht als persönliche geistige Schöpfung i. S. v. § 2 Abs. 2 UrhG zu qua-

---

[396] BT-Drs. 16/1828, S. 25; Dreier/Schulze-*Dreier*, UrhG, 6. Aufl. 2018, UrhG § 29 Rn. 6; Schricker/Loewenheim-*Melichar*, UrhG, 5. Aufl. 2017, § 49 Rn. 6 f.

[397] Dreier/Schulze-*Dreier*, UrhG, 6. Aufl. 2018, UrhG § 49 Rn 11; Schricker/Loewenheim-*Melichar*, UrhG, 5. Aufl. 2017, § 49 Rn. 26; *Ekrutt*, GRUR 1975, 358, 362.

[398] BGH, Urt. v. 11.07.2002 – I ZR 255/00, GRUR 2002, 963, 966 – *Elektronischer Pressespiegel*; OLG München, Urt. v. 23.12.1999 – 29 U 4142/99, ZUM 2000, 243, 247; OLG Düsseldorf, Urt. v. 10.07.1990 – 20 U 217/89, GRUR 1991, 908, 909; vgl. dazu: Dreier/Schulze-*Dreier*, UrhG, 6. Aufl. 2018, UrhG § 49 Rn. 18.

[399] BGH, Urt. v. 11.07.2002 – I ZR 255/00, GRUR 2002, 963, 966 – *Elektronischer Pressespiegel*; *Hoeren*, Internetrecht, 3. Aufl. 2018, Rn. 359; *Härting*, Internetrecht, 6. Aufl. 2017, Rn. 1582 ff.; Dreier/Schulze-*Dreier*, UrhG, 6. Aufl. 2018, UrhG § 49 Rn. 20; Schricker/Loewenheim-*Melichar*, UrhG, 5. Aufl. 2017, § 49 Rn. 39; Spindler/Schuster-*Wiebe*, Recht der elektronischen Medien, 3. Aufl. 2015, UrhG § 49 Rn. 7; *Geiger*, ZUM 2009, 49; dazu eingehend und letzten Endes eine Rechtfertigung ablehnend: *Glas*, Die urheberrechtliche Zulässigkeit elektronischer Pressespiegel, 2008, S. 144.

lifizieren sind, die aber ebenfalls **schutzwürdig** erscheinen.[400] Dabei sind zwei unterschiedliche Schutzintentionen ausschlaggebend: Einerseits der Schutz **persönlicher Leistungen**, z. B. bei ausübenden Künstlern, geregelt in den §§ 70 ff. UrhG sowie andererseits der Schutz der **wirtschaftlichen, organisatorischen und technischen Leistungen**, überwiegend geregelt in den §§ 80 ff. UrhG.[401] Als Folge ist Anknüpfungspunkt der Schutzwürdigkeit, anders als im Falle des urheberrechtlichen Werkes, nicht die persönliche geistige Schöpfung, sondern die Erbringung der einschlägig gesetzlich umschriebenen Leistung.[402] **Inhaber von Schutzrechten** können neben **natürlichen Personen** z.T. auch **juristische Personen** sein, soweit sich das Schutzrecht nicht auf persönliche Leistungen, sondern insbesondere auf **Investitionsleistungen** bezieht.[403]

Ob rechtspolitischer Handlungsbedarf hinsichtlich der Etablierung eines neues Leistungsschutzrechtes für **Sportveranstaltungen** besteht, ist fraglich.[404] Für einen Schutz solcher Sportveranstaltungen wird in Deutschland zurzeit hilfsweise Rückgriff auf das Hausrecht und den wettbewerbsrechtlichen Leistungsschutz genommen. Andere Mitgliedstaaten der Union haben ein Leistungsschutzrecht für Sportveranstaltungen bereits gesetzlich statuiert. Der Vorschlag aus Art. 12a DSM-RL-EP,[405] ein solches unionsweit einzuführen, wurde jedoch nicht in die Endfassung der DSM-RL aufgenommen.

1.6.1 Schutz des ausübenden Künstlers, § 73 UrhG

Ein verwandtes Schutzrecht genießt zunächst der ausübende Künstler. Nach § 73 UrhG ist **ausübender Künstler** im Sinne dieses Gesetzes, wer ein Werk oder eine Ausdrucksform der Volkskunst aufführt, singt, spielt oder auf eine andere Weise darbietet oder an einer solchen Darbietung künstlerisch mitwirkt. Ausschlaggebendes Kriterium ist, dass eine tatsächliche Interpretation eines (fremden) Werkes statt-

---

[400] So die amtliche Begründung, BT-Drs. IV/270, A.II.2; vgl. dazu: Dreier/Schulze-*Dreier*, UrhG, 6. Aufl. 2018, UrhG Vor §§ 70 ff. Rn. 1; Spindler/Schuster-*Wiebe*, Recht der elektronischen Medien, 3. Aufl. 2015, UrhG Vor §§ 70 ff. Rn. 1.

[401] BGH, Urt. v. 13.12.2012 – I ZR 182/11, GRUR 2013, 614, Rn. 18 – *Metall auf Metall II*; BGH, Urt. v. 20.12.2007 – I ZR 42/05, GRUR 2008, 693, Rn. 19 – *TV-Total*; Dreier/Schulze-*Dreier*, UrhG, 6. Aufl. 2018, UrhG Vor §§ 70 ff. Rn. 2.

[402] Dreier/Schulze-*Dreier*, UrhG, 6. Aufl. 2018, UrhG Vor §§ 70 ff. Rn. 3; Spindler/Schuster-*Wiebe*, Recht der elektronischen Medien, 3. Aufl. 2015, UrhG Vor §§ 70 ff. Rn. 1.

[403] Dreier/Schulze-*Dreier*, UrhG, 6. Aufl. 2018, UrhG Vor §§ 70 ff. Rn. 3; *Wiebe*, GRUR 2017, 338, 342.

[404] So auch: BGH, Urt. v. 28.10.2010 – I ZR 60/09, GRUR 2011, 436, Rn. 21 – *Hartplatzhelden. de*; vgl. dazu: Dreier/Schulze-*Dreier*, UrhG, 6. Aufl. 2018, UrhG Vor § 70 Rn. 16 ff, § 81 Rn. 3; Spindler/Schuster-*Wiebe*, Recht der elektronischen Medien, 3. Aufl. 2015, UrhG Vor §§ 70 ff. Rn. 2; vgl. dazu schon eingehend: *Heermann*, GRUR 2015, 232.

[405] Vgl. dazu: *Stieper*, ZUM 2019, 211, 213.

findet. Bloße technische Leistungen (z. B. Tonmeister)[406] oder Mitwirkungen im Vorfeld (z. B. Maskenbildner) genügen nicht.[407] Keine ausübenden Künstler sind mangels künstlerischer Interpretation eines Werkes oder einer Ausdrucksform Nachrichtensprecher, Fußballspieler oder Pornodarsteller, soweit es nicht um gespielte Handlungteile geht.[408]

Geschützt werden neben den Verwertungsrechten auch die **persönlichkeitsrechtlichen Interessen** des Künstlers, insbesondere die Anerkennung als ausübender Künstler (§ 74 UrhG) sowie das Recht, gegen Beeinträchtigungen des Werks vorzugehen (§ 75 UrhG). Eine Einschränkung besteht allerdings bei Filmwerken: Bei diesen kann gemäß § 93 Abs. 2 UrhG nur gegen gröbliche Entstellungen und Beeinträchtigungen vorgegangen werden.

Die Persönlichkeitsrechte ausübender Künstler erlöschen frühestens mit dem Tod des ausübenden Künstlers. Verstirbt der Künstler, bevor **50 Jahre** seit der Darbietung verstrichen sind, so endet der Schutz seiner Persönlichkeitsrechte erst 50 Jahre nach der Darbietung, § 76 S. 1 UrhG.

Die Schutzdauer der **Verwertungsrechte** wurde durch die RL 2011/77/EU bei Darbietungen, die auf einem **Tonträger** aufgezeichnet wurden, auf **70 Jahre** erhöht. Bei allen anderen (audiovisuellen und visuellen) Aufzeichnungen bleibt es bei 50 Jahren. Geregelt sind die Verwertungsrechte der ausübenden Künstler in den §§ 77 ff. UrhG. Gewährt werden sowohl das Recht, die Darbietung auf Bild- oder Tonträger aufzunehmen (§ 77 Abs. 1 UrhG), das Vervielfältigungs- und Verbreitungsrecht (§ 77 Abs. 2 UrhG) als auch das Recht der öffentlichen Wiedergabe (§ 78 UrhG).

1.6.2 Schutz des Herstellers von Datenbanken, §§ 87a ff. UrhG

Für den Bereich des Internets ist insbesondere der Datenbankschutz von Relevanz. Der Schutz von **Datenbankenwerken** wird dabei in § 4 Abs. 2 UrhG gewährleistet. Einfache Datenbanken ohne Werkcharakter können unter den Voraussetzungen der § 87a ff. UrhG urheberrechtlichen Schutz als verwandtes Schutzrecht genießen. Geschützt wird hier aber nicht die individuelle schöpferische Leistung, sondern die Datenbank als solche sowie mittelbar die Investitionsleistung.[409]

---

[406] BGH, Urt. v. 27.05.1982 – I ZR 114/80, GRUR 1983, 22 – *Tonmeister*.

[407] Schricker/Loewenheim-*Grünberger*, UrhG, 5. Aufl. 2017, § 73 Rn. 12; Dreyer/Kotthoff/Meckel/Hentsch-*Meckel*, UrhG, 4. Aufl. 2018, § 73 Rn. 17; Fromm/Nordemann-*Schaefer*, UrhG, 12. Aufl. 2018, § 73 Rn. 7.

[408] BGH, Urt. v. 14.11.1980 – I ZR 73/78, GRUR 1981, 419, 420 – *Quizmaster*; LG Hamburg, Urt. v. 11.07.1975 – 74 O 14/75, GRUR 1976, 151 – *Rundfunksprecher*; Dreier/Schulze-*Dreier*, UrhG, 6. Aufl. 2018, UrhG § 73 Rn. 12; Fromm/Nordemann-*Schaefer*, UrhG, 12. Aufl. 2018, § 73 Rn. 7.

[409] Fromm/Nordemann-*Czychowski*, UrhG, 12. Aufl. 2018, § 87a Rn. 6; Wandkte/Bullinger-*Thum/Hermes*, UrhR, 4. Aufl. 2014, UrhG § 87a Rn. 2; Schricker/Loewenheim-*Vogel*, UrhG, 5. Aufl. 2018, § 87a Rn. 30; Schmidt/Zech, CR 2017, 417, 423;

Eine **Datenbank** ist eine Sammlung von Werken, Daten oder anderen unabhängigen Elementen, die systematisch oder methodisch angeordnet und einzeln mit Hilfe elektronischer Mittel oder auf andere Weise zugänglich sind. Auswahl oder Anordnung der Elemente können eine persönliche geistige Schöpfung sein, mit der Folge, dass die Datenbank als Datenbankwerk gem. § 4 Abs. 1 UrhG geschützt wird. Falls die Beschaffung (gemeint ist die Beschaffung bereits existenter Daten, nicht die Generierung neuer Daten), Überprüfung oder Darstellung der Daten eine nach Art oder Umfang wesentliche Investition erfordert, besteht urheberrechtlicher Schutz über § 87a UrhG.

Die Elemente einer Datenbank müssen ihrerseits nicht urheberrechtlich schutzfähig sein.[410] Es muss allerdings für einen Datenbankschutz gem. § 87a UrhG eine systematische oder methodische Anordnung bestehen,[411] die Einzelelemente müssen durch Abfragemittel wiederauffindbar sein. An die **systematische und methodische Anordnung** sind keine zu großen Anforderungen zu stellen. Lediglich ungeordnete Datenansammlungen unterfallen nicht dem Schutzbereich der §§ 87a ff. UrhG.

Die Elemente der Datenbank müssen außerdem **einzeln zugänglich** sein. Das heißt, dass die Elemente der Datenbank unabhängig voneinander sein müssen. Eine Trennung der Elemente darf den Wert ihres Inhalts nicht beeinträchtigen.[412]

Beispiel

Bei einer Sammlung von Musikwerken kann jedes Werk einzeln für sich stehen. Eine Trennung tangiert den Wert eines jeden Werkes also nicht. Ein mehrseitiger Text ist hingegen alleine keine Datenbank, auch wenn er aus mehreren Wörtern zusammengesetzt ist. Denn: Eine Abtrennung der Wörter aus dem Gesamtgefüge würde ihren Informationswert beeinträchtigen. ◄

Für einen Datenbankschutz gem. § 87a ff. UrhG muss die Investition außerdem zwingend in die Beschaffung, Überprüfung oder Darstellung der Einzelelemente getätigt werden und nach Art und Umfang wesentlich sein.[413] Nicht ausreichend ist,

---

[410] Dreier/Schulze-*Dreier*, UrhG, 6. Aufl. 2018, UrhG § 87a Rn. 4; Ahlberg/Götting-*Vohwinkel*, BeckOK UrhR, 24. Ed. Stand: 01.04.2019, UrhG § 87a Rn. 30; Fromm/Nordemann-*Czychowski*, UrhG, 12. Aufl. 2018, § 87a Rn. 9.

[411] Die beiden Kriterien können alternativ vorliegen, vgl. hierzu sowie zu den Voraussetzungen alternativer bzw. methodischer Anordnung: EuGH, Urt. v. 09.11.2004 – C-444/02, ECLI:EU:C:2004:697 = GRUR 2005, 254, Rn. 30, 32 – *Fixtures Marketing;* Dreier/Schulze-*Dreier*, UrhG, 6. Aufl. 2018, UrhG § 87a Rn. 7; Fromm/Nordemann-*Czychowski*, UrhG, 12. Aufl. 2018, § 87a Rn. 11.

[412] EuGH, Urt. v. 09.11.2004 – C-444/02, ECLI:EU:C:2004:697 = GRUR 2005, 254 – *Fixtures Marketing*; BGH, Urt. v. 21.04.2005 – I ZR 1/02, GRUR 2005, 940, 941 – *Marktstudien*; Dreier/Schulze-*Dreier*, UrhG, 6. Aufl. 2018, UrhG § 87a Rn. 6.

[413] Vgl. eingehend zum Datenbankschutz: *Specht/Kerber*, Datenrechte, 2019, S. 29 ff.; vgl. auch: Dreier/Schulze-*Dreier*, UrhG, 6. Aufl. 2018, UrhG § 87a Rn. 12; Wandtke/Bullinger-*Thum/Hermes*, UrhR, 6. Aufl. 2018, UrhG § 87a Rn. 34; Ahlberg/Götting-*Vohwinkel*, BeckOK UrhR, 24. Ed. Stand: 01.04.2019, UrhG § 87a Rn. 40 ff., 50 ff.

dass in die Generierung von noch nicht existenten Daten investiert wird. Vielmehr müssen bereits vorhandenen Elemente zusammengestellt und in diese investiert werden.[414] So ist beispielsweise die Aufstellung von Spielplänen für sportliche Ereignisse eine von § 87a ff. UrhG nicht erfasste Erzeugung von Daten, während das Erfassen der Ergebnisse dieser Sportereignisse eine Datensammlung und -aufbereitung darstellt.[415] Die Investition muss außerdem nach Art und Umfang wesentlich sein.[416] Der Begriff der **Investition** ist weit zu verstehen. Nicht nur Aufwendungen finanzieller Natur werden erfasst, die Investition kann auch im Einsatz von Arbeit, Zeit und Energie aufgebracht werden. Ob die Investition **wesentlich** ist, richtet sich nach Auffassung des BGH v. a. danach, ob bei objektiver Betrachtung keine ganz unbedeutende, von jedermann leicht zu erbringende Aufwendung erforderlich ist, um die Datenbank zu erstellen.[417] Aufwendungen, die in den Erwerb einer fertigen Datenbank getätigt werden, sind keine berücksichtigungsfähige Investition.[418]

Die **Rechtsprechung** wendet § 87a Abs. 1 S. 1 UrhG sehr **großzügig** an und bejaht Datenbankschutz im Bereich des Internets etwa für: Suchmaschinen,[419] Online-Anzeigenmärkte,[420] Internet-Nachrichtendienste[421] und sogar Linklisten.[422]

---

[414] Hoeren/Sieber/Holznagel-*Gaster*, Multimedia-Recht, 47. Aufl. 2018, Teil 7.6 Rn. 82; Ahlberg/ Götting-*Vohwinkel*, BeckOK UrhR, 24. Ed. Stand: 01.04.2019, UrhG § 87a Rn. 44; Schricker/ Loewenheim-*Vogel*, UrhG, 5. Aufl. 2017, § 87a Rn. 49 ff.

[415] *EuGH*, Urt. v. 09.11.2004 – C-203/02, ECLI:EU:C:2004:695 = GRUR 2005, 252, Rn. 19, 38 – *The British Horseracing Board u. a.*; EuGH, Urt. v. 09.11.2004 – C-444/02, ECLI:EU:C:2004:697 = GRUR 2005, 254, Rn. 38, 53 – *Fixtures-Marketing*; EuGH, Urt. v. 09.11.2004 – C-46/02, ECLI:EU:C:2004:694 = GRUR Int. 2005, 244, Rn. 34, 49 – *Fixtures Marketing*; OGH, Urt. v. 24.03.2015 – 4 Ob 206/14 v, BeckRS 2015, 81041; vgl. dazu auch: *Heermann/John*, K&R 2011, 753; *Reinholz*, K&R 2012, 338; *Wiebe*, GRUR 2017, 338, 340; vgl. hierzu auch eingehend: *Specht/Kerber*, Datenrechte, 2019, S. 29 ff.

[416] BGH, Urt. v. 01.12.2010 – I ZR 196/08, MMR 2011, 676, Rn. 23 – *Zweite Zahnarztmeinung II*; vgl. zur teilweise abweichenden Auffassung in der Literatur v. a. *Schmidt/Zech*, CR 2017, 417, 423 m. w. N.

[417] BGH, Urt. v. 01.12.2010 – I ZR 196/08, MMR 2011, 676, Rn. 23 – *Zweite Zahnarztmeinung II*; vgl. dazu aus der Literatur: *Gaster*, Der Rechtsschutz von Datenbanken, 1999, Rn. 476; Schricker/ Loewenheim-*Vogel*, UrhG, 5. Aufl. 2017, § 87a Rn. 40; Dreier/Schulze-*Dreier*, UrhG, 6. Aufl. 2018, UrhG § 87a Rn. 14.

[418] BGH, Urt. v. 30.04.2009 – I ZR 191/05, GRUR 2009, 852, Rn. 24 – *Elektronischer Zolltarif*; Dreier/Schulze-*Dreier*, UrhG, 6. Aufl. 2018, UrhG § 87a Rn. 13; *Schmidt/Zech*, CR 2017, 417, 422.

[419] LG Berlin, Urt. v. 08.10.1998 – 16 O 448/98, MMR 2000, 120; *Hoeren*, MMR 2001, 2, 3.

[420] BGH, Urt. v. 22.06.2011 – I ZR 159/10, CR 2011, 757, Rn. 27 ff. – *Automobil-Onlinebörse*; LG Köln, Urt. v. 02.12.1998 – 28 O 431/98, ZUM-RD 2000, 155; LG Berlin, Urt. v. 08.10.1998 – 16 O 448/98, MMR 2000, 120.

[421] BGH, Urt. v. 17.07.2003 – I ZR 259/00, AfP 2003, 545 – *Paperboy*; LG München, Urt. v. 18.09.2001 – 7 O 6910/01, MMR 2002, 58.

[422] LG Köln, Urt. v. 25.08.1999 – 28 O 527/98, CR 2000, 400 – *babynet.de*; AG Rostock, Urt. v. 20.02.2001 – 49 C 429/99, AfP 2002, 181; kritisch zu Hyperlink-Listen jedoch *Köhler*, ZUM 1999, 548, 552; vgl. zum Ganzen eingehend und mit weiteren Beispielen: *Härting*, Internetrecht, 6. Aufl. 2017, Rn. 1421.

Datenbankhersteller, mithin Inhaber des Leistungsschutzrechtes, ist derjenige, der die Investition vorgenommen hat, § 87a Abs. 2 UrhG.[423] Die dem Datenbankhersteller zustehenden ausschließlichen Rechte sind in § 87b UrhG aufgeführt. Gewährt wird das ausschließliche Recht, die Datenbank insgesamt oder einen nach Art oder Umfang wesentlichen Teil der Datenbank zu vervielfältigen, zu verbreiten und öffentlich wiederzugeben, § 87b Abs. 1 S. 1 UrhG. Bei der Beurteilung, ob es sich um einen wesentlichen Teil handelt, kommt es jeweils auf die Betrachtung des Einzelfalls an. Es ist letztlich entscheidend, ob die Nutzung des Teils einen **qualitativ** (Bedeutung der Investition des entnommenen Teils) oder **quantitativ** (Verhältnis zum Gesamtumfang) erheblichen Schaden für die aufgebrachte Investition verursacht.

Grundsätzlich frei ist die Vervielfältigung, Verbreitung und öffentliche Wiedergabe unwesentlicher Teile einer fremden Datenbank, es sei denn, dies geschieht wiederholt und systematisch und beeinträchtigt die Interessen des Datenbankherstellers unzumutbar, § 87b Abs. 1 S. 2 UrhG. Die Regelungsintention dieser Einschränkung ist die **Verhinderung einer Umgehung** des Verbots der Entnahme wesentlicher Teile. Daher muss eine solche Nutzung in ihrer Summe das **Ausmaß der Nutzung eines wesentlichen Teils erreichen** um von § 87b Abs. 1 S. 2 UrhG erfasst zu werden.[424]

Eine unzumutbare Beeinträchtigung der berechtigten Interessen i. S. d. § 87b Abs. 2 S. 2 UrhG wurde etwa für die Fälle des „**automatischen Abziehens**" von Daten aus einer Datenbank (eines Konkurrenten) angenommen.[425] Dem gegenüber soll das sog. **Screen Scraping**, bei dem Datenbanken nur im gewöhnlichen Umfang ausgewertet werden, keine unzulässige Datenbanknutzung darstellen.[426] Klassischer Fall des Screen Scrapings ist etwa das Auslesen von Flugplänen und Flugdatenbanken durch Online-Flugvermittler. Eine Verletzung des Datenbankherstellerrechts scheidet hier regelmäßig aus.[427] Datenbankhersteller müssen sich daher mittels technischer Schutzmaßnahmen zur Wehr setzen, wollen sie Screen Scraping unterbinden.

Erlaubt ist nach § 87c UrhG der private Gebrauch einer nichtelektronischen Datenbank, ein wissenschaftlicher Gebrauch zu nichtgewerblichen Zwecken und die Benutzung zur Veranschaulichung des Unterrichts.

---

[423] Vgl. dazu eingehend: *Specht/Kerber*, Datenrechte, 2019, S. 29 ff.

[424] Dreier/Schulze-*Dreier*, UrhG, 6. Aufl. 2018, UrhG § 87b Rn. 11.

[425] OLG Köln, Urt. v. 15.12.2006 – 6 U 229/05; LG München I, Urt. v. 18.09.2001 – 7 O 6910/01, MMR 2002, 58, 59; LG Berlin, Urt. v. 08.10.1998 – 16 O 448/98, AfP 1998, 649; *Härting*, Internetrecht, 6. Aufl. 2017, Rn. 1511.

[426] OLG Frankfurt, Urt. v. 05.03.2009 – 6 U 221/08, CR 2009, 390 f.; OLG Hamburg, Urt. v. 24.10.2012 – 5 U 38/10, GRUR-RS 2012, 22946; vgl. dazu eingehend: *Härting*, Internetrecht, 6. Aufl. 2017, Rn. 1512; a.A. *Kahler/Helbig*, WRP 2012, 48, 53.

[427] EuGH, Urt. v. 15.01.2015 – C-30/14, ECLI:EU:C:2015:10 = MMR 2015, 189, Rn. 39 ff. – *Ryanair*; vgl. dazu eingehend: Wandtke/Bullinger-*Hermes*, Urheberrecht, 5. Aufl. 2019, UrhG § 87b Rn. 100; *Jung*, K&R 2011, 710, 711; *Deutsch*, GRUR 2009, 1027, 1028 ff.

Die **Schutzdauer** beträgt grundsätzlich **15 Jahre**, § 87d UrhG, und ist damit im Vergleich zu anderen verwandten Schutzrechten und zum urheberrechtlichen Schutz von Datenbanken als Sammelwerk eher kurz. Die Frist beginnt jedoch als **neue Datenbank** (§ 87a Abs. 1 S. 2 UrhG) erneut, wenn die bestehende Datenbank ihrem Inhalt nach Art oder Umfang **wesentlich geändert** wird.[428] Wann eine wesentliche Änderung an einer Datenbank vorliegt, ist analog zum Begriff der wesentlichen Investition aus § 87a Abs. 1 S. 1 UrhG zu bestimmen.

Weiterhin bestehen vielfältige Leistungsschutzrechte im Umfeld der Werkvermittlung. Dazu zählen im Wesentlichen das verwandte Schutzrecht zugunsten des Veranstalters (§ 81 UrhG), des Herstellers von Tonträgern (§§ 85 f. UrhG), des Sendeunternehmers (§ 87 UrhG) sowie des Filmherstellers (§ 94 UrhG).

1.6.3 Schutz des Veranstalters, § 81 UrhG

§ 81 UrhG räumt dem Veranstalter von Darbietungen ausübender Künstler ein eigens **Leistungsschutzrecht** ein. Stehen dem ausübenden Künstler Verwertungsrechte nach den §§ 77 f. UrhG zu, so kann sich auch der Veranstalter auf diese Rechte berufen. Schutzgut ist die **organisatorisch-wirtschaftliche Leistung des Veranstalters**.[429] Im Unterschied zu § 73 UrhG muss es sich bei einer Veranstaltung i. S. d. § 81 UrhG um eine **öffentliche Live-Darbietung** vor **Publikum** handeln. Seinen Grund findet diese Einschränkung in den Rechten des ausübenden Künstler. Bei nichtöffentlichen Veranstaltungen entscheidet alleine dieser, ob eine Veröffentlichung erfolgen darf.[430] Die Schutzdauer beträgt **25 Jahre** gemäß § 82 Abs. 2 UrhG.

1.6.4 Schutz des Herstellers von Tonträgern, §§ 85 f. UrhG

Um die wirtschaftlich aufwendige Leistung der Herstellung von Tonträgern zu bewahren, wird dem Tonträgerhersteller ein eigenes Leistungsschutzrecht in den §§ 85 f. UrhG eingeräumt. Anknüpfungspunkt ist dabei die **unternehmerische Leistung**, unabhängig davon, ob ein schutzfähiges Werk vorliegt. Der Schutz greift bei Aufnahmen jeglicher Art. Da der Hersteller nicht nur für das Gesamtprodukt,

[428] Dreier/Schulze-*Dreier*, UrhG, 6. Aufl. 2018, UrhG § 87d Rn. 6; Schricker/Loewenheim-*Vogel*, UrhG, 5. Aufl. 2017, § 87d Rn. 5; Dreyer/Kotthoff/Meckel/Hentsch-*Kotthoff*, UrhG, 4. Aufl. 2018, § 87d Rn. 4.

[429] Dreier/Schulze-*Dreier*, UrhG, 6. Aufl. 2018, UrhG § 81 Rn. 1; Ahlberg/Götting-*Stang*, BeckOK UrhR, 24. Ed. Stand: 01.04.2019, UrhG § 81 Rn. 1; Wandtke/Bullinger-*Büscher*, UrhR, 4. Aufl. 2014, UrhG § 81 Rn. 1.

[430] Dreier/Schulze-*Dreier*, UrhG, 6. Aufl. 2018, UrhG § 81 Rn. 3; Schricker/Loewenheim-*Vogel*, UrhG, 5. Aufl. 2017, § 81 Rn. 17 f.; Wandtke/Bullinger-*Büscher*, UrhR, 4. Aufl. 2014, UrhG § 81 Rn. 5.

sondern auch für Teile des Tonträgers Schutz genießt, ist **umstritten**, ob auch bei der Übernahme **kleinster Teile** (sog. Licks) das Tonträgerherstellerrecht verletzt wird.[431] Fallkonstellationen entstammen oft dem HipHop, bei dem kurze Tonsequenzen eines fremden Liedes in ständiger Wiederholung dem eigenen Lied in einem sog. Loop als „Beat" zugrunde gelegt werden. Solche Licks überschreiten die Länge weniger Sekunden regelmäßig nicht.

Der BGH hat bereits in seiner Entscheidung *Metall auf Metall I*[432] d einen Schutz auch kleinster Teile der Tonaufzeichnung unter dem Tonträgerherstellerrecht anerkannt. Eine Verletzung des Vervielfältigungsrechts des Tonträgerherstellers durch das sog. Sampling sollte nach dieser Rechtsprechung aufgrund der analogen Anwendbarkeit des § 24 UrhG aber ausscheiden. Dies hat der BGH in der Rechtssache *Metall auf Metall II*[433] bekräftigt und hinzugefügt, dass eine freie Benutzung aber dann nicht gegeben sei, wenn ein durchschnittlicher Musikproduzent eine gleichwertige Aufnahme hätte aufnehmen können. Denn dann müsse der Sampelnde eine Einschränkung seiner Kunstfreiheit durch die Untersagung urheberrechtlich relevanter Vervielfältigungen nicht befürchten.[434] Der BGH nimmt hier eine kunstspezifische Betrachtung vor.

Vorausgegangen war dieser Entscheidung eine Entscheidung des BVerfG,[435] in der es die Verwendung einer zweisekündigen Rhythmussequenz analog § 24 Abs. 1 UrhG unter Abwägung der Kunstfreiheit gem. Art. 5 Abs. 3 GG und dem Eigentumsschutz nach Art. 14 GG für zulässig erachtete.[436]

Der EuGH[437] lehnte schließlich aber eine Berufung auf das nationale Recht der freien Benutzung i. S. d. § 24 UrhG ab (siehe dazu sogleich), da diese Vorschrift unionsrechtswidrig sei.

---

[431] Der BGH hat diese Frage dem EuGH nunmehr vorgelegt: BGH, Beschl. v. 01.06.2017 – I ZR 115/16, GRUR 2017, 895 – *Metall auf Metall III*; vgl. zum Streitstand auch: Ahlberg/Götting-*Stang*, BeckOK UrhR, UrhG § 85 Rn. 19; Dreier/Schulze-*Schulze*, UrhG, 6. Aufl. 2018, UrhG § 85 Rn. 25.

[432] BGH, Urt. v. 20.11.2008 – I ZR 112/06, GRUR 2009, 403, Rn. 19 ff. – *Metall auf Metall*.

[433] BGH, Urt. v. 13.12.2012 – I ZR 182/11, GRUR 2013, 614, Rn. 26 ff. – *Metall auf Metall II*.

[434] BGH, Urt. v. 13.12.2012 – I ZR 182/11, GRUR 2013, 614, Rn. 23 – *Metall auf Metall II*; vgl. dazu eingehend: *Wagner*, MMR 2019, 727, 727.

[435] BVerfG, Urt. v. 31.05.2016 – 1 BvR 1585/13, GRUR 2016, 690, Rn. 104 – *Metall auf Metall*; unter Berufung auf: *v. Ungern-Sternberg*, GRUR 2010, 386, 387.

[436] BVerfG, Urt. v. 31.05.2016 – 1 BvR 1585/13, GRUR 2016, 690, Rn. 105 – *Metall auf Metall*.

[437] EuGH, Urt. v. 29.07.2019 – C-476/17, ECLI:EU:C:2019:624 = MMR 2019, 596, Rn. 63 ff. – *Pelham*.

Exkurs – Sampling

Die Instanzgerichte LG Hamburg[438] und OLG Hamburg[439] gaben zunächst dem Musikproduzenten *Moses Pelham* Recht, der eine Verletzung seines Leistungsschutzrechtes durch Sampling der Gruppe Kraftwerk als gegeben ansah. Nachdem auf nationaler Ebene BGH und BVerfG – teils mehrfach – zu urteilen hatten, entschied das **BVerfG als letzte (nationale) Instanz sampling-freundlich** (s. o.). Das BVerfG räumte dem Sampling einen hohen Stellenwert als „eines der stil-prägenden Elemente des Hip-Hop" ein, erachtete die Kunstfreiheit (Art. 5 Abs. 3 GG) als überra-gendes Gut und forderte eine kunstspezifische Auslegung der freien Benutzung (§ 24 Abs. 1 UrhG), da der unmittelbare Zugriff auf fremde musikalische Werke ein wesentliches Element des „experimentell synthetisierenden Schaffensprozesses" sei.[440]

Letzten Endes legte der BGH dem EuGH die wesentlichen Fragen des Rechtsstreits zur Vor-abentscheidung vor[441] Der EuGH relativierte den Schutzumfang des Tonträgerherstellerrechts, in-dem er aufgrund des Schutzzwecks des verwandten Schutzrechtes und der überragenden Bedeu-tung der Kunstfreiheit nicht mehr jede beliebige Übernahme eines fremden Audiofragments als Eingriff in dieses ansah.[442] Der EuGH nimmt also faktisch eine Grundrechtsabwägung i. R. d. tat-bestandlichen Schutzumfangs des Tonträgerherstellerrechts (§ 85 UrhG) vor, die das BVerfG noch i. R. d. freien Benutzung (§ 24 UrhG) verortet hatte.[443]

Sollte aber beispielsweise in einer Klausur eine Rechtsverletzung durch die Übernahme eines fremden Audiofragments festgestellt werden, ist fraglich, wie eine solche zu rechtfertigen ist. Da eine Rechtfertigung des Samplings nicht mehr über § 24 UrhG in Betracht kommt (vgl. dazu schon Abschn. 1.2.4), kann darüber nachgedacht werden, ein sog. „**Sampling-Zitat**" nach Maßgabe des § 51 UrhG zur Rechtfertigung des Samplings anzuerkennen. § 51 S. 2 Nr. 3 UrhG kennt insofern ausdrücklich das Musikzitat. Der EuGH betonte jedoch in seiner Entscheidung, dass dafür jeden-falls die Erkennbarkeit des Ausgangswerkes erforderlich sei.[444] Erschwerend kommt hinzu, dass es beim Sampling regelmäßig am erforderlichen Zitatzweck fehlen dürfte.[445]

Inhaltlich wird dem Tonträgerhersteller das ausschließliche **Vervielfältigungs- und Verbreitungsrecht** des Tonträgers eingeräumt. Ein eigenes Recht der öffentli-chen Wiedergabe der Darbietung besitzt er nicht. Insoweit steht ihm lediglich ein **Beteiligungsanspruch** gegenüber dem ausübenden Künstler zu, vgl. § 86 UrhG. Die Schutzdauer beträgt **70 Jahre** gemäß § 85 Abs. 3 UrhG.

1.6.5 Schutz des Sendeunternehmens, § 87 UrhG

Das verwandte Schutzrecht des § 87 UrhG dient dem Schutz der **wirtschaftlichen Investitionen** der Sendeunternehmen und umfasst gem. § 87 Abs. 1 Nr. 1–3 UrhG das Recht:

---

[438] LG Hamburg, Urt. v. 08.10.2004 – 308 O 90/99, BeckRS 2013, 7726 – *Metall auf Metall*.

[439] OLG Hamburg, Urt. v. 07.06.2006 – 5 U 48/05, ZUM 2006, 758 – *Metall auf Metall*.

[440] BVerfG, Urt. v. 31.05.2016 – 1 BvR 1585/13, GRUR 2016, 690, Rn. 72 ff. – *Metall auf Metall*; vgl. dazu auch: *Wagner*, MMR 2019, 727, 727.

[441] BGH, Beschl. v. 01.06.2017 – I ZR 115/16, MMR 2017, 719 – *Metall auf Metall III*.

[442] EuGH, Urt. v. 29.07.2019 – C-476/17, ECLI:EU:C:2019:624 = MMR 2019, 596, Rn. 29 ff. – *Pelham*; vgl. dazu auch: *Wagner*, MMR 2019, 727, 728.

[443] *Wagner*, MMR 2019, 727, 728.

[444] EuGH, Urt. v. 29.07.2019 – C-476/17, ECLI:EU:C:2019:624 = MMR 2019, 596, Rn. 73 – *Pelham*.

[445] Vgl. dazu eingehend: *Wagner*, MMR 2019, 727, 731.

- der Weitersendung und öffentlichen Zugänglichmachung i. S. d. § 19a UrhG (Nr. 1),
- der Aufnahme der Sendung auf Bild- oder Tonträger einschließlich der Herstellung von Lichtbildern sowie das Recht von deren Vervielfältigung und Verbreitung (Nr. 2),
- eine Sendung an Orten öffentlich wahrnehmbar zu machen, die der Öffentlichkeit gegen Zahlung eines Entgelts zulässig sind (Nr. 3).

Nicht erfasst ist die kostenlose Wiedergabe (**kein Anspruch gegen Public Viewing**). Die Schutzdauer beträgt **50 Jahre** ab der erstmaligen Ausstrahlung einer Funksendung, § 87 Abs. 3 UrhG.

1.6.6   Schutz des Presseverlegers §§ 87f ff. UrhG

Von überragender Bedeutung ist aufgrund der zunehmend digitalen Informationsübermittlung durch das Internet auch das sog. Leistungsschutzrecht für Presseverleger gemäß § 87 f. UrhG. Geschützt werden soll die wirtschaftliche, organisatorische sowie technische Leistung des Presseverlegers in ein Presseerzeugnis.[446]
Presseerzeugnis ist gemäß § 87 f. Abs. 2 UrhG die redaktionell-technische Festlegung journalistischer Beiträge im Rahmen einer unter einem Titel auf beliebigen Träger periodisch veröffentlichen Sammlung, die bei Würdigung der Gesamtumstände als überwiegend verlagstypisch anzusehen ist und die nicht überwiegend der Eigenwerbung dient. Dass auch **digitale** Presseveröffentlichungen (im **Internet**) erfasst sind, ist durch das Tatbestandsmerkmal „auf beliebigen Trägern" klargestellt.
Sogar **Blogs** können von den §§ 87f ff. UrhG erfasst sein, sofern diese eine redaktionell ausgewählte Sammlungen journalistischer Beiträge sind, die fortlaufend unter einem Titel erscheinen und daher als „verlagstypisch" anzusehen sind.[447] Bloße **Nachrichtenzusammenfassungen** sowie lediglich fortlaufende **Archivierungen** sind hingegen nicht geschützt.[448] Auch die Gestaltung des eigenen **Social-Media-Profils** ist nicht „verlagstypisch" und daher nicht als Presseerzeugnis anzuerkennen.[449]
Ausgenommen vom Leistungsschutzrecht für Presseverleger sind weiterhin **einzelne Wörter und kleinste Textausschnitte**, vgl. § 87 f Abs. 1 S. 1 UrhG a. E. Diese Regelung dient der Auffindbarkeit von Presseerzeugnissen mithilfe von Suchma-

---

[446] BT-Drs. 17/11470, S. 8; Ahlberg/Götting-*Graef*, BeckOK UrhR, UrhG § 87 f Rn. 8.
[447] BT-Drs. 17/11470, S. 8; Wandtke/Bullinger-*Jani*, UrhG, 4. Aufl. 2014, UrhG § 87 f Rn. 5; Schricker/Loewenheim-*Stieper*, UrhG, 5. Aufl. 2017, § 87 f Rn. 23; Dreier/Schulze-*Dreier*, UrhG, 6. Aufl. 2018, UrhG § 87 f Rn. 13.
[448] BT-Drs. 17/11470, S. 8; Spindler/Schuster-*Friscke*, Recht der elektronischen Medien, 3. Aufl. 2015, UrhG § 87f Rn. 6; Wandtke/Bullinger-*Jani*, UrhG, 4. Aufl. 2014, UrhG § 87 f Rn. 5; *Alexander*, WRP 2013, 1122, 1126.
[449] Schricker/Loewenheim-*Stieper*, UrhG, 5. Aufl. 2017, § 87f Rn. 23.

schinen, sodass diese verlinkt werden können.[450] Eine klare Abgrenzung, wann es sich noch um „einzelne" Wörter und „kleinste" Textausschnitte handelt, hat bisher nicht stattgefunden. Es entspricht jedoch der gängigen Praxis, die Grenze bei **sieben Wörtern** zu ziehen.[451]

Indes ist zu beachten, dass der EuGH das deutsche Leistungsschutzrecht für Presseverleger jüngst für **unanwendbar** erklärt hat, da die Vorschriften der §§ 87 f, 87g UrhG unter Verstoß gegen die Notifizierungspflicht aus Art. 8 Abs. 1 UAbs. 1 der RL 98/34 zustande gekommen sind.[452] Jedenfalls für die Zukunft wird jedoch ein unionsweit einheitliches Leistungsschutzrecht für Presseverlege eingeführrt. Ein solches findet sich nunmehr in Art. 15 der DSM-RL, der der ehemaligen deutschen Regelung sehr ähnelt.[453] Ziel dieses Leistungsschutzrechts ist die Sicherung des Qualitätsjournalismus sowie der Zugang zu Informationen zugunsten der Bürger.[454]

Art. 15 Abs. 1 UAbs. 1 DSM-RL weist insofern Presseverlegern das ausschließliche Recht zu, ihre Presseveröffentlichungen online zu nutzen. UAbs. 2 statuiert eine Schranke für private sowie nicht-kommerzielle Nutzung und UAbs. 3 erlaubt das Setzen von Hyperlinks, was letztlich der im Urheberrecht gängigen Praxis der grundsätzlichen Erlaubnis von Hyperlinks entspricht (Abschn. 1.4.2.3.2). UAbs. 4 legt schließlich eine aus dem deutschen Recht bekannte Schranke bezüglich der Nutzung nur einzelner Wörter oder sehr kurzer Auszüge fest. Art. 15 Abs. 2 DSM-RL begründet schließlich ein Abweichungsverbot, Abs. 4 UAbs. 1 legt die Schutzfrist auf zwei Jahre fest und Abs. 5 statuiert schließlich einen Beteiligungsanspruch zugunsten der Urheber. Anwendung finden diese Regelungen für alle Veröffentlichungen ab dem 6. Juni 2019, vgl. Abs. 4 UAbs. 2. Dies gilt freilich erst dann, wenn die Mitgliedstaaten die Richtlinie ordnungsgemäß umgesetzt haben.

1.6.7 Schutz des Filmherstellers, § 94 UrhG

Schutzgegenstand des § 94 UrhG ist die erhebliche **organisatorische und wirtschaftliche Leistung** des Filmherstellers. Da der Filmhersteller keinen eigenen schöpferischen Beitrag zur Erstellung des Filmes erbringt, kann dieser keine eigenen Rechte als Urheber geltend machen.[455] Während der Filmhersteller früher auf

---

[450] BT-Drs. 17/12534, S. 6; Spindler/Schuster-*Friscke*, Recht der elektronischen Medien, 3. Aufl. 2015, UrhG § 87 f Rn. 12; Dreier/Schulze-*Dreier*, UrhG, 6. Aufl. 2018, UrhG § 87 f Rn. 17.

[451] Die Schiedsstelle des DPMA sieht in Übereinstimmung mit der VG Media bisher sieben Wörter als Obergrenze an. Ähnlich *Schippan*, der fünf bis acht Wörter als Grenze herausarbeitet: *Schippan*, ZUM 2013, 358, 372. Teilweise wird auch – in Parallele zu §§ 52a, 53 UrhG a. F. – eine prozentuale Herangehensweise befürwortet, die ca. 10–20 % des gesamten Textes als Obergrenze ansieht: OLG Karlsruhe, Urt. v. 27.05.1987 – 6 U 31/86, GRUR 1987, 818, 820 – *Referendarkurs*; *Raczinski/Rademacher*, GRUR 1989, 324, 327.

[452] EuGH, Urt. v. 12.09.2019 – C-299/17, ECLI:EU:C:2019:716 = BeckRS 2019, 20750.

[453] *Peifer*, GRUR-Prax 2019, 463.

[454] ErwGr 54 der DSM-RL; vgl. dazu auch: *Wandtke*, NJW 2019, 1841, 1844.

[455] BT-Drs. IV/270, S. 102; vgl. dazu: Ahlberg/Götting-*Diesbach/Vohwinkel*, BeckOK UrhR, UrhG § 94 Rn. 1; Dreier/Schulze-*Schulze*, UrhG, 6. Aufl. 2018, UrhG § 94 Rn. 1.

den abgeleiteten Rechtserwerb von Filmurhebern und Urhebern angewiesen war, erlangt er heute einen garantierten eigenständigen Schutz durch des verwandte Schutzrecht aus § 94 UrhG.[456] Dieses umfasst gemäß § 94 Abs. 1 UrhG den Schutz gegen Vervielfältigung, Verbreitung und Sendung sowie einen beschränkten Integritätsschutz (Schutz gegen Entstellung oder Kürzung). Die Schutzdauer beträgt gemäß § 95 Abs. 3 UrhG in der Regel **50 Jahre** ab Erscheinen des Films.

Im **Computerspielebereich** sind heute i. d. R. die **Entwicklerstudios** aufgrund der erheblichen Investitionskosten (ca. 18–28 Mio $ USD) als Filmhersteller anzusehen.[457]

1.7   Urhebervertragsrecht

Das Urheberrechtsgesetz enthält in den §§ 31 ff. UrhG Regelungen zu Verträgen über urheberrechtlich geschützte Gegenstände. Zum Erlass eines ursprünglich intendierten eigenständigen Gesetzes für diesen Bereich ist es nie gekommen. Reformen des Urhebervertragsrechts sind zwar immer wieder zu verzeichnen (z. B. das Gesetz zur Stärkung der vertraglichen Stellung von Urhebern und ausübenden Künstlern aus dem Jahr 2000[458] und das Gesetz zur verbesserten Durchsetzung des Anspruchs der Urheber und ausübenden Künstler auf angemessene Vergütung aus dem Jahr 2016)[459] Allumfassend ist das Urhebervertragsrecht aber bis heute nicht kodifiziert. Lediglich für den Bereich des Verlagsvertragsrechts gibt es Sonderregelungen im VerlG.

Die im Urheberrechtsgesetz von 1965 enthaltenen Regelungen betrafen ursprünglich vor allem das sogenannte **primäre Urhebervertragsrecht**. In Anlehnung an *Dietz* tangiert dieses primär Regelungen über Verträge zwischen Urhebern und Verwertern („Unternehmen der Kulturwirtschaft, insbesondere Verlegern").[460] Das **sekundäre Urhebervertragsrecht** hingegen adressiert Verträge mehrerer Verwerter untereinander.[461] Aufgrund der fortschreitenden technische Entwicklung ist nunmehr zunehmend auch der unmittelbare vertragliche Kontakt zwischen Rechtsinhaber und Nutzer eröffnet (**tertiäres Urhebervertragsrecht**).[462] In diesem Bereich tritt verstärkt die Problematik auf, inwieweit Bereiche der Gemeinfreiheit

---

[456] Schricker/Loewenheim-*Katzenberger/Reber*, UrhG, 5. Aufl. 2017, § 94 Rn. 4.

[457] Wandtke/Bullinger-*Manegold/Czernik*, UrhR, 4. Aufl. 2014, UrhG § 94 Rn. 58; *Bullinger/Czychowski*, GRUR 2011, 19, 20.

[458] Vgl. die Veröffentlichung des Gesetzesentwurfes durch die Autoren: *Dietz/Loewenheim/Nordemann/Schricker/Vogel*, GRUR 2000, 765, 765 ff.

[459] Vgl. BT-Drs. 18/8625; BT-Drs. 18/10637; BGBl. 2016 Teil I Nr. 63.

[460] *Dietz*, Das Urhebervertragsrecht in seiner rechtspolitischen Bedeutung, in: Beier/Götting/Lehmann/Moufang, Urhebervertragsrecht, Festgabe für Gerhard Schricker zum 60. Geburtstag, 1995, S. 1, 26; vgl. hierzu auch: *Specht*, Diktat der Technik, 2019, S. 240; *Ohly*, Gesetzliche Schranken oder individueller Vertrag?, in: Dreier/Hilty, Vom Magnettonbad zu Social Media, Festschrift 50 Jahre Urheberrechtsgesetz (UrhG), 2015, S. 379, 379; Berger/Wündisch-*Freitag*, Urhebervertragsrecht, 2. Aufl. 2015, § 1 Rn. 4.

[461] *Specht*, Diktat der Technik, 2019, S. 240.

[462] *Specht*, Diktat der Technik, 2019, S. 240; *Dreier/Leistner*, GRUR 2013, 881, 892.

durch Vertrag mit dem gesetzlich begünstigten Nutzer zur Disposition stehen, inwieweit also der Rechtsinhaber sich auch diese Bereiche durch vertragliche Regelungen vorbehalten kann.[463] Im Zuge der DSM-RL setzt sich auch der Unionsgesetzgeber mit dem Urhebervertragsrecht auseinander. Während diese in ihrer Entwurfsfassung noch im Wesentlichen mit dem deutschen Urhebervertragsrecht übereinstimmte,[464] geht sie heute erheblich über dieses hinaus, was zum Anpassungsbedarf durch den nationalen Gesetzgeber führt. Ausgangspunkt ist auch hier die berechtigte Annahme, dass der einzelne Urheber den Verwertern strukturell unterlegen ist.[465] Kernvorschriften sind Art. 20 DSM-RL hinsichtlich eines Anspruchs auf angemessene Vergütung[466] sowie die Einführung einer Transparenzpflicht in Art. 19 DSM-RL.[467] Weiterhin statuiert Art. 21 ein alternatives Streitbeilegungsverfahren und Art. 22 die Möglichkeit eines Widerrufsrechts, welches dem deutschen § 41 UrhG ähnelt.[468]

Noch unklar und insofern widersprüchlich zum nationalen Recht ist indes, warum diese Regelungen gemäß Art. 23 Abs. 2 DSM-RL nicht für Urheber von Computerprogrammen gelten sollen, obgleich diesen national gemäß § 69a Abs. 5 UrhG die Rechte jedes anderen Urhebers genauso zustehen.[469]

1.7.1 Grundsätze des Urhebervertragsrechts

Das Urheberrecht ist zwar insgesamt vererblich (§ 28 UrhG), es kann aber nicht in seiner Gesamtheit veräußert werden (§ 29 Abs. 1 UrhG). Eingeräumt werden können aber absolute und einfache Nutzungsrechte, §§ 32 ff. UrhG. Dabei herrscht für das zugrunde liegende Verpflichtungsgeschäft der Rechteeinräumung grundsätzlich Vertragsfreiheit.[470] Es sind jedoch **drei wesentliche Grundsätze** zu beachten: Das Trennungsprinzip, das Kausalitätsprinzip sowie der Grundsatz der angemessenen Vergütung.

1.7.1.1 Trennungsprinzip

Auch dem Urheberrecht als Teilgebiet des Zivilrechts ist das **Trennungsprinzip** inhärent. Die Einräumung des Nutzungsrechts erfolgt als gegenständliche Verfügung, welche aufgrund einer schuldrechtlichen Verpflichtung besteht. Da auch die

---

[463] Vgl. hierzu eingehend: *Specht*, Diktat der Technik, 2019, S. 30 ff.; *Dreier*, GRUR Int. 2015, 648, 653 ff.

[464] Vgl. *Stieper*, ZUM 2019, 211, 212; *Dreier*, GRUR 2019, 771, 777.

[465] *Peifer*, ZUM 2019, 648, 649 ff.; *Wandtke*, NJW 2019, 1841, 1846 f.

[466] Vgl. dazu eingehend: *Reber*, GRUR 2019, 891, 891 ff.

[467] Vgl. zu den damit einhergehenden Auskunftspflichten eingehend: *Hansen*, ZUM 2019, 659, 659 ff.

[468] *Wandtke*, NJW 2019, 1841, 1847; *Dreier*, GRUR 2019, 771, 777.

[469] Vgl. dazu: *Wandtke*, NJW 2019, 1841, 1847.

[470] *Lettl*, Urheberrecht, 2. Aufl. 2013, S. 133; Ahlberg/Göttiung-*Soppe*, BeckOK UrhR, UrhG § 31 Rn. 7 ff.; Hoeren/Sieber/Holznagel-*Paul*, Multimedia-Recht, 47. Aufl. 2018, Teil 7.4 Rn. 90.

Verwertungsrechte nicht vollständig (**translativ**) übertragen werden können, werden die Nutzungsrechte dem Verwerter **konstitutiv** eingeräumt. Diese sogenannten **Tochterrechte** fallen nach dem Ende des Vertrages wieder auf das beim Urheber verbleibende **Mutterrecht** zurück.[471] Bestehende Lizenzansprüche können über das Bereicherungsrecht gemäß § 812 Abs. 1 S. 1 Fall 2 BGB kondiziert werden.[472]

Der Vertragsschluss beim **Verpflichtungsgeschäft** vollzieht sich nach den gewöhnlichen Regeln des BGB. Welcher Vertragstyp vorliegt, richtet sich nach den individuellen Gegebenheiten der Fallgestaltung. In der Regel handelt es sich bei Verträgen über Nutzungsrechte um schuldrechtliche Verträge sui generis, die Elemente aus Kauf-, Miet-, Pacht- und anderen Vertragstypen enthalten.[473] Das **Verfügungsgeschäft** (= die Übertragung der Nutzungsrechte) folgt den gewöhnlichen Regeln der Abtretung gemäß §§ 398 ff. BGB. Beide Geschäfte sind grundsätzlich getrennt voneinander zu betrachten.

1.7.1.2 Kausalitätsprinzip

Ob auch das **Abstraktionsprinzip** im Urheberrecht gilt, ist umstritten. Nach wohl richtiger und inzwischen absolut herrschender Auffassung ist dies nicht der Fall, weil gerade im Immaterialgüterrecht – mangels festgelegter gesetzlicher Typen – die Verfügung erst durch den schuldrechtlichen Vertrag eine nähere Bestimmung und Ausformung erfährt.[474] Im Übrigen entspricht eine Ablehnung des Abstraktionsprinzips der Parallelregelung des § 9 Abs. 1 VerlG und den Rechtsgedanken über einen Rückruf des Nutzungsrechts gemäß §§ 41 Abs. 5, 42 Abs. 5 UrhG.[475]

Diejenigen wenigen Stimmen, die von der Geltung des Abstraktionsprinzips im Urheberrecht ausgehen, nehmen in Hinblick auf den Übertragungszweckgedanken aus § 31 Abs. 5 UrhG an, dass die Einräumung eines Nutzungsrechts i. d. R. unter der auflösenden Bedingung eines wirksamen Verpflichtungsgeschäftes stehe.[476]

---

[471] Dreier/Schulze-*Schulze*, UrhG, 6. Aufl. 2018, UrhG § 31 Rn. 11; Schricker/Loewenheim-*Ohly*, UrhG, 5. Aufl. 2017, § 31 Rn. 18.

[472] BGH, Urt. v. 19.07.2012 – I ZR 70/10, GRUR 2012, 916, Ls. 3 – *M2Trade*; dazu allerdings kritisch die Anmerkung von *Dietrich/Szalai*: BGH, Urt. v. 19.07.2012 – I ZR 70/10, MMR 2012, 684, 688 f. – *M2Trade*.

[473] BGH, Urt. v. 03.11.1988 – I ZR 242/86, NJW 1989, 456, 456 ff. – *Präsentbücher*; BGH, Urt. v. 23.04.1954 – I ZR 139/53, GRUR 1954, 412, 412 ff. – *Platzzuschüsse*; Dreier/Schulze-*Schulze*, UrhG, 6. Aufl. 2018, UrhG § 31 Rn. 15; Schricker/Loewenheim-*Ohly*, UrhG, 5. Aufl. 2017, Vor §§ 31 ff. Rn. 19.

[474] BGH, Urt. v. 19.07.2012 – I ZR 70/10, GRUR 2012, 916, Rn. 19 – *M2Trade*; vgl. eingehend zur Geltung des Abstraktionsprinzips im Urheberrecht: *Srocke*, GRUR 2008, 867, 867 ff.

[475] So auch die Argumentation des BGH in der Rechtssache *M2Trade*: BGH, Urt. v. 19.07.2012 – I ZR 70/10, GRUR 2012, 916, Rn. 19 – *M2Trade*.

[476] BGH, Urt. v. 19.07.2012 – I ZR 70/10, GRUR 2012, 916, Rn. 17 – *M2Trade*; vgl. weiterhin für eine Anwendung des Abstraktionsprinzips im Urheberrecht: *Kraßer*, GRUR Int. 1973, 230, 237.

Stattdessen gilt das Kausalitätsprinzip, wonach die Verfügung über urheber-rechtliche Nutzungsrechte hinfällig wird, sofern das zugrunde liegende Verpflich-tungsgeschäft unwirksam ist bzw. nachträglich unwirksam wird.[477] Im Verlagsrecht ist das Kausalitätsprinzip sogar ausdrücklich in § 9 Abs. 1 VerlG kodifiziert.

1.7.1.3 Anspruch auf angemessene Vergütung

Wesentlicher Grundgedanke des Urheberrechts ist weiterhin das **Prinzip der ange-messenen Vergütung**. Grundsätzlich hat der Urheber einen Anspruch auf die ver-traglich vereinbarte Vergütung, § 32 Abs. 1 S. 1 UrhG. Da der Urheber gegenüber Verwertern jedoch oftmals in einer schwächeren Verhandlungsposition ist, hat er ein Recht auf **Einwilligung in die Änderung** des Vertrages, sofern die vereinbarte Ver-gütung **nicht angemessen** ist, § 32 Abs. 1 S. 3 UrhG. Fehlt eine Absprache über die Vergütung, so gilt die angemessene Vergütung als vereinbart, § 32 Abs. 1 S. 2 UrhG. Die Angemessenheit bestimmt sich nach gemeinsam aufgestellten Vergü-tungsregeln, § 36 UrhG. Um auch später von Dritten als angemessen angesehen werden zu können, müssen bestimmte Kriterien bei dieser Aufstellung erfüllt wer-den. So können auf Seiten der Urheber nicht einzelne Künstler, sondern gemäß § 36 Abs. 1 S. 1 UrhG nur **Vereinigungen von Urhebern (sog. Verwertungsgesell-schaften, Abschn. 1.7.1.2)** mitwirken. Innerhalb dieser Vereinigung muss eine mit-gliedschaftliche Willensbildung geregelt sein, um die Interessen der Betroffenen angemessen vertreten zu können. Auf Seiten der Werknutzer können hingegen ent-weder Vereinigungen von Werknutzern oder auch nur einzelne Werknutzer mitwir-ken, vgl. § 36 Abs. 1 S. 1 UrhG. Existieren keine gemeinsamen Vergütungsregeln auf die zurückgegriffen werden kann, so bestimmt sich die Angemessenheit daran, was üblicher- und redlicherweise zu leisten ist, § 32 Abs. 2 S. 2 UrhG. Relevante Kriterien für diese Beurteilung waren schon immer Dauer und Zeitpunkt der Nut-zung. Seit der Änderung des UrhG vom 01.03.2017[478] können daneben auch die Häufigkeit und das Ausmaß der Nutzung in die Abwägung eingestellt werden.

Treten nach Vertragsschluss Umstände hinzu, welche die vereinbarte Vergütung in einem **auffälligen Missverhältnis** zu den Erträgen erscheinen lässt, so sieht das Gesetz einen vertraglichen **Fairnessausgleich** vor, § 32a UrhG, der dieses Missver-hältnis in Ausnahmefällen nachträglich korrigieren soll.[479] § 32a UrhG ersetzt den früheren sog. Bestsellerparagrafen (§ 36 UrhG a. F.) und erleichtert die Vorausset-zungen eines Fairnessausgleichs urheberfreundlich, da nun ein auffälliges Missver-

---

[477] Dreier/Schulze-*Schulze*, UrhG, 6. Aufl. 2018, UrhG § 31 Rn. 18; Schricker/Loewenheim-*Ohly*, UrhG, 5. Aufl. 2017, § 31 Rn. 17 ff.

[478] Art. 1 des Gesetzes zur verbesserten Durchsetzung des Anspruchs der Urheber und ausübenden Künstler auf angemessene Vergütung und zur Regelung von Fragen der Verlegerbeteiligung.

[479] Dreier/Schulze-*Schulze*, UrhG, 6. Aufl. 2018, UrhG § 32a Rn. 6; Dreyer/Kotthoff/Meckel/ Hentsch-*Kotthoff*, UrhG, 4. Aufl. 2018, § 32a Rn. 1; Fromm/Nordemann-*Czychowski*, UrhG, 12. Aufl. 2018, § 32a Rn. 1.

hältnis (früher: grobes Missverhältnis) genügt und die Vorhersehbarkeit bei Vertragsschluss unerheblich ist, § 32a Abs. 1 S. 2 UrhG[480]

1.7.2 Einräumung von Nutzungsrechten

In welchem Umfang der Urheber Nutzungsrechte einräumen kann regelt insbesondere § 31 UrhG. Am weitreichendsten ist die Vergabe eines **ausschließlichen Nutzungsrechts** (Exklusivrecht), § 31 Abs. 3 UrhG. Dieses hat dinglichen Charakter und berechtigt den Inhaber zur alleinigen Nutzung unter Ausschluss aller Anderen. Neben diesem **positiven Benutzungsrecht** steht dem Inhaber auch ein **negatives Verbotsrecht** zu, welches ihm eine eigene Klagebefugnis gegen Dritte verschafft.

Das **einfache Nutzungsrecht**, § 31 Abs. 2 UrhG, hingegen berechtigt nur zur Nutzung neben Dritten. Im Gegensatz zum ausschließlichen Nutzungsrecht hat der Nutzungsberechtigte keine Abwehrbefugnis gegenüber Dritten. Der Inhaber kann jedoch mit Ermächtigung des Inhabers des Exklusivrechts bzw. des Urhebers Rechtsverletzungen in **gewillkürter Prozessstandschaft** geltend machen.[481]

Neben den ausdrücklich geregelten Nutzungsrechten kann eine Nutzung auch im Wege der **Einwilligung** durch den Rechtsinhaber gestattet werden. Zunächst besteht die Möglichkeit der **schuldrechtlichen Einwilligung**, mittels derer der Urheber einem Anderen die Nutzung eines Werkes gestatten kann, ohne jedoch ein Nutzungsrecht einzuräumen. Hierfür gilt das gewöhnliche Vertragsregime des BGB.

Weiterhin kann die Werknutzung auch im Wege der sog. **schlichte Einwilligung** gestaltet werden. Hier ist insbesondere die sog. *Vorschaubilder*-Rechtsprechung des BGH relevant. Dabei wurde in der Rechtssache *Vorschaubilder I* entschieden, dass der Betreiber einer Suchmaschine, der Abbildungen von Werken, die Dritte ins Internet eingestellt haben, als Vorschaubilder (sog. Thumbnails) in der Trefferleiste seiner Suchmaschine auflistet, diese nach § 19a UrhG öffentlich zugänglich macht.[482] Allerdings hat der BGH in diesem Urteil ebenfalls angenommen, dass diese öffentliche Zugänglichmachung aufgrund einer schlichten Einwilligung gerechtfertigt sei.[483] In der Entscheidung *Vorschaubilder II* hat der BGH diese Konstruktion auch auf von Dritten mit Zustimmung des Urhebers ins Internet eingestellte Werke ausgeweitet, sofern diese Werke ohne technische Vorkehrungen gegen ein Auffin-

---

[480] BGH, Urt. v. 22.01.1998 – I ZR 189/95, ZUM 1998, 497, 501 – *Comic-Übersetzungen*; BGH, Urt. v. 03.11.1988 – I ZR 242/86, GRUR 1991, 901, 902 – *Horoskop-Kalender*; vgl. dazu aus der Literartur: Dreier/Schulze-*Schulze*, UrhG, 6. Aufl. 2018, UrhG § 32a Rn. 3; Schricker/Loewenheim-*Haedicke*, UrhG, 5. Aufl. 2017, § 32a Rn. 22.

[481] BGH, Urt. v. 26.03.2009 – I ZR 153/06, GRUR 2009, 946, Rn. 20 – *Reifen Progressiv*; BGH, Urt. v. 21.11.1958 – I ZR 98/57, GRUR 1959, 200, 201 – *Der Heiligenhof*; Dreier/Schulze-*Schulze*, UrhG, 6. Aufl. 2018, UrhG § 31 Rn. 51; Dreyer/Meckel/Kotthoff/Hentsch-*Kotthoff*, UrhG, 4. Aufl. 2018, § 31 Rn. 104; Schricker/Loewenheim-*Ohly*, UrhG, 5. Aufl. 2017, § 31 Rn. 47.

[482] BGH, Urt. v. 29.04.2010 – I ZR 69/08, NJW 2010, 2731, Ls. 1 – *Vorschaubilder*.

[483] BGH, Urt. v. 29.04.2010 – I ZR 69/08, NJW 2010, 2731, Rn. 33 ff. – *Vorschaubilder*.

den und Anzeigen durch Suchmaschine ins Internet eingestellt wurden.[484] Auch die öffentliche Zugänglichmachung solcher Drittinhalte ist demnach von einer schlichten Einwilligung erfasst und daher gerechtfertigt. Maßgeblich ist für die schlichte Einwilligung stets der **objektive Erklärungsgehalt**.[485] Wer Werke ohne Schutzmechanismus frei ins Internet einstellt, dem darf unterstellt werden, dass übliche Nutzungshandlungen, insbesondere also die Auffindbarkeit des Werkes durch Suchmaschinen, vorgenommen werden dürfen.

1.7.3 Weiterübertragung von Nutzungsrechten

Neben der erstmaligen Einräumung von Nutzungsrechten durch den Urheber können Nutzungsrechte von den jeweiligen Rechtsinhabern aber auch an Dritte weiterübertragen (§ 34 UrhG) oder Dritten eingeräumt (§ 35 UrhG) werden. Da beide Varianten die materiellen und ideellen Interessen des Urhebers berühren, ist eine Weiterübertragung oder Einräumung nur mit **Zustimmung** des Urhebers möglich, vgl. § 34 Abs. 1 UrhG. Um den Interessen des Inhabers des Nutzungsrechts erster Stufe gerecht zu werden, darf die Zustimmung jedoch nicht wider Treu und Glauben versagt werden, § 34 Abs. 1 S. 2 UrhG. Aufgrund des Verweises in § 35 Abs. 2 UrhG gilt gleiches für die Einräumung von Nutzungsrechten an Dritte. Eine Einschränkung seiner Rechte erfährt der Urheber darüber hinaus bei Sammelwerken (§ 34 Abs. 2 UrhG) und Unternehmensveräußerungen (§ 34 Abs. 3 UrhG).

1.7.4 Beschränkung der Nutzungsrechte

Nach § 31 Abs. 1 S. 2 UrhG kann das Nutzungsrecht räumlich, zeitlich oder inhaltlich beschränkt eingeräumt werden. Bei der Beurteilung, ob eine Beschränkung möglich bzw. wirksam ist, muss zwischen **schuldrechtlichen** und **dinglichen Beschränkungen** differenziert werden. Die schuldrechtliche Bindung wirkt lediglich inter partes und hat keine Drittwirkung, weswegen eine Beschränkung in weiten Teilen möglich ist. Dingliche oder quasi-dingliche Beschränkungen hingegen erwachsen in **Drittwirkung** und setzen voraus, dass das Nutzungsrecht mit dinglicher Wirkung aufspaltbar ist. Bei der Beurteilung der Beschränkungswirkung sind in die **Interessenabwägung** sowohl das Interesse des Urhebers an einer möglichst großen Aufspaltbarkeit des Werkes als auch das Interesse der Allgemeinheit an Rechtssicherheit und Rechtsklarheit mit einzustellen.[486]

---

[484] BGH, Urt. v. 19.10.2011 – I ZR 140/10, NJW 2012, 1886, Ls. 1 – *Vorschaubilder II*.

[485] Wandtke/Bullinger-*Bullinger*, UrhR, 4. Aufl. 2014, UrhG § 19a Rn. 42; *Specht*, GRUR 2019, 253, 256; *Spindler*, GRUR 2010, 785, 789 f.

[486] BGH, Urt. v. 06.07.2000 – I ZR 244/97, GRUR 2001, 153, 154 – *OEM-Version*; BGH, Urt. v. 08.11.1989 – I ZR 14/88, GRUR 1990, 669, 671 f. – *Bibelreproduktion*; Ahlberg/Götting-*Soppe*, BeckOK UrhR, 24. Ed. Stand: 01.04.2019, UrhG § 31 Rn. 75; Dreier/Schulze-*Schulze*, UrhG, 6. Aufl. 2018, UrhG § 31 Rn. 29; Schricker/Loewenheim-*Ohly*, UrhG, 5. Aufl. 2017, § 31 Rn. 28 ff.

Eine inhaltliche Beschränkung von Nutzungsrechten ist nur dann möglich, wenn es sich um hinreichend klar abgrenzbare, wirtschaftlich- und technisch selbstständige Nutzungsarten handelt.[487] Bestenfalls werden diese also einzeln benannt. In Hinblick auf z. B. das Verbreitungsrecht kann etwa eine Beschränkung der Art und Weise der Werkaufmachung (z. B. Beschränkung des Verbreitungsrechtes an einem Schriftwerk auf Taschenbuch-, Hardcover- oder digitale Ausgabe) vorgenommen werden.[488] Eine Beschränkung des Nutzerkreises ist hingegen nicht möglich.[489] Jedoch ergibt sich eine Besonderheit hinsichtlich der zeitlichen Beschränkung des Verbreitungsrechts: Erfolgt diese etwa so, dass eine Verbreitung nur innerhalb eines gewissen Zeitraums zulässig sein soll, so ist dann, wenn der Ersterwerber eine Verbreitung innerhalb des vorgegebenen Zeitraums durchführt,[490] anschließend auch jede Weiterverbreitung, die sich nicht an die Beschränkungen der Erstverbreitung hält, zulässig.[491] Die dingliche Beschränkung des Verbreitungs-

---

[487] *Specht*, Diktat der Technik, 2019, S. 373.

[488] *Specht*, Diktat der Technik, 2019, S. 373; Dreier/Schulze-*Schulze*, UrhG, 6. Aufl. 2018, UrhG § 31 Rn. 36; Wandtke/Bullinger-*Wandtke/Grunert*, UrhR, 4. Aufl. 2014, UrhG § 31 Rn. 15; Dreyer/Kotthoff/Meckel-*Kotthoff*, UrhG, 4. Aufl. 2018, § 31 Rn. 129; Schricker/Loewenheim-*Loewenheim/J.B. Nordemann*, UrhR, 2. Aufl. 2010, § 27 UrhG Rn. 12 f.

[489] OLG Frankfurt a. M., Urt. v. 05.07.1990 – 6 U 60/89, NJW-RR 1991, 300, 301; OLG München, Urt. v. 08.02.1996 – 29 U 3903/95, NJW-RR 1997, 551, 552; *Specht*, Diktat der Technik, 2019, S. 321, 373; Dreier/Schulze-*Schulze*, UrhG, 6. Aufl. 2018, UrhG § 31 Rn. 36; *Ulmer*, Urheber- und Verlagsrecht, 3. Aufl. 1980, § 47 IV 2. (Seite zitieren!!)

[490] Vgl. *Specht*, Diktat der Technik, 2019, S. 373: Hält sich der Ersterwerber nicht an die dingliche Beschränkung, so wird das Werk ohne Zustimmung des Rechtinhabers in Verkehr gebracht, sodass eine Erschöpfungswirkung nicht eintreten kann, vgl. BGH, Urt. v. 06.07.2000 – I ZR 244/97, GRUR 2001, 153, 155 – *OEM-Version*; BGH, Urt. v. 06.03.1986 – I ZR 208/83, GRUR 1986, 736, 737 – *Schallplattenvermietung*; BGH, Urt. v. 21.11.1958 – I ZR 98/57, GRUR 1959, 200, 202 – *Der Heiligenhof*; OLG Frankfurt a. M., Urt. v. 03.11.1998 – 11 U 20/98, ZUM-RD 1999, 182, 184; *Stieper*, Rechtfertigung, Rechtsnatur und Disponibilität der Schranken des Urheberrechts, 2009, S. 182; *Schricker*, VerlG, 3. Aufl. 2001, § 8 Rn. 28a; *Ulmer*, Urheber- und Verlagsrecht, 3. Aufl. 1980, § 47 IV 2 (Seite zitieren!!!); Möhring/Nicolini-*Götting*, Urheberrecht, 4. Aufl. 2018, UrhG § 17 Rn. 35; *Sack*, WRP 1999, 1088, 1106 ff.; a.A. *Berger*, AcP 201 (2001), 411, 431 ff., der darauf abstellt, dass Erschöpfung sogar dann eintritt, wenn die Beschränkungen des Verbreitungsrechts nicht beachtet werden; zum Markenrecht vgl. EuGH, Urt. v. 23.04.2009 – C-59/08, ECLI:EU:C:2009:260 = GRUR 2009, 593 Rn. 51 – *Christian Dior*.

[491] BGH, Urt. v. 06.03.1986 – I ZR 208/83, GRUR 1986, 736, 737 – *Schallplattenvermietung*; OLG Hamburg, Urt. v. 10.10.2001 – 5 U 86/01, GRUR 2002, 536, 537 – *Flachmembranlautsprecher*; KG, Urt. v. 26.01.2001 – 5 U 4102/99, GRUR-RR 2002, 125, 126 – *Gruß aus Potsdam*; OLG Frankfurt a. M., Urt. v. 03.11.1998 – 11 U 20/98, ZUM-RD 1999, 182, 184; OLG München, Urt. v. 12.02.1998 – 29 U 5911/97, NJW 1998, 1649, 1650; OLG Düsseldorf, Urt. v. 13.12.1988 – U (Kart) 24/88, GRUR 1990, 188, 188 ff. – *Vermietungsverbot*; OLG Hamm, Urt. v. 12.05.1981 – 4 U 15/81, GRUR 1981, 743, 744 – *Video-Filmkassetten*; *Specht*, Diktat der Technik, 2019, S. 373; *Schack*, Urheber- und Urhebervertragsrecht, 7. Aufl. 2015, Rn. 432; *Stieper*, Rechtfertigung, Rechtsnatur und Disponibilität der Schranken des Urheberrechts, 2009, S. 182 ff., S. 194 m. w. N.; Dreier/Schulze-*Dreier*, UrhG, 6. Aufl. 2018, UrhG § 69c Rn. 26; Wandtke/Bullinger-*Heerma*, UrhR, 4. Aufl. 2014, UrhG § 17 Rn. 21; Schricker/Loewenheim-*Loewenheim*, UrhG, 5. Aufl. 2017, § 69c Rn. 31; Möhring/Nicolini-*Götting*, UrhR, 4. Aufl. 2018, UrhG § 17 Rn. 35; *Sack*, WRP 1999, 1088, 1106; *J.B. Nordemann*, GRUR 2007, 203, 207; *Jaeger*, ZUM 2000, 1070, 1073.

rechts wirkt sich hier nur für das erste Inverkehrbringen aus.[492] Eine räumliche Beschränkung kann hingegen stets unabhängig von Staatsgrenzen oder sonstiger geografischer Vorgaben erfolgen.[493]

1.8 Verwertungsgesellschaften

Die Wahrnehmung insbesondere der sich aus diversen, auch für den Bereich des Internetrechts relevanten, Schrankenbestimmungen ergebenden Vergütungsansprüche übernehmen sogenannte Verwertungsgesellschaften. Mit über 70.000 Mitgliedern und Erträgen von mehr als einer Milliarde Euro im Jahr 2016 ist die GEMA die größte deutsche Verwertungsgesellschaft.

Die Verwertungsgesellschaften verwalten die Nutzungsrechte der Urheber **treuhänderisch**. Sie unterliegen dabei einem „**doppelten Kontrahierungszwang**", der letztlich Ausfluss ihrer faktischen Monopolstellung ist.[494] Sie müssen einerseits auf Verlangen des Rechtsinhabers gemäß § 9 VGG Rechte seiner Wahl an Arten von Werken und sonstigen Schutzgegenständen seiner Wahl in Gebieten seiner Wahl wahrnehmen („**Wahrnehmungszwang**"). Andererseits müssen sie gemäß § 34 VGG jedermann an den von ihnen wahrgenommenen Rechten auf Verlangen zu angemessenen Bedingungen Nutzungsrechte einräumen („**Abschlusszwang**"). Damit die Verwertungsgesellschaften ausreichend Reaktions- und Dispositionszeit haben, ist der Abschlusszwang für sog. „neuartige Onlinedienste" gemäß § 34 Abs. 2 VGG eingeschränkt. Als juristische Personen des Privatrechts treten Verwertungsgesellschaften zumeist entweder als wirtschaftlicher Verein, § 22 BGB (z. B. GEMA) oder als GmbH (z. B. VG-Rundfunk) auf. Ihre gesetzlichen Grundlagen und Bestimmungen erfahren Verwertungsgesellschaften durch das Gesetz über die Wahrnehmung von Urheberrechten und verwandten Schutzrechten durch Verwertungsgesellschaften (VGG) aus dem Jahr 2016.

---

[492] Vgl. BGH, Urt. v. 06.07.2000 – I ZR 244/97, GRUR 2001, 153, 154 ff. – *OEM-Version*; BGH, Urt. v. 06.03.1986 – I ZR 208/83, GRUR 1986, 736, 737 – *Schallplattenvermietung*; BGH, Urt. v. 21.11.1958 – I ZR 98/57, GRUR 1959, 200, 202 – *Der Heiligenhof*; OLG Frankfurt a. M., Urt. v. 03.11.1998 – 11 U 20/98, ZUM-RD 1999, 182, 184; *Stieper*, Rechtfertigung, Rechtsnatur und Disponibilität der Schranken des Urheberrechts, 2009, S. 182; Möhring/Nicolini-*Götting*, UrhR, 4. Aufl. 2018, UrhG § 17 Rn. 35; *Specht*, Diktat der Technik, 2019, S. 320 ff.

[493] Ahlberg/Götting-*Soppe*, BeckOK UrhR, 24. Ed. Stand: 01.04.2019, UrhG § 31 Rn. 69; Ingerl/Rohnke-*Ingerl/Rohnke*, MarkenG, 3. Aufl. 2010, § 30 Rn. 38; *Mes*, PatG, GebrMG, 4. Aufl. 2015, § 15 PatG Rn. 47; Eichmann/von Falckenstein/Kühne-*Eichmann*, DesignG, 5. Aufl. 2015, § 31 Rn. 5; zu den Möglichkeiten inhaltlicher, zeitlicher und räumlicher Beschränkungen gem. § 31 UrhG vgl. etwa: Dreier/Schulze-*Schulze*, UrhG, 6. Aufl. 2018, UrhG § 31 Rn. 27 ff.; Möhring/Nicolini-*Engels*, UrhR, 4. Aufl. 2018, UrhG § 31 Rn. 68 ff.; Dreyer/Kotthoff/Meckel-*Dreyer*, UrhG, 4. Aufl. 2018, § 31 Rn. 124 ff.; *Stromholm*, GRUR Int. 1973, 350, 350 ff.

[494] *Wandtke*, Urheberrecht, 6. Aufl. 2017, S. 180; Dreier/Schulze-*Schulze*, UrhG, 6. Aufl. 2018, UrhG § 34 Rn. 1; Dreyer/Kotthoff/Meckel/Hentsch-*Hentsch*, UrhG, 4. Aufl. 2018, VGG § 9 Rn. 2; *v. Ungern-Sternberg*, GRUR Int. 1973, 61, 62.

Die **Transparenzpflicht** verpflichtet die Verwertungsgesellschaften dazu, ihre finanziellen Rahmenbedingungen offenzulegen. So muss u. a. ein Mitglieder- und Berechtigtenverzeichnis gemäß § 15 VGG geführt werden sowie ein Aufsichtsgremium i. S. d. § 22 VGG existieren. Vor allem aber muss gemäß § 27 VGG ein ordnungsgemäßer Verteilungsplan aufgestellt werden, damit eine willkürliche Verteilung der Einnahmen ausgeschlossen werden kann. Auch die Auskunftspflichten aus §§ 41, 42 VGG stellen dem Grunde nach Transparenzpflichten dar. Die Transparenzpflicht spiegelt sich nicht zuletzt im jährlich zu veröffentlichenden Transparenzbericht gemäß § 58 VGG wider.

Der zwischen den Urhebern und der Verwertungsgesellschaft zur Rechtewahrnehmung erforderliche **Wahrnehmungsvertrag** stellt einen urheberrechtlichen Nutzungsvertrag eigener Art dar.[495] Er regelt gleichsam das **Innenverhältnis** zwischen Verwertungsgesellschaft und Urheber und listet meist die wahrgenommenen Rechte einzeln auf.[496] Der Urheber räumt der Verwertungsgesellschaft in der Regel das ausschließliche Nutzungsrecht an allen gegenwärtigen und künftigen Rechten zur treuhänderischen Wahrnehmung ein.[497] Die Verwertungsgesellschaft verpflichtet sich demgegenüber ihrerseits, die Verwertung im Rahmen eines Geschäftsbesorgungsvertrages, § 675 BGB, oder Auftrages, §§ 662 ff. BGB, wahrzunehmen.[498]

Als **Nutzungsvertrag** wird der zwischen der Verwertungsgesellschaft und dem einzelnen Nutzer im **Außenverhältnis** abgeschlossene Vertrag bezeichnet. In diesem wird dem Nutzer ein einfaches Nutzungsrecht gegen Zahlung eines angemessenen Betrages eingeräumt.[499] Die Angemessenheit richtet sich in der Praxis nach den von den Verwertungsgesellschaften aufgestellten Tarifen, § 38 VGG (Grundsatz: **Tarifhoheit der Verwertungsgesellschaften**). Als Tarif gilt auch ein **Gesamtvertrag** nach § 35 VGG. Dabei handelt es sich um einen Rahmenvertrag zwischen einer Verwertungsgesellschaft und einer Nutzervereinigung, deren Mitglieder nach dem UrhG geschützte Werke oder Leistungen nutzen oder zur Zahlung von Vergütungen nach dem UrhG verpflichtet sind.[500] Existiert für die angefragte Nutzung kein Tarifvertrag,

---

[495] BGH, Urt. v. 03.11.1988 – I ZR 242/86, GRUR 1989, 68, 70 – *Präsentbücher*; Schricker/Loewenheim-*Ohly*, UrhG, 5. Aufl. 2017, Vor §§ 31 ff. Rn. 58; Wandtke/Bullinger-*Wandtke/Grunert*, UrhG, 4. Aufl. 2014, UrhG Vor §§ 31 ff. Rn. 67.

[496] Dreier/Schulze-*Schulze*, UrhG, 6. Aufl. 2018, VGG § 10 Rn. 2; Loewenheim-*Götting*, Handbuch des Urheberrechts, 2. Aufl. 2010, § 3 Rn. 10.

[497] BGH, Urt. v. 03.03.1971 – KZR 5/70, GRUR 1971, 326 – *Ufa-Musikverlage*; Ahlberg/Götting-*Freudenberger*, BeckOK UrhR, 24. Ed. Stand: 01.04.2019, VGG § 10 Rn. 7; Dreier/Schulze-*Schulze*, UrhG, 6. Aufl. 2018, VGG § 10 Rn. 2.

[498] Schricker/Loewnehim-*Ohly*, UrhG, 5. Aufl. 2017, Vor §§ 31 ff. Rn. 63 ff.; Dreier/Schulze-*Schulze*, UrhG, 6. Aufl. 2018, UrhG Vor §§ 31 ff. Rn. 49 ff.; Fromm/Nordemann-*Nordemann*, UrhG, 12. Aufl. 2018, Vor §§ 31 ff. Rn. 159 ff.

[499] Ahlberg/Götting-*Freudenberg*, BeckOK UrhR, 24. Ed. Stand: 01.04.2019, VGG § 34 Rn. 10; Dreier/Schulze-*Schulze*, UrhG, 6. Aufl. 2018, VGG § 34 Rn. 1 ff.

[500] Ahlberg/Götting-*Freudenberg*, BeckOK UrhR, 24. Ed. Stand: 01.04.2019, VGG § 35 Rn. 14 ff.; Dreier/Schulze-*Schulze*, UrhG, 6. Aufl. 2018, VGG § 35 Rn. 1 ff.

so wird ein vergleichbarer Tarifvertrag herangezogen. Es besteht insofern eine Parallele zum Grundsatz der angemessenen Vergütung aus § 32 UrhG.

Um die tatsächlich zu bezahlenden Beträge ermitteln zu können, sind die Nutzer zur **Auskunft** über die tatsächliche Nutzung verpflichtet, § 41 VGG. Weiterhin sind die Veranstalter von öffentlichen Wiedergaben urheberrechtlich geschützter Werke zur Einholung der vorherigen Einwilligung sowie zur nachträglichen Übersendung einer Aufstellung über die bei der Veranstaltung genutzten Werke verpflichtet (§ 42 VGG).

Die Ausschüttung der Erträge im Innenverhältnis erfolgt nach einem zuvor festgelegten Verteilungsplan, § 27 VGG. Die Verwertungsgesellschaften unterliegen der Pflicht zur Aufstellung von festen **Verteilungsregeln**, die ein willkürliches Vorgehen bei der Verteilung ausschließen. Dies ist letztlich eine Ausprägung des allgemeinen Willkürverbots, dem jede Verwertungsgesellschaft unterliegt.[501] Von den Einnahmen werden vor Verteilung die angefallenen Verwaltungskosten abgezogen, § 31 VGG. Diese müssen im Verhältnis zu den Leistungen der Verwertungsgesellschaft angemessen, gerechtfertigt und belegt sein. Die Verwertungsgesellschaften haben hierfür detaillierte Angaben nach Kategorien von Rechten in einem Transparenzbericht zu veröffentlichen, vgl. § 58 VGG.

1.9 Schutz technischer Maßnahmen, § 95a UrhG

Auch und gerade im Internet spielen **technische Schutzmaßnahmen** eine große Rolle. Mit Hilfe dieser Schutzmaßnahmen lassen sich elektronische Dokumente gegen Vervielfältigungen und unberechtigten Zugriff schützen. § 95a Abs. 1 UrhG legt fest, dass technische Schutzmaßnahmen – wie z. B. der Kopierschutz auf DVDs – nicht umgangen werden dürfen. Dies umfasst nach der amtlichen Begründung sowohl software- als auch hardwareseitige Schutzmaßnahmen.[502] Als technische Schutzmaßnahmen i. S. d. § 95a UrhG werden allgemein alle Technologien, Vorrichtungen oder Bestandteile angesehen, die im normalen Betrieb dazu bestimmt sind, geschützte Werke oder andere nach dem UrhG geschützte Schutzgegenstände betreffende Handlungen, die vom Rechtsinhaber nicht genehmigt sind, zu verhindern oder einzuschränken, also z. B. Passworte oder Kopiersperren.[503]

Insofern ist ein **Umgehungsverbot** gesetzlich statuiert. Dieses erstreckt sich gemäß § 95a Abs. 3 UrhG auch auf die Herstellung, die Einfuhr, die Verbreitung, den Verkauf, die Vermietung, die Werbung sowie die Erbringung von Dienstleistungen, die dabei behilflich sein könnten, technische Schutzmaßnahmen zu umgehen. Die-

---

[501] LG München I, Urt. v. 26.09.2001 – 21 O 24574/00, zit. nach Dreier/Schulze-*Schulze*, UrhG, 6. Aufl. 2018, VGG § 27 Rn. 4 ff.; Ahlberg/Götting-*Freudenberg*, BeckOK UrhR, 24. Ed. Stand: 01.04.2019, VGG § 27 Rn. 4.

[502] BT-Drs. 15/38, S. 26.

[503] Dreier/Schulze-*Specht*, UrhG, 6. Aufl. 2018, UrhG § 95a Rn. 14; Fromm/Nordemann-*Czychowski*, UrhG, 12. Aufl. 2018, § 95a Rn. 11; *Specht*, GRUR 2019, 253, 258.

ses Umgehungsverbot gilt allerdings nur, wenn die Schutzmaßnahmen auch tatsächlich **wirksam** sind, also in der Praxis einen nennenswerten Mindestschutz bieten.[504]

Prominente Beispiele für technische Schutzmaßnahmen sind Verschlüsselungstechniken für eBooks oder heruntergeladene Filme.[505] Auch Kopierschutzmaßnahmen für Software sowie Audio- und Videodateien fallen darunter.[506]

§ 95a Abs. 3 UrhG ist ein Schutzgesetz i. S. d. § 823 Abs. 2 BGB, sodass durchaus deliktische Ansprüche neben die „klassischen" urheberrechtlichen Ansprüche aus den §§ 97 ff. UrhG treten können.[507]

1.10   Rechtsverletzungen

1.10.1 Anspruch auf Unterlassung, Beseitigung und Schadensersatz § 97 UrhG

§ 97 UrhG enthält in Absatz 1 verschuldensunabhängige Ansprüche auf **Unterlassung** und Beseitigung sowie in Absatz 2 einen verschuldensabhängigen Anspruch auf **materiellen Schadensersatz** sowie den **Ersatz immaterieller Schäden**. Voraussetzung ist die Verletzung der Verwertungs- oder Urheberpersönlichkeitsrechte oder – alternativ – eingeräumter ausschließlicher Nutzungsrechte einschließlich des Verwertungsverbotes aus § 96 UrhG.[508] Auch eine Verletzung der sich aus den verwandten Schutzrechten ergebenden Rechtspositionen ihrer Inhaber (z. B. §§ 70, 72, 74–78, 80, 81, 85 I, 87 I, 87b, 87f, 94 Abs. 1 UrhG)[509] ist umfasst. Nicht erfasst werden Verletzungen bloß schuldrechtlicher Berechtigungen oder Gestattungen zwischen Vertragspartnern.[510]

---

[504] OLG Hamburg, Urt. v. 20.02.2008 – 5 U 68/07, CR 2010, 125, 128 – *Session-ID*; Wandtke/Bullinger-*Wandtke/Ohst*, UrhR, 4. Aufl. 2014, UrhG § 95a Rn. 47 ff.; Dreier/Schulze-*Specht*, UrhG, 6. Aufl. 2018, UrhG § 95a Rn. 15; *Gutman*, K&R 2003, 491, 492; *Klickermann*, MMR 2007, 7, 11; *Meschede*, K&R 2008, 585, 587; *Specht*, GRUR 2019, 253, 258.

[505] *Specht*, Diktat der Technik, 2019, S. 199.

[506] *Specht*, Diktat der Technik, 2019, S. 205.

[507] BGH, Urt. v. 17.07.2008 – I ZR 219/05, NJW 2008, 3565, 3566 – *Clone-CD*; LG Hamburg, Urt. v. 29.11.2013 – 310 O 144/13, NJW-RR 2014, 737 Rn. 29 – *JDownloader2*; LG München I, Urt. v. 14.10.2009 – 21 O 22196/08, CR 2010, 76, 77; vgl. dazu eingehend: *Specht*, Diktat der Technik, 2019, S. 225; *Härting*, Internetrecht, 6. Aufl. 2017, Rn. 1470 ff.

[508] BGH, Urt. v. 05.12.1985 – I ZR 137/83, NJW 1986, 1249, 1249 ff. – *GEMA-Vermutung III*; Dreier/Schulze-*Dreier/Specht*, UrhG, 6. Aufl. 2018, UrhG § 97 Rn. 3 ff.; Schricker/Loewenheim-*Leistner*, UrhG, 5. Aufl. 2017, § 97 Rn. 10 ff.

[509] Dreyer/Kotthoff/Meckel/Hentsch-*Meckel*, UrhG, 4. Aufl. 2018, § 97 Rn. 10 ff.; Fromm/Nordemann-*Nordemann*, UrhG, 12. Aufl. 2018, § 97 Rn. 11; Wandtke/Bullinger-*v. Wolff*, UrhR, 4. Aufl. 2014, UrhG § 97 Rn. 6.

[510] Ahlberg/Götting-*Reber*, BeckOK UrhR, 24. Ed. Stand: 01.04.2019, UrhG § 97 Rn. 17; Dreier/Schulze/*Dreier/Specht*, UrhG, 6. Aufl. 2018, UrhG § 97 Rn. 3; Schricker/Loewenheim-*Leistner*, UrhG, 5. Aufl. 2017, § 97 Rn. 14.

Für die **Ansprüche bei Rechtsverletzungen** ergibt sich dabei die folgende **Prüfungsreihenfolge**:

I. Unterlassungsanspruch (§ 97 Abs. 1 UrhG)
1. Urheberrecht oder anderes nach dem UrhG geschütztes Recht (§§ 2, 70 ff. UrhG)
2. Verletzungshandlung
   a. Vornahme einer Verwertungshandlung oder Verletzung eines Urheberpersönlichkeitsrechts (§§ 12 ff. UrhG)
   b. Kein Eingreifen einer Schrankenbestimmung (§§ 44a ff. UrhG)
4. Rechtswidrigkeit
5. Erstbegehungs- oder Wiederholungsgefahr
6. Aktivlegitimation (§§ 7 ff. UrhG)
7. Passivlegitimation (ggf. § 99 UrhG, §§ 7 ff. TMG)

II. Schadensersatzanspruch für materielle Schäden (§ 97 Abs. 2 S. 1 UrhG)
1. Urheberrecht oder anderes nach dem UrhG geschütztes Recht (§§ 2, 70 ff. UrhG)
2. Verletzungshandlung
   a. Vornahme einer Verwertungshandlung oder Verletzung eines Urheberpersönlichkeitsrechts (§§ 12 ff. UrhG)
   b. Kein Eingreifen einer Schrankenbestimmung (§§ 44a ff. UrhG)
3. Rechtswidrigkeit
4. Aktivlegitimation (§§ 7 ff. UrhG)
5. Passivlegitimation (ggf. § 99 UrhG, §§ 7 ff. TMG)
6. Verschulden (§ 276 BGB)
7. Schaden (§§ 249 ff. BGB, § 97 Abs. 2 S. 1, 2, 3 UrhG)

III. Schadensersatzanspruch für immaterielle Schäden (§ 97 Abs. 2 S. 4 UrhG)
1. Urheberrecht oder anderes nach dem UrhG geschütztes Recht (§§ 2, 70 ff. UrhG)
2. Verletzungshandlung
   c. Vornahme einer Verwertungshandlung oder Verletzung eines Urheberpersönlichkeitsrechts (§§ 12 ff. UrhG)
   d. Kein Eingreifen einer Schrankenbestimmung (§§ 44a ff. UrhG)
3. Rechtswidrigkeit
4. Aktivlegitimation (§§ 7 ff. UrhG)
5. Passivlegitimation (ggf. § 99 UrhG, §§ 7 ff. TMG)
6. Verschulden (§ 276 BGB)
7. Schaden (§ 97 Abs. 2 S. 4 UrhG)
8. Besonderheiten des § 97 Abs. 2 S. 4 UrhG

Aktivlegitimiert ist der Urheber, der Inhaber des jeweiligen verwandten Schutzrechts oder auch der Inhaber ausschließlicher Nutzungsrechte (vgl. §§ 7, 8, 31 Abs. 3 UrhG). Eine Verletzungshandlung liegt vor, wenn das urheberrechtliche Werk oder der durch das verwandte Schutzrecht geschützte Gegenstand **ohne Zustimmung** des Urhebers oder des Inhabers des ausschließlichen Nutzungsrechtes gemäß den §§ 15 ff. UrhG genutzt wird oder ein Urheberpersönlichkeitsrecht verletzt wird.

Die Verletzungshandlung kann sowohl in einem **positiven Tun** als auch in einem **pflichtwidrigen Unterlassen** liegen, wobei das Unterlassen eine **Erfolgsabwendungspflicht** aus Gesetz oder Ingerenz voraussetzt.[511] Eine Verletzung des entsprechenden Verwertungs- oder Persönlichkeitsrechts bzw. des absoluten Nutzungsrechts liegt dann nicht vor, wenn ein **Erlaubnistatbestand** eingreift, insb. eine **Schrankenbestimmung** (§§ 44a ff. UrhG) die entsprechende Nutzungshandlung gestattet oder eine **freie Benutzung** nach § 24 UrhG vorliegt. Die Rechtswidrigkeit einer Handlung kann aber auch aus anderen Gründen entfallen,[512] wie etwa aufgrund der **Rechtfertigungsgründe** der § 226 ff. BGB oder der **Zustimmung** des Rechtsinhabers (Einwilligung oder Genehmigung, §§ 183, 184 BGB).[513]

Der Unterlassungsanspruch erfordert außerdem eine **Wiederholungsgefahr**. Eine solche wird nach erstmaliger Rechtsverletzung für alle zukünftigen und kernartig gleichen Rechtsverletzungen vermutet.[514] Ein vorbeugender Unterlassungsanspruch erfordert demgegenüber eine Erstbegehungsgefahr,[515] die positiv festzustel-

---

[511] Ahlberg/Götting-*Reber*, BeckOK UrhR, 24. Edition 2019, UrhG § 97 Rn. 35; Fromm/Nordemann-*Nordemann*, UrhG, 12. Aufl. 2018, § 97 Rn. 18; Spindler/Schuster-*Spindler*, Recht der elektronischen Medien, 3. Aufl. 2015, UrhG § 97 Rn. 24; Wandtke/Bullinger-*v. Wolff*, UrhR, 4. Aufl. 2014, UrhG § 97 Rn. 14 ff.

[512] Dreier/Schulze-*Specht*, UrhG, 4. Aufl. 2018, UrhG § 97 Rn. 14 f.; Dreyer/Kotthoff/Meckel/Hentsch-*Meckel*, UrhG, 4. Aufl. 2018, § 97 Rn. 37 ff.; Fromm/Nordemann-*Nordemann*, UrhG, 12. Aufl. 2018, § 97 Rn. 19.

[513] BGH, Urt. v. 20.03.2003 – I ZR 117/00, GRUR 2003, 956, 957 – *Gies-Adler*; Auer-Reinsdroff/Conrad-*Witte/Auer-Reinsdorff*, Handbuch IT- und Datenschutzrecht, 2. Aufl. 2016, Teil B § 5 Rn. 304; *Backes*, Der Streit- und Gegenstandswert bei Unterlassungsansprüchen im Urheberrecht, 2018, S. 46; Büscher/Dittmer/Schiwy-*Niebel*, Gewerblicher Rechtsschutz, 4. Aufl. 2019, Kap. 10, § 97 UrhG Rn. 23; *Lettl*, Urheberrecht, 2. Aufl. 2013, S. 265; *Wandtke*, Urheberrecht, 6. Aufl. 2017, S. 234; Dreier/Schulze-*Specht*, UrhG, 6. Aufl. 2018, UrhG § 97 Rn. 15; Dreyer/Kotthoff/Meckel/Hentsch-*Meckel*, UrhG, 4. Aufl. 2018, § 97 Rn. 39; Fromm/Nordemann-*Nordemann*, UrhG, 12. Aufl. 2018, § 97 Rn. 22 f.; Die §§ 227 ff. BGB zwar als Rechtfertigungsgründe anerkennend, diesen aber nur theoretische Natur zumessend: Schricker/Loewenheim-*Leistner*, UrhG, 5. Aufl. 2017, § 97 Rn. 29 ff.; Wandtke/Bullinger-*v. Wolff*, UrhR, 4. Aufl. 2014, UrhG § 97 Rn. 33.

[514] BGH, Urt. v. 20.06.2013 – I ZR 55/12, GRUR 2013, 1235 – *Restwertbörse II*; BGH, Urt. v. 17.07.2008 – I ZR 219/05, GRUR 2008, 996, Rn. 13 – *Clone CD*; BGH, Urt. v. 06.07.1954 – I ZR 38/53, GRUR 1955, 97, 98 – *Constanze II*; vgl. dazu eingehend: Dreier/Schulze-*Specht*, UrhG, 6. Aufl. 2018, UrhG § 97 Rn. 59; Dreyer/Kotthoff/Meckel/Hentsch-*Meckel*, UrhG, 4. Aufl. 2018, § 97 Rn. 45.

[515] Ahlberg/Götting-*Reber*, BeckOK UrhR, 24. Ed. Stand: 01.04.2019, UrhG § 97 Rn. 97 f.; Dreier/Schulze-*Specht*, UrhG, 6. Aufl. 2018, UrhG § 97 Rn. 39; Dreyer/Kotthoff/Meckel/Hentsch-*Meckel*, UrhG, 4. Aufl. 2018, § 97 Rn. 49.

len ist. Die Wiederholungsgefahr kann in der Regel einzig durch Abgabe einer strafbewehrte Unterlassungserklärung ausgeräumt werden, die Erstbegehungsgefahr hingegen bereits durch einen *actus contrarius*. Die Unterlassungserklärung muss ernsthaft, unbefristet, vorbehaltlos und **strafbewehrt** formuliert sein. Der Unterlassungsanspruch ist auf zukünftige Unterlassung gerichtet, umfasst aber nach vereinzelt vertretener Auffassung auch die Beseitigung der begangenen Rechtsverletzung.[516]

In der Praxis wird eine Unterlassungserklärung häufig nach dem sogenannten „**Hamburger Brauch**" abgegeben. Unterlassungserklärungen nach dem Hamburger Brauch beinhalten regelmäßig eine feste Vertragsstrafe i. H. v. 5001 € oder eine flexible Bemessung zugunsten des Verletzten. Dies ist darin begründet, dass gemäß § 23 Nr. 1, 71 Abs. 1 GVG die Landgerichte für alle Streitigkeiten über 5000 € zuständig sind und diesen in der Praxis vielfach eine höhere Fachkompetenz zugemessen wird. Die Parteien möchten durch eine Festsetzung der Vertragsstrafe auf 5001 € bzw. durch die einseitige Bemessungsmöglichkeit zugunsten des Verletzten daher sicherstellen, dass die Landgerichte über die Vertragsstrafen entscheiden.

> **Beispiel: (Verletzerfreundliche) Unterlassungserklärung nach dem Hamburger Brauch[517]**
>
> Die A-GmbH verpflichtet sich hiermit gegenüber B ohne Präjudiz und Anerkennung einer Rechtspflicht:
>
> 1. es zu unterlassen, das Kunstwerk XY öffentlich zugänglich zu machen, machen zu lassen, zu vervielfältigen, vervielfältigen zu lassen, wenn dies geschieht wie in der Anlage Z;
> 2. sowie für jeden Fall zukünftiger schuldhafter Zuwiderhandlung gegen die unter Nr. 1 aufgeführte Verpflichtung, eine von B zu bestimmende Vertragsstrafe zu zahlen, deren Angemessenheit im Streitfalle vom zuständigen Landgericht zu überprüfen ist. ◄

---

[516] OLG Frankfurt a. M., Urt. v. 18.08.2009 – 11 U 19/09, GRUR-RR 2009, 412 – *Abreißschreibtischunterlage*; Fromm/Nordemann-*Nordemann*, UrhG, 12. Aufl. 2018, § 97 Rn. 40a; In der Regel wird die Beseitigung des Zustandes jedoch gesondert mittels Beseitigungsanspruch geltend zu machen sein. So auch: Ahlberg/Götting-*Reber*, BeckOK UrhR, 24. Ed. Stand: 01.04.2019, UrhG § 97 Rn. 90; Dreier/Schulze-*Specht*, UrhG, 6. Aufl. 2018, UrhG § 97 Rn. 57; Dreyer/Kotthoff/Meckel/Hentsch-*Meckel*, UrhG, § 97 Rn. 41 ff.; Schricker/Loewenheim-*Wimmers*, UrhG, 5. Aufl. 2017, § 97 Rn. 227 ff.; Spindler/Schuster-*Spindler*, Recht der elektronischen Medien, 3. Aufl. 2015, UrhG § 97 Rn. 19 f.; Wandtke/Bullinger-*v. Wolff*, UrhR, 4. Aufl. 2014, UrhG § 97 Rn. 43.

[517] Vgl. hierzu auch das Muster einer wettbewerbsrechtlichen Unterlassungserklärung bei: David/Breuer-*Breuer*, FormularBibliothek Zivilprozess, 3. Aufl. 2016, Rn. 372.

1.10.2 Passivlegitimation und Störerhaftung

1.10.2.1 Grundzüge der Passivlegitimation

Passivlegitimiert ist jedenfalls der Täter, d. h. derjenige, der die Rechtsverletzung selbst oder durch einen anderen begeht, und der Teilnehmer. Bei der Einordnung ist auf die strafrechtlichen Grundsätze zurückzugreifen.[518] Für den Unterlassungsanspruch kommen zudem der Unternehmensinhaber gem. § 99 UrhG sowie der Störer als Passivlegitimierte in Betracht.

Als **Täter** haftet derjenige, der die Merkmale eines Verletzungstatbestands selbst, in mittelbarer Täterschaft oder in Mittäterschaft erfüllt.[519] Wer ohne Zustimmung des Rechteinhabers Dateien im Internet veröffentlicht, ist z. B. Täter einer Urheberrechtsverletzung. Eine solche Verletzungshandlung könnte beispielsweise von einem Autor, Verleger oder Herausgeber durch das Erstellen eines vorsätzlich ein Plagiat enthaltendes Presseerzeugnisses begangen werden.[520]

Aber auch eine Haftung als **Teilnehmer** ist denkbar. Anstifter ist dabei, wer vorsätzlich einen anderen zu dessen vorsätzlich begangener rechtswidriger Tat bestimmt hat. Ein Gehilfe leistet dem anderen nach § 27 StGB vorsätzlich zu seiner Tat Hilfe. Denkbar ist zum Beispiel, dass der Gehilfe einer Urheberrechtsverletzung dem Täter seinen Computer übergibt, obwohl er weiß, dass der Täter hiermit in einer Tauschbörse Musikdaten anbieten wird.[521] In diesem Kontext ist stets im Hinterkopf zu behalten, dass mehrere Verletzer desselben Rechts **gesamtschuldnerisch** nach §§ 830, 840 BGB i. V. m. §§ 421 ff. BGB haften können.

Die Haftung des **Unternehmensinhabers** besteht daneben und ist darin begründet, dass einem Unternehmensinhaber keine Möglichkeit zur Exkulpation von Handlungen seiner Arbeitnehmer oder Beauftragten eingeräumt werden soll. Als Inhaber eines Unternehmens wird derjenige angesehen, in dessen Namen und Verantwortung ein Betrieb geführt wird.[522] Ihm wird das Handeln von Arbeitnehmern oder Beauftragten als eigenes Handeln zugerechnet und gleichsam eine eigene verschuldensunabhängige Haftung auferlegt.[523] Voraussetzung dafür ist, dass die Verletzungshandlung **funktional** innerhalb eines Unternehmens, also unter enger Verbindung zum Tätigkeitsbereich des Verletzers, vollzogen wird.[524] Hinsichtlich der

---

[518] Vgl. BGH, Urt. v. 22.06.2011 – I ZR 159/10, GRUR 2011, 1018, 1019 – *Automobil-Onlinebörse*.

[519] Vgl. BGH, Urt. v. 16.05.2013 – I ZR 216/11, GRUR 2013, 1229, 1231.

[520] Bräutigam/Rücker-*Schapiro*, E-Commerce, 2017, 2. Teil, C, Rn. 3.

[521] Bräutigam/Rücker-*Schapiro*, E-Commerce, 2017, 2. Teil, C, Rn. 4.

[522] Ahlberg/Götting-*Reber*, BeckOK UrhR, 24. Ed. Stand: 01.04.2019, UrhG § 99 Rn. 6; Dreier/Schulze-*Dreier*, UrhG, 6. Aufl. 2018, UrhG § 99 Rn. 7; Schricker/Loewenheim-*Leistener*, UrhG, 5. Aufl. 2017, § 99 Rn. 2.

[523] Wandtke/Bullinger-*Bohne*, UrhR, 4. Aufl. 2014, UrhG § 99 Rn. 1; *Zander*, ZUM 2011, 305, 306.

[524] BGH, Urt. v. 05.04.1995 – I ZR 133/93, NJW 1995, 2355, 2356 – *Franchise-Nehmer*; Dreyer/Kotthoff/Meckel/Hentsch-*Meckel*, UrhG, 4. Aufl. 2018, § 99 Rn. 3; Dreier/Schulze-*Dreier*, UrhG, 6. Aufl. 2018, UrhG § 99 Rn. 4.

Unterscheidung zwischen **Arbeitnehmern und Beauftragten** gelten die Abgrenzungskriterien des § 8 Abs. 2 UWG.[525]

1.10.2.2 Grundsätze der Störerhaftung

Daneben ist jedoch auch die die Haftung eines potenziellen **Störers** in Betracht zu ziehen. Dabei ist zu beachten, dass der Begriff des Störers von dem für Urheberrechtsverletzungen zuständigen I. und dem für Persönlichkeitsrechtsverletzungen zuständigen VI. Zivilsenat des BGH differenziert aufgefasst wird, was insbesondere für Studenten zu nicht unerheblichen Verständnisschwierigkeiten führen kann. In der Diktion des **I. Zivilsenats** ist als Störer zu verstehen, wer ohne Täter und Teilnehmer zu sein willentlich und adäquat-kausal zu einer Rechtsverletzung beiträgt und dabei zumutbare Prüfpflichten verletzt.[526] Der **VI. Zivilsenat** bezeichnet eine solche Person als mittelbaren Störer.[527] Unmittelbarer Störer ist nach diesem Verständnis der Täter oder Teilnehmer einer Rechtsverletzung. Wird im Folgendem vom Störer gesprochen, so wird die Terminologie des I. Zivilsenats zugrunde gelegt.

▶ **Klausurtipp** Die Störerhaftung ist in Klausuren stets anhand ihrer drei Voraussetzungen zu prüfen:

1. Anspruchsgegner ist weder Täter noch Teilnehmer
2. Willentlicher und adäquat-kausaler Beitrag zur Rechtsverletzung
3. Verletzung zumutbarer Prüfpflichten

In vielen Fällen wird die Rechtsverletzung von **Mittelspersonen**, z. B. Tele- und Mediendiensten, ermöglicht, z. B. wenn Plattformen wie YouTube den Speicherplatz zur Verfügung stellen, der von Nutzern für Rechtsverletzungen (zumeist die öffentliche Zugänglichmachung von urheberrechtsverletzenden Inhalten) genutzt wird. Die skann entweder der Fall sein, weil die Mittelsperson selbst aktiv handelt, so haftet z. B. der Zugangsvermittler zu urheberrechtswidrigen Inhalten, sofern er diese für seine Kunden in einem „Newsreader" aufbereitet.[528] Auch dann, wenn die Mittelsperson aber lediglich die Handlungen ihrer Nutzer mittelt, hat der Inhaber der verletzten Rechte zumeist ein gesteigertes Interesse daran, gegen diese Mittelspersonen vorgehen zu können, da sie in der Regel einfacher zu ermitteln ist und gleichzeitig die Verletzung der Rechte effektiv unterbinden kann, z. B. durch Entfernen eines rechtsverletzenden Inhaltes. Regelmäßig wird sie auch erheblich solventer sein als der Endnutzer.

---

[525] Fromm/Nordemann-*Nordemann*, UrhG, 12. Aufl. 2018, § 99 Rn. 5; vgl. zu den Begriffen im UWG: Fezer/Büscher/Obergfell-*Büscher*, UWG, 3. Aufl. 2016, § 8 Rn. 214 ff.; Köhler/Bornkamm/Feddersen-*Köhler/Feddersen*, UWG, 37. Aufl. 2019, § 8 Rn. 2.41; Götting/Nordemann-*Schmitz-Fohrmann/Schwab*, UWG, 3. Aufl. 2016, § 8 Rn. 87 ff.

[526] Erstmals: BGH, Urt. v. 14.05.2013 – VI ZR 269/12, GRUR 2013, 751, 753, Rn. 24 – *„Autocomplete"-Funktion*.

[527] So zuletzt: BGH, Urt. v. 27.02.2018 – VI ZR 489/16, NJW 2018, 2324, 2326, Rn. 25 ff.; vgl. zur Begriffsdiffusion auch eingehend: BGH, Urt. v. 28.07.2015 – VI ZR 240/14, NJW 2016, 56; *v. Pentz*, AfP 2014, 8, 16.

[528] LG Hamburg, Urt. v. 22.06.2018 – 308 O 314/16, GRUR-RR 2019, 4 – *Usenext*.

Diese Mittelspersonen haften derzeit, sofern sie keine eigenen Handlungen vornehmen oder sich die Handlungen Dritter zu eigen machen (s.u.), als Störer lediglich auf Unterlassung, nicht auf Schadensersatz. Dies resultiert aus den Privilegierungen der E-Commerce-Richtlinie (Art. 12–15 ECRL, umgesetzt in den §§ 7–10 TMG), nach denen Mittelspersonen in der Regel erst dann haften, wenn sie durch einen entsprechenden Hinweis Kenntnis von einer Rechtsverletzung erlangt haben. Eine vorbeugende **Prüf- und Überwachungspflichtpflicht** existiert grundsätzlich nicht (§ 7 Abs. 2 S. 1 TMG). Die Urheberrechtsrichtlinie für den Digitalen Binnenmarkt[529] legt nunmehr allerdings fest, dass eine Reihe von Plattformen selbst einen Akt der öffentlichen Zugänglichmachung und nicht nur eine Vermittlungsleistung vornehmen. Nach Umsetzung in nationales Recht wird die Störerhaftung damit in weiten Teilen an Bedeutung verlieren. Es bleibt abzuwarten, wie der EuGH über das vom BGH vorgelegte Verfahren in den Rechtssachen *YouTube*[530] und *uploaded*[531] entscheiden wird. In seinem Vorlagebeschluss befasst sich der BGH explizit damit, ob Plattformbetreiber eine eigene öffentliche Wiedergabehandlung vornehmen (Rn. 22–39). Auch nimmt er Ausführungen darüber vor, ob Plattformbetreiber für die Rechtsverletzungen von Plattformnutzern haftbar gemacht werden können (Rn. 40–64).

Der **Umfang** der Prüfpflichten der Störerhaftung *de lege lata* richtet sich nach einer Abwägung aller betroffenen Interessen und relevanten rechtlichen Wertungen im konkreten Einzelfall. Insbesondere sind in die Abwägung das Gewicht der angezeigten Rechtsverletzung sowie die Erkenntnismöglichkeiten des Inanspruchgenommenen einzustellen. Zu hohe Anforderungen an den Störer dürfen dabei jedoch nicht gestellt werden. Verpflichtet ist der Störer nach Kenntniserlangung in der Regel dazu, gleichartige Rechtsverletzungen für die Zukunft zu **verhindern** (*notice and take down*) und Verletzungen durch ähnliche Angebote und durch andere Nutzer **vorzubeugen** (*notice and stay down*).[532] Diese Verpflichtung gilt jedoch nur in die Zukunft gerichtet.[533] Eine rückwirkende Überprüfung des gesamten Bestandes kann nicht gefordert werden.

Beispiel 1

Bei der Überlassung eines W-LAN Zugangs an volljährige Familienangehörige, Besucher und Gäste besteht keine Pflicht, diese zu belehren und die Nutzung entsprechender Programme zu untersagen. Ohne konkrete Anhaltspunkte darf

---

[529] Richtlinie (EU) 2019/790 des Europäischen Parlaments und des Rates vom 17. April 2019 über das Urheberrecht und die verwandten Schutzrechte im digitalen Binnenmarkt und zur Änderung der Richtlinien 96/9/EG und 2001/29/EG, ABl. Nr. L 130/92 v. 17.05.2019.

[530] BGH, Beschl. v. 13.09.2018 – I ZR 140/15, GRUR 2018, 1132 – *YouTube*.

[531] BGH, Beschl. v. 20.09.2018 – I ZR 53/17, GRUR 2018, 1239 – *uploaded*.

[532] BGH, Urt. v. 12.07.2012 – I ZR 18/11, GRUR 2013, 370, Rn. 19 – *Alone in the Dark*; BGH, Urt. v. 12.07.2007 – I ZR 18/04, GRUR 2007, 890 – *Jugendgefährdende Medien auf eBay*; dazu aktuell: LG Leipzig, Urt. v. 19.05.2017 – 05 O 661/15, GRUR-RR 2018, 140, 141 – *Leben außer Kontrolle*.

[533] OLG Hamburg, Urt. v. 01.07.2015 – 5 U 87/12, MMR 2016, 269, Ls. 4 – *Störerhaftung von Youtube*.

der Anschlussinhaber davon ausgehen, dass volljährige Personen die ihnen eröff-
nete Nutzungsmöglichkeit nicht zur Begehung rechtswidriger Handlungen nutzen.[534] ◄

Beispiel 2

Eltern sind allerdings verpflichtet, die Internetnutzung ihrer minderjährigen Kinder zu überwachen, um eine Schädigung Dritter durch Urheberrechtsverletzungen zu verhindern. Zwar genügt es hierfür nicht, das Kind allgemein zur Einhaltung von Recht, Gesetz und ordentlichem Verhalten aufzufordern, jedoch ist es
zur Verhinderung der Störerhaftung ausreichend, wenn sie einem normal entwickelten Kind die Teilnahme an z. B. einer Filesharing-Börse verbieten und es
über die Rechtswidrigkeit solcher Angebote belehren.[535] ◄

Die in den §§ 7–10 TMG geregelten Privilegierungen richten sich nur an solche Intermediäre, deren Tätigkeit **technischer, automatischer und passiver Art** ist. Für eigene Inhalte haften die Intermediäre nach den allgemeinen Gesetzen, § 7 Abs. 1 TMG. Die §§ 8–10 TMG halten sodann
folgende Haftungsprivilegien (hier nur überblicksartig) bereit:

- **§ 8 TMG:** Keine Haftung des Dienstanbieters bei reiner **Zugangsvermittlung** und **Durchleitung** fremder Informationen, sofern dieser die Übermittlung nicht veranlasst, den Adressaten
der Informationen nicht auswählt und die übermittelten Informationen nicht auswählt oder
verändert. Diese Haftungserleichterung für Access-Provider wurde inzwischen auch auf die
Betreiber von W-LAN Netzwerken (z. B. Geschäft mit offenem W-LAN Zugang für Kunden)
ausgeweitet, § 8 Abs. 3 TMG.
- **§ 9 TMG:** Keine Haftung bei reinem **Caching**, d. h. bei einer automatischen, zeitlich begrenzten Zwischenspeicherung von Informationen, die alleine dem Zweck dient, die Übermittlung
fremder Informationen an andere Nutzer effizienter zu gestalten.
- **§ 10 TMG:** Eine Haftung für das **Speichern** fremder Informationen (Hosting) besteht nur
dann, wenn der Anbieter Kenntnis von einer Rechtsverletzung erhält und nicht umgehend
beseitigt.

Ausdrücklich gelten diese Haftungserleichterungen nur für fremde Inhalte. Sie gelten nicht für
eigene Inhalte und auch nicht für ursprünglich fremde Inhalte, die sich der Provider **zu eigen gemacht** hat, was nach allen Umständen des Einzelfalles zu ermitteln ist. Ein solches „Zu eigen
machen" liegt vor, wenn sich der Anbieter derartig mit fremden Inhalten identifiziert, dass ein

---

[534] BGH, Urt. v. 12.05.2016 – I ZR 86/15, ZUM 2016, 1043, 1043 ff. – *Silver Linings Playbook*;
BGH, Urt. v. 08.01.2014 – I ZR 169/12, GRUR 2014, 657 – *BearShare*.

[535] BGH, Urt. v. 11.06.2015 – I ZR 7/14, NJW 2016, 950 – *Tauschbörse II*; BGH, Urt. v.
15.11.2012 – I ZR 74/12, MMR 2013, 388 – *Morpheus*.

objektiver Dritter davon ausgehen kann, dass er die Verantwortung für den gesamten oder für bewusst gewählte Teile davon übernimmt.[536] Entscheidend ist, dass sich für den unbefangenen Nutzer der Eindruck ergibt, dass der Anbieter die Inhalte als eigene gelten lassen will. Beurteilt wird dies einzelfallabhängig aus der Perspektive eines durchschnittlichen, objektiven Rezipienten.[537] Dies wurde in der Rechtssache *Marions Kochbuch*[538] etwa bejaht, wenn sich der Anbieter Nutzungsrechte an den Inhalten einräumen lässt, die Inhalte vor Onlineschaltung redaktionell überprüft, sie mit einem eigenen Emblem versieht und die Inhalte den wesentlichen Kerngehalt eines Online-Angebots darstellen.

Disclaimer, mit denen sich der Anbieter generell von rechtswidrigen Inhalten distanziert, sind **nicht ausreichend**, um ein Zueigenmachen abzuwenden. Die pauschale Abkehr von „allen rechtswidrigen Informationen" genügt nicht.[539]

1.10.2.3 Haftung des Content-Providers, § 7 TMG

Wer selbst erstellte Inhalte auf einer Internetplattform bereithält ist ein sog. **Content-Provider**. Hierzu zählen Zeitungsverlage und Informationsportale, die auf ihrem Online-Portal eigene Artikel veröffentlichen (z. B. spiegel.de).[540] Der Content-Provider ist gemäß § 7 Abs. 1 TMG für seine Inhalte ohne Privileg nach den allgemeinen Gesetzen verantwortlich.[541] Er hat den allgemeinen Fahrlässigkeitsmaßstab zu verantworten und eine entsprechende Nachprüfung vorzunehmen.[542] Dies gilt auch, wenn sich ein Dienstanbieter Informationen Dritter **zu eigen macht**.[543] Laut EuGH muss der Portalbetreiber gar eine aktive Rolle einnehmen, die ihm die Kenntnis der entsprechenden rechtsverletzenden Daten oder eine Kontrolle über sie verleiht, um für Inhalte Dritter in die Haftung genommen werden zu können.[544] Das Kriterium der aktiven Rolle kann jedenfalls in der Gesamtwürdigung darüber, ob der Plattformbetreiber sich Inhalte zu eigen macht (s. o.), herangezogen werden.[545]

---

[536] BGH, Urt. v. 30.06.2009 – VI ZR 210/08, NJW-RR 2009, 1413, 1415.

[537] OLG Brandenburg, Urt. v. 16.12.2003 – 6 U 161/02, MMR 2004, 330.

[538] BGH, Urt. v. 12.11.2009 – I ZR 166/07, MMR 2010, 556 – *marions-kochbuch.de*.

[539] *Peifer*, Übungen im Medienrecht, 3. Aufl. 2017, S. 222.

[540] Hoeren/Sieber/Holznagel-*Hoeren*, Multimedia-Recht, 48. Aufl. 2019, Teil 18.2 Rn. 12; Bräutigam/Rücker- *Schapiro*, E-Commerce, 2017, 2. Teil C Rn. 12.

[541] § 7 Abs. 1 TMG ist aber keine Anspruchsgrundlage.

[542] Dreier/Schulze-*Specht*, UrhG, 6. Aufl. 2018, UrhG § 97 Rn. 38.

[543] Vgl. z. B.: *Spindler*, MMR 2004, 440; *Schmitz/Laun*, MMR 2005, 208, 210 f.

[544] EuGH Urt. v. 23.03.2010 – C-236/08 bis C-238/08, ECLI:EU:C:2010:159
   = GRUR 2010, 454 – *Google France SARL u. a./Louis Vuitton Malletier SA*.

[545] Spindler/Schuster-*Spindler*, Recht der elektronischen Medien, 2. Aufl. 2018, TMG § 7 Rn. 17.

Exkurs

Haftung von Benutzern eines sozialen Netzwerks

Rechtsprobleme rund um das „zu eigen machen" fremder Inhalte können auch für **Benutzer eines sozialen Netzwerks** auftreten. Wenn sie fremde Inhalte *sharen* oder *liken* stellt sich die Frage, ob sie für etwaige urheberrechtsverletzende Inhalte in Anspruch genommen werden können. Die instanzgerichtliche Rechtsprechung lehnte ein „zu eigen machen" fremder Inhalte durch bloßes „teilen" jüngst ab, da damit nur auf einen anderen Beitrag hingewiesen werde und noch kein Bedarf für eine eigene Haftung bestehe.[546] Dies steht im Einklang mit der rechtlichen Beurteilung eines Zitats, dessen sich ein Blogger bedient: Auch in diesen Fällen soll kein inhaltliches „zu eigen machen" vorliegen.[547]

In Betracht kommt ein „zu eigen machen" hingegen beim „Teilen" fremder Inhalte dann, wenn der geteilte Beitrag mit einem positiven Kommentar versehen wird, was etwa hinsichtlich der Betitelung „[ein Beitrag sei] zu erwähnenswert, um ihn zu unterschlagen" angenommen wurde.[548] Aber auch das bloße „**liken**" eines Beitrags impliziert bereits eine Gutheißung des Inhalts und somit ein inhaltliches „zu eigen machen".[549]

1.10.2.4 Haftung des Access-Providers, § 8 TMG

1.10.2.4.1 Begriff des Access-Providers

Der Access-Provider ist neben dem Content- und Host-Provider einer der drei grundsätzlich zu unterscheidenden Provider. Er stellt den Netzzugang her und vermittelt den Zugang, wobei er weder eigene noch fremde Inhalte zur Nutzung bereitstellt.[550] Seine Rolle beschränkt sich also auf die eines rein technischen Dienstleisters[551] und Zugangsvermittlers. Prominente Beispiele sind etwa die Deutsche Telekom, 1&1, Vodafone, Freenet oder Alice.

1.10.2.4.2 Haftung des Access-Providers

Das TMG sieht Sondervorschriften bei der Haftung von Dienstanbietern im Bereich der Telemedien vor. Daher spielt das TMG eine besondere Rolle, wenn es um die Frage geht, ob und wie weitreichend ein Access-Provider haftet.

---

[546] OLG Dresden, Urt. v. 07.02.2017 – 4 U 1419/17, MMR 2017, 542 – *Merkel/Hitler*; OLG Frankfurt a. M., Urt. v. 26.11.2015 – 16 U 64/15, MMR 2016, 489 – *Hofdamen*.

[547] Vgl. OLG Frankfrut a. M., Beschl. v. 13.10.2016 – 16 W 57/16, MMR 2016, 850.

[548] *Remmertz*, MMR 2018, 507, 509; *Lauber-Rönsberg*, NJW 2016, 744, 747.

[549] Vgl. dazu eingehend: *Remmertz*, MMR 2018, 507, 509.

[550] *Kropp*, Die Haftung von Host- und Access-Providern bei Urheberrechtsverletzungen, 2012, S. 68; die Reichweite des Dienstes ist im Einzelnen str., kritisch gegenüber einem weiten Verständnis: *Nazari-Khanachayi*, Zulässigkeit von Zugangserschwerungsverfügungen gegen Access-Provider bei (drohenden) Urheberrechtsverletzungen, 2015, S. 20; im Einzelnen kann innerhalb des Access-Providers wieder nach weiteren Provider-Arten unterschieden werden, näher: *Haug*, Grundwissen Internetrecht, 3. Aufl. 2016, Rn. 82.

[551] Umfassend zur Einordnung als „Dienst" i. S. v. § 611 BGB: BGH, Urt. v. 23.03.2005 – III ZR 338/04, NJW 2005, 2076; so bereits: *Härting*, CR 2001, 37, 38.

Access-Provider und WLAN-Anbieter sind in den § 7 und § 8 TMG umfangreich privilegiert. Hintergrund dieser Privilegierung ist zum einen die „rein technische, automatische und passive Art" des Dienstes eines Access-Providers.[552] Zum anderen ist es auch die Funktionsfähigkeit des Internets, die bei einer fehlenden Haftungsprivilegierung stark beeinträchtigt wäre.[553]

Der Access-Provider ist „**Dienstanbieter**" im Sinne des § 2 S. 1 Nr. 1 TMG, da er als natürliche oder juristische Person den Zugang zur Nutzung von Telemedien vermittelt.[554] WLAN-Anbieter stellen einen Internetzugang über ein drahtloses lokales Netzwerk zur Verfügung und sind daher ebenfalls Dienstanbieter i. S. d. TMG, vgl. § 2 S. 1 Nr. 2a TMG. Ob es sich bei dem WLAN-Anbieter um eine Privatperson oder einen Unternehmer handelt, ist für die Anwendbarkeit des TMG unerheblich.[555]

Da der Access-Provider lediglich fremde Inhalte technisch vermittelt, ist seine Haftung nach § 7 Abs. 2 i. V. m. § 8 Abs. 1 S. 1 TMG ausgeschlossen.[556] Dies gilt, solange er bei dieser reinen Durchleitung bleibt bzw. lediglich den Zugang zum Netz herstellt, im Übrigen jedoch keinen Einfluss i. S. v. § 8 Abs. 1 HS. 2 Nr. 1 bis 3 TMG auf den vermittelten Inhalt nimmt. Ebenso gelten die Haftungsregelungen des § 8 Abs. 1 und Abs. 2 TMG für WLAN-Anbieter; § 8 Abs. 3 TMG erklärt diese für anwendbar.

Nach § 8 Abs. 1 S. 2 TMG (i. V. m. § 8 Abs. 3 TMG) haften Access-Provider und WLAN-Anbieter explizit nicht für einen Schadensersatz-, Unterlassungs- und Beseitigungsanspruch, die sich aus einer rechtswidrigen Handlung eines Nutzers ergibt. Nutzer ist hierbei jede natürliche oder juristische Person, die Telemedien nutzt, insbesondere um Informationen zu erlangen oder zugänglich zu machen, vgl. § 2 Nr. 3 TMG. Damit ist seit der Novellierung im Jahr 2017 vor allem eine allgemeine Haftung auf Unterlassung oder Beseitigung nach § 1004 Abs. 1 analog i. V. m. §§ 823 ff. BGB nicht mehr möglich.[557] Der bis dahin bestehende Streit, ob die Haftungsprivilegierung auch auf Unterlassungsansprüche anwendbar ist,[558] hat sich nunmehr erledigt. Dies gilt insbesondere auch für Urheberrechtsverletzungen, bei denen eigentlich ein Unterlassungs- und Beseitigungsanspruch nach § 97 Abs. 1 S. 1 UrhG bestünde.[559] Weder Access-Provider noch WLAN-Anbieter müssen

---

[552] ErwGr. 42 RL 2000/31/EG.

[553] Vgl.: BT-Drs. 18/12202, S. 1.

[554] Hoeren/Sieber/Holznagel-*Sieber/Höfinger*, Multimedia-Recht, 48. Aufl. 2019, Teil 18.1 Rn. 32.

[555] Vgl. Begr. des Regierungsentwurfs, BT-Drs. 18/6745, S. 7.

[556] Hoeren/Sieber/Holznagel-*Sieber/Höfinger*, Multimedia-Recht, 48. Aufl. 2019, Teil 18.1 Rn. 62; Spindler/Schmitz-*Spindler*, TMG, 2. Aufl. 2018, Vor §§ 7–10 Rn. 17 ff.

[557] BGH, Urt. v. 26.07.2018 – I ZR 64/17, GRUR 2018, 1044 Tz. 46 – *Dead Island*; *Spindler*, NJW 2017, 2305.

[558] Der EuGH lehnte i. E. die Anwendung der Haftungsprivilegierung hier ab, vgl.: EuGH, Urt. v. 27.03.2014 – C-314/12, ECLI:EU:C:2014:192 = GRUR 2014, 468, Rn. 23 ff. – *UPC Telekabel*; zuvor auch st. Rspr. BGH, vgl. nur: BGH, Urt. v. 01.03.2016 – VI ZR 34/15, MMR 2016, 418 Tz. 15 ff. – *Ärztebewertung III*; BGH, Urt. v. 11.03.2004 – I ZR 304/01, MMR 2004, 668, 669 – *Internetversteigerung*; vgl. *Sesing/Baumann* m. w. N., MMR 2017, 583, 586 f.

[559] Wandtke/Bullinger-*v. Wolff*, UrhR, 5. Aufl. 2019, UrhG § 97 Rn. 26; Spindler/Schmitz-*Spindler*, TMG, 2. Aufl. 2018, Vor §§ 7–10 Rn. 21.

Überwachungs- und Nachforschungsmaßnahmen anstellen, um eine rechtswidrige Tätigkeit aufzudecken oder zu verhindern, die sich aus den Informationen ergeben könnte, die über ihre die Leitung bzw. ihr Netzwerk übermittelt werden, § 7 Abs. 2 i. V. m. § 8 Abs. 1, Abs. 3 TMG.

Ausdrücklich muss der Zugangsanbieter auch nicht die Kosten für die Geltendmachung und Durchsetzung dieser Ansprüche tragen,[560] wenn die Voraussetzungen der Privilegierung vorliegen, § 8 Abs. 2 S. 2 Hs. 2 TMG. Eine solche Kostentragungspflicht ergibt sich nämlich nur dann, wenn der Access-Provider auch für den geltend gemachten Hauptanspruch einzustehen hat.[561]

1.10.2.4.2.1 Haftung in den Grenzen des TMG

Die Haftung für eigene Inhalte nach § 7 Abs. 1 TMG gilt selbstverständlich weiterhin auch für den Access-Provider, wenn er denn solche zur Nutzung bereithält. So haftet der Access-Provider genauso wie ein klassischer Content-Provider, wenn er zu Marketingzwecken eine Website betreibt (z. B. auf der eigenen Website für eine Internet-Flatrate wirbt). Diese Fälle sind regelmäßig aber nicht diskussionsbedürftig, da sie unproblematisch anhand von § 7 Abs. 1 TMG lösbar sind. Eine Haftung des Access-Providers und des WLAN-Anbieters ist aber nicht vollständig ausgeschlossen: § 7 Abs. 3 S. 1 TMG bringt zum Ausdruck, dass die Haftungsprivilegierung des § 8 TMG nicht für den Fall gilt, dass eine Sperrung oder Entfernung eines Inhalts behördlich oder gerichtlich angeordnet ist.[562] Eine vollumfängliche Haftung besteht auch, wenn der Zugangsanbieter absichtlich mit dem Nutzer seines Dienstes zusammenarbeitet, um rechtswidrige Handlungen zu begehen, § 8 Abs. 1 S. 3 TMG (ggf. i. V. m. § 8 Abs. 2 TMG). Weiter haften Access-Provider und WLAN-Anbieter, wenn sie über die Durchleitung von Informationen hinaus Einfluss auf den Inhalt eines Datenstroms nehmen. Ein solcher Einfluss liegt dann vor, wenn die Übermittlung veranlasst, der Adressat des Inhalts oder der Inhalt als solcher ausgewählt oder verändert wird, vgl. § 8 Abs. 1 S. 1 TMG (ggf. i. V. m. § 8 Abs. 3 TMG).

Neu ist auch der mit der dritten TMG-Novelle jüngst eingeführte subsidiäre **Anspruch gegen den WLAN-Anbieter auf Sperrung** gemäß § 7 Abs. 4 S. 1 i. V. m. § 8 Abs. 3 TMG,[563] der aber seinem Wortlaut nach nicht für Access-Provider gilt.[564]

---

[560] Vgl. zur Auslegung von Art. 12 Abs. 1 der RL 2000/31: EuGH, Urt. v. 15.09.2016 – C-484/14, ECLI:EU:C:2016:689 = MMR, 2016, 760 Tz. 75 – *McFadden*; daher Umsetzung und Ziel der dritten Novellierung des TMG: Entwurf Bundesregierung, BT-Drs. 18/12202, S. 2.

[561] EuGH, Urt. v. 15.09.2016 – C-484/14, ECLI:EU:C:2016:689 = MMR, 2016, 760 Tz. 75 – *McFadden*.

[562] Ausführlich dazu: *Grisse*, GRUR 2017, 1072, 1077 ff.

[563] Kritisch zur für eine Störerhaftung tauglichen Haftungsgrundlage: *Hofmann*, 2017, 769, 771.

[564] Zuvor von der deutschen Rspr. für unzulässig gehalten: OLG Köln, Urt. v. 18.07.2014 – 6 U 192/11, GRUR 2014, 1081, 1084 ff.; OLG Hamburg, Urt. v. 21.11.2013 – 5 U 68/10, GRUR-RR 2014, 140, 145 f.; dagegen aber: EuGH, Urt. v. 27.03.2014 – C-314/12, ECLI:EU:C:2014:192 = GRUR 2014, 468 Rn. 62 f. – *UPC Telekabel*; anschließend dann aber von der deutschen Rspr. anerkannt: BGH, Urt. v. 26.11.2015 – I ZR 174/14, MMR 2016, 180, Rn. 48 f. m. Anm. *Finger – Goldesel*; daher wurden nationale Gesetzgebungsmaßnahmen in Betracht gezogen, so: *Leistner/Grisse*, GRUR 2015, 19.

Nach § 7 Abs. 4 S. 1 TMG hat der Inhaber eines geistigen Eigentumsrechts, dessen Recht durch einen Dritten durch die Nutzung von Telemedien verletzt ist, einen Anspruch gegen den WLAN-Betreiber auf Sperrung der Informationen, wenn er keine andere Möglichkeit der Abhilfe hat. Letztlich handelt es sich dabei um die aus der Störerhaftung abgeleitete Beseitigungspflicht, die auf Sperrung des Netzes gerichtet ist.[565] Aus dieser neu eingeführten Norm ergeben sich aber zahlreiche Probleme. Obwohl der EuGH den Anspruch auf Netzsperre in der *UPC Telekabel*-Entscheidung explizit aus der Haftung des Access-Providers unter Heranziehung von Art. 8 Abs. 3 RL 2001/29/EG und Art. 11 S. 3 RL 2004/48/EG entwickelte,[566] hat der Gesetzgeber in § 7 Abs. 4 TMG explizit nur WLAN-Anbieter aufgenommen.[567] Das hat zur Folge, dass eine Rechtsdurchsetzung gegen sonstige Access-Provider nun nicht ausgeschlossen ist. Das ist jedoch mit Art. 8 Abs. 3 RL 2001/29/ EG und Art. 11 S. 3 RL 2004/48/EG unvereinbar.[568] Daher muss der Anspruch auf Sperrung des Netzzugangs auch für Access-Provider gelten, da die Norm anderenfalls unionsrechtswidrig.[569] Der BGH löst dieses Problem mittels **unionsrechtskonformer Rechtsfortbildung von § 7 Abs. 4 TMG**.[570]

Fragwürdig ist, warum der Anspruch aus § 7 Abs. 4 S. 1 TMG nicht gegen Anbieter drahtgebundener Netzwerke (LAN), sondern nur für drahtlose Netzwerkanbieter (WLAN) gelten soll, vgl. § 8 Abs. 3 TMG.[571] Für LAN-Anbieter gilt nämlich wiederum § 8 Abs. 1 TMG, was zur Folge hat, dass § 8 Abs. 4 S. 1 TMG die Rechte von WLAN-Betreibern stärkt, dagegen jedoch die von drahtgebunden Netzwerk-Anbietern nicht.[572] Denn § 8 Abs. 4 TMG stärkt die Rechte des WLAN-Anbieters dahingehend, dass eine Behörde ihn nicht verpflichten darf, einen passwortgeschützten Zugang anzulegen oder eine Identifizierung zur Nutzung des Zugangs verlangen zu müssen.

Der Sperrungsanspruch aus § 7 Abs. 4 S. 1 TMG ist subsidiär und entspricht inhaltlich weitgehend den vom BGH aufgestellten Voraussetzungen in der *Goldesel-*

---

[565] BGH, Urt. v. 26.11.2015 – I ZR 174/14, MMR 2016, 180, Rn. 47 ff. m. Anm. *Finger – Goldesel*; vgl.: Gesetzesentwurf Bundesregierung, BT-Drs. 18/12202, S. 12; auch: *Spindler*, NJW 2017, 2305.

[566] EuGH, Urt. v. 27.03.2014 – C-314/12, ECLI:EU:C:2014:192 = GRUR 2014, 468 Rn. 23 ff. – *UPC Telekabel*; dazu: *Spindler* CR 2017, 333, 334.

[567] Kritisch zur Nichterfassung von Access-Providern: *Spindler*, CR 2017, 333, 334.

[568] BGH, Urt. v. 26.07.2018 – I ZR 64/17, GRUR 2018, 1044, Rn. 46 – *Dead Island*.

[569] BGH, Urt. v. 26.07.2018 – I ZR 64/17, GRUR 2018, 1044, Rn. 49 – *Dead Island*; so zutreffend schon: *Spindler*, NJW 2017, 2305; *Grisse*, GRUR 2017, 1073, 1078; zumindest zweifelnd: *Mantz*, GRUR 2017, 969, 977; vgl. auch ErwGr. 59 RL 2001/29/EG, der keine Unterscheidung macht: „Oftmals sind diese Vermittler selbst am besten in der Lage, diesen Verstößen ein Ende zu setzen."; a.A. unter Anwendung der allgemeinen Störerhaftung: *Sesing/Baumann*, MMR 2017, 583, 588.

[570] BGH, Urt. v. 26.07.2018 – I ZR 64/17, GRUR 2018, 1044 Tz. 47 – *Dead Island*.

[571] Der BGH weitet richtigerweise in unionsrechtskonformer Rechtsfortbildung § 7 Abs. 4 TMG auf alle Access-Provider aus: BGH, Urt. v. 26.07.2018 – I ZR 64/17, GRUR 2018, 1044, Rn. 47 – *Dead Island*.

[572] *Spindler*, NJW 2017, 2305, 2306.

Entscheidung.[573] Erforderlich ist hierfür der Nachweis der erfolglosen Rechtsverfolgung und fehlenden anderweitigen Abhilfemöglichkeit, die nicht schon dann gegeben ist, wenn die Rechtsverletzung lediglich droht.[574] Der BGH stellt hohe Anforderungen an die Subsidiarität, die sogar bis zur Beauftragung eines Privatdetektivs gehen können, wenn ein solcher eine Abhilfemöglichkeit bietet.[575] Weitere Voraussetzung ist die Begehung der Rechtsverletzung mithilfe eines Telemediendienstes i. S. d. TMG (z. B. über eine Webseite). Bei der Begehungshandlung muss der Telemediendienst unmittelbar genutzt sein (vgl. der Wortlaut der Vorschrift: „um … zu").[576]

Zudem ist der **Anspruch auf die Verletzung des geistigen Eigentums beschränkt**. Der Begriff des geistigen Eigentums ist im Sinne des Art. 2 Abs. 2 RL 2004/48 (Enforcement-RL) zu verstehen und erfasst vor allem Urheber-, Marken- und Designrechte. Der Anspruch besteht bei anderen absolut geschützten Rechtsgütern explizit nicht.[577]

Inhalt des Anspruchs ist die „Sperrung der Nutzung von Informationen" durch den WLAN-Anbieter bzw. Access-Provider. Konkrete Maßnahmen sind nicht im Gesetz genannt, hängen jedoch davon ab, ob sie verhältnismäßig und zumutbar sind, § 7 Abs. 4 S. 2 TMG. In Betracht kommt z. B. die Sperrung von bestimmten Ports am Router, um den Zugang zu Peer-to-Peer-Netzwerken zu verhindern.[578] Weitere Maßnahmen können DNS-, IP-[579] und URL-Sperren sein.[580] Die Auswahl der Maßnahme als geeignetes und zumutbares Mittel hängt von einer **Interessenabwägung im Einzelfall** ab, die die Grundrechtspositionen aller Betroffenen angemessen berücksichtigt.[581] Die Geeignetheit der Sperrung entfällt nicht bereits dann, weil sie umgangen werden kann oder Gegenmaßnahmen der Betreiber, etwa durch

---

[573] BGH, Urt. v. 26.11.2015 – I ZR 174/14, MMR 2016, 180, m. Anm. *Finger – Goldesel*; näher dazu: *Hofmann*, NJW 2017, 769, 770; vgl. auch: *Spindler*, NJW 2017, 2305.

[574] Wobei der EUGH in der UPC Telekabel-Entscheidung eine Subsidiarität der Haftung nicht erwähnt, vgl. dazu: *Hofmann*, NJW 2017, 769, 771.

[575] BGH, Urt. v. 26.11.2015 – I ZR 174/14, MMR 2016, 180, Rn. 87, m. Anm. *Finger – Goldesel*; *Hofmann*, NJW 2016, 769, 771.

[576] Näher: *Spindler*, NJW 2017, 2305, 2306.

[577] *Spindler*, NJW 2017, 2305, 2307.

[578] Beispiel der Bundesregierung im Gesetzesentwurf, BT-Drs. 18/12202, S. 12; nach *Sassenberg/Mantz* aber ungeeignet: *Sassenberg/Mantz*, WLAN und Recht, 2014, Rn. 229.

[579] Präziser wohl aber „Router-basierter IP-Adressenausschluss", s. dazu: *Nazari-Khanachayi*, Zulässigkeit von Zugangserschwerungsverfügungen gegen Access-Provider bei (drohenden) Urheberrechtsverletzungen, 2015, S. 21.

[580] *Mantz*, GRUR 2017, 969, 973; *Leistner/Grisse*, GRUR 2015, 19, 26; *Nazari-Khanachayi*, Zulässigkeit von Zugangserschwerungsverfügungen gegen Access-Provider bei (drohenden) Urheberrechtsverletzungen, 2015, S. 21 f.

[581] Entwurf Bundesregierung, BT-Drs. 18/12202, S. 12; insgesamt sind vier Gruppen zu berücksichtigen, nämlich die Rechtsinhaber, der Access-Provider, Internetnutzer und Webseitenbetreiber, ausführlich: *Nazari-Khanachayi*, Zulässigkeit von Zugangserschwerungsverfügungen gegen Access-Provider bei (drohenden) Urheberrechtsverletzungen, 2015, S. 28 f.; *Hofmann*, NJW 2016, 769, 770; umfassend: *Leistner/Grisse*, GRUR 2015, 105; *Grünberger*, ZUM 2018, 321, 335.

einen Wechsel der Website, zu erwarten sind.[582] Andererseits soll sich die Gefahr des sog. Overblockings nicht realisieren, die dem Informationsinteresse der Nutzer nicht gerecht würde.[583]

▶ **Klausurtipp** Der Sperranspruch aus § 7 Abs. 4 TMG kann wie folgt geprüft werden:

1. **Verletzung eines geistigen Eigentumsrechts:** Urheber-, Marken- oder Designrecht
2. **Passivlegitimation:** Diensteanbieter i. S. d. § 8 TMG (nach BGH in Rs. *Dead Island*)
3. **Aktivlegitimation:** Inhaber eines geistigen Eigentumsrechts (Urheber-, Marken- oder Designrecht)
4. **Grundsatz der Subsidiarität:** Vorrangig soll gegen tatsächliche Verletzer vorgegangen werden
5. **Verhältnismäßigkeit:** Gemäß § 7 Abs. 4 S. 2 TMG: Zumutbarkeit und Verhältnismäßigkeit
6. **Rechtsfolge:** Sperrung der Nutzung der Information

WLAN-Anbieter – in unionsrechtskonformer Auslegung auch sonstige Access-Provider – sind nach § 7 Abs. 4 S. 3 TMG von den **Rechtsverfolgungskosten** des Sperranspruchs **befreit**.[584] Spezielle Abmahnkostenregelungen wie § 97a Abs. 3 UrhG werden hierdurch verdrängt.[585] Mit dem Begriff der „vor- und außergerichtlichen Kosten" hat der Gesetzgeber einen sehr weiten Anwendungsbereich aufgestellt, der jedoch nicht die Gerichtskosten umfasst – für diese gilt nämlich weiterhin § 91 ZPO.[586] Zweifelhaft ist, ob diese Kostentragungsregelung durch § 7 Abs. 4 S. 3 TMG mit Art. 14 RL 2004/48/EG (Enforcement-RL) vereinbar ist, wonach die Mitgliedstaaten Regelungen treffen müssen, die die unterliegende Partei zur Kostentragung verpflichten.[587] Der EuGH hat die Kostentragungsregelungen beim Unterlassungsanspruch aber gerade ausdrücklich offengelassen.[588]

---

[582] EuGH, Urt. v. 27.03.2014 – C-314/12, ECLI:EU:C:2014:192 = GRUR 2014, 468, Rn. 62 – *UPC Telekabel*; BGH, Urt. v. 26.11.2015 – I ZR 174/14, MMR 2016, 180, Rn. 49, m. Anm. *Finger – Goldesel*.

[583] BGH, Urt. v. 26.11.2015 – I ZR 174/14, MMR 2016, 180 Tz. 54 m. Anm. *Finger – Goldesel*; Spindler/Schmitz-*Spindler*, TMG, 2. Aufl. 2018, § 7 Rn. 82.

[584] Nach *Spindler* sei diese Regelung nicht einmal europarechtlich geboten gewesen, NJW 2017, 2305, 2308; vgl.: EuGH, Urt. v. 27.03.2014 – C-314/12, ECLI:EU:C:2014:192 = GRUR 2014, 468 Tz. 78 – *UPC Telekabel*.

[585] *Spindler*, NJW 2017, 2305, 2308; Wandtke/Bullinger-*v. Wolff*, UrhR, 5. Aufl. 2019, UrhG § 97 Rn. 26; *Grünberger*, ZUM 2018, 321, 335.

[586] Entwurf Bundesregierung, BT-Drs. 18/12202, S. 13.

[587] Näher: *Spindler*, NJW 2017, 2305, 2308.

[588] EuGH, Urt. v. 15.09.2016 – C-484/14, ECLI:EU:C:2016:689 = MMR, 2016, 760, Tz. 78 – *McFadden*.

Von den Änderungen zur Haftung von Access-Providern und WLAN-Anbietern durch die dritte TMG-Novelle bleiben allerdings die bisherigen Grundsätze zur Störerhaftung anderer Provider-Arten (nach §§ 9, 10 TMG) unberührt.[589]

1.10.2.5   Haftung für Zwischenspeicherungen (sog. Caching), § 9 TMG

Der Dienst eines Providers kann auch in der Speicherung von Daten bestehen, vgl. §§ 9, 10 TMG. **Caching** i. S. d. § 9 TMG ist hierbei die Zwischenspeicherung von Inhalten auf anderen Servern als dem eigentlichen Content-Server, z. B. das Betreiben von kommerziellen Newsservern für das Usenet,[590] die Zwischenspeicherung von Informationen auf einem internetbasierten Videorecorder[591] oder einem Suchmaschinenindex für Fotos.[592] Betroffen ist insbesondere die Zwischenspeicherung zur beschleunigten Übermittlung von Informationen, wie sie vor allem auf sog. Proxy-Cache-Servern stattfindet. Die Effizienzsteigerung erfolgt, weil Kopien auf einem Zwischenspeicher hinterlegt werden, sodass der zeitaufwändigere Zugriff auf ein Hintergrundmedium entfällt. Der Nutzer hingegen bemerkt meist nicht einmal, dass er auf den Cache-Server, nicht auf den Quell-Server, zugreift.[593] Es handelt sich um eine Methode im Rahmen der Datenübermittlung, um Inhalte, die bereits einmal vorlagen, beim nächsten Zugriff schneller zur Verfügung zu stellen.[594] Dies fördert insbesondere das Ausstrahlen personenbezogener Werbung.

Die Privilegierung des § 9 TMG erfasst die **automatische, zeitlich begrenzte Zwischenspeicherung zur beschleunigten Übermittlung von Informationen**, bei der die Informationen nicht verändert werden und zu diesem Zweck gespeicherte Informationen unverzüglich entfernt werden, wenn sie am Ort der ursprünglichen Speicherung entfernt wurden oder durch ein Gericht oder eine Verwaltungsbehörde die Entfernung oder Sperrung angeordnet worden ist, § 9 TMG. Für das Eingreifen der Privilegierung müssen die in § 9 S. 1 Nr. 1–5 TMG aufgezählten Bedingungen kumulativ erfüllt sein. Auch hier gilt die gesetzgeberische Intention, den Anbieter eines automatisiert ablaufenden Prozesses, der keine eigene Entscheidung trifft und auf die Inhalte selbst keine wirtschaftlichen Interessen verfolgt, besserzustellen.[595]

---

[589] Vgl.: Entwurf Bundesregierung, BT-Drs. 18/12202, S. 12; *Spindler*, NJW 2017, 2305, 2309.

[590] OLG Düsseldorf, Urt. v. 15.01.2008 – I-20 U 95/07, MMR 2008, 254 f.; LG München I, Urt. v. 19.04.2007 – 7 O 3950/07, MMR 2007, 453, 453 f.

[591] LG München I, Urt. v. 19.05.2005 – 7 O 5829/05, CR 2006, 787, 787 ff.

[592] AG Bielefeld, Urt. 18.02.2005 – 42 C 767/04, MMR 2005, 556, 556 ff.

[593] *Müller-Broich*, TMG, 2012, § 9 Rn. 1.

[594] Hoeren/Sieber/Holznagel-*Sieber/Höfinger*, Multimedia-Recht, 48 Aufl. 2019, Teil 18.1 Rn. 71; *Müller-Broich*, TMG, 2012, § 9 Rn. 1.

[595] BT-Drs. 14/6098, 24; Gersdorf/Paal-*Ott*, BeckOK InfoMedienR, 27. Ed. Stand: 01.02.2020, TMG § 9 Rn. 1.

Die Speicherung soll einerseits von Beginn lediglich **temporär** erfolgen, um Informationen durchzuleiten bzw. ihre Übermittlung zu beschleunigen,[596] jedoch länger andauern als nur für einen ganz konkreten Übertragungsvorgang.[597] Ein schematisches Zeitmaß besteht nicht, sodass die zeitlich zulässige Dauer unter Berücksichtigung der Umstände des Einzelfalls und des Zwecks der Zwischenspeicherung zur effizienteren Gestaltung der Übermittlung fremder Informationen zu beurteilen ist.[598] In der Rechtsprechung wurde im Einzelfall eine automatisierte Zwischenspeicherung von 30 Tagen für zulässig erachtet, ohne dass die Haftungsprivilegierung entfiel.[599]

Von der Zwischenspeicherung zur beschleunigten Übermittlung von Informationen i. S. d. § 9 TMG abzugrenzen ist die automatische kurzzeitige Zwischenspeicherung der Informationen nach § 8 Abs. 2 TMG. Während letztere als Begleiterscheinung erforderlich ist, um eine Übermittlung der Daten und deren Abruf überhaupt zu ermöglichen, dient die Zwischenspeicherung zur beschleunigten Übermittlung i. S. d. § 9 TMG allein dem Zweck, die Übermittlung fremder Informationen an andere Nutzer auf deren Anfrage hin effizienter zu gestalten, d. h. das Datenvolumen und damit die Netzbelastung zu verringern.[600]

1.10.2.6   Haftung des Host-Providers, § 10 TMG

Ein **Host-Provider** speichert **dauerhaft** – und in Abgrenzung zu § 9 TMG nicht nur temporär – fremde Informationen für einen Nutzer auf eigenen Servern.[601] Diese Dienstleistung bringt insbesondere Haftungsrisiken mit sich, wenn es nicht lediglich um die bloße Datensicherung für den Kunden im Sinne einer „externen Festplatte" geht, sondern Dritten der Zugang zu Informationen des Kunden innerhalb offener Kommunikationsnetze ermöglicht wird.[602] Facebook,[603] YouTube[604] und eBay[605] stellen beispielsweise solche Host-Provider dar.

Nicht verantwortlich sind diese Dienstanbieter für fremde Informationen, die sie für einen Nutzer speichern, vorausgesetzt, sie haben entweder von der rechtswidrigen Handlung bzw. der Information keine Kenntnis und es sind ihnen im Fall von Schadensersatzansprüchen auch keine Tatsachen oder Umstände bekannt, aus denen die Rechtswidrigkeit der Handlung oder der Information offensichtlich wird,

---

[596] v. Heintschel-Heinegg-*Valerius*, BeckOK StGB, 45. Ed. Stand:01.02.2020, Providerhaftung Rn. 12.

[597] Gersdorf/Paal-*Ott*, BeckOK InfoMedienR, 27. Ed. Stand: 01.02.2020, TMG § 9 Rn. 10.

[598] Paschke/Berlit/Meyer-*v. Petersdorff-Campen*, GesMedR, 3. Auflage 2016, TMG § 9 Rn. 18.

[599] LG München I, Urt. v. 19.04.2007 – 7 O 3950/07, MMR 2007, 453, 453 f.

[600] Gersdorf/Paal-*Paal*, BeckOK InfoMedienR, 27. Ed. Stand: 01.02.2020, TMG § 8 Rn. 7.

[601] Hoeren/Sieber/Holznagel-*Hoeren*, Multimedia-Recht, 48 Aufl. 2019, Teil 18.2, Rn. 12.

[602] Spindler/Schuster-*Hoffmann*, Recht der elektronischen Medien, 3. Aufl. 2015, TMG § 10 Rn. 1.

[603] *Ringer/Wiedemann*, GRUR-Prax 2018, 203.

[604] BGH, Beschl. v. 13.09.2018 – I ZR 140/15, GRUR 2018, 1132 – *YouTube*.

[605] EuGH Urt. v. 12.07.2011 – C-324/09, ECLI:EU:C:2011:474 = GRUR 2011, 1025 – *L'Oréal/eBay*.

oder sie sind nach Kenntniserlangung unverzüglich tätig geworden, um die Information zu entfernen oder den Zugang zu ihr zu sperren, § 10 TMG. Anzumerken ist, dass sich § 10 S. 1 Nr. 1 Hs. 1 TMG auf die Kenntnis des Dienstanbieters von der rechtswidrigen Handlung oder der Information bezieht. Erforderlich ist hier positive Kenntnis.[606] § 10 S. 1 Nr. 1 Hs. 2 TMG erfasst in Hinsicht auf Schadensersatzansprüche die Kenntnis über Tatsachen oder Umstände, aus denen die rechtswidrige Handlung oder die Information offensichtlich wird. Für Schadensersatzansprüche wird hieraus deshalb überwiegend gefolgert, dass die Haftungsprivilegierung bereits bei grober Fahrlässigkeit entfällt.[607] Hinsichtlich des Konkretisierungsgrades der Kenntniserlangung in Hs. 2 sind mithin niedrigere Anforderungen zu stellen sind als in Hs. 1.[608] Laut EuGH hat der Host-Provider die Kenntnis i. S. d. § 10 S. 1 Nr. 1 TMG, „wenn der Dienstanbieter über etwaige Tatsachen oder Umstände bewusst war, auf deren Grundlage ein sorgfältiger Wirtschaftsteilnehmer die in Rede stehende Rechtswidrigkeit hätte feststellen und unverzüglich gegen sie hätte vorgehen müssen".[609] Keinen Einfluss hat, auf welche Weise der Dienstanbieter Kenntnis erlangt hat.[610] Zur Überwachung oder Nachforschung, also einer präventiven Vorgehensweise, sind die Dienstanbieter jedenfalls nicht verpflichtet, vgl. § 7 Abs. 2 S. 1 TMG.

Der Host-Provider erlangt indes weitergehende Kenntnis, wenn er konkret auf den rechtswidrigen Inhalt hingewiesen wird. Nach dem Vorbild des US-amerikanische Verfahrens „**notice and take down**"[611] gilt: Der Dienstanbieter bleibt im Genuss der Haftungsprivilegierung, wenn er unverzüglich tätig geworden ist, nachdem er Kenntnis über einen rechtsverletzenden Inhalt erlangt hat, vgl. § 10 Nr. 2 TMG. Dabei wird das Tätigwerden im Sinne einer **ernsthaften Bemühung** um Entfernung oder Sperrung der rechtswidrigen Inhalte in den Grenzen des Zumutbaren verstanden.[612] Ein Erfolg wird nicht geschuldet.[613] Der Hinweis auf die vermeintliche Rechtsverletzung muss so konkret gefasst sein, dass sich ein Rechtsverstoß unschwer, d. h. ohne eingehende rechtliche oder tatsächliche Prüfung feststellen lässt.[614]

---

[606] Joecks/Miebach-*Altenhain*, MüKo StGB, 7. Bd, 3. Aufl. 2019, TMG § 10 Rn. 7.

[607] LG Düsseldorf, Urt. v. 29.10.2002 – 4a O 464/01, MMR 2003, 120, 126; Spindler/Schuster-*Hoffmann*, Recht der elektronischen Medien, 3. Aufl. 2015, TMG § 10 Rn. 38; *Härting*, CR 2001, 271, 276; a. A.: Zum Teil wird aufgrund der Konjunktion „und" mit dem vorangehenden Hs. von einer zusätzlichen Voraussetzung ausgegangen und argumentiert, hinsichtlich des Bewusstseins der Rechtswidrigkeit sei nur auf evidente Verstöße abzustellen, *Hoeren*, MMR 2004, 166, 169.

[608] *Müller-Broich*, TMG, 2012, § 10 Rn. 5.

[609] EuGH Urt. v. 12.07.2011 – C-324/09, ECLI:EU:C:2011:474 = GRUR 2011, 1025, Rn.120 – *L'Oréal/eBay*.

[610] Dreier/Schulze-*Specht*, UrhG, 6. Aufl. 2018, UrhG § 97, Rn. 42.

[611] Hierzu: *Holznagel*, GRUR Int. 2014, 105.

[612] BT-Drucks. 14/6098, S. 25.

[613] Spindler/Schuster-*Hoffmann*, Recht der elektronischen Medien, 3. Aufl. 2015, TMG § 10 Rn. 44.

[614] BGH, Urt. 25.10.2011 – VI ZR 93/10, GRUR 2012, 311, 313 – *Blogeintrag*.

Exkurs

Tendenz zur Ausweitung der Plattformhaftung

Insbesondere hinsichtlich der Host-Provider tendieren Rechtsprechnug und Gesetzgebung zunehmend zu einer Haftungsverschärfung Nach Art. 17 der neuen Urheberrechts-Richtlinie (DSM-RL) sollen „Diensteanbieter für das Teilen von Online-Inhalten" Täter von rechtswidrigen öffentlichen Widergaben i. S. d. § 19a UrhG sein, welche auf der jeweiligen Plattform von Nutzern vorgenommen werden. Eine Enthaftung tritt allerdings ein, wenn die jeweilige Plattform die Sorgfaltsmaßstäbe von Art. 17 Abs. 4 der Richtlinie erfüllt. Die erfassten Plattformbetreiber müssen demnach alle Anstrengungen unternehmen, um Lizenzen einzuholen, hohe branchenübliche Standards befolgen sowie nach Erhalt eines Hinweises auf eine Rechtsverletzung unverzüglich handeln, um die Rechtsverletzung abzustellen. Die DSM-RL sieht Plattformbetreiber bei Missachtung dieser Regelungen in der Täterhaftung.[615]

Eine parallele Tendenz zur Haftungsausweitung von Plattformen lässt sich auch hinsichtlich der **strafrechtlichen** Verantwortlichkeit von Plattformen erkennen: So verurteilte der BGH[616] jüngst den Betreiber einer „Dark Net"-Plattform wegen fahrlässiger Tötung, weil ein Amokläufer auf dieser Plattform eine Waffe kaufen konnte. Begründet wurde dies damit, dass der Plattformbetreiber „hätte erkennen können und müssen, dass die Möglichkeit eines anonymen Waffenerwerbs abseits des geregelten legalen Marktes dazu führen könne, dass der Erwerber eine auf diesem Weg erworbene Schusswaffe zur Tötung und Verletzung von Menschen einsetze".[617]

1.10.3 Schadensersatz: materieller Schaden, § 97 Abs. 2 S. 1–3 UrhG

Bei **schuldhafter** Verletzung kann neben Unterlassung und Beseitigung auch Schadensersatz geltend gemacht werden. Der Verletzer muss diesbezüglich **fahrlässig** oder **vorsätzlich** handeln.[618] **Vorsätzlich** handelt derjenige, der um die Rechtsverletzung weiß und zumindest bewusst in Kauf nimmt, dass er ein Recht verletzen könnte (**dolus eventualis**).[619] **Fahrlässig** handelt dagegen nach § 276 Abs. 1 S. 1 BGB derjenige, der die im Verkehr erforderliche Sorgfalt außer Acht lässt.[620] Maßstab ist

---

[615] Vgl. dazu eingehend: *Peifer*, GRUR-Prax 2019, 403 ff.; *Wandtke*, ZUM 2019, 627 ff.; *Hofmann*, ZUM 2019, 617 ff.; *Pravemann*, GRUR 2019, 783 ff.; *Gielen/Tiessen*, EuZW 2019, 639 ff.; *Becker*, ZUM 2019, 636 ff.

[616] BGH, Beschl. v. 06.08.2019 – 1 StR 188/19 – juris.

[617] FD-StrafR 2019, 419453.

[618] Ahlberg/Götting-*Reber*, BeckOK UrhR, 24. Ed. Stand: 01.04.2019, UrhG § 97 Rn. 99; Dreier/Schulze-*Specht*, UrhG, 6. Aufl. 2018, UrhG § 97 Rn. 76; Wandtke/Bullinger-*v. Wolff*, UrhR, 4. Aufl. 2014, UrhG § 97 Rn. 51.

[619] BGH, Urt. v. 03.03.2004 – 2 StR 109/03, GRUR 2004, 421, 426 – *Tonträgerpiraterie durch CD-Export*; Fromm/Nordemann-*Nordemann*, UrhG, 12. Aufl. 2018, § 97 Rn. 62; Wandtke/Bullinger-*Wimmers*, UrhR, 4. Aufl. 2014, UrhG § 97 Rn. 244.

[620] Ahlberg/Götting-*Reber*, BeckOK UrhR, 24. Ed. Stand: 01.04.2019, UrhG § 97 Rn. 101; Fromm/Nordemann-*Nordemann*, UrhG, 12. Aufl. 2018, § 97 Rn. 63; Wandtke/Bullinger-*Wimmers*, UrhR, 5. Aufl. 2017, UrhG § 97 Rn. 245.

die **tatsächlich erforderliche**, nicht die tatsächlich praktizierte Sorgfalt; Die Rechtsprechung stellt an das nötige Maß der Sorgfalt im Urheberrecht **hohe Anforderungen** und erlegt demjenigen, der einen geschützten Gegenstand verwenden möchte, eine **Prüfungs- und Erkundigungspflicht** auf.[621] Er trägt das **Risiko des Rechtsirrtums.**[622] Um den Fahrlässigkeitsvorwurf zu entkräften, muss er daher bei Nutzung fremder Rechtsgüter eine lückenlose Rechtekette beweisen können. Auf einer Unterscheidung zwischen Vorsatz und Fahrlässigkeit kommt es allerdings im Ergebnis grundsätzlich nicht an, da der Schädiger für beide Formen gleichermaßen haftet. Der Verschuldensgrad kann jedoch unter Umständen Auswirkungen auf die Schadenshöhe haben.[623]

Grundsätzlich richtet sich der Ersatz **materieller Schäden** im Urheberrecht nach den allgemeinen Vorschriften des BGB (§§ 249 ff. BGB), wonach **Naturalrestitution** verlangt werden kann. Da eine Verletzung im Nachhinein meist nicht rückgängig zu machen ist, kann nach § 251 Abs. 1 BGB Geldersatz in Höhe des **konkret entstandenen Schadens** und nach § 252 BGB entgangener Gewinn gefordert werden.[624] Gerade bei der Verletzung von leicht verletzlichen **immateriellen Gütern** ist es jedoch sehr schwierig, einen Nachweis über die genaue Höhe des durch die Verletzung eingetretenen Schadens zu führen.[625]

Beispiel

Wird ein Modeartikel unrechtmäßig nachgeahmt, ist es dem Rechteinhaber meist nicht möglich, genau darzulegen wie hoch der entgangene Gewinn ist, wie viele Stornierungen auf die günstigere Nachahmung zurückzuführen sind und wie sich dies auf mögliche zukünftige Nachbestellungen auswirkt.[626] ◄

Aus diesem Grund kann der Schaden auch im Wege der **Lizenzanalogie** berechnet sowie vom Verletzer der **Verletzergewinn** abgeschöpft werden.[627] Der Verletzte

---

[621] Dreier/Schulze-*Specht*, UrhG, 6. Aufl. 2018, UrhG § 97 Rn. 78; vgl. zum diesbezüglich sehr strengen Maßstab der Rechtsprechung: BGH, Urt. v. 12.11.2009 – I ZR 166/07, GRUR 2010, 616 Rn. 40 f. – *marions-kochbuch.de*; BGH, Urt. v. 20.05.2009 – I ZR 239/06, GRUR 2009, 864 – *CAD-Software*.

[622] BGH, Urt. v. 23.05.1975 – I ZR 22/74, GRUR 1975, 667, 669; OLG Frankfurt a. M., Urt. v. 01.11.2011 – 11 U 75/06, NJOZ 2012, 848 – *Perlentaucher II*; Dreier/Schulze-*Specht*, UrhG, 6. Aufl. 2018, UrhG § 97 Rn. 78.

[623] Wandtke/Bullinger-*v. Wolff*, UrhR, 4. Aufl. 2014, UrhG § 97 Rn. 51, 83; Schricker/Loewenheim-*Wild*, UrhG, 5. Aufl. 2017, § 97 Rn. 173; a.A. jedoch: Fromm/Nordemann-*Nordemann*, UrhG, 12. Aufl. 2018, § 97 Rn. 98; *Kochendörfer*, ZUM 2009, 389, 393.

[624] *Raue*, Dreifache Schadensberechnung, 2017, S. 279 ff., 356 ff.; Ahlberg/Götting-*Reber*, BeckOK UrhR, 24. Ed. Stand: 01.04.2019, UrhG § 97 Rn. 110; Dreier/Schulze-*Specht*, UrhG, 6. Aufl. 2018, UrhG § 97 Rn. 79.

[625] Erstmals: RG, Urt. v. 08.06.1895 – I 13/95, RGZ 35, 63, 63 ff. – *Ariston*; vgl. dazu eingehend: Dreier/Schulze-*Specht*, UrhG, 6. Aufl. 2018, UrhG § 97 Rn. 58; Schricker/Loewenheim-*Wimmers*, UrhG, 5. Aufl. 2017, § 97 Rn. 260.

[626] BGH, Urt. v. 28.04.1988 – I ZR 79/86, GRUR 1988, 606 – *Differenzlizenz*.

[627] Dreier/Schulze-*Specht*, UrhG, 6. Aufl. 2018, UrhG § 97 Rn. 79; Fromm/Nordemann-*Nordemann*, UrhG, 12. Aufl. 2018, § 97 Rn. 68; Wandtke/Bullinger-*v. Wolff*, UrhR, 4. Aufl. 2014, UrhG § 97 Rn. 58.

hat das Wahlrecht, ob er den konkreten Schaden ersetzt verlangt (§ 97 Abs. 2 S. 1 UrhG), den Verletzergewinn abschöpft (§ 97 Abs. 2 S. 2 UrhG) oder nach der Lizenzanalogie (§ 97 Abs. 2 S. 3 UrhG) vorgeht (sog. **dreifache Schadensberechnung**), er kann jedoch keine Kombination der drei Berechnungsmethoden vornehmen (sog. **Vermengungs- und Verquickungsverbot**).[628]

In den **allermeisten Fällen** erfolgt die Berechnung des Schadens im Wege der Lizenzanalogie.[629] Der Verletzer hat danach dasjenige zu zahlen, was **vernünftige Parteien** bei Abschluss eines entsprechenden Lizenzvertrages unter Einbeziehung aller Umstände als **angemessene Lizenzgebühr** vereinbart hätten, unerheblich ob der Verletzte **tatsächlich** eine Lizenz erteilt hätte.[630] Welche Vergütung im Einzelfall angemessen ist, kann sich aus branchenüblichen, vertraglich **ausgehandelten Vergütungen** sowie aus bestehenden **Tarifwerken** ergeben.[631] Wegen der besonders leichten Verletzlichkeit von Musikwerken wird der GEMA ein pauschaler Kontrollzuschlag i. H. v. 100 % des normalen Tarifsatzes zuerkannt.[632] Dies ist nicht zuletzt aufgrund der Tatsache, dass das deutsche Recht keinen Strafschadensersatz (sog. *punitive damage*) kennt, problematisch. Dennoch ist der Kontrollzuschlag gängige Praxis.

Beim **Filesharing** haben sich inzwischen Summen von max. 200 € je Musiktitel sowie 400 € je Film als Schätzungen der Rechtsprechung für eine Lizenzanalogie etabliert.[633]

---

[628] BGH, Urt. v. 22.09.1999 – I ZR 48/97, GRUR 2000, 226, 227 – *Planungsmappe*; OLG Düsseldorf, Urt. v. 14.10.2003 – 20 U 40/03, ZUM 2004, 307, 309; Fromm/Nordemann-*Nordemann*, UrhG, 12. Aufl. 2018, § 97 Rn. 69; *v. Ungern-Sternberg*, GRUR 2009, 460, 461.

[629] Ahlberg/Götting-*Reber*, BeckOK UrhR, 24. Ed. Stand: 01.04.2019, UrhG § 97 Rn. 119; Dreier/Schulze-*Specht*, UrhG, 6. Aufl. 2018, UrhG § 97 Rn. 82; Schricker/Loewenheim-*Wimmers*, UrhG, 5. Aufl. 2017, § 97 Rn. 267; dazu allerdings kritisch: *Beuthien/Wasmann*, GRUR 1997, 255.

[630] BGH, Urt. v. 22.03.1990 – I ZR 59/88, GRUR 1990, 1008, 1009 – *Lizenzanalogie*; Dreier/Schulze-*Specht*, UrhG, 6. Aufl. 2018, UrhG § 97 Rn. 82; Wandtke/Bullinger-*v. Wolff*, UrhR, 4. Aufl. 2014, UrhG § 97 Rn. 74; Spindler/Schuster-*Spindler*, Recht der elektronischen Medien, 3. Aufl. 2015, UrhG § 97 Rn. 36 ff.;

[631] BGH, Beschl. v. 20.09.2012 – I ZR 177/11, GRUR-RR 2013, 360 – *Begleitmusik zum Computerspiel*; Dreier/Schulze-*Specht*, UrhG, 6. Aufl. 2018, UrhG § 97 Rn. 83 ff.; vgl. eingehend zu den zu berücksichtigenden Kriterien: *Raue*, Dreifache Schadensberechnung, 2017, S. 288 ff.

[632] Seit BGH, Urt. v. 24.06.1955 – I ZR 178/53, NJW 1955, 1356; vgl. dazu: BGH, Urt. v. 10.03.1972 – I ZR 160/70, NJW 1973, 96; Spindler/Schuster-*Spindler*, Recht der elektronsichen Medien, 3. Aufl. 2015, UrhG § 97 Rn. 41; Wandtke/Bullinger-*v. Wolff*, UrhR, 4. Aufl. 2014, UrhG § 97 Rn. 78.

[633] BGH, Urt. v. 12.05.2016 – I ZR 48/15, GRUR 2016, 1280 – *Everytime we touch*; BGH, Urt. v. 11.06.2015 – I ZR 7/14, GRUR 2016, 184 – *Tauschbörse II*; OLG Frankfurt a. M., Urt. v. 16.12.2014 – 11 U 27/14, GRUR-RR 2015, 233; OLG Frankfrut a. M., Urt. v. 15.07.2014 – 11 U 115/13, K&R 2014, 676; OLG Hamburg, Urt. v. 07.11.2013 – 5 U 222/10, ZUM-RD 2014, 282; LG Berlin, Urt. v. 19.01.2016 – 16 S 20/15, ZUM-RD 2016, 608; vgl. dazu auch: Spindler/Schuster-*Spindler*, Recht der elektronischen Medien, 3. Aufl. 2015, UrhG § 97 Rn. 39; Fromm/Nordemann-*Nordemann*, UrhG, 12. Aufl. 2018, § 97 Rn. 223.

1.10.4 Schadensersatz: immaterieller Schaden, § 97 Abs. 2 S. 4 UrhG

§ 97 Abs. 2 S. 4 UrhG gewährt bei Rechtsverletzungen auch **Ersatz des immateriellen Schadens**.[634] Vom Schutzbereich umfasst sind grundsätzlich nur Urheber, deren Rechtsnachfolger und die in § 97 Abs. 2 S. 4 UrhG aufgeführten Inhaber verwandter Schutzrechte sowie deren Rechtsnachfolger.[635] Die Beschränkung folgt daraus, dass nur ihnen urheberpersönlichkeitsrechtliche Befugnisse zustehen.[636]

Für den immateriellen Schadensersatz nach § 97 Abs. 2 S. 4 UrhG ist in einem ersten Prüfungsschritt zu klären, ob es sich bei der Verletzungshandlung um einen Eingriff in das allgemeine Persönlichkeitsrecht oder in **das Urheberpersönlichkeitsrecht** des Urhebers handelt. Nur im letzteren Fall ist ein Rückgriff auf § 97 Abs. 2 S. 4 UrhG möglich.[637] § 97 Abs. 2 S. 4 UrhG stellt somit eine gesetzliche Bestimmung zum Ersatz immaterieller Schäden i. S. d. § 253 Abs. 1 BGB dar.

Ein Schadensersatzanspruch besteht nur dann, wenn es der **Billigkeit** entspricht, welche nicht nur auf die Höhe, sondern auch das Bestehen des Anspruchs Auswirkungen hat.[638] Voraussetzung ist, dass eine **schwerwiegende und nachhaltige Verletzung** des Urheberpersönlichkeitsrechts vorliegt, da in minder schweren Fällen als Sanktion lediglich ein Anspruch auf Unterlassung und Beseitigung gegeben sein soll.[639]

▶ **Bewertungskriterien** in der Abwägung sind:[640]

- Auf Seiten des **Verletzten**: Rang und Bedeutung des Verletzten und des Werkes; Genugtuungsfunktion
- Auf Seiten des **Verletzers**: Beweggrund; Grad des Verschuldens; Dauer und Intensität; Nachhaltigkeit der Folgen; andere Möglichkeiten der Beseitigung des Schadens (z. B. öffentlicher Widerruf)

---

[634] Dreier/Schulze-*Dreier/Specht*, UrhG, 6. Aufl. 2018, UrhG § 97 Rn. 95; Dreyer/Kotthoff/Meckel/Hentsch-*Meckel*, UrhG, 4. Aufl. 2018, § 97 Rn. 81; Schricker/Loewenheim-*Wimmers*, UrhG, 5. Aufl. 2017, § 97 Rn. 297.

[635] Ahlberg/Götting-*Reber*, BeckOK UrhR, 24. Ed. Stand: 01.04.2019, UrhG § 97 Rn. 129; Fromm/Nordemann-*Nordemann*, UrhG, 12. Aufl. 2018, § 97 Rn. 117; Wandtke/Bullinger-*v. Wolff*, UrhR, 4. Aufl. 2014, UrhG § 97 Rn. 85.

[636] BGH, Urt. v. 05.03.1971 – I ZR 94/69, GRUR 1971, 525, 526 – *Petite Jaqueline*; Dreier/Schulze-*Specht*, UrhG, 6. Aufl. 2018, UrhG § 97 Rn. 95; Schricker/Loewenheim-*Wimmers*, UrhG, 5. Aufl. 2017, § 97 Rn. 297.

[637] Ahlberg/Götting-*Reber*, BeckOK UrhR, 24. Ed. Stand: 01.04.2019, UrhG § 97 Rn. 130; Dreier/Schulze-*Specht*, UrhG, 6. Aufl. 2018, UrhG § 97 Rn. 95; Spindler/Schuster-*Spindler*, Recht der elektronischen Medien, 3. Aufl. 2015, UrhG § 97 Rn. 52.

[638] Ahlberg/Götting-*Reber*, BeckOK UrhR, 24. Ed. Stand: 01.04.2019, UrhG § 97 Rn. 131; Dreier/Schulze-*Specht*, UrhG, 6. Aufl. 2018, UrhG § 97 Rn. 97; Schricker/Loewenheim-*Wimmers*, UrhG, 5. Aufl. 2017, § 97 Rn. 301 ff.

[639] BGH, Urt. v. 15.01.2015 – I ZR 148/13, GRUR 2015, 780, Rn. 38 – *Motorradteile*; BGH, Urt. v. 05.03.1971 – I ZR 94/69, GRUR 1971, 525, 526 – *Petite Jaqueline*; Dreier/Schulze-*Specht*, UrhG, 6. Aufl. 2018, UrhG § 97 Rn. 97.

[640] OLG Frankfrut a. M., Urt. v. 04.05.2004 – 11 U 6/02, 11/03, CR 2004, 617, 619; OLG Hamburg, Beschl. v. 21.06.1989. – 3 W 77/89, GRUR 1990, 36 – *Schmerzensgeld*; LG Köln, Urt. v. 29.11.2007 – 28 O 102/07, ZUM-RD 2008, 213, 215; BT-Drs. IV/270, Entwurf § 107; vgl. dazu eingehend: Dreier/Schulze-*Specht*, UrhG, 6. Aufl. 2018, UrhG § 97 Rn. 97.

1.10.5 Besondere urheberrechtliche Ansprüche

Neben den Ansprüchen aus § 97 UrhG kennt das deutsche Urheberrecht weitere Spezialansprüche, die im Wesentlichen im Zuge der Umsetzung des Art. 10 der Enforcement-RL[641] implementiert wurden. Gemäß § 98 Abs. 1 S. 1 UrhG kann der Verletzte vom Passivlegitimierten die **Vernichtung** der in dessen Besitz oder Eigentum befindlichen, rechtswidrig hergestellten, verbreiteten oder zur rechtswidrigen Verbreitung bestimmten Vervielfältigungsstücke in Anspruch genommen werden. Unter Vernichtung wird in diesem Zusammenhang die vollständige Unbrauchbarmachung des Vervielfältigungsstückes verstanden.[642] Weiterhin besteht gemäß § 98 Abs. 2 UrhG ein Anspruch gegen den Verletzer auf **Rückruf** von rechtswidrig hergestellten, verbreiteten oder zur rechtswidrigen Verbreitung bestimmten Vervielfältigungsstücken oder auf deren endgültiges Entfernen aus den Vertriebswegen. Rückruf meint in diesem Kontext die Rückforderung der Vervielfältigungsstücke durch den Verletzer.[643] Statt der Vernichtung kann der Aktivlegitimierte alternativ gemäß § 98 Abs. 3 UrhG verlangen, dass ihm die Vervielfältigungsstücke, die im Eigentum des Verletzers stehen, gegen eine angemessene Vergütung, welche die Herstellungskosten nicht übersteigen darf, **überlassen** werden. Die Angemessenheit der Vergütung wird hierbei gemäß § 287 ZPO durch das Gericht geschätzt.[644]

Die Ansprüche stellen allesamt Konkretisierungen des allgemeinen Beseitigungsanspruches aus § 97 UrhG dar und sind gleichsam **verschuldensunabhängig**.[645] Gemäß § 98 Abs. 4 UrhG stehen die Ansprüche allerdings unter der Prämisse der Verhältnismäßigkeit. Bei schuldloser Verletzungshandlung durch den Passivlegitimierten kann dieser den Ansprüchen der §§ 97, 98 UrhG entgehen, indem er sie nach Maßgabe des § 100 Abs. 1 S. 1 UrhG durch **Geldzahlung abwendet**.

---

[641] Richtlinie 2004/48/EG des Europäischen Parlaments und des Rates vom 29. April 2004 zur Durchsetzung der Rechte des geistigen Eigentums, ABl. Nr. L 195/16 v. 02.06.2004.

[642] Spindler/Schuster-*Spindler*, Recht der elektronischen Medien, 3. Aufl. 2015, UrhG § 98 Rn. 11; Fromm/Nordemann-*Nordemann*, UrhG, 12. Aufl. 2018, § 98 Rn. 14; Wandtke/Bullinger-*Bohne*, UrhR, 4. Aufl. 2014, UrhG § 98 Rn. 25.

[643] BGH, Urt. v. 16.05.2017 – X ZR 120/15, GRUR 2017, 785, Rn. 29 ff. – *Abdichtsystem*; Fromm/Nordemann-*Nordemann*, UrhG, 12. Aufl. 2018, § 98 Rn. 25; *Skauradszun/Majer*, ZUM 2009, 199, 201; *Kitz*, NJW 2008, 2374, 2375.

[644] Dreier/Schulze-*Dreier*, UrhG, 6. Aufl. 2018, UrhG § 98 Rn. 19; Wandtke/Bullinger-*Bohne*, UrhR, 4. Aufl. 2014, UrhG § 98 Rn. 41; Schricker/Loewenheim-*Wild*, UrhG, 5. Aufl. 2017, § 98 Rn. 18.

[645] BT-Drs. IV/270, S. 104; vgl. dazu auch: Spindler/Schust-*Spindler*, Recht der elektronischen Medien, 3. Aufl. 2015, UrhG § 98 Rn. 3; Dreier/Schulze-*Dreier*, UrhG, 6. Aufl. 2018, UrhG § 98 Rn. 1; Fromm/Nordemann-*Nordemann*, UrhG, 12. Aufl. 2018, § 98 Rn. 1; *Klett*, K&R 2008, 393, 394.

1.10.6 Strafrechtliche Sanktionen

Neben der Rechtsdurchsetzung über die Zivilgerichte ist die Verletzung fremder Urheberrechte auch **strafrechtlich sanktioniert**. Das Strafrecht spielt in der Rechtspraxis jedoch eine eher untergeordnete Rolle. Dies liegt zum einen an einer personellen Unterbesetzung der zuständigen Staatsanwaltschaften, ist zum anderen aber auch Folge der Tendenz zur Entkriminalisierung der Endnutzer.[646] Dagegen stellt das Strafrecht gerade für die Bekämpfung organisierter Kriminalität und Internetpiraterie (wie z. B. Filesharing- und Streaming-Websites) ein wirksames Mittel dar.

Als **Tatbestände** regelt das UrhG:

- Unerlaubte Verwertung urheberrechtlich geschützter Werke, § 106 UrhG
- Unzulässiges Anbringen der Urheberbezeichnung, § 107 UrhG
- Unerlaubte Eingriffe in verwandte Schutzrechte, § 108 UrhG
- Gewerbsmäßige unerlaubte Verwertung, § 108a UrhG
- Unerlaubte Eingriffe in technische Schutzmaßnahmen und zur Rechtewahrnehmung erforderliche Informationen, § 108b UrhG

Mit Ausnahme der Qualifikation des § 108a UrhG handelt es sich bei sämtlichen Delikten um **Antragsdelikte**, vgl. § 109 UrhG. Gegenstände, auf die sich die Straftatbestände des UrhG beziehen, können nach Maßgabe des § 110 S. 1 UrhG eingezogen werden. Der Verletzte kann zudem gemäß § 111 S. 1 UrhG verlangen, dass die Verurteilung des Verletzers öffentlich bekannt gemacht wird, sofern er daran ein berechtigtes Interesse hat.

1.11   Internationales Urheberrecht

Neben den nationalen Vorschriften des UrhG sind jedoch auch die internationalen Vorschriften im Auge zu behalten. Während bereits das Gros der relevanten europäischen Urheberrechtsrichtlinien dargestellt wurde, die allesamt Einfluss auf das nationale Recht haben, existieren auch darüberhinausgehende internationale Vorschriften. Diese sind insbesondere deshalb relevant, weil durch das Internet und die zunehmende Digitalisierung Rechtsverletzungen auf der ganzen Welt – und nicht nur national bzw. auf europäischer Ebene – zu befürchten sind, die ohne einheitliches Reglement nicht einzudämmen sind.

1.11.1 Räumlicher Anwendungsbereich des UrhG

§ 120 Abs. 1 UrhG legt im Rahmen des **Territorialprinzips** fest, dass das UrhG grundsätzlich nur auf solche Urheber Anwendung findet, die die deutsche Staatsan-

---

[646] BT-Drs. 16/1828, S. 18; Dreier/Schulze-*Dreier*, UrhG, 6. Aufl. 2018, UrhG § 106 Rn. 2.

gehörigkeit besitzen. Nach § 120 Abs. 2 UrhG stehen jedoch den deutschen Staats-
angehörigen Staatsangehörige der EU/EWG Staaten und Deutsche im Sinne des
Art. 116 Abs. 1 GG, die nicht die deutsche Staatsangehörigkeit besitzen, gleich.
Dem Urheber steht also nicht ein einheitliches Urheberrecht zu, sondern ein „Bündel" mehrerer – jeweils territorial begrenzter – Urheberrechte.[647]

Allein im Falle der Satellitensendung gilt das sogenannte **Herkunftslandprinzip bzw. Sendelandprinzip**. Das Sendelandprinzip (= Herkunftslandprinzip) ist
dabei allerdings weder Ausnahme zum Territorialitäts- noch zum kollisionsrechtli-
chen Schutzlandprinzip,[648] es trifft Sonderregelungen vielmehr ausschließlich für
die Frage, wo die Nutzungshandlung vorgenommen wird. Denn normalerweise gilt
für das Senderecht (§ 20 UrhG), dass eine Verwertungshandlung sowohl in dem
Land vorliegt, in dem die öffentliche Wiedergabe stattfindet als auch in dem Land,
in dem die Wiedergabe empfangen werden soll.[649] Art. 1 Abs. 2 lit. b) Satelliten-
rundfunk- und Kabelweiterverbreitungsrichtlinie[650] bestimmt allerdings hiervon abweichend, dass die urheberrechtlich relevante Nutzungshandlung allein dort vorgenommen wird, wo die Sendung eingespeist wird und gerade nicht auch dort, wo sie
bestimmungsgemäß abgerufen werden kann. Die öffentliche Wiedergabe findet nur
in dem EU-Mitgliedstaat statt, in dem die programmtragenden Signale unter der
Kontrolle des Sendeunternehmens und auf dessen Verantwortung in eine ununter-
brochene Kommunikationskette eingegeben werden, die zum Satelliten und zurück
zur Erde führt.[651] Daraus folgt, dass der Lizenzgeber allein in dem Land, in dem die
öffentliche Wiedergabe erfolgt, eine Lizenz vergeben wird, die die gesamte Reichweite des sog. Footprints bei der Vergütungshöhe berücksichtigt.[652] Begründet wird

[647] Ahlberg/Götting-*Sternberg-Lieben*, BeckOK UrhR, 24. Ed. Stand: 01.04.2019, UrhG Vor § 106
Rn. 17; Dreyer/Kotthoff/Meckel/Hentsch-*Kotthoff*, UrhG, 4. Aufl. 2018, § 120 Rn. 4; Schricker/
Loewenheim-*Katzenberger/Metzger*, UrhG, 5. Aufl. 2017, Vor §§ 120 ff. Rn. 110.

[648] So auch: Dreier/Schulze-*Dreier*, UrhG, 6. Aufl. 2018, UrhG Vor §§ 120 ff. Rn. 28, 36; Schri-
cker/Loewenheim-*Katzenberger/Metzger*, UrhG, 5. Aufl. 2017, Vor §§ 120 ff. Rn. 139; Fromm/
Nordemann-*Nordemann-Schiffel*, UrhG, 12. Aufl. 2018, Vor §§ 120 ff. Rn. 71; *Albrecht/Mutsch-
ler-Siebert/Bosch*, ZUM 2012, 93, 95 m. w. N.

[649] Vgl. BGH, Urt. v. 07.11.2002 – I ZR 175/00, GRUR 2003, 328, 328 ff. – *Sender Felsberg*; OLG
München, Urt. v. 26.01.1995 – 6 U 3331/94, ZUM 1995, 792, 792 ff.; LG Stuttgart, Urt. v.
21.04.1994 – 17 O 539/93, GRUR Int. 1995, 412 – *Satelliten-Rundfunk*; Dreier/Schulze-*Dreier*,
UrhG, 6. Aufl. 2018, UrhG Vor §§ 120 ff. Rn. 40; Schricker/Loewenheim-*Katzenberger/Metzger*,
UrhG, 5. Aufl. 2017, Vor §§ 120 ff. Rn. 141 ff.; *Albrecht/Mutschler-Seibert/Bosch*, ZUM 2012, 93,
95; *Ratjen/Langer*, ZUM 2012, 299, 305; *Wiebe*, ZUM 2015, 932, 934; *Spindler*, ZUM 2013, 349,
356; *Ohly*, ZUM 2015, 942, 943; a.A. aber: *Ulmer*, Die Immaterialgüterrechte im internationalen
Privatrecht, 1975, S. 15; zum Streitstand vgl. Dreier/Schulze-*Dreier*, UrhG, 6. Aufl. 2018, UrhG
Vor §§ 120 ff. Rn. 38 ff.

[650] Richtlinie 93/83/EWG des Rates vom 27.09.1993 zur Koordinierung bestimmter urheber- und
leistungsschutzrechtlicher Vorschriften betreffend Satellitenrundfunk und Kabelweiterverbreitung, **ABl. Nr. L 248/15 v. 06.10.1993**.

[651] Amtliche Begründung, BT-Drs. 13/4796, S. 8.

[652] Erwägungsgrund 17 der Richtlinie 93/83/EWG des Rates vom 27. September 1993 zur Koordinierung bestimmter urheber- und leistungsschutzrechtlicher Vorschriften betreffend Satellitenrundfunk und Kabelweiterverbreitung, ABl. Nr. L 248/15 v. 06.10.1993; vgl. dazu auch: *Albrecht/
Mutschler-Siebert/Bosch*, ZUM 2012, 93, 94.

diese Sonderregelung dadurch, dass durch eine Satellitenübertragung ein so großer Empfangsbereich begründet ist, dass eine Begrenzung auf einzelne Mitgliedstaaten in der Regel nicht erfolgen kann. Nach dem sog. Sendelandprinzip/Herkunftslandprinzip müssen daher nur in dem Land, in dem das Signal zum Satelliten gesendet wird, Verwertungsrechte eingeholt werden.[653]

1.11.2 Internationale Verträge

Um die Benachteiligung fremder Staatsangehörige abzumildern wurden Staatsverträge (mit Zustimmungsgesetz nach Art. 59 GG) geschlossen, die als **kompensatorisches Fremdenrecht** den Grundsatz der **Inländerbehandlung** und **Mindestrechte** beinhalten (hierzu sogleich).[654]

1.11.2.1 Revidierte Berner Übereinkunft

Der wohl bedeutendste Vertrag in dieser Hinsicht ist die **Berner Übereinkunft zum Schutz von Werken der Literatur und Kunst**. Geschützt werden nach Art. 2 Abs. 1 RBÜ Werke der Literatur und Kunst (Musik-, Filmwerke, Computerprogramme etc.) wenn es sich dabei um eine **persönliche geistige Schöpfung** handelt. Kernelemente sind der Grundsatz der **Inländerbehandlung (Art. 5 Abs. 1 RBÜ)**, d. h. Urheber genießen in den Verbandsländern denselben Schutz wie inländische Urheber, sowie die Gewährleistung von **Mindestrechten** (die wichtigsten sind das Urheberpersönlichkeitsrecht, Übersetzungsrecht, Vervielfältigungsrecht, Aufführungs-, Sende- und Vortragsrecht sowie das Bearbeitungsrecht).[655]

1.11.2.2 WIPO-Urheberrechtsvertrag (WCT)

Der WIPO-Urheberrechtsvertrag ist in seinem Kern ein **Reformgesetz des RBÜ** und dient dem Urheberrechtsschutz im Hinblick auf den Wandel in den **Informationstechnologien**. Er beinhaltet weitere Mindestrechte (z. B. das Recht der öffentlichen Wiedergabe und die Schutzdauer von Werken der Fotografie nach Art. 8 WCT), Schutzverpflichtungen (v. a. hinsichtlich technischer Schutzmaßnahmen, vgl. Art. 11, 12 WCT) sowie Regelungen über Computerprogramme und Datenban-

---

[653] Dreier/Schulze-*Dreier*, UrhG, 6. Aufl. 2018, UrhG § 20a Rn. 2; Spindler/Schuster-*Wiebe*, Recht der elektronischen Medien, 3. Aufl. 2015, UrhG § 20a Rn. 4; Wandtke/Bullinger-*Ehrhardt*, UrhR, 4 Aufl. 2014, UrhG § 20a Rn. 1; Gloy/Loschelder/Erdmann-*Ahrens*, UwG-HdB., 4. Aufl. 2010, § 68 Rn. 19; *Baumann/Hofmann*, ZUM 2011, 890, 892; *Wiebe*, ZUM 2015, 932, 934; vgl. zum Ganzen auch: *Specht*, Diktat der Technik, 2019, S. 370 ff.

[654] *Wandtke*, Urheberrecht, 6. Aufl. 2017, S. 260; Fromm/Nordemann-*Nordemann-Schiffel*, UrhG, 12. Aufl. 2018, Vor §§ 120 ff. Rn. 34 ff.

[655] *Wandtke*, Urheberrecht, 6. Aufl. 2017, S. 261; Ahlberg/Götting-*Lauber-Rönsberg*, BeckOK UrhR, 24. Ed. Stand: 01.04.2019, UrhG § 121 Rn. 20; Fromm/Nordemann-*Nordemann-Schiffel*, UrhG, 12. Aufl. 2018, Vor §§ 120 ff. Rn. 12 ff.; Schricker/Loewenheim-*Katzenberger/Metzger*, UrhG, 5. Aufl. 2017, Vor §§ 120 ff. Rn. 32; Dreyer/Kotthoff/Meckel/Hentsch-*Kotthoff*, UrhG, 4. Aufl. 2018, § 120 Rn. 22 ff.

ken.[656] Die Durchsetzung des geistigen Eigentums ist jedoch nur minimal in Art. 14 WCT geregelt.

1.11.2.3 Rom-Abkommen
Nach dem **Internationale Abkommen über den Schutz der ausübenden Künstler, der Hersteller von Tonträgern und der Sendeunternehmen** (RA) genießen gemäß Art. 4a RA ausübende Künstler Schutz nach dem Recht des Ortes der Darbietung und gemäß Art. 5 RA unabhängig vom Darbietungsort Schutz, wenn ihre Darbietung auf einem geschützten Tonträger nach Art. 5 RA festgelegt ist. Es werden nur reine Tonträger erfasst, Filme sind vom Schutzbereich ausgenommen.[657] Das Abkommen ist nicht Teil des Unionsrechts und entfaltet lediglich mittelbare Wirkungen.[658] Anwendungsvoraussetzung ist, dass es sich um einen internationalen Sachverhalt handelt, da ansonsten das jeweils innerstaatliche Recht anzuwenden ist.[659]

1.11.2.4 WIPO-Vertrag über Darbietungen und Tonträger (WPPT)
Der **WIPO-Vertrag über Darbietungen und Tonträger** (WPPT) ergänzt für ausübende Künstler und Tonträgerhersteller das Rom-Abkommen in Anpassung an die **neuen Möglichkeiten der Digitalisierung** und gewährt den ausübenden Künstlern Mindestrechte, auf die sie sich direkt berufen können.[660] Besonders hervorzuheben ist die Anerkennung eines Künstlerpersönlichkeitsrechtes in Art. 5 WPPT sowie die Regelungen über das Tonträgerherstellerrecht in den Art. 11 ff. WPPT. In Anknüpfung an das Rom-Abkommen ist sowohl für ausübende Künstler als auch für Tonträgerhersteller kein ausschließliches Recht bezüglich der Benutzung veröffentlichter Tonträger für eine Sendung bzw. öffentliche Wiedergabe vorgesehen.[661] Vielmehr existiert lediglich ein Vergütungsanspruch in Art. 15 WPPT.

1.11.2.5 TRIPS-Abkommen
Mit dem Abkommen über handelsbezogene Aspekte der Rechte an geistigem Eigentum, einschließlich des Handels mit Nachahmungen und Fälschungen (TRIPS-Abkommen) wurde erstmals Immaterialgüterrechtsschutz in ein handelsrechtliches Abkommen integriert. Neu ist auch das Prinzip der **Meistbegünstigung** gemäß Art. 4 TRIPS. Demnach müssen alle Vorteile, die ein Mitgliedstaat den Angehörigen eines anderen Landes gewährt, auch den Angehörigen aller

---

[656] *Wandtke*, Urheberrecht, 6. Aufl. 2017, S. 261; Ahlberg/Götting-*Lauber-Rönsberg*, BeckOK UrhR, 24. Ed. Stand: 01.04.2019, UrhG § 121 Rn. 29; Dreyer/Kotthoff/Meckel/Hentsch-*Kotthoff*, UrhG, 4. Aufl. 2018, § 121 Rn. 33 ff.; Schricker/Loewenheim-*Katzenberger/Metzger*, UrhG, 5. Aufl. 2017, Vor §§ 120 ff. Rn. 38 ff.

[657] Wandtke-*Dietz*, Urheberrecht, 5. Aufl. 2015, S. 528; Fromm/Nordemann-*Nordemann-Schiffel*, UrhG, 12. Aufl. 2018, Vor §§ 120 ff Rn. 34 ff.

[658] EuGH, Urt. v. 15.03.2012 – C-135/10, ECLI:EU:C:2012:140 = GRUR 2012, 593 – *SCF/Marco Del Corso*.

[659] Schricker/Loewenheim-*Katzenberger/Metzger*, UrhG, 5. Aufl. 2017, Vor §§ 120 ff. Rn. 64.

[660] Wandtke-*Dietz*, Urheberrecht, 5. Aufl. 2015, S. 529.

[661] Schricker/Loewenheim-*Katzenberger/Metzger*, UrhG, 5. Aufl. 2017, Vor §§ 120 ff. Rn. 74.

anderen Länder gewährt werden.[662] Des Weiteren gewährleistet der **Bern-Plus-Ansatz** (Art. 1 I, 9 ff. TRIPS), dass weitergehende Mindestrechte als die in der RBÜ festgelegten garantiert werden. Hinzu kommen umfangreiche Regelungen in den Art. 41 ff. TRIPS über die Durchsetzung der geistigen Eigentumsrechte sowie Streitbeilegungsverfahren.[663] Das TRIPS-Abkommen verweist im Übrigen an einigen Stellen auf die Vorschriften der RBÜ und des WUA.[664] Auch in ihm wird am Prinzip der Inländerbehandlung festgehalten, vgl. Art. 5 TRIPS.

1.11.2.6 Europäischer Urheberrechtsschutz

Abschließend sei kurz auf den europäischen Urheberrechtsschutz hingewiesen: Zur Schaffung und Förderung des gemeinsamen Marktes und dem Abbau rechtlicher Handelshemmnisse hat die EU im Bereich des Urheberrechts mehrere Richtlinien (Satellitenrundfunk-RL,[665] Datenbank-RL,[666] InfoSoc-RL,[667] Folgerechts-RL,[668] Enforcement-RL,[669] Vermiet- und Verleih-RL,[670] Schutzdauer-RL,[671] Computerprogramm-RL,[672] Verwaiste-Werke-RL,[673] Verwertungsgesellschaf-

---

[662] Wandtke-*Dietz*, Urheberrecht, 5. Aufl. 2015, S. 530; Fromm/Nordemann-*Nordemann-Schiffel*, UrhG, 12. Aufl. 2018, Vor §§ 120 ff. Rn. 20.

[663] Vgl. dazu eingehend: Schricker/Loewenheim-*Katzenberger/Metzger*, UrhG, 5. Aufl. 2017, Vor §§ 120 ff. Rn. 15. Das TRIPS-Abkommen ist zudem deshalb besonders, weil auf seiner Grundlage erstmals ein urheberrechtliches Verfahren zulasten der USA erfolgreich abgeschlossen wurde, vgl. dazu: *Ginsburg*, RIDA 187, 3, 3 ff.; *Goldmann*, 32 IIC, 412, 412 ff.

[664] Ahlberg/Götting-*Lauber-Rönsberg*, BeckOK UrhR, 24. Ed. Stand: 01.04.2019, UrhG § 121 Rn. 22 ff.; Dreier/Schulze-*Dreier*, UrhG, 6. Aufl. 2018, UrhG Vor §§ 120 Rn. 21; vgl. eingehend zum TRIPS-Abkommen auch: *Katzenberger*, GRUR Int. 1995, 447, 447 ff.

[665] Richtlinie 93/83/EWG des Rates vom 27. September 1993 zur Koordinierung bestimmter urheber- und leistungsschutzrechtlicher Vorschriften betreffend Satellitenrundfunk und Kabelweiterverbreitung, ABl. Nr. L 248/15 v. 06.10.1993.

[666] Richtlinie 96/9/EG des Europäischen Parlaments und des Rates vom 11. März 1996 über den rechtlichen Schutz von Datenbanken, ABl. Nr. L 77/20 v. 27.03.1996.

[667] Richtlinie 2001/29/EG des Europäischen Parlaments und des Rates vom 22. Mai 2001 zur Harmonisierung bestimmter Aspekte des Urheberrechts und der verwandten Schutzrechte in der Informationsgesellschaft, ABl. Nr. L 167/10 v. 22.06.2001.

[668] Richtlinie 2001/84/EG des Europäischen Parlaments und des Rates vom 27. September 2001 über das Folgerecht des Urhebers des Originals eines Kunstwerks, ABl. Nr. L 272/32 v. 13.10.2001.

[669] Richtlinie 2004/48/EG des Europäischen Parlaments und des Rates vom 29. April 2004 zur Durchsetzung der Rechte des geistigen Eigentums, ABl Nr. L 195/16 v. 02.06.2004.

[670] Richtlinie 2006/115/EG des Europäischen Parlaments und des Rates vom 12. Dezember 2006 zum Vermietrecht und Verleihrecht sowie zu bestimmten dem Urheberrecht verwandten Schutzrechten im Bereich des geistigen Eigentums, ABl. Nr. L 376/28 v. 27.12.2006.

[671] Richtlinie 2006/116/EG des Europäischen Parlaments und des Rates vom 12. Dezember 2006 über die Schutzdauer des Urheberrechts und bestimmter verwandter Schutzrechte, ABl. Nr. L 372/12 v. 27.12.2006.

[672] Richtlinie 2009/24/EG des Europäischen Parlaments und des Rates vom 23. April 2009 über den Rechtsschutz von Computerprogrammen, ABl. Nr. L 111/16 v. 05.05.2009.

[673] Richtlinie 2012/28/EU des Europäischen Parlaments und des Rates vom 25. Oktober 2012 über bestimmte zulässige Formen der Nutzung verwaister Werke, ABl. Nr. L 299/5 v. 27.10.2012.

ten-RL,[674] AVMD-RL,[675] Marrakesch-RL,[676] Online-SatCab-RL,[677] DSM-RL)[678] und Verordnungen (Portabilitäts-VO[679] sowie Geoblocking-VO)[680] erlassen. Im Gegensatz zu Verordnungen bedürfen Richtlinien nach Art. 288 Abs. 3 AEUV der Umsetzung in nationales Recht und sind unionsrechtskonform auszulegen. Nicht in allen Bereichen aber ist das Urheberrecht bereits harmonisiert. So fehlt heute insbesondere eine Harmonisierung des Werkbegriffes und des Urheberpersönlichkeitsrechts.

Erhebliche Änderungen werden schließlich auch mit der endgültigen Umsetzung der DSM-RL durch den nationalen Gesetzgeber eintreten:[681] Zunächst werden die Schrankenregelungen hinsichtlich des Text und Data Minings, der Bildung- und Wissenschaftsschranken sowie des kulturellen Erbes ergänzt und erweitert (Art. 3 ff.). Weitere Änderungen betreffen die vergriffenen Werke und Verwertungsgesellschaften (Art. 8 ff.), die kollektive Lizenzvergabe (Art. 12), die gemeinfreien Werke der bildenden Kunst (Art. 14), das Leistungsschutzrecht und einen Aus-

---

[674] Richtlinie 2014/26/EU des Europäischen Parlaments und des Rates vom 26. Februar 2014 über die kollektive Wahrnehmung von Urheber- und verwandten Schutzrechten und die Vergabe von Mehrgebietslizenzen für Rechte an Musikwerken für die Online-Nutzung im Binnenmarkt, ABl. Nr. L 84/72 v. 20.03.2014.

[675] Richtlinie 2010/13/EU des Europäischen Parlaments und des Rates vom 10. März 2010 zur Koordinierung bestimmter Rechts- und Verwaltungsvorschriften der Mitgliedstaaten über die Bereitstellung audiovisueller Mediendienste (Richtlinie über audiovisuelle Mediendienste), ABl. Nr. L 95/1 v. 15.04.2010.

[676] Richtlinie (EU) 2017/1564 des Europäischen Parlaments und des Rates vom 13. September 2017 über bestimmte zulässige Formen der Nutzung bestimmter urheberrechtlich oder durch verwandte Schutzrechte geschützter Werke und sonstiger Schutzgegenstände zugunsten blinder, sehbehinderter oder anderweitig lesebehinderter Personen und zur Änderung der Richtlinie 2001/29/EG zur Harmonisierung bestimmter Aspekte des Urheberrechts und der verwandten Schutzrechte in der Informationsgesellschaft, ABl. Nr. L 242/6 v. 20.09.2017.

[677] Richtlinie (EU) 2019/789 des Europäischen Parlaments und des Rates vom 17.04.2019 mit Vorschriften für die Ausübung von Urheberrechten und verwandten Schutzrechten in Bezug auf bestimmte Online-Übertragungen von Sendeunternehmen und die Weiterverbreitung von Fernseh- und Hörfunkprogrammen und zur Änderung der Richtlinie 93/83/EWG des Rates, ABl. Nr. L 130/82 v. 17.05.2019.

[678] Richtlinie (EU) 2019/790 des Europäischen Parlaments und des Rates vom 17. April 2019 über das Urheberrecht und die verwandten Schutzrechte im digitalen Binnenmarkt und zur Änderung der Richtlinien 96/9/EG und 2001/29/EG, ABl. Nr. L 130/92 v. 17.05.2019.

[679] Verordnung (EU) 2017/1128 des Europäischen Parlaments und des Rates vom 14. Juni 2017 zur grenzüberschreitenden Portabilität von Online-Inhaltediensten im Binnenmarkt, ABl. Nr. L 168/1 v. 30.06.2017.

[680] Verordnung (EU) 2018/302 des Europäischen Parlaments und des Rates vom 28. Februar 2018 über Maßnahmen gegen ungerechtfertigtes Geoblocking und andere Formen der Diskriminierung aufgrund der Staatsangehörigkeit, des Wohnsitzes oder des Ortes der Niederlassung des Kunden innerhalb des Binnenmarkts und zur Änderung der Verordnungen (EG) Nr. 2006/2004 und (EU) 2017/2394 sowie der Richtlinie 2009/22/EG, ABl. Nr. L 60 I/1 v. 02.03.2018.

[681] Vgl. dazu eingehend: *Wandtke*, NJW 2019, 1841 ff.; *Stieper*, ZUM 2019, 211 ff.; *Dreier*, GRUR 2019, 771 ff.

gleichsanspruch für Presseverleger (Art. 15 f.), das Urhebervertragsrecht (Art. 18 ff.) sowie als wohl prominenteste Änderung ein erweitertes Haftungsregime für Betreiber von Online-Plattformen (Art. 17).

1.12 Übungsfall 1: Leila & Peppels

Ausgangsfall

Die S-GmbH betreibt unter www.leila-peppels.de einen Internetshop, über den sie sowohl Fotos als auch mit diesen Fotos bebilderte Produkte vertreibt. Der Internetauftritt dreht sich ganz um die Katzengeschwister „Leila & Peppels", die in Form von Bildern und Produkten der S-GmbH in Szene gesetzt werden. Diese Bilder werden von der angestellten Fotokünstlerin L teilweise mit erheblichem Aufwand produziert, wofür sie von der S-GmbH ein überdurchschnittliches Gehalt erhält. Auch die Produktion der Bilder wird in vollem Umfang von der S-GmbH finanziert.

Eine Fotografie wurde von L auf Anweisung der S-GmbH im Treppenhaus einer alten Lagerhalle angefertigt. Hierfür hat sie eigens einen auf die Katzen abgestimmten Umzugskarton entworfen und den Treppenraum mit einer speziellen Beleuchtungstechnik ausgestattet. Letztlich wurden die beiden Katzen in mühevoller Kleinarbeit in diesem Umzugskarton positioniert. Anfertigung und Nachbearbeitung des Fotos haben mehrere Stunden in Anspruch genommen. Im Markt bezahlen Kunden für die „Erlaubnis", das Bild nutzen zu dürfen, 300 €.

Die B betreibt ebenfalls eine Website, auf welcher im Wege der sog. „Framing-Technik" in großer Zahl Angebote der Handelsplattform Amazon eingeblendet werden. Diese Einblendungen erfolgen vollständig automatisiert unter Zuhilfenahme eines bestimmten Algorithmus und werden deutlich als kommerzielle Werbeanzeigen gekennzeichnet. Als Vertragspartnerin von Amazon (sog. „Affiliate") erhält die B eine – wenn auch sehr geringe – Vergütung für jeden Klick eines Dritten auf den jeweiligen Frame, der zu Amazon führt.

Auf der Internetseite der B befand sich am 20.06.2018 die Einblendung einer Anzeige für einen Reisekoffer, auf dessen Vorderseite unter der Aufschrift „*Moving forward*" das oben gezeigte Foto erschien. Sowohl Herstellung/Vertrieb eines solchen Koffers als auch die Verwertung einschließlich der öffentlichen Zugänglichmachung von Kofferbildern mit diesem Motiv erfolgten ohne Zustimmung der S-GmbH.

Die S-GmbH sieht sich durch die Einblendung auf der Internetseite der B in ihren „Urheberrechten" an dem Bild verletzt. Insbesondere ist sie der Ansicht, die B hätte die Rechtmäßigkeit der Amazon-Anzeigen überprüfen sollen. Wer mit derartigen Anzeigen Einnahmen generieren wolle, der müsse auch verstärkt auf die Rechtmäßigkeit der auf seiner Internetseite eingeblendeten Inhalte achten.

Die B wendet hiergegen ein, dass sie auf die Rechtmäßigkeit der von Amazon bereitgestellten Inhalte vollends vertraut hatte. Die Vielzahl von Anzeigen mache es ihr unmöglich, jede einzelne auf ihre Rechtmäßigkeit zu überprüfen. Sie habe überdies keinen Einfluss darauf gehabt, welche Anzeigen durch Amazon eingeblendet werden. Im Übrigen handele es sich bei dem Foto um einen bloßen Schnappschuss

ohne künstlerischen Wert, für den die Vorschriften des Urheberrechts gar keine Anwendung fänden. Die S-GmbH sei überdies nicht Urheberin des Bildes.

Die S-GmbH hingegen ist der Ansicht, es könne es nicht angehen, dass angestellte Urheber überhaupt Urheberrechte haben. Vielmehr sei es so, dass angestellte
Urheber schon ganz automatisch das „Urheberrecht im Ganzen" auf ihren Arbeitgeber übertragen. Die Behauptung, dass Urheber lediglich Nutzungsrechte einräumen
könnten, hält die S-GmbH für „Fake-News". Jedenfalls aber, so die S-GmbH, müssen man hier doch bei Berücksichtigung aller Einzelfallumstände dazu kommen,
dass die L mit Abschluss ihres Arbeitsvertrages soweit wie das eben irgendwie
möglich ist, der S-GmbH Nutzungsrechte eingeräumt hat.

Frage 1

Hat die **S-GmbH gegen B** einen Anspruch auf Unterlassung der Einblendung der
Anzeige auf deren Website?

Frage 2

Angenommen, der S-GmbH stünde ein Schadensersatzanspruch zu, wie beziffert
sich dieser Anspruch?

Fallfortsetzung

Nach einem nervenaufreibenden Fotoshooting mit Leila und Peppels beschließt
die L, Selfies für ihren privaten Instagram-Account anzufertigen. Als L die entsprechende Kulisse mit einer professionellen Selbstauslöser-Technik aufgebaut
hat, klingelt die Haustür, weshalb sie schnell den Raum verlässt. Kurz darauf
schleicht sich Peppels in das Studio, wo sie vom Selbstauslöser-Knopf der L ma-
gisch angezogen wird. Sodann macht Peppels versehentlich das weltweit erste
Katzen-Selfie.

Frage 3

Diskutieren Sie, welches Schutzrecht am Selfie besteht und wem dieses Recht zustehen könnte.

Bearbeitervermerk 1

Framing ermöglicht die Aufteilung der Benutzerfläche einer Internetseite, wodurch
Drittinhalte in die eigene Website integriert werden können, ohne dass dies für den
Nutzer zwingend erkennbar sein muss. Es handelt sich gewissermaßen um ein
„Fenster", durch das man auf eine dritte Website schauen kann. Technisch wird
beim Framing lediglich ein Link gesetzt, der den Drittinhalt einblendende Website-
inhaber muss den eingeblendeten Inhalt hingegen nicht selbst kopieren und auf seinen Servern speichert.

Bearbeitervermerk 2

Es ist auf alle rechtlichen Aspekte – notfalls im Hilfsgutachten – einzugehen.

Art. 3 RL 2001/29/EG (Richtlinie zur Harmonisierung bestimmter Aspekte des Urheberrechts und der verwandten Schutzrechte in der Informationsgesellschaft)
Recht der öffentlichen Wiedergabe von Werken und Recht der öffentlichen Zugänglichmachung sonstiger Schutzgegenstände

(1) Die Mitgliedstaaten sehen vor, dass den Urhebern das ausschließliche Recht zusteht, die drahtgebundene oder drahtlose öffentliche Wiedergabe ihrer Werke einschließlich der öffentlichen Zugänglichmachung der Werke in der Weise, dass sie Mitgliedern der Öffentlichkeit von Orten und zu Zeiten ihrer Wahl zugänglich sind, zu erlauben oder zu verbieten.

(2) Die Mitgliedstaaten sehen für folgende Personen das ausschließliche Recht vor, zu erlauben oder zu verbieten, dass die nachstehend genannten Schutzgegenstände drahtgebunden oder drahtlos in einer Weise der Öffentlichkeit zugänglich gemacht werden, dass sie Mitgliedern der Öffentlichkeit von Orten und zu Zeiten ihrer Wahl zugänglich sind:

   a) für die ausübenden Künstler in Bezug auf die Aufzeichnungen ihrer Darbietungen;
   b) für die Tonträgerhersteller in Bezug auf ihre Tonträger;
   c) für die Hersteller der erstmaligen Aufzeichnungen von Filmen in Bezug auf das Original und auf Vervielfältigungsstücke ihrer Filme;
   d) für die Sendeunternehmen in Bezug auf die Aufzeichnungen ihrer Sendungen, unabhängig davon, ob diese Sendungen drahtgebunden oder drahtlos, über Kabel oder Satellit übertragen werden.

(3) Die in den Absätzen 1 und 2 bezeichneten Rechte erschöpfen sich nicht mit den in diesem Artikel genannten Handlungen der öffentlichen Wiedergabe oder der Zugänglichmachung für die Öffentlichkeit.

Lösungsskizze
Frage 1
A. Anspruch der S-GmbH gegen B auf Unterlassung der öffentlichen Zugänglichmachung des Fotos aus §§ 97 Abs. 1 i. V. m. 19a UrhG
I. Ein nach dem UrhG geschütztes Recht

• Bei dem Foto handelt es sich gemäß § 2 Abs. 1 Nr. 5 UrhG um ein Lichtbildwerk.
• Weitere Voraussetzung: Persönliche geistige Schöpfung i. S. v. § 2 Abs. 2 UrhG: Dafür sprechen beispielsweise der besondere Aufnahmeort (Treppenhaus einer alten Lagerhalle) sowie der Umstand, dass die Requisiten eigens für das Foto hergestellt wurden (der Umzugskarton war speziell auf die Katzen abgestimmt). Schließlich wurden die Katzen auch in mühevoller Kleinarbeit positioniert und L wandte eine besondere Beleuchtungstechnik an. Die Anfertigung und Nachbearbeitung des Fotos haben schließlich mehrere Stunden in Anspruch genommen.

• Zumindest handelt es sich um ein Lichtbild ohne Werkqualität i. S. v. § 72 UrhG, auf das die für Lichtbildwerke geltenden Vorschriften der §§ 1–69g UrhG gem. § 72 Abs. 1 UrhG entsprechend anwendbar sind.

▶ **Anmerkung 1** Beachten Sie, dass Sie auch bei Vorliegen eines Werkes aus dem Katalog des § 2 Abs. 1 UrhG immer auch die persönliche geistige Schöpfung nach § 2 Abs. 2 UrhG prüfen müssen! Wenn dies – wie hier – offensichtlich der Fall ist, genügt eine knappe zusammenfassende Darstellung der wesentlichen Argumente aus dem Sachverhalt.

Anmerkung 2 Achten Sie in der Klausursituation besonders auf Informationen, die beschreiben, unter welchen Umständen ein Werk zustande gekommen ist. Wenn – wie hier – ausführlich beschrieben ist, dass *eigens ein Umzugskarton entworfen wurde*, eine *spezielle Beleuchtungstechnik* verwendet wurde, das Ganze in *mühevoller Kleinarbeit* entstanden ist und die Bearbeitung *mehrere Stunden* gedauert hat, können Sie vom Vorliegen der erforderlichen Schöpfungshöhe i. S. d. § 2 Abs. 2 UrhG ausgehen. Suchen Sie sich also immer Informationen, die das Werk besonders machen und aus der Masse der Werke hervorheben! So kann das Vorliegen der Schöpfungshöhe überzeugend begründet werden.

II. Aktivlegitimation

▶ **Anmerkung** Hier gilt es zu erkennen, dass es sich bei der S-GmbH um eine juristische Person handelt und daher keine Urheberschaft in Betracht kommt. Wurde die Werkqualität zuvor verneint und ein verwandtes Schutzrecht in § 72 UrhG angenommen, so darf die Urheberschaft gem. § 7 UrhG nicht angesprochen werden.

1. Urheberschaft der S-GmbH, § 7 UrhG

• Urheber ist, wer ein Werk erschafft, d. h. wer die schöpferische Leistung erbracht hat. Hierbei kann es sich zwangsläufig nur um eine natürliche Person handeln.
• Bei der S-GmbH handelt es sich indes um eine juristische Person, sodass eine Urheberschaft gem. § 7 UrhG nicht in Betracht kommt.
• Urheberin ist vielmehr die L, welche die schöpferische Leistung erbracht hat.

2. Inhaberschaft eines ausschließlichen Nutzungsrechts, § 31 UrhG

▶ **Anmerkung** Wichtig ist, dass keine Formulierungen wie „Das Urheberrecht könnte übertragen worden sein" verwendet werden, da Urheberrechte nicht übertragbar sind. Übertragbar ist nur das Recht, das Werk zu nutzen (Nutzungsrecht). Die Urheberschaft bleibt untrennbar mit dem Schöpfer verbunden und geht erst mit dem Tod auf dessen Erben über.

- Die S-GmbH könnte aber Inhaberin eines <u>Nutzungsrechts</u> sein, also Inhaberin des Rechts, das Foto der beiden Katzen zu nutzen, § 31 Abs. 1 S. 1 UrhG. Dieses Recht kann auch juristischen Personen zufallen. Ein Nutzungsrecht kann nur vom Urheber eingeräumt werden, § 31 Abs. 1 Satz 1 UrhG.
- In Betracht kommt ein <u>ausschließliches</u> Nutzungsrecht gemäß § 31 Abs. 3 S. 1 UrhG, wonach der Inhaber berechtigt ist, das Werk unter Ausschluss aller anderen Personen auf die ihm erlaubte Art zu nutzen und Nutzungsrechte einzuräumen.
- Nach <u>§ 43 UrhG</u> sind die Vorschriften der §§ 31–44 UrhG auch dann anzuwenden, wenn der Urheber das Werk in Erfüllung seiner Verpflichtungen aus einem Arbeits- oder Dienstverhältnis geschaffen hat, soweit sich aus dem Inhalt oder dem Wesen des Arbeits- oder Dienstverhältnisses nichts anderes ergibt. Grundsätzlich verbleiben damit sämtliche Rechte betreffend die Nutzung des Bildes bei der L als Urheberin. Dies gilt nur dann nicht, wenn es sich aus dem Arbeitsvertrag zwischen der S-GmbH und L etwas anderes ergibt.

Zur Vertiefung
Rechtsprechung und Literatur erkennen an, dass dem Arbeitgeber kraft Arbeitsvertrags weitreichende und auch ausschließliche Nutzungsrechte eingeräumt werden, sogar über das Arbeitsverhältnis hinaus; freilich nur an solchen Werken, die im Rahmen des Arbeitsverhältnisses geschaffen worden sind.[682] Sofern der Arbeitsvertrag keine ausdrückliche Nutzungsrechtseinräumung enthält, wird sie konkludent aus § 43 UrhG hergeleitet.[683]

- Die L produziert die Bilder als Arbeitnehmerin der S-GmbH. Die Anfertigung der Bilder erfolgte in Erfüllung ihrer Verpflichtungen gegenüber ihrer Arbeitgeberin. Sie erhält ein überdurchschnittliches Gehalt. Die S-GmbH finanziert die gesamte Fotoproduktion. Daher ist davon auszugehen, dass die L der S-GmbH – zumindest konkludent – sämtliche Nutzungsrechte am Foto eingeräumt hat.

III. Rechtswidrige Verletzung des Rechts
Öffentliche Zugänglichmachung, §§ 19a, 15 Abs. 2 Nr. 2 UrhG

▶ **Anmerkung** Werden noch weitere Verwertungsrechte geprüft und verneint, so hat dies keine negativen Auswirkungen. Unbedingt muss aber das Recht der öffentlichen Zugänglichmachung als betroffenes Verwertungsrecht erkannt werden. Hauptanwendungsfall von § 19a UrhG ist nämlich gerade das Einstellen von Werken ins Internet.

Recht der öffentlichen Zugänglichmachung, § 19a UrhG

Zur Vertiefung
Beim Recht der öffentlichen Zugänglichmachung des Fotos handelt es sich um ein nach <u>Art. 3 Abs. 1 RL 2001/29/EG</u> harmonisiertes Recht, sodass es unionsrechtskonform <u>auszulegen ist</u>. Danach sehen die Mitgliedstaaten vor, dass den Urhebern das ausschließliche Recht zusteht, die drahtgebundene oder drahtlose öffentliche Wiedergabe ihrer Werke einschließlich der öffentlichen Zugänglichmachung der Werke in der Weise, dass sie Mitgliedern der Öffentlichkeit von Orten und zu Zeiten ihrer Wahl zugänglich sind, zu erlauben oder zu verbieten.

---

[682] Ahlberg/Götting-*Lindhorst*, BeckOK UrhG, 24. Ed. Stand: 01.04.2019, UrhG § 43 Rn. 2.

[683] Ahlberg/Götting-*Lindhorst*, BeckOK UrhG, 24. Ed. Stand: 01.04.2019, UrhG § 43 Rn. 16.

Voraussetzungen

Der Begriff der öffentlichen Wiedergabe vereint zwei kumulative Tatbestandsmerkmale: Eine Handlung der Wiedergabe eines Werkes (1) und die Öffentlichkeit der Wiedergabe (2); zusätzlich ist eine Reihe weiterer Kriterien zu berücksichtigen, die unselbstständig und miteinander verflochten sind und deshalb einzeln und in ihrem Zusammenwirken mit den anderen Kriterien anzuwenden sind, da sie im jeweilige Einzelfall in sehr unterschiedlichem Maß vorliegen können (Abschn. 1.4.2.2.4).[684]

1. Wiedergabehandlung durch Einblendung des Fotos auf der Website

- Erforderlich ist, dass ein geschütztes Werk unter Verwendung eines neuen technischen Verfahrens, das sich von dem bisher verwendeten unterscheidet oder ansonsten für ein „neues Publikum" wiedergegeben wird, d. h. für ein Publikum, an das die Inhaber des Urheberrechts nicht gedacht hatten, als sie die ursprüngliche öffentliche Wiedergabe erlaubten.[685]

a. Verwendung eines neuen technischen Verfahrens

- Voraussetzung ist die Wiedergabe in einem Medium, über welches das Werk zuvor noch nicht wiedergegeben wurde.
- Die Einblendung des Bildes erfolgte indes auf der Internetseite des B. Da das Bild der Katzen zuvor auch auf der Internetseite der S-GmbH veröffentlicht wurde, liegt kein derartiger „Medienbruch" vor.

b. Sonstige Wiedergabe für ein neues Publikum

- Dies meint ein Publikum, an das die S nicht gedacht hatte, als sie die ursprüngliche öffentliche Wiedergabe erlaubte. Wird also ein Werk verlinkt, das mit der Erlaubnis des Urheberrechtsinhabers schon auf einer anderen Website frei zugänglich ist, dann ist dies nicht als öffentliche Wiedergabe einzustufen.[686]
- Fehlt diese Erlaubnis aber, dann stellt das Framing auf ein rechtswidrig eingestelltes Werk im Umkehrschluss eine eigene öffentliche Wiedergabe dar, weil dies ein Publikum erreicht, an welches der Urheberrechtsinhaber nicht gedacht hat, da er schon die geframte Wiedergabe nicht lizenziert hatte.
- S hat weder die Auswertung des Fotos auf einem Reisekoffer in Kombination mit dem Slogan noch deren Ablichtung lizenziert und auch die Wiedergabe des Fotos in seiner veränderten Gestalt auf Amazon nicht genehmigt.
- Es liegt also ein neues Publikum vor, an das S bei Erlaubnis der ursprünglichen öffentlichen Wiedergabe nicht gedacht hat.

---

[684] EuGH, Urt. v. 26.04.2017 – C-527/15, GRUR 2017, 610 – *Stichting Brein/Wullems*.

[685] EuGH, Urt. v. 26.04.2017 – C-527/15, GRUR 2017, 610 – *Stichting Brein/Wullems*.

[686] EuGH, Urt. v. 26.04.2017 – C-527/15, GRUR 2017, 610 – *Stichting Brein/Wullems*.

2. Weiteres Kriterium: Subjektive Wiedergabehandlung eines „Nutzers"

▶ **Anmerkung** Um zu beurteilen, ob ein Nutzer eine Handlung der öffentlichen Wiedergabe vornimmt, sind nach EuGH-Rechtsprechung eine Reihe weiterer Kriterien zu berücksichtigen, die unselbstständig und eng miteinander verflochten sind, sie sind einzeln und in ihrem Zusammenhang mit anderen Kriterien anzuwenden, da sie im jeweiligen Einzelfall in sehr unterschiedlichem Maß vorliegen können. Wichtig ist hier insbesondere die subjektive Wiedergabehandlung.

a. Positive Kenntnis

- Der Nutzer muss in voller Kenntnis der Folgen seines Verhaltens tätig werden, um seinen Kunden Zugang zu einem geschützten Werk zu verschaffen.
- Diese Kenntnis muss sich auch auf den Umstand beziehen, dass diejenige Wiedergabe, auf die verlinkt wird, ihrerseits rechtswidrig erfolgt.
- Eine öffentliche Wiedergabe liegt daher in Fällen vor, in denen erwiesen ist, dass eine Person, die einen direkten Zugang zu geschützten Werken anbietet, wusste oder hätte wissen müssen, dass der von ihr gesetzte Frame Zugang zu einem unbefugt im Internet veröffentlichten Werk verschafft.
- Maßgeblich für die positive Kenntnis ist die <u>Gewinnerzielungsabsicht</u>
  - Wer einen Frame setzt und dabei <u>keine Gewinnerzielungsabsicht</u> verfolgt, handelt grundsätzlich nicht in voller Kenntnis der Folgen seines Tuns, um Kunden Zugang zu einem rechtswidrig im Internet veröffentlichten Werk zu verschaffen. Dies ergibt sich aus der Schwierigkeit, zu ermitteln, ob die geframte Website Zugang zu geschützten Werken eröffnet bzw. ob der Inhaber der Urheberrechte die Veröffentlichung im Internet erlaubt hat.
  - Wird der Frame dagegen <u>mit Gewinnerzielungsabsicht</u> gesetzt, so kann vom Framenden erwartet werden, dass er die erforderlichen Nachprüfungen hinsichtlich der Rechtmäßigkeit der geframten Internetseite anstellt. Es besteht daher die <u>widerlegbare Vermutung</u>, dass der Framesetzende in voller Kenntnis der Rechtswidrigkeit der Inhalte handelte und insofern eine öffentliche Wiedergabe gem. Art. 3 Abs. 1 RL 2001/29/EG bzw. § 19a UrhG vorliegt.
  - Allerdings besteht seit dem *Vorschaubilder III*-Urteil[687] des BGH diese Vermutung nicht bei automatisierten Diensten (wie z. B. Suchmaschinen), um die Funktionsfähigkeit des Internets zu gewährleisten. Daher gilt die Vermutung im vorliegenden Fall nicht.

▶ **Klausurtipp** Die positive Kenntnis kann also in drei Schritten geprüft werden:

1. Öffentliche Wiedergabe erfordert grundsätzlich positive Kenntnis
2. <u>Ausnahme:</u> Diese positive Kenntnis wird <u>vermutet</u>, sofern mit Gewinnerzielungsabsicht gehandelt wird

---

[687] BGH, Urt. v. 21.09.2017 – I ZR 11/16, GRUR 2018, 178 – *Vorschaubilder III*.

3. Rückausnahme: Die Vermutung gilt nicht für automatisierte Dienste, damit die Funktionsfähigkeit des Internets sichergestellt ist (BGH in Rs. *Vorschaubilder III*)

▶ **Anmerkung** *Falls die Vermutungswirkung angenommen wird*: B hat laut Sachverhalt keinerlei Nachforschungen hinsichtlich der Rechtmäßigkeit der eingeblendeten Amazon-Anzeigen vorgenommen. Insofern ist die Vermutung widerlegt, weshalb zumindest eine positive Kenntnis hinsichtlich der Rechtswidrigkeit ausscheidet.

b. Kennenmüssen

Hintergrund
Der Framende ist trotz seiner tatsächlichen Unkenntnis nicht schutzwürdig, wenn die Gründe seiner Unkenntnis in seinem eigenen Verantwortungsbereich liegen und von ihm zu vertreten sind, sodass es im Verhältnis als unbillig erschiene, wenn sich der Framesetzende auf seine Unkenntnis berufen dürfte.

* „Kennenmüssen" meint eine verschuldete Unkenntnis hinsichtlich der Rechtswidrigkeit der Einblendung des Lichtbildwerkes.
* Zumutbarkeit der Nachprüfung: Verfolgt der Framesetzende keinerlei Erwerbsinteressen, dann kann er regelmäßig vernünftigerweise nicht wissen, dass dieses Werk im Internet ohne Erlaubnis des Urheberrechtsinhabers veröffentlicht wurde. Andererseits führt eine vorhandene Gewinnerzielungsabsicht nicht zwangsläufig zu einer Nachprüfungspflicht des Framesetzenden. Je nach Einzelfall sind noch weitere Kriterien zu berücksichtigen, die im sehr unterschiedlichen Maß vorliegen können.

▶ **Anmerkung** Es kommt in der Klausur an dieser Stelle darauf an, dass Sie anhand der Angaben im Sachverhalt und aufgrund Ihrer Rechtskenntnisse – mindestens drei – vertretbare Kriterien für die Zumutbarkeit selbstständig entwickeln. Diese können unter anderem sein:

– **Geschäftsmodell**: Je nach Geschäftsmodell bestehen unterschiedliche tatsächliche, wirtschaftliche und rechtliche Voraussetzungen und Möglichkeiten für Rechterecherchen, sodass diese entsprechend in die Beurteilung berücksichtigt werden müssen.
– **Zeitlicher, inhaltlicher und wirtschaftlicher Aufwand für B**: Die Recherchen zur Ermittlung der Rechte der S-GmbH wären für B mit erheblichem Aufwand und Kosten verbunden gewesen und hätten möglicherweise nicht einmal zur Klärung der Lizenzierungsfrage geführt. Flächendeckende Rechterecherchen hätten das Geschäftsmodell wegen der damit verbunden Kosten ersichtlich unrentabel werden lassen.

– **Automatisierung der Framings:** Da sämtliche Framings unstreitig vollautomatisiert erfolgten, bestand für B keine Möglichkeit, vom Foto Kenntnis zu nehmen.

– **Eventuelle Auskunftsansprüche:** Möglicherweise hätte B gegen Amazon aus § 242 BGB Auskunftsansprüche bzgl. der Rechtmäßigkeit der dortigen Uploads ableiten können. Dies hätte indes wohl keine abschließende Klärung der Rechtesituation mit sich gebracht, da nicht davon ausgegangen werden kann, dass von dort aus tatsächlich Recherchen zur Rechtesituation durchgeführt worden wären.

– **Besondere Gefahrgeneigtheit des Geschäftsmodells:** Für eine Nachforschungspflicht könnte eine besondere Gefahrgeneigtheit des Geschäftsmodells des Framesetzenden sprechen, wenn es als solches unrechtmäßig ist, es in der Vergangenheit vermehrt zu einem Framing auf rechtswidrige Inhalte gekommen ist oder es auf der verlinkten Webseite häufig zu Rechtsverletzungen kommt.

– **Besonderer Vertrauenstatbestand:** B setzt keinen besonderen Vertrauenstatbestand, nach welchem Besucher seiner Seite etwa erwarten könnten, er habe Recherchen zur Rechtmäßigkeit der verlinkten Wiedergaben vorgenommen.

– **Zueigenmachen:** B erweckt bei den Besuchern nicht den Eindruck, sie wolle für die Rechtmäßigkeit der verlinkten Wiedergaben einstehen oder sich die verlinkten Inhalte zu eigen machen, da der Frame deutlich als „Anzeige" gekennzeichnet wurde.

– **Evidenz der Rechtswidrigkeit:** Aus der bloßen Kenntnisnahme der Abbildung des mit den Katzen bedruckten Reisekoffers hätten sich keine Anhaltspunkte entnehmen lassen, die eine Rechterecherche als besonders geboten hätten erscheinen lassen; denn dem Verletzungsmusters als solchem war nicht anzusehen, ob das auf des Reisekoffers abgebildete Foto lizenziert war oder nicht.

• Der B war insgesamt eine Recherche zur Rechtmäßigkeit der Wiedergabe des Lichtbildwerkes nicht zumutbar. Insofern fehlt es an einer subjektiven Wiedergabehandlung der B, sodass eine öffentliche Zugänglichmachung gem. §§ 19a, 15 Abs. 2 Nr. 2 UrhG ausscheidet.

• Weitere Verwertungsrechte kommen nicht in Betracht.

▶   **Anmerkung** Sollten Sie einen Eingriff bejaht haben, so wäre im Anschluss zu prüfen, ob dieser Eingriff durch eine Zustimmung der S-GmbH als Inhaberin des ausschließlichen Nutzungsrechts bzw. durch eine Schrankenregelung (z. B. § 24 UrhG) gerechtfertigt gewesen ist. Im Rahmen der Rechtswidrigkeit des Eingriffs wären dann schließlich die Wiederholungs-/Erstbegehungsgefahr gem. § 97 Abs. 1 Satz 1 Alt. 2 UrhG und die Passivlegitimation der B zu prüfen.

Ergebnis

Die S-GmbH hat gegen B keinen Anspruch auf Unterlassung der Einblendung der Anzeige auf deren Website aus § 97 Abs. 1 i. V. m. § 19a UrhG.

Frage 2

▶ **Anmerkung** Hier muss die <u>dreifache Schadensberechnung</u> dargestellt werden. Es gilt zu erkennen, dass Kunden für die Nutzungserlaubnis hinsichtlich
des Bildes üblicherweise 300 € bezahlen würden, sodass sich eine Schadensberechnung gem. § 97 Abs. 2 S. 3 UrhG anbietet.

• Die Bemessung des Schadensersatzes richtet sich im Urheberrecht nach § 97
Abs. 2 UrhG (sog. „dreifache Schadensberechnung"). Als Bemessungsgrund-
lage kann herangezogen werden:
  – der tatsächlich entstandene Schaden, § 97 Abs. 2 S. 1 UrhG i. V. m. § 252 BGB
  – der Gewinn, den der Verletzer durch die Verletzung des Rechts erzielt hat,
    § 97 Abs. 2 S. 2 UrhG
  – der Betrag, den der Verletzer als angemessene Vergütung hätte entrichten
    müssen (Lizenzanalogie), § 97 Abs. 2 S. 3 UrhG
• Kunden hätten für die Nutzung des Bildes üblicherweise 300 € bezahlt. Daher
bietet sich eine Lizenzanalogie i. H. v. 300 € an.

▶ **Klausurtipp** Sofern es in einer Klausur um Schadensberechnung gehen sollte,
achten Sie stets auf die im Sachverhalt angegebenen Summen! Es sind durchaus Situationen denkbar, in denen die dreifache Schadensberechnung – je
nach Berechnungsmethode – zu verschiedenen Ergebnissen führt. Dann besteht ein Wahlrecht für den Betroffenen. Finden sich im Sachverhalt keine
Angaben zur Schadenshöhe und muss dennoch ein Schadensersatz beziffert
werden, ist dessen Höhe durch Sie als Bearbeiter zu schätzen. Orientieren Sie
sich dafür an den oben aufgeführten Richtwerten (Abschn. 1.10.2.4.2.1).

Frage 3

▶ **Anmerkung** Bei dieser Frage geht es darum, das Problembewusstsein und die
Diskussionsfreudigkeit zu überprüfen. Es geht nicht darum, dass der nachfol-
gend unterbreitete Lösungsvorschlag wiedergegeben wird.[688] Vielmehr sollen
Argumente aus dem Fall herausgearbeitet und systematisch in den juristischen Kontext eingearbeitet werden.

I. Schutzfähigkeit eines Katzen-Selfies
1. Lichtbildwerk, §§ 2 Abs. 1 Nr. 5, 2 Abs. 2 UrhG

• Problematisch ist hier die Erfüllung der Voraussetzungen einer persönlichen
geistigen Schöpfung nach § 2 Abs. 2 UrhG. Eine solche muss eine gewisse kreative <u>Gestaltungshöhe</u> aufweisen, die ihr ein Mindestmaß an Individualität bzw.

---

[688] Vgl. zur Parallelproblematik um sog. „Affen-Selfies": *König/Beck*, ZUM 2016, 34 ff.

individueller Prägung verleiht. Hierfür bedarf es gewisser Vorbereitungsmaßnahmen, welche darauf abzielen, das Werk in seiner jeweiligen Gestalt zu erschaffen.

- Das Selfie ist allerdings spontan und ungeplant durch Peppels aufgenommen worden; dass Peppels ein Selfie von sich anfertigt, wurde nie beabsichtigt – auch nicht von Peppels selbst.
- Damit liegt kein Lichtbildwerk im Sinne einer persönlichen geistigen Schöpfung vor.

2. Lichtbild ohne Werkqualität, § 72 Abs. 1 UrhG

- Lichtbilder gem. § 72 Abs. 1 UrhG sind alle Fotografien, welche die für Lichtbildwerke gem. § 2 Abs. 2 UrhG erforderliche Gestaltunghöhe nicht erreichen.
- Auch das von Peppels aufgenommene Bild unterfällt also dem Lichtbildschutz.
- Die für Lichtbildwerke geltenden Vorschriften der §§ 1–69g UrhG sind nach § 72 Abs. 1 UrhG entsprechend anwendbar.

II. Inhaber des verwandten Schutzrechts
1. Peppels als Inhaber des Schutzrechts

- Selbst wenn man die Werkqualität des Selfies bejahte, würde die Urheberschaft Peppels' daran scheitern, dass eine persönliche geistige Schöpfung i. S. v. § 2 Abs. 2 UrhG nur von einem Menschen stammen kann.
- Anders als das Werk setzt ein verwandtes Schutzrecht jedoch gerade keine persönliche geistige Schöpfung voraus. Voraussetzung für ein Leistungsschutzrecht an einem Lichtbild ist vielmehr nur die Erbringung der gesetzlich umschriebenen Leistung, d. h. der Anfertigung eines Lichtbildes.
  - Um menschliche Lichtbilder von rein maschinellen Erzeugnissen abzugrenzen, stellt die h.M. auf das grundsätzliche Vorhandensein von geistigen Tätigkeiten ab. Dies schließt indes nicht aus, dass Katzen nicht auch Inhaber von Leistungsschutzrechten sein können.
  - Jedoch können nur Rechtssubjekte Träger von Rechten und Pflichten sein. Tiere sind allerdings Rechtsobjekte, sodass ihnen mangels Rechtsfähigkeit auch kein Leistungsschutzrecht zustehen kann.

▶ **Klausurtipp** Das entscheidende „K.O.-Kriterium" gegen ein Tier als Schutzrechtsinhaber bei Katzen-, Affen- oder sonstige Tierselfies ist stets die fehlende Rechtssubjektivität!

2. L als Inhaberin des Schutzrechts

- Entscheidend für die Annahme von Leistungsschutz an einem nicht vom Lichtbildner eigenhändig (sondern z. B. automatisiert) aufgenommenen Foto ist, dass der Lichtbildner die Kontrolle über die Bedingungen innehat, unter denen die konkrete Aufnahme entsteht, auch wenn der Aufnahmevorgang selbst automatisiert erfolgt. Er muss unmittelbaren Einfluss auf die Erstellung des Lichtbildes gehabt haben. In diesem Fall liegt die schutzbegründende persönliche Leistung

in der Auswahl von Motiv, Aufnahmeort, Entfernung, Blickwinkel etc. des Licht-
bildes. Hierunter kann theoretisch tierische Leistungskraft als Hilfsmittel fallen.
• Zwar hat L die Kulisse für das Foto vorbereitet, jedoch war Peppels nicht als
  Hilfsmittel für die Erstellung des Lichtbildes vorgesehen. Vielmehr wollte L ein
  Selbstportrait erstellen. Dass Peppels ein Selfie von sich anfertigte, war ein blo-
  ßer Zufall, über dessen Bedingungen L keine Kontrolle hatte.

Ergebnis
Weder Peppels noch L kommen als Inhaber des Lichtbildes in Betracht. Da das
Urheberrecht bzw. die verwandten Schutzrechte lediglich Ausnahmen vom „Grundsatz der Gemeinfreiheit von geistigen Schöpfungen" darstellen, ist das von Peppels
angefertigte Selfie gemeinfrei.

1.13 Übungsfall 2: Die Bootsparty und das getrennte Rechtsanwaltspärchen

Entgegen allen Erwartungen besteht J das Erste Staatsexamen. Diese Überraschung
will er mit einer großen Feier zelebrieren. Hierfür erstellt er eine private Facebook-
Veranstaltungsseite, die nur von Personen aufgerufen werden kann, welche eine
Einladung des J erhalten haben. Insgesamt werden 1000 Personen eingeladen. Als
ihm der Vermieter zu verstehen gibt, dass er eine derartige „Grenzenlosigkeit" in
seinem Haus nicht dulde, mietet J ein Partyboot an. Um dies zu finanzieren, postet
J folgende Nachricht in die Veranstaltungsseite: „Hallo Freunde! Gute Nachrichten:
Wir feiern auf dem Rhein! Wer mit uns in See stechen will, benötigt ein Einlass-
bändchen, das man gegen die Zahlung eines bescheidenden Unkostenbeitrages zur
Kostendeckung in Höhe von 20 Euro erhält. Pro Person dürfen maximal 4 Bändchen erworben werden."

J bittet seinen guten Freund, den windigen W, für die musikalische Untermalung
des Abends zu sorgen. W gilt stadtweit als Musikfachmann, der Freunde – so auch
den J – schon vor der Veröffentlichung mit der neuesten Musik versorgt. W erklärt
sich hierzu unter der Bedingung bereit, keine „alten Kamellen", sondern nur „die
aktuellen Perlen" spielen zu dürfen. J sagt sofort zu, da er froh darüber ist, kein Geld
für einen professionellen DJ ausgeben zu müssen und W seine eigenen Lautsprecher zur Verfügung stellen würde. Hinsichtlich der konkreten Musikauswahl machte
sich J keine Gedanken.

Als am großen Tag das Boot ablegt, haben sich 500 Personen dort eingefunden.
Die Party ist ein Erfolg, insbesondere die Musikauswahl des W begeistert die erschienenen Gäste. Zum Auflegen benutzt W mit seinem Laptop die Plattform „www.
disco.to", welche eine umfassende Musikdatenbank kostenfrei zur Verfügung stellt.
Die Plattform stellt sämtliche Musik ohne Zustimmung der Rechtsinhaber online,
wobei das „Streaming-Verfahren" verwendet wird, wodurch Datenpakete zum
Zwecke der besseren Abspielbarkeit automatisch im Arbeitsspeicher des Empfängers temporär zwischengespeichert werden. Der Höhepunkt des Abends ist das bis-

her unveröffentlichte Lied „Rücktritt", das – begleitet von einer einprägsamen Melodie – mit einer eindrucksvollen Wortgewandtheit und vielen Anspielungen auf das Schuldrecht die Trennung eines Rechtsanwaltspärchens schildert. Dieses Musikstück wurde vom Rapper M sowohl komponiert als auch getextet und bislang allein auf wenigen Mastertapes festgehalten. Am Ende der Veranstaltung bedankt sich J bei den erschienenen Gästen mit den Worten: „Danke fürs Kommen! Wir sehen uns nach dem Zweiten Staatsexamen wieder!"

In den darauffolgenden Wochen war die Bootsparty ein großes Gesprächsthema. Den nachhaltigsten Eindruck hat das Lied „Rücktritt" gemacht, über das im Nachgang viel gesprochen wurde. Dies erregte auch die Aufmerksamkeit des M, der dem J eine Rechnung schickt. Er verlangt von J Schadensersatz dafür, dass das Lied „Rücktritt" ohne seine Erlaubnis vor Publikum gespielt wurde. Ferner solle J sich dazu verpflichten, das besagte Lied künftig nicht mehr in rechtswidriger Weise zu nutzen.

J wendet ein, M solle sich vielmehr an W wenden, da er keinerlei Einfluss auf dessen Musikauswahl gehabt habe. Ferner habe es sich bei der Party um eine geschlossene Veranstaltung gehandelt. Dass unbefugte Dritte keinen Zugang erhalten, wurde allein dadurch sichergestellt, dass man mit dem Boot über den Rhein gefahren ist. Selbst wenn M im Recht sei, könne sie die Summe nicht in der angegebenen Höhe fordern, da man nicht einfach jedwede Eventualität miteinander addieren könne.

Frage 1
Hat **M gegen J** Anspruch auf Unterlassung der künftigen unerlaubten Nutzung des Liedes „Rücktritt"? Besteht überdies ein Anspruch auf Schadensersatz?

Bearbeitervermerk
Auf Urheberpersönlichkeitsrechte ist nicht einzugehen.

Lösungsskizze
Frage 1
    A. Anspruch M gegen J auf Unterlassung der Nutzung des Liedes aus § 97 Abs. 1 i. V. m. §§ 16 Abs. 1, 15 Abs. 1 Nr. 1 UrhG
        I. Ein nach dem UrhG geschütztes Recht
        1. Werkkatalog, § 2 Abs. 1 UrhG

- Bei der Musik bzw. dem Instrumentalteil handelt es sich gemäß § 2 Abs. 1 Nr. 2 UrhG um ein Musikwerk.
- Der Songtext ist ein Sprachwerk, § 2 Abs. 1 Nr. 1 UrhG.

    2. Persönliche geistige Schöpfung, § 2 Abs. 2 UrhG

- Das Werk ist das Ergebnis menschlichen Schaffens, da sowohl Musik als auch Text von M stammen.

- Die geistig-anregende Wirkung ergibt sich daraus, dass „Rücktritt" auf die Gäste einen nachhaltigen Eindruck gemacht hat und im Nachgang der Feier viel darüber geredet wurde. Es konnte akustisch vernommen werden, sodass die sinnliche Wahrnehmbarkeit vorliegt.
- Das Werk muss schließlich eine gewisse Individualität aufweisen, d. h. es darf keine bloß technisch bzw. funktional bedingte Formgebung oder ein banales Alltagserzeugnis darstellen. Es muss sich ferner von bisherigen Gestaltungen unterscheiden. Der Text des Liedes „Rücktritt" schildert mit einer eindrucksvollen Wortgewandtheit und vielen Anspielungen auf das Schuldrecht die Trennung eines Rechtsanwaltspärchens. Die Melodie des Liedes ist einprägsam. Insofern hebt sich das Werk von anderen Gestaltungen ab, sodass die Schöpfungshöhe zu bejahen ist.

▶   **Klausurtipp** Auch hier sind Ihnen wesentliche Merkmale der Schöpfungshöhe im Sachverhalt vorgegeben, indem von einer *eindrucksvollen Wortgewandtheit* und *vielen Anspielungen auf das Schuldrecht* gesprochen wird. Beides sind Besonderheiten, die das Lied des M aus der Masse der Lieder herausstechen lassen.

II. Aktivlegitimation

- Inhaber des Urheberrechts ist der Urheber, also der Schöpfer des Werkes, § 7 UrhG. Dies ist derjenige, der ein Werk erschafft, d. h. die schöpferische Leistung erbringt.
- Sowohl Musik als auch Text basieren gänzlich auf der kompositorischen Arbeit des M.
- M ist somit gemäß § 7 UrhG als Urheber des Songs anzuerkennen.

III. Rechtswidrige Verletzung des Rechts
1. Vervielfältigungsrecht, §§ 16 Abs. 1, 15 Abs. 1 Nr. 1 UrhG

- Vervielfältigung ist jede Art körperlicher Festlegung oder Fixierung eines Werkes, die geeignet ist, das Werk den menschlichen Sinnen auf irgendeine Weise mittelbar oder unmittelbar wahrnehmbar zu machen. Das Werk kann im Rahmen der Fixierung auch in eine andere Dimension als die bisherige übertragen werden.
- Das Lied wurde „gestreamt", d. h. nur temporär zum Zwecke der besseren Abspielbarkeit automatisch im Arbeitsspeicher des W zwischengespeichert. Zunächst setzt die Vervielfältigung kein körperlich bestehendes Werkexemplar voraus, sodass das Speichern von Datenpaketen aus dem Internet grundsätzlich eine Vervielfältigung darstellen kann. Zudem kommt es nicht darauf an, ob die Vervielfältigung auf Dauer oder nur vorübergehend hergestellt wird, soweit eine Fixierung erfolgt, die dauerhaft festgehalten werden *könnte*. Daher kann eine Vervielfältigung auch erfolgen, wen die Datenpakete nur kurzfristig gespeichert werden. Letztlich regelt die Schrankenregelung des § 44a UrhG ausdrücklich die Zulässigkeit vorübergehender Vervielfältigungshandlungen im Rahmen eines technischen Verfahrens, sodass das Streaming von Werken – auch wenn es nur

vorübergehend gespeichert wird – eine Vervielfältigungshandlung i. S. d. § 16 UrhG darstellt.

2. Öffentliche Wiedergabe, §§ 15 Abs. 2 Nr. 4, 22 UrhG
a. Objektive Wiedergabehandlung

• Nicht abschließender Katalog des § 15 Abs. 2 Satz 2 i. V. m. §§ 19 ff. UrhG:
  – § 19 Abs. 1, Abs. 2 UrhG kommt mangels persönlicher Darbietung bzw. bühnenmäßiger Darstellung der Musik bzw. des Songtextes nicht in Betracht.
  – § 19a UrhG scheidet aus, da sich M dagegen wendet, dass das Lied vor Publikum gestreamt wurde und nicht dagegen, dass das Lied ursprünglich gemäß § 19a UrhG ins Internet hochgeladen wurde.
  – § 20 UrhG kommt mangels Wiedergabe des Liedes durch Funk ebenso nicht in Betracht.
  – § 21 UrhG entfällt mangels Wahrnehmbarmachung des Liedes mittels Bild- oder Tonträger
  – Somit verbleibt § 22 UrhG – Wiedergabe von öffentlicher Zugänglichmachung
  – Das Recht der Wiedergabe von öffentlicher Zugänglichmachung ist das Recht, auf öffentlicher Zugänglichmachung beruhende Wiedergaben des Werkes durch Bildschirm, Lautsprecher oder ähnliche technische Einrichtungen öffentlich wahrnehmbar zu machen.
  – Wahrnehmbarmachen setzt voraus, dass ein Werk unmittelbar für die menschlichen Sinne wiedergegeben wird. Das Lied „Rücktritt" wurde hier durch Lautsprecher den Partygästen akustisch wahrnehmbar gemacht.
  – Fraglich ist, ob diese Wiedergabehandlung an eine öffentliche Zugänglichmachung gem. § 19a UrhG anknüpft. Hierfür muss der Handelnde den laufenden Abrufvorgang öffentlich wiedergeben.[689] § 19a UrhG enthält das Recht, das Werk drahtgebunden oder drahtlos der Öffentlichkeit in einer Weise zugänglich zu machen, dass es Mitgliedern der Öffentlichkeit von Orten und zu Zeiten ihrer Wahl zugänglich ist. Ursprünglich wurde das Lied mit dem Laptop des W auf der Internetseite „disco.to" gestreamt. Hierbei wurde es von den Seitenbetreibern derart angeboten, dass für einen unbestimmten und ziemlich großen Personenkreis die Möglichkeit geschaffen wurde, das Lied jederzeit und allerorts abzurufen. Mithin lag ursprünglich eine öffentliche Wiedergabe gemäß § 19a UrhG vor. Diese öffentliche Wiedergabe wurde über die Lautsprecher des W gegenüber den anwesenden Partygästen wahrnehmbar gemacht. Mithin knüpfte die Wiedergabehandlung, also das Wahrnehmbarmachen des Liedes „Rücktritt", an eine ursprüngliche öffentliche Zugänglichmachung gemäß § 19a UrhG an.

b. Öffentlichkeit, § 15 Abs. 2 S. 1 UrhG

• Öffentlich ist eine Wiedergabe, wenn sie für eine Mehrzahl von Mitgliedern der Öffentlichkeit bestimmt ist, § 15 Abs. 3 S. 1 UrhG.

---

[689] Fromm/Nordemann-*Dustmann/Engels*, UrhG, 12. Aufl. 2018, § 22 Rn. 6.

- Zur Öffentlichkeit gehört jeder, der nicht mit demjenigen, der das Werk verwertet, oder mit den anderen Personen, denen das Werk in unkörperlicher Form wahrnehmbar oder zugänglich gemacht wird, durch persönliche Beziehungen verbunden ist, § 15 Abs. 3 Satz 2 UrhG.

aa) Persönliche Verbundenheit, § 15 Abs. 2 S. 1 UrhG

- Nach der Rechtsprechung des BGH ist der Begriff der persönlichen Verbundenheit nicht eng im Sinne nur familiärer oder freundschaftlicher Beziehungen zu verstehen. Abgestellt wird vielmehr auf den <u>engen gegenseitigen Kontakt</u>, der bei den Beteiligten das Bewusstsein hervorruft, persönlich miteinander verbunden zu sein.
- Fraglich ist, ob die Bootsparty noch ein enger gegenseitiger Kontakt besteht, der die Partygäste persönlich miteinander verbindet.
- Hierbei lässt sich in beide Richtungen gut – und somit vertretbar – argumentieren:

Gegenüberstellung der Argumente	
PRO	CONTRA
• Große Anzahl eingeladener Personen: 1000 Personen • Große Anzahl erschienener Gäste: 500 Personen, hier erscheint die persönliche Verbundenheit fraglich • Entgeltlichkeit der Veranstaltung: 20 Euro • J kann die konkrete Teilnehmerzahl nicht steuern: Jede Person darf „maximal 4" Einlassbändchen erwerben, die den Zutritt zur Party ermöglichen. Selbst wenn J die Bändchen einer eingeladenen Person verkauft, so hat er gar keinen Einfluss darauf, wem die Bändchen letztendlich ausgehändigt werden. Ebenso kann J kontrollieren, ob die Bändchen eventuell an Dritte weiterverkauft werden.	• Private Facebook-Veranstaltung, die nur für Personen abgerufen werden kann, die eine Einladung des J erhalten haben • Einlasskontrolle am Boot: Zutritt erhalten nur Menschen, die ein Bändchen erworben haben • Geschlossene Veranstaltung: Während der Party können Gäste weder ein- noch ausgehen, da sich das Boot auf dem Rhein bewegt. • Keine Entgeltlichkeit, weil J seine Gäste mit dem „Unkostenbeitrag" nur an den Kosten für die Party beteiligen, nicht aber damit Profit machen will. Vielmehr möchte er mit der Party bestandenes Erstes Staatsexamen feiern. Da ihm vom Vermieter untersagt wurde, die Party in seiner Wohnung stattfinden zu lassen, hat er eine externe Location angemietet. Diese Mehrkosten will er mit seinen Freunden teilen.

Die besseren Argumente sprechen hier wohl für die Bejahung der Öffentlichkeit (*a.A. gut vertretbar*).

▶   **Klausurtipp** Fallgestaltungen wie diese, in denen der Öffentlichkeitsbegriff zu problematisieren ist, werden Sie häufiger zu erwarten haben. Dies liegt nicht zuletzt an der umfangreichen Kasuistik von BGH- und EuGH-Entscheidungen, aber auch daran, dass durch das Internet ganz neue Möglichkeiten entstehen, eigene „Öffentlichkeiten" zu bilden. Pro-

blemfälle bilden insbesondere private und gewerbliche Social Media-Accounts.
Durch eine umfangreiche Abwägung (s. o.) und Gewichtung aller individuellen Umstände des Einzelfalles lässt sich jedoch stets eine vertretbare Lösung konstruieren.

bb) Vereinbarkeit mit dem Begriff der Öffentlichkeit gem. Art. 3 InfoSoc-Richtlinie

- Fraglich ist, ob das Kriterium der „Verbundenheit durch persönliche Beziehungen" mit dem Begriff der „Öffentlichkeit" in Art. 3 InfoSoc-Richtlinie vereinbar ist. Diese Frage kann dahinstehen, wenn die vorliegende Wiedergabehandlung ohnehin „öffentlich" ist gemäß Art. 3 InfoSoc-Richtlinie.

▶ **Anmerkung** Mit dieser Formulierung zeigen Sie dem Korrektor, dass Ihnen das Problem der Vereinbarkeit der persönlichen Verbundenheit mit Art. 3 Info-Soc-Richtlinie bekannt ist, gleichsam aber klausurtaktisch arbeiten und erkennen, dass der Streit bei Vorliegen der Voraussetzungen des Art. 3 Info-Soc-Richtlinie ggf. dahinstehen kann.

- **Unbestimmte und ziemlich große Zahl potenzieller Adressaten:** Hier liegt eine große Anzahl eingeladener Personen (1000 Personen) sowie eine große Anzahl erschienener Gäste (500 Personen) vor. Zudem kann J die konkrete Teilnehmerzahl nicht steuern (s. o.). Damit liegt eine unbestimmte und ziemlich große Zahl potenzieller Adressaten vor.
- **Wiedergabe für ein neues Publikum:** Das Lied war unveröffentlicht, d. h. es ist bislang gar keine Nutzung gestattet worden. Daher liegt eine Wiedergabe für ein neues Publikum vor, das der Rechteinhaber bei der ursprünglichen Gestattung der Nutzung nicht berücksichtigt hat.
- **Dient die Wiedergabe Erwerbszwecken, so indiziert dies deren Öffentlichkeit:** Hier liegt Entgeltlichkeit der Veranstaltung (20 €) vor, sodass die Wiedergabe Erwerbszwecken dient und aus diesem Grund die Öffentlichkeit indiziert wird.

- Somit liegt auch nach Art. 3 InfoSoc-Richtlinie eine „öffentliche" Wiedergabe vor, sodass nicht untersucht werden muss, ob das Kriterium der „Verbundenheit durch persönliche Beziehungen" mit dem Begriff der „Öffentlichkeit" in Art. 3 InfoSoc-Richtlinie vereinbar ist.
c. Subjektive Kenntnis

- Der Nutzer muss in voller Kenntnis der Folgen seines Verhaltens tätig werden, um Dritten einen Zugang zum geschützten Werk zu verschaffen, den diese ohne sein Tätigwerden nicht hätten. Es genügt, dass der Nutzer Dritten wissentlich und willentlich ermöglicht, auf urheberrechtlich geschützte Werke zuzugreifen.

Er muss keine konkrete Kenntnis von den einzelnen zugänglich gemachten Werken besitzen.

- W verwendete bewusst die Plattform „www.disco.to", welche eine umfassende Musikdatenbank kostenfrei zur Verfügung stellt. Die Plattform stellt sämtliche Musik ohne Zustimmung der Rechtsinhaber online, wobei das „Streaming-Verfahren" verwendet wird.

3. Ohne Zustimmung

- Die Handlung erfolgte ohne Zustimmung des Rechtsinhabers M.
  4. Kein Eingreifen einer Schrankenbestimmung
  a. Vorübergehende Vervielfältigung, § 44a UrhG

- Zulässig sind vorübergehende Vervielfältigungshandlungen, die flüchtig oder begleitend sind und einen integralen und wesentlichen Teil eines technischen Verfahrens darstellen und deren alleiniger Zweck es ist, eine Übertragung in einem Netz zwischen Dritten durch einen Vermittler oder eine rechtmäßige Nutzung eines Werkes zu ermöglichen und die keine eigenständige wirtschaftliche Bedeutung haben.
- Hier wurde das „Streaming-Verfahren" verwendet, wodurch Datenpakete zum Zwecke der Abspielbarkeit automatisch im Arbeitsspeicher des Empfängers temporär gespeichert werden. Dies stellt eine begleitende vorübergehende Vervielfältigungshandlung dar, welche ein integraler Teil eines technischen Verfahrens ist.
- Fraglich ist nur, ob die Übertragung zum Zweck erfolgte, eine Übertragung in einem Netz zwischen Dritten durch einen Vermittler oder eine rechtmäßige Nutzung eines Werkes zu ermöglichen. Diese Frage ist im Lichte von Art. 5 Abs. 1 InfoSoc-Richtlinie – auf den die Ausnahmeregelung des § 44a UrhG zurückgeht – unionsrechtskonform auszulegen. Hierbei ist festzustellen, dass die in Art. 5 InfoSoc-Richtlinie geregelten Schranken gemäß Art. 5 Abs. 5 InfoSoc-Richtlinie nur in bestimmten Sonderfällen angewandt werden dürfen, in denen die normale Verwertung des Werks oder des sonstigen Schutzgegenstands nicht beeinträchtigt wird und die berechtigten Interessen des Rechtsinhabers nicht ungebührlich verletzt werden.
- Hier erfolgte die Wiedergabe unter Zuhilfenahme einer offensichtlich rechtswidrigen Quelle. Der EuGH hat entschieden, dass das Streaming von Werken von der Website eines Dritten, der diese Werke ohne Erlaubnis des Rechtsinhabers anbietet, mit Art. 5 Abs. 1 InfoSoc-Richtlinie (auf den § 44a UrhG zurückgeht) unvereinbar ist.[690] In diesem Fall kam jedoch die Besonderheit hinzu, dass die Möglichkeit des Zugriffs auf rechtswidrige Quellen beworben wurde. Indes han-

---

[690] EuGH, Urt. v. 26.04.2017 – C-527/15, GRUR 2017, 610 – *Stichting Brein/Wullems.*

delte es sich im zugrunde liegenden Fall bei der Plattform „disco.to" um eine offensichtlich rechtswidrige Quelle. Diese Nutzungshandlung, insbesondere bezogen auf die Wiedergabe eines nicht veröffentlichten Werkes, beeinträchtigen die normale Verwertung des Liedes „Rücktritt" und verletzen die berechtigten Interessen des M in ungebührlicher Weise, sodass das Streaming über diese Plattform als mit § 44a UrhG unvereinbar anzusehen ist.

b. Öffentliche Wiedergabe, § 52 Abs. 1 UrhG

- § 52 Abs. 1 UrhG greift hier nicht ein, weil dieser nur die Wiedergabe eines ver-öffentlichten Werkes erfasst; das Lied „Rücktritt" war aber noch unveröffentlicht.

c. Privater und sonstiger eigener Gebrauch, § 53 UrhG

- Auch § 53 UrhG scheidet aus, da zur Vervielfältigung eine offensichtlich rechtswidrig öffentlich zugänglich gemachte Vorlage verwendet wurde („disco.to").

▶ **Klausurtipp** Inzwischen kann davon ausgegangen werden, dass Benutzern von Tauschbörsen und Filesharing-Plattformen im Internet die Kenntnis von deren offensichtlicher Rechtswidrigkeit unterstellt werden darf. Es ist allgemein bekannt, dass urheberrechtlich geschützte Werke – auch und gerade vor ihrer Veröffentlichung – nicht unentgeltlich benutzt werden dürfen. **5. Zwischenergebnis**

- Es greifen keine Schrankenbestimmungen. Es liegt eine rechtswidrige Verletzung des Urheberrechts des M vor.

IV. Wiederholungsgefahr, § 97 Abs. 1 UrhG

- Der Unterlassungsanspruch setzt als besondere Voraussetzung die Gefahr der wiederholten (Satz 1) oder drohenden erstmaligen Begehung der Rechtsverletzung (Satz 2) voraus.
- Da eine Rechtsverletzung bereits erfolgt ist, kommt nur die Wiederholungsgefahr gemäß § 97 Abs. 1 S. 1 in Betracht. Diese wird durch die erstmalige Rechtsverletzung vermutet.
- Hier kommt zudem erschwerend hinzu, dass J die Gäste mit den Worten „Wir sehen uns nach dem Zweiten Staatsexamen wieder!" verabschiedete. Dies verstärkt die Wiederholungsgefahr noch, da J mit diesen Worten die Wiederholung einer solchen Feierlichkeit unter vergleichbaren Umständen impliziert.

V. Passivlegitimation
1. Täter/Mittäter

- Unmittelbarer Täter ist, wer die Rechtsverletzung selbst oder durch einen anderen begeht. Die Verwertungshandlung erfolgte durch W, also war J nicht Täter der Urheberrechtsverletzung.

- <u>Mittäterschaft</u> setzt bewusstes und gewolltes Zusammenwirken hinsichtlich der Rechtsverletzung voraus. J und W haben sich nicht gemeinsam zur Begehung rechtswidriger Verwertungshandlungen entschieden. Daher war J auch nicht Mittäter der Urheberrechtsverletzung.

2. Teilnehmer

- Teilnehmer ist, wer den Täter vorsätzlich bei seiner Tat unterstützt, wobei sich der Vorsatz sowohl auf die Haupttat als auch auf die Teilnahmehandlung beziehen muss.
- Zwar könnte eine Unterstützungshandlung des J darin zu sehen sein, dass er es W durch das DJ-Engagement ermöglichte, bei der Party in rechtswidriger Weise Musik zu spielen.
- Voraussetzung ist jedoch zudem Vorsatz bzgl. der Haupttat: Zwar konnte J davon ausgehen, dass W bei der Party rechtswidrig gestreamte Musik abspielen würde, da W dafür bekannt ist, schon vor Veröffentlichung über neue Musikstücke zu verfügen und diese an Freunde weiterzugeben. Auch der J hat bereits unveröffentlichte Musik vom W erhalten. Allerdings machte sich J über die konkrete Musikauswahl gar keine Gedanken. Daher hatte auch keinen Vorsatz hinsichtlich der Haupttat.

3. Störer

- Störer ist derjenige, der ohne Täter oder Teilnehmer zu sein, einen adäquat-kausalen Beitrag zur Urheberrechtsverletzung leistet und hierbei Prüfpflichten verletzt.
  - Wie bereits festgestellt, war J <u>weder Täter noch Teilnehmer</u>.
  - Indem J es dem W durch das DJ-Engagement ermöglichte, bei der Party in rechtswidriger Weise Musik zu spiele, ist ein <u>adäquat-kausaler Beitrag</u> zur Urheberrechtsverletzung zu sehen.
  - Fraglich ist, ob J zumutbare <u>Prüfpflichten</u> verletzt hat. W gilt stadtweit als Musikfachmann, der seine Freunde bereits vor ihrer Veröffentlichung mit der neuesten Musik versorgt. Auch J hat bereits unveröffentlichte Musik vom W erhalten. Insofern war dem J bekannt, dass W im großen Stil gegen das Urheberrecht verstößt. Indem der W seine Zusage zum Auftritt von der Bedingung abhängig machte, nur „die aktuellen Perlen" spielen zu dürfen, hätte der J davon ausgehen können, dass W auch bei der Bootsparty Urheberrechtsverletzungen begehen würde. Daher wäre geboten gewesen, sicherzustellen, dass W auf der Bootsparty keine rechtswidrigen Inhalte abspielt. J hat dem W dennoch ohne Einwände zugesagt, da er sich das Geld für einen professionellen DJ sowie für Lautsprecher sparen wollte. Vor diesem Hintergrund ist eine Verletzung von Prüfpflichten durch J auszugehen.

VI. Rechtsfolge

- § 97 Abs. 1 S. 1 UrhG: Unterlassung der Beeinträchtigung

Ergebnis

M hat gegen J einen Anspruch auf Unterlassung der künftigen rechtswidrigen Nutzung des Liedes „Rücktritt" aus § 97 Abs. 1 S. 1 i. V. m. §§ 16 Abs. 1, 15 Abs. 1 Nr. 1 UrhG.

B. Anspruch M gegen J auf Schadensersatz wegen unerlaubter Nutzung des Liedes „Rücktritt" aus § 97 Abs. 2 UrhG

Ein Anspruch des M gegen J auf Schadensersatz gemäß § 97 Abs. 2 UrhG kann mangels Passivlegitimation des J verneint werden, da dies beim Schadensersatzspruch nur Täter oder Teilnehmer sind.

▶ **Merke** Die Störerhaftung gilt explizit nicht für Schadensersatzansprüche!

Äußerungsrecht/Bildnisrecht

2

Severin Riemenschneider

Neben der Verletzung geistiger Eigentumsrechte potenziert das Internet freilich auch die Verletzung von Persönlichkeitsrechten v. a. durch rechtswidrige Äußerungen und rechtswidrige Bildnisverbreitungen. Herabsetzende oder ehrverletzende Äußerungen sind durch die digitalen Kommunikationskanäle des Internets schnell verbreitet und können – ganz nach dem Motto „Das Internet vergisst nie" – umso weniger schnell wieder gelöscht werden. Auch die Anonymität des Netzes trägt seinen Teil dazu bei, dass die Kommunikationskultur zunehmend verroht und Betroffene immer enthemmter diskreditiert werden. Internetplattformen und soziale Netzwerke intensivieren die Gefährdungslage für Betroffene, sodass insbesondere das Allgemeine Persönlichkeitsrecht in der Praxis weiter an Relevanz gewinnt.

2.1 Allgemeines

2.1.1 Normative Grundlagen

Das Allgemeine Persönlichkeitsrecht ist ein aus **Art. 2 Abs. 1 GG i. V. m. Art. 1 Abs. 1 GG** konstruiertes Grundrecht. Konventionsrechtlich wird es auf europäischer Ebene über Art. 8 EMRK geschützt.[1] Ursprünglich stellte das Allgemeine

---

[1] Zu den normativen Grundlagen vgl. auch: Palandt-*Sprau*, BGB, 79. Aufl. 2020, §§ 12 Rn. 84; Säcker/Rixecker/Oetker/Limperg-*Rixecker*, MüKo BGB, Bd. 1, 8. Aufl. 2018, BGB Anh. §§ 12 Rn. 2–25; Bamberger/Roth/Hau/Poseck-*Bearbeiter*, BeckOK BGB, 53. Ed. Stand: 01.02.2020,

S. Riemenschneider (✉)
Media Kanzlei Frankfurt, Frankfurt am Main, Deutschland
E-Mail: smr@media-kanzlei-frankfurt.de

© Springer-Verlag GmbH Deutschland, ein Teil von Springer Nature 2020
L. Specht-Riemenschneider et al., *Internetrecht*, Springer-Lehrbuch,
https://doi.org/10.1007/978-3-662-61726-7_2

Persönlichkeitsrecht als Grundrecht ein Abwehrrecht des Bürgers gegen den Staat dar. Darüber hinaus statuieren Grundrechte aber auch eine objektive Werteordnung, die für alle Bereiche des Rechts gilt. So strahlen Grundrechte über das inzwischen anerkannte **Prinzip der mittelbaren Drittwirkung** auch in das Zivilrecht aus.[2] Das Allgemeine Persönlichkeitsrecht ist als sonstiges Recht i. S. d. § 823 Abs. 1 BGB anerkannt[3] und wird in § 1004 Abs. 1 BGB analog gewährleistet,[4] indem dem Betroffenen bei Verletzungen sowohl Unterlassungs- als auch Beseitigungsansprüche zustehen. Abhängig vom konkreten Fall kommen darüber hinaus Gegendarstellungs-, Richtigstellungs- und Geldentschädigungsansprüche in Betracht. In weiten Teilen entspricht dies inhaltlich dem verfassungsrechtlich gewährleisteten Persönlichkeitsrecht; es kann dieses in seiner einfachgesetzlichen Ausprägung allerdings auch übertreffen.[5] Ein Schwerpunkt des Anwendungsbereiches des Allgemeinen Persönlichkeitsrechts liegt – auch und gerade aufgrund seiner Anerkennung durch das BGB – in der Abwehr von Äußerungen und Bildnissen durch andere Private (sog. **Horizontalebene**).

▸ **Klausurtipp** Aufgrund seines Grundrechtscharakters kann das Allgemeine Persönlichkeitsrecht in der (klausurmäßigen) Prüfung in den klassischen Dreiklang aus (persönlichem und sachlichem) **Schutzbereich** (Abschn. 2.2 f.), **Eingriff** (Abschn. 2.4) und **Rechtfertigung** (Abschn. 2.5) aufgeteilt werden.

2.1.2 Ideelle und vermögenswerte Bestandteile des Persönlichkeitsrechts

Dabei sind im Wesentlichen zwei Schutzinhalte des Allgemeinen Persönlichkeitsrechts zu unterscheiden: Einerseits die ideellen Bestandteile (Abschn. 2.1.2.1), andererseits die vermögenswerten Bestandteile (Abschn. 2.1.2.2).

2.1.2.1 Ideelle Interessen
Das Allgemeine Persönlichkeitsrecht schützt das **ideelle Interesse** des Einzelnen für sich zu bleiben und seine Persönlichkeit durch aktive Entschließungsfreiheit frei

---

§§ 12 Rn. 101 f., auch Rn. 134–138; Spindler/Schuster-*Mann*, Recht der elektronischen Medien, 3. Aufl. 2015, BGB §§ 823 Rn. 4; Götting/Schertz/Seitz-*Götting*, Handbuch Persönlichkeitsrecht, 1. Aufl. 2008, §§ 3; Götting/Schertz/Seitz-*Vesting*, Handbuch Persönlichkeitsrecht, 1. Aufl. 2008, §§ 6; Götting/Schertz/Seitz-*Ladeur*, Handbuch Persönlichkeitsrecht, 1. Aufl. 2008, §§ 7.
[2] BVerfG, Urt. v. 15.01.1958 – 1 BvR 400/57, NJW 1958, 257 – *Lüth*.
[3] Erstmals in: BGH, Urt. v. 25.05.1954 – I ZR 211/53, NJW 1954, 1404 – *Leserbrief*.
[4] BGH, Urt. v. 01.12.1999 – I ZR 49/97, GRUR 2000, 709, 711 – *Marlene Dietrich*; BGH, Urt. v. 18.03.1959 – IV ZR 182/58, NJW 1959, 1269, 1270 – *Caterina Valente*.
[5] Säcker/Rixecker/Oetker/Limperg-*Rixecker*, MüKo BGB, Bd. 1, 8. Aufl. 2018, BGB Anh. §§ 12 Rn. 4.

entfalten zu können.[6] Beeinträchtigungen dieses Rechts können einen Ausgleich immaterieller Schäden zur Folge haben, wenn in schwerwiegender Weise in das Allgemeine Persönlichkeitsrecht eingegriffen wird und die Beeinträchtigung nicht in anderer Weise befriedigend ausgeglichen werden kann. Zu beachten ist, dass sich ein **Geldentschädigungsanspruch unmittelbar aus dem Schutzauftrag** der Art. 2 Abs. 1 GG i. V. m. Art. 1 Abs. 1 GG ergibt, da seine Auflistung in § 253 Abs. 2 BGB fehlt.[7]

> ▶ **Merke** Art. 2 Abs. 1 GG i. V. m. Art. 1 Abs. 1 GG ist also eine eigene Anspruchsgrundlage!

> ▶ **Klausurtipp** Denken Sie daran, dass der Geldentschädigungsanspruch subsidiär ist und entfallen kann, wenn der Betroffene etwa keine Unterlassungsansprüche aufgrund der gleichen Rechtsverletzung geltend gemacht hat.

2.1.2.2 Vermögenswerte Interessen

Das **vermögenswerte Interesse** umfasst das Recht, selbst zu entscheiden, ob und unter welchen Voraussetzungen das eigene Bildnis, der Name oder ähnliche Persönlichkeitsmerkmale von Dritten kommerzialisiert werden dürfen.[8] Die Verletzung des Rechts am eigenen Bild kann dem Abgebildeten als vermögenswertes Ausschließlichkeitsrecht Ersatzansprüche gewähren.[9] Nicht selten werden ideelle und vermögenswerte Bestandteile des Persönlichkeitsrechts gleichermaßen verletzt. Die Bestandteile stehen dabei nicht in einem Exklusivitätsverhältnis, sondern können kumulativ verletzt sein.

Es sind jedoch auch Konstellationen denkbar, in denen lediglich die vermögenswerten Bestandteile des Persönlichkeitsrechts verletzt werden. Dies wäre etwa im Rahmen einer sogenannten Zwangskommerzialisierung der Fall, bei der ein **Dritter** die **Popularität einer bekannten Persönlichkeit** unbefugt ausnutzt, ohne die ideellen Bestandteile zu berühren. Beispielhaft sei an die Verwendung der Bildnisse,

---

[6] Gsell/Krüger/Lorenz/Reymann-*Specht*, BeckOGK, BGB §§ 823 Rn. 1089; Götting/Scherz/Seitz-*Götting*, Handbuch Persönlichkeitsrecht, 1. Aufl. 2008, §§ 1 Rn. 3 m. w. N.

[7] BVerfG, Beschl. v. 14.02.1973 – 1 BvR 112/65, GRUR 1974, 44, 50 – *Soraya*.

[8] BGH, Urt. 26.06.1981 – I ZR 73/79, NJW 1981, 2402, 2403 – *Carrera*; BGH, Urt. v. 08.05.1956 – I ZR 62/54, GRUR 1956, 427, 429 – *Paul Dahlke*; a. A. wohl: Säcker/Rixecker/Oetker/Limperg-*Rixecker*, MüKo BGB, Bd. 1, 8. Aufl. 2018, BGB Anh. §§ 12 Rn. 11.

[9] BGH, Urt. v. 01.12.1999 – I ZR 49/97, GRUR 2000, 709 – *Marlene Dietrich*; BGH, Urt. v. 14.04.1992 – VI ZR 285/91, GRUR 1992, 557, 558 – *Talkmaster-Foto*; BGH, Urt. v. 17.11.1960 – I ZR 87/59, GRUR 1961, 138, 140 – *Familie Schölermann*; BGH, Urt. v. 18.03.1959 – IV ZR 182/58, NJW 1959, 1269 – *Caterina Valente*; BGH, Urt. v. 08.05.1956 – I ZR 62/54, GRUR 1956, 427, 429 – *Paul Dahlke*; zum Schutz der kommerziellen Bestandteile der Persönlichkeit vgl.: Säcker/Rixecker/Oetker/Limperg-*Wagner*, MüKo BGB, Bd. 6, 7. Aufl. 2017, BGB §§ 823 Rn. 365 f.; Gersdorf/Paal-*Söder*, BeckOK InfoMedienR, 27. Ed. Stand: 01.02.2020, §§ 823 Rn. 127; Götting/Schertz/Seitz-*Götting*, Handbuch Persönlichkeitsrecht, 1. Aufl. 2008, §§ 10.

der Namen und des Namenszuges von Verstorbenen zu denken. Zu einem wirtschaftlichen Nachteil kann es dann kommen, wenn es sich bei der verstorbenen
Person um eine Person des öffentlichen Lebens gehandelt hat. Die Person des öffentlichen Lebens (bzw. deren Erben) hätte nämlich selbst den eignen Namen dadurch kommerziell verwerten können, dass sie die Nutzung Dritter nur gegen Entgelt gestattet. Betroffen sind in dem Fall ausschließlich die vermögenswerten
Interessen, die unter dem Gesichtspunkt der Zwangskommerzialisierung ausgeglichen werden müssen.[10]

2.2   Persönlicher Schutzbereich

2.2.1   Natürliche Personen

Der persönliche Schutzbereich des Allgemeinen Persönlichkeitsrechts umfasst jede
natürliche lebende Person. Darüber hinaus auch den **Nasciturus**, soweit er verletzt
werden kann.[11] Besonderen Schutz erfahren **Kinder**, da sie sich erst in ihrer Ent-
wicklungsphase zur Eigenverantwortlichkeit befinden.[12] Mit dem **Tod** des Rechtsträ-
gers erlischt das Allgemeine Persönlichkeitsrecht. Die Persönlichkeit des Menschen
bleibt allerdings über den Tod hinaus durch das postmortale Persönlichkeitsrecht
geschützt.[13] Ideell soll dem Verstorbenen durch das postmortale Persönlichkeitsrecht sein durch Lebensleistung erworbener sittlicher, personaler und sozialer Gel-
tungswert erhalten bleiben.[14] Schwerwiegende Entstellungen des Lebensbildes
eines Verstorbenen können damit dazu führen, dass der Verletzer postmortalen Ansprüchen ausgesetzt ist, die von den Erben juristisch durchgesetzt werden können.[15]
Dabei ist zu sehen, dass sich der postmortale Schutz in dem Maße verringert, als

---

[10] BGH, Urt. v. 01.12.1999 – I ZR 49/97, GRUR 2000, 709, 712 – *Marlene Dietrich*.

[11] Gsell/Krüger/Lorenz/Reymann-*Specht*, BeckOGK, BGB §§ 823 Rn. 1094; Stürner-*Teichmann*,
Jauernig BGB, 17. Aufl. 2018, §§ 823 Rn. 66; Dauner-Lieb/Langen-*Katzenmeier*, BGB, Bd. 2, 3.
Aufl. 2016, §§ 823 Rn. 184 m. w. N.; Spindler/Schuster-*Mann*, Recht der elektronischen Medien,
3. Aufl. 2015, BGB §§ 823 Rn. 13 m. w. N.

[12] BVerfG, Urt. v. 15.12.1999 – 1 BvR 653/93, GRUR 2000, 446, 450 – *Caroline von Monaco*;
BGH, Urt. v. 05.11.2013 – VI ZR 304/12, GRUR 2014, 200 – *Mascha S.*

[13] Zum postmortalen Persönlichkeitsschutz vgl. aus der umfangreichen Lit. z. B.: Gsell/Krüger/
Lorenz/Reymann-*Specht*, BeckOGK, BGB §§ 823 Rn. 1095; Paschke/Berlit/Meyer-*Kröner*,
GesMedR, 3. Auflage 2016, §§ Rn. 15 ff.; Götting/Schertz/Seitz-*Brändel*, Handbuch Persönlichkeitsrecht, 1. Aufl. 2008, §§ 37; Säcker/Rixecker/Oetker/Limperg-*Rixecker*, MüKo BGB, Bd. 1, 8.
Aufl. 2018, BGB Anh. §§ 12 Rn. 45–57; Dauner-Lieb/Langen-*Katzenmeier*, BGB, Bd. 2, 3. Aufl.
2016, §§ 823 Rn. 185–188; Staudinger-*Hager*, §§ 823 BGB, Neubearb. 2017, Rn. C34–C47c;
Gersdorf/Paal-*Söder*, BeckOK InfoMedienR, 27. Ed. Stand: 01.02.2020, §§ 823 Rn. 81 f.; Bam-
berger/Roth/Hau/Poseck-*Bamberger*, BeckOK BGB, 53. Ed. Stand: 01.02.2020, §§ 12 Rn. 117
m. w. N., Rn. 159 ff.; Spindler/Schuster-*Mann*, Recht der elektronischen Medien, 3. Aufl. 2015,
BGB § 823 Rn. 8–12; *Helle*, AfP 2015, 216; *Staudinger/Melestean*, JURA 2016, 783, 787 ff.

[14] BGH, VerUrt. v. 16.09.2008 – VI ZR 244/07, NJW 2009, 751, 752 – *Theaterstück Ehrensache*.

[15] BVerfG, Beschl. v. 24.02.1971 – 1 BvR 435/68, GRUR 1971, 461, 461 ff. – *Mephisto*; BGH, Urt.
v. 20.03.1968 – I ZR 44/66, GRUR 1968, 552, 555 – *Mephisto*.

dass die Erinnerung an den Verstorbenen verblasst.[16] Die ideellen Bestandteile des Persönlichkeitsrechts sind unauflöslich an die Person ihres Trägers gebunden, **als höchstpersönliches Recht unverzichtbar und unveräußerlich**, damit auch nicht übertragbar und nicht vererblich.[17] Nach der Rechtsprechung können sie ausschließlich vom Kreis der Wahrnehmungsberechtigten, also den nächsten Angehörigen,[18] geltend gemacht werden.[19] **Eigene Ansprüche der Angehörigen** kommen nur eingeschränkt in Betracht, wenn sie etwa zugleich in ihrem eigenen Persönlichkeitsrecht unmittelbar betroffen sind.[20]

Demgegenüber sind die **vermögenswerten Bestandteile** nicht derart an die Person des Trägers gebunden und daher **selbstständig vererblich**. Die **Dauer** des postmortalen Schutzes der vermögenswerten Bestandteile der Persönlichkeit beträgt in entsprechender Anwendung von § 22 S. 2 KUG zehn Jahre.[21]

Der **Geldentschädigungsanspruch** soll nach der Rechtsprechung des BGH dagegen **nicht vererblich** sein, weil ein Verstorbener keine Genugtuung aus ihm erlangen kann.[22] Dass dem Geldentschädigungsanspruch daneben auch eine Präventivfunktion zukommt, bleibt in der Argumentation des BGH unberücksichtigt.[23]

2.2.2 Juristische Personen

Vom persönlichen Schutzbereich sind auch **juristische Personen des Privatrechts** umfasst, sofern das Allgemeine Persönlichkeitsrecht seinem Wesen nach auf sie anwendbar ist, **Art. 19 Abs. 3 GG** (sog. **Unternehmenspersönlichkeitsrecht**).[24]

---

[16] BGH, Urt. v. 20.03.1968 – I ZR 44/66, GRUR 1968, 552, 555 – *Mephisto*.

[17] BGH, Urt. v. 01.12.1999 – I ZR 49/97, GRUR 2000, 709, 712 – *Marlene Dietrich*.

[18] BGH, Urt. v. 14.05.2002 – VI ZR 220/01, NJW 2002, 2317, 2318.

[19] BGH, Urt. v. 20.03.1968 – I ZR 44/66, GRUR 1968, 552, 555 – *Mephisto*.

[20] Vgl. BGH, Urt. v. 05.03.1974 – VI ZR 89/73, VersR 1974, 758 – *Todesgift*.

[21] BGH, Urt. v. 05.10.2006 – I ZR 277/03, GRUR 2007, 168, 169 – *kinski-klaus.de*; BGH, Urt. v. 01.12.1999 – I ZR 226/97, GRUR 2000, 715, 716 – *Der blaue Engel*.

[22] BGH, Urt. v. 29.04.2014 – VI ZR 246/12, GRUR 2014, 702 – *Berichterstattung über trauernden Entertainer*.

[23] Hierzu: Gsell/Krüger/Lorenz/Reymann-*Specht*, BeckOGK, BGB §§ 823 Rn. 32 f.

[24] BGH, Urt. 28.07.2015 – Vi ZR 340/14, NJW 2016, 56, Rn. 27; BGH, Urt. v. 03.02.2009 – VI ZR 36/07, NJW 2009, 1872, Rn. 6; BGH, Urt. v. 11.03.2008 – VI ZR 7/07, NJW 2008, 2110, 2111 – *Gen-Milch*; BGH, Urt. v. 24.01.2006, XI ZR 384/03, NJW 2006, 830, Rn. 106 – *Kirch/Breuer*; BGH, Urt. v. 19.04.2005 – X ZR 15/04, NJW 2005, 2766, 2769; BGH, Urt. v. 17.04.1984 – VI ZR 246/82, NJW 1984, 1956 – *Mordoro*; BGH, Urt. v. 03.06.1975 – VI ZR 123/74, NJW 1975, 1882, 1884 – *Der Geist von Oberzell*; vgl. auch: Stürner-*Teichmann*, Jauernig BGB, 17. Aufl. 2018, §§ 823 Rn. 66; vgl. zum Unternehmenspersönlichkeitsrecht auch: Gsell/Krüger/Lorenz/Reymann-*Specht*, BeckOGK, BGB §§ 823 Rn. 1113; Götting/Schertz/Seitz-*Wanckel*, Handbuch Persönlichkeitsrecht, 1. Aufl. 2008, §§ 19 Rn. 49; Paschke/Berlit/Meyer-*Kröner*, GesMedienR, 3. Aufl. 2016 Teil 4 Abschn. 31 Rn. 13; Paschke/Berlit/Meyer-*Vendt*, GesMedienR, 3. Aufl. 2016 Teil 4 Abschn. 36 Rn. 1; *Gostomzyk*, NJW 2008, 2082 2084, als „Auffangtatbestand" ggü. Spezielleren Normen wie bspw. §§ 824 BGB; *Holzner*, MMR Aktuell 2010, 298851; *Dünnwald*, ZUM 2009, 538, 546; für das Unternehmenspersönlichkeitsrecht ist aber nur Art. 2 Abs. Abs. 1 GG einschlägig.

Für Unternehmen wird dies in der Praxis ohne weitere Erwägungen von den Gerichten inzwischen als zutreffend unterstellt. **Kollektive** können ebenfalls in ihrem Achtungsanspruch verletzt sein, wenn die von ihnen umfasste Personenmehrheit einen einheitlichen Willen bilden kann und eine rechtlich anerkannte Funktion in der Gesellschaft erfüllt. Das Kollektiv muss sich in der betreffenden Äußerung jedoch klar von der Allgemeinheit abgrenzen lassen und sich auf einen überschaubaren Personenkreis beziehen, dessen Mitglieder sich zweifelsfrei bestimmen lassen.[25] Dies gilt auch für den in der Praxis wichtigen Fall, ob ein einzelner durch eine Beleidigung des Kollektivs individuell betroffen ist (sog. Kollektivbeleidigung). Wegen zu unspezifischer Eingrenzung des Personenkreises wurde ein beleidigungsfähiges Kollektiv etwa abgelehnt bei den Bezeichnungen „Soldaten sind Mörder",[26] „ACAB",[27] „FCK CPS"[28] oder nur allgemein gehaltenen Äußerungen über Frauen.[29] Dabei ist jedoch zu sehen, dass dies stets Einzelfallentscheidungen sind. Wird eine Aussage wie „ACAB" bei einer Polizeikontrolle gegenüber zwei Beamten geäußert, wäre der Empfängerkreis überschaubar und von einer Betroffenheit durch die Kollektivbezeichnung auszugehen.

Juristische Personen des Öffentlichen Rechts können sich dagegen generell nicht auf Grundrechte berufen, sofern eine grundrechtstypische Gefährdungslage nicht gegeben ist.[30] Für sie kommt lediglich ein strafrechtlicher Ehrschutz in Betracht. Die Durchsetzung von Unterlassungsansprüchen würde zudem voraussetzen, dass die Äußerung geeignet ist, eine schwerwiegende Funktionsbeeinträchtigung der Einrichtung zur Folge zu haben.[31]

2.3   Sachlicher Schutzbereich

Der sachliche Schutzbereich des Allgemeinen Persönlichkeitsrechts umfasst das Recht auf Selbstentfaltung und Selbstdarstellung. Der Schutzbereich wurde in der Vergangenheit durch unterschiedliche von den Gerichten herausgearbeitete **Fallgruppen** konkretisiert, die **nicht abschließend** sind,[32] da das Allgemeine Persönlichkeitsrecht auch

---

[25] Vgl. BGH, Urt. v. 19.01.1989 – 1 StR 641/88, NJW 1989, 1365.

[26] BVerfG, Beschl. v. 10.10.1995 – 1 BvR 1476/91 u.a., NJW 1995, 3303 – *Soldaten sind Mörder*.

[27] BVerfG, Beschl. v. 17.05.2016 – 1 BvR 257/14, JA 2016, 714 – *ACAB*.

[28] BVerfG, Beschl. v. 26.02.2015 – 1 BvR 1036/14, NJW 2015, 2022 – *FCK CPS*; vgl. hierzu jedoch kritisch: *Rüthers*, NJW 2016, 3337, 3337 ff.

[29] LG Hamburg, Urt. v. 26.07.1978 – 74 O 235/78, NJW 1980, 56 – *Die Frauen*; vgl. zur Beleidigungsfähigkeit von Kollektiven eingehend: Gsell/Krüger/Lorenz/Reymann-*Specht*, BeckOGK, BGB §§ 823 Rn. 1116.

[30] Ehrschutz aber über §§ 823 Abs. Abs. 2, §§ 1004 analog iVm §§§ 185 ff. StGB.

[31] OLG Köln, Urt. v. 31.07.2012 – 15 U 13/12, BeckRS 2012, 23546.

[32] Dreier-*Dreier*, GG, Bd. 3, 3. Aufl. 2013, Art. 2 I Rn. 69 f.; Umbach/Clemens-*Hillgruber*, GG, Bd. 1, 1. Aufl. 2002, Art. 2 I Rn. 45; Spindler/Schuster-*Mann*, Recht der elektronischen Medien, 3. Aufl. 2015, BGB §§ 823 Rn. 4.

als Auffangrecht dient. Daneben bestehen die besonderen Persönlichkeitsrechte, die in ihrem Anwendungsbereich die gegenüber dem Allgemeinen Persönlichkeitsrecht speziellere Regelung darstellen. Unabhängig davon, ob das Allgemeine oder eines der besonderen Persönlichkeitsrechte betroffen ist, ist für Frage nach dem Eingriff in den Schutzbereich die Zuordnung zu den verschiedenen Sphären sinnvoll. So ist der sachliche Schutzbereich etwa bei Themen, die der Privatsphäre zugeordnet werden, eröffnet. Die Einordnung eines Sachverhalts in die unterschiedlichen Sphären ist darüber hinaus auch noch mal im Rahmen der Rechtfertigung zu berücksichtigen.[33]

2.3.1 Schutzbereiche des Allgemeinen Persönlichkeitsrechts

Dem Allgemeinen Persönlichkeitsrecht kommt ein sehr weiter Schutzrahmen zu. **Vier Schutzrechte sind diesbezüglich besonders hervorzuheben**: Der Schutz vor Verfälschung und Entstellung der eigenen Person (Abschn. 2.3.1.1), der Indiskretionsschutz inkl. Recht am eigenen Wort und Recht auf Zitattreue (Abschn. 2.3.1.2), der Schutz vor Eindringen in und Ausforschung des persönlichen Lebensbereichs (Abschn. 2.3.1.3) sowie der Schutz vor unbefugter Kommerzialisierung der Persönlichkeit (Abschn. 2.3.1.4).

2.3.1.1 Schutz vor herabsetzenden und unwahren Äußerungen

Herabsetzende und unwahre Äußerungen der eigenen Person, die geeignet sind, den Betroffenen in ein **schlechtes Licht** zu rücken oder seine **Persönlichkeitsentfaltung** in sonstiger Weise erheblich zu beeinträchtigen, greifen in das Allgemeine Persönlichkeitsrecht ein.[34] Derartige verfälschende und entstellende Darstellungen können vor allem durch unwahre Tatsachenbehauptungen[35] sowie herabwürdigende Meinungsäußerungen herbeigeführt werden. Tatsachenbehauptungen sind solche Aussagen, die aus der Sicht eines objektiven Empfängers (theoretisch) dem Beweis zugänglich sind oder durch die Formulierung des Absenders den Eindruck erwecken, dass sie dies seien. Bei Meinungsäußerungen überwiegt demgegenüber das wertende, meinende Element.

Beispiel 1

„Der Sprinter läuft die 100 Meter in 9 Sekunden." Die Aussage ist beweisbar, da die Zeit, die der Sprinter benötigt, gestoppt werden kann. Damit handelt es sich um eine Tatsachenbehauptung. Wäre die Formulierung demgegenüber „Der Sprinter läuft die 100 Meter sehr schnell", würde es sich um eine Meinungsäußerung handeln, da was für den einen schnell ist, für einen anderen langsam sein könnte. Das wertende und meinende Element würde überwiegen. ◀

---

[33] Zurückgehend auf: *Hubmann* JZ 1957, 521.

[34] BVerfG, Beschl. v. 08.04.1999 – 1 BvR 2126/93, NJW 1999, 2358, 2359.

[35] BVerfG, Bschl. v. 25.09.2009 – 1 BvR 134/03, NJW-RR 2010, 470, Rn. 62 – *Pressespiegel*; vgl. auch: Gsell/Krüger/Lorenz/Reymann-*Specht*, BeckOGK, BGB §§ 823 Rn. 1125.

Trotz Eröffnung des Schutzbereichs ist stets zu berücksichtigen, dass die Verletzung des Allgemeinen Persönlichkeitsrechts bei Meinungsäußerungen letztlich nur bejaht wird, wenn das Persönlichkeitsrecht bei der stets erforderlichen Interessenabwägung die Meinungsfreiheit überwiegt. Bei Vorliegen von **Schmähkritik** bedarf es dagegen keiner Abwägung. Sie fällt bereits nicht in den Schutzbereich der Meinungsfreiheit, da sie nicht der Auseinandersetzung in der Sache dient, sondern allein auf die Herabsetzung der Person abzielt.

Wahre Tatsachenbehauptungen muss der Betroffene in der Regel hinnehmen, selbst wenn sie nachteilig für ihn sind.[36] Gleichwohl können sich auch hier aus einer Abwägung Ausnahmen ergeben, wenn das Interesse an der Verbreitung der Wahrheit außer Verhältnis mit den zu befürchtenden Persönlichkeitsschäden steht. Dies ist etwa der Fall, wenn die verbreitete Wahrheit mit der Verletzung der Intims- oder Privatsphäre einhergeht. Die Veröffentlichung von Details aus dem Sexualleben muss eine Person auch dann regelmäßig nicht hinnehmen, wenn die Aussagen wahr sind. **Unwahre Tatsachenbehauptungen** muss der Betroffene demgegenüber freilich nicht dulden und kann gegen diese vorgehen. Richtig ist, dass an der Verbreitung von Unwahrheiten keinerlei berechtigtes Informationsinteresse besteht und diese daher bereits nicht an der Meinungsfreiheit partizipieren. Das Recht auf Selbstentfaltung und Selbstdarstellung verleiht dem Träger allerdings keinen Anspruch darauf, nur so in der Öffentlichkeit dargestellt zu werden, wie er von anderen gesehen werden möchte.[37]

Da eine unwahre Tatsachenbehauptung nicht vom Schutzbereich der Meinungsfreiheit erfasst ist,[38] kann sie grundsätzlich nicht gerechtfertigt werden und darf daher keinen Bestand haben. Ausnahmen gelten nur bei absoluten Belanglosigkeiten, wenn etwa die Zeitung schreibt, Person X habe einen himmelblauen Pullover getragen, wenn dieser tatsächlich königsblau war. In einem solchen Fall einer wertneutralen Unwahrheit oder einer vergleichbaren wertneutralen Meinungsäußerung aus der Sozialsphäre wäre es möglich, dass bereits kein Eingriff in das Allgemeine Persönlichkeitsrecht vorliegt.

▶   **Klausurtipp** Sie sehen also: Aufgrund des grundrechtlichen Charakters
    des Allgemeinen Persönlichkeitsrechts ist dieses abwägungsoffen und
    muss dementsprechend als sog. **Rahmenrecht** ausgefüllt werden. Dies
    wird – wie auch in der bekannten Grundrechtedogmatik – durch eine
    Gesamtbetrachtung aller Umstände des Einzelfalles vorgenommen, bei

---

[36] BVerfG, Beschl. v. 29.06.2016 – 1 BvR 3487/14, AfP 2016, 430, 431; BVerfG, Beschl. v. 25.01.2012 – 1 BvR 2499/09 u. 1 BvR 2503/09, NJW 2012, 1500, Rn. 39 – *Ochsenknecht-Söhne*.
[37] BVerfG, Beschl. v. 08.04.1999 – 1 BvR 2126/93, NJW 1999, 2358, 2359.
[38] BVerfG, Beschl. v. 11.11.1992 – 1 BvR 693/92, NJW 1993, 1845; BVerfG, Beschl. v. 09.06.1992 – 1 BvR 824/90, NJW 1993, 916, 917; BVerfG, Beschl. v. 09.10.1991 – 1 BvR 1555/88, NJW 1992, 1439, 1440 f.; BVerfG, Beschl. v. 22.06.1982 – BvR 1376/79, NJW 1983, 1415 – *NPD von Europa*; *Grimm*, NJW 1995, 1697.

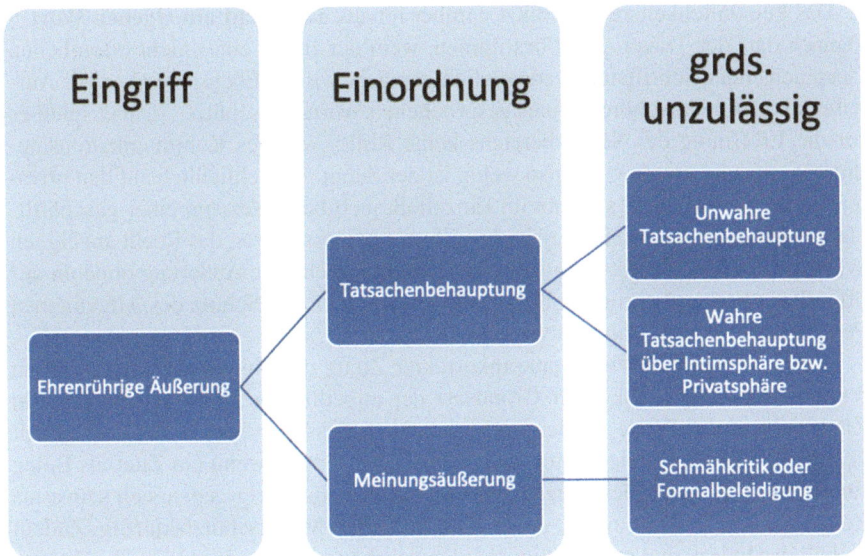

Abb. 2.1 Abbildung: Unzulässigkeit von Äußerungen

der die entgegenstehenden Grundrechte mit dem Allgemeinen Persönlichkeitsrecht beim Tatbestandsmerkmal der Rechtswidrigkeit abgewogen werden müssen (sog. **praktische Konkordanz**). Regelmäßig entgegenstehendes Grundrecht ist die Meinungsfreiheit des Äußernden nach Maßgabe des Art. 5 Abs. 1 GG. Schematisch können Sie die Interessenabwägung im Rahmen der Rechtswidrigkeit mit nachfolgender Kategorisierung der jeweiligen Äußerung beginnen (Abb. 2.1):

2.3.1.2 Indiskretionsschutz, Recht am eigenen Wort und Recht auf Zitattreue

Weitere Fallgruppen des Allgemeinen Persönlichkeitsrechts umfassen den Indiskretionsschutz, das Recht am eigenen Wort und das Recht auf Zitattreue.

Der **Indiskretionsschutz** bietet dem Einzelnen das Recht selbst darüber zu entscheiden, wie er sich gegenüber Dritten und in der Öffentlichkeit darstellen will sowie inwieweit Dritte die Verfügungsbefugnis über seine Persönlichkeit besitzen.[39] Ihm kommt ein autonomer Bereich privater Lebensgestaltung zu, in dem er seine Individualität entwickeln und wahren können muss.[40]

---

[39] Vgl.: BVerfG, Beschl. v. 03.06.1980 – 1 BvR 185/77, NJW 1980, 2070, 2071 – *Eppler*; vgl. dazu auch: Gersdorf/Paal-*Söder*, BeckOK InfoMedR, 27. Ed. Stand: 01.02.2020, BGB §§ 823 Rn. 145.
[40] BVerfG, Urt. v. 05.06.1973 – 1 BvR 536/72, NJW 1973, 1226, 1227 – *Lebach*.

Das Persönlichkeitsrecht schützt darüber hinaus das **Recht am eigenen Wort**.[41] Danach darf der Träger selbst bestimmen, wem der Inhalt eines nicht öffentlichen Gesprächs oder Schriftstücks zugänglich gemacht wird.[42] Ebenso wird er vor Aufnahmen oder dem Abhören seines gesprochenen Wortes geschützt.[43] Dabei spielt es für die Eröffnung des Schutzbereichs keine Rolle, welches Kommunikationsmedium verwendet wurde.[44] Ebenso wenig ist der Schutz ausschließlich auf den privaten Raum beschränkt,[45] so kann im Einzelfall auch beim Versand einer geschäftlichen E-Mail, die lediglich an einen Empfänger adressiert war, das Recht am eignen Wort vor der Veröffentlichung selbiger schützen. Zielt eine Äußerung ohnehin auf öffentliche Wahrnehmung ab, bleibt dem Betroffenen der Schutz des Allgemeinen Persönlichkeitsrechts dagegen verwehrt.[46]

Zuletzt ist bei der Wiedergabe inkorrekter Zitate das **Recht auf Zitattreue** zu respektieren. Es gilt dabei der Grundsatz der unbedingten Zitattreue. So darf ein Zitat nicht in der Weise wiedergegeben werden, dass sich sein Bedeutungsgehalt verändert.[47] Ein spezieller, extensiver Schutz ist geboten, wenn ein Zitat als Beleg für eine Kritik dient. Der Zitierte wird hier wahrheitswidrig gegen sich selbst als Zeuge ins Feld geführt und ist daher im besonderen Maße schutzbedürftig. Zudem enthält das Falschzitat regelmäßig zwei Unwahrheiten. Zum einen, dass der Zitierte die in dem Zitat enthaltende Aussage aufgestellt hat und zum anderen, dass er diese in eben dieser Form kommuniziert hat. Es stellt daher nicht allein die subjektive Meinung des Kritikers, sondern die Behauptung einer objektiven Tatsache mutmaßlich von dem Kritisierten selbst dar.[48] Dadurch kommt einem Zitat in den Augen der Rezipienten eine besondere Aussage- und Beweiskraft zu. Es bestehen hohe Anforderungen an die Authentizität von Zitaten.[49] Die Äußerungen eines Zitierten dürfen

---

[41] Paschke/Berlit/Meyer-*Vendt*, GesMedienR, 3. Aufl. 2016, Teil 4 Abschn. 35 Rn. 1.

[42] BVerfG, Beschl. v. 19.12.1991 – 1 BvR 382/85, NJW 1992, 815; BVerfG, Beschl. v. 03.06.1980 – 1 BvR 185/77, NJW 1980, 2070, 2071 – *Eppler*; BGH, Urt. v. 20.01.1981 – VI ZR 162/79, NJW 1981, 1089; Spindler/Schuster-*Mann*, Recht der elektronischen Medien, 3. Aufl. 2015, BGB §§ 823 Rn. 53; dieses Recht abl. Westermann/Grunewald/Maier-Reimer-*Klass*, Erman BGB, Bd. 1, 15. Aufl. 2017, Anh. §§ 12 Rn. 130 f.

[43] Staudinger-*Hager*, §§ 823 BGB, Neubearb. 2017, Rn. C 161, C 162, C 164, jeweils m. w. N.

[44] BGH, Urt. v. 13.10.1987 – VI ZR 83/87, NJW 1988, 1016; BGH, Urt. v. 20.05.1958 – VI ZR 104/57, NJW 1958, 1344 – *Tonbandaufnahme*; aktuell zum E-Mail-Austausch: LG Hamburg, Urt. v. 10.03.2017 – 324 O 687/16, ZUM-RD 2018, 160, 163.

[45] BVerfG, Beschl. v. 31.01.1973 – 2 BvR 454/71, NJW 1973, 891.

[46] BGH, Urt. v. 11.06.2013 – VI ZR 209/12, GRUR 2013, 1063, Rn. 16 – *Teilnehmerin an Mahnwache*.

[47] BVerfG, Beschl. v. 31.03.1993 – 1 BvR 295/93, NJW 1993, 2925, 2926; BVerfG, Beschl. v. 03.06.1980 – 1 BvR 185/77, NJW 1980, 2070, 2071 – *Eppler*; OLG Brandenburg, Urt. v. 23.04.2007 – 1 U 10/06, NJW-RR 2007, 1641.

[48] BVerfG, Beschl. v. 31.03.1993 – 1 BvR 295/93, NJW 1993, 2925, 2926;

[49] Vgl. OLG Köln, Urt. v. 15.12.2016 – 15 W 46/16, BeckRS 2016, 112346, Rn. 27 LG Köln, Urt. v. 15.03.1017 – 28 O 324/16, ZUM 2017, 690, 692.

weder durch Ergänzungen oder Auslassungen verändert[50] noch in einem anderen Kontext wiedergegeben werden.[51] Unzulässig ist zudem – abgesehen von einer sinngemäßen Wiedergabe[52] – den Anschein eines Zitats zu erwecken, wenn tatsächlich aber nur eine Interpretation der Äußerung vorliegt.[53] Dahingehende Äußerungen sind in der Regel falsche Tatsachenbehauptung.

2.3.1.3 Schutz vor Eindringen in und Ausforschung des persönlichen Lebensbereichs

Das Allgemeine Persönlichkeitsrecht schützt die **engere persönliche Lebenssphäre** und die Erhaltung ihrer Grundbedingungen.[54] Abzuwehren ist mithin das **Eindringen** in den persönlichen Lebensbereich und die **Ausforschung** desselben. Hierunter fallen unter anderem das Belauschen der Wohnung, das heimliche Abhören des Telefons,[55] die heimliche Ortung des Betroffenen sowie die Nutzung von Tagebüchern und ähnlichen Aufzeichnungen ohne Einwilligung des Betroffenen bzw. ohne Vorliegen eines Erlaubnistatbestandes.

Indessen kann auch das **Aufdrängen von Informationen** ein Eindringen in den persönlichen Lebensbereich darstellen. Das Zusenden von Werbematerial entgegen erklärtem Willen[56] oder unerwünschte E-Mail-Werbung[57] sind ebenfalls als Eindringen in den Lebensbereich und Verletzung des Persönlichkeitsrechts anzusehen. Neben dem persönlichkeitsrechtlichen Schutz ist beim Aufdrängen von Informationen maßgebend das Lauterkeitsrecht – insbesondere § 7 UWG (Abschn. 5.2.9) – einschlägig.

2.3.1.4 Schutz vor unbefugter Kommerzialisierung der Persönlichkeit

Schließlich bietet das allgemeine Persönlichkeitsrecht **Schutz vor unbefugter Kommerzialisierung** der Persönlichkeit. Dies kann beispielsweise durch wirtschaftliche

---

[50] BVerfG, Beschl. v. 31.03.1993 – 1 BvR 295/93, NJW 1993, 2925, 2926; BVerfG, Beschl. v. 03.06.1980 – 1 BvR 185/77, NJW 1980, 2070, 2071 – *Eppler*; OLG Brandenburg, Urt. v. 23.04.2007 – 1 U 10/06, NJW-RR 2007, 1641; Vgl. hierzu eingehend: Gsell/Krüger/Lorenz/Reymann-*Specht*, BeckOGK, BGB §§ 823 Rn. 1123.

[51] OLG Saarbrücken, Urt. v. 15.01.1985 – 2 U 58/83, AfP 1985, 134, 135; OLG München, Urt. v. 08.12.1980 – 21 U 2015/80, AfP 1981, 297, 298.

[52] BVerfG, Beschl. v. 31.03.1993 – 1 BvR 295/93, NJW 1993, 2925.

[53] Paschke/Berlit/Meyer-*Vendt*, GesMedienR, 3. Aufl. 2016, Teil 4 Abschn. 35 Rn. 5 m. w. N. aus der Rspr.

[54] BVerfG, Beschl. v. 03.06.1980 – 1 BvR 185/77, NJW 1980, 2070, 2071 – *Eppler*.

[55] Säcker/Rixecker/Oetker/Limperg-*Rixecker*, MüKo BGB, Bd. 1, 8. Aufl. 2018, BGB Anh. §§ 12 Rn. 108 ff.

[56] BGH, Urt. v. 20.12.1988 – VI ZR 182/88, NJW 1989, 902; OLG Karlsruhe, Urt. v. 30.07.1991 – 18 a U 46/19, NJW 1991, 2910: Aufkleber mit Verbot von „Werbewurfsendungen und Prospekten" erfasst nicht den Einwurf eines kostenlosen Anzeigenblatts mit redaktionellem Teil; LG Freiburg, Urt. v. 06.06.1990 – 1 O 598/89, NJW 1990, 2824, 2825.

[57] Vgl.: BGH, Urt. v. 15.12.2015 – VI ZR 134/15, NJW 2016, 870, Rn. 11 – *No-Reply-E-Mails*; anders noch: LG Stuttgart, Urt. v. 04.02.2015 – 4 S 165/14, MMR 2015, 455.

Nutzung eines Bildes, Wortes oder besonderer Eigenschaften einer Persönlichkeit –
insbesondere in der Werbung – geschehen.[58] Eine Person des öffentlichen Lebens
kann die eigene Popularität wirtschaftlich dadurch nutzen, dass sie Dritten gegen Entgelt gestattet, ihren Wiedererkennungsfaktor, dem ein erheblicher Wert zukommen
kann, werblich einzusetzen. Die unerlaubte Nutzung und Verwertung ihres Namens
kann daher nicht nur dem Ansehen oder der Ehre schaden,[59] sondern auch und gerade
kommerzielle Interessen berühren.[60]

Neben Ansprüchen auf Ersatz des materiellen Schadens und Unterlassungs- sowie Beseitigungsansprüchen sind **Ansprüche** aus angemaßter Eigengeschäftsfüh-
rung (§ 687 Abs. 2 BGB) und Eingriffskondiktion (§ 812 Abs. 1 S. 1 Fall 2 BGB)
zu erwägen. Schließlich muss berücksichtigt werden, dass kommerzielle Zwecke
einem berechtigten Informationsinteresse dienen können. Somit ist in der erforderlichen **Interessenabwägung** zu berücksichtigen, ob der kommerzielle Zweck nur
einer unter mehreren ist.[61] Denkbar sind also insbesondere Fälle der sog. „Zwangskommerzialisierung",[62] wenn unweigerlich kommerzielle Zwecke des Betroffenen
tangiert sind, die Meinungsfreiheit des Äußernden jedoch überwiegt. So musste
Oscar Lafontaine die Verwendung seines Bildnisses in einer Werbeanzeige, die sich
satirisch mit einem aktuellen Tagesereignis auseinandersetzte, hinnehmen.[63]

2.3.2   Besondere Persönlichkeitsrechte

Als **gesetzlich besonders normierte Persönlichkeitsrechte** insbesondere zu nen-
nen: Das Namensrecht (§ 12 BGB), das Recht am eigenen Bild (§§ 22 ff. KUG), der
Ehrschutz (§§ 185 ff. StGB), das Recht auf informationelle Selbstbestimmung (DS-
GVO, BDSG-neu) und das Urheberpersönlichkeitsrecht (§§ 12 ff. UrhG).

---

[58] BVerfG, Beschl. v. 25.08.2000 – 1 BvR 2707/95, NJW 2001, 594 – *Willy-Brandt-Gedenkmütze*;
BGH, Urt. v. 26.10.2006 – I ZR 182/04, GRUR 2007, 139 – *Rücktritt des Finanzministers*: neben
Werbung auch satirische Zielsetzung; BGH, Urt. v. 01.12.1999 – I ZR 226/97, GRUR 2000, 715 –
Der blaue Engel; BGH, Urt. v. 01.12.1999 – I ZR 49/97, GRUR 2000, 709 – *Marlene Dietrich*;
BGH, Urt. v. 06.02.1979 – VI ZR 46/77, NJW 1979, 2203 – *Fußballkalender*; BGH, Urt. v.
08.05.1956 – I ZR 62/54, GRUR 1956, 427, 429 – *Paul Dahlke*; vgl. auch: Bamberger/Roth/Hau/
Poseck-*Bamberger*, BeckOK BGB, 53. Ed. Stand: 01.02.2020, §§ 12 Rn. 219.

[59] BGH, Urt. v. 31.05.2012 – I ZR 234/10, NJW 2013, 793 – *Playboy am Sonntag*; BGH, Urt. v.
11.03.2009 – I ZR 8/07, NJW 2009, 3032 Rn. 26 – *Wer wird Millionär*; BGH, Urt. v. 01.12.1999 –
I ZR 49/97, GRUR 2000, 709, 711 – *Marlene Dietrich*; BGH, Urt. v. 26.06.1981 – I ZR 73/79,
NJW 1981, 2402 – *Carrera*; BGH, Urt. v. 08.05.1956 – I ZR 62/54, GRUR 1956, 427, 429 –
Paul Dahlke.

[60] BGH, Urt. v. 01.12.1999 – I ZR 49/97, GRUR 2000, 709, 712 – *Marlene Dietrich*.

[61] BGH, Urt. v. 26.10.2006 – I ZR 182/04, GRUR 2007, 139 – *Rücktritt des Finanzministers*; vgl.
hierzu eingehend außerdem: Säcker/Rixecker/Oetker/Limperg-*Rixecker*, MüKo BGB, Bd. 1, 8.
Aufl. 2018, BGB Anh. §§ 12 Rn. 163 m. w. N.; *Hermann*, Der Werbewert der Prominenz, 2012.

[62] Gsell/Krüger/Lorenz/Reymann-*Specht*, BeckOGK, BGB §§ 823 Rn. 1135.

[63] BGH, Beschl. v. 26.10.2006 – I ZR 182/04, ZUM 2007, 55 – *Lafontaine*.

2.3.2.1 Recht am eigenen Bild (§§ 22, 23 KUG, § 201a StGB)

Das **Recht am eigenen Bild** gewährt dem Abgebildeten das Recht selbst darüber zu entscheiden, ob und – wenn ja – wie er in der Öffentlichkeit bildlich dargestellt wird. Daneben das Recht, ob sein Bildnis – auch im nicht-öffentlichen Bereich – verbreitet wird.[64] Gemäß § 22 S. 1 KUG dürfen Bildnisse grundsätzlich nur mit Einwilligung des Abgebildeten veröffentlicht werden. Die Einwilligung gilt im Zweifel als erteilt, wenn der Abgebildete eine Vergütung erhält, § 22 S. 2 KUG, wobei diese Vermutung widerleglich ist.[65] Nach dem Tod des Abgebildeten geht das Recht auf die Angehörigen über. Deren Einwilligung ist bis zum Ablauf von zehn Jahren erforderlich, § 22 S. 3 KUG.

§ 23 Abs. 1 KUG normiert Erlaubnistatbestände zum Einwilligungserfordernis. Von diesen gibt es gemäß § 23 Abs. 2 KUG wiederum Rückausnahmen. Wer entgegen §§ 22, 23 KUG ein Bildnis verbreitet oder öffentlich zur Schau stellt, verwirklicht zudem den objektiven Tatbestand einer Straftat, § 33 Abs. 1 KUG. Der strafrechtliche Schutz wird durch § 201a StGB ergänzt, welcher im Gegensatz zu § 33 KUG bereits die Herstellung von Bildnissen unter Strafe stellt, sofern die Bildnisse die Verletzung des höchstpersönlichen Lebensbereichs begründen. § 201a StGB ist zudem ein Schutzgesetz i. S. d. § 823 Abs. 2 BGB.

▶ **Klausurtipp** Denken sie daher auch in zivilrechtlichen Klausuren stets an die Anspruchsgrundlage aus § 823 Abs. 2 BGB i. V. m. § 201a StGB, falls der höchstpersönliche Lebensbereich durch Bildaufnahmen tangiert wird! Dieser Anspruch tritt neben den bildnisrechtlichen Anspruch aus § 823 Abs. 1 BGB i. V. m. §§ 22, 23 KUG und steht zu diesem in Anspruchsgrundlagenkonkurrenz.

2.3.2.1.1 Schutzgut

Geschützt wird das Bildnis als Abbildung oder Darstellung[66] einer natürlichen Person in einer für Dritte erkennbaren Weise, z. B. durch Fotografien oder sonstige Bildnisse. Aber auch Karikaturen[67] können ein taugliches Schutzgut sein, sofern der Abgebildete trotz Verfremdung **erkennbar** bleibt. Für die Erkennbarkeit genügt, dass der Abgebildete berechtigterweise mit der Gefahr rechnen kann, von Personen aus dem engen Bekannten- und Freundeskreis erkannt zu werden.[68] Auf ein tatsächliches

---

[64] StRspr, vgl.: BVerfG, Urt. v. 05.06.1973 – 1 BvR 536/72, NJW 1973, 1226 – *Lebach*; BGH, Urt. v. 06.03.2007 – VI ZR 13/06, NJW 2007, 1981 – *Prinz Ernst August von Hannover*; BGH, Urt. v. 19.12.1995 – VI ZR 15/95, GRUR 1996, 923, 924 – *Caroline von Monaco II*; BGH, Urt. v. 14.04.1992 – VI ZR 285/91, NJW 1992, 2084 – *Talkmaster*; BGH, Urt. v. 14.04.1992 – VI ZR 285/91, GRUR 1992, 557 – *Talkmaster-Foto*.

[65] Gersdorf/Paal-*Hermann*, BeckOK InfoMedienR, 27. Ed. Stand: 01.02.2020, KUG §§ 22 Rn. 27.

[66] A.A. Paschke/Berlit/Meyer-*Kröner*, GesMedienR, 3. Aufl. 2016, Teil 4 Abschn. 32 Rn. 11.

[67] OLG Hamburg, Urt. v. 08.04.1982 – 3 U 36/81, AfP 1983, 282, 282 f. – *Tagesschausprecher*.

[68] BGH, Urt. v. 26.06.1979 – VI ZR 108/78, GRUR 1979, 732, 733 – *Fußballtor*; BGH, Urt. v. 10.11.1961 – I ZR 78/60, GRUR 1962, 211 – *Hochzeitsbild*.

Erkanntwerden kommt es hingegen nicht an. Kann der Abgebildete im Verfahren indes nachweisen, dass es von Dritten erkannt worden ist, so indiziert dies die Annahme der Erkennbarkeit.

2.3.2.1.2 Eingriffshandlungen: Verbreiten oder öffentliches Zurschaustellen

Eingriffshandlungen stellen das körperliche und unkörperliche **Verbreiten** (z. B. in Zeitschriften oder auch per WhatsApp) sowie das öffentliche **Zurschaustellen** (unkörperliche Wahrnehmbarmachung in der Öffentlichkeit, z. B. durch Film, Fernsehen, Internet oder sonstige Medien) des Bildnisses dar. Nicht vom Schutz des KUG erfasst ist das **Herstellen des Bildnisses**. Eine solche Herstellung kann allerdings über das Allgemeine Persönlichkeitsrecht als Auffangtatbestand geschützt sowie in besonderen Situationen von § 201a StGB erfasst sein, da sie der Entscheidungsbefugnis des Abgebildeten unterstellt ist. Die Wertungen der §§ 23, 24 KUG sind entsprechend bei der Güter- und Interessenabwägung zu berücksichtigen.[69]

2.3.2.1.3 Einwilligung

Für das Verbreiten und öffentliche Zurschaustellen ist grundsätzlich eine Einwilligung des Abgebildeten erforderlich. Sie galt bis zum Inkrafttreten als bindend und nicht frei widerruflich.[70] Seit der DS-GVO ist die Einwilligung indes frei widerruflich, vgl. Art. 7 Abs. 3 S. 1 DS-GVO. Zudem bleibt eine **Anfechtung** der Einwilligungserklärung bei Vorliegen eines nach §§ 119 ff. BGB relevanten Irrtums möglich. Einer besonderen Form bedarf es für eine solche Anfechtung nicht.[71]

Die Einwilligung kann **inhaltlich, zeitlich oder räumlich beschränkt** erteilt werden. Sie kann **ausdrücklich oder konkludent** erfolgen.[72] Erforderlich ist, dass sie in Kenntnis des Zwecks und des geplanten Umfangs der Bildnisveröffentlichung abgegeben wird.[73] Ihre Reichweite ist durch Auslegung nach den individuellen Umständen des Einzelfalls zu ermitteln. So liegt etwa bei einer Einwilligung in die Anfertigung eines Bildnisses noch keine Einwilligung in die Verbreitung oder öffentliche Zurschaustellung des Bildnisses vor. Auch umfasst die Einwilligung in eine redaktionelle Veröffentlichung noch nicht die werbliche Verwendung desselben Bildnisses.[74] Der BGH nimmt zudem an, dass die Einwilligung in den Besitz intimer Bildnisse regelmäßig auf den Bestand der Liebesbeziehung begrenzt ist.[75]

---

[69] Dreier/Schulze-*Specht*, UrhG, 6. Aufl. 2018, KUG Vor §§ 22 Rn. 3, 5, §§ 22 Rn. 12 ff.

[70] OLG München, Urt. v. 17.03.1989 – 21 U 4729/88, NJW-RR 1990, 999.

[71] Anders im Arbeitsrecht: Das BAG stellte das Schriftformerfordernis in verfassungskonformer Auslegung des §§ 22 KUG unter Hinweis auf §§ 26 Abs. Abs. 2 BDSG-neu auf, vgl. dazu: BAG, Urt. v. 11.12.2014 – 8 AZR 1010/13, ZUM 2015, 604, Rn. 24 ff.

[72] Gsell/Krüger/Lorenz/Reymann-*Specht*, BeckOGK, BGB §§ 823 Rn. 1154.

[73] BGH, Urt. v. 20.02.1968 – VI ZR 200/66, GRUR 1968, 652, 654 – *Ligaspieler*; s. hierzu auch: LG Frankfurt, Urt. v. 17.08.2017 – 2-03 O 29/17, AfP 2018, 91.

[74] BGH, Urt. 22.01.1985 – VI ZR 28/83, NJW 1985, 1617, 1618 f.; BGH, Urt. v. 08.05.1956 – I ZR 62/54, GRUR 1956, 427, 428 – *Paul Dahlke*.

[75] BGH, Urt. v. 13.10.2015 – VI ZR 271/14, juris.

Zur konkludenten Einwilligung zählt auch die sog. **schlichte Einwilligung.** Diese zeichnet sich dadurch aus, nicht konkret auf den Eintritt einer Rechtsfolge gerichtet zu sein. Mithin muss der Berechtigte, der beispielsweise urheberrechtlich geschützte Inhalte ohne Sicherung ins Internet stellt, mit den nach den Umständen üblichen Nutzungshandlungen im Internet rechnen.[76] So begreift der BGH das einschränkungsfreie Einstellen von Bildern ins Internet als konkludent erteilte, schlichte Einwilligung in die Wiedergabe der Werke in Vorschaubildern von Suchmaschinen (Abschn. 1.4.2.3).[77] Dies gilt selbst dann, wenn die konkret betroffenen Inhalte an ganz anderer Stelle mit seiner Zustimmung durch Dritte in das Internet gestellt wurden.[78] Allerdings kann etwa im bloßen Hochladen eines Bildes in ein soziales Netzwerk noch keine Einwilligung in eine Weiterverbreitung durch Dritte außerhalb des jeweiligen Netzwerkes gesehen werden.[79] Zudem ist zu sehen, dass im Persönlichkeitsrecht durch einen dem Bild beigefügten Textbeitrag in der Regel ein anderer Kontext geschaffen wird und nicht angenommen werden kann, dass die schlichte Einwilligung auch die Nutzung des Bildnisses in einem solchen anderen Kontext umfasst.

2.3.2.1.4 Ausnahmen vom Einwilligungserfordernis
§ 23 Abs. 1 KUG statuiert einen Erlaubnistatbestand, nach dem die gemäß § 22 S. 1 KUG erforderliche Einwilligung entbehrlich ist. Besonders durch die Rechtsprechung geprägt wurde § 23 Abs. 1 Nr. 1 KUG, der die Veröffentlichung und Zurschaustellung von Bildnissen aus dem Bereich der Zeitgeschichte legitimiert.

2.3.2.1.4.1 § 23 Abs. 1 Nr. 1 KUG
Bildnisse aus dem Bereich der Zeitgeschichte i. S. d. § 23 Abs. 1 Nr. 1 KUG dürfen demnach ohne Einwilligung veröffentlicht werden. Ob ein Ereignis aus dem Bereich der Zeitgeschichte vorliegt, wird durch eine Interessenabwägung zwischen den Kommunikationsgrundrechten und den persönlichkeitsrechtlichen Belangen der betroffenen Person bestimmt.[80] Dies hat zur Folge, dass die **Abwägung** zwischen den unterschiedlichen Grundrechten bereits bei der Zuordnung zum Bereich der Zeitgeschichte vorgenommen wird und die persönlichkeitsrechtlichen Belange nicht etwa erst im Rahmen des § 23 Abs. 2 KUG Berücksichtigung finden.[81] In die nach § 23 Abs. 1 Nr. 1 KUG erforderliche Abwägung kann zwar die Bekanntheit

---

[76] BGH, Urt. v. 19.10.2011 – I ZR 140/10, NJW 2012, 1886, Rn. 28 – *Vorschaubilder II*; BGH, Urt. v. 29.04.2010 – I ZR 69/08, NJW 2010, 2731, Rn. 36 – *Vorschaubilder*.

[77] BGH, Urt. v. 29.04.2010 – I ZR 69/08, NJW 2010, 2731, Rn. 36 – *Vorschaubilder*.

[78] BGH, Urt. v. 19.10.2011 – I ZR 140/10, NJW 2012, 1886, Rn. 28 – *Vorschaubilder II*.

[79] OLG München, Urt. v. 17.03.2016 – 29 U 368/16, MMR 2016, 414 – *Internetprager*; LG Hamburg, Urt. v. 02.06.2017 – 324 O 570/16, ZUM 2018, 371; ÖOGH, Beschl. v. 30.03.2016 – 6 Ob 14/16a, ZD 2016, 583; vgl. dazu auch: Gsell/Krüger/Lorenz/Reymann-*Specht*, BeckOGK, BGB §§ 823 Rn. 1154.

[80] EGMR, Urt. v. 26.04.2004 – 59320/00, NJW 2004, 2647 – *Caroline von Hannover*.

[81] Anders bei den übrigen Nummern des §§ 23 Abs. 1 KUG.

einer Person miteinbezogen werden, die Charakterisierung einer Person als absolute oder relative Person der Zeitgeschichte ersetzt die Abwägung jedoch nicht.[82] Vielmehr ist nach den Umständen des Einzelfalls im Rahmen eines abgestuften Schutzkonzepts zu ermitteln, ob ein Informationswert vorliegt, der es rechtfertigt, von einem Bild aus dem Bereich der Zeitgeschichte zu sprechen.[83] Der EGMR zieht hierfür nicht abschließende Abwägungskriterien wie zum Beispiel das Vorverhalten des Betroffenen, die Umstände und Auswirkungen der Aufnahme sowie Inhalt, Form und Intensität des Eingriffs heran.[84] In der Klausur ist darauf zu achten, dass das Bildnis selbst selten einen hohen Informationswert hat und sich der Informationswert, der bei der Interessenabwägung zugunsten der Meinungsfreiheit streitet, sich häufig aus dem Wortbericht ergibt, dem das Bildnis beigefügt wurde. Dieser Wortbericht ist auf Informationen zu untersuchen, die einen Beitrag zu einer Debatte in einer demokratischen Gesellschaft leisten können.

2.3.2.1.4.2   § 23 Abs. 1 Nr. 2–4 KUG
Die restlichen Gruppen sehen eine Ausnahme vom Einwilligungserfordernis bei Bildern vor, die eine Person als **Beiwerk** einer Örtlichkeit erscheinen lassen (Nr. 1). Erforderlich ist dafür, dass die Landschaft oder sonstige Örtlichkeit den Gehalt des Bildes prägt.[85] Eine Einwilligung entfällt auch, wenn Bilder Personen darstellen, die an **Veranstaltungen und Aufzügen** teilgenommen haben (Nr. 3). Der Begriff der Veranstaltungen und Aufzüge ist hierbei weit zu verstehen und nicht auf den verfassungsrechtlichen Versammlungsbegriff (aus Art. 9 GG) beschränkt.[86] Auch dann, wenn **höhere Interessen der Kunst** im Mittelpunkt eines Bildnisses stehen (Nr. 4), darf ein solches ohne Einwilligung verbreitet und zur Schau gestellt werden. Erforderlich ist dafür jedoch, dass tatsächlich künstlerische Zwecke verfolgt werden.[87] In all diesen Fällen (Nr. 2–4) steht der Einzelne nicht im Vordergrund. Er rückt für den Betrachter vielmehr in den Hintergrund und beeinflusst die Wirkung und den Gesamtcharakter des Bildes nicht.[88]

2.3.2.1.5   Rückausnahme, § 23 Abs. 2 KUG
Schließlich ist eine Veröffentlichung der Abbildung entgegen § 23 Abs. 1 KUG nicht zulässig, wenn hierdurch berechtigte Interessen des Abgebildeten verletzt

---

[82] EGMR, Urt. v. 26.04.2004 – 59320/00, NJW 2004, 2647 – *Caroline von Hannover*.

[83] BGH, Urt. v. 06.03.2007 – VI ZR 51/06, NJW 2007, 1977, 1981 – *Caroline von Hannover*.

[84] EGMR, Urt. v. 19.09.2013 – 8772/10, ZUM 2014, 284, Rn. 46.

[85] Dreier/Schulze-*Specht*, UrhG, 6. Aufl. 2018, KUG §§ 23 Rn. 35; Ahlberg/Götting-*Engels*, BeckOK UrhR, 24. Ed. Stand: 01.04.2019, KUG §§ 23 Rn. 13.

[86] Dreier/Schulze-*Specht*, UrhG, 6. Aufl. 2018, KUG §§ 23 Rn. 39; Ahlberg/Götting-*Engels*, BeckOK UrhR, 24. Ed. Stand: 01.04.2019, KUG §§ 23 Rn. 15; vgl. dazu etwa: OLG München, Urt. v. 13.11.1987 – 21 U 2979/87, NJW 1988, 915.

[87] Dreier/Schulze-*Specht*, UrhG, 6. Aufl. 2018, KUG §§ 23 Rn. 44; vgl. jedoch nun eine zu erwartende Ausweitung der künstlerischen Zwecke durch: BVerfG, Beschl. v. 08.02.2018 – 1 BvR 2112/15, GRUR 2018, 633 – *Neue Sicht auf Charlottenburg*.

[88] Gsell/Krüger/Lorenz/Reymann-*Specht*, BeckOGK, BGB §§ 823 Rn. 94 ff.

werden. Obwohl § 23 Abs. 2 KUG im Bereich der Zeitgeschichte i. S. d. § 23 Abs. 1 Nr. 1 KUG nur noch marginale Bedeutung zukommt, findet für die anderen Ausnahmen des § 23 Abs. 1 KUG auf dieser Ebene eine Abwägung, insbesondere unter Berücksichtigung der persönlichkeitsrechtlichen Differenzierung in Sphären, statt.

2.3.2.2 DS-GVO und BDSG-neu

Als EU-Verordnung findet die DS-GVO seit dem 25.05.2018 nunmehr gemäß Art. 288 Abs. 2 AEUV unmittelbare Anwendung im deutschen Recht. Das Verhältnis von den Ansprüchen aus der DS-GVO und BSDG-neu und den aus dem Schutzauftrag des Allgemeinen Persönlichkeitsrechts resultierenden deliktischen Ansprüchen ist nicht abschließend geklärt. Grundsätzlich besteht zwischen ihnen aber **Anspruchskonkurrenz**.[89]

Zu beachten ist, dass es hierbei nur um Ansprüche geht, die in den Anwendungsbereich der DS-GVO fallen. Die DS-GVO erstreckt sich sachlich auf automatisierte sowie nicht automatisierte Verarbeitung von personenbezogenen Daten, wenn sie in einem Dateisystem gespeichert werden. In Art. 6 DS-GVO stellt sie unter anderem das Verbotsprinzip auf, wonach die Verarbeitung personenbezogener Daten grundsätzlich untersagt ist, es sei denn eine Einwilligung oder ein gesetzlicher Erlaubnistatbestand gestattet die Datenverarbeitung.[90] Je nach Art der Rechtsverletzung stehen dem Betroffenen der Schadensersatzanspruch aus Art. 82 Abs. 1 DS-GVO, Ansprüche auf Berichtigung, Löschung, Einschränkung der Datenverarbeitung, Datenübertragbarkeit (Art. 16, 17, 18, 20 DS-GVO) und Auskunftsansprüche (Art. 15 DS-GVO, §§ 34, 57 BDSG) zu.

Dort, wo das Datenschutzrecht keine Ansprüche vorsieht, ist auf das Deliktsrecht zurückzugreifen (Unterlassung, Beseitigung, Auskunft[91] sowie der Anspruch auf Widerruf gem. §§ 12, 823 Abs. 1, 1004 Abs. 1 BGB).[92] Problematisch ist das **Verhältnis von Art. 82 Abs. 1 DS-GVO und § 823 Abs. 1 BGB bzw. Art. 2 Abs. 1 i. V. m. Art. 1 Abs. 1 GG**. So sieht Art. 82 DS-GVO einen Schadensersatzanspruch für materielle und immaterielle Schäden vor. Ob deliktische Geldentschädigungsansprüche daneben in Betracht kommen, ist umstritten.[93] Teilweise wird hervorgebracht, der umfassende Schutz des Art. 82 DS-GVO mache einen Rückgriff auf sie letztendlich entbehrlich.[94] Dem ist jedoch nicht zuzustimmen.

---

[89] Vgl. eingehend: *Specht-Riemenschneider/Schneider*, MMR 2019, 503, 507; Sydow-*Kreße*, EU DSG-VO, 2. Aufl. 2018, Art. 82 Rn. 28.

[90] Paal/Pauly-*Frenzel*, DSGVO, BDSG, 2. Aufl. 2018, DS-GVO Art. 6 Rn. 1.

[91] Bamberger/Roth/Hau/Poseck-*Bamberger*, BeckOK BGB, 53. Ed. Stand: 01.02.2020, §§ 12 Rn. 228.

[92] BGH, Urt. v. 14.05.2013 – VI ZR 269/12, NJW 2013, 2348 – *Autocomplete*; BGH, Urt. v. 07.07.1983 – III ZR 159/82, NJW 1984, 436 – *Schufa*; Däubler/Klebe/Wedde/Weichert-*Däubler*, BDSG, 5. Aufl. 2016, §§ 7 Rn. 35; Simitis-*Simitis*, BDSG, 8. Aufl. 2014, §§ 35 Rn. 73 m. w. N.

[93] Bejahend Paal/Pauly-*Frenzel*, DSGVO, BDSG, 2. Aufl. 2018, DS-GVO Art. 82 Rn. 20.

[94] Simitis-*Simitis*, BDSG, 8. Aufl. 2014, §§ 7 Rn. 33, 60; Taeger/Gabel-*Gabel*, DSGVO – BDSG, 3. Aufl. 2019, BDSG §§ 7 Rn. 26.

Insbesondere Erwägungsgrund 146 S. 4 der DS-GVO macht hinreichend deutlich, dass der Anspruch aus Art. 82 DS-GVO „unbeschadet" der nationalen Ansprüche besteht.[95] In Betracht kommen Ansprüche aller Art, insbesondere also auch deliktische Ansprüche aus dem nationalen Recht.[96]

2.3.2.3 Verhältnis von KUG und DS-GVO

Problematisch ist auch das **Verhältnis zwischen KUG und DS-GVO**, da die Eingriffshandlung des KUG, also das Verbreiten oder öffentliche Zurschaustellen, gleichzeitig eine Verarbeitung von personenbezogenen Daten i. S. d. Art. 4 Nr. 2 DS-GVO darstellt. Ob das KUG nach Inkrafttreten der DS-GVO weiterhin Anwendung findet, ist davon abhängig ob Art. 85 Abs. 1 DS-GVO als eigenständige Öffnungsklausel zu verstehen ist. Für die ausgewählten Bereiche der Datenverarbeitung zu journalistischen, wissenschaftlichen, künstlerischen oder literarischen Zwecken enthält die DS-GVO in Art. 85 Abs. 2 DS-GVO jedenfalls unbestritten eine Öffnungsklausel. Auch wenn man Art. 85 Abs. 1 DS-GVO für andere Bereiche nicht als Öffnungsklausel erachtet, sind die Grundsätze und Fallgruppen des KUG im Rahmen der **Abwägung des Art. 6 Abs. 1 lit. f DS-GVO** indes weiterhin zu berücksichtigen.[97]

2.3.2.4 Recht auf informationelle Selbstbestimmung

Das **Recht auf informationelle Selbstbestimmung** stellt ein Gegengewicht zum stetigen Anstieg der **Verarbeitung personenbezogener Daten** dar.[98] Der Einzelne soll bestimmen können, innerhalb welcher Grenzen persönliche Lebenssachverhalte offenbart und personenbezogene Daten verarbeitet werden. Darüber hinaus soll er Kenntnis darüber haben, wem welche Informationen über ihn bekannt sind.[99] Dies wird damit begründet, dass der Betroffene einen Überblick über den Kenntnisstand seiner Kommunikationspartner über ihn haben muss, um aus eigener Selbstbestimmung entscheiden zu können.[100] Bemerkenswert ist, dass – je nach Zweck, Nutzbarkeit und Verwendungsmöglichkeit – den Daten durch informationstechnologische Verarbeitung eine neue Bedeutung zukommen kann. Ein scheinbar belangloses Datum kann im Einzelfall durch automatische Datenverarbeitung bemerkenswerte Erkenntnisse liefern.[101] Infolge der Fortentwicklung technischer Verarbeitungsprozesse kam es zur Ergänzung des „Grundrechts auf Gewährleistung der Vertraulichkeit und

---

[95] Vgl. eingehend: *Specht-Riemenschneider/Schneider*, MMR 2019, 503, 507.

[96] *Specht-Riemenschneider/Schneider*, MMR 2019, 503, 507; *Jacquemain*, RDV 2017, 227, 232; Gola-*Gola/Piltz*, DS-GVO, 2. Aufl. 2018, Art. 26 Rn. 2.

[97] Dreier/Schulze-*Specht*, UrhG, 6. Aufl. 2018, KUG Vor §§ 22 Rn. 2.

[98] Simitis-*Simitis*, BDSG, 8. Aufl. 2014, §§ 1 Rn. 27.

[99] BVerfG, Urt. v. 15.12.1983 – 1 BvR 209, 83 u. a., NJW 1984, 419, 425 – *Volkszählung*.

[100] BVerfG, Urt. v. 15.12.1983 – 1 BvR 209, 83 u. a., NJW 1984, 419, 425 – *Volkszählung*.

[101] BVerfG, Urt. v. 15.12.1983 – 1 BvR 209, 83 u. a., NJW 1984, 419, 426 – *Volkszählung*.

Integrität informationstechnischer Systeme" (sog. „Computer-Grundrecht").[102] Auch dieses wird aus Art. 2 Abs. 1 i. V. m. Art. 1 Abs. 1 GG hergeleitet und stellt demgemäß eine Fallgruppe des Allgemeinen Persönlichkeitsrechts dar.

2.3.2.5 Urheberpersönlichkeitsrecht (§§ 12–14 UrhG)

Gemäß § 12 Abs. 1 UrhG hat der Urheber das Recht, zu bestimmen, ob und wie sein Werk zu veröffentlichen ist. Gemeint ist hiermit nach überwiegender Auffassung lediglich die **Erstveröffentlichung**, sodass sich das Recht nach erstmaliger Ausübung verbraucht ist.[103]

§ 13 UrhG gewährt dem Urheber zudem ein Recht auf **Anerkennung der Urheberschaft**. Der Urheber kann bestimmen, ob das Werk mit einer **Urheberbezeichnung** zu versehen ist und – wenn ja – welche Bezeichnung zu verwenden ist. § 14 UrhG dient der Erhaltung des Werkes und seines geistig-ästhetischen Gesamteindrucks in seiner konkreten Form.[104] Ein Werk darf nicht durch Substanzeingriffe **verändert** oder in einen anderen Zusammenhang gestellt werden.[105] Der Urheber hat das Recht, eine Entstellung oder eine andere Beeinträchtigung des Werkes zu verbieten, die geeignet ist, seine berechtigten geistigen oder persönlichen Interessen am Werk zu gefährden. Die **Schutzfrist** der Urheberpersönlichkeitsrechte beträgt 70 Jahre post mortem auctoris.[106] (vgl. eingehend zum Urheberpersönlichkeitsrecht Abschn. 1.4.1)

2.3.3 Sphärentheorie

Aufgabe des allgemeinen Persönlichkeitsrechts ist es, die engere persönliche Lebenssphäre des Einzelnen zu gewährleisten und ihre Grundbedingungen zu erhalten.[107] Die geschützte Persönlichkeitssphäre einer betroffenen Person kann räum-

---

[102] BVerfG, Urt. v. 27.02.2008 – 1 BvR 370/07, 1 BvR 595/07, NJW 2008, 822 – *Online-Durchsuchung*.

[103] OLG Köln, Urt. v. 06.10.2005 – 6 U 12/05, GRUR-RR 2005, 337, 338 – *Dokumentarfilm-Massaker*; OLG Zweibrücken, Urt. 21.02.1997 – 2 U 30/96, GRUR 1997, 363, 364 – *Jüdische Friedhöfe*; OLG München, Urt. v. 21.03.1996 – 29 U 5512/95, NJW-RR 1997, 493, 494 – *Ausgleich Nichtvermögensschaden*; Fromm/Nordemann-*Dustmann*, UrhG, 12. Aufl. 2018, §§ 12 Rn. 9 m. w. N.; *Strömholm* GRUR 1963, 350 (358); unklar: Dreier/Schulze-*Schulze*, UrhG, 6. Aufl. 2018, UrhG §§ 12 Rn. 6, 8.

[104] Dreier/Schulze-*Schulze*, UrhG, 6. Aufl. 2018, UrhG §§ 14 Rn. 2; *Hoeren/Sieber/Holznagel-Hoeren/Decker*, Multimedia-Recht, 48. Aufl. 2019, Teil 7.2 Rn. 41 f.; ähnlich: Ahlberg/Götting-*Kroitzsch/Götting*, BeckOK UrhR, 24. Ed. Stand: 01.04.2019, §§ 14 Rn. 12.

[105] Fromm/Nordemann-*Dustmann*, UrhG, 12. Aufl. 2018, §§ 14 Rn. 12; Dreier/Schulze-*Schulze*, UrhG, 6. Aufl. 2018, UrhG §§ 14 Rn. 6.

[106] Gsell/Krüger/Lorenz/Reymann-*Specht*, BeckOGK, BGB §§ 823 Rn. 1239; Dreier/Schulze-*Dreier*, UrhG, 6. Aufl. 2018, UrhG §§ 12 Rn. 8; Fromm/Nordemann-*Dustmann*, UrhG, 12. Aufl. 2018, Vor §§ 12 Rn. 11.

[107] Zur Sphärentheorie vgl. grdl.: BVerfG, Beschl. v. 03.06.1980 – 1 BvR 185/77, NJW 1980, 2070; BVerfG, Beschl. v. 16.07.1969 – 1 BvL 19/63, NJW 1969, 1707 – *Mikrozensus*.

lich, thematisch oder funktional bestimmt werden.[108] So entsteht ein Bereich, der sich in **Sozial-, Privat-, und Intimsphäre** unterteilen lässt. Dabei gilt im Grundsatz, dass die Anforderungen an die Rechtfertigung eines Eingriffs in die genannten Lebenssphären steigen, je intensiver ein Eingriff ist.[109]

2.3.3.1 Intimsphäre

Die Intimsphäre umfasst den **engsten Bereich privater Lebensgestaltung**. Es geht um ihren unantastbaren innersten Kernbereich, der jeglicher Enthüllung zu entziehen ist, weil eine Verletzung der Intimsphäre stets mit einer Verletzung der Menschenwürde einhergeht.[110] Die Intimsphäre ist im Wesentlichen auf den Schutz der inneren Gefühls- und Gedankenwelt gerichtet sowie auf den Schutz des Sexuallebens.[111] Inhalte aus Tagebüchern oder ersichtlich nicht zur Veröffentlichung bestimmte vertrauliche Briefe können der Intimsphäre unterfallen.[112] Bei Jugendlichen ist hinsichtlich der Intimität ein besonders strenger Maßstab anzulegen.[113] Grundsätzlich kann kein Interesse einen Eingriff in die Intimsphäre rechtfertigen, sodass hier eine entsprechende Zurückhaltung bei der Einstufung eines Sachverhaltes als zur Intimsphäre zugehörig angezeigt ist. Dem Betroffenen steht das Recht zu, sein Einverständnis in die Offenbarung intimer Lebenssachverhalte zu erklären. Insbesondere bei Prominenten kann eine solche Selbstöffnung der Intimsphäre vielfach beobachtet werden.

Zudem hängt es von den Umständen des Einzelfalls ab, ob die Intimsphäre überhaupt betroffen ist. Maßgeblich ist dabei der Wille des Grundrechtträgers, einen bestimmten Bereich geheim zu halten sowie der Detaillierungsgrad bzw. der möglicherweise höchstpersönliche Inhalt einer Offenlegung.[114] Ob ein **absoluter Schutz** der Intimsphäre besteht, ist allerdings umstritten. Für Teile der Literatur verbietet sich dies, weil die Reichweite der Intimsphäre nach Einzelfallumständen festgelegt wird.[115] Ist die Intimsphäre aber eröffnet, ist ein weitestgehend abwägungsfreier Schutz unbestritten.

---

[108] Gsell/Krüger/Lorenz/Reymann-*Specht*, BeckOGK, BGB §§ 823 Rn. 1167.

[109] BVerfG, Beschl. v. 15.01.1975 – 2 BvR 65/74, NJW 1975, 588; BVerfG, Urt. v. 16.01.1957 – 1 BvR 253/56, NJW 1957, 297, 298.

[110] BVerfG, Beschl. v. 08.03.1972 – 2 BvR 28/71, NJW 1972, 1123, 1124 – *Arztakten*; BVerfG, Beschl. v. 15.01.1970 – 1 BvR 13/68, NJW 1970, 555 – *Scheidungsakte*; BVerfG, Beschl. v. 16.07.1969 – 1 BvL 19/63, NJW 1969, 1707 – *Mikrozensus*; BGH, Urt. v. 24.11.1987 – VI ZR 42/87, NJW 1988, 1984 1985; BGH, Urt. v. 20.01.1981 – VI ZR 163/79, NJW 1981, 1366.

[111] BVerfG, Beschl. v. 13.06.2007 – 1 BvR 1783/05, NJW 2008, 39 – *Esra*, zur Darstellung sexueller Beziehungen in einem Roman; BVerfG, Beschl. v. 14.09.1989 – 1 BvR 1062/87, NJW 1990, 563, 565 – *Tagebuchaufzeichnung*.

[112] Gsell/Krüger/Lorenz/Reymann-*Specht*, BeckOGK, BGB §§ 823 Rn. 1244.

[113] Gsell/Krüger/Lorenz/Reymann-*Specht*, BeckOGK, BGB §§ 823 Rn. 1244.

[114] BGH, Urt. v. 19.03.2013 – VI ZR 93/12, ZUM 2013, 565, 567; Paschke/Berlit/Meyer-*Kröner* GesMedR, 3. Aufl. 2016, Teil 4 Abschn. 31 Rn. 22.

[115] Ablehnend mit Hinweis darauf, dass die Intimsphäre „nach Einzelfallumständen" abgesteckt wird und daher gerade kein absoluter Schutz gewährt wird: Staudinger-*Hager*, §§ 823 BGB, Neubearb. 2017, Rn. C 188; Gersdorf/Paal-*Söder*, BeckOK InfoMedienR, 27. Ed. Stand: 01.02.2020, BGB §§ 823 Rn. 152.1.

2.3.3.2 Privatsphäre

Die Privatsphäre umfasst den **engen Bereich privater Lebensführung**. Anders als bei der Intimsphäre ist bei einem Eingriff in die Privatsphäre stets einer Interessenabwägung über die Zulässigkeit des Eingriffs i. R. d. Rechtfertigungsprüfung erforderlich. Gewährleistet wird das Recht, für sich zu sein.[116] Vorgänge des engen Bereichs persönlicher Lebensführung sollen für Dritte nur insoweit zugänglich sein, wie es ihnen vom Berechtigten gestattet ist.[117] Zu beachten ist, dass die Privatsphäre seit der Entscheidung *Caroline von Hannover* sowohl räumlich als auch thematisch und funktional begriffen wird.[118] Demnach endet die Privatsphäre nicht zwingend an der Haustürschwelle. Auch ein Vorgang in der Öffentlichkeit, der eine private Situation beschreibt, kann nunmehr die Privatsphäre betreffen. Somit werden sowohl der häusliche bzw. örtlich abgeschirmte Bereich[119] als auch typischerweise aufgrund des Informationsgehalts als privat eingestufte Angelegenheiten, wie z. B eine Berichterstattung über Schwangerschaften,[120] Krankheiten[121] oder Vermögensverhältnisse,[122] von der Privatsphäre erfasst.

2.3.3.3 Sozialsphäre

Die Sozialsphäre bietet den schwächsten Schutz, denn sie gewährleistet die **Persönlichkeitsentfaltung des Einzelnen im Rahmen seiner Umwelt**, insbesondere bei seinem beruflichen und politischen Wirken.[123] Eingriffe in die Sozialsphäre sind regelmäßig von dem Betroffenen hinzunehmen, wenn mit dem Eingriff nicht gleichzeitig andere Fallgruppen des Allgemeinen Persönlichkeitsrechts berührt werden. Damit eine Interessenabwägung zugunsten des Persönlichkeitsrechts ausfällt, sind schwerwiegende Auswirkungen erforderlich. Dies kann der Fall sein, wenn eine **Stigmatisierung, soziale Ausgrenzung oder Prangerwirkung** droht.[124] Ein

---

[116] BVerfG, Beschl. v. 26.02.2008 – 1 BvR 1602/07 u. a., NJW 2008, 1793, Rn. 47 – *Caroline von Hannover*; BVerfG, Urt. v. 05.06.1973 – 1 BvR 536/72, NJW 1973, 1226, 1227 – *Lebach*; BGH, Urt. v. 25.11.2011 – VI ZR 332/09, NJW 2012, 767, Rn. 15; BGH, Urt. v. 22.11.2011 – VI ZR 26/11, NJW 2012, 763, Rn. 10.

[117] *OLG Hamburg, Urt. v. 24.10.1974 – 3 U 134/74*, NJW 1975, 649, 650; Wenzel-*Burkhardt/Peifer*, Das Recht der Wort- und Bildberichterstattung, 6. Aufl. 2018, Kap. 5 Rn. 54; *Prinz/Peters*, Medienrecht, 1999, Kap. 3 Rn. 62; Spindler/Schuster-*Mann*, Recht der elektronischen Medien, 3. Aufl. 2015, BGB §§ 823 Rn. 38.

[118] EGMR, Urt. v. 26.04.2004 – 59320/00, NJW 2004, 2647 – *Caroline von Hannover*.

[119] BGH, Urt. v. 19.12.1995 – VI ZR 15/95, GRUR 1996, 923 – *Caroline von Monaco II*; vgl. auch: Dreier/Schulze-*Specht*, UrhG, 6. Aufl. 2018, KUG §§ 23 Rn. 24 m. w. N.

[120] OLG Köln, Urt. v. 10.11.2015 – 15 U 97/15, NJW 2016, 818, Rn. 12 f. – *Baby-Bäuchlein*.

[121] BVerfG, Beschl. v. 08.03.1972 – 2 BvR 28/71, NJW 1972, 1123 – *Arztakten*.

[122] Gersdorf/Paal-*Söder*, BeckOK InfoMedienR, 27. Ed. Stand: 01.02.2020, BGB §§ 823 Rn. 203 f.

[123] BGH, Urt. v. 20.12.2011 – VI ZR 261/10, NJW 2012, 771, Rn. 16 f. – *Babyklappen* m. w. N.; BGH, Urt. v. 23.06.2009 – VI ZR 196/08, NJW 2009, 2888 – *spickmich.de*; vgl. auch: KG Berlin, Beschl. v. 07.06.2012 – 10 W 9/12, MMR 2013, 468, 469.

[124] BVerfG, Beschl. v. 25.01.2012 – 1 BvR 2499/09 u. 2503/09, ZUM-RD 2012, 250, Rn. 37 – *Jungstars*; BGH, Urt. v. 13.01.2015 – VI ZR 286/13, ZUM-RD 2015, 151, Rn. 11 ff. – *Filialleiter bei Promi-Friseur*; OLG Köln, Urt. v. 13.10.2016 – 15 U 189/15, ZD 2017, 96.

Anspruch des Betroffenen darauf, so dargestellt zu werden, wie er es wünscht, existiert nicht.[125] Solange der Eingriff in die Sozialsphäre über eine angemessene Befriedigung des Informationsinteresses nicht hinausgeht, sind beispielsweise Bewertungen über berufliche Leistungen in Bewertungsportalen vom Betroffenen grundsätzlich hinzunehmen.[126] Dies gewinnt vornehmlich in Fällen der Ärzte- oder Lehrerbewertungsportalen an Relevanz. Anders ist dies natürlich, wenn die Bewertung beispielsweise unvorteilhafte Unwahrheiten enthält und dadurch gleichsam eine Verletzung des Ehrschutzes (§ 186 StGB) vorliegt.

Auch wer Hass-Postings auf fremden Nutzerseiten verfasst, kann im Einzelfall eine identifizierende Berichterstattung zu dulden haben, solange die Berichterstattung seine Sozialsphäre betrifft.[127] Bei Minderjährigen ist dem Recht auf ungestörte kindgemäße Entwicklung besonderer Rang einzuräumen, sodass ihre Persönlichkeitsrechte besonders schwer gewichtet werden müssen, sodass in ihrem Fall auch bei einem Eingriff in die Sozialsphäre das Persönlichkeitsrecht verletzt sein kann[128] Eine Regelvermutung für das Überwiegen der Persönlichkeitsrechte besteht nicht.[129]

Exkurs
Restore-Ansprüche in sozialen Netzwerken und Bewertungsplattformen
Eng mit dem Persönlichkeitsrecht eines Betroffenen gemäß Art. 2 Abs. 1, Art. 1 Abs. 1 GG hinsichtlich etwaiger Äußerungen in sozialen Netzwerken oder auf Bewertungsportalen ist auch die Meinungsfreiheit des Äußernden gemäß Art. 5 Abs. 1 S. 1 GG verknüpft. Wird eine rechtmäßige Äußerung bzw. ein rechtmäßiger Beitrag auf einer solchen Plattform gelöscht, so muss dem Äußernden ein sog. **Restore-Anspruch** (teilweise auch als Put-Back-Anspruch bezeichnet), also ein Wiederherstellungsanspruch hinsichtlich des streitigen Beitrags zustehen. Dies ist letztlich darin begründet, dass die Teilnahme an sozialen Netzwerken einen erheblichen Anteil an der Teilnahme des öffentlichen Diskurses beinhaltet und Personen daher durchaus auf soziale Netzwerke „angewiesen"[130] sein können.
Teilweise wird das Bestehen eines solchen Restore-Anspruchs von der instanzgerichtlichen Rechtsprechung gänzlich bestritten,[131] teilweise offengelassen.[132] Das LG Frankfurt a.M. begrün-

---

[125] BVerfG, Beschl. v. 08.06.2010 – 1 BvR 1745/06, NJW 2011, 47, Rn. 21; BVerfG, Beschl. v. 14.01.1998 – 1 BvR 1861/93 u. a., NJW 1998, 1381, 1383; vgl. auch: Gsell/Krüger/Lorenz/Reymann-*Specht*, BeckOGK, BGB §§ 823 Rn. 1255; Paschke/Berlit/Meyer-*Kröner* GesMedR, 3. Aufl. 2016, Teil 4 Abschn. 31 Rn. 48; Gersdorf/Paal-*Söder*, BeckOK InfoMedienR, 27. Ed. Stand: 01.02.2020, BGB § 823 Rn. 164.

[126] BVerfG, Beschl. v. 29.06.2016 – 1 BvR 3487/14, NJW 2016, 3362, Rn. 15.

[127] OLG Saarland, Urt. v. 30.06.2017 – 5 U 16/16, AfP 2017, 439, 441.

[128] Gsell/Krüger/Lorenz/Reymann-*Specht*, BeckOGK, BGB §§ 823 Rn. 1255.

[129] BVerfG, Beschl. v. 25.01.2012 – 1 BvR 2499/09 u. 2503/09, ZUM-RD 2012, 250 – *Jungstars*; vgl. dazu auch: Gsell/Krüger/Lorenz/Reymann-*Specht*, BeckOGK, BGB §§ 823 Rn. 1256.

[130] Vgl. dazu eingehend: *Holznagel*, CR 2019, 518, 521 ff.

[131] OLG München, Beschl. v. 12.12.2018 – 18 W 1873/18, ZUM-RD 2019, 216; OLG Stuttgart, Beschl. v. 06.09.2018 – 4 W 63/18, MMR 2019, 110 sowie zuvor LG Ulm, Beschl. v. 19.07.2018 – 4 O 320/18, BeckRS 2018, 29416; OLG Karlsruhe, Beschl. v. 25.06.2018 – 15 W 86/18, MMR 2018, 678; VG Mainz, Urt. v. 13.04.2018 – 4 K762/17.MZ, MMR 2018, 556; LG Bremen, Urt. v. 20.06.2019 – 7 O 1618/18, BeckRS, 2019, 12419; LG Frankenthal, Beschl. v. 08.03.2019 – 6 O 56/19, BeckRS 2019, 17928.

[132] Vgl. hierzu etwa: OLG München, Beschl. v. 24.08.2018 – 18 W 1294/18, MMR 2018, 753, 754; VG München, Urt. v. 27.10.2017 – M 26 K 16.5928, MMR 2018, 418 ff.

dete einen solchen Anspruch hingegen richtigerweise aus §§ 241 Abs. 1, 1004 BGB hinsichtlich des jeweils bestehenden Plattformnutzungsvertrages.[133] Bei einer zulässigen Äußerung überwiegt die Meinungsfreiheit des Äußernden, die über die Schutzpflicht des § 241 Abs. 2 BGB mittelbare Drittwirkung ins Privatrecht ausstrahlt und gleichsam eine Wiederherstellung des Beitrags rechtfertigt.[134] Dies gilt freilich nur dann, wenn der Verdacht der Rechtswidrigkeit einer Äußerung vollständig ausgeräumt ist.[135]

Ein inhaltsgleicher Anspruch ergibt sich im Wege der Naturalrestitution nach § 249 BGB auch aus §§ 280 Abs. 1, 241 Abs. 2 BGB.[136] Beide Ansprüche gelten gleichsam auch für die vollständige Sperrung eines Accounts und dessen nachträgliche Entsperrung.

2.3.4 Auslegung von Äußerungen

Auszulegen ist eine Äußerung nicht Wort für Wort, sondern im Gesamtkontext.[137] Maßgeblich ist grundsätzlich der objektive Sinn, der einer Äußerung von einem unbefangenen Durchschnittsempfänger zugemessen wird.[138] So kann es sein, dass zwei Herabsetzungen, die bei isolierter Betrachtung vergleichbar erscheinen, aufgrund ihres Gesamtkontextes unterschiedlich zu bewerten sind. So wurde der Begriff „durchgeknallte Frau" in einem Fall als unzulässig und die Aussage „durchgeknallter Staatsanwalt" in einem anderen Fall als zulässige Meinungsäußerung qualifiziert. Die divergierende Bewertung ist auf den sich unterscheidenden Gesamtkontext zurückzuführen. Die Aussage „durchgeknallte Frau" war im Gesamtkontext eine Zusammenfassung der vorherigen Passagen des Artikels, die sich mit der innersten Gefühls- und Gedankenwelt der Dame auseinandersetzten, sodass die Aussage im Gesamtkontext, den Kernbereich der Privatsphäre verletzte. Im zweiten Fall bezog sich die Aussage „durchgeknallter Staatsanwalt" auf dessen berufliches Wirken, betraf den Staatsanwalt daher lediglich in seiner Sozialsphäre und

---

[133] LG Frankfurt a.M., Beschl. v. 14.05.2018 – 2-03 O 182/18, MMR 2018, 545 m. zust. Anm. *Müller-Riemenschneider/Specht*; Zustimmend auch: Gsell/Krüger/Lorenz/Reymann-*Specht*, BeckOGK, BGB §§ 823 Rn. 368.

[134] *Müller-Riemenschneider/Specht*, MMR 2018, 545, 547.

[135] Gsell/Krüger/Lorenz/Reymann-*Specht*, BeckOGK, BGB §§ 823 Rn. 368; *Holznagel*, CR 2018, 369, Rn. 56.

[136] Röhricht/Graf von Westphalen/Haas-*Specht*, HGB, 5. Aufl. 2019, Plattformnutzungsverträge, Rn. 49, 80; Müller-Riemenschneider/Specht, MMR 2018, 545, 547.

[137] BVerfG, Beschl. v. 13.02.1996 – 1 BvR 262/91, NJW 1996, 1529, 1530; BGH, Urt. v. 27.05.2014 – VI ZR 153/13, NJW 2014, 3154, Rn. 13; BGH, Urt. v. 11.03.2008 – VI ZR 7/07, NJW 2008, 2110, Rn.20 – *Gen-Milch*; BGH, Urt. v. 26.10.1999 – VI ZR 322/98, NJW 2000, 656, 657; BGH, Urt. v. 30.01.1996 – VI ZR 386/94, NJW 1996, 1131, 1133 – *Persönlichkeitsverletzung durch Buchpassage*.

[138] BVerfG, Beschl. v. 07.12.2011 – 1 BvR 2678/10, NJW 2012, 1643, Rn. 42 – *„Grüne Gentechnik"*; BVerfG, Beschl. v. 04.02.2010 – 1 BvR 369/04 u. a., NJW 2010, 2193, Rn. 25 – *Ausländerrückführung*; BVerfG, Beschl. v. 10.10.1995 – 1 BvR 1476/91 u. a., NJW 1995, 3303, 3305 – *Soldaten sind Mörder*; BGH, Urt. v. 11.03.2008 – VI ZR 7/07, NJW 2008, 2110, Rn. 15 – *Gen-Milch*; BGH, Urt. v. 17.03.1970 – VI ZR 151/68, GRUR 1970, 370, 372 – *„Nachtigall"*; Paschke/Berlit/ Meyer-*Kröner*, GesMedR, 3. Aufl. 2016, Teil 4 Abschn. 31 Rn. 74; Gersdorf/Paal-*Söder*, BeckOK InfoMedienR, 27. Ed. Stand: 01.02.2020, BGB § 823 Rn. 51.

hatte noch einen hinreichenden sachlichen Bezug. Die zutreffende Erfassung des Gesamtkontextes ist daher für eine erfolgreiche Klausur von entscheidender Bedeutung.

Richten sich Begriffe an ein spezifisches **Fachpublikum**, kann auch von dem Verständnis dieses jeweiligen Publikums ausgegangen werden.[139] Bei der Interpretation von Kunstwerken wird beispielsweise eine kunstspezifische Betrachtung angewendet. Der Begriff der Kunst ist weit zu verstehen und im Zweifel immer anzunehmen, wenn der künstlerischen Darstellung ein mannigfaltiger Aussagegehalt zukommt, das Kunstwerk also fortgesetzt interpretierbar ist.[140] Das Publikum von **Satire** wird für mündig gehalten, vermittelte Kritik zu verstehen. Dem Leser eines literarischen Werkes wird zugetraut, bei seiner Lektüre zwischen der Schilderung tatsächlicher Gegebenheiten und einer fiktiven Erzählung zu unterscheiden. Wird jedoch an ein reales Geschehen angeknüpft, muss dem Leser deutlich gemacht werden, dass er nicht von der Faktizität des Erzählten ausgehen soll. Insbesondere bei Romanen stellt die Bezugnahme auf die Realität ein häufiges Werkzeug künstlerischer Gestaltung dar. Ob sich ein im Roman dargestellter Betroffener auf die Verletzung des Allgemeinen Persönlichkeitsrechts berufen kann, ist durch Abwägung zu ermitteln. Entscheidend ist, mit welcher Intensität das Persönlichkeitsrecht betroffen ist. Je stärker der Autor eine Romanfigur von ihrem Urbild löst und zu einer **Kunstfigur verselbstständigt**, umso mehr wird ihm eine kunstspezifische Betrachtung zugutekommen.[141] Demgegenüber werden Aussagen in einem Buch, das beim Leser den Eindruck eines Sachbuchs oder einer Biografie hinterlässt, tendenziell eher als Tatsachenbehauptungen eingestuft.

2.4   Eingriff

Ein Eingriff in das Allgemeine Persönlichkeitsrecht kann auf **verschiedene Art und Weise** erfolgen. Regelmäßig ist es tangiert, wenn eine Tathandlung vorliegt, die eine der durch Richterrecht geschaffenen, zuvor dargestellten Fallgruppen betrifft. Ebenso wurde aufgezeigt, dass das Recht am eigenen Bild betroffen ist, wenn etwa ein Bildnis einer Person öffentlich zur Schau gestellt wird. Für den Eingriff in das informationelle Selbstbestimmungsrecht ist ein datenschutzrechtlich relevanter Umgang mit personenbezogenen Daten erforderlich. Den häufigsten Eingriff in das Allgemeine Persönlichkeitsrecht stellen indes Äußerungen Dritter dar. Sie lassen sich in Tatsachenbehauptungen und Meinungsäußerungen unterteilen, wobei die

---

[139] Z. B. kann sich eine fremdsprachige Darstellung an ausländische Mitbürger richten, BGH, Urt. v. 12.02.1985 – VI ZR 225/83, NJW 1985, 1621, 1622 – *Türkei*; Wenzel-*Burkhardt*, Das Recht der Wort- und Bildberichterstattung, 6. Aufl. 2018, Kap. 4 Rn. 6.

[140] Eine Ausweitung des künstlerischen Charakters erfolgte jüngst insbesondere durch: BVerfG, Beschl. v. 08.02.2018 – 1 BvR 2112/15, GRUR 2018, 633 – *Neue Sicht auf Charlottenburg*; vgl. zu den verfassungsrechtlichen Kunstbegriffen außerdem: Epping/Hillgruber-*Kempen*, BeckOK GG, 40. Ed. Stand: 15.02.2019, Art. 5 Rn. 162 m. w. N.

[141] BVerfG, Beschl. v. 13.06.2007 – 1 BvR 1783/05, NJW 2008, 39, Rn. 81 ff. – *Esra*.

Abgrenzung beider Begriffe anhand ihrer Zugänglichkeit zum Beweis erfolgt.[142] Während **Tatsachenbehauptungen** dem Beweis zugänglich sind, werden **Meinungsäußerungen** von Elementen des Meinens und Dafürhaltens geprägt.

2.5 Rechtswidrigkeit

Ob das Allgemeine Persönlichkeitsrecht verletzt wurde, ist durch eine umfassende Einzelfallabwägung zu ermitteln.[143] Grundsätzlich indiziert die tatbestandsmäßige Rechts- oder Rechtsgutverletzung i. S. d. § 823 Abs. 1 BGB die Rechtswidrigkeit, sofern im Einzelfall kein Rechtfertigungsgrund vorliegt (Lehre vom Erfolgsunrecht).[144] Das Allgemeine Persönlichkeitsrecht stellt allerdings ein **Rahmenrecht**[145] **mit offenem Verletzungtatbestand** dar und weicht deshalb von diesem Grundsatz ab. Für die Prüfung der Rechtswidrigkeit bedarf es einer Güter- und Interessenabwägung unter **Berücksichtigung aller Einzelfallumstände**. Eine rechtswidrige Verletzung des Persönlichkeitsrechts liegt nur dann vor, wenn die beim Tatbestandsmerkmal der Rechtswidrigkeit vorzunehmende Interessenabwägung ergibt, dass das Interesse an der Wahrung des Persönlichkeitsrechts die kollidierenden Kommunikationsgrundrechte überwiegt.[146] Es findet eine Verhältnismäßigkeitsprüfung statt, d. h. es muss erörtert werden, ob der Eingriff in das Persönlichkeitsrecht grundsätzlich geeignet, erforderlich und angemessen ist, um die kollidierenden Rechte und Interessen hinreichend zu wahren.[147] Solche **abwägungsrelevanten Rechte** stellen vor allem die Meinungsfreiheit, die Presse-, Rundfunk- und Filmfreiheit sowie die Kunst- und Wissenschaftsfreiheit dar.[148] Im Internet basiert eine Persönlichkeitsrechtsverletzung häufig auf unwahren Tatsachenbehauptungen und schmähenden Werturteilen. Sofern die Aussagen aufgrund von Unwahrheit oder dem lediglich schmähenden Charakter dem Grundrechtsschutz von vornherein entzogen ist, können die sich Äußernden sich auf die Meinungsfreiheit aus Art. 5 Abs. 1 S. 1, 1. Var. GG berufen. Die Meinungsfreiheit umfasst das Recht, Meinungsäußerungen in jeder Form (Wort, Schrift, Bild etc.) kundzutun. Tatsachenbehauptungen sind – soweit nicht erwiesenermaßen falsch – ebenfalls vom Schutzbereich der

---

[142] BGH, Urt. v. 22.02.2011 – VI ZR 120/10, MMR 2011, 409, Rn. 10.

[143] BGH, Urt. v. 13.03.1979 – VI ZR 117/77, NJW 1979, 1351, 1352; Bamberger/Roth/Hau/Poseck-*Förster*, BeckOK BGB, 53. Ed. Stand: 01.02.2020, BGB §§ 823 Rn. 17–25.

[144] Bereits vom Reichsgericht statuiert, RG, Urt. v. 30.12.1901 – VI 285/01, RGZ 50, 60, 65 ff., juris.

[145] Begrifflichkeit nach: *Fikentscher/Heinemann*, 11. Aufl. 2017, SchuldR, §§ 107 Rn. 1571.

[146] Vgl. hierzu auch: Spindler/Schuster-*Mann*, Recht der elektronischen Medien, 3. Aufl. 2015, BGB § 823 Rn. 5; Stürner-*Teichmann*, Jauernig BGB, 17. Aufl. 2018, §§ 823 Rn. 47 ff.

[147] Statt vieler: Palandt-*Sprau*, BGB, 79. Aufl. 2020, BGB §§ 823 Rn. 95; Allgemeines auch in: *Staake/v. Bressensdorf*, JuS 2015, 683 ff. sowie die Rechtsprechungsübersicht bei: *Wegner* in Götting/Schertz/Seitz-*Wegner*, Handbuch Persönlichkeitsrecht, 1. Aufl. 2008, §§ 32 Anhang.

[148] Vgl. auch: Spindler/Schuster-*Mann*, Recht der elektronischen Medien, 3. Aufl. 2015, BGB §§ 823 Rn. 5

Meinungsfreiheit erfasst, da sie regelmäßig die Grundlage für eine darauf aufbau-
ende Meinungsbildung sind.[149] Meinungsäußerungen sind in der Regel hinzunehmen, selbst wenn sie nachteilig für den Betroffenen sind.[150] Es darf jedoch nicht
verkannt werden, dass auch nach Auslegung einer Aussage als Meinungsäußerung
die Prüfung damit nicht abgeschlossen ist, sondern auch dann eine umfassende Interessenabwägung vorzunehmen ist, ob im konkreten Einzelfall das Allgemeine
Persönlichkeitsrecht die Meinungsfreiheit überwiegt. Auf Seiten des Allgemeinen
Persönlichkeitsrechts ist der **Inhalt und die Schwere des Eingriffs** zu berücksichtigen; handelt es sich um einen Eingriff in die Privat- oder in die Sozialsphäre; sind
die Aussagen für den Betroffenen eher peinlich oder wertneutral; ist der Betroffene
eine zurückgezogen lebende Privatperson oder hat sie einen hohen **Bekanntheits-
grad (Person des öffentlichen Lebens)**; hat der Betroffene die Thematik durch
sein Vorverhalten selbst zum Gegenstand eines **Berichterstattungsinteresse** gemacht; maßgeblich kommt es auch auf den Wahrheitsgehalt der konkreten Aussage
sowie des Gesamtkontextes an. Auf Seiten der Meinungsfreiheit ist etwa zu
berücksichtigen, ob ein Beitrag zu einer Debatte von einem allgemeinen Interesse
geleistet wird oder ob lediglich die Neugier eines bestimmten Publikums durch die
Berichterstattung befriedigt werden soll. An der Berichterstattung über Unstimmigkeiten bei einer Parlamentswahl besteht grundsätzlich ein höheres Informationsinteresse, als an den Unstimmigkeiten des zurückgezogen lebenden Prominenten X
und dessen Ehefrau. Es sind also der Gegenstand der Berichterstattung sowie Inhalt,
Form und Auswirkungen der Veröffentlichung in die Abwägung mit einzubeziehen.[151] Insbesondere muss hinterfragt werden, ob die Öffentlichkeit ein Informationsinteresse an der konkreten, das Allgemeine Persönlichkeitsrecht berührenden
Information hat. Je höher dieses Interesse aber ausfällt, desto schwerer wiegen die
Kommunikationsgrundrechte in der Abwägung mit dem Persönlichkeitsrecht. Zwar
ist der Begriff der relativen und absoluten Person der Zeitgeschichte seit der
Caroline-Rechtsprechung zum Recht am eigenen Bild überholt, da die Frage der
Zulässigkeit zu schematisch von der Stellung der abgebildeten Person und nicht
vom Informationswert des Artikels abhängig war. Dennoch bleibt die Stellung einer
Person, insbesondere wenn es sich um **politische Akteure oder Amtsträger** handelt, ein wichtiges Abwägungskriterium.[152] Denn der Politiker setzt sich unver-
meidbar und wissentlich der genauen Prüfung seiner Äußerungen aus, sodass er

---

[149] Paschke/Berlit/*Meyer-Schulz*, GesMedR, 3. Aufl. 2016, GG Art. 5 Rn. 20; Gersdorf/Paal-*Söder*,
BeckOK InfoMedienR, 27. Ed. Stand: 01.02.2020, BGB §§ 823 Rn. 97.

[150] StRspr, vgl. etwa: BVerfG, Beschl. v. 07.12.2011 – 1 BvR 2678/10, NJW 2012, 1643, Rn. 33 –
„*Grüne Gentechnik*"; BVerfG, Beschl. v. 25.01.2012 – 1 BvR 2499/09 u. 1 BvR 2503/09, NJW
2012, 1500, Rn. 39 – *Ochsenknecht-Söhne*; BVerfG, Beschl. v. 10.11.1998 – 1 BvR 1531/96, NJW
1999, 1322, 1324 – *Fall Helnwein*.

[151] EGMR, Urt. v. 19.09.2013 – 8772/10, ZUM 2014, 284, Rn. 46.

[152] EGMR, Urt. v. 17.04.2014 – 5709/09, NJW 2014, 3501 – *Barosa/Deutschland*; vgl. dazu eingehend: Gsell/Krüger/Lorenz/Reymann-*Specht*, BeckOGK, BGB §§ 823 Rn. 1340 ff.

nur einen verminderten Persönlichkeitsschutz erfährt.[153] Auch prominente Personen stehen unter einer ähnlichen Betrachtung durch die Öffentlichkeit und haben sich dieser in gewissen Grenzen selbst ausgesetzt. Dies kann ein gesteigertes Informationsbedürfnis und -Interesse rechtfertigen.[154] Das gilt insbesondere dann, wenn sich Personen des öffentlichen Lebens bewusst in die Öffentlichkeit stellen (etwa durch „Homestories" etc.) und sich dieser damit planmäßig präsentieren, sog. **Selbstöffnung der Privatsphäre.**[155] Eine Berichterstattung, die allein die Neugier der Leser befriedigen soll und kein anderes legitimes Informationsinteresse verfolgt, kann demgegenüber allenfalls einen unerheblichen Eingriff in das Allgemeine Persönlichkeitsrecht rechtfertigen.[156]

2.6 Übungsfall 1: Deutschland sucht den Super Sänger

Die Popsängerin F wurde in der Casting-Show „Deutschland sucht den Super Sänger" entdeckt und ist seitdem im gesamten Bundesgebiet sehr bekannt. Sie hat bereits eine Reihe von Beziehungen zu – teils bekannten, teils unbekannten – Personen geführt, es allerdings aufgrund guter anwaltlicher Beratung stets geschafft, dass die Presse über diese Beziehungen nicht berichtet. Seit ca. 6 Monaten ist sie nun mit dem aufstrebenden Schauspieler M glücklich liiert. Von ihrer Mutter musste sie jedoch erfahren, dass in der Klatschzeitschrift „VIP-Flash", die jede Woche als gedruckte Zeitschrift herausgegeben und in der gesamten Bundesrepublik vertrieben wird, ein angebliches Interview mit ihr abgedruckt ist. Dieses Interview enthält Aussagen zu ihrer Beziehung zu M sowie Fotos, die sie gemeinsam mit M zeigen.

Bereits die Schlagzeile des Titelblatts der aktuellen Ausgabe lautet: „F & M – mehr als nur eine heiße Sommerromanze?" Weiter heißt es: „VIP-Flash verrät, ob Deutschlands Popsternchen nun endlich glücklich ist. Alles über ihre Beziehung zu M im Exklusivinterview". Diese Ankündigung umfasst ca. ¾ des Titelblatts. Auch im Inhaltsverzeichnis wird auf das Interview hingewiesen mit den Worten: „Die geheimen Wünsche und Zukunftspläne des Popstars – Mit uns spricht F exklusiv". Im Interview selbst heißt es unter anderem: „Ich kann mir vorstellen, mit M eine Familie zu gründen und möchte mit ihm den Rest meines Lebens verbringen." Daneben sind Fotos abgebildet, die F und M händchenhaltend und turtelnd an einem

---

[153] EGMR, Urt. v. 17.04.2014 – 5709/09, NJW 2014, 3501 – *Barosa/Deutschland.*

[154] BGH, Urt. v. 14.10.2008 – VI ZR 272/06, GRUR 2009, 86, Rn. 18 – *Gesundheitszustand von Prinz Ernst August;* BGH, Urt. v. 01.07.2008 – VI ZR 243/06, GRUR 2008, 1024, Rn. 25 – *Shopping mit der Putzfrau auf Mallorca.*

[155] Hierzu eingehend: Gsell/Krüger/Lorenz/Reymann-*Specht,* BeckOGK, BGB §§ 823 Rn. 1344 ff.

[156] BGH, Urt. v. 02.05.2017 – VI ZR 262/12, ZUM-RD 2017, 429, 431 f.; BGH, Urt. v. 01.07.2008 – VI ZR 243/06, GRUR 2008, 1024, Rn. 27 – *Shopping mit der Putzfrau auf Mallorca:* Bildberichterstattung über den privaten Alltag eines Prominenten; BGH, Urt. v. 03.07.2007 – VI ZR 164/06, GRUR 2007, 902, Rn. 9 – *Abgestuftes Schutzkonzept II:* Bildberichterstattung über den Aufenthalt eines Prominenten an einem Urlaubsort; vgl. auch: Dreier/Schulze-*Specht,* UrhG, 6. Aufl. 2018, KUG §§ 23 Rn. 13 ff.

abgeschiedenen Strand auf den Seychellen zeigen. Dazu heißt es: „Die Woche auf den Seychellen war ein Traum. Wir haben neue Seiten an uns kennen und lieben gelernt. Er ist mein Seelenverwandter."
Tatsächlich hat ein solches Interview mit F niemals stattgefunden. Vielmehr wurde das gesamte Interview vom Reporter R, der gleichzeitig Herausgeber von „VIP-Flash" ist, bereits über einen sehr zweifelhaften und unzuverlässigen Ruf in der Branche verfügt, erfunden, um die Auflage der „VIP-Flash" zu steigern. Auch die Fotos geben keine tatsächlichen Geschehnisse wieder, sondern wurden von R mittels einer Fotomontage am Computer hergestellt. Die gesamte Geschichte verkaufte er an „VIP-Flash".

F, die ein paar Semester Jura studiert hat, sieht sich durch das Interview in ihren Rechten verletzt. Jedenfalls müssten ihre Intim- und Privatsphäre vor „unberechtigten Eingriffen" der Presse geschützt sein. Vor allem, weil sie immer streng darauf bedacht ist, ihr Privatleben nicht der Öffentlichkeit preiszugeben und insbesondere mit der Sensationspresse nichts zu tun haben möchte. Sie ist der Ansicht, diese „Klatschblätter hätten mit ordentlicher Berichterstattung nichts zu tun". Außerdem könne es nicht sein, dass über einen Prominenten immer und überall berichtet werden dürfe – schon gar nicht, wenn es sich um unwahre Tatsachenbehauptungen handele. Denn unwahre Tatsachenbehauptungen würden an der Meinungs- und Pressefreiheit schon gar nicht teilhaben.

R hingegen ist der Auffassung, Personen, die so in der Öffentlichkeit stehen wie die F, müssen sich sowas eben gefallen lassen. Schließlich habe man auch genug Vorteile durch den Prominentenstatus. Außerdem könne es nicht sein, dass Prominente denselben Schutz genössen wie Privatpersonen, die niemand kennt und an denen niemand ein Informationsinteresse habe. Die Neugier der Leser zu befriedigen, sei immerhin elementare Aufgabe der Presse, nötigenfalls eben auch durch „Fake News".

R ist der Ansicht, dass F jedenfalls keine Schadensersatzansprüche zustehen, weil Interviews wie das hier in Rede stehende üblicherweise ohne Vergütung gegeben würden. Dies trifft zwar zu, F ist aber der Meinung, sie habe jedenfalls als Ausgleich ein saftiges „Schmerzensgeld" verdient und außerdem wolle sie, dass „das Interview widerrufen wird" und die „VIP-Flash" nie wieder „solchen Schmierkram abdrucken darf".

Fragen
1. Stehen **F gegen R** Ansprüche wegen des erfundenen Interviews – sowohl hinsichtlich der Text- als auch der Bildberichterstattung – zu? (Schwerpunktfrage)
2. F geht davon aus, dass sich R erneut uneinsichtig zeigt. Sie hat von einem Freund gehört, dass die drei Richter der Pressekammer aus Köln schlecht auf den R zu sprechen sind, da dieser zuletzt über den 1. FC Köln gelästert hat. Sie möchte daher bereits jetzt wissen, ob die F, die in Frankfurt wohnt, den R, der seinen Verlagssitz in Bonn hat, in Köln bei den drei Richtern verklagen kann, die auf den R schlecht zu sprechen sind? (Zusatzfrage)

Bearbeitervermerk
Vorschriften des Bundesdatenschutzgesetzes und der Landespressegesetze sind nicht zu prüfen.

Lösungsskizze Frage 1

▶ **Anmerkung** In Betracht kommen Ansprüche auf Unterlassung oder Widerruf, auf Schadensersatz und Geldentschädigung („Schmerzensgeld"). In welcher Reihenfolge die Ansprüche geprüft werden, ist für die Bewertung nicht relevant. Entscheidend ist, dass die unterschiedlichen Anspruchsziele identifiziert werden und – aufgrund des Umfangs der zu prüfenden Ansprüche – eine gelungene Schwerpunktsetzung auch durch Verweisung auf bereits erfolgte Prüfungsschritte vorgenommen wird. Ein Gegendarstellungsanspruch ist aufgrund des Bearbeitervermerks nicht zu prüfen.

A. Anspruch F gegen R auf Unterlassung und Beseitigung aus § 12 BGB
- Voraussetzung: Namensleugnung oder Namensanmaßung
- Eine <u>Namensanmaßung</u> ist zu unterscheiden von der bloßen <u>Namensnennung</u>, selbst wenn diese in einem unrichtigen Zusammenhang – wie hier – erfolgt. Die Nennung eines Namens in einem Pressebericht ist keine Anmaßung i. S. v. § 12 BGB, daher besteht kein Anspruch aus § 12 BGB.

B. Anspruch F gegen R auf Schadensersatz bzw. Geldentschädigung aus § 823 Abs. 1 BGB aufgrund der Textberichterstattung

▶ **Anmerkung** Hier können beide Anspruchsziele gemeinsam geprüft und erst im Rahmen der Haftungsausfüllung zwischen dem Ersatz materiellen Schadens und dem Anspruch auf Geldentschädigung unterschieden werden. Daher ist im Obersatz die Nennung der Art. 2 Abs. 1, 1 Abs. 1 GG nicht zwingend erforderlich, auch wenn nach der Rechtsprechung des BGH der Anspruch auf Geldentschädigung gerade nicht auf eine Analogie des § 253 Abs. 2 BGB gestützt wird. Eine gesonderte Prüfung des Geldentschädigungsanspruchs ist damit ebenfalls vertretbar.
   Es ist gleichermaßen vertretbar, den Anspruch der F gegen R unmittelbar aus Art. 2 Abs. 1 GG i. V. m. Art. 1 Abs. 1 GG oder über den „Umweg" des § 823 Abs. 1 BGB herzuleiten. Der Anspruch ist inhaltsgleich, unterscheidet sich jedoch jeweils in den anspruchsbegründenden Tatbestandsmerkmalen.

I. Eingriff in den Schutzbereich des Allgemeinen Persönlichkeitsrechts
1. Allgemeines Persönlichkeitsrecht als sonstiges Recht

- Das Allgemeine Persönlichkeitsrecht ist in der Rechtsprechung als sonstiges Recht anerkannt (Art. 2 Abs. 1, 1 Abs. 1 GG). Dies wird mit der mittelbaren Drittwirkung der Grundrechte begründet.

- Der spezialgesetzliche Schutz erfolgt im Zivilrecht nur lückenhaft (§ 12 BGB; §§ 22, 23 KUG; §§ 12, 60 UrhG) und muss deshalb über die verfassungskonforme Auslegung des § 823 Abs. 1 BGB vervollständigt werden.

▶ **Anmerkung** Schwerpunktsetzung: Noch tiefergehende Ausführungen sind hierzu nicht erforderlich, zwingend zu nennen sind jedoch Art. 2 Abs. 1, 1 Abs. 1 GG als Grundlage des Allgemeinen Persönlichkeitsrechts.

2. Eingriff in das Allgemeine Persönlichkeitsrecht

- Differenziert wird zwischen den verschiedenen Persönlichkeitssphären (sog. Sphärentheorie), und zwar zwischen Intim-, Privat- und Sozialsphäre. Dabei handelt es sich streng genommen um eine spezielle Ausprägung des Verhältnismäßigkeitsgrundsatzes: Je nachdem, welcher Sphäre eine Information über eine Person zugeordnet wird, können Eingriffe leichter oder weniger leicht gerechtfertigt werden.

▶ **Anmerkung** Da jedenfalls das Persönlichkeitsrecht der F betroffen ist, ist es ebenfalls möglich, diese Einordnung erst im Rahmen der Rechtfertigung vorzunehmen. Mit Blick auf den in Rede stehenden Eingriff – das vollständige Erfinden des Interviews samt Bebilderung – ist es ebenfalls vertretbar, von einer genauen Einordnung abzusehen, da eine Abwägung mit entgegenstehenden Interessen der Meinungs- oder Pressefreiheit ohnehin zugunsten der F ausgehen müssen.

Vorliegend prüfen Sie den Widerruf gegen offensichtliche Unwahrheiten (erfundenes Interview). Hier müssen Sie wissen, dass Widerruf und Gegendarstellung nur gegen (unwahre) Tatsachenbehauptungen möglich sind, indes nicht gegen Meinungsäußerung und nur ausnahmsweise gegen Eindrücke. Häufig wird der Schwerpunkt einer Klausur an dieser Stelle in der Abgrenzung von Meinungsäußerung und Tatsachenbehauptung liegen. Handelt es sich um Meinungsäußerungen ist die Prüfung der Gegendarstellung oder des Widerrufs an dieser Stelle zu Ende.

- Hier kommt ein Eingriff in die Intim-, jedenfalls aber in die Privatsphäre der F in Betracht, da in dem erfundenen Interview der F Aussagen über ihre intime, jedenfalls aber private Gefühlswelt und Auskünfte über ihre Beziehung unterstellt werden.
- Intim- und Privatsphäre umfassen den sog. Identitätsschutz insbesondere dann, wenn einer Person Äußerungen zugeschrieben werden, die nicht von ihr stammen (s. o., Recht auf Zitattreue). Damit wird durch die unwahren Tatsachenbehauptungen in das Recht der F eingegriffen, selbst zu entscheiden, ob und in welcher Weise sie mit eigenen Äußerungen zu diesen privaten Themen an die Öffentlichkeit geht.

▶ **Klausurtipp** Fallgestaltungen rund um erfundene Presseberichte sind stets von aktueller Relevanz. Nicht zuletzt der Skandal um den

Spiegel-Reporter *Claas Relotius* hat diese Thematik wieder zu einem „heißen Prüfungsfall" gemacht.

II. Rechtswidrigkeit

▶ **Anmerkung** Das Allgemeine Persönlichkeitsrecht ist ein sog. <u>Rahmenrecht</u> (bzw. „offener Tatbestand"): Die Rechtswidrigkeit eines Eingriffs wird also nicht indiziert, sondern muss positiv festgestellt werden (<u>Lehre vom Handlungsunrecht</u> im Gegensatz zur Lehre vom Erfolgsunrecht). Dies muss im Wege einer umfassenden Güter- und Interessenabwägung geschehen.

* Dem Persönlichkeitsrecht gegenüberstehende Interessen:
  – Meinungsfreiheit des R (Art. 5 Abs. 1 S. 1 Alt. 1 GG)
  – Pressefreiheit des B (Art. 5 Abs. 1 S. 2 GG)
  – Informationsfreiheit der Leser der „VIP-Flash" (Art. 5 Abs. 1 S. 1 Alt. 2 GG)
* Die Meinungsfreiheit umfasst allerdings nicht die Äußerung <u>(bewusst) unwahrer Tatsachen</u>. Auch die Pressefreiheit umfasst nicht die Verbreitung von erfundenen und damit objektiv unwahren Interviews. Ein berechtigtes Informationsinteresse der Leser an solchen unwahren Informationen besteht nicht. Ein Beitrag zur Meinungsbildung eines erfundenen Interviews ist ersichtlich nicht gegeben.

* Nach Abwägung der in Rede stehenden Interessen ist die Rechtswidrigkeit gegeben.

▶ **Anmerkung** An dieser Stelle müssen Grundkenntnisse aus dem Verfassungsrecht herangezogen werden. Anders als in einer Grundrechte-Klausur, in der die Abwägung in der Regel den wesentlichen Schwerpunkt darstellt, erfolgt diese hier wesentlich knapper, da das Ergebnis eindeutig im Sachverhalt angelegt ist. Wichtig ist also erneut eine korrekte Schwerpunktsetzung.
    Die Ausführungen dürfen hier sogar besonders kurz ausfallen, da es sich bei den streitigen Äußerungen um unwahre Tatsachenbehauptungen handelt, die ohnehin nicht schutzwürdig sind.

III. Verschulden des R
* Der R hat das Interview frei erfunden und es anschließend veröffentlicht, sodass das erforderliche Verschulden bejaht werden muss. Er handelte vorsätzlich.

IV. Schaden und haftungsausfüllende Zurechnung
1. Naturalrestitution

* <u>§ 249 Abs. 1 BGB</u>: Herstellung des Zustands, der ohne das schädigende Ereignis bestehen würde (Naturalrestitution).
* Bei Berichterstattungen wie dieser, die ersichtlich unwahr sind: <u>Widerruf</u> des erfundenen Interviews, mithin die Erklärung des B, dass die veröffentlichten Tatsachenbehauptungen unwahr sind. Dabei muss nach der Rechtsprechung der

Widerruf in vergleichbarer Weise erfolgen wie die ursprüngliche Tatsachenbehauptung, um den gleichen Grad an Aufmerksamkeit bei einem möglichst vergleichbaren Leserkreis zu erreichen.

• Hier muss der Widerruf damit auf der Titelseite der nächsten Ausgabe der „VIP-
Flash" in vergleichbar großen Buchstaben und vergleichbarem Layout erfolgen.
Dies gilt, obwohl das Titelblatt als besonderer „Aufmacher" einer Zeitschrift
besonders wichtig ist, da hier der Inhalt der Ausgabe beworben und damit das
Kaufinteresse der Leser geweckt wird. Die Pressefreiheit des Verlegers muss in
einem solchen Fall zurücktreten.

▶ **Anmerkung** Auch wenn sich in der Praxis für den Widerruf (auch aufgrund
des fehlenden Verschuldenserfordernisses) § 1004 Abs. 1 S. 1 BGB durchgesetzt hat, sollte auch im Rahmen von § 823 Abs. 1 BGB auf diese Möglichkeit
der Naturalrestitution eingegangen werden.

2. Vermögensschaden

• **§ 251 BGB** (Differenzhypothese): Hier nicht ersichtlich, weil solche Interviews
laut Sachverhalt in der Regel kostenlos gegeben werden.

3. Geldentschädigung/immaterieller Schaden

• **§ 253 Abs. 1 BGB**: Schmerzensgeld ist nur in den gesetzlich vorgesehenen Fäl-
len möglich, weshalb insbesondere bei Persönlichkeitsrechtsverletzungen kein
Ersatz eines immateriellen Schadens erfolgen könnte.
• Das würde jedoch zu erheblichen Schutzlücken des Allgemeinen Persönlich-
keitsrechts führen, da sich solche Verletzungen typischerweise immateriell
auswirken.
• Nach verfassungskonformer Auslegung des § 823 Abs. 1 BGB im Lichte der
Art. 2 Abs. 1, 1 Abs. 1 GG hat die Rechtsprechung unter besonderen zusätzlichen
Voraussetzungen deshalb die Möglichkeit anerkannt, eine Geldentschädigung
für Persönlichkeitsrechtsverletzungen zu erreichen.

▶ **Anmerkung** Der korrekte Begriff lautet deshalb auch nicht „Schmerzensgeld", sondern „Geldentschädigung".

a. Verfassungskonforme Auslegung von § 823 Abs. 1 BGB

• 1. Voraussetzung: Schwerwiegende Beeinträchtigung des Allgemeinen Persönlichkeitsrechts
  – Bei erfundenen Interviews liegt eine solche regelmäßig aufgrund der massi-
  ven Beeinträchtigung des Selbstbestimmungsrechts des Betroffenen vor, da
  die Berichterstattung für die Öffentlichkeit als authentisch dargestellt und der
  Betroffene somit als „Zeuge gegen sich selbst" ins Feld geführt wird.

– Auch thematisieren die unwahren Aussagen Themen, die jedenfalls dem Kernbereich der Privatsphäre zuzuordnen sind. Zudem hat die F ihr Beziehungsleben nie zum Gegenstand von Berichterstattungen gemacht, sodass es nicht zu einer Reduktion des Persönlichkeitsschutzes kommt.

- 2. Voraussetzung: Kein ausreichender Schutz durch die Möglichkeit der Gegendarstellung oder des Widerrufs (sog. Subsidiarität der Geldentschädigung)
  – Hier kann (insbesondere aufgrund der gesteigerten Auflage der „VIP-Flash"-Ausgabe) nicht damit gerechnet werden, dass mit dem Widerruf dieselbe Öffentlichkeit erneut erreicht werden kann; auch kann die mit der Geldentschädigung verfolgte Genugtuungsfunktion durch den bloßen Widerruf nicht erreicht werden.
  – Der Unterlassungsanspruch wurde von der F mit geltend gemacht (s.u.). Von einigen Instanzgerichten wird der Geldentschädigungsanspruch erheblich reduziert oder sogar ausgeschlossen, wenn der Betroffene auf die Durchsetzung der Unterlassung verzichtet und sich stattdessen nur auf die Geldentschädigung beschränkt.
- 3. Voraussetzung: Unter Abwägung aller Einzelfallumstände muss ein unabwendbares Bedürfnis für eine Geldentschädigung bestehen; maßgeblich sind insbesondere Art und Schwere der Beeinträchtigung, Anlass und Beweggrund für die Berichterstattung, Verschuldensgrad und Präventionsaspekt
  – Die Beeinträchtigung wiegt hier besonders schwer, da es sich um eine freie Erfindung handelt; der Anlass für die Rechtsverletzung liegt rein im Kommerzialisierungsinteresse und hat keine darüberhinausgehende Berechtigung. Gerade zur Verhinderung gefälschter Berichterstattung muss hier aufgrund des Präventionsgedankens eine Geldentschädigung zugesprochen werden. Zudem handelte der R vorsätzlich.

▶ **Anmerkung** Hier gilt es zu erkennen, dass der Geldentschädigungsanspruch sich gerade nicht aus § 253 Abs. 1, Abs. 2 BGB herleiten lässt.

Zusammenfassend sind die **Voraussetzungen einer Geldentschädigung für Persönlichkeitsverletzungen:**

1. Schwerwiegende Beeinträchtigung des Allgemeinen Persönlichkeitsrechts (= 1. Abwägung)
2. Subsidiarität (= kein ausreichender Schutz durch Widerruf und Gegendarstellung)
3. Unabwendbares Bedürfnis nach dem Anspruch (= 2. Abwägung)

b. Höhe des Geldentschädigungsanspruchs

- Berücksichtigung aller Umstände des Einzelfalls sowie der Funktionen des Geldentschädigungsanspruchs
- Neben der Ausgleichs- und der Genugtuungsfunktion gilt für den Geldentschädigungsanspruch auch der Präventionsgedanke, der insbesondere bei rücksichtsloser Zwangskommerzialisierung in den Vordergrund rückt.

- Die Maximierung der Auflagenstärke einer Zeitschrift soll nicht dadurch lukrativ bleiben, dass nur geringe Entschädigungszahlungen regelmäßig „eingepreist" werden. Damit fließt zwar ein dem Schadensrecht fremder Strafgedanke in die Ermittlung der Anspruchshöhe mit ein, allerdings kann von einer Genugtuung auch erst dann gesprochen werden, wenn das erlittene Unrecht vollständig ausgeglichen ist, welches bei Zwangskommerzialisierung höher einzustufen ist.
- Die angemessene Höhe des Geldentschädigungsanspruchs kann der Bestimmung des Gerichts gem. § 287 ZPO überlassen werden.

Ergebnis
F hat gegen R Anspruch auf Veröffentlichung eines Widerrufs sowie auf Zahlung eines angemessenen Geldbetrages gem. § 823 Abs. 1 BGB.

C. Anspruch F gegen R wegen der Bildberichterstattung aus § 823 Abs. 2 BGB i. V. m. §§ 22, 23 KUG

▶ **Anmerkung** Der saubere Aufbau des vermeintlich „einfachen" § 823 Abs. 2 BGB sollte unter Studierenden nicht vernachlässigt werden. Auch die §§ 22, 23 KUG als Schutzgesetze i. S. v. § 823 Abs. 2 BGB können wesentliche Schwerpunkte einer Klausur sein, weswegen sich die Wiederholung der Struktur lohnt.

I. Schutzgesetz
- Alle Rechtsnormen gem. Art. 2 EGBGB, die zumindest auch den Schutz von Individualinteressen bezwecken
- §§ 22, 23 KUG erfüllen diese Voraussetzung

II. Schutzgesetzverletzung

Merkposten: Systematik des abgestuften Schutzkonzepts in §§ 22, 23 KUG
1. **Stufe**: Grundsatz des Erfordernisses einer Einwilligung gem. § 22 KUG
2. **Stufe**: Ausnahmen gem. § 23 Abs. 1 KUG (Entbehrlichkeit der Einwilligung)
   - § 23 Abs. 1 Nr. 1 KUG: Bildnis einer Person der Zeitgeschichte: Alle Fragen von allgemein schützenswertem gesellschaftlichem Interesse
3. **Stufe**: Abwägung gem. § 23 Abs. 2 KUG:
   - Berechtigtes Interesse des Betroffenen: Umfassende Interessenabwägung des Allgemeinen Persönlichkeitsrecht mit entgegenstehenden Rechten, insbesondere mit Art. 5 Abs. 1 S. 1 Alt. 2 GG

1. Abbildung ohne Einwilligung, § 22 KUG
- Von F wurde eine Fotomontage gefertigt und als Hintergrund für ein Interview benutzt, ohne dass F darin eingewilligt hat.

2. Entbehrlichkeit der Einwilligung, § 23 Abs. 1 Nr. 1 KUG

- § 23 Abs. 1 KUG sieht Ausnahmen vom Einwilligungserfordernis vor.
- § 23 Abs. 1 Nr. 1 KUG: Bildnisse aus dem Bereich der Zeitgeschichte
- F ist eine bekannte Sängerin und als solche in der Öffentlichkeit über die Medien präsent. Sie ist damit als sog. Person des öffentlichen Lebens einzustufen.

▶ **Zur Vertiefung** Nach der ehemals vorgenommenen personenbezogenen Interpretation der absoluten und relativen Person der Zeitgeschichte des § 23 Abs. 1 Nr. 1 KUG war in solchen Fällen grundsätzlich von einer Entbehrlichkeit der Einwilligung auszugehen, sodass ein Vorgehen gegen die Bildberichterstattung nicht möglich wäre.

Nach der Rechtsprechung des EGMR im *Caroline*-Fall[157] verstößt eine solche personenbezogene Interpretation jedoch gegen Art. 8 EMRK. Auch absolute Personen der Zeitgeschichte verdienen den Schutz ihres Bildnisses und haben ein Recht auf Privatsphäre, auch wenn ihre herausgehobene Stellung in die Zulässigkeit der Verbreitung einbezogen werden kann (sog. abgestuftes Schutzkonzept). Ob ein zeitgeschichtliches Ereignis vorliegt, ist somit nach Abwägung aller Umstände des Einzelfalles festzustellen. Damit wird dogmatisch die Abwägung des § 23 Abs. 2 KUG hinsichtlich der entgegenstehenden Interessen in den Begriff der Zeitgeschichte vorgezogen; jedenfalls ist eine Abwägung im Sinne des § 23 Abs. 2 KUG erforderlich. Nach den Kriterien des EGMR kommt es insbesondere auf Gegenstand und öffentliches Interesse an der Berichterstattung sowie das Vorverhalten des Betroffenen an. Ebenso spielen die Umstände der Bildaufnahme sowie Inhalt, Form, Intensität und Auswirkungen der Veröffentlichung des Bildnisses eine Rolle.

▶ **Anmerkung** An dieser Stelle ist es wichtig zu erkennen, dass eine Abwägung nach der EGMR-Rechtsprechung auch für eine Person des öffentlichen Lebens erfolgen muss. Ob dies im Rahmen des § 23 Abs. 1 Nr. 1 KUG oder erst im Rahmen des § 23 Abs. 2 KUG erfolgt, sollte für die Bewertung keine Rolle spielen.

3. Interessenabwägung, § 23 Abs. 2 KUG

- § 23 Abs. 2 KUG sieht eine Einschränkung des § 23 Abs. 1 KUG dann vor, wenn durch die Veröffentlichung ein berechtigtes Interesse des Abgebildeten verletzt wird. Damit ist das Recht am eigenen Bild als Bestandteil des Allgemeinen Persönlichkeitsrechts (Art. 2 Abs. 1, 1 Abs. 1 GG) mit entgegenstehenden Rechten, insbesondere dem berechtigten Informationsinteresse der Allgemeinheit im Rahmen des Art. 5 Abs. 1 S. 1 Alt. 2 GG abzuwägen.
- F hat ein Interesse daran, in der Öffentlichkeit nur solche Bilder von sich verbreitet zu sehen, die wirkliche Gegebenheiten wiedergeben, während kein berechtigtes Informationsinteresse an gefälschten Bildern besteht.

---

[157] EGMR, Urt. v. 24.06.2004 – 59320/00, GRUR 2004, 1051 – *Caroline von Hannover*.

▶ **Klausurtipp** Sofern eine Fotomontage nicht zu Zwecken der Parodie oder Satire entworfen wird, sondern ein tatsächlich nicht existenter Lebenssachverhalt als objektive Information dargestellt werden soll (wie in dieser Fallkonstellation), wird die Interessenabwägung i. R. d. §§ 22, 23 KUG immer zugunsten des Betroffenen ausfallen.

III. Rechtswidrigkeit
* Die Rechtswidrigkeit wird durch die Verletzung des Schutzgesetzes indiziert.

IV. Verschulden, § 823 Abs. 2 S. 2 BGB
* § 823 Abs. 2 S. 2 BGB setzt schuldhaftes Handeln des Anspruchsgegners auch dann voraus, wenn das Schutzgesetz dies selbst nicht verlangt. Auch hier wird man das Verhalten des R als vorsätzlich i. S. d. § 276 Abs. 1 BGB betrachten dürfen.

▶ **Wichtig** Verlangt das Schutzgesetz selbst ein Verschulden, so bemisst sich der erforderliche Grad des Verschuldens nach den für diese Norm bzw. dieses Rechtsgebiet geltenden Maßstäbe (z. B. Vorsatz bei § 263 StGB). Das Verschulden bezieht sich zudem auf die Schutzgesetzverletzung, nicht etwa auf die Rechtsgutsverletzung oder den Schaden.

V. Ersatzfähiger Schaden und haftungsausfüllende Zurechnung
* Der F steht – wie bereits erläutert – ein Anspruch auf Naturalrestitution in der Form des Widerrufs (hier als Klarstellung, dass es sich bei den Fotos um Montagen gehandelt hat) und auf angemessene Geldentschädigung zu.

Ergebnis
F hat gegen R einen Anspruch auf Widerruf und auf Zahlung eines angemessenen Geldbetrags gem. §§ 823 Abs. 2 BGB i. V. m. 22, 23 KUG.

▶ **Richtige Schwerpunktsetzung** Ansprüche aus §§ 824, 826 BGB müssen ersichtlich kurzgehalten werden: Es fehlt an Angaben für einen wirtschaftlichen Schaden der F sowie für eine Schädigungsabsicht des R. Auch die Prüfung eines Anspruchs gem. §§ 678, 687 Abs. 1 BGB ist – wenn überhaupt – sehr kurz zu halten.

D. Anspruch F gegen R aus § 1004 Abs. 1 S. 1, 2 analog i. V. m. §§ 823 Abs. 1, 2 BGB, 22, 23 KUG

▶ **Vorbemerkung** Im Obersatz kann auch schlicht auf § 1004 Abs. 1 S. 1, 2 BGB verwiesen werden, solange im Anschluss sowohl die Text- als auch die Bildberichterstattung behandelt wird. Jedenfalls im Anspruchsumfang ist dann auch zwischen § 1004 Abs. 1 S. 1 BGB (Beseitigung = Widerruf) und § 1004 Abs. 1 S. 2 BGB (Unterlassung in der Zukunft) zu unterscheiden.

I. Störung eines absoluten Rechts
- *Herleitung des Anspruchs*: Allgemein anerkannt ist, dass § 1004 BGB über den Wortlaut hinaus auf alle im Rahmen des § 823 BGB anerkannten absoluten Rechte anwendbar ist (sog. quasi-negatorischer Anspruch), was auch für das Allgemeine Persönlichkeitsrecht (und auch bezüglich des Rechts am eigenen Bild i. S. v. §§ 22, 23 KUG) gilt.
- Voraussetzung: Noch fortdauernde Störung dieses Rechts, d. h. ein objektiv rechtswidriger Eingriff in das Allgemeine Persönlichkeitsrecht
- Dies ist hier der Fall (s. o.), da die erfundenen Inhalte bislang unwidersprochen in der Öffentlichkeit stehen. Ein Verschulden setzt § 1004 BGB dagegen gerade nicht voraus.

II. Fortdauernde Störung
- Da der Inhalt weiter unwidersprochen abrufbar ist, liegt auch eine fortdauernde Störung vor.

III. Aktiv- und Passivlegitimation
- F als unmittelbar Betroffene ist aktivlegitimiert, R als Störer ist passivlegitimiert.

▶ **Anmerkung** Eine genaue Differenzierung zwischen den im Rahmen von § 1004 BGB entwickelten Störerbegriffen ist oftmals nicht erforderlich, sondern vielmehr als verfehlte Schwerpunktsetzung zu sanktionieren.

IV. Ausschluss gem. § 1004 Abs. 2 BGB analog (Duldungspflicht)
- Für eine Duldungspflicht der F ist nichts ersichtlich.

V. Wiederholungsgefahr
- Die Wiederholungsgefahr wird durch die Störung bzw. Rechtsverletzung indiziert. Eine Widerlegung ist nur möglich durch die Abgabe einer strafbewehrten Unterlassungserklärung, welche F hier aber nicht abgegeben hat.

VI. Anspruchsinhalt
- § 1004 Abs. 1 S. 1 BGB: Anspruch auf Beseitigung der Störung. Dem entspricht im Presserecht der bereits geschilderte Widerruf (s. o.).
- § 1004 Abs. 1 S. 2 BGB: Unterlassung zukünftiger identischer Schädigungen, also die Unterlassung einer erneuten Veröffentlichung des erfundenen Interviews und der Fotomontage.

Ergebnis
F steht gegen B ein Anspruch auf Widerruf und Unterlassung der identischen Berichterstattung in der Zukunft gem. § 1004 Abs. 1 S. 1, 2 analog i. V. m. §§ 823 Abs. 1, 2 BGB, 22, 23 KUG zu.

▶ **Vertiefungshinweis** Ausweislich des Bearbeitervermerks waren Ansprüche aus dem PresseG hier nicht zu prüfen. Behalten Sie dennoch für die

Klausursituation insbesondere den Gegendarstellungsanspruch aus (z. B.) § 11 LPresseG NRW im Hinterkopf!

Lösungsskizze Frage 2

- Hier müssen Sie auf die örtliche Zuständigkeit zu sprechen kommen und wissen, dass der Erfolgsort der unerlaubten Handlung im Sinne von § 32 ZPO jeder Ort ist, an dem das Presseerzeugnis bestimmungsgemäß erhalten werden kann. Es gilt im Presserecht der sogenannte „fliegende Gerichtsstand". Die Zeitschrift wird bundesweit ausgeliefert, sodass die F das Verfahren in Köln führen könnte.
- Voraussetzung wäre zudem, dass das LG sachlich zuständig ist. Der Streitwert müsste über 5000,00 EUR liegen, § 23 GVG. Dies kann ohne weiteres angenommen werden, da die Streitwerte im Presserecht stets im fünfstelligen Bereich liegen.
- Bonuswissen: Entscheidungen im Presserecht sind am LG Köln einer Kammer zugewiesen, die in der Regel nicht durch den Einzelrichter entscheidet, § 348 Abs. 1 S 2. Nr. 2 a) ZPO i. V. m. dem Geschäftsverteilungsplan des LG Köln.
- Daher stünden die Chancen für die F gut, dass über ihre Ansprüche die Richter entscheiden, die dem R seine Lästereien über den 1. FC Köln übelgenommen haben.

2.7 Übungsfall 2: Fahndungsaufruf beim G20-Gipfel

Anlässlich einer Vielzahl erheblicher Ausschreitungen rund um den G20-Gipfel veröffentlicht die B-Zeitung auf ihrer Webseite den Beitrag „Gesucht! Wer kennt diese G20-Verbrecher? Sachdienliche Hinweise bitte an die nächste Polizeidienststelle." In diesem Beitrag erschienen zwei Bilder einer geplünderten Drogerie-Filiale. Hierauf ist unter anderem die K abgebildet. Es folgt die Bildunterschrift: „Der Wochenend-Einklau? Wasser, Süßigkeiten und Kaugummis erbeutet die Frau im pinkfarbenen T-Shirt im geplünderten Drogeriemarkt." Das erste Bild zeigt K von hinten in einer bestimmten Pose, auf dem zweiten – vergrößerten – Bild erkennt man ihr Gesicht, die Frisur und ihre Bekleidung.

Der Artikel erfreut sich im Internet großer Beliebtheit, er wird binnen weniger Tage unzählige Male geklickt und auf sozialen Netzwerken geteilt.

K mahnte B daraufhin ab und forderte sie zur Abgabe einer Unterlassungserklärung auf, allerdings ohne Erfolg.

K meint, sie sei an den Krawallen nicht beteiligt gewesen. Auf den Bildern sei sie aber unzweifelhaft zu erkennen und würde im Gesamtkontext des Artikels zu den Schwerkriminellen, die an den Ausschreitungen und Plünderungen beteiligt waren, gezählt. Das verletze sie in ihrem Persönlichkeitsrecht.

B ist hingegen der Ansicht, K habe sich unzweifelhaft an der Plünderung beteiligt, indem sie sich dem Geschäft genähert und sodann Waren vom Boden an sich genommen habe. Sie sei daher auch selbst dafür verantwortlich, in einem solchen Beitrag zu erscheinen. Der Bericht sei somit zulässig, er habe schließlich dazu gedient, die Polizei bei der Fahndung zu unterstützen. Auch werde K nicht in ihrem Persönlichkeitsrecht verletzt, da sie von einem beliebigen Leser gar nicht erkannt werden könne. Allenfalls Personen aus ihrem engen Familien- oder Bekanntenkreis könnten sie eindeutig identifizieren. B habe vielmehr ein berechtigtes Interesse daran, über die Ausschreitungen zu berichten und den Aufruf der Polizei, die ausdrücklich Hinweise erbetet, zu verbreiten.

Die Staatsanwaltschaft leitete gegen K ein Ermittlungsverfahren ein, weitere strafprozessuale Schritte sind aber bisher nicht ergangen.

Frage

Hat **K gegen B** einen Anspruch auf Unterlassung der Veröffentlichung der Bilder im Zusammenhang mit der Suche nach Verantwortlichen für die Ausschreitungen?

Bearbeitervermerk

Die Polizei selbst hat in ihrem öffentlichen Aufruf lediglich um die Zusendung von Bildmaterial oder Hinweisen gebeten, ohne dabei einzelne Verdächtige zu nennen oder bildlich zu zeigen. Dies geschah nur wenige Tage vor der Veröffentlichung des Berichts der B.

Lösungsskizze

Der Fall beruht auf der Entscheidung des LG Frankfurt vom 22.11.2018, Az. 2-03 O 69/18.

A. Anspruch K gegen B auf Unterlassung aus §§ 1004 Abs. 1 analog, 823 Abs. 1, Abs. 2 BGB i. V. m. Art. 2 Abs. 1, 1 Abs. 1 GG, §§ 22 f. KUG
I. Anwendbarkeit neben der DS-GVO

▶ **Anmerkung** Hier ist ein wachsames Auge gefragt: Die Verbreitung von Bildnissen einer Person stellt auch immer zugleich eine Verarbeitung personenbezogener Daten im Sinne der DS-GVO dar. Das Spannungsverhältnis zwischen der DS-GVO und nationalem Recht im Kontext des Art. 85 DS-GVO ist ein „Standardproblem", das immer im Hinterkopf behalten werden muss!

- Das KUG könnte wegen der Sperrwirkung der DS-GVO nicht anwendbar sein: Dies wäre aber dann nicht der Fall, wenn eine Öffnungsklausel für den nationalen Gesetzgeber greift
- Art. 85 Abs. 2 DS-GVO: Öffnungsklausel unter anderem für journalistische Zwecke
- Die vorliegende Berichterstattung der B-Zeitung enthält journalistische Inhalte, sodass die Öffnungsklausel greift und das nationale Recht (hier als die §§ 22 f. KUG) anwendbar ist.

II. Störung eines absoluten Rechts

▶ **Anmerkung** Zur allgemeinen Herleitung des quasi-negatorischen Unterlassungsanspruchs aus §§ 1004 Abs. 1 i. V. m. 823 BGB vgl. Fall 1 (Abschn. 2.6).

1. Allgemeines Persönlichkeitsrecht als sonstiges Recht, § 823 Abs. 1 BGB

• Da der zivilrechtliche Schutz des Allgemeinen Persönlichkeitsrechts nur lückenhaft erfolgt (§ 12 BGB; §§ 22 f. KUG; §§ 12, 60 UrhG), ist es erforderlich, über eine <u>verfassungskonforme Auslegung</u> das Allgemeine Persönlichkeitsrecht aus Art. 2 Abs. 1, 1 Abs. 1 GG als „sonstiges Recht" im Sinne des § 823 Abs. 1 BGB anzuerkennen.

2. Verletzung des Allgemeinen Persönlichkeitsrechts

• „<u>Sphärentheorie</u>" des Allgemeinen Persönlichkeitsrechts: Unterschieden wird zwischen Sozial-, Privat- und Intimsphäre.
• Zu klären ist, ob K überhaupt auf den Bildern <u>erkennbar</u> ist und damit überhaupt in ihrem Persönlichkeitsrecht verletzt werden kann.
  – An die Erkennbarkeit von Personen auf Bildnissen werden keine hohen Anforderungen gestellt. Entscheidend ist nicht, ob Jedermann oder nur ein bestimmter Teil der Leser die abgebildete Person identifizieren kann. Es reicht vielmehr die Erkennbarkeit im allgemeinen Bekanntenkreis aus.[158] Die Erkennbarkeit kann sich dabei insbesondere aus den Gesichtszügen ergeben, zudem aber auch aus anderen Merkmalen, die einer Person eigen sind.[159]
  – Hier erkennt man insbesondere auf dem zweiten Bild das Gesicht, die Frisur und die Bekleidung der K. Damit ist es jedenfalls für K's Bekanntenkreis möglich, sie auf den Bildnissen zu identifizieren. Damit ist K in ihrer Sozialsphäre betroffen.

3. Störung des Rechts am eigenen Bild, § 823 Abs. 2 BGB i. V. m. §§ 22 f. KUG (Schutzgesetzverletzung)

▶ **Anmerkung** Neben dem Allgemeinen Persönlichkeitsrecht nach § 823 Abs. 1 BGB kommt auch die Verletzung des (besonderen Persönlichkeits-)Rechts am eigenen Bild als Schutzgesetzverletzung in Betracht. Bei entsprechenden Anhaltspunkten muss also immer beides geprüft werden!

Zur Erinnerung
Die Systematik des abgestuften Schutzkonzepts der §§ 22 f. KUG finden Sie in Fall 1 (Abschn. 2.6).

---

[158] BGH, Urt. v. 26.06.1979 – VI ZR 108/78, GRUR 1979, 732, 733.
[159] BGH, Urt. v. 01.12.1999 – I ZR 226/97, GRUR 2000, 715, 716.

a. Abbildung ohne Einwilligung, § 22 KUG

- Die Bilder der K im Zusammenhang mit den Ausschreitungen und Plünderungen wurden ohne ihre Einwilligung auf der Webseite der B veröffentlicht.

b. Entbehrlichkeit der Einwilligung, § 23 Abs. 1 Nr. 1 KUG

▶ **Anmerkung** Bereits bei der Frage nach dem „Bereich der Zeitgeschichte" ist eine Abwägung zwischen dem Recht des Abgebildeten (Art. 2 Abs. 1, 1 Abs. 1 GG, Art. 8 EMRK) und dem Recht des Äußernden (Art. 5 Abs. 1 GG, Art. 10 Abs. 1 EMKR) erforderlich. Unter den Begriff der „Zeitgeschichte" fallen alle Fragen von allgemeinem gesellschaftlichem Interesse. Insbesondere politische und gesellschaftliche Ereignisse sind hier relevant. Das Informationsinteresse an diesen Ereignissen besteht allerdings nicht vollumfänglich, sondern wird begrenzt durch den Eingriff in die persönliche Sphäre des Abgebildeten, namentlich also dem Verhältnismäßigkeitsgrundsatz. Eine schwerpunktmäßige Auseinandersetzung im Sinne einer Abwägung ist hier allerdings nicht erforderlich, da es sich bei den aufsehenerregenden G20-Ausschreitungen zweifelsfrei um den Bereich der Zeitgeschichte handelt.

- Die G20-Krawalle und die damit einhergehenden Straftaten stellen unzweifelhaft ein aktuelles Geschehen von hohem öffentlichem Interesse dar.
- Sie sind also als Ereignis der Zeitgeschichte anzuerkennen.

c. Interessenabwägung, § 23 Abs. 2 KUG

- Zu klären ist, ob ein berechtigtes Interesse der K durch die Veröffentlichung der Bilder verletzt wird.
- Es stehen sich in der Abwägung die widerstreitenden Interessen aus Art. 2 Abs. 1, 1 Abs. 1 GG und Art. 5 Abs. 1 GG gegenüber.
- Eine identifizierende Berichterstattung ist nur unter strengen Voraussetzungen zulässig, insbesondere dann, wenn Art und Schwere der Tat und deren Aktualität die Berichterstattung rechtfertigen. Maßgeblich ist das Verständnis des unbefangenen Durchschnittsempfängers.

▶ **Anmerkung** Insbesondere sind auch die hier dazugehörigen Textpassagen und die Form der Berichterstattung mit in die Abwägung einzubeziehen. Relevant ist im Zusammenhang mit Verdachtsäußerungen auch etwa die Frage, in welchem Maße der Bericht geeignet ist, zur Verbrechensaufklärung beizutragen und in welchem Ausmaß der Verdachtsgrad besteht (z. B. ob bereits ein Haftbefehl vorliegt). Nicht entscheidend ist also, ob K tatsächlich die Gegenstände eingesteckt hat oder nicht!

Gegenüberstellung der Interessen

Interessen K	Interessen B
- B berichtet identifizierend, unter bildlicher Darstellung der K und mit erheblicher Breitenwirkung (unzählige Aufrufe und auf sozialen Netzwerken unzählige Male geteilt) über einen von K möglicherweise begangenen Diebstahl geringwertiger Sachen, §§ 242, 248a StGB - Im Kontext der sonstigen begangenen erheblichen Straftaten (etwa Landfriedensbruch nach §§ 125, 125a StGB) rechtfertigt ein Diebstahl geringwertiger Sachen nicht eine derartig umfangreiche und identifizierende Berichterstattung, es handelt sich nicht um eine erhebliche Straftat - Eine Strafbarkeit nach §§ 125, 125a StGB kommt für K nicht in Betracht, da nicht ersichtlich ist, dass sich K an Gewalttätigkeiten beteiligt - B hat nicht abgewartet, ob konventionelle Methoden der Täterermittlung erfolgreich sind oder nicht - Es liegt noch kein Haftbefehl gegen K vor (§§ 131 ff. StPO) - B ist also insgesamt zu früh und ohne Abwarten bzw. Prüfen behördlicher Maßnahmen mit ihrem „eigenen" Fahndungsaufruf an die Öffentlichkeit gegangen - Weitere Umstände der Berichterstattung: Personen werden als „Verbrecher" bezeichnet, jedenfalls entsteht ein Zusammenhang mit schweren Straftaten - Leser entnehmen den Bildnissen im Zusammenhang mit der Berichterstattung, dass sich K an den Ausschreitungen (sowohl den Sachbeschädigungen als auch anderen Gewalttaten) beteiligt habe - Damit wird K sichtlich an den (Fahndungs-)Pranger gestellt - Solche „Selbstjustiz" erscheint nicht mit rechtsstaatlichen Grundsätzen vereinbar	- Ereignis von besonderer politischer und gesellschaftlicher Relevanz - Abbildung von Straftaten ist vom Auftrag an die Presse, die Öffentlichkeit umfassend zu informieren, umfasst - Sehr hohes öffentliches Interesse an den Vorfällen und deren politischer Aufarbeitung - B wollte bei der Ermittlung von Straftätern helfen, die Polizei hatte zu Hinweisen aufgerufen - Ein öffentlicher Fahndungsaufruf ist geeignet, den Täter zu ermitteln. Das ergibt sich auch schon aus der Wertung der §§ 131 ff. StPO. - K ist lediglich in ihrer Sozialsphäre betroffen - K ist nur für ihren Bekanntenkreis tatsächlich identifizierbar und damit nicht für jedermann erkennbar

- Die Interessen der K überwiegen also im Ergebnis, die Abbildungen greifen unzulässiger Weise in die berechtigten Interessen der K ein (*a.A. mit guter Begründung vertretbar*).

4. Fortdauernde Störung
- Da sich der Artikel weiterhin abrufbar auf der Webseite befindet, liegt auch eine fortdauernde Störung vor.

III. Aktiv-/Passivlegitimation
- K als Abgebildete ist unmittelbar betroffen und damit aktivlegitimiert, B als unmittelbarer Störer ist passivlegitimiert.

IV. Ausschluss gem. § 1004 Abs. 2 BGB analog (Duldungspflicht)
- Für eine Duldungspflicht der K ist nichts ersichtlich.

▶ **Anmerkung** Die Prüfung der §§ 22 f. KUG kann auch an dieser Stelle geprüft werden, vgl. dazu Fall 1 zum Datenschutzrecht (Abschn. 3.8).

V. Wiederholungsgefahr
- Die Wiederholungsgefahr wird durch die Störung bzw. Rechtsverletzung indiziert. Eine Widerlegung ist nur möglich durch die Abgabe einer strafbewehrten Unterlassungserklärung, welche B hier aber verweigert hat.

VI. Anspruchsinhalt
- K kann von B Unterlassung zukünftiger identischer Schädigungen, also identifizierender Berichterstattungen, verlangen, § 1004 Abs. 1 S. 2 BGB.

Ergebnis
K hat gegen B einen Anspruch auf Unterlassung der Veröffentlichung der Bildnisse aus §§ 1004 Abs. 1 analog, 823 Abs. 1, Abs. 2 BGB i. V. m. Art. 2 Abs. 1, 1 Abs. 1 GG, §§ 22 f. KUG.

2.8 Exkurs: Private Social-Media-Notwehr

Neuerdings in der Diskussion steht die sog. „**Social-Media-Notwehr**" durch Privatleute. Darunter werden Situationen verstanden, in denen Private auf den von ihnen benutzten Social-Media-Kanälen andere Private vor Personen warnen, die Straftaten begangen haben (insofern bestehen Parallelen zu Fall 2 Abschn. 2.7). Da hierbei i. d. R. **Bildnisse der mutmaßlichen Straftäter** verwendet und verbreitet werden, tangiert diese Art der „Social-Media-Notwehr" in erheblicher Weise das Persönlichkeitsrecht Betroffener und hat daher besondere **persönlichkeitsrechtliche Relevanz**. Jüngst machte ein Fall in Österreich auf sich aufmerksam, bei dem Bilder eines Mannes in den sozialen Medien verbreitet wurden, der mutmaßlich Gewalt gegenüber Frauen ausübte.[160] Dies löste die Diskussion um die Rechtmäßigkeit von „Social-Media-Notwehr" aus.

Ausgangspunkt für die Rechtmäßigkeit eines solchen Verhaltens ist bildnisrechtlich **§ 22 KUG**, der grundsätzlich die Einwilligung des Betroffenen verlangt. Eine Ausnahme kann nur vorliegen, wenn die Darstellung der Tat des mutmaßlichen Straftäters ein zeitgeschichtlicheres Ereignis darstellt, vgl. **§ 23 Abs. 1 Nr. 1 KUG**. Dass Straftaten der **Zeitgeschichte** unterfallen, ist grundsätzlich anerkannt.[161] Zwar mögen auf Social-Media-Kanälen nicht zwingend Bilder der Straftat selbst

---

[160] „Ja zur privaten Social-Media-Notwehr", abrufbar unter: https://www.spiegel.de/netzwelt/netzpolitik/in-oesterreich-ja-zur-privaten-social-media-notwehr-a-1251839.html, zuletzt abgerufen am 01.08.2019.
[161] BVerfG, Urt. v. 05.06.1973 – 1 BvR 536/72, NJW 1973, 1226, 1230 f. – *Lebach*.

veröffentlicht werden, jedoch dürfen u. U. sonstige Bildnisse eines Straftäters verwendet werden, wenn diese durch den beigefügten Wortbericht einen hinreichenden
Informationswert vermittelt erhalten, die Darstellung nicht stigmatisierend ist und
daher bei der Interessenabwägung das Vorliegen eines zeitgeschichtlichen Ereignisses angenommen wird.[162] Denn zwingend muss das Informationsinteresse der Öffentlichkeit (Art. 5 Abs. 1 GG) gegen das Persönlichkeitsrecht des Betroffenen
(Art. 2 Abs. 1 iVm Art. 1 Abs. 1 GG) unter strenger Wahrung des **Verhältnismäßigkeitsgrundsatzes** sorgsam abgewogen und sodann **praktische Konkordanz** hergestellt werden, um zu einer Rechtfertigung zu gelangen.[163]

Teilweise wird dabei vorgeschlagen, die **Grundsätze der presserechtlichen
Verdachtsberichterstattung zugunsten Privater** anzuwenden.[164] Diese Voraussetzungen werden jedoch i. d. R. nicht vorliegen, da zumeist eine Vorverurteilung in
den sozialen Medien stattfinden und regelmäßig keine Stellungnahme des Betroffenen eingeholt wird. Zumeist wird Social-Media-Notwehr primär der Sensationsgier
anderer Nutzer dienen und den Betroffenen an einen digitalen Pranger stellen,[165]
was durch die Verdachtsberichterstattung aber gerade verhindert werden soll.[166]
Eine Anwendung der Grundsätze einer zulässigen Verdachtsberichterstattung würde
daher in der Regel nicht zur Zulässigkeit der Veröffentlichung führen.

Doch auch wenn die Voraussetzungen der Verdachtsberichterstattung eingehalten würden, würde eine **Abwägung regelmäßig zugunsten des Persönlichkeitsschutzes** der betroffenen Person ausfallen. Insbesondere aufgrund der raschen sowie unkontrollierten Verbreitung von Inhalten und der geringeren Hemmschwelle
im Internet zur Verbreitung auch nur vager Vermutungen, wird das Informationsinteresse der Öffentlichkeit hinter das Persönlichkeitsrecht der mutmaßlichen Straftäter zurücktreten müssen.

Die Unzulässigkeit derartiger „Selbstjustiz" wird durch die Stellung der Medien
im deutschen Rechtssystem bestätigt: Das BVerfG[167] hebt hervor, dass die Vermitt-
lung des Zeitgeschehens Aufgabe der Medien – und somit gerade nicht der Privaten – ist. Hinzu kommt die Tatsache, dass sowohl präventive als auch repressive
Strafverfolgungsmaßnahmen in Deutschland durch Polizei und Staatsanwaltschaft
aufgrund deren **Gewaltmonopols** vorgenommen werden. Insbesondere die Privile-
gierungsvorschriften der § 131b StPO und § 24 KUG greifen weder für Private noch
für die Presse.[168]

---

[162] *Gabers-von-Boehm*, GRUR-Prax 2012, 36; Dreier/Schulze-*Specht*, UrhG, 6. Aufl. 2018, KUG
§§ 23 Rn. 21.

[163] BGH, Urt. v. 28.10.2008 – VI ZR 307/07, NJW 2009, 757, 758 m.Anm. *Wanckel – Karsten
Speck*; BGH, Urt. v. 06.03.2007 – VI ZR 51/06, GRUR 2007, 527 m.Anm. *Götting*; OLG München, Beschl. v. 24.08.2018 – 18 W 1294/18, MMR 2018, 753, 754.

[164] Vgl. dazu eingehend: *Fischer*, MMR 2019, 355, 357 f.

[165] *Fischer*, MMR 2019, 355, 358.

[166] *Gulden/Dausend*, MMR 2017, 723, 725.

[167] BVerfG, Urt. v. 05.06.1973 – 1 BvR 536/72, NJW 1973, 1226, 1229 f. – *Lebach*.

[168] Vgl. dazu eingehend: *Fischer*, MMR 2019, 355, 357.

Sollte die Zulässigkeit einer sog. „**Social-Media-Notwehr**" für erforderlich gehalten werden, so wäre ein **Tätigwerden des Gesetzgebers** gefordert,[169] um dem Interesse der Verdächtigten hinreichend Rechnung zu tragen und um eine Stigmatisierung – wie sie etwa auf dem amerikanischen Portal „RottenNeighbor" lange Zeit vorgenommen wurde – zu verhindern. Insbesondere die schnelle und effektive Verbreitung von Inhalten in sozialen Medien kann hier – freilich nur in äußersten Notlagen – als Vorteil privater Fahndungsaufrufe gesehen werden. Der Regelfall wird jedoch sein, dass Privatleute voreilig Bildnisse (bspw. aufgrund einer impulsiven Reaktion auf eine abschreckende Geschichte) rechtswidrig verbreiten. Das Gewaltmonopol sollte nach alledem nicht durchbrochen werden.

---

[169] Zustimmend: *Fischer*, MMR 2019, 355, 358; *Gulden/Dausend*, MMR 2017, 723, 728.

Datenschutzrecht

3

Louisa Specht-Riemenschneider

3.1 Einführung

Seit dem **25.05.2018** gilt die Datenschutzgrundverordnung (**DS-GVO**) und mit ihr
ein weitgehend einheitliches europäisches Datenschutzrecht in allen Mitgliedstaaten
der Europäischen Union. Zwar enthält die DS-GVO an vielen Stellen Öffnungs- und
Konkretisierungsklauseln, d. h. solche Klauseln, die es den Mitgliedstaaten erlauben,
abweichende, ergänzende oder konkretisierende Regelungen aufrecht zu erhalten
oder solche zu schaffen.[1] Als Verordnung ist sie im Übrigen aber unmittelbar anwendbar, vgl. Art. 288 Abs. 2 S. 2 AEUV, und bedarf – anders als europäische Richtlinien – nicht der Umsetzung durch den nationalen Gesetzgeber. Sie ist in all ihren
Teilen verbindlich. Zeitgleich mit der Geltungserlangung der DS-GVO wurde die
Datenschutzrichtlinie (RL 95/46/EG) aufgehoben, die das Datenschutzrecht auf europäischer Ebene zuvor bereits in wesentlichen Teilen vereinheitlichen sollte und die
der deutsche Gesetzgeber v. a. im BDSG a.F. umgesetzt hatte. Aufgrund der teils
differierenden Umsetzung in nationales Recht war in den Mitgliedstaaten aber zunehmend ein unterschiedliches datenschutzrechtliches Schutzniveau feststellbar.
Dies war ein wesentlicher Grund dafür, die DS-GVO als Verordnung auszugestalten.[2]

---

[1] *Kühling/Martini*, EuZW 2016, 448, 448 f.; Roßnagel-*Roßnagel*, Das neue Datenschutzrecht,
2018, § 1 Rn. 13; Specht/Mantz-*Lauber-Rönsberg*, Handbuch Europäisches und deutsches Datenschutzrecht, 1. Aufl. 2019, § 4 Rn. 10 ff.; Ehmann/Selmayr-*Selmayr/Ehmann*, Datenschutz-Grundverordnung, 2. Aufl. 2018, Einführung Rn. 82 ff.

[2] Vorschlag für Verordnung des Europäischen Parlaments und des Rates zum Schutz natürlicher
Personen bei der Verarbeitung personenbezogener Daten und zum freien Datenverkehr (Datenschutz-Grundverordnung) v. 25.01.2012, KOM (2012) 11 endg., S. 6 f.

L. Specht-Riemenschneider (✉)
Lehrstuhl für Bürgerliches Recht, Informations- und Datenrecht
Rheinische Friedrich-Wilhelms-Universität Bonn, Bonn, Deutschland
E-Mail: louisa.specht@forschungsstelle-datenrecht.de

© Springer-Verlag GmbH Deutschland, ein Teil von Springer Nature 2020
L. Specht-Riemenschneider et al., *Internetrecht*, Springer-Lehrbuch,
https://doi.org/10.1007/978-3-662-61726-7_3

Die DS-GVO findet ihre primärrechtliche Grundlage in Art. 16 AEUV sowie in Art. 7 GRCh, der den Schutz des Privat- und Familienlebens sowie der Wohnung und Kommunikation umfasst, und in Art. 8 GRCh, der den Schutz von personenbezogenen Daten explizit vorsieht, vgl. ErwGr 1 DS-GVO. Zumindest auf dem Papier verfolgt die DSGVO ein „Doppelziel", das auch in Art. 16 AEUV angelegt ist: Neben dem Schutz personenbezogener Daten ist auch vorgesehen, dass die Mitgliedstaaten Vorschriften über den freien Datenverkehr erlassen,[3] vgl. Art. 1 Abs. 1 DS-GVO und ErwGr 13 DS-GVO. Rechtstatsächlich aber entfaltet sie ein hohes Schutzniveau v. a. zum Schutz personenbezogener Daten, weniger ausgeprägt ist ihre Wirkung zugunsten des freien Datenverkehrs.

Die DS-GVO regelt die Grundvoraussetzungen der Verarbeitung personenbezogener Daten sowohl durch öffentliche als auch nichtöffentliche Stellen. Die Öffnungs- und Konkretisierungsklauseln füllt im Wesentlichen das **BDSG n.F.** aus, weitere Regelungen finden sich sowohl in bereichsspezifischen Gesetzen als auch in den neu gefassten **Landesdatenschutzgesetzen**, siehe LDSG BW, BayDSG, BlnDSG, BbgDSG, BremDS-GVOAG, HmbDSG, HDSIG, DSG M-V, NDSG, DSG NRW, LDSG RhPF, SaarlDSG, Sächs-DSG, und SächsDSDG, DGS LSA, LDSG SH, ThürDSG.[4] Der DS-GVO sind 173 Erwägungsgründe vorangestellt, die zwar ihrer Rechtsnatur nach weder Tatbestände noch Rechtsfolgen beinhalten, jedoch eine wesentliche Leitfunktion beim Verständnis der DS-GVO haben, indem sie Auskünfte über Zielsetzungen und Hintergründe vermitteln.[5] Im Rahmen von historischer und teleologischer Auslegung der jeweiligen Artikel der DS-GVO sowie der mitgliedstaatlichen Regelungen, die zur Konkretisierung der DS-GVO erlassen wurden, sind sie daher zu berücksichtigen.

3.2 Anwendungsbereich des Datenschutzrechts

Die Rechtsanwendung des Datenschutzrechts wird dadurch erschwert, dass bereits beim Anwendungsbereich eine Vielzahl unterschiedlicher europäischer wie innerstaatlicher Rechtssetzungsmaßnahmen zu prüfen und voneinander abzugrenzen sind. Ausgangspunkt der Rechtsanwendung ist die Unterscheidung von allgemeinem und bereichsspezifischem Datenschutzrecht. Die systematische Prüfungsreihenfolge beginnt mit den Vorschriften des bereichsspezifischen Datenschutzrechts und der Kontrollüberlegung, ob diese im Einzelfall vorrangig vor den Vorschriften des allgemei-

---

[3] Sydow-*Sydow*, Europäische Datenschutzgrundverordnung, 2. Aufl. 2018, Einl. Rn. 4.

[4] Specht/Mantz-*Lauber-Rönsberg*, Handbuch Europäisches und deutsches Datenschutzrecht, 1. Aufl. 2019, § 4 Rn. 26 ff. und Rn. 164; Roßnagel-*Roßnagel*, Das neue Datenschutzrecht, 2018, § 1 Rn. 55 ff.; Gola/Heckmann-*Gola/Heckmann*, BDSG, 13. Aufl. 2019, Einl. Rn. 7 ff.

[5] Specht/Mantz-*Lauber-Rönsberg*, Handbuch Europäisches und deutsches Datenschutzrecht, 1. Aufl. 2019, § 4 Rn. 6; Paal/Pauly-*Paal/Pauly*, DS-GVO BDSG, 2. Aufl. 2018, Einl. Rn. 10; Simitis/Hornung/Spiecker gen. Döhmann-*Hornung/Spiecker gen. Döhmann*, Datenschutzrecht, 1. Aufl. 2019, Einl. Rn. 270.

nen Datenschutzrechts anwendbar sind. Bereichsspezifische Datenschutzvorschriften können leges speciales zur DS-GVO sein, i. d. R. bedarf es aber einer Öffnungsklausel der DS-GVO, damit sie zur Anwendung gelangen können. Bereichsspezifische Datenschutzvorschriften sind i. d. R. in den jeweiligen Gesetzen außerhalb der DS-GVO zu finden. So ermöglicht Art. 85 DS-GVO z. B. die Anwendbarkeit von Landespresse- und Landesmediengesetzen oder des KUG.[6] Auch wenn die europäische Richtlinie zum Schutz natürlicher Personen bei der Verarbeitung personenbezogener Daten durch die zuständigen Behörden zum Zwecke der Verhütung, Ermittlung, Aufdeckung oder Verfolgung von Straftaten oder Strafvollstreckung (**JI-RL**) im dritten Teil des BDSG umgesetzt ist, handelt es sich hierbei ebenfalls um bereichsspezifisches Datenschutzrecht. Zusätzlich kann bereits auf den Entwurf der **ePrivacy-VO** hingewiesen werden, die nach ihrer Verabschiedung die DS-GVO im Hinblick auf elektronische Kommunikation ergänzt und präzisiert. Das bedeutet z. B., dass sie für Datenverarbeitungen beim Betrieb einer Website den allgemeinen Bestimmungen der DS-GVO vorgeht. Liegt keine datenschutzrechtliche Sonderbestimmung vor, beginnt die datenschutzrechtliche Prüfung mit der DS-GVO, wobei auch hier bereichsspezifische Abweichungen und Ergänzungen durch das BDSG und die Landesdatenschutzgesetze möglich sind. Beispiele finden sich bei der Datenverarbeitung für Zwecke des Beschäftigungsverhältnisses, Forschungszwecke oder Archivzwecke gem. §§ 26 ff. BDSG.

3.2.1 Datenschutz-Grundverordnung

Der sachliche Anwendungsbereich der DS-GVO ergibt sich aus Art. 2 DS-GVO, der räumliche Anwendungsbereich aus Art. 3 DS-GVO. Daneben regelt das BDSG für die im Rahmen der Öffnungs- und Konkretisierungsklauseln erlassenen Regelungen seinen eigenen Anwendungsbereich in § 1 BDSG.

3.2.1.1 Sachlicher Anwendungsbereich
Gem. Art. 2 Abs. 1 DS-GVO ist der **sachliche Anwendungsbereich** der DS-GVO dann eröffnet, wenn eine ganz oder teilweise automatisierte Verarbeitung personenbezogener Daten vorliegt oder wenn bei nichtautomatisierter Verarbeitung die personenbezogenen Daten in einem Dateisystem gespeichert sind oder gespeichert werden sollen.

---

[6] Die Anwendbarkeit des KUG neben der DS-GVO ist nicht unumstritten, vgl. für eine Anwendbarkeit: OLG Köln, Beschl. v. 18.06.2018 – 15 W 27/18, ZD 2018, 434; *Lauber-Rönsberg/Hartlaub*, NJW 2017, 1057, 1060 ff.; *Hansen/Brechtel*, GRUR-Prax 2018, 369, 369 f.; *Ziebarth/Elsaß*, ZUM 2018, 578, 581 ff.; *Hildebrand*, ZUM 2018, 585, 587 ff.; Dreier/Schulze-*Specht*, UrhG, 6. Aufl. 2018, KUG Vor § 22 Rn. 6a; Sydow-*Specht/Bienemann*, Europäische Datenschutzgrundverordnung, 2. Aufl. 2018, Art. 85 Rn. 12; Gegen eine Anwendbarkeit sprechen sich aus: *Benedikt/Kranig*, ZD 2019, 4, 4 ff.; *Krüger/Wiencke*, MMR 2019, 76, 80; Offengelassen von: OLG Frankfurt a.M., Urt. v. 13.09.2018 – 2-03 O 283/18, ZD 2018, 587.

3.2.1.1.1 Personenbezogene Daten

Zentrale Voraussetzung ist das Vorliegen **personenbezogener Daten**. Personenbezogen sind Daten dann, wenn sie sich auf eine identifizierte oder identifizierbare
natürliche Person (sog. betroffene Person) beziehen, Art. 4 Nr. 1 DS-GVO. Identifiziert ist eine natürliche Person, wenn die Daten ein Identifikationsmerkmal beinhalten (z. B. Name und Geburtsdatum) oder wenn der Inhalt der Daten ggf. auch
erst in Zusammenhang mit ihrem Kontext eine eindeutige Identifikation erlaubt.[7]
Identifizierbar ist eine Person dann, wenn die aus dem Datum abzuleitende Information als solche zwar nicht ausreicht, um die Daten einer Person zuzuordnen,
dies jedoch durch Hinzuziehung weiterer Informationen gelingt. Die Frage, wessen Mittel und Wissen zu berücksichtigen sind, um eine Identifizierbarkeit herzustellen, ist umstritten.[8] Vertreten wird zum einen, dass hierbei lediglich die Mittel
des Verantwortlichen für die Herstellung des Personenbezugs zu berücksichtigen
sind, sog. relative Theorie.[9] Ebenso argumentieren lässt sich aber teleologisch,
dass es zugunsten eines hohen Schutzniveaus ausreicht, wenn irgendein Dritter
den Personenbezug herstellen kann, sog. absolute Theorie.[10] Der EuGH verfolgt
demgegenüber in einem noch zur Datenschutzrichtlinie ergangenen Urteil einen
vermittelnden (beschränkt-objektiven)[11] Ansatz, wonach Zusatzwissen Dritter für
eine Identifizierbarkeit der betroffenen Person herangezogen werden darf, dies
aber nur dann, wenn es vernünftigerweise vom Verantwortlichen der Datenverarbeitung eingesetzt werden kann und darf, um die betroffene Person zu bestimmen.[12] Insbesondere **dynamische IP-Adressen** entfallen nach dieser Rechtsprechung des EuGH[13] dem Bereich der personenbezogenen Daten.

---

[7]Vgl.: EuGH, Urt. v. 19.10.2016 – C-582/14, ECLI:EU:C:2016:779 = NJW 2016, 3579, Rn. 38,
Rn. 41 – *Breyer*; *Kühling/Klar/Sackmann*, Datenschutzrecht, 4. Aufl. 2018, Rn. 254; Simitis/Hor-
nung/Spiecker gen. Döhmann-*Karg*, Datenschutzrecht, 1. Aufl. 2019, Art. 4 Rn. 54; Sydow-*Ziebarth*, Europäische Datenschutzgrundverodnung, 2. Aufl. 2018, Art. 4 Rn. 14.

[8]*Specht/Müller-Riemenschneider*, ZD 2014, 71, 72; *Brink/Eckhardt*, ZD 2015, 205, 205 f.; *Bergt*,
ZD 2015, 365, 366; *Schantz*, NJW 2016, 1841, 1842 f.; *Kring/Marosi*, K&R 2016, 773, 776; Sy-
dow-*Ziebarth*, Europäische Datenschutzgrundverodnung, 2. Aufl. 2018, Art. 4 Rn. 33; Gola-*Gola*,
DS-GVO, 2. Aufl. 2018, Art. 4 Rn. 17; Schwartmann/Jaspers/Thüsing/Kugelmann-*Schwartmann/
Mühlenbeck*, HK DS-GVO/BDSG, 1. Aufl. 2018, Art. 4 Rn. 23; Kühling/Buchner-*Klar/Kühling*,
DS-GVO BDSG, 2. Aufl. 2018, Art. 4 Rn. 25; Simitis/Hornung/Spiecker gen. Döhmann-*Karg*,
Datenschutzrecht, 1. Aufl. 2019, Art. 4 Rn. 58.

[9]*Bergt*, ZD 2015, 365, 366; *Schantz/Wolff-Schantz*, Das neue Datenschutzrecht, 2017, Rn. 278;
Schwartmann/Jaspers/Thüsing/Kugelmann-*Schwartmann/Mühlenbeck*, HK DS-GVO/BDSG, 1.
Aufl. 2018, Art. 4 Rn. 23.

[10]*Keppeler*, CR 2016, 360, 361; vgl. auch: Gola-*Gola*, DS-GVO, 2. Aufl. 2018, Art. 4 Rn. 17;
Auernhammer/Eßer/Kramer/v. Lewinski-*Eßer*, DS-GVO BDSG, 6. Aufl. 2018, Art. 4 Rn. 20;
Schwartmann/Jaspers/Thüsing/Kugelmann-*Schwartmann/Mühlenbeck*, HK DS-GVO/BDSG, 1.
Aufl. 2018, Art. 4 Nr. 1 Rn. 23.

[11]Vgl. hierzu eingehend: *Specht/Müller-Riemenschneider*, ZD 2014, 71, 72.

[12]EuGH, Urt. v. 19.10.2016 – C-582/14, ECLI:EU:C:2016:779 = NJW 2016, 3579, Rn. 38,
Rn. 41 – *Breyer*; zuvor bereits: *Specht/Müller-Riemenschneider*, ZD 2014, 71, 72.

[13]EuGH, Urt. v. 19.10.2016 – C-582/14, NJW 2016, 3579, Ls. 1, ECLI:EU:C:2016:779 – *Breyer*.

Der europäische Gesetzgeber greift mit der Datenschutzgrundverordnung maßgebliche **Wertentscheidungen der Datenschutzrichtlinie** auf,[14] was sich auch in der ähnlichen Formulierung von Art. 2 lit. a DSRL und Art. 4 Nr. 1 DS-GVO zeigt[15] und insgesamt nahelegt, dass die Rechtsprechung des EuGH auch für den Anwendungsbereich der Datenschutzgrundverordnung und den Personenbezug von Daten insgesamt Geltung beansprucht.[16] Auch ErwGr 26 DS-GVO, der bei der Auslegung der Richtlinie heranzuziehen ist, kann ein solch vermittelnder Ansatz entnommen werden. Zur Feststellung, ob eine natürliche Person identifizierbar ist, sollen nach ErwGr 26 S. 3 DS-GVO alle Mittel berücksichtigt werden, die vom Verantwortlichen oder von einer anderen Person nach allgemeinem Ermessen wahrscheinlich genutzt werden, um die natürliche Person direkt oder indirekt zu identifizieren. Hierbei sollten alle objektiven Faktoren, wie die Kosten der Identifizierung und der dafür erforderliche Zeitaufwand herangezogen werden, wobei die zum Zeitpunkt der Verarbeitung verfügbare Technologie und technologischen Entwicklungen zu berücksichtigen sind, ErwGr 26 S. 4 DS-GVO. Die Reichweite des Personenbezug ist damit erheblich. Reine **Sachdaten**, wie z. B. Wetterdaten sind aber nichtpersonenbezogen. **Juristische Personen** fallen grds. nicht unter den Schutz der DS-GVO, Art. 1 Abs. 1, Art. 4 Nr. 1 DS-GVO, ErwGr 14 S. 2 DS-GVO. Ein Schutz für juristische Personen kommt nur in Betracht, soweit die verarbeiteten Informationen über die Personengruppe ebenfalls Angaben über ein identifiziertes oder identifizierbares Mitglied beinhalten.[17] Rückschlüsse auf natürliche Personen können im Einzelfall durch Name, Kontaktdaten und die finanziellen Verhältnisse einer juristischen Person möglich sein. Verstorbene fallen nicht unter den Schutz der DS-GVO, ErwGr 27 DS-GVO.

---

[14] *Strubel*, ZD 2017, 355, 357; Ehmann/Selmayr-*Klabunde*, Datenschutz-Grundverordnung, 2. Aufl. 2018, Art. 4 Rn. 8; Kühling/Buchner-*Klar/Kühling*, DS-GVO BDSG, 2. Aufl. 2018, Art. 4 Rn. 2; insgesamt hierzu: *Peitz*, Datenschutzrechtliche Verantwortlichkeit in Blockchain-Systemen, S. 70 (im Erscheinen).

[15] *Keppeler*, CR 2016, 360, 364; *Kring/Marosi*, K&R 2016, 773, 776; zustimmend: *Peitz*, Datenschutzrechtliche Verantwortlichkeit in Blockchain-Systemen, S. 70 (im Erscheinen); Ehmann/Selmayr-*Klabunde*, Datenschutz-Grundverordnung, 2. Aufl. 2018, Art. 4 Rn. 8; Kühling/Buchner-*Klar/Kühling*, DS-GVO BDSG, 2. Aufl. 2018, Art. 4 Rn. 2; Gierschmann/Schlender/Stentzel/Veil-*Buchholtz/Stentzel*, Datenschutz-Grundverordnung, 1. Aufl. 2018, Art. 4 Nr. 1 Rn. 5.

[16] *Kühling*, ZD 2017, 24, 28; *Keppeler*, CR 2016, 360, 364; *Kring/Marosi*, K&R 2016, 773, 776; zustimmend: *Peitz*, Datenschutzrechtliche Verantwortlichkeit in Blockchain-Systemen, S. 70 (im Erscheinen); vgl. auch Ehmann/Selmayr-*Klabunde*, Datenschutz-Grundverordnung, 2. Aufl. 2018, Art. 4 Rn. 7; Plath-*Kamlah*, DS-GVO BDSG, 3. Aufl. 2018, Art. 4 Rn. 8; Sydow-*Ziebarth*, Europäische Datenschutzgrundverordnung, 2. Aufl. 2018, Art. 4 Rn. 22 f.

[17] EuGH, Urt. v. 09.11.2010 – C-92, 93//09, ECLI:EU:C:2010:662 = EuZW 2010, 939, Rn. 53 – *Volker und Markus Schecke*; vgl. zum Personenbezug juristischer Personen ausführlich bei: Kühling/Buchner-*Klar/Kühling*, DS-GVO BDSG, 2. Aufl. 2018, Art. 4 Rn. 4; Ehmann/Selmayr-*Klabunde*, Datenschutz-Grundverordnung, 2. Aufl. 2018, Art. 4 Rn. 14; Simitis/Hornung/Spiecker gen. Döhmann-*Karg*, Datenschutzrecht, 1. Aufl. 2019, Art. 4 Rn. 43 ff.; kritisch hierzu: Schantz/Wolff-*Wolff*, Das neue Datenschutzrecht, 2017, Rn. 40.

Der sachliche Anwendungsbereich ist nicht eröffnet, wenn die Daten **anonym** sind, sie sich also nicht auf eine natürliche Person beziehen oder die personenbezogenen Daten in der Weise anonymisiert worden sind, dass die betroffene Person nicht oder nicht mehr identifiziert werden kann, ErwGr 26 S. 5 DS-GVO. Dies gilt jedoch nicht für pseudonymisierte Informationen, Art. 4 Nr. 5 DS-GVO, ErwGr 26 S. 2 DS-GVO. Eine Anonymisierung ist nur dann gegeben, wenn die Wiederherstellbarkeit des Personenbezugs vollständig ausgeschlossen ist, was in Anbetracht der sich rasant fortentwickelnden technischen Möglichkeiten nur in den seltensten Fällen gegeben sein dürfte.[18]

Die DS-GVO normiert einen besonderen Schutz für **sensible Daten** und Daten über strafrechtliche Verurteilungen und Straftaten. Die Rechtmäßigkeit der Datenverarbeitung ist hier an engere Voraussetzungen geknüpft, Art. 9 Abs. 2, Art. 10 DS-GVO. Zu den sensiblen Daten zählen personenbezogene Daten, aus denen die rassische und ethnische Herkunft, politische Meinungen, religiöse oder weltanschauliche Überzeugungen oder die Gewerkschaftszugehörigkeit hervorgehen, sowie die Verarbeitung von genetischen Daten (Art. 4 Nr. 13), biometrischen Daten (Art. 4 Nr. 14 DS-GVO), Gesundheitsdaten und Daten zum Sexualleben bzw. der sexuellen Orientierung, Art. 9 Abs. 1 DS-GVO.

3.2.1.1.2 Verarbeitung von personenbezogenen Daten

Der Begriff der „**Verarbeitung**" von Daten ist sehr weit gefasst und erfasst jeden mit oder ohne Hilfe automatisierter Verfahren ausgeführten Vorgang im Zusammenhang mit personenbezogenen Daten, Art. 4 Nr. 2 DS-GVO. Erfasst sind etwa das Erheben, das Erfassen, die Organisation, das Ordnen, die Speicherung, die Anpassung oder Veränderung, das Auslesen, das Abfragen, die Verwendung, die Offenlegung durch Übermittlung, Verbreitung oder eine andere Form der Bereitstellung, der Abgleich oder die Verknüpfung, die Einschränkung, das Löschen oder die Vernichtung von Daten.

Die Verarbeitung kann aufgrund dieser **weiten Definition** grundsätzlich in jedem mit Hilfe automatisierter Verfahren ausgeführten Vorgang liegen, so z. B. in rechnergestützten Vorgängen wie dem Erheben und Speichern oder der Videoüberwachung mit Speichervorrichtung,[19] Art. 2 Abs. 1 DS-GVO. Bei nichtautomatisierten Verfahren müssen die personenbezogenen Daten in einem Dateisystem gespeichert sein oder gespeichert werden, damit der Anwendungsbereich der DS-GVO eröffnet ist, Art. 2 Abs. 1 DS-GVO. Der Begriff des Dateisystems meint jede strukturierte Sammlung personenbezogener Daten, die nach bestimmten Kriterien zugänglich sind, unabhängig davon, ob diese Sammlung zentral, dezentral oder nach funktionalen oder geografischen Gesichtspunkten geordnet geführt wird, Art. 4 Nr. 6 DS-GVO. Hierunter fallen auch rein manuelle Verarbeitungen. **Akten und Akten-**

---

[18] *Specht*, GRUR Int. 2017, 1040, 1046 f.; *Wójtowicz/Cebulla*, PinG 2017, 186, 186 ff.; *Boehme-Neßler*, DuD 2016, 219, 421 ff.; insgesamt hierzu: Taeger/Gabel-*Arning/Rothkegel*, DS-GVO BDSG, 3. Aufl. 2019, Art. 4 Rn. 47 ff.

[19] EuGH, Urt. v. 11.12.2014 – C-212/13, ECLI:EU:C:2014:2428 = EuZW 2015, 234, Rn. 25 – *Rynea*.

sammlungen, die nach bestimmten Kriterien wie bspw. Jahr, Name oder Alphabet geordnet sind, fallen hingegen nicht unter den Verarbeitungsbegriff, ErwGr 15 DS-GVO.

3.2.1.1.3 Ausnahmen zum sachlichen Anwendungsbereich

Art. 2 Abs. 2 und Art. 2 Abs. 3 DS-GVO normieren, wann die DS-GVO trotz der Verarbeitung personenbezogener Daten keine Anwendung findet. Art. 2 Abs. 2 lit. a) DS-GVO wiederholt dabei den sich bereits aus Art. 16 Abs. 2 AEUV ergebenden Grundsatz, dass die DS-GVO nur für Tätigkeiten gilt, die in den Anwendungsbereich des Unionsrechts fallen. So werden partiell Tätigkeiten aus dem öffentlichen Bereich ausgeschlossen wie der Parlamentsbetrieb oder der Schutz der nationalen Sicherheit, ErwGr 16 S. 1 DS-GVO, für die Datenverarbeitung durch Private hat die Ausnahmebestimmung hingegen keine praktische Bedeutung.[20] Die DS-GVO findet auch keine Anwendung auf Tätigkeiten, die in den Anwendungsbereich der besonderen Bestimmungen über die Gemeinsame Außen- und Sicherheitspolitik fallen, reguliert in Titel V Kapitel 2 EUV, Art. 2 Abs. 2 lit. b) DS-GVO.

Von herausgehobener Bedeutung ist die sog. „**Haushaltsausnahme**" nach Art. 2 Abs. 2 lit. c) DS-GVO, die die Anwendbarkeit der DS-GVO ausschließt, wenn eine Datenverarbeitung durch eine natürliche Person zur Ausübung ausschließlich persönlicher oder familiärer Tätigkeiten erfolgt. Eine ausschließlich persönliche oder familiäre Tätigkeit liegt jedenfalls dann vor, wenn sie ohne jeden Bezug zu einer beruflichen oder wirtschaftlichen Tätigkeit vorgenommen wird, ErwGr 18 DS-GVO. Die Unterteilung zwischen persönlich/familiär und beruflich/geschäftlich richtet sich nach der Verkehrsanschauung.[21] Die Haushaltsausnahme erfasst regelmäßig Tätigkeiten der Freizeitgestaltung, auch wenn hierzu Kontaktdaten und Geburtstagslisten beispielsweise in digitalen Applikationen oder sozialen Netzwerken gepflegt werden, vgl. ErwGr 18 S. 2 DS-GVO.[22] Vor Geltung der DS-GVO entschied bereits das AG Bad Hersfeld in diesem Sinne, als es urteilte, dass ein Kind seine gespeicherten Kontaktdaten nur zu persönlichen oder familiären Zwecken verarbeitet, obwohl es bei der Nutzung des Instant-Messaging-Dienstes WhatsApp die automatisierte Weitergabe der Kontaktdaten an WhatsApp ermöglicht, vgl. §§ 27 Abs. 1 S. 2 BDSG a.F.[23] Sobald jedoch die Datenverarbeitung zugleich ge-

---

[20] Wolff/Brink-*Bäcker*, BeckOK Datenschutzrecht, 27 Ed. Stand: 01.08.2018, Art. 2 DS-GVO Rn. 8; Gierschmann/Schlender/Stentzel/Veil-*Grafenstein*, Datenschutz-Grundverordnung, 1. Aufl. 2018, Art. 2 Rn. 31; Auernhammer/Eßer/Kramer/v. Lewinski-*v. Lewinski*, DS-GVO BDSG, 6. Aufl. 2018, Art. 2 Rn. 14.

[21] Paal/Pauly-*Ernst*, DS-GVO BDSG, 2. Aufl. 2018, Art. 2 Rn. 18; Auernhammer/Eßer/Kramer/v. Lewinski-*v. Lewinski*, DS-GVO BDSG, 6. Aufl. 2018, Art. 2 Rn. 27 f.; Gierschmann/Schlender/Stentzel/Veil-*Grafenstein*, Datenschutz-Grundverordnung, 1. Aufl. 2018, Art. 2 Rn. 36 f.; Kühling/Buchner-*Kühling/Raab*, DS-GVO BDSG, 2. Aufl. 2018, Art. 2 Rn. 23 f.

[22] Paal/Pauly-*Ernst*, DS-GVO BDSG, 2. Aufl. 2018, Art. 2 Rn. 19; Auernhammer/Eßer/Kramer/v. Lewinski-*v. Lewinski*, DS-GVO BDSG, 6. Aufl. 2018, Art. 2 Rn. 23 ff.; Schwartmann/Jaspers/Thüsing/Kugelmann-*Schwartmann/Mühlenbeck*, HK DS-GVO/BDSG, 1. Aufl. 2018, Art. 4 Rn. 38 ff.; Ehmann/Selmayr-*Zerdick*, Datenschutz-Grundverordnung, 2. Aufl. 2018, Art. 2 Rn. 11 f.

[23] AG Bad Hersfeld, Beschl. v. 20.03.2017 – F 111/17, VuR 2017, 474, 475.

schäftlichen Zwecken dient, kann dies ausnahmeschädlich sein.[24] Erwägungsgrund 18 S. 2 DS-GVO enthält keine pauschale Freistellung für die Nutzung sozialer Netzwerke, sondern erklärt es lediglich für möglich, dass die Nutzung sozialer Netzwerke bei Vorliegen der Voraussetzungen unter die Haushaltsausnahme fällt. Die Haushaltsausnahme greift nach Auffassung des EuGH auch dann nicht, wenn eine Videoüberwachung des öffentlichen Raumes erfolgt, selbst wenn diese einem privaten Zweck dient.[25]

▶ **Klausurtipp** An dieser Stelle ist von Ihnen erhöhter Begründungsaufwand gefordert. Durch die zunehmende Digitalisierung und Datenverarbeitung mittels Apps können auch Privatpersonen vielfach Daten verarbeiten bzw. die Ursache für eine Datenverarbeitung setzen. Je nach Sachverhalt kann es daher durchaus erforderlich sein, dass sie eingehend argumentativ begründen, ob eine Datenverarbeitung durch eine natürliche Person ausschließlich zur Ausübung persönlicher oder familiärer Tätigkeiten erfolgt und die Haushaltsausnahme damit einhergehend Anwendung findet oder nicht.

Dies ist bereits zu Beginn der Klausur eine wichtige Weichenstellung. Denken Sie jedoch auch hier an die richtige Schwerpunktsetzung! Erfolgt eine Datenverarbeitung z. B. durch eine juristische Person oder erkennbar durch eine natürliche Person in Ausübung einer geschäftlichen Tätigkeit, bedarf es keiner eingehenden Erörterung der Haushaltsausnahme.

Im Übrigen gilt die DS-GVO auch nicht für die Verarbeitung personenbezogener Daten zu präventiven und repressiven Zwecken der Gefahrenabwehr durch eine Behörde, Art. 2 Abs. 2 lit. d) DS-GVO. Weiterhin gilt die DS-GVO auch nicht für die Datenverarbeitung durch Einrichtungen und Organe der Union, Art. 2 Abs. 3 DS-GVO.

3.2.1.2 Persönlicher Anwendungsbereich

Der persönliche Anwendungsbereich wird nicht unmittelbar durch die Vorschriften der Datenschutzgrundverordnung normiert. Mittelbar ergibt er sich aus Art. 1, Art. 2, Art. 3 und Art. 4 DS-GVO. Die betroffene Person soll durch die Vorschrift en der DS-GVO geschützt werden, Art. 1 Abs. 1, Art. 4 Nr. 1 DS-GVO. Insbesondere erhält der Betroffene die Betroffenenrechte nach Art. 15 ff. DS-GVO. Direkte

---

[24] EuGH, Urt. v. 11.12.2014 – C-212/13, ECLI:EU:C:2014:2428 = EuZW 2015, 234, Rn. 26 ff. – *Rynea; EuGH, Urt. v. 06.11.2003 – C-101/01, ECLI:EU:C:2003:596 = MMR 2004, 95, Rn. 46 – Lindquist; Roßnagel-Husemann*, Das neue Datenschutzrecht, 2018, § 3 Rn. 9; Paal/Pauly-*Ernst*, DS-GVO BDSG, 2. Aufl. 2018, Art. 2 Rn. 17; Auernhammer/Eßer/Kramer/v. Lewinski-*v. Lewinski*, DS-GVO BDSG, 6. Aufl. 2018, Art. 2 Rn. 30; Schwartmann/Jaspers/Thüsing/Kugelmann-*Schwartmann/Mühlenbeck*, HK DS-GVO/BDSG, 1. Aufl. 2018, Art. 4 Rn. 41; Ehmann/Selmayr-*Zerdick*, Datenschutz-Grundverordnung, 2. Aufl. 2018, Art. 2 Rn. 11 f.

[25] EuGH, Urt. v. 11.12.2014 – C-212/13, ECLI:EU:C:2014:2428 = EuZW 2015, 234, Rn. 26 ff. – *Rynea.*

Adressaten der DS-GVO sind der Verantwortliche der Datenverarbeitung und der Auftragsverarbeiter, vgl. Art. 3 Abs. 1, Art. 4 Nr. 7, Art. 4 Nr. 8 DS-GVO. Sie werden abgegrenzt zum Dritten, der weder Betroffener, Verantwortlicher noch Auftragsverarbeiter ist, Art. 4 Nr. 10 DS-GVO.

3.2.1.2.1 Verantwortlicher der Datenverarbeitung

Adressat der Pflichten der DS-GVO ist grundsätzlich der „**Verantwortliche**". Dies ist jede natürliche oder juristische Person, Behörde, Einrichtung oder sonstige Stelle, die allein oder mit anderen gemeinsam über die Zwecke und Mittel der Verarbeitung von personenbezogenen Daten entscheidet, Art. 4 Nr. 7 DS-GVO. Daraus ergibt sich, dass die Daten nicht vom Verantwortlichen selbst erhoben oder verarbeitet werden müssen, vielmehr genügt es auch, wenn er die Entscheidung über die Zwecke und Mittel der Verarbeitung trifft oder zu dieser beiträgt.[26]

Sofern mehrere Verantwortliche gemeinsam Mittel und Zweck der Verarbeitung festlegen, sind Sie als **gemeinsame Verantwortliche** anzusehen, Art. 26 Abs. 1 S. 1, Art. 4 Nr. 7 DS-GVO. Diese Rechtsfigur wurde mit der DS-GVO erstmals ins Datenschutzrecht eingeführt. Alle gemeinsamen Verantwortlichen sind Adressaten der datenschutzrechtlichen Pflichten (sog. **Joint Control**). Die Übermittlung personenbezogener Daten unter gemeinsam Verantwortlichen ist ein rechtfertigungsbedürftiger Verarbeitungsvorgang, Art. 6 Abs. 1 HS. 1, Art. 4 Nr. 2 DS-GVO, ErwGr 79.[27] Die gemeinsamen Verantwortlichen sind verpflichtet, eine Vereinbarung in transparenter Form zu treffen, die die jeweiligen tatsächlichen Funktionen und Beziehungen der gemeinsamen Verantwortlichen erklärt und festlegt, wer von den gemeinsamen Verantwortlichen die Verpflichtungen gemäß dieser Verordnung erfüllt, Art. 26 Abs. S. 2, Art. 26 Abs. 2 S. 1 DS-GVO.[28] Insbesondere soll festgelegt werden, wer die Wahrnehmung der Rechte der betroffenen Person sicherstellt und wer welchen Informationspflichten nachkommt, Art. 26 Abs. 1 S. 2, Art. 12 ff. DS-GVO. Gemeinsame Verantwortliche haben im Verhältnis zueinander unmittelbar aus Art. 26 DS-GVO einen Anspruch auf Abschluss dieser internen Vereinbarung, der ggf. mit Auskunfts- und Schadensersatzansprüchen kombiniert und durchgesetzt werden kann.[29] Die Nichteinhaltung dieser Vorgaben kann zusätzlich von den Aufsichtsbehörden mit Geldbußen sanktioniert werden, Art. 83 Abs. 4 lit. a) DS-GVO. Die Aufsichtsbehörde hat diese Verantwortlichkeitsvereinbarung zu berücksichtigen und muss sich im Rahmen ihrer Befugnisse an den jeweils zuständigen

---

[26] Vgl.: EuGH, Urt. v. 05.06.2018 – C-210/16, ECLI:EU:C:2018:388 = ZD 2018, 357, Rn. 31 ff. – *ULD Schleswig-Holstein/Wirtschaftsakademie Schleswig-Holstein GmbH*; EuGH, Urt. v. 13.05.2014 – C-131/12, ECLI:EU:C:2014:317 = GRUR 2014, 895, Rn. 32 ff. – *Google Spain*; *Lezzi/Oberlin*, ZD 2018, 398, 399; Specht/Mantz-*Mantz/Marosi*, Handbuch Europäisches und deutsches Datenschutzrecht, 1. Aufl. 2019, § 3 Rn. 19 f.; *Kühling/Klar/Sackmann*, Datenschutzrecht, 4. Aufl. 2018, Rn. 303.

[27] Datenschutzkonferenz, Kurzpapier Nr. 16 Gemeinsam für die Verarbeitung Verantwortliche, S. 1.

[28] Vgl. eingehend zur gemeinsamen Verantwortlichkeit: *Specht-Riemenschneider/Schneider*, MMR 2019, 503 ff.

[29] *Specht-Riemenschneider/Schneider*, MMR 2019, 503, 506 ff.

Verantwortlichen wenden.[30] Im Gegensatz dazu kann die betroffene Person ihre Rechte bei und gegenüber jedem einzelnen Verantwortlichen geltend machen, auch wenn diese als gemeinsame Verantwortliche agieren und eine abweichende Zuständigkeitsvereinbarung getroffen haben, Art. 26 Abs. 3 DS-GVO, bspw. i. V. m. Art. 82 Abs. 4 DS-GVO.

Der **EuGH** legt den **Tatbestand** der gemeinsamen Verantwortlichkeit – also die gemeinsame Entscheidung über Mittel und Zwecke – **weit** aus. So begründete er etwa die gemeinsame Verantwortlichkeit i. S. d. Art. 26 DS-GVO von einem Fanpage-Betreiber und einem sozialen Netzwerk,[31] einer Glaubensgemeinschaft und ihren verkündigenden Mitgliedern[32] sowie eines Social-Plugin-Werbenetzbetreibers und einem Websitebetreiber, der dieses Social-Plugin einbindet.[33]

Der EuGH hat betont, dass bei einer gemeinsamen Datenverarbeitung die verschiedenen **Phasen einer Datenverarbeitung zu trennen** sind. Aufgrund der Definition der Verarbeitung gem. Art. 4 Nr. 2 DS-GVO ist ein Datenverarbeitungsvorgang daher in jeden einzelnen Schritt zu unterteilen und für jede Phase der Verarbeitung autonom zu bestimmen, ob noch eine *gemeinsame* Entscheidung über Mittel und Zwecke und demgemäß eine gemeinsame Verantwortlichkeit gem. Art. 26 DS-GVO vorliegt.[34] Eine gemeinsame Verantwortlichkeit scheidet deshalb für **vor- und nachgelagerte Datenverarbeitungsvorgänge**, bei denen kein gemeinsames Entscheidungselement gegeben ist, aus.

▶   **Klausurtipp** Die gemeinsame Verantwortlichkeit gem. Art. 26 DS-GVO erlangt in der Praxis zunehmende Bedeutung. Tatbestand und Rechtsfolgen sind nicht abschließend geklärt und unterliegen der ständigen Diskussion. Das macht die gemeinsame Verantwortlichkeit auch für die juristische Ausbildung zu einem spannenden Thema.

   Denn auch die Rechtsprechung des EuGH hat nicht zu endgültiger Klarheit geführt. Insbesondere ist nach wie vor unklar, wann von einem *gemeinsamen* Entscheidungselement über Mittel und Zwecke einer Datenverarbeitung zur Begründung gemeinsamer Verantwortlichkeit ausgegangen werden darf. Führen Sie sich hier vor Augen, dass eine gemeinsame Entscheidung über Mittel und Zwecke nicht zwingend auch das Verfolgen gemeinsamer bzw. gleicher Mittel und Zwecke voraussetzt.[35] Mittel und Zwecke der gemeinsamen Verantwortlichen können sich durchaus wechselseitig ergänzen und müssen demgemäß nicht übereinstimmen.

---

[30] Datenschutzkonferenz, Kurzpapier Nr. 16 Gemeinsam für die Verarbeitung Verantwortliche, S. 2; Sydow-*Ingold*, Europäische Datenschutzgrundverordnung, 2. Aufl. 2018, Art. 26 Rn. 10.

[31] EuGH, Urt. v. 05.06.2018 – C-210/16, ECLI:EU:C:2018:388 = MMR 2018, 591 – *Fanpages*.

[32] EuGH, Urt. v. 10.07.2018 – C-25/17, ECLI:EU:C:2018:551 = ZD 2018, 469 – *Zeugen Jehovas*.

[33] EuGH, Urt. v. 29.07.2019 – C-40/17, ECLI:EU:C:2019:629 = GRUR 2019, 977 – *Fashion ID*; vgl. hierzu eingehend: *Specht-Riemenschneider/Schneider*, GRUR Int. 2020, 159, 159 ff.

[34] EuGH, Urt. v. 29.07.2019 – C-40/17, ECLI:EU:C:2019:629 = GRUR 2019, 977 Rn. 71 ff. – *Fashion ID*; zustimmend: *Specht-Riemenschneider/Schneider*, GRUR Int. 2020, 159, 160.

[35] *Specht-Riemenschneider/Schneider*, GRUR Int. 2020, 159, 162.

Ein sog. **Konzernprivileg**, also die Berücksichtigung wirtschaftlicher Verflechtungen von Unternehmen bei der Bestimmung der Verantwortlichkeit, existiert in der DS-GVO nicht.[36] Auch, wenn mehrere selbstständige juristische Personen Teil einer Unternehmensgruppe oder einer Gruppe von Einrichtungen sind, werden sie als voneinander unabhängige Verantwortliche klassifiziert, Art. 4 Nr. 7 DS-GVO, ErwGr 48. Auch beim konzerninternen Datenaustausch bleibt es beim Grundsatz des präventiven Verbots mit Erlaubnisvorbehalt. Obwohl der ursprüngliche Datenverarbeiter und der Datenempfänger einem Konzern angehören, ist die einzelne Datenübermittlung bzw. die Weiterverarbeitung der Daten rechtfertigungsbedürftig, Art. 6 Abs. 1 HS. 1 DS-GVO. Jedoch wird die konzerninterne Datenübermittlung vielfach berechtigte Interessen entweder des Datenverarbeiters oder des Datenempfängers wahren, Art. 6 Abs. 1 lit. f.) DS-GVO, ErwGr 48.[37]

3.2.1.2.2 Auftragsverarbeiter

Auftragsverarbeiter ist eine natürliche oder juristische Person, Behörde, Einrichtung oder andere Stelle, die personenbezogene Daten im Auftrag des Verantwortlichen verarbeitet, Art. 4 Nr. 8 DS-GVO. Maßgebliches Abgrenzungskriterium zu den gemeinsamen Verantwortlichen und dem alleinigen Verantwortlichen ist die **Weisungsgebundenheit**, vgl. Art. 4 Nr. 8, Art. 29, Art. 28 Abs. 3 lit. a) DS-GVO.[38] Neben einem Auftragsverarbeiter muss also immer mindestens ein Verantwortlicher bestehen, der diesen beauftragt. Der Auftragsverarbeiter ordnet sich im Horizontalverhältnis dem Verantwortlichen unter und hat keinen Einfluss auf die Entscheidung über Zwecke und Mittel einer Datenverarbeitung. Bestimmt der Auftragsverarbeiter für eine Datenverarbeitung selbst die Zwecke und Mittel der Verarbeitung, gilt er für diese als Verantwortlicher, Art. 28 Abs. 10, Art. 4 Nr. 7 DS-GVO.[39] Regelmäßig liegt dann eine gemeinsame Verantwortlichkeit i. S. d. Art. 26 DS-GVO (Abschn. 3.2.1.2.1) vor. Zur Abgrenzung ist stets auf die faktisch-tatsächlichen Gegebenheiten abzustellen.[40]

---

[36] *Lezzi/Oberlin*, ZD 2018, 398, 401; Specht/Mantz-*Wieczorek*, Handbuch Europäisches und deutsches Datenschutzrecht, 1. Aufl. 2019, § 7 Rn. 94; Specht/Mantz-*Bortz*, Handbuch Europäisches und deutsches Datenschutzrecht, 1. Aufl. 2019, § 11 Rn. 61; *Kühling/Klar/Sackmann*, Datenschutzrecht, 4. Aufl. 2018, Rn. 304; Wolff/Brink-*Albers/Veit*, BeckOK Datenschutzrecht, 27 Ed. Stand: 01.08.2017, Art. 6 DS-GVO Rn. 49.

[37] *Lezzi/Oberlin*, ZD 2018, 398, 401; Specht/Mantz-*Wieczorek*, Handbuch Europäisches und deutsches Datenschutzrecht, 1. Aufl. 2019, § 7 Rn. 94; Specht/Mantz-*Bortz*, Handbuch Europäisches und deutsches Datenschutzrecht, 4. Aufl. 2018, Rn. 304; Wolff/Brink-*Albers/Veit*, BeckOK Datenschutzrecht, 27 Ed. Stand: 01.08.2017, Art. 6 DS-GVO Rn. 49.

[38] Specht/Mantz-*Mantz/Marosi*, Handbuch Europäisches und deutsches Datenschutzrecht, 1. Aufl. 2019, § 3 Rn. 23, Rn. 146; Paal/Pauly-*Ernst*, DS-GVO BDSG, 2. Aufl. 2018, Art. 4 Rn. 56, Simitis/Hornung/Spiecker gen. Döhmann-*Petri*, Datenschutzrecht, 1. Aufl. 2019, Art. 4 Nr. 8 Rn. 5, Art. 28 Rn. 1; Gierschmann/Schlender/Stentzel/Veil-*Kramer*, Datenschutz-Grundverordnung, 1. Aufl. 2018, Art. 4 Nr. 8 Rn. 14.

[39] Specht/Mantz-*Mantz/Marosi*, Handbuch Europäisches und deutsches Datenschutzrecht, 1. Aufl. 2019, § 3 Rn. 146; Simitis/Hornung/Spiecker gen. Döhmann-*Petri*, Datenschutzrecht, 1. Aufl. 2019, Art. 28 Rn. 1, Rn. 3; Paal/Pauly-*Martini*, DS-GVO BDSG, 2. Aufl. 2018, Art. 28 Rn. 76.

[40] *Specht-Riemenschneider/Schneider*, MMR 2019, 503, 505.

▶   **Wichtig:** Die Abgrenzung von Auftragsverarbeitung und (gemeinsamer) Verantwortlichkeit stellt die Praxis nach wie vor vor erhebliche Probleme. Sind mehrere Akteure an einer Datenverarbeitung beteiligt, müssen Sie in der Klausursituation eingehend prüfen, ob jedem Beteiligten ein Entscheidungselement hinsichtlich der Datenverarbeitung verbleibt. Ist das der Fall, handelt es sich um mehrere (gemeinsame) Verantwortliche. Liegt hingegen eine Weisungsgebundenheit vor, handelt es sich um ein Auftragsverarbeitungsverhältnis. Auftragsverarbeiter zeichnen sich regelmäßig dadurch aus, dass sie beliebig ersetzbar sind.

Beispiele: Auftragsverarbeiter sind i. d. R. externe Dienstleister, die lediglich weisungsgebunden einseitige Vorgaben umsetzen. Dies sind z. B. Cloud- und SaaS-Dienstleister. Auch die Nutzung externer Rechenzentren, Server oder Call-Center stellen Auftragsverarbeitungsverhältnisse dar.

Das Konzept des Auftragsverarbeiters ermöglicht es dem Verantwortlichen Datenverarbeitungsprozesse an externe Dienstleister auszulagern, vgl. ErwGr 81 S. 1.[41] Uneinheitlich wird in der Literatur die Frage beantwortet, ob die Übermittlung personenbezogener Daten zwischen dem Verantwortlichen und dem Auftragsverarbeiter einer gesonderten Rechtsgrundlage bedarf, wenn diese die zahlreichen Voraussetzungen des Art. 28 DS-GVO erfüllen.[42] Es überzeugt, dies zu verneinen, da der Auftragsverarbeiter nach der Systematik der DS-GVO ja eben kein anderer Verantwortlicher und kein Dritter ist.[43] Verantwortlicher und Auftragsverarbeiter bilden vielmehr eine Einheit, wenn sie die Voraussetzungen des Art. 28 DS-GVO erfüllen.[44]

Der Verantwortliche darf nur mit Auftragsverarbeitern arbeiten, die hinreichende Garantien dafür bieten, dass geeignete technische und organisatorische Maßnahmen so durchgeführt werden, dass die Verarbeitung im Einklang mit den Anforderungen dieser Verordnung erfolgt und den Schutz der Rechte der betroffenen Person

---

[41] *Schmidt/Freund*, ZD 2017, 14, 14 f.; Specht/Mantz-*Mantz/Marosi*, Handbuch Europäisches und deutsches Datenschutzrecht, 1. Aufl. 2019, § 3 Rn. 145; Sydow-*Ingold*, Europäische Datenschutzgrundverordnung, 2. Aufl. 2018, Art. 28 Rn. 1; Simitis/Hornung/Spiecker gen. Döhmann-*Petri*, Datenschutzrecht, 1. Aufl. 2019, Art. 28 Rn. 2 f.

[42] *Schmidt/Freund*, ZD 2017, 14, 14 f.; Sydow-*Ingold*, Europäische Datenschutzgrundverordnung, 2. Aufl. 2018, Art. 28 Rn. 28 ff.; Gola-*Gola*, DS-GVO, 2. Aufl. 2018, Art. 4 Rn. 74; Simitis/Hornung/Spiecker gen. Döhmann-*Petri*, Datenschutzrecht, 1. Aufl. 2019, Art. 28 Rn. 33; Kühling/Buchner-*Hartung*, DS-GVO BDSG, 2. Aufl. 2018, Art. 28 Rn. 15.

[43] Specht/Mantz-*Mantz/Marosi*, Handbuch Europäisches und deutsches Datenschutzrecht, 1. Aufl. 2019, § 3 Rn. 146; Gola-*Gola*, DS-GVO, 2. Aufl. 2018, Art. 4 Rn. 74 f.; Kühling/Buchner-*Hartung*, DS-GVO BDSG, 2. Aufl. 2018, Art. 28 Rn. 16, Rn. 18.

[44] *Schmidt/Freund*, ZD 2017, 14, 15; Albrecht/Jotzo, Das neue Datenschutzrecht der EU, 1. Auf. 2017, Teil 5 Rn. 22; Simitis/Hornung/Spiecker gen. Döhmann-*Petri*, Datenschutzrecht, 1. Aufl. 2019, Art. 28 Rn. 32; Gola-*Gola*, DS-GVO, 2. Aufl. 2018, Art. 4 Rn. 75; so im Ergebnis auch: Ehmann/Selmayr-*Bertermann*, Datenschutz-Grundverordnung, 2. Aufl. 2018, Art. 28 Rn. 7.

gewährleistet, Art. 28 Abs. 1 DS-GVO. Die Verarbeitung durch einen Auftragsverarbeiter erfolgt auf der Grundlage eines Vertrages oder eines anderen Rechtsinstruments nach dem Unionsrecht oder dem Recht der Mitgliedstaaten, der bzw. das den Auftragsverarbeiter in Bezug auf den Verantwortlichen bindet und in dem Gegenstand und Dauer der Verarbeitung, Art und Zweck der Verarbeitung, die Art der personenbezogenen Daten, die Kategorien betroffener Personen und die Pflichten und Rechte des Verantwortlichen schriftlich oder elektronisch festgelegt sind, Art. 28 Abs. 2 und Abs. 9 DS-GVO. Möchte der Auftragsverarbeiter seinerseits einen weiteren Auftragsverarbeiter in Anspruch nehmen, bedarf es der vorherigen gesonderten oder allgemeinen schriftlichen Genehmigung des Verantwortlichen, Art. 28 Abs. 2 und Abs. 4 DS-GVO.

3.2.1.2.3 Pflichten des Verantwortlichen und des Auftragsverarbeiters

Die Pflichten nach der DS-GVO treffen den alleinigen Verantwortlichen ebenso wie die gemeinsamen Verantwortlichen. Ob den Auftragsverarbeiter dieselben Pflichten treffen, wird im Gesetz explizit normiert, wobei sich die Pflichten, die in den **Art. 30 ff. DS-GVO** normiert sind, fast ausschließlich auch an den Auftragsverarbeiter richten. Es ist die Einhaltung allgemeiner, **organisatorischer sowie geeigneter technischer Maßnahmen** vorgeschrieben, um sicherzustellen und den Nachweis dafür erbringen zu können, dass die Verarbeitung der personenbezogenen Daten gemäß der DS-GVO erfolgt (maßgeblich nach den Art. 24–43 DS-GVO), vgl. Art. 24 Abs. 1 DS-GVO.

Regelmäßig kann auch eine **eigenständige Haftung des Auftragsverarbeiters** in Betracht kommen. Dieser haftet einerseits dann, wenn er sich nach Maßgabe des Art. 28 Abs. 10 DS-GVO zum Verantwortlichen geriert, also über die weisungsgebundene Tätigkeit hinausgehend eigenmächtig Einfluss auf einen Datenverarbeitungsvorgang nimmt. Andererseits sieht Art. 82 Abs. 1 DS-GVO explizit die Möglichkeit vor, Schadensersatzansprüche auch unmittelbar gegen einen Auftragsverarbeiter zu richten, selbst wenn dieser sich nicht zum Verantwortlichen aufschwingt. Dies gilt jedoch nur für Datenschutzverstöße in seinem Einwirkungsbzw. Verantwortungsbereich.[45] Gleichsam schränkt Art. 82 Abs. 2 S. 2 DS-GVO diese Haftung des Auftragsverarbeiters insofern ein, als dass er nur dann haftet, wenn er seinen speziell durch die DS-GVO auferlegten Pflichten nicht nachgekommen ist oder unter Nichtbeachtung der rechtmäßig erteilten Anweisungen des für die Datenverarbeitung Verantwortlichen oder gegen diese Anweisungen gehandelt hat.

Eine bedeutende Pflicht des Verantwortlichen ergibt sich aus Art. 25 Abs. 1 DS-GVO, wonach sowohl bereits zum Zeitpunkt der Festlegung der Mittel für die Verarbeitung als auch zum Zeitpunkt der eigentlichen Verarbeitung technisch sicherzu-

---

[45] Wolff/Brink-*Quaas*, BeckOK Datenschutzrecht, 29. Ed. Stand: 01.08.2019, Art. 82 DS-GVO Rn. 40 f.

stellen ist, dass die datenschutzrechtlichen Grundsätze eingehalten werden, „**Data Protection by Design**".[46] Die Hard- und Software, die personenbezogene Daten verarbeitet, soll so programmiert und eingesetzt werden, dass diese selbst zur Einhaltung der Datenverarbeitungsgrundsätze wie bspw. der Datenminimierung, Speicherbegrenzung und Pseudonymisierung beiträgt, Art. 5 DS-GVO, ErwGr 78 S. 3.[47] Kritisiert wird, dass Normadressat des Art. 25 Abs. 1 DS-GVO nur der Verantwortliche ist, nicht auch die Hersteller der Hard- und Software.[48] Mittelbar soll sich die Pflicht auch auf die Hersteller auswirken, falls die Verantwortlichen dazu übergehen, nur noch Produkte zu kaufen und zu verwenden, die den Anforderungen des Art. 25 Abs. 1 DS-GVO genügen, ErwGr 78 S. 4.[49] Art. 25 Abs. 2 DS-GVO statuiert weiterhin den Grundsatz „**Data Protection by Default**". Dieser ist ein Unterfall des Art. 25 Abs. 1 DS-GVO und verpflichtet den Verantwortlichen zur Festlegung datenschutzfreundlicher Voreinstellungen, z. B. durch datensparsame Voreinstellungen in einem Webbrowser schon beim Download des Browsers.[50]

Eine weitere technische und zugleich organisatorische Pflicht des Verantwortlichen ist die **Gewährleistung eines angemessenen Schutzniveaus** bei der Datenverarbeitung, Art. 32 Abs. 1 DS-GVO. Diese Pflicht trifft auch den Auftragsverarbeiter, Art. 32 Abs. 1 DS-GVO. Verantwortliche und Auftragsverarbeiter müssen demgemäß umfangreiche technische und organisatorische Sicherheitsmaßnahmen treffen, wie z. B. die Pseudonymisierung und Verschlüsselung personenbezogener Daten sowie die Fähigkeit zur ständigen Überprüfung und Sicherstellung eines umfassenden Datenschutzniveaus. Zielrichtung ist ein umfassender Schutz von IT-Systemen, die personenbezogene Daten verarbeiten, bspw. die Verhinderung eines unzulässigen Zugriffs bzw. Verlustes von personenbezogen Daten.[51]

---

[46] Sydow-*Mantz*, Europäische Datenschutzgrundverordnung, 2. Aufl. 2018, Art. 25 Rn. 2; hierzu ausführlich bei: Specht/Mantz-*Schneider*, Handbuch Europäisches und deutsches Datenschutzrecht, 1. Aufl. 2019, § 15 Rn. 1 ff.; Paal/Pauly-*Martini*, DS-GVO BDSG, 2. Aufl. 2018, Art. 25 Rn. 2; Simitis/Hornung/Spiecker gen. Döhmann-*Hansen*, Datenschutzrecht, 1. Aufl. 2019, Art. 25 Rn. 18.

[47] *Baumgartner/Gausling*, ZD 2017, 308, 309; Paal/Pauly-*Martini*, DS-GVO BDSG, 2. Aufl. 2018, Art. 25 Rn. 29 ff.; Simitis/Hornung/Spiecker gen. Döhmann-*Hansen*, Datenschutzrecht, 1. Aufl. 2019, Art. 25 Rn. 30 ff.; Kühling/Buchner-*Hartung*, DS-GVO BDSG, 2. Aufl. 2018, Art. 25 Rn. 16.

[48] *Schantz*, NJW 2016, 1841, 1846; *Baumgartner/Gausling*, ZD 2017, 308, 311; Schantz/Wolff-*Wolff*, Das neue Datenschutzrecht, 1. Aufl. 2017, Rn. 836; Paal/Pauly-*Martini*, DS-GVO BDSG, 2. Aufl. 2018, Art. 25 Rn. 25; Ehmann/Selmayr-*Baumgartner*, Datenschutz-Grundverordnung, 2. Aufl. 2018, Art. 25 Rn. 5.

[49] *Baumgartner/Gausling*, ZD 2017, 308, 311; Paal/Pauly-*Martini*, DS-GVO BDSG, 2. Aufl. 2018, Art. 25 Rn. 25; vgl. auch: Sydow-*Mantz*, Europäische Datenschutzgrundverordnung, 2. Aufl. 2018, Art. 25 Rn. 5; Simitis/Hornung/Spiecker gen. Döhmann-*Hansen*, Datenschutzrecht, 1. Aufl. 2019, Art. 25 Rn. 21.

[50] Sydow-*Mantz*, Europäische Datenschutzgrundverordnung, 2. Aufl. 2018, Art. 25 Rn. 7; Simitis/Hornung/Spiecker gen. Döhmann-*Hansen*, Datenschutzrecht, 1. Aufl. 2019, Art. 25 Rn. 24; Gola-*Nolte/Werkmeister*, DS-GVO, 2. Aufl. 2018, Art. 25 Rn. 27 ff.

[51] Sydow-*Mantz*, Europäische Datenschutzgrundverordnung, 2. Aufl. 2018, Art. 32 Rn. 1; Schantz/Wolff-*Wolff*, Das neue Datenschutzrecht, 1. Aufl. 2017, Rn. 843 f.; ausführlich hierzu: Specht/Mantz-*Schneider*, Handbuch Europäisches und deutsches Datenschutzrecht, 1. Aufl. 2019, § 15 Rn. 97 ff.

Zu den weiteren organisatorischen Pflichten zählen unter anderem die Pflicht zum Führen eines **Verzeichnisses über die Verarbeitungstätigkeiten** Art. 30 Abs. 1 DS-GVO, die Pflicht zur Vornahme einer **Datenschutz-Folgenabschätzung** Art. 35 Abs. 1 DS-GVO und die Pflicht zur **Bestellung eines Datenschutzbeauftragten** Art. 37 Abs. 1 DS-GVO. Diese organisatorischen Pflichten bezwecken stets die Selbstkontrolle durch den Verantwortlichen, teilweise auch die Selbstkontrolle durch den Auftragsverarbeiter. Die Dokumentation der Verarbeitungstätigkeiten dient der Selbstkontrolle des Verantwortlichen, der Kontrolle des Auftragsverarbeiters durch den Verantwortlichen und insgesamt der Kontrolle durch die Aufsichtsbehörden, Art. 30 Abs. 1, Abs. 2 und Abs. 4 DS-GVO.[52] Die Pflicht zur Datenschutz-Folgenabschätzung soll dem Verantwortlichen bereits vor der Datenverarbeitung verdeutlichen, welche Risiken mit der geplanten Datenverarbeitung für die Rechte und Freiheiten natürlicher Personen entstehen, Art. 35 Abs. 1 DS-GVO.[53] Zu diesem Zeitpunkt kann der Verantwortliche noch vorbeugende Maßnahmen ergreifen.[54]

Zentral ist auch die Pflicht zur Bestellung eines Datenschutzbeauftragten, der wiederum die Aufgabe der Eigenkontrolle übernimmt[55] und jedenfalls dann erforderlich ist, wenn einer der genannten drei Fälle des Art. 37 Abs. 1 DS-GVO vorliegt, z. B. wenn die Kerntätigkeit des Verantwortlichen die Verarbeitung sensibler Daten ist. In **Deutschland** ist darüber hinaus auch dann ein Datenschutzbeauftragter zu bestellen, wenn der Verantwortliche oder der Auftragsverarbeiter mindestens 20 Personen ständig mit der automatisierten Verarbeitung personenbezogener Daten beschäftigt oder Datenverarbeitungen vorgenommen werden, die der Datenschutz-Folgenabschätzung unterliegen, Art. 37 Abs. 4 DS-GVO i. V. m. § 38 Abs. 1 S. 1 BDSG.

Exkurs: Bis zum 26.11.2019[56] bestand bereits ab zehn in einem Unternehmen ständig mit der automatisierten Verarbeitung personenbezogener Daten beschäftigten Personen die Pflicht zur Bestellung eines Datenschutzbeauftragten. Auf Initiative der FDP-Bundestagsfraktion[57] wurde diese Grenze jedoch auf zwanzig Personen angehoben. Der Bundesrat hat die entsprechende Zustimmung im Zuge des 2. DSAnpUG[58] erteilt,[59] um den Gesetzeszweck einer „Entlastung kleiner und mittlerer Unternehmen sowie ehrenamtlich tätiger Vereine"[60] konsequent zu verfolgen.

---

[52] Sydow-*Ingold*, Europäische Datenschutzgrundverordnung, 2. Aufl. 2018, Art. 30 Rn. 1; Kühling/Buchner-*Hartung*, DS-GVO BDSG, 2. Aufl. 2018, Art. 30 Rn. 12; Paal/Pauly-*Martini*, DS-GVO BDSG, 2. Aufl. 2018, Art. 30 Rn. 2.

[53] Sydow-*Schwendemann*, Europäische Datenschutzgrundverordnung, 2. Aufl. 2018, Art. 35 Rn. 1; Paal/Pauly-*Martini*, DS-GVO BDSG, 2. Aufl. 2018, Art. 35 Rn. 6 f.; Ehmann/Selmayr-*Baumgartner*, Datenschutz-Grundverordnung, 2. Aufl. 2018, Art. 35 Rn. 1.

[54] Sydow-*Schwendemann*, Europäische Datenschutzgrundverordnung, 2. Aufl. 2018, Art. 35 Rn. 1; Paal/Pauly-*Martini*, DS-GVO BDSG, 2. Aufl. 2018, Art. 35 Rn. 8; Kühling/Buchner-*Jandt*, DS-GVO BDSG, 2. Aufl. 2018, Art. 35 Rn. 1.

[55] Schantz/Wolff-*Wolff*, Das neue Datenschutzrecht, 1. Aufl. 2017, Rn. 893; Kühling/Buchner-*Bergt*, DS-GVO BDSG, 2. Aufl. 2018, Art. 37 Rn. 1 f.; Plath-*von dem Bussche*, DS-GVO BDSG, 3. Aufl. 2018, Art. 37 Rn. 1 ff.

[56] BGBl. I S. 1626.

[57] BT-Drs. 19/11037.

[58] 2. Datenschutz-Anpassungs- und Umsetzungsgesetz.

[59] Vgl. dazu eingehend: *Will*, ZD 2019, 429, 429 f.

[60] BR-Drs. 380/19.

3.2.1.3 Räumlicher Anwendungsbereich

Art. 3 DS-GVO regelt den räumlichen Anwendungsbereich der DS-GVO in vier unterschiedlichen Konstellationen. Nach Art. 3 Abs. 1 DS-GVO findet die Verordnung auf die Verarbeitung personenbezogener Daten Anwendung, wenn sie im Rahmen der Tätigkeit einer innerhalb des Unionsgebiets liegenden Niederlassung des Verantwortlichen oder eines Auftragsverarbeiters erfolgt (sog. **Niederlassungsprinzip**). So ist es erforderlich, dass der Verantwortliche oder der Auftragsverarbeiter eine Niederlassung in der EU hat, nicht jedoch, dass die Datenverarbeitung selbst in der EU stattfindet.[61] Sinn und Zweck des Niederlassungsprinzips ist es, dass Unternehmen mit einen wirtschaftlichen Präsenz in der EU auch die geltenden Datenschutzbestimmungen befolgen müssen.[62] Eine Niederlassung setzt eine feste Einrichtung[63] voraus, von der aus eine Tätigkeit effektiv und tatsächlich ausgeübt wird,[64] ErwGr 22 DS-GVO, was z. B. zu bezweifeln ist, wenn der Datenverarbeiter lediglich über einen einzigen Briefkasten im Unionsgebiet verfügt.[65] Die Rechtsform der Niederlassung ist irrelevant.[66]

Des Weiteren gilt die DS-GVO, wenn der Verantwortliche zwar keine Niederlassung in der Union hat, jedoch die Verarbeitung im Zusammenhang damit steht, dass der betroffenen Person, die sich im Unionsgebiet befindet, Waren oder Dienstleistungen angeboten werden, sog. **Marktortprinzip** nach Art. 3 Abs. 2 lit. a) DS-GVO. Ob im Gegenzug für die Waren oder Dienstleistungen von der betroffenen Person die Zahlung eines Entgelts gefordert wird, ist nach Art. 3 Abs. 2 lit. a) DS-GVO unerheblich. So reagiert der Gesetzgeber auch auf den Umstand, dass digitale Dienste regelmäßig mit der Preisgabe von Daten „bezahlt" werden.[67] Während die

---

[61] EuGH, Urt. v. 13.05.2014 – C-131/12, ECLI:EU:C:2014:317 = GRUR 2014, 895, Rn. 45 ff. – *Google Spain*; Schantz/Wolff-*Schantz*, Das neue Datenschutzrecht, 2017, Rn. 324; Kühling/Buchner-*Klar*, DS-GVO BDSG, 2. Aufl. 2018, Art. 3 Rn. 35; Simitis/Hornung/Spiecker gen. Döhmann-*Hornung*, Datenschutzrecht, 1. Aufl. 2019, Art. 3 Rn. 27.

[62] Schantz/Wolff-*Schantz*, Das neue Datenschutzrecht, 2017, Rn. 325; Simitis/Hornung/Spiecker gen. Döhmann-*Hornung*, Datenschutzrecht, 1. Aufl. 2019, Art. 3 Rn. 27; vgl. auch: *Laue*, ZD 2016, 463, 465.

[63] Vgl. hierzu: EuGH, Urt. v. 28.07.2016 – C-191/15, ECLI:EU:C:2016:612 = NJW 2016, 2727, Rn. 77 – *Amazon*; EuGH, Urt. v. 01.10.2015 – C-230/14, ECLI:EU:C:2015:639 = ZD 2015, 580, Rn. 29 – *Weltimmo*; Gola-*Piltz*, DS-GVO, 2. Aufl. 2018, Art. 3 Rn. 10 ff.; vgl. zur Übertragbarkeit der EuGH-Rspr.: Gola-*Piltz*, DS-GVO, 2. Aufl. 2018, Art. 3 Rn. 8.

[64] EuGH, Urt. v. 01.10.2015 – C-230/14, ECLI:EU:C:2015:639 = ZD 2015, 580 Rn. 29 ff. – *Weltimmo*; EuGH, Urt. v. 13.05.2014 – C-131/12, ECLI:EU:C:2014:317 = GRUR 2014, 895 Rn. 45 ff. – *Google Spain*; Kühling/Buchner-*Klar*, DS-GVO BDSG, 2. Aufl. 2018, Art. 3 Rn. 41; kritisch zur Übertragbarkeit der Rechtsprechung des EuGH: Simitis/Hornung/Spiecker gen. Döhmann-*Hornung*, Datenschutzrecht, 1. Aufl. 2019, Art. 3 Rn. 30 f.

[65] Paal/Pauly-*Ernst*, DS-GVO BDSG, 2. Aufl. 2018, Art. 3 Rn. 8.

[66] Vgl. *Specht-Riemenschneider/Schneider*, MMR 2019, 503, 508.

[67] Ehmann/Selmayr-*Zerdick*, Datenschutz-Grundverordnung, 2. Aufl. 2018, Art. 3 Rn. 18; Kühling/Buchner-*Klar*, DS-GVO BDSG, 2. Aufl. 2018, Art. 3 Rn. 73; Simitis/Hornung/Spiecker gen. Döhmann-*Hornung*, Datenschutzrecht, 1. Aufl. 2019, Art. 3 Rn. 48 f.; Schwartmann/Jaspers/Thüsing/Kugelmann-*Pabst*, HK DS-GVO/BDSG, 1. Aufl. 2018, Art. 3 Rn. 32.

bloße Zugänglichkeit der Website des Verantwortlichen, des Auftragsverarbeiters oder eines Vermittlers in der Union, einer E-Mail-Adresse oder anderer Kontaktdaten oder die Verwendung einer Sprache, die in dem Drittland, in dem der Verantwortliche niedergelassen ist, allgemein gebräuchlich ist, hierfür kein ausreichender Anhaltspunkt ist, können andere Faktoren wie die Verwendung einer Sprache oder Währung, die in einem oder mehreren Mitgliedstaaten gebräuchlich ist, in Verbindung mit der Möglichkeit, Waren und Dienstleistungen in dieser anderen Sprache zu bestellen, oder die Erwähnung von Kunden oder Nutzern, die sich in der Union befinden, darauf hindeuten, dass der Verantwortliche beabsichtigt, den Personen in der Union Waren oder Dienstleistungen anzubieten, ErwGr 23 S. 3.[68]

Im Übrigen ist der **Begriff des „Angebots"** unionsrechtlich autonom auszulegen, auch eine invitatio ad offerendum ist ausreichend.[69] Die DS-GVO ist ebenfalls räumlich anwendbar, wenn ein nicht innerhalb der EU niedergelassener Verantwortlicher oder Auftragsverarbeiter personenbezogene Daten von betroffenen Personen verarbeitet, die sich in der Union befinden, wenn die Datenverarbeitung im Zusammenhang damit steht, das Verhalten betroffener Personen zu beobachten, soweit ihr Verhalten in der Union erfolgt, Art. 3 Abs. 2 lit. b) DS-GVO. Das Beobachten als besondere Form der Datenverarbeitung setzt voraus, dass der Verantwortliche aktiv Vorkehrungen trifft, die es ihm ermöglichen, das Verhalten einer natürlichen Person in einem bestimmten Kontext aufzuzeichnen, wobei eine lediglich punktuelle Aufzeichnung den Anforderungen nicht genügt.[70] Als Beispiel nennt ErwGr 24 S. 2 DS-GVO das Aufzeichnen von Internetaktivitäten natürlicher Personen, wie dies bspw. beim Einsatz von Cookies möglich ist. Das anschließende Erstellen von Persönlichkeitsprofilen im Sinne des Profiling nach Art. 4 Nr. 4 DS-GVO ist für ein Beobachten nicht erforderlich, perpetuiert die zuvor stattgefundene Beobachtung aber und ist in ErwGr 24 S. 2 DS-GVO genannt.[71]

Art. 3 Abs. 3 DS-GVO reguliert regelt schließlich den räumlichen Anwendungsbereich der DS-GVO aufgrund von Völkerrecht. Abs. 3 knüpft ebenso wie Abs. 1 an den Ort der Niederlassung des Verantwortlichen an. Leider ist der Wortlaut grob missverständlich und kann nur mit Blick auf die Sprachfassungen der anderen

---

[68] Vgl. zum Hintergrund dieses Erwägungsgrundes: EuGH, Urt. v. 07.12.2010 – C-585/08 u. C-144/09, ECLI:EU:C:2010:740 = EuZW 2011, 98, Rn. 47 ff.

[69] *Kühling/Klar/Sackmann*, Datenschutzrecht, 4. Aufl. 2018, Rn. 235; Kühling/Buchner-*Klar*, DS-GVO BDSG, 2. Aufl. 2018, Art. 3 Rn. 66; Simitis/Hornung/Spiecker gen. Döhmann-*Hornung*, Datenschutzrecht, 1. Aufl. 2019, Art. 3 Rn. 50; vgl. auch: *Piltz*, K&R 2016, 557, 559.

[70] Schantz/Wolff-*Schantz*, Das neue Datenschutzrecht, 2017, Rn. 339; Gola-*Piltz*, DS-GVO, 2. Aufl. 2018, Art. 3 Rn. 32; Ehmann/Selmayr-*Zerdick*, Datenschutz-Grundverordnung, 2. Aufl. 2018, Art. 3 Rn. 20; Schwartmann/Jaspers/Thüsing/Kugelmann-*Pabst*, HK DS-GVO/BDSG, 1. Aufl. 2018, Art. 3 Rn. 36; Simitis/Hornung/Spiecker gen. Döhmann-*Hornung*, Datenschutzrecht, 1. Aufl. 2019, Art. 3 Rn. 57.

[71] Schantz/Wolff-*Schantz*, Das neue Datenschutzrecht, 2017, Rn. 337; Simitis/Hornung/Spiecker gen. Döhmann-*Hornung*, Datenschutzrecht, 1. Aufl. 2019, Art. 3 Rn. 57; Kühling/Buchner-*Klar*, DS-GVO BDSG, 2. Aufl. 2018, Art. 3 Rn. 91 f.; vgl. auch: Paal/Pauly-*Ernst*, DS-GVO BDSG, 2. Aufl. 2018, Art. 3 Rn. 9.

EU-Länder ausgelegt werden.[72] Nach Art. 3 Abs. 3 DS-GVO ist der räumliche Anwendungsbereich auch dann eröffnet, wenn die Datenverarbeitung weder an einem
Ort in der EU stattfindet noch der Verantwortliche eine Niederlassung in der EU
betreibt, die Niederlassung des Verantwortlichen aber in einem Territorium liegt,
welches aufgrund des Völkerrechts dem Recht eines Mitgliedstaats unterliegt.[73]

3.2.1.4 Öffnungs- und Konkretisierungsklauseln

Ist der Anwendungsbereich in sachlicher und räumlicher Hinsicht eröffnet, ist
stets zu prüfen, ob die DS-GVO eine **Öffnungsklausel** für den zu untersuchen-
den Sachverhalt vorsieht. Die DS-GVO normiert mehr als 44 Öffnungs- und
Konkretisierungsklauseln, die genaue Anzahl ist bis heute streitig.[74] Bei einer Vielzahl der Öffnungs- und Konkretisierungsklauseln ist bis jetzt ungeklärt, wieweit der
mitgliedstaatliche Gestaltungsspielraum reicht.[75] Die Öffnungsklauseln gebieten
oder gestatten es, abweichende nationale Rechtsvorschriften zu erhalten bzw. zu
erlassen, der mitgliedstaatliche Gestaltungsspielraum darf dabei aber nicht überschritten werden.[76] Die Konkretisierungsklauseln erlauben Konkretisierungen der
DSGVO, so erlaubt z. B. Art. 88 DSGVO die Konkretisierung in § 26 BDSG. Es
werden Rechtsvorschriften sowohl im allgemeinen und bereichsspezifischen Datenschutzrecht durch die Öffnungsklauseln ermöglicht, als auch in anderen Rechtsgebieten mit datenschutzrechtlichen Bezügen.[77] Die nationalen Rechtsvorschriften, die
den Gestaltungsspielraum einer Öffnungs- bzw. Konkretisierungsklausel ausgestalten, sind sodann vorrangig vor der DS-GVO anzuwenden. Sie sind im Lichte der
Unionsgrundrechte auszulegen, wenn sie die DSGVO lediglich konkretisieren, im

---

[72] Simitis/Hornung/Spiecker gen. Döhmann-*Hornung*, Datenschutzrecht, 1. Aufl. 2019, Art. 3
Rn. 67; Kühling/Buchner-*Klar*, DS-GVO BDSG, 2. Aufl. 2018, Art. 3 Rn. 103; vgl. auch: Art. 29
Datenschutzgruppe, WP 179, S. 22.

[73] Art. 29 Datenschutzgruppe, WP 179, S. 22; Simitis/Hornung/Spiecker gen. Döhmann-*Hornung*,
Datenschutzrecht, 1. Aufl. 2019, Art. 3 Rn. 67; Kühling/Buchner-*Klar*, DS-GVO BDSG, 2. Aufl.
2018, Art. 3 Rn. 103; Sydow-*Ennöckl*, Europäische Datenschutzgrundverordnung, 2. Aufl. 2018,
Art. 3 Rn. 5.

[74] *Kühling/Martini*, EuZW 2016, 448, 449; *Kühling/Martini*, Die Datenschutz-Grundverordnung
und das nationale Recht, 2016, S. 1; Schantz/Wolff-*Wolff*, Das neue Datenschutzrecht, 2017,
Rn. 218 f.; vgl. auch: Simitis/Hornung/Spiecker gen. Döhmann-*Hornung/Spiecker gen. Döhmann*,
Datenschutzrecht, 1. Aufl. 2019, Einl. Rn. 226; Roßnagel-*Roßnagel*, Das neue Datenschutzrecht,
2018, § 1 Rn. 58.

[75] Simitis/Hornung/Spiecker gen. Döhmann-*Hornung/Spiecker gen. Döhmann*, Datenschutzrecht,
1. Aufl. 2019, Einl. Rn. 228 und Rn. 230; Siehe zu den einzelnen Öffnungsklauseln: *Kühling/
Martini*, Die Datenschutz-Grundverordnung und das nationale Recht, 2016, S. 14 ff.; Roßna-
gel-*Roßnagel*, Das neue Datenschutzrecht, 2018, § 2 Rn. 20.

[76] Ehmann/Selmayr-*Selmayr/Ehmann*, Datenschutz-Grundverordnung, 2. Aufl. 2018, Einf. Rn. 89;
Sydow-*Sydow*, Europäische Datenschutzgrundverordnung, 2. Aufl. 2018, Einl. Rn. 45; Simitis/
Hornung/Spiecker gen. Döhmann-*Hornung/Spiecker gen. Döhmann*, Datenschutzrecht, 1. Aufl.
2019, Einl. Rn. 227; ausführlich zur Typologie der Öffnungsklauseln: *Kühling/Martini*, Die Datenschutz-Grundverordnung und das nationale Recht, 2016, S. 9 ff.

[77] *Kühling/Martini*, Die Datenschutz-Grundverordnung und das nationale Recht, 2016, S. 1; Simi-
tis/Hornung/Spiecker gen. Döhmann-*Hornung/Spiecker gen. Döhmann*, Datenschutzrecht, 1.
Aufl. 2019, Einl. Rn. 207, Rn. 229; Roßnagel-*Roßnagel*, Das neue Datenschutzrecht, 2018,
§ 1 Rn. 59.

Lichte des nationalen Verfassungsrechts, wenn sie den durch das UNionsrecht vorgegebenen Bereich verlassen (BVerfG NJW 2020, 314 - Recht auf Vergessen II). Die Öffnungsklausel für das Recht auf freie Meinungsäußerung und Informationsfreiheit nach **Art. 85 DS-GVO** ist ein Beispiel für eine **gewichtige und zugleich in der Literatur höchst umstrittene Öffnungsklausel.** Die Öffnungsklausel bezweckt die Herstellung praktischer Konkordanz zwischen dem Recht auf Schutz personenbezogener Daten nach Art. 8 GRCh und den Kommunikationsfreiheiten des Art. 11 GRCh sowie der Freiheit von Kunst und Wissenschaft nach Art. 13 GRCh. Recht auf Vergessen II.[78] Umstritten ist, ob Art. 85 Abs. 1 DS-GVO eine eigenständige fakultative Öffnungsklausel darstellt, die neben dem obligatorischen Handlungsauftrag nach Art. 85 Abs. 2 DS-GVO besteht.[79] Die Öffnungsklausel des Art. 85 Abs. 1 DS-GVO würde einen weiteren mitgliedstaatlichen Gestaltungsspielraum normieren als die des Art. 85 Abs. 2 DS-GVO. Sie wäre nicht auf Datenverarbeitungen zu journalistischen, wissenschaftlichen, künstlerischen oder literarischen Zwecken begrenzt.[80] Dieser Streit entfaltet erhebliche Relevanz für die Mitgliedstaaten, die in der Regel versuchen werden, ihre verbliebenen mitgliedstaatlichen Kompetenzen auszuschöpfen. So ist zum Beispiel in Deutschland weiterhin ungeklärt, ob das Kunsturhebergesetz aufgrund von Art. 85 Abs. 1 DS-GVO vollumfänglich neben der Datenschutzgrundverordnung anwendbar bleibt oder nur noch dann zur Anwendung kommt, wenn die Bildnisverbreitung bzw. -Schaustellung journalistische, wissenschaftliche, künstlerische oder journalistische Zwecke verfolgt, vgl. Art. 85 Abs. 2 DS-GVO.[81]

3.2.2 Bundesdatenschutzgesetz

Die **Gesetzessystematik des Bundesdatenschutzgesetzes** erschließt sich nicht auf den ersten Blick, da das Bundesdatenschutzgesetz nicht nur die Öffnungs- und Konkretisierungsklauseln der Datenschutzgrundverordnung ausgestaltet, die in die Gesetzgebungskompetenz des Bundes fallen, sondern zugleich die Richtlinie des Europäischen

---

[78] OLG Köln, Beschl. v. 18.06.2018 – 15 W 27/18, ZD 2018, 434, 435; Sydow-*Specht/Bienemann*, Europäische Datenschutzgrundverordnung, 2. Aufl. 2018, Art. 85 Rn. 1; Wolff/Brink-*Stender-Vorwachs*, BeckOK Datenschutzrecht, 27 Ed. Stand: 01.08.2017, Art. 85 DS-GVO Rn. 1 ff.; Schantz/ Wolff-*Wolff*, Das neue Datenschutzrecht, 2017, Rn. 1315; Schwartmann/Jaspers/Thüsing/Kugelmann-*Frey*, HK DS-GVO/BDSG, 1. Aufl. 2018, Art. 85 Rn. 1.

[79] OLG Köln, Beschl. v. 18.06.2018 – 15 W 27/18, ZD 2018, 434, 435; Sydow-*Specht/Bienemann*, Europäische Datenschutzgrundverordnung, 2. Aufl. 2018, Art. 85 Rn. 9; Schantz/Wolff-*Wolff*, Das neue Datenschutzrecht, 2017, Rn. 1316; Gierschmann/Schlender/Stenzel/Veil-*Schulz/Heilmann*, Datenschutz-Grundverordnung, 1. Aufl. 2018, Art. 85 Rn. 5; Schwartmann/Jaspers/Thüsing/Kugelmann-*Frey*, HK DS-GVO/BDSG, 1. Aufl. 2018, Art. 85 Rn. 2, Rn. 7 ff.

[80] Sydow-*Specht/Bienemann*, Europäische Datenschutzgrundverordnung, 2. Aufl. 2018, Art. 85 Rn. 9; Schwartmann/Jaspers/Thüsing/Kugelmann-*Frey*, HK DS-GVO/BDSG, 1. Aufl. 2018, Art. 85 Rn. 7; Kühling/Buchner-*Buchner/Tinnefeld*, DS-GVO BDSG, 2. Aufl. 2018, Art. 85 Rn. 12.

[81] OLG Köln, Beschl. v. 18.06.2018 – 15 W 27/18, ZD 2018, 434, 435; *Lauber-Rönsberg*, ZUM-RD 2018, 550, 552; *Lauber-Rönsberg/Hartlaub*, NJW 2017, 1057, 1060 ff.; Sydow-*Specht/Bienemann*, Europäische Datenschutzgrundverordnung, 2. Aufl. 2018, Art. 85 Rn. 12; Schwartmann/ Jaspers/Thüsing/Kugelmann-*Frey*, HK DS-GVO/BDSG, 1. Aufl. 2018, Art. 85 Rn. 10.

Parlaments und des Rates vom 27. April 2016 zum Schutz natürlicher Personen bei der Verarbeitung personenbezogener Daten durch die zuständigen Behörden zum Zwecke der Verhütung, Ermittlung, Aufdeckung oder Verfolgung von Straftaten oder der Strafvollstreckung sowie zum freien Datenverkehr und zur Aufhebung des Rahmenbeschluss 2008/977/JI des Rates (JI-RL) umsetzt. In Teil 1 normiert das Bundesdatenschutzgesetz die gemeinsamen Bestimmungen, die auf die drei folgenden Teile Anwendung finden, soweit sich hier keine spezielleren Vorgaben finden. Für das gesamte Bundesdatenschutzgesetz gilt wiederum, dass die Landesdatenschutzgesetze und die bereichsspezifischen Datenschutzregeln vorrangig vor dem Bundesdatenschutzgesetz anzuwenden sind, § 1 Abs. 1 Nr. 2 Alt. 1 und § 1 Abs. 2 S. 1 BDSG.

Teil 2 setzt gemeinsam mit Teil 1 die Öffnungsklauseln der DS-GVO um, die in die Gesetzgebungskompetenz des Bundes fallen. Die beiden Teile des Bundesdatenschutzgesetzes können nur in der Zusammenschau mit der DS-GVO angewendet werden, nur so erschließt sich die Struktur der innerstaatlichen Normen und nur so ist sie verständlich.[82]

Der **Anwendungsbereich** des Bundesdatenschutzgesetzes ergibt sich aus §§ 1 Abs. 1 bis Abs. 8 BDSG, der im Teil 1 bei den gemeinsamen Bestimmungen normiert ist. § 1 Abs. 1 BDSG unterscheidet – wie das alte BDSG auch – sowohl im persönlichen als auch im sachlichen Anwendungsbereich nach „öffentlichen" Stellen des Bundes und der Länder und „nichtöffentlichen" Stellen, die in § 2 BDSG legaldefiniert werden. Eine solche Unterscheidung trifft die DS-GVO nicht.

Das BDSG gilt in sachlicher Hinsicht für **nichtöffentliche Stellen** nur dann, wenn eine automatisierte oder nicht automatisierte Verarbeitung in einem Dateisystem gegeben ist, § 1 Abs. 1 S. 2 BDSG. Diese Einschränkung fehlt in § 1 Abs. 1 S. 1 BDSG gerade, woraus im Umkehrschluss folgt, dass das BDSG für öffentliche Stellen bei jeder Form der Verarbeitung gelten soll.[83] Somit ist selbst die Datenverarbeitung in Form bloßer Handakten oder Notizen bereits erfasst.[84] Der Anwendungsbereich für öffentliche Stellen des Bundes und der Länder ist somit deutlich weiter als der der DS-GVO, der zumindest eine teilweise automatisierte Datenverarbeitung verlangt oder im Falle von nichtautomatisierten Verarbeitungen fordert, dass die Daten in einem Dateisystem gespeichert werden, vgl. Art. 2 Abs. 1 DS-GVO.[85]

---

[82] Simitis/Hornung/Spiecker gen. Döhmann-*Hornung/Spiecker gen. Döhmann*, Datenschutzrecht, 1. Aufl. 2019, Einl. Rn. 227; vgl. auch: Roßnagel-*Roßnagel*, Das neue Datenschutzrecht, 2018, § 1 Rn. 14, Rn. 58; Gola/Heckmann-*Gola/Heckmann*, Bundesdatenschutzgesetz, 13. Aufl. 2019, Einl. Rn. 16 f.

[83] BT-Drs. 18/11325, S. 79; Schantz/Wolff-*Schantz*, Das neue Datenschutzrecht, 2017, Rn. 345; Paal/Pauly-*Ernst*, DS-GVO BDSG, 2. Aufl. 2018, § 1 Rn. 5; Kühling/Buchner-*Klar*, DS-GVO BDSG, 2. Aufl. 2018, § 1 Rn. 7 und Rn. 10; Simitis/Hornung/Spiecker gen. Döhmann-*Roßnagel*, Datenschutzrecht, 1. Aufl. 2019, Art. 2 Rn. 48.

[84] Schantz/Wolff-*Schantz*, Das neue Datenschutzrecht, 2017, Rn. 345; Gola/Heckmann-*Gola/Reif*, Bundesdatenschutzgesetz, 13. Aufl. 2019, § 1 Rn. 5; Paal/Pauly-*Ernst*, DS-GVO BDSG, 2. Aufl. 2018, § 1 Rn. 5.

[85] BT-Drs. 18/11325, S. 79; Gola/Heckmann-*Gola/Reif*, Bundesdatenschutzgesetz, 13. Aufl. 2019, § 1 Rn. 5; Kühling/Buchner-*Klar*, DS-GVO BDSG, 2. Aufl. 2018, § 1 Rn. 7; Simitis/Hornung/Spiecker gen. Döhmann-*Roßnagel*, Datenschutzrecht, 1. Aufl. 2019, Art. 2 Rn. 48.

Während das BDSG für alle Stellen des Bundes ausnahmslos gilt, gilt es für **Stellen der Länder** nur soweit der Datenschutz nicht durch Landesgesetz geregelt ist und die öffentlichen Stellen der Länder Bundesrecht ausführen oder als Organe der Rechtspflege tätig sind und es sich nicht um Verwaltungsangelegenheiten handelt, § 1 Abs. 1 S. 1 Nr. 2 lit. a) und b) BDSG. Vorrangig gelten nämlich für die Stellen der Länder die jeweiligen Landesdatenschutzgesetze.[86]

Die öffentliche Stellen des Bundes und der Länder unterliegen uneingeschränkt dem **räumlichen Anwendungsbereich** des Bundesdatenschutzgesetzes, § 1 Abs. 4 S. 1 BDSG.[87] Die räumliche Anwendbarkeit für nichtöffentliche Stellen ist jedoch nur dann gegeben, wenn der Verantwortliche oder Auftragsverarbeiter personenbezogene Daten im Inland verarbeitet gem. § 1 Abs. 4 S. 2 Nr. 1 BDSG oder personenbezogene Daten im Rahmen der Tätigkeiten einer inländischen Niederlassung des Verantwortlichen oder Auftragsverarbeiters verarbeitet werden, § 1 Abs. 4 S. 2 Nr. 2 BDSG. Nach § 1 Abs. 4 S. 2 Nr. 3 BDSG soll das Bundesdatenschutzgesetz auch Anwendung finden, wenn der Verantwortliche oder Auftragsverarbeiter keine Niederlassung in der Europäischen Union hat, er aber in den Anwendungsbereich der DS-GVO fällt, § 1 Abs. 4 S. 2 Nr. 3 BDSG. Dieser Alternative fehlt jeder Bezug zu Deutschland. Entgegen des Wortlauts wird das Bundesdatenschutzgesetz nur Anwendung finden können, wenn der Verantwortliche keine Niederlassung in der Union hat, jedoch die Datenverarbeitung im Zusammenhang mit dem Angebot von Waren oder Dienstleistungen nach Deutschland steht oder das Verhalten von betroffenen Personen in Deutschland beobachtet wird, § 1 Abs. 4 S. 2 Nr. 3 BDSG i. V. m. Art. 3 Abs. 2 lit. a) und lit. b) DS-GVO.[88]

Teil 3 des Bundesdatenschutzgesetzes erfüllt eine andere Aufgabe als Teil 1 und Teil 2. Er setzt die Richtlinie des Europäischen Parlaments und des Rates vom 27. April 2016 zum Schutz natürlicher Personen bei der Verarbeitung personenbezogener Daten durch die zuständigen Behörden zum Zwecke der Verhütung, Ermittlung, Aufdeckung oder Verfolgung von Straftaten oder der Strafvollstreckung sowie zum freien Datenverkehr und zur Aufhebung des Rahmenbeschluss 2008/977/JI des Rates (**JI-RL**) um. Anders als die Datenschutzgrundverordnung entfaltet die JI-RL keine unmittelbare Rechtswirkung in den Mitgliedstaaten. Sie ist als Richtlinie an die Mitgliedstaaten adressiert und fordert eine fristgemäße Umsetzung in nationales

---

[86] Hierzu: Schantz/Wolff-*Schantz*, Das neue Datenschutzrecht, 2017, Rn. 344; Simitis/Hornung/ Spiecker gen. Döhmann-*Roßnagel*, Datenschutzrecht, 1. Aufl. 2019, Art. 2 Rn. 48; Gola/Heckmann-*Gola/Reif*, Bundesdatenschutzgesetz, 13. Aufl. 2019, § 1 Rn. 6; Kühling/Buchner-*Klar*, DS-GVO BDSG, 2. Aufl. 2018, § 1 Rn. 9.

[87] Kühling/Buchner-*Klar*, DS-GVO BDSG, 2. Aufl. 2018, § 1 Rn. 19; Simitis/Hornung/Spiecker gen. Döhmann-*Hornung*, Datenschutzrecht, 1. Aufl. 2019, Art. 3 Rn. 12; Gola/Heckmann-*Gola/ Reif*, Bundesdatenschutzgesetz, 13. Aufl. 2019, § 1 Rn. 17.

[88] Kühling/Buchner-*Klar*, DS-GVO BDSG, 2. Aufl. 2018, § 1 Rn. 29 f.; Simitis/Hornung/Spiecker gen. Döhmann-*Hornung*, Datenschutzrecht, 1. Aufl. 2019, Art. 3 Rn. 15; Gola/Heckmann-*Gola/ Reif*, Bundesdatenschutzgesetz, 13. Aufl. 2019, § 1 Rn. 19; Wolff/Brink-*Gusy/Eichenhofer*, BeckOK Datenschutzrecht, 27 Ed. Stand: 01.05.2018, § 1 BDSG Rn. 101.

Recht, Art. 288 Abs. 3 AEUV.[89] Dieser Pflicht ist Deutschland mit Teil 3 des Bundesdatenschutzgesetzes nachgekommen.[90] Obwohl Teil 3 die JI-RL umsetzt, sind die gemeinsame Bestimmungen von Teil 1 auch für Teil 3 beachtlich, sofern §§ 45 ff. BDSG keine spezielleren Regelungen treffen.[91]

Teil 3 findet nur Anwendung für die Verarbeitung personenbezogener Daten durch die für die Verhütung, Ermittlung, Aufdeckung, Verfolgung oder Ahndung von **Straftaten oder Ordnungswidrigkeiten** öffentlichen Stellen, soweit sie Daten zum Zwecke der Erfüllung dieser Aufgaben verarbeiten, § 45 S. 1 BDSG. Speziellere **Fachgesetze** für die Verhütung, Ermittlung, Aufdeckung oder Verfolgung von Straftaten sind wiederum **vorrangig** anzuwenden, § 1 Abs. 2 S. 1 BDSG.[92] Ein Beispiel hierfür sind Vorschriften der Strafprozessordnung, die Vorgaben zur Verarbeitung personenbezogener Daten normieren.[93]

3.2.3 Vorschlag für eine Verordnung über Privatsphäre und elektronische Kommunikation

Nicht realisiert werden konnte das Inkrafttreten der Verordnung über Privatsphäre und elektronische Kommunikation (**ePrivacy-VO**) zeitgleich mit der Geltungser-

---

[89] Vgl. zur Staatengerichtetheit: EuGH, Urt. v. 18.12.1997 – C-129/96, ECLI:EU:C:1997:628 = EuZW 1998, 167, Rn. 40 – *Inter-Environnement Wallonie ASBL/Région wallonne*; Grabitz/Hilf/Nettesheim-*Nettesheim*, Das Recht der Europäischen Union, 66. EL 2019, Art. 288 AEUV Rn. 104, Rn. 109; Vedder/Heintschel von Heinegg-*Vedder*, Europäisches Unionsrecht, 2. Aufl. 2018, Art. 288 AEUV Rn. 21, Rn. 26; vgl. zur Frist: EuGH, Urt. v. 05.10.2004 – C-397/01 bis C-403/01, ECLI:EU:C:2004:584 = NJW 2004, 3547, Rn. 117 – *Pfeiffer u. a./Deutsches Rotes Kreuz;* Grabitz/Hilf/Nettesheim-*Nettesheim*, Das Recht der Europäischen Union, 66. EL 2019, Art. 288 AEUV Rn. 114; Vedder/Heintschel von Heinegg-*Vedder*, Europäisches Unionsrecht, 2. Aufl. 2018, Art. 288 AEUV Rn. 29.

[90] Kühling/Buchner-*Schwichtenberg*, DS-GVO BDSG, 2. Aufl. 2018, Vor §§ 45 bis 84 Rn. 3; Wolff/Brink-*Wolff*, BeckOK Datenschutzrecht, 27 Ed. Stand: 01.02.2018, § 45 BDSG Rn. 1; Paal/Pauly-*Frenzelt*, DS-GVO BDSG, 2. Aufl. 2018, § 45 Rn. 1 ff.; Gola/Heckmann-*Braun*, Bundesdatenschutzgesetz, 13. Aufl. 2019, § 45 Rn. 1.

[91] Kühling/Buchner-*Schwichtenberg*, DS-GVO BDSG, 2. Aufl. 2018, Vor §§ 45 bis 84 Rn. 3; Wolff/Brink-*Wolff*, BeckOK Datenschutzrecht, 27 Ed. Stand: 01.02.2018, § 45 BDSG Rn. 4.

[92] Kühling/Buchner-*Schwichtenberg*, DS-GVO BDSG, 2. Aufl. 2018, Vor §§ 45 bis 84 Rn. 4; Gola/Heckmann-*Braun*, Bundesdatenschutzgesetz, 13. Aufl. 2019, § 45 Rn. 3.

[93] Siehe den Entwurf eines Gesetzes zur Umsetzung der Richtlinie (EU) 2016/680 im Strafverfahren sowie zur Anpassung datenschutzrechtlicher Bestimmungen an die Verordnung (EU) 2016/679, abrufbar unter: https://www.bmjv.de/SharedDocs/Gesetzgebungsverfahren/Dokumente/RefE_Umsetzung_RL-EU-2016-680_und_Anpassung_datnschutzrechtlicher_Bestimmungen.pdf?__blob=publicationFile&v=2, zuletzt abgerufen am 30.05.2019; Kühling/Buchner-*Schwichtenberg*, DS-GVO BDSG, 2. Aufl. 2018, Vor §§ 45 bis 84 Rn. 4; Gola/Heckmann-*Braun*, Bundesdatenschutzgesetz, 13. Aufl. 2019, § 45 Rn. 3.

langung der DS-GVO.[94] Nach Art. 1 Abs. 3 ePrivacy-VO (E) präzisieren und ergänzen die Bestimmungen des Verordnungsentwurfes die DS-GVO. Nicht nur der Wortlaut von Art. 1 Abs. 3 ePrivacy-VO (E) indiziert ein Spezialitätsverhältnis zwischen der ePrivacy-VO und der DS-GVO, soweit es um die Verarbeitung personenbezogener Daten geht, sondern auch die Begründung des Verordnungsentwurfs betitelt die ePrivacy-VO explizit als lex specialis.[95] Anders als bei der DS-GVO ist der sachliche Anwendungsbereich der ePrivacy-VO (E) sowohl für personenbezogene als auch für nicht-personenbezogene Daten eröffnet, sofern eine **Verarbeitung elektronischer Kommunikationsdaten** erfolgt, die in Verbindung mit der Bereitstellung und Nutzung elektronischer Kommunikationsdienste steht. Gleiches gilt für Informationen in Bezug auf die Endeinrichtungen der Endnutzer, vgl. Art. 2 Abs. 1 ePrivacy-VO (E). Elektronische Kommunikationsdaten sind definiert als elektronische Kommunikationsinhalte und elektronische Kommunikationsmetadaten, wobei als elektronische Kommunikationsinhalte solche Inhalte gelten, die mittels elektronischer Kommunikationsdienste übermittelt werden, z. B. Textnachrichten, Sprache, Videos, Bilder und Ton, Art. 4 Abs. 3 lit. b) ePrivacy-VO (E). Kommunikationsmetadaten hingegen sind solche Daten, die in einem elektronischen Kommunikationsnetz zu Zwecken der Übermittlung, der Verbreitung oder des Austauschs elektronischer Kommunikationsinhalte verarbeitet werden. Erfasst werden die zur Verfolgung und Identifizierung des Ausgangs- und Zielpunkts einer Kommunikation verwendeten Daten, die im Zusammenhang mit der Bereitstellung elektronischer Kommunikationsdienste erzeugten Daten über den Standort des Geräts sowie Datum, Uhrzeit, Dauer und Art der Kommunikation, Art. 4 Abs. 3 lit. c) ePrivacy-VO (E). Die ePrivacy-VO (E) gilt auch für Daten juristischer Personen[96] sowie für die sogenannte Machine-to-Machine Kommunikation, die unter anderem besondere Relevanz für das Internet der Dinge hat.[97] Die ePrivacy-VO (E) unter-

---

[94] *Rauer/Ettig*, ZD 2018, 255, 255; *Kiparski/Sassenberg*, CR 2018, 324, 329; *Kelber*, K&R 2019, Heft 4 Editorial I; Kühling/Buchner-*Kühling/Raab*, DS-GVO BDSG, 2. Aufl. 2018, Art. 95 Rn. 3 f.; Ehmann/Selmayr-*Klabunde/Selmayr*, Datenschutz-Grundverordnung, 2. Aufl. 2018, Art. 95 Rn. 22.

[95] Vgl.: ErwGr 2a des Vorschlags für eine Verordnung des Europäischen Parlaments und des Rates über die Achtung des Privatlebens und den Schutz personenbezogener Daten in der elektronischen Kommunikation und zur Aufhebung der Richtlinie 2002/58/EG (Verordnung über Privatsphäre und elektronische Kommunikation) v. 12.07.2019, 2017/0003(COD), S. 4; vgl. ausführlich zur VO: Auer-Reinsdorff/Conrad-*Conrad/Hausen*, Handbuch IT- und Datenschutzrecht, 3. Aufl. 2019, § 36 Rn. 24 ff.

[96] Vgl.: ErwGr 3 des Vorschlags für eine Verordnung des Europäischen Parlaments und des Rates über die Achtung des Privatlebens und den Schutz personenbezogener Daten in der elektronischen Kommunikation und zur Aufhebung der Richtlinie 2002/58/EG (Verordnung über Privatsphäre und elektronische Kommunikation) v. 12.07.2019, 2017/0003(COD), S. 5.

[97] Vgl.: ErwGr 12 des Vorschlags für eine Verordnung des Europäischen Parlaments und des Rates über die Achtung des Privatlebens und den Schutz personenbezogener Daten in der elektronischen Kommunikation und zur Aufhebung der Richtlinie 2002/58/EG (Verordnung über Privatsphäre und elektronische Kommunikation) v. 12.07.2019, 2017/0003(COD), S. 11.

wirft auch diese Daten ähnlichen Erlaubnistatbeständen, wie sie nach der DS-GVO für personenbezogene Daten gelten.[98]

Die ePrivacy-VO (E) erfasst über die klassischen elektronischen Dienste wie Telefonieren, E-Mailen und Versenden von Kurznachrichten hinaus, auch sog. Over-The-Top-Dienste („OTT-Dienste") wie die VoIP-Telefonie, das Instant Messanging und webgestützte E-Mail-Dienste als Kommunikationsdienste, vgl. Art. 4 Abs. 1 lit. b) ePrivacy-VO (E).

Elektronische Kommunikationsdaten erfassen zum einen elektronische Kommunikationsinhalte als auch Kommunikationsmetadaten, vgl. Art. 4 Abs. 3 lit. a), b) und c) ePrivacy-VO (E). Hinsichtlich der Verarbeitung dieser Daten kommt die **ePrivacy-VO (E) als bereichsspezifisches Datenschutzrecht** vorrangig zur Anwendung, Art. 2 Abs. 1 ePrivacy-VO (E).[99]

Exkurs

Im Jahre 2019 wurden weitere Entwürfe[100] der damaligen finnischen Ratspräsidentschaft veröffentlicht, die an den hier dargestellten Grundsätzen keine Änderungen hervorrufen. Diese wurden jedoch von den nationalen Delegationen nicht akzeptiert, sodass bis heute keine verlässliche Entwurfsfassung der ePrivacy-VO existiert.

Es ist fraglich, ob die künftigen Ratspräsidentschaften aufgrund der vielfältigen unionsrechtlichen Gesetzgebungsbestrebungen die ePrivacy-VO konsequent weiterverfolgen werden. Selbst wenn 2020 neue Entwürfe folgen, so ist aufgrund der erheblichen Differenzen und des langwierigen unionsrechtlichen Gesetzgebungsprozesses nicht vor 2022/2023 mit einer Verabschiedung zu rechnen. Aufgrund der vorgesehenen 24-monatigen Übergangsfrist (vgl. Art. 29 Nr. 2 ePrivacy-VO (E)) wird diese daher frühestens 2024/2025 in Kraft treten.

3.3 Grundsätze der Datenverarbeitung

Art. 5 Abs. 1 DS-GVO regelt die bei der Datenverarbeitung zu beachtenden **allgemeinen Grundsätzen,** teilweise werden diese sogar ausdrücklich unionsverfassungsrechtlich garantiert, vgl. Art. 8 Abs. 2 GRCh. Die folgenden Regelungen des materiellen Datenschutzrechts sind auf die Umsetzung dieser Grundsätze ausgerichtet, teilweise werden die Grundsätze durch die folgenden Regelungen konkreti-

---

[98] Vgl. insgesamt hierzu: *Specht/Kerber*, Datenrechte – eine Rechts- und Sozialwissenschaftliche Analyse im Vergleich Deutschland – USA, S. 16, abrufbar unter: http://www.abida.de/sites/default/files/ABIDA_Gutachten_Datenrechte.pdf, zuletzt abgerufen am 23.04.2019; Specht/Mantz-*Steinrötter*, Handbuch Europäisches und deutsches Datenschutzrecht, 1. Aufl. 2019, § 5 Rn. 11 ff.; Roßnagel-*Husemann*, Das neue Datenschutzrecht, 2018, § 3 Rn. 19.

[99] Vgl. insgesamt hierzu: *Specht/Kerber*, Datenrechte – eine Rechts- und Sozialwissenschaftliche Analyse im Vergleich Deutschland – USA, S. 16, abrufbar unter: http://www.abida.de/sites/default/files/ABIDA_Gutachten_Datenrechte.pdf, zuletzt abgerufen am 23.04.2019; Specht/Mantz-*Steinrötter*, Handbuch Europäisches und deutsches Datenschutzrecht, 1. Aufl. 2019, § 5 Rn. 11 ff.; Roßnagel-*Husemann*, Das neue Datenschutzrecht, 2018, § 3 Rn. 19.

[100] Der jüngste Entwurf stammt vom 04.10.2019 und wird unter dem Az. 2017/0003(COD) geführt.

siert.[101] Die Beachtung der Grundsätze muss der Verantwortliche nachweisen, man spricht von der sogenannten **Rechenschaftspflicht, Art. 5 Abs. 2 DS-GVO**. Die Missachtung ist bußgeldbewehrt, Art. 83 Abs. 5 lit. a) DS-GVO.

Zunächst sei an dieser Stelle ein kurzer Überblick über die Datenverarbeitungsgrundsätze der DS-GVO gegeben, bevor diese anschließend im Einzelnen erläutert werden (Abb. 3.1). Personenbezogene Daten müssen auf rechtmäßige Weise, nach Treu und Glauben und in einer für die betroffene Person nachvollziehbaren Weise verarbeitet werden, Art. 5 Abs. 1 lit. a) DS-GVO. Sie dürfen nur für festgelegte, eindeutige und legitime Zwecke erhoben werden und dürfen nicht in einer mit diesen Zwecken nicht zu vereinbarenden Weise weiterverarbeitet werden, Art. 5 Abs. 1 lit. b) DS-GVO. Die personenbezogenen Daten müssen auf das für die Zwecke der Verarbeitung notwendige Maß beschränkt sein, Art. 5 Abs. 1 lit. c) DS-GVO. Sie müssen jederzeit sachlich richtig sein und erforderlichenfalls auf dem neusten Stand, Art. 5 Abs. 1 lit. d) DS-GVO. Die Identifizierung der betroffenen Person darf nur so lange ermöglicht werden, wie es für die Zwecke, für die die personenbezogenen Daten verarbeitet werden, erforderlich ist, Art. 5 Abs. 1 lit. e) DS-GVO. Bei der Datenverarbeitung ist eine angemessene Sicherheit der personenbezogenen Daten zu gewährleisten, unter anderem müssen geeignete technische und organisatorische Maßnahmen ergriffen werden, die vor unbefugter oder unrechtmäßiger Verarbeitung schützen ebenso wie vor Verlust, Zerstörung oder Schädigung der personenbezogenen Daten, Art. 5 Abs. 1 lit. f) DS-GVO.

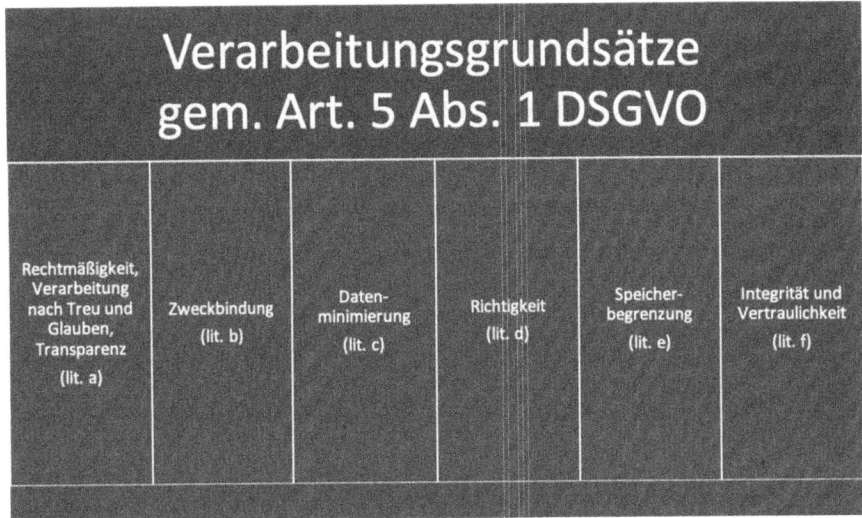

Abb. 3.1 Abbildung: Verarbeitungsgrundsätze der DS-GVO

---

[101] Simitis/Hornung/Spiecker gen. Döhmann-*Roßnagel*, Datenschutzrecht, 1. Aufl. 2019, Art. 5 Rn. 15; Ehmann/Selmayr-*Heberlein*, Datenschutz-Grundverordnung, 2. Aufl. 2018, Art. 5 Rn. 6; Kühling/Buchner-*Herbst*, DS-GVO BDSG, 2. Aufl. 2018, Art. 5 Rn. 1; vgl. auch: *Albrecht*, CR 2016, 88, 91.

3.3.1 Grundsatz der Rechtmäßigkeit

Art. 5 Abs. 1 lit. a) Var. 1 DS-GVO enthält den **Grundsatz der Rechtmäßigkeit**, wonach die Verarbeitung personenbezogener Daten grundsätzlich verboten und nur dann ausnahmsweise zulässig ist, wenn eine Einwilligung oder ein gesetzlicher Erlaubnistatbestand vorliegt (sog. **Verbotsprinzip**), vgl. auch ErwGr 40. Die wichtigsten Erlaubnistatbestände finden sich in Art. 6 und 9 DS-GVO. Jede Verarbeitung und Weiterverarbeitung bedarf der Legitimation.[102]

3.3.2 Grundsatz der Transparenz

Aus dem **Grundsatz der Transparenz**, Art. 5 Abs. 1 lit. a) Var. 2 DS-GVO erwächst das Erfordernis, jeden Verarbeitungsschritt für die betroffene Person nachvollziehbar zu gestalten. Er setzt voraus, dass alle Informationen und Mitteilungen zur Verarbeitung dieser personenbezogenen Daten leicht zugänglich und verständlich und in klarer und einfacher Sprache abgefasst sind, ErwGr 39 S. 3, ErwGr 58 S. 1.[103] Der Grundsatz der Transparenz wird unter anderem durch die Informationspflichten nach Art. 12 ff. DS-GVO präzisiert, die wiederum in präziser, transparenter, verständlicher und leicht zugänglicher Form in einer klaren und einfachen Sprache zu übermitteln sind, Art. 12 Abs. 1 S. 1 DS-GVO, ErwGr 39 S. 4 bis S. 6. Bislang genügen die in Datenschutzerklärungen enthaltenen Inhalte nur selten diesen Anforderungen, insbesondere fehlt es an der Verständlichkeit der Informationen und einer klaren und einfachen Sprache.[104] Neben das Problem der Verständlichkeit der Informationen tritt ein weiteres: Werden zu viele Informationen an den Betroffenen übermittelt, ist dieser in Anbetracht begrenzter kognitiver Fähigkeiten nicht mehr in der Lage diese Informationen tatsächlich aufzunehmen. Es kommt zu einem sog. „information overload", der sogar dazu führen kann, dass der Betroffene keinerlei Informationen aus der Datenschutzerklärung aufnimmt.[105] Eine

---

[102] Kühling/Buchner-*Albrecht*, DS-GVO BDSG, 2. Aufl. 2018, Art. 6 Einf. Rn. 1 f., Art. 6 Rn. 13; *Kühling/Klar/Sackmann*, Datenschutzrecht, 4. Aufl. 2018, Rn. 323; Simitis/Hornung/Spiecker gen. Döhmann-*Albrecht*, Datenschutzrecht, 1. Aufl. 2019, Einf. Art. 6 Rn. 1; Sydow-*Reimer*, Europäische Datenschutzgrundverordnung, 2. Aufl. 2018, Art. 6 Rn. 9.

[103] Specht/Mantz-*Mantz/Marosi*, Handbuch Europäisches und deutsches Datenschutzrecht, 1. Aufl. 2019, § 3 Rn. 80;

[104] Specht/Werry/Werry-*Specht/Bienemann*, Informationsvermittlung durch standardisierte Bildsymbole – Ein Weg aus dem Privacy Paradox?, Datenrecht in der Digitalisierung, im Erscheinen; *Richter*, PinG 2016, 185, 186; *Pollmann/Kipker*, DuD 2016, 378, 378; *Arnold/Hillebrand/Waldburg*, DuD 2015, 730, 732; *Cranor/McDonald*, The Cost of Reading Privacy Policies, in: I/S: A Journal of Law and Policy for the Information Society, 2008, S. 543; zitiert in: *Bolsinger*, DuD 2016, 383, 385.

[105] Specht/Werry/Werry-*Specht/Bienemann*, Informationsvermittlung durch standardisierte Bildsymbole – Ein Weg aus dem Privacy Paradox?, Datenrecht in der Digitalisierung, im Erscheinen; *Arnold/Hillebrand/Waldburg*, DuD 2015, 730, 730 ff.; *Kühnl*, Persönlichkeitsschutz 2.0, Diss. Köln 2016, S. 342; *Calo*, Notre Dame Law Review, 2012, Vol. 87 Issue 3, 1027, 1071; Ehmann/

Informationsvermittlung durch standardisierte Bildsymbole könnte helfen, die Aufmerksamkeit des Nutzers zu erlangen und die elementaren Informationen an den Betroffenen zu übermitteln.[106] Dies hat auch der europäische Gesetzgeber erkannt, jedoch hat er weder standardisierte Bildsymbole entwickelt noch ihren Einsatz als verpflichtend ausgestaltet, sondern diese nur ermöglichend anerkannt, Art. 12 Abs. 7 DS-GVO.[107]

3.3.3 Grundsatz der Zweckbindung

Der **Zweckbindungsgrundsatz** gibt vor, dass personenbezogene Daten nur für festgelegte, eindeutige und legitime Zwecke erhoben werden dürfen, Art. 5 Abs. 1 lit. b) HS 1 DS-GVO. Hieraus ergibt sich insbesondere, dass die Primärzwecke der Erhebung schon zum Zeitpunkt der Erhebung festgelegt sein müssen.[108] Die Schutzfunktion des Zweckbindungsgrundsatzes hängt insbesondere davon ab, wie präzise der Primärzweck vor der Datenverarbeitung vom Verarbeiter bestimmt und benannt werden muss.[109] Die DS-GVO legt dies nicht explizit fest.[110] Der Zweckbindungsgrundsatz darf jedenfalls nicht durch einen pauschal formulierten allumfassenden Primärzweck ausgehebelt werden.[111] Unklar ist beispielsweise, ob es als ausrei-

---

Selmayr-*Heckmann/Paschke*, Datenschutz-Grundverordnung, 2. Aufl. 2018, Art. 12 DS-GVO Rn. 53; siehe hierzu auch eine aktuelle Studie: *Rothmann*, Ungewollte Einwilligung? Die Rechtswirklichkeit der Informierten Zustimmung im Fall von Facebook, nachzulesen bei: DuD 2018, 342, 344.

[106] Specht/Werry/Werry-*Specht/Bienemann*, Informationsvermittlung durch standardisierte Bildsymbole – Ein Weg aus dem Privacy Paradox?, Datenrecht in der Digitalisierung, im Erscheinen; *Lutterbeck*, Das informationelle Selbstbestimmungsrecht auf dem Prüfstand, 2010, S. 24.

[107] Specht/Werry/Werry-*Specht/Bienemann*, Informationsvermittlung durch standardisierte Bildsymbole – Ein Weg aus dem Privacy Paradox?, Datenrecht in der Digitalisierung, im Erscheinen; *Albrecht*, CR 2016, 88, 93; Ehmann/Selmayr-*Heckmann/Paschke*, Datenschutz-Grundverordnung, 2. Aufl. 2018, Art. 12 DS-GVO Rn. 53; Specht/Mantz-*Mantz/Marosi*, Handbuch Europäisches und deutsches Datenschutzrecht, 1. Aufl. 2019, § 3 Rn. 80; Auernhammer/Eßer/Kramer/v. Lewinski-*Eßer*, DS-GVO BDSG, 6. Aufl. 2018, Art. 12 Rn. 39.

[108] *Specht*, GRUR Int. 2017, 1040, 1043; Kühling/Buchner-*Herbst*, DS-GVO BDSG, 2. Aufl. 2018, Art. 5 Rn. 31; Wolff/Brink-*Schantz*, BeckOK Datenschutzrecht, 27 Ed. Stand: 01.02.2019, Art. 5 DS-GVO Rn. 14.

[109] *Roßnagel/Nebel/Richter*, ZD 2015, 455, 457 f.; *Dammann*, ZD 2016, 307, 312; *Specht*, GRUR Int. 2017, 1040, 1043; Wolff/Brink-*Schantz*, BeckOK Datenschutzrecht, 27 Ed. Stand: 01.02.2019, Art. 5 DS-GVO Rn. 15; Simitis/Hornung/Spiecker gen. Döhmann-*Roßnagel*, Datenschutzrecht, 1. Aufl. 2019, Art. 5 Rn. 76.

[110] *Dammann*, ZD 2016, 307, 312; Wolff/Brink-*Schantz*, BeckOK Datenschutzrecht, 27 Ed. Stand: 01.02.2019, Art. 5 DS-GVO Rn. 15; Simitis/Hornung/Spiecker gen. Döhmann-*Roßnagel*, Datenschutzrecht, 1. Aufl. 2019, Art. 5 Rn. 76; Ehmann/Selmayr-*Heberlein*, Datenschutz-Grundverordnung, 2. Aufl. 2018, Art. 5 Rn. 14.

[111] *Specht*, GRUR Int. 2017, 1040, 1043; *Culik/Döpke*, ZD 2017, 226, 227; Simitis/Hornung/Spiecker gen. Döhmann-*Roßnagel*, Datenschutzrecht, 1. Aufl. 2019, Art. 5 Rn. 72; vgl. auch: Art. 29 Datenschutzgruppe, WP 202, S. 22.

chend erachtet werden kann, wenn als Zweckangabe pauschal „Werbung" oder „Marketing" angegeben ist.[112] Darüber hinaus dürfen die personenbezogenen Daten nicht in einer mit diesem Zweck nicht zu vereinbarenden Weise weiterverarbeitet werden, Art. 5 Abs. 1 lit. b) HS 2 DS-GVO, ErwGr 50 S. 1. Sind Primär- und Sekundärzweck miteinander vereinbar, ist die Weiterverarbeitung unter den Voraussetzungen des Art. 6 Abs. 4 DS-GVO zulässig, vgl. auch ErwGr 50 S. 2.[113] Um festzustellen, ob der Sekundärzweck mit dem Primärzweck vereinbar ist, sollte der Verantwortliche unter anderem prüfen, ob ein Zusammenhang zwischen den Zwecken besteht, in welchem Kontext die Daten erhoben wurden, insbesondere die vernünftigen Erwartungen der betroffenen Personen, um welche Art von personenbezogenen Daten es sich handelt, welche Folgen die Weiterverarbeitung hat und ob sowohl beim ursprünglichen als auch beim beabsichtigten Weiterverarbeitungsvorgang geeignete Garantien bestehen, Art. 6 Abs. 4 DS-GVO, ErwGr 50 S. 6. Mithin ist eine Interessenabwägung unter Einbeziehung sämtlicher Einzelfallumstände vorzunehmen.[114]

3.3.4 Grundsätze der Datenminimierung und Speicherbegrenzung

Sowohl der **Grundsatz der Datenminimierung** aus Art. 5 Abs. 1 lit. c) DS-GVO als auch der **Grundsatz der Speicherbegrenzung** aus Art. 5 Abs. 1 lit. e) DS-GVO stehen in direktem Zusammenhang zum Grundsatz der Zweckbindung.[115] Der Grundsatz der Datenminimierung gebietet die Beschränkung der Verarbeitung auf einen Umfang, der zur jeweiligen Zweckerfüllung erforderlich ist und über das notwendige Minimum nicht hinausgeht. Der Grundsatz der Speicherbegrenzung erachtet als zulässige zeitliche Grenze für die Speicherung personenbezogener Daten ihre Zweckerfüllung und erkennt eine Ausnahme ausschließlich für im öffentlichen Interesse liegende Archivzwecke oder wissenschaftliche und historische Forschungszwecke an, Art. 5 Abs. 1 lit. e) DS-GVO. Neben dem Löschen der personenbezogenen Daten besteht beim Grundsatz der Speicherbegrenzung auch

---

[112] *Specht*, GRUR Int. 2017, 1040, 1044; *Kring*, Big Data und der Grundsatz der Zweckbindung, 2015, S. 553 m. w. N.; Ehmann/Selmayr-*Heberlein*, Datenschutz-Grundverordnung, 2. Aufl. 2018, Art. 5 Rn. 14.

[113] *Specht*, GRUR Int. 2017, 1040, 1045; *Culik/Döpke*, ZD 2017, 226, 230; *Härting*, Datenschutz-Grundverordnung, 2016, Rn. 515; Simitis/Hornung/Spiecker gen. Döhmann-*Roßnagel*, Datenschutzrecht, 1. Aufl. 2019, Art. 5 Rn. 98; Sydow-*Reimer*, Europäische Datenschutzgrundverordnung, 2. Aufl. 2018, Art. 5 Rn. 24; a.A.: Kühling/Buchner-*Herbst*, DS-GVO BDSG, 2. Aufl. 2018, Art. 5 Rn. 48 f.

[114] *Specht*, GRUR Int. 2017, 1040, 1045; vgl. auch: Simitis/Hornung/Spiecker gen. Döhmann-*Roßnagel*, Datenschutzrecht, 1. Aufl. 2019, Art. 5 Rn. 97.

[115] *Keppeler/Berning*, ZD 2017, 314, 315; Kühling/Buchner-*Herbst*, DS-GVO BDSG, 2. Aufl. 2018, Art. 5 Rn. 65, Art. 17 Rn. 17; Ehmann/Selmayr-*Heberlein*, Datenschutz-Grundverordnung, 2. Aufl. 2018, Art. 5 Rn. 22 f.; Auernhammer/Eßer/Kramer/v. Lewinski-*Kramer*, DS-GVO BDSG, 6. Aufl. 2018, Art. 5 Rn. 38.

die Möglichkeit, den Personenbezug der Daten durch Pseudonymisierung abzumildern. Beide Grundsätze verbieten damit eine Speicherung personenbezogener Daten „auf Vorrat", die Löschpflicht wird wiederum durch Art. 17 Abs. 1 HS 2 lit. a) DS-GVO konkretisiert.[116] Der Verantwortliche hat, wenn möglich, die sich ergebenden und anzuwendenden Löschfristen im Verzeichnis der Verarbeitungstätigkeiten zu dokumentieren, Art. 30 Abs. 1 lit. f), Art. 24 Abs. 1 DS-GVO.[117] Zugleich hat er den Betroffenen zu informieren, für welche Dauer die personenbezogenen Daten gespeichert werden, Art. 13 Abs. 2 lit. a), Art. 14 Abs. 2 lit. a) DS-GVO.[118]

3.3.5 Grundsätze der Richtigkeit sowie Integrität und Vertraulichkeit

Abschließend müssen die Daten nach dem **Grundsatz der Richtigkeit** sachlich richtig und erforderlichenfalls auf dem neusten Stand sein, Art. 5 Abs. 1 lit. d) DS-GVO, und in einer Weise verarbeitet werden, die eine angemessene Sicherheit der personenbezogenen Daten gewährleistet, einschließlich dem Schutz vor unbefugter oder unrechtmäßiger Verarbeitung und vor unbeabsichtigtem Verlust, unbeabsichtigter Zerstörung oder unbeabsichtigter Schädigung durch geeignete technische und organisatorischen Maßnahmen, Art. 5 Abs. 1 lit. f) DS-GVO (sog. **Grundsatz der Integrität und Vertraulichkeit**). Nähere Erläuterungen hierzu finden sich oben bei den Pflichten des Verantwortlichen wie auch des Auftragsverarbeiters (Abschn. 3.2.1.2.3).

▶ **Klausurtipp** Die Grundsätze der Datenverarbeitung gem. Art. 5 Abs. 1 DS-GVO bieten Ihnen in der Klausursituation wertvolle Argumentationshilfen. Der Gesetzgeber hat hier klare Wertungen vorgenommen, die sie in Ihrer Argumentation berücksichtigen sollten!

3.4 Erlaubnistatbestände

Aus dem **Verbotsprinzip** (Art. 5 Abs. 1 lit. a) Var. 1 DS-GVO) ergibt sich, dass jede Verarbeitung von personenbezogenen Daten nur auf Grundlage einer Einwilligung oder eines gesetzlichen Erlaubnistatbestandes erfolgen darf. Für die Prüfung der

---

[116] Ehmann/Selmayr-*Heberlein*, Datenschutz-Grundverordnung, 2. Aufl. 2018, Art. 5 Rn. 27; Auernhammer/Eßer/Kramer/v. Lewinski-*Kramer*, DS-GVO BDSG, 6. Aufl. 2018, Art. 5 Rn. 38; Sydow-*Reimer*, Europäische Datenschutzgrundverordnung, 2. Aufl. 2018, Art. 5 Rn. 41.

[117] *Keppeler/Berning*, ZD 2017, 314, 315.

[118] *Keppeler/Berning*, ZD 2017, 314, 315; Ehmann/Selmayr-*Heberlein*, Datenschutz-Grundverordnung, 2. Aufl. 2018, Art. 5 Rn. 25; Auernhammer/Eßer/Kramer/v. Lewinski-*Kramer*, DS-GVO BDSG, 6. Aufl. 2018, Art. 5 Rn. 38.

Rechtmäßigkeit ist die Unterscheidung zwischen personenbezogenen Daten nach Art. 6 Abs. 1, Art. 4 Nr. 1 DS-GVO (Abschn. 3.4.1) und besonderen Kategorien personenbezogener Daten nach Art. 9 Abs. 1 DS-GVO (Abschn. 3.4.2) von entscheidender Bedeutung. Obwohl Art. 6 Abs. 1 DS-GVO eine abschließende Aufzählung der Erlaubnistatbestände festschreibt, bestehen daneben weitere Erlaubnistatbestände, die die Öffnungsklauseln der DS-GVO ausgestalten.[119] Diese sind sowohl im BDSG als auch in den bereichsspezifischen Datenschutzvorschriften zu finden. Art. 6 DS-GVO normiert mit Abs. 2 und Abs. 3 selbst Öffnungsklauseln im Hinblick auf die Datenverarbeitung im öffentlichen Interesse, die es den Mitgliedstaaten ermöglichen, spezifischere Bestimmungen zu Art. 6 Abs. 1 lit. c) und lit. e) zu bestimmen.[120] Die mitgliedstaatlichen Regelungen sind daher ggf. in Kombination mit den Erlaubnistatbeständen gem. Art. 6 und 9 DS-GVO zu lesen.

Exkurs
In Deutschland wurden entsprechende spezifische Bestimmungen v. a. im Sozialdatenschutzrecht getroffen. So ermöglicht § 68 SGB X beispielsweise Datenübermittlungen zur Gefahrenabwehr und § 73 SGB X die Übermittlung personenbezogener Daten zur Strafverfolgung.
Aber auch z. B. im Recht der öffentlichen Abgaben sind entsprechende Regelungen erfolgt. So enthalten die §§ 29b ff. AO inzwischen ein vollständiges Regelungsregime der Verarbeitung personenbezogener Daten im Abgabenrecht, vgl. § 2a AO.

3.4.1 Verarbeitung nach Art. 6 Abs. 1 DS-GVO

Für die Rechtmäßigkeitsprüfung der Verarbeitung personenbezogener Daten lässt sich folgendes **Grundschema** abarbeiten, das jedoch keine starre Prüfungsreihenfolge vorgibt und von dem je nach Einzelfall abgewichen werden kann bzw. zu dem je nach Einzelfall Ergänzungen vorgenommen werden können bzw. müssen:

Konzeptionell stellt jede Datenverarbeitung einen Eingriff in das Recht auf informationelle Selbstbestimmung dar, Art. 2 Abs. 1, Art. 1 Abs. 1 GG, bzw. das Recht auf Schutz personenbezogener Daten, Art. 8 GRCh, der zu rechtfertigen ist.

Sofern die DS-GVO Anwendung findet, ist eine Datenverarbeitung rechtmäßig, wenn die datenschutzrechtlichen Grundsätze eingehalten werden und für die Datenverarbeitung eine Einwilligung oder ein **Erlaubnistatbestand** nach Art. 6 Abs. 1 lit. b) – lit. f) DS-GVO vorliegt (Abb. 3.2). Sind besondere Kategorien personenbezogener Daten nach Art. 9 Abs. 1 und Abs. 2 DS-GVO im Rahmen der bereichsspezifischen Datenschutzvorschriften betroffen, müssen die datenschutzrechtlichen

---

[119] Specht/Mantz-*Lauber-Rönsberg*, Europäisches und deutsches Datenschutzrecht, 1. Aufl. 2019, § 4 Rn. 73; Sydow-*Reimer*, Europäische Datenschutzgrundverordnung, 2. Aufl. 2018, Art. 6 Rn. 87; Auernhammer/Eßer/Kramer/v. Lewinski-*Kramer*, DS-GVO BDSG, 6. Aufl. 2018, Art. 6 Rn. 3.

[120] Specht/Mantz-*Lauber-Rönsberg*, Europäisches und deutsches Datenschutzrecht, 1. Aufl. 2019, § 4 Rn. 75 ff.; Sydow-*Reimer*, Europäische Datenschutzgrundverordnung, 2. Aufl. 2018, Art. 6 Rn. 85 ff.; Auernhammer/Eßer/Kramer/v. Lewinski-*Kramer*, DS-GVO BDSG, 6. Aufl. 2018, Art. 6 Rn. 82.

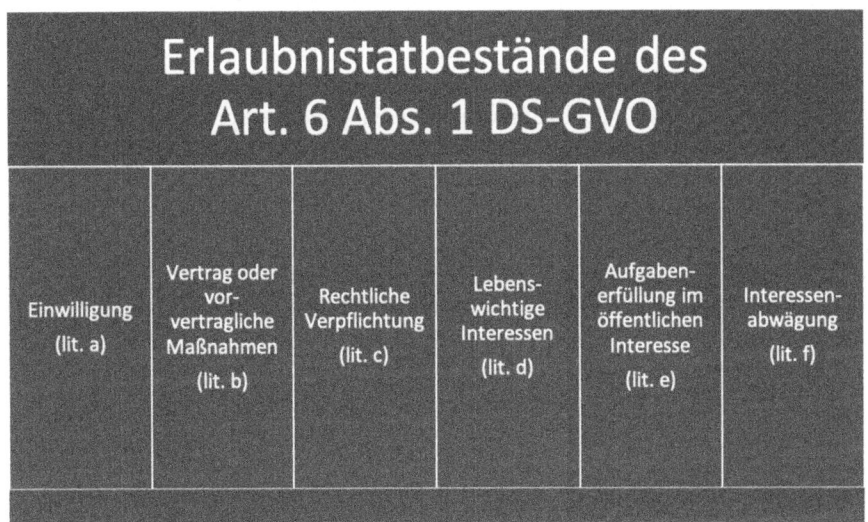

Abb. 3.2 Abbildung: Erlaubnisnormen des Art. 6 Abs. 1 DS-GVO

Grundsätze sowie die Voraussetzungen der Verarbeitung nach Art. 9 DS-GVO vorliegen. Wird eine Rechtfertigung durch die Öffnungsklauseln der DS-GVO ausgestaltet, z. B. durch das KUG, so sind die spezifischen Voraussetzungen dieser Erlaubnistatbestände zu prüfen.

3.4.1.1 Einwilligung

Die **Einwilligung** stellt einen zentralen Rechtfertigungstatbestand dar, Art. 6 Abs. 1
lit. a) DS-GVO, dessen Wirksamkeitsvoraussetzungen in Art. 7 und 8 DS-GVO geregelt sind. Definiert ist die Einwilligung in Art. 4 Nr. 11 DS-GVO. Danach ist eine
Einwilligung jede freiwillig für den bestimmten Fall, in informierter Weise und
unmissverständlich abgegebene Willensbekundung in Form einer Erklärung oder
sonstigen eindeutigen bestätigenden Handlung, mit der die betroffene Person zu
verstehen gibt, dass sie mit der Verarbeitung der sie betreffenden personenbezogenen Daten einverstanden ist. Ob die Erteilung durch die betroffene Person nur selbst
erfolgen kann (sog. höchstpersönliches Geschäft) oder eine Stellvertretung zulässig
ist, ist umstritten.[121] Gegen die Möglichkeit einer Stellvertretung spricht der Wortlaut von Art. 4 Nr. 11, Art. 6 Abs. 1 lit. a) DS-GVO und Art. 8 Abs. 2 S. 1 GRCh.[122]

---

[121]Art. 29 Datenschutzgruppe, WP 259, S. 9; *Ernst*, ZD 2017, 110, 111; Wolff/Brink-*Stemmer*,
BeckOK Datenschutzrecht, 27 Ed. Stand: 01.05.2018, Art. 7 DS-GVO Rn. 31; Specht/Mantz-
Specht, Europäisches und deutsches Datenschutzrecht, 1. Aufl. 2019, § 9 Rn. 42; Kühling/Buch-
ner-*Buchner/Kühling*, DS-GVO BDSG, 2. Aufl. 2018, Art. 7 Rn. 31; *Kühling/Klar/Sackmann*,
Datenschutzrecht, 4. Aufl. 2018, Rn. 511; Simitis/Hornung/Spiecker gen. Döhmann-*Klement*,
Datenschutzrecht, 1. Aufl. 2019, Art. 7 Rn. 37.

[122]Simitis/Hornung/Spiecker gen. Döhmann-*Klement*, Datenschutzrecht, 1. Aufl. 2019, Art. 7 Rn. 37.

Abgestellt wird explizit auf die Einwilligung der betroffenen Person, die Möglichkeit einer Stellvertretung wird nicht normiert. Dies ist aus Gründen der Verkehrssicherheit zunächst gerechtfertigt.[123] Für die Möglichkeit einer Stellvertretung spricht jedoch, dass die Bevollmächtigung eines Dritten gerade Ausprägung des informationellen Selbstbestimmungsrechts ist und schwerwiegende Nachteile, die durch die Stellvertretung für den Betroffenen drohen, nicht ersichtlich sind.[124] An die Bevollmächtigung eines Dritten sind dann jedoch dieselben Anforderungen zu stellen, die auch an die Einwilligung selbst gestellt werden.[125] Unter diesen strengen Voraussetzungen ist auch eine Einwilligung per Stellvertretung möglich.

Die **Einwilligung unterliegt keiner Form**, sodass sie schriftlich, mündlich oder elektronisch abgegeben werden kann, z. B. durch Anklicken eines Kästchens auf einer Webseite (sog. Opt-In), ErwGr 32 S. 1 und S. 2. Mündliche Einwilligungserklärungen sind jedoch aus Beweisgründen mit Blick auf die Rechenschaftspflicht gem. § 5 Abs. 2 DS-GVO (Abschn. 0) nicht zu empfehlen. Nicht ausreichend i. S. d. Art. 4 Nr. 11 DS-GVO ist ein Schweigen oder Untätigbleiben der betroffenen Person, da dies keine sonstige „eindeutige bestätigende" Handlung für eine Einwilligung darstellt. Vorangekreuzte Kästchen sind – im Unterschied zur früheren Rechtslage – nicht zulässig (sog. **Opt-Out**), ErwGr 32 S 3. Wenn die Einwilligung in Form einer schriftlichen Erklärung erfolgt, die daneben weitere Sachverhalte betrifft, muss sie von den anderen Sachverhalten klar hervorgehoben werden, Art. 7 Abs. 2 S. 1 DS-GVO. So ist die Einwilligung zur Verarbeitung personenbezogener Daten klar von der Einwilligung zum Abschluss eines Kaufvertrages zu separieren.

Freiwillig ist eine Einwilligung erteilt, wenn sie ohne jeden Druck oder Zwang abgegeben werden kann, mithin der Einwilligende eine echte Wahlfreiheit darüber hat, die Einwilligung zu verweigern oder zurückzunehmen, ohne dadurch befürchten zu müssen, Nachteile zu erleiden, ErwGr 42 S. 5. Freiwilligkeit ist nicht gegeben, wenn die Erfüllung eines Vertrages von der Erteilung der Einwilligung in die Verarbeitung personenbezogener Daten abhängig gemacht wird, die für die Vertragserfüllung nicht erforderlich ist (sog. **Koppelungsverbot**), Art. 7 Abs. 4 DS-GVO. Ob dieses Verbot auch in Fällen eingreift, in denen mit personenbezogenen Daten bezahlt wird, die Einwilligung in die Datenverarbeitung also gewissermaßen als Gegenleistung im Vertrag erteilt wird (z. B. bei der Nutzung sozialer Netzwerke), ist streitig.[126] Gegen die Freiwilligkeit spricht der Wortlaut von Art. 7 Abs. 4 DS-GVO

---

[123] Simitis/Hornung/Spiecker gen. Döhmann-*Klement*, Datenschutzrecht, 1. Aufl. 2019, Art. 7 Rn. 37.

[124] Specht/Mantz-*Specht*, Handbuch Europäisches und deutsches Datenschutzrecht, 1. Aufl. 2019, § 9 Rn. 42; Kühling/Buchner-*BuchnerKühling*, DS-GVO BDSG, 2. Aufl. 2018, Art. 7 Rn. 31.

[125] Kühling/Buchner-*Buchner/Kühling*, DS-GVO BDSG, 2. Aufl. 2018, Art. 7 Rn. 31.

[126] *Metzger*, AcP 2016, 817, 817 ff.; *Specht*, Datenverwertungsverträge zwischen Datenschutz und Vertragsfreiheit – Eckpfeiler eines neuen Datenschuldrechts, in: Briner/Funk, DGRI Jahrbuch 2017, 2018, S. 80 Rn. 20; Specht/Werry/Werry-*Linardatos*, Daten als Gegenleistung im Vertrag: Modell der Richtlinie über digitale Inhalte, Datenrecht in der Digitalisierung, im Erscheinen; Paal/Pauly-*Frenzel*, DS-GVO BDSG, 2. Aufl. 2018, Art. 7 Rn. 21; ausführlich zu Daten als Gegenleistung im Vertrag: *Specht*, Datenverwertungsverträge zwischen Datenschutz und Vertragsfreiheit – Eckpfeiler eines neuen Datenschuldrechts, in: Briner/Funk, DGRI Jahrbuch 2017, 2018, S. 80 Rn. 1 ff.

und ErwGr 43 S. 2. Nach ErwGr 43 S. 2 gilt die Einwilligung als nicht freiwillig erteilt, wenn die Erfüllung eines Vertrages, einschließlich der Erbringung einer Dienstleistung, von der Einwilligung abhängig ist, obwohl diese Einwilligung für die Erfüllung nicht erforderlich ist.[127] Für die Freiwilligkeit der Einwilligungserklärung und gegen einen Verstoß gegen das Koppelungsverbot spricht der Telos des Koppelungsverbots. Das Koppelungsverbot ist Ausprägung des Grundsatzes der Freiwilligkeit und soll den Betroffenen vor Fremdbestimmungen schützen. Die Erklärung der Einwilligung zur Verarbeitung personenbezogener Daten als Gegenleistung im schuldrechtlichen Vertrag erfolgt für den Betroffenen aber gerade in Ausübung seiner Privatautonomie.[128] Die *Art.-29-Datenschutzgruppe* und die *Datenethikkommission* haben sich zuletzt für ein absolut zu verstehendes Koppelungsverbot ausgesprochen.[129]

Weiterhin gilt die Einwilligung als nicht freiwillig abgegeben, wenn zwischen der betroffenen Person und dem Verantwortlichen ein „**klares Ungleichgewicht**" besteht, ErwGr 43 S. 1. Anlass zur gesonderten Prüfung der Freiwilligkeit besteht daher auch im Rahmen einer Einwilligung, die im Beschäftigungskontext abgegeben wurde, ErwGr 155.[130] Der nationale Gesetzgeber hat von der Öffnungsklausel des Art 88 Abs. 1 DS-GVO Gebrauch gemacht und normiert, dass für die Beurteilung der Freiwilligkeit der Einwilligung im **Beschäftigungsverhältnis** insbesondere die im Beschäftigungsverhältnis bestehende Abhängigkeit der beschäftigten Person sowie die Umstände, unter denen die Einwilligung erteilt worden ist, zu berücksichtigen sind, **§ 26 Abs. 2 S. 1 BDSG**. Dennoch dürfen im Beschäftigtenkontext keine überzogenen Anforderungen an die Freiwilligkeit der Einwilligung gestellt werden.[131] Sie erfolgt regelmäßig dann freiwillig, wenn der Beschäftigte für das Erteilen der Einwilligung einen rechtlichen oder wirtschaftlichen Vorteil erlangt oder gleichgelagerte Interessen wie der Arbeitgeber verfolgt, vgl. **§ 26 Abs. 2 S. 2 BDSG**.

> ▶ **Wichtig** Dennoch ist im Beschäftigungskontext die Freiwilligkeit der datenschutzrechtlichen Einwilligung stets besonders genau zu untersuchen. Denn hier befindet sich der Beschäftigte regelmäßig in einem besonderen sozialen sowie finanziellen Abhängigkeitsverhältnis, da er i. d. R. auf sein Gehalt – und damit einhergehend auch auf seinen Arbeitgeber – angewiesen ist. Deshalb kann er vorschnell dazu verleitet sein, eine Einwilligung zu erteilen. Es ist eine umfassende Abwägung aller Umstände des Einzelfalles vorzunehmen.

---

[127] *Specht*, Datenverwertungsverträge zwischen Datenschutz und Vertragsfreiheit – Eckpfeiler eines neuen Datenschuldrechts, in: Briner/Funk, DGRI Jahrbuch 2017, 2018, S. 80 Rn. 21.

[128] *Specht*, Datenverwertungsverträge zwischen Datenschutz und Vertragsfreiheit – Eckpfeiler eines neuen Datenschuldrechts, in: Briner/Funk, DGRI Jahrbuch 2017, 2018, S. 80 Rn. 22 f.

[129] Art. 29 Datenschutzgruppe, WP 259, S. 5 ff.; Gutachten der Datenethikkommission aus Oktober 2019, S. 105 ff., abrufbar unter: https://www.bmi.bund.de/SharedDocs/downloads/DE/publikationen/themen/it-digitalpolitik/gutachten-datenethikkommission.pdf?__blob=publicationFile&v=6.

[130] Art. 29 Datenschutzgruppe, WP 259, S. 7 f.; Gola-*Schulz*, DS-GVO, 2. Aufl. 2018, Art. 7 Rn. 23; Specht/Mantz-*Ströbel/Wybitul*, Handbuch Europäisches und deutsches Datenschutzrecht, 1. Aufl. 2019, § 10 Rn. 56 ff.

[131] *Haase*, InTeR 2019, 113.

In informierter Weise ist die Einwilligung nur erteilt, wenn die betroffene Person mindestens weiß, wer der Verantwortliche ist und für welche Zwecke ihre personenbezogenen Daten verarbeitet werden, Art. 4 Nr. 11 DS-GVO, ErwGr 42 S. 4 und ErwGr 32 S. 1. Art. 13 und Art. 14 DS-GVO normieren daneben eine Vielzahl weiterer Informationsinhalte, wobei diskutiert wird, ob eine Verletzung dieser Pflichten zwangsläufig zu einer uninformiert erteilten Einwilligung führen muss.[132] Ziel muss es sein, dass die betroffene Person abschätzen kann, welche Auswirkungen die Erteilung der Einwilligung für sie hat und die Umstände der Datenverarbeitung sowie Tragweite der Einwilligung eindeutig erkennen kann.[133]

Liegt ein Angebot von Diensten der Informationsgesellschaft vor, das einem **Kind** direkt gemacht wird, so ist die Erteilung der Einwilligung nur wirksam, wenn das Kind das 16. Lebensjahr vollendet hat, Art. 8 Abs. 1 S. 1 DS-GVO. Bei Kindern unter 16 Jahren hängt die Wirksamkeit von der Erteilung der Einwilligung des gesetzlichen Vertreters ab, Art. 8 Abs. 1 S. 2 DS-GVO. Art. 8 Abs. 3 DS-GVO stellt klar, dass mitgliedsstaatliche vertragsrechtliche Vorschriften zum Minderjährigenschutz, in Deutschland also insbesondere die §§ 104 ff. BGB, unberührt bleiben.

Beispiel

Ein Vertrag zur Nutzung eines sozialen Netzwerks kann daher in Deutschland unter den Voraussetzungen der §§ 104 ff. BGB abgeschlossen werden. Auch mit 16 Jahren ist also die Einwilligung der Eltern für den Plattformnutzungsvertrag erforderlich. In die Datenverarbeitung an sich kann der Minderjährige jedoch mit 16 Jahren bereits selbst einwilligen, vgl. Art. 8 Abs. 1 S. 1 DS-GVO. ◄

Wird die Einwilligung nach Art. 7 Abs. 3 S. 1 DS-GVO **widerrufen**, entfällt die Legitimation der Datenverarbeitung durch die Einwilligung mit Wirkung ex nunc, Art. 7 Abs. 3 S. 2 DS-GVO.

3.4.1.2 Vertrag oder vorvertragliche Maßnahmen
Nach Art. 6 Abs. 1 lit. b) DS-GVO ist die Verarbeitung von personenbezogenen Daten zulässig, wenn die Verarbeitung für die **Erfüllung eines Vertrages**, dessen

---

[132] Gola-*Schulz*, DS-GVO, 2. Aufl. 2018, Art. 7 Rn. 36; *Albrecht/Jotzo*, Das neue Datenschutzrecht der EU, 1. Aufl. 2017, Teil 3 Rn. 41; Specht/Mantz-*Specht*, Handbuch Europäisches und deutsches Datenschutzrecht, 1. Aufl. 2019, § 9 Rn. 25; Sydow-*Ingold*, Europäische Datenschutzgrundverordnung, 2. Aufl. 2018, Art. 7 Rn. 35.

[133] Datenschutzkonferenz, Kurzpapier Nr. 20 Einwilligung nach der DS-GVO, S. 2; Art. 29 Datenschutzgruppe, WP 259, S. 15; Kühling/Buchner-*Buchner/Kühling*, DS-GVO BDSG, 2. Aufl. 2018, Art. 7 Rn. 59; Specht/Mantz-*Specht*, Handbuch Europäisches und deutsches Datenschutzrecht, 1. Aufl. 2019, § 9 Rn. 25; Sydow-*Ingold*, Europäische Datenschutzgrundverordnung, 2. Aufl. 2018, Art. 7 Rn. 35.

Vertragspartei die betroffene Person ist, oder zur **Durchführung vorvertraglicher Maßnahmen erforderlich** ist, die auf Anfrage der betroffenen Person erfolgen. Möglich ist hier jede Form eines wirksamen Vertrages,[134] wichtig dabei ist nur, dass die betroffene Person Vertragspartei ist und nicht ein Dritter. Der Verantwortliche hingegen muss nicht Vertragspartei sein.[135] „**Erforderlich**" ist die Datenverarbeitung nach hier vertretener Ansicht nur dann, wenn sie nicht bloß nützlich, sondern notwendig für die Vertragserfüllung ist.[136] Diese enge Auslegung ergibt sich insbesondere aus dem Grundsatz der Datenminimierung, nach dem die Verarbeitung personenbezogener Daten auf das für die Zwecke der Verarbeitung notwendige Maß beschränkt werden muss, Art. 5 Abs. 1 lit. c DS-GVO.[137]

Zunächst muss daher die vertragscharakteristische Leistung auf den eigentlichen **Kern** reduziert werden und danach die Erforderlichkeit im Hinblick auf diesen Leistungskern überprüft werden.[138] Die Schaltung personalisierter Werbung stellt z. B. nicht den Kern der vertragscharakteristischen Leistung eines sozialen Netzwerks dar. Häufig wird individualisierte Werbung nur über die Einwilligung oder eine Interessenabwägung nach Art. 6 Abs. 1 lit. f) DS-GVO legitimiert werden können.[139]

Vorvertragliche Maßnahmen, also solche im Stadium der Vertragsverhandlungen und Vertragsanbahnung, müssen auf Anfrage der betroffenen Person erfolgen, daher

---

[134] Die Wirksamkeit des Vertrages ist zwingende Voraussetzung für die Anwendbarkeit des Art. 6 Abs. Abs. 1 lit. b) DS-GVO, vgl: Ehmann/Selmayr-*Heberlein*, Datenschutz-Grundverordnung, 2. Aufl. 2018, Art. 6 Rn. 13; Specht/Mantz-*Specht*, Handbuch Europäisches und deutsches Datenschutzrecht, 1. Aufl. 2019, § 9 Rn. 47; Kühling/Buchner-*Buchner/Petri*, DS-GVO BDSG, 2. Aufl. 2018, Art. 6 Rn. 31.

[135] Gola-*Schulz*, DS-GVO, 2. Aufl. 2018, Art. 6 Rn. 28; *Kühling/Klar/Sackmann*, Datenschutzrecht, 4. Aufl. 2018, Rn. 370; Wolff/Brink-*Albers/Veit*, BeckOK Datenschutzrecht, 27 Ed. Stand: 01.08.2017, Art. 6 DS-GVO Rn. 30; Specht/Mantz-*Specht*, Handbuch Europäisches und deutsches Datenschutzrecht, 1. Aufl. 2019, § 9 Rn. 47.

[136] Für ein enges Verständnis der „Erforderlichkeit" siehe: Kühling/Buchner-*Buchner/Petri*, DS-GVO BDSG, 2. Aufl. 2018, Art. 6 Rn. 38; Specht/Mantz-*Specht*, Handbuch Europäisches und deutsches Datenschutzrecht, 1. Aufl. 2019, § 9 Rn. 48; Wolff/Brink-*Albers/Veit*, BeckOK Datenschutzrecht, 27 Ed. Stand: 01.08.2017, Art. 6 DS-GVO Rn. 32; a.A. jedoch: Sydow-*Reimer*, DS-GVO, 2. Aufl. 2018, Art. 6 DS-GVO Rn. 20.

[137] *Gierschmann*, MMR 2018, 7, 8.

[138] Specht/Mantz-*Specht*, Handbuch Europäisches und deutsches Datenschutzrecht, 1. Aufl. 2019, § 9 Rn. 48; Kühling/Buchner-*Buchner/Petri*, DS-GVO BDSG, 2. Aufl. 2018, Art. 6 Rn. 44; a.A. auf die Erfüllung aller konkreten Vertragszwecke abstellend: *Engeler*, ZD 2018, 55, 56 ff.; Ehmann/Selmayr-*Heberlein*, DS-GVO, 2. Aufl. 2018, Art. 6 DS-GVO Rn. 13; Spindler/Schuster-*Spindler/Dalby*, Recht der elektronischen Medien, 4. Aufl. 2019, Art. 6 DS-GVO Rn. 6; Gola-*Schulz*, DS-GVO, 2. Aufl. 2018, Art. 6 DS-GVO Rn. 37 f.

[139] *Gierschmann*, MMR 2018, 7, 8 ff.; Kühling/Buchner-*Buchner/Petri*, DS-GVO BDSG, 2. Aufl. 2018, Art. 6 Rn. 41; Specht/Mantz-*Specht*, Handbuch Europäisches und deutsches Datenschutzrecht, 1. Aufl. 2019, § 9 Rn. 87 ff.; Simitis/Hornung/Spiecker gen. Döhmann-*Ehmann*, Datenschutzrecht, 1. Aufl. 2019, Anhang 3 zu Art. 6 Rn. 9 ff.

ist etwa die Einholung einer Kreditauskunft z. B. bei der SCHUFA im Vorfeld eines Darlehensvertrages hiervon nicht erfasst, da die Anfrage regelmäßig vom Vertragspartner und nicht vom Betroffenen ausgeht.[140]

3.4.1.3 Rechtliche Verpflichtung

Eine Verarbeitung personenbezogener Daten ist nach Art. 6 Abs. 1 lit. c) DS-GVO gerechtfertigt, wenn sie zur **Erfüllung einer rechtlichen Verpflichtung** erforderlich ist, der der Verantwortliche unterliegt. Die Anforderungen an die rechtliche Verpflichtung regelt Art. 6 Abs. 3 DS-GVO. Der deutsche Wortlaut von Art. 6 Abs. 1 lit. c) DS-GVO ist missverständlich: Erfasst sind nur rechtliche Verpflichtungen ausgelöst durch Rechtsvorschriften, nicht hingegen solche, die durch privatautonome rechtliche Bindungen wie z. B. Verträge ausgelöst werden.[141] Individualvertragliche Vereinbarungen sind ausnahmslos nach Art. 6 Abs. 1 lit. b) DS-GVO zu beurteilen, da dieser ansonsten weitestgehend leerliefe und insofern lex specialis zu Art. 6 Abs. 1 lit. c) DS-GVO ist.

Die rechtliche Verpflichtung kann sich aus Unionsrecht in Form von Primär- oder Sekundärrecht (z. B. Verordnung oder Beschluss),[142] aber auch aus dem jeweiligen Recht der Mitgliedstaaten ergeben (z. B. Bundes- und Landesgesetze, aber auch Satzungen mit Außenwirkung).[143] Die rechtliche Grundlage muss die inhaltlichen Vorgaben des Art. 6 Abs. 3 S. 2 und S. 4 DS-GVO erfüllen. Sie muss den Zweck der Verarbeitung selbst festlegen, Art. 6 Abs. 3 S. 2 Var. 1 DS-GVO. Die Rechtsgrundlage muss ein im öffentlichen Interesse liegendes Ziel verfolgen, Art. 6 Abs. 3 S. 4 Var. 1 DS-GVO, und sie muss verhältnismäßig in Bezug auf den verfolgten Zweck sein, Art. 6 Abs. 3 S. 4 Var. 2 DS-GVO. Die Rechtsgrundlage sollte klar und präzise sein und ihre Anwendung für die Rechtsunterworfenen gemäß der Rechtsprechung des Gerichtshofs der Europäischen Union und des Europäischen Gerichtshofs für Menschenrechte vorhersehbar sein, ErwGr 41 S. 2. Rechtsgrundlage für die Verarbeitung ist sodann Art. 6 Abs. 1 lit. c) DS-GVO in Verbindung mit der jeweiligen Rechtsvorschrift. Solche Vorschriften können Regelungen zu Auskunftspflichten von Telekommunikationsanbietern nach §§ 110 ff. TKG oder handelsrechtliche Aufzeichnungs- und Aufbewahrungspflichten sein, z. B. § 257 HGB.[144] Im Übrigen kön-

---

[140]Art. 29 Datenschutzgruppe, WP 217, S. 23; Ehmann/Selmayr-*Heberlein*, DS-GVO, 2. Aufl. 2018, Art. 6 Rn. 14; Simitis/Hornung/Spiecker gen. Döhmann-*Schantz*, Datenschutzrecht, 1. Aufl. 2019, Art. 6 Abs. Abs. 1 Rn. 41 f.

[141]Kühling/Buchner-*Buchner/Petri*, DS-GVO BDSG, 2. Aufl. 2018, Art. 6 Rn. 77; Gola-*Schulz*, DS-GVO, 2. Aufl. 2018, Art. 6 Rn. 43; Ehmann/Selmayr-*Heberlein*, DS-GVO, 2. Aufl. 2018, Art. 6 Rn. 16.

[142]Schantz/Wolff-*Wolff*, Das neue Datenschutzrecht, 1. Aufl. 2017, Rn. 598; Sydow-*Reimer*, Europäische Datenschutzgrundverordnung, 2. Aufl. 2018, Art. 6 Rn. 24.

[143]Kühling/Klar/Sackmann, Datenschutzrecht, 4. Aufl. 2018, Rn. 381; Kühling/Buchner-*Buchner/Petri*, DS-GVO BDSG, 2. Aufl. 2018, Art. 6 Rn. 84; Schwartmann/Jaspers/Thüsing/Kugelmann-*Pabst*, HK DS-GVO/BDSG, 1. Aufl. 2018, Art. 6 Rn. 60.

[144]Kühling/Buchner-*Buchner/Petri*, DS-GVO BDSG, 2. Aufl. 2018, Art. 6 Rn. 98 f.; Paal/Pauly-*Frenzel*, DS-GVO BDSG, 2. Aufl. 2018, Art. 6 Rn. 17; Plath-*Plath*, DS-GVO BDSG, 3. Aufl. 2018, Art. 6 Rn. 39.

nen die Mitgliedsstaaten bei der Festlegung öffentlicher Aufgaben zugleich spezifischere Vorschriften im Sinne des Art. 6 Abs. 3 S. 3 DS-GVO erlassen.[145]

3.4.1.4 Lebenswichtige Interessen

Nach Art. 6 Abs. 1 lit. d) DS-GVO ist die Verarbeitung personenbezogener Daten zulässig, wenn sie für den **Schutz lebenswichtiger Interessen** der betroffenen oder einer anderen Person erforderlich ist, ErwGr 46 S. 1. Aus der Systematik von Art. 6 Abs. 1 lit. d) zu Art. 6 Abs. 1 lit. f) DS-GVO ergibt sich, dass lebenswichtige Interessen gewichtiger sein müssen, als berechtigte Interessen, da bei diesen zusätzlich eine umfassende Interessenabwägung vorzunehmen ist, Art. 6 Abs. 1 lit. f) DS-GVO.[146] Bei lebenswichtigen Interessen hat der Gesetzgeber diese Interessenabwägung schon vorgenommen. Erfasst können daher allein solche Interessen sein, die die Betroffeneninteressen per se deutlich überwiegen. Als Beispiel für lebenswichtige Interessen nennt ErwGr 46 S. 3 die Datenverarbeitung für die Überwachung von Epidemien oder für humanitäre Notfälle, insbesondere bei Naturkatastrophen oder von Menschen verursachten Katastrophen.

Die personenbezogenen Daten sollten grundsätzlich nur dann aufgrund eines lebenswichtigen Interesses einer **anderen natürlichen Person** verarbeitet werden, wenn die Verarbeitung offensichtlich nicht auf eine andere Rechtsgrundlage gestützt werden kann, ErwGr 46 S. 2. Der Wortlaut des Erwägungsgrundes erfasst nicht die Verarbeitung personenbezogener Daten des Betroffenen selbst. Ein Rückgriff auf Art. 6 Abs. 1 lit. d) ist daher zum Beispiel auch dann möglich, wenn die betroffene und gefährdete Person ihre Einwilligung hätte erteilen können, die Verarbeitung also auch auf Art. 6 Abs. 1 lit. a) DS-GVO hätte gestützt werden können. Diese Annahme wird auch durch einen Umkehrschluss zu Art. 9 Abs. 2 lit. c) gestützt, der die Verarbeitung sensibler Daten zum Schutze lebenswichtiger Interessen regelt und der vorsieht, dass die betroffene Person aus körperlichen oder rechtlichen Gründen außer Stande sein muss ihre Einwilligung zu erteilen.[147] Auch in diesen Fällen ist die Erteilung der Einwilligung aber grundsätzlich möglich und nur durch körperliche oder rechtliche Gründe ausgeschlossen. Wenn aber selbst die Verarbeitung sensibler Daten zum Schutz lebenswichtiger Interessen möglich sein soll, obwohl jedenfalls theoretisch die Datenverarbeitung auch auf eine Einwilligung gestützt werden könnte, muss dies erst recht für die Verarbeitung nicht-sensibler Daten gelten.

---

[145] Wobei das Verhältnis zu Art. 6 Abs. Abs. 2 DS-GVO als Öffnungsklausel umstritten ist, eingehend: Schantz/Wolff-*Wolff*, Das neue Datenschutzrecht, 1. Aufl. 2017, Rn. 603 ff.; Kühling/Buchner-*Buchner/Petri*, DS-GVO BDSG, 2. Aufl. 2018, Art. 6 Rn. 92 ff.

[146] Sydow-*Reimer*, Europäische Datenschutzgrundverordnung, 2. Aufl. 2018, Art. 6 Rn. 32;

[147] Simitis/Hornung/Spiecker gen. Döhmann-*Schantz*, Datenschutzrecht, 1. Aufl. 2019, Art. 6 Abs. Abs. 1 Rn. 62 f.; Schwartmann/Jaspers/Thüsing/Kugelmann-*Pabst*, HK DS-GVO/BDSG, 1. Aufl. 2018, Art. 3 Rn. 72 f.; Kühling/Buchner-*Buchner/Petri*, DS-GVO BDSG, 2. Aufl. 2018, Art. 6 Rn. 109 f.; a.A.: Gola-*Schulz*, DS-GVO, 2. Aufl. 2018, Art. 6 Rn. 46.

Einige Arten der Verarbeitung können sowohl wichtigen Gründen des öffentlichen Interesses als auch lebenswichtigen Interessen der betroffenen Person dienen; so kann beispielsweise die Verarbeitung für humanitäre Zwecke einschließlich der Überwachung von Epidemien und deren Ausbreitung oder in humanitären Notfällen, insbesondere bei Naturkatastrophen oder von Menschen verursachten Katastrophen, erforderlich sein, ErwGr 46 S. 3. Eine Rechtfertigung ist dann über beide Erlaubnisnormen möglich. Art. 6 Abs. 1 lit. d) DS-GVO ist dabei jedoch nachrangig, da diese Erlaubnisnorm nur dann Anwendung finden soll, wenn die Verarbeitung offensichtlich nicht auf eine andere Rechtsgrundlage gestützt werden kann, vgl. ErwGr 46 S. 2 DS-GVO.

3.4.1.5 Aufgabenerfüllung

Eine Verarbeitung personenbezogener Daten ist nach Art. 6 Abs. 1 lit. e) DS-GVO zulässig, wenn sie für die **Wahrnehmung einer im öffentlichen Interesse liegenden Aufgabe** erforderlich ist oder in Ausübung öffentlicher Gewalt erfolgt, die dem Verantwortlichen übertragen wurde. Adressaten der Norm sind öffentliche Stellen sowie Private, denen öffentliche Aufgaben übertragen wurden.[148] Werden private Stellen zur Erfüllung öffentlicher Aufgaben tätig, ist eine Beleihung erforderlich.[149] Jedenfalls ist eine Rechtsgrundlage i. S. d. Art. 6 Abs. 3 DS-GVO erforderlich. Im öffentlichen Interesse liegende Aufgaben sind typischerweise Staatsaufgaben wie solche der unmittelbaren Verwaltung in Form der Lenkungs-, Leistungs- und Ordnungsverwaltung.[150] Aber auch die mittelbare Verwaltung durch Sozialversicherungsträger und Universitäten ist erfasst.[151] Die „Erforderlichkeit" meint im Gegensatz zur Erforderlichkeit nach Art. 6 Abs. 1 lit. b) DS-GVO eine „Verhältnismäßigkeit" der Datenverarbeitung, sodass hier eine inzidente Verhältnismäßigkeitsprüfung vorzunehmen ist.[152]

Der deutsche Gesetzgeber hat auf Grundlage des Art. 6 Abs. 1 lit. e), Art. 6 Abs. 2 und Art. 6 Abs. 3 DS-GVO die **Generalklausel des § 3 BDSG** erlassen. Die Verarbeitung personenbezogener Daten durch eine **öffentliche Stelle** ist danach zulässig, wenn sie zur Erfüllung der in der Zuständigkeit des Verantwortlichen liegenden Aufgabe oder in Ausübung öffentlicher Gewalt, die dem Verantwortlichen übertragen wurde, erforderlich ist, § 3 BDSG. Die **Unionsrechtskonformität** des § 3

---

[148] Gola-*Schulz*, DS-GVO, 2. Aufl. 2018, Art. 6 Rn. 51; Kühling/Buchner-*Buchner/Petri*, DS-GVO BDSG, 2. Aufl. 2018, Art. 6 Rn. 117; Paal/Pauly-*Frenzel*, DS-GVO BDSG, 2. Aufl. 2018, Art. 6 Rn. 23.

[149] Eine Beleihung für erforderlich haltend: Paal/Pauly-*Frenzel*, DS-GVO, 2. Aufl. 2018, Art. 6 Rn. 24; *Kühling/Klar/Sackmann*, Datenschutzrecht, 4. Aufl. 2018, Rn. 287; Gola-*Schulz*, DS-GVO, 2. Aufl. 2018, Art. 6 Rn. 51; a.A.: Schantz/Wolff-*Wolff*, Das neue Datenschutzrecht, 1. Aufl. 2017, Rn. 613.

[150] Gola-*Schulz*, DS-GVO, 2. Aufl. 2018, Art. 6 Rn. 51.

[151] Gola-*Schulz*, DS-GVO, 2. Aufl. 2018, Art. 6 Rn. 51.

[152] *Kühling/Klar/Sackmann*, Datenschutzrecht, 4. Aufl. 2018, Rn. 391; Paal/Pauly-*Frenzel*, DS-GVO BDSG, 2. Aufl. 2018, Art. 6 Rn. 23; Ehmann/Selmayr-*Heberlein*, DS-GVO, 2. Aufl. 2018, Art. 6 Rn. 23.

BDSG wird jedoch stark bezweifelt, da die Regelung keine über Art. 6 Abs. 1 lit. e), Art. 6 Abs. 2 und Art. 6 Abs. 3 DS-GVO hinausgehende spezifischere Bestimmung enthält.[153] Im Wesentlichen wird hier argumentiert, dass § 3 BDSG gegen das Normwiederholungsverbot verstößt.[154] Andererseits ist zu beachten, dass § 3 BDSG keine spezifischeren Bestimmungen enthalten muss, sondern nur kann, und die Normwiederholung in diesem Ausnahmefall rechtmäßig ist, vgl. ErwGr 45 S. 3. Außerdem weicht § 3 BDSG doch in geringem Umfang von den Bestimmungen des Art. 6 Abs. 1 lit. e), Art. 6 Abs. 2 und Art. 6 Abs. 3 DS-GVO ab.[155] Die Vorschrift verstößt daher nicht gegen das Wiederholungsverbot und ist demgemäß nicht unionsrechtswidrig.

3.4.1.6 Interessenabwägung

Art. 6 Abs. 1 lit. f) DS-GVO erlaubt eine Verarbeitung personenbezogener Daten auf Grundlage einer **Interessenabwägung**. Es handelt sich um einen Auffangtatbestand für die Datenverarbeitung durch Private.[156] Neben der Einwilligung ist die Interessenabwägung aber der in der Praxis bedeutsamste Rechtfertigungsgrund. Dies gilt insbesondere für Internetsachverhalte, bei denen Einwilligungen oftmals nicht wirksam erteilt werden. Hiernach ist die Verarbeitung personenbezogener Daten zulässig, wenn die Verarbeitung zur Wahrung der berechtigten Interessen des Verantwortlichen oder eines Dritten erforderlich ist, sofern nicht die Interessen oder Grundrechte und Grundfreiheiten der betroffenen Person, die den Schutz personenbezogener Daten erfordern, überwiegen, ErwGr 47 S. 1. Erforderlich ist eine dreistufige Prüfung (Abb. 3.3):

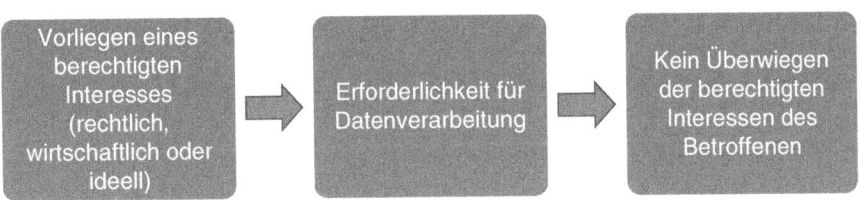

Abb. 3.3 Abbildung: Interessenabwägung gem. Art. 6 Abs. 1 lit. f) DS-GVO

---

[153] Specht/Mantz-*Lauber-Rönsberg*, Handbuch Europäisches und deutsches Datenschutzrecht, 1. Aufl. 2019, § 4 Rn. 90; Specht/Mantz-*Bock*, Handbuch Europäisches und deutsches Datenschutzrecht, 1. Aufl. 2019, § 20 Rn. 34; Paal/Pauly-*Frenzel*, DS-GVO BDSG, 2. Aufl. 2018, § 3 Rn. 1; Gola/Heckmann-*Starnecker*, Bundesdatenschutzgesetz, 13. Aufl. 2019, § 3 Rn. 8.

[154] Paal/Pauly-*Frenzel*, DS-GVO BDSG, 2. Aufl. 2018, § 3 Rn. 1 f., Rn.10.

[155] Wolff/Brink-*Wolff*, BeckOK Datenschutzrecht, 28 Ed. Stand: 01.02.2018, § 3 BDSG Rn. 22 ff.; Gola/Heckmann-*Starnecker*, Bundesdatenschutzgesetz, 13. Aufl. 2019, § 3 Rn. 8.

[156] Die Norm birgt aber auch zugleich eine Rechtsunsicherheit in sich, da der Verantwortliche nicht in jedem Fall sichergehen kann, ob die von ihm vorgenommene Interessenabwägung tatsächlich zu seinen Gunsten ausfallen wird, siehe: Kühling/Buchner-*Buchner/Petri*, DS-GVO BDSG, 2. Aufl. 2018, Art. 6 Rn. 142 ff.; Specht/Mantz-*Mantz/Marosi*, Handbuch Europäisches und deutsches Datenschutzrecht, 1. Aufl. 2019, § 3 Rn. 63; Gola-*Schulz*, DS-GVO, 2. Aufl. 2018, Art. 6 Rn. 56, Rn. 60.

Im **ersten Schritt** sind die berechtigten Interessen des Verantwortlichen oder eines Dritten an der konkreten Verarbeitung der personenbezogenen Daten festzustellen. Solche Interessen können rechtliche, tatsächliche, ideelle oder wirtschaftliche Interessen sein. Die Verarbeitung personenbezogener Daten in einem für die Verhinderung von Betrug unbedingt erforderlichen Umfang stellt z. B. ein berechtigtes Interesse des jeweiligen Verantwortlichen dar, ErwGr 47 S. 6. Die Verarbeitung personenbezogener Daten zum Zwecke der **Direktwerbung** kann auch als eine einem berechtigten Interesse dienende Verarbeitung betrachtet werden, ErwGr 47 S. 7. Zwingend ist dies allerdings nicht.

Im **zweiten Schritt** sind die Grundrechte und Grundfreiheiten der Personen festzustellen, die konkret durch die Verarbeitung betroffen sind. Dies ist regelmäßig das Datenschutzgrundrecht aus Art. 8 Abs. 1 GrCh sowie das Recht auf informationelle Selbstbestimmung aus Art. 2 Abs. 1, Art. 1 Abs. 1 GG. Anschließend ist **in einem dritten Schritt** eine „sorgfältige Abwägung" vorzunehmen, bei der auch die vernünftigen Erwartungen der betroffenen Person berücksichtigt werden müssen, die auf ihrer Beziehung zum Verantwortlichen beruhen, ErwGr 47 S. 1. Handelt es sich bei der betroffenen Person um ein Kind, so ist ein strengerer Maßstab bei der Interessenabwägung anzulegen, vgl. Art. 6 Abs. 1 lit. f.) HS 2 DS-GVO. Auch die Vorhersehbarkeit der Verarbeitung für die betroffene Person ist miteinzubeziehen, denn sofern diese nicht gegeben ist, kann dies ein Indiz für das Überwiegen der Grundrechte der betroffenen Person sein, ErwGr 47 S. 3 und S. 4. Weitere Faktoren, die miteinzubeziehen sind, sind der Zweck der Datenverarbeitung, die Eingriffsintensität sowie Art und Umfang der Verarbeitung. Bei der Erstellung von Persönlichkeitsprofilen sind strengere Kriterien anzulegen.[157] Hat die Person jedoch ihre personenbezogenen Daten etwa im Internet veröffentlicht, fällt dies zu ihren Lasten ins Gewicht.[158]

▶ **Klausurtipp** Oftmals stellt die Rechtfertigung einer Datenverarbeitung mittels Interessenabwägung gem. Art. 6 Abs. 1 lit. f) DS-GVO den Klausurschwerpunkt dar. An dieser Stelle müssen Sie eine umfassende Abwägung aller in Betracht kommender Interessen des Einzelfalles vornehmen. Werten Sie hierfür zwingend alle Angaben des Sachverhalts aus.

Auch in zivilrechtlichen Klausuren kann eine solche Interessenabwägung also den Klausurschwerpunkt bilden, wie Sie ihn in der juristischen Ausbildung ansonsten primär aus dem öffentlichen Recht kennen!

---

[157] Gola-*Schulz*, DS-GVO, 2. Aufl. 2018, Art. 6 Rn. 59; Kühling/Buchner-*Buchner-Petri*, DS-GVO BDSG, 2. Aufl. 2018, Art. 6 Rn. 153; Simitis/Hornung/Spiecker gen. Döhmann-*Schantz*, Datenschutzrecht, 1. Aufl. 2019, Art. 6 Rn. 106.

[158] *Born*, Die Verarbeitung öffentlich zugänglicher Daten nach EU-DS-GVO, in: Taeger, Recht 4.0 – Innovationen aus den rechtswissenschaftlichen Laboren, 2017, S. 13, 23 f.; Gola-*Schulz*, DS-GVO, 2. Aufl. 2018, Art. 6 Rn. 59; Kühling/Buchner-*Buchner-Petri*, DS-GVO, 2. Aufl. 2018, Art. 6 Rn. 154.

3.4.2 Rechtmäßigkeit nach Art. 9 Abs. 2, Abs. 3 und Abs. 4 DS-GVO

Für die Verarbeitung **besonderer Kategorien personenbezogener Daten** i. S. d. Art. 9 Abs. 1 DS-GVO sind die zentralen Erlaubnistatbestände in Art. 9 Abs. 2, Abs. 3 und Abs. 4 DS-GVO geregelt. Die Anforderungen an eine Rechtmäßigkeit der Datenverarbeitung sind hier regelmäßig höher als im Rahmen des Art. 6 Abs. 1 DS-GVO. Obwohl Art. 9 Abs. 2 DS-GVO spezieller ist als Art. 6 Abs. 1 DS-GVO, sollte nach Auffassung des Unionsgesetzgebers neben den Erlaubnistatbeständen des Art. 9 Abs. 2 DS-GVO zugleich eine Rechtsgrundlage für die Verarbeitung nach Art. 6 Abs. 1 DS-GVO vorliegen, ErwGr 51 S. 5.[159]

▶ **Klausurtipp** Die für sie richtige Prüfungsreihenfolge in der Klausur ist daher die folgende:
1. Zunächst sind die absolut geltenden Datenschutzgrundsätze des Art. 5 Abs. 1 DS-GVO zu prüfen. Ist einer dieser Grundsätze verletzt, so kann die Datenverarbeitung per se nicht rechtmäßig sein.
2. Dann prüfen Sie das Vorliegen einer Erlaubnisnorm. Dabei beginnen Sie mit Art. 6 Abs. 1 DS-GVO, der Erlaubnisnormen für „normale" Kategorien verarbeiteter personenbezogener Daten bereithält.
3. Handelt es sich um sensible personenbezogene Daten, müssen Sie ergänzend die Erlaubnisnormen des Art. 9 Abs. 1 DS-GVO hinzuziehen. Nur wenn einer der dort aufgeführten Tatbestände einschlägig ist, ist die Verarbeitung sensibler personenbezogener Daten rechtmäßig.

3.4.2.1 Besondere Kategorien personenbezogener Daten („sensible Daten")

In Art. 9 Abs. 1 DS-GVO sind personenbezogene Daten aufgeführt, die einen besonderen Schutz genießen, da sie diskriminierend wirken und andere erhebliche Grundrechtseingriffe mit sich bringen können (sog. „**sensible Daten**"), ErwGr 51 S. 1. Besondere Kategorien personenbezogener Daten sind Angaben zur rassischen und ethischen Herkunft, zur politischen Meinung sowie zur religiösen oder weltanschaulichen Überzeugung, zur Gewerkschaftszugehörigkeit, genetische sowie biometrische Daten, Gesundheitsdaten und Daten zum Sexualleben oder der sexuellen Orientierung. Der Katalog sensibler Daten ist abschließend.[160] Aufgrund des

---

[159] BT-Drs. 18/11325, S. 94; Ehmann/Selmayr-*Schiff*, Datenschutz-Grundverordnung, 2. Aufl. 2018, Art. 9 Rn. 32; Wolff/Brink-*Albers/Veit*, BeckOK Datenschutzrecht, 27 Ed. Stand: 01.05.2018, Art. 9 DS-GVO Rn. 24; Simitis/Hornung/Spiecker gen. Döhmann-*Petri*, Datenschutzrecht, 1. Aufl. 2019, Art. 9 Rn. 26; Kühling/Buchner-*Weichert*, DS-GVO BDSG, 2. Aufl. 2018, Art. 9 Rn. 4.

[160] Kühling/Buchner-*Weichert*, DS-GVO BDSG, 2. Aufl. 2018, Art. 9 Rn. 19; Ehmann/Selmayr-*Schiff*, Datenschutz-Grundverordnung, 2. Aufl. 2018, Art. 9 Rn. 13; Schwartmann/Jaspers/Thüsing/Kugelmann-*Jaspers/Schwartmann/Mühlenbeck*, HK DS-GVO/BDSG, 1. Aufl. 2018, Art. 9 Rn. 30.

Sondercharakters der sensiblen Daten verbietet sich insbesondere eine analoge Anwendung auf nicht genannte Kategorien.

Genetische Daten sind personenbezogene Daten zu den ererbten oder erworbenen genetischen Eigenschaften einer natürlichen Person, die eindeutige Informationen über die Physiologie oder die Gesundheit dieser natürlichen Person liefern und insbesondere aus der Analyse einer biologischen Probe der betreffenden natürlichen Person gewonnen wurden, was in Art 4 Nr. 13 DS-GVO legaldefiniert ist, vgl. auch ErwGr 34. Die DS-GVO definiert auch den Begriff der biometrischen Daten, Art. 4 Nr. 14 DS-GVO. Hierunter fallen mit speziellen technischen Verfahren gewonnene personenbezogene Daten zu den physischen, physiologischen oder verhaltenstypischen Merkmalen einer natürlichen Person, die die eindeutige Identifizierung dieser natürlichen Person ermöglichen oder bestätigen, wie Gesichtsbilder oder daktyloskopische Daten (Fingerabdrücke). Lichtbilder sollen hiervon nur erfasst sein, wenn sie mit speziellen technischen Mitteln verarbeitet werden, die die eindeutige Identifizierung oder Authentifizierung einer natürlichen Person ermöglichen, ErwGr 51 S. 3. Gesundheitsdaten werden in Art. 4 Nr. 15 DS-GVO legaldefiniert. Umfasst sind personenbezogene Daten, die sich auf die körperliche oder geistige Gesundheit einer natürlichen Person, einschließlich der Erbringung von Gesundheitsdienstleistungen, beziehen und aus denen Informationen über den Gesundheitszustand hervorgehen, Art. 4 Nr. 15 DS-GVO, ErwGr 35. Zu beachten ist vor allem, dass aus der Verknüpfung vermeintlich „einfacher" personenbezogener Daten, wie Alter und Körpergröße, Gesundheitsdaten entstehen können – so bei körperlichen Leistungsdaten durch z. B. durch Fitness-Apps und Sportuhren.[161] Angesichts der durch Big Data entstehenden Auswertungsmöglichkeiten großer Datenmengen werden daher zahlreiche personenbezogene Daten als Gesundheitsdatum einzustufen sein.

3.4.2.2 Einwilligung

Eine **Einwilligung** in die Verarbeitung besonderer Kategorien personenbezogener Daten für einen oder mehrere festgelegte Zwecke muss **ausdrücklich** erfolgen, Art. 9 Abs. 1 lit. a) DS-GVO. Sie muss sich explizit auf die sensiblen Daten beziehen. Anders als bei Art. 6 Abs. 1 lit. a) DS-GVO ist eine ausdrückliche Einwilligung vorgeschrieben, ein schlüssiges Verhalten ist zum Schutz des Betroffenen nicht ausreichend.[162] Eine Einwilligung in die Datenverarbeitung ist ausgeschlossen, wenn eine Rechtsvorschrift der Union oder des Mitgliedstaates eine Datenverarbeitung selbst bei Vorliegen einer Einwilligung verbietet, Art. 9 Abs. 2 lit. a) DS-GVO. Der deutsche Gesetzgeber hat von dieser Öffnungsklausel bislang keinen Gebrauch gemacht.[163]

---

[161] *Dregelies*, VuR 2017, 256, 258 f.; Kühling/Buchner-*Weichert*, DS-GVO BDSG, 2. Aufl. 2018, Art. 9 Rn. 37; Schwartmann/Jaspers/Thüsing/Kugelmann-*Jaspers/Schwartmann/Mühlenbeck*, HK DS-GVO/BDSG, 1. Aufl. 2018, Art. 9 Rn. 84, Rn. 87.

[162] Paal/Pauly-*Frenzel*, DS-GVO BDSG, 2. Aufl. 2018, Art. 9 Rn. 21; Schwartmann/Jaspers/Thüsing/Kugelmann-*Jaspers/Schwartmann/Mühlenbeck*, HK DS-GVO/BDSG, 1. Aufl. 2018, Art. 9 Rn. 113 ff.; Kühling/Buchner-*Weichert*, DS-GVO BDSG, 2. Aufl. 2018, Art. 9 Rn. 47.

[163] Specht/Mantz-*Lauber-Rönsberg*, Handbuch Europäisches und deutsches Datenschutzrecht, 1. Aufl. 2019, § 4 Rn. 81.

3.4.2.3 Weitere Erlaubnistatbestände nach Art. 9 Abs. 2, Abs. 3 und Abs. 4 DS-GVO

Nach Art. 9 Abs. 2 lit. b) DS-GVO gilt das Verbot für die Verarbeitung sensibler Daten nicht, wenn die Verarbeitung erforderlich ist, damit der Verantwortliche oder die betroffene Person die ihm bzw. ihr aus dem Arbeitsrecht und dem Recht der sozialen Sicherheit und des Sozialschutzes erwachsenden Rechte ausüben und seinen bzw. ihren diesbezüglichen Pflichten nachkommen kann. Die Vorschrift soll den Bedürfnissen des Arbeitsrechts, des Rechts der sozialen Sicherheit und des Sozialschutzes dienen und stellt als solche keinen eigenständigen Erlaubnistatbestand dar, sondern kann nur in Verbindung mit einer unionsrechtlichen oder mitgliedstaatlichen Rechtsgrundlage, die die in Art. 9 Abs. 2 lit. b) DS-GVO genannten Anforderungen erfüllt, eine Legitimation der Verarbeitung begründen.

Entsprechende Vorschriften bestehen in Deutschland sowohl im Arbeitsrecht (§ 26 Abs. 3 BDSG) als auch im Sozialrecht (§ 67a Abs. 1 S. 2 SGB X).

Von Relevanz ist auch der Erlaubnistatbestand nach Art. 9 Abs. 2 lit. e) DS-GVO, der die Verarbeitung sensibler Daten legitimiert, wenn die betroffene Person diese offensichtlich öffentlich gemacht hat. Sensible Daten werden öffentlich gemacht, wenn die betroffene Person diese einem unbestimmten Personenkreis ohne Zugangsbeschränkung bereitstellt, z. B. über eine allgemein zugängliche Webseite oder soziale Netzwerke.[164] Die Veröffentlichung muss für die betroffene Person offensichtlich sein. Sie muss die Veröffentlichung wollen oder zumindest Kenntnis davon haben, dass die sensiblen Daten der Öffentlichkeit bereitgestellt werden.[165] So wird verhindert, dass die betroffene Person den besonderen Schutz verliert, wenn Dritte die Daten öffentlich zugänglich machen, z. B. durch Pressemitteilungen. Die Norm trägt dem Umstand Rechnung, dass eine Person, die Daten eigenständig veröffentlicht, die Datenverarbeitung erst ermöglicht und daher weniger schutzwürdig im Hinblick auf die Verarbeitung dieser Daten ist.[166]

Die Ausnahme nach Art. 9 Abs. 2 lit. f) DS-GVO erfasst die Verarbeitung zur Geltendmachung, Ausübung oder Verteidigung von Rechtsansprüchen und die Handlungen von Gerichten im Rahmen ihrer justiziellen Tätigkeit. So wird die Funktionsfähigkeit der Justiz gewahrt und der Justizgewährleistungsanspruch gesi-

---

[164] Kühling/Buchner-*Weichert*, DS-GVO BDSG, 2. Aufl. 2018, Art. 9 Rn. 78 ff.; Sydow-*Kampert*, Europäische Datenschutzgrundverordnung, 2. Aufl. 2018, Art. 9 Rn. 31; Wolff/Brink-*Albers/Veit*, BeckOK Datenschutzrecht, 27 Ed. Stand: 01.08.2017, Art. 9 DS-GVO Rn. 65.

[165] Kühling/Buchner-*Weichert*, DS-GVO BDSG, 2. Aufl. 2018, Art. 9 Rn. 78 ff.; Sydow-*Kampert*, Europäische Datenschutzgrundverordnung, 2. Aufl. 2018, Art. 9 Rn. 32 f.; Wolff/Brink-*Albers/Veit*, BeckOK Datenschutzrecht, 27 Ed. Stand: 01.08.2017, Art. 9 DS-GVO Rn. 66.

[166] Kühling/Buchner-*Weichert*, DS-GVO BDSG, 2. Aufl. 2018, Art. 9 Rn. 78 ff.; Paal/Pauly-*Frenzel*, DS-GVO BDSG, 2. Aufl. 2018, Art. 9 Rn. 36; Sydow-*Kampert*, Europäische Datenschutzgrundverordnung, 2. Aufl. 2018, Art. 9 Rn. 30; Wolff/Brink-*Albers/Veit*, BeckOK Datenschutzrecht, 27 Ed. Stand: 01.08.2017, Art. 9 DS-GVO Rn. 63.

chert, vgl. Art. 47 GRCh, Art. 20 Abs. 2 S. 2 und Abs. 3 DS-GVO.[167] Die Ausnahme vom Verarbeitungsgebot greift nicht nur bei der zivilgerichtlichen Verfolgung von Rechtsansprüchen, sondern auch im verwaltungsrechtlichen oder in anderen außergerichtlichen Verfahren, ErwGr 52 S. 3.

Des Weiteren ist eine Verarbeitung zulässig, wenn sie auf der Grundlage des Unionsrechts oder des Rechts eines Mitgliedstaats erfolgt, das in angemessenem Verhältnis zu dem verfolgten Ziel steht, den Wesensgehalt des Rechts auf Datenschutz wahrt und angemessene und spezifische Maßnahmen zur Wahrung der Grundrechte und Interessen der betroffenen Person vorsieht sowie aus Gründen eines erheblichen öffentlichen Interesses erforderlich ist, Art. 9 Abs. 2 lit. g) DS-GVO. Der deutsche Gesetzgeber hat auf Grundlage dieser Öffnungsklausel eine Ausnahme vom Verarbeitungsverbot in § 22 BDSG normiert.[168] Gem. **§ 22 Abs. 1 Nr. 2 lit. a) bis d) BDSG** ist die Verarbeitung von sensiblen Daten durch öffentliche Stellen zulässig, wenn sie aus Gründen eines erheblichen öffentlichen Interesses zwingend erforderlich ist, zur Abwehr einer erheblichen Gefahr für die öffentliche Sicherheit erforderlich ist, zur Abwehr erheblicher Nachteile für das Gemeinwohl oder zur Wahrung erheblicher Belange des Gemeinwohls zwingend erforderlich ist oder aus zwingenden Gründen der Verteidigung oder der Erfüllung über- oder zwischenstaatlicher Verpflichtungen einer öffentlichen Stelle des Bundes auf dem Gebiet der Krisenbewältigung oder Konfliktverhinderung oder für humanitäre Maßnahmen erforderlich ist und soweit die Interessen des Verantwortlichen an der Datenverarbeitung die Interessen der betroffenen Person überwiegen.

Art. 9 Abs. 3 DS-GVO macht zugunsten von **Berufsgeheimnisträgern** eine Ausnahme zum Verarbeitungsverbot sensibler Daten. Die Norm knüpft auch an Art. 9 Abs. 2 lit. h) DS-GVO an. Nach Art. 9 Abs. 2 lit. h) DS-GVO ist die Verarbeitung zulässig für erforderliche Zwecke der Gesundheitsvorsorge oder der Arbeitsmedizin, für die Beurteilung der Arbeitsfähigkeit des Beschäftigten, für die medizinische Diagnostik, die Versorgung oder Behandlung im Gesundheits- oder Sozialbereich oder für die Verwaltung von Systemen und Diensten im Gesundheits- oder Sozialbereich auf der Grundlage des Unionsrechts oder des Rechts eines Mitgliedstaats oder aufgrund eines Vertrags mit einem Angehörigen eines Gesundheitsberufs und vorbehaltlich der in Absatz 3 genannten Bedingungen und Garantien. Art. 9 Abs. 3 DS-GVO stellt dabei konkrete Anforderungen an die die Verarbeitung legitimierende Rechtsgrundlage.[169] Die Daten dürfen nur von Fachpersonal oder unter dessen Verantwortung verarbeitet werden, wobei das Fachpersonal dem Be-

---

[167] Paal/Pauly-*Frenzel*, DS-GVO BDSG, 2. Aufl. 2018, Art. 9 Rn. 37; *Kühling/Klar/Sackmann*, Datenschutzrecht, 4. Aufl. 2018, Rn. 456; Gola-*Schulz*, DS-GVO, 2. Aufl. 2018, Art. 9 Rn. 27 f.

[168] *Kühling/Klar/Sackmann*, Datenschutzrecht, 4. Aufl. 2018, Rn. 460; Simitis/Hornung/Spiecker gen. Döhmann-*Petri*, Datenschutzrecht, 1. Aufl. 2019, Art. 9 Rn. 72; Schwartmann/Jaspers/Thüsing/Kugelmann-*Jaspers/Schwartmann/Mühlenbeck*, HK DS-GVO/BDSG, 1. Aufl. 2018, Art. 9 Rn. 94 ff.

[169] Sydow-*Kampert*, Europäische Datenschutzgrundverordnung, 2. Aufl. 2018, Art. 9 Rn. 55; Kühling/Buchner-*Weichert*, DS-GVO BDSG, 2. Aufl. 2018, Art. 9 Rn. 138 f.; Gola-*Schulz*, DS-GVO, 2. Aufl. 2018, Art. 9 Rn. 36.

rufsgeheimnis unterliegen muss nach dem Unionsrecht oder dem Recht eines Mitgliedstaats oder den Vorschriften nationaler zuständiger Stellen, Art. 9 Abs. 3 DS-GVO. Im nationalen Recht findet sich die entsprechende Vorschrift in § 22 Abs. 1 S. 1 Nr. 2 BDSG, der Art. 9 Abs. 2 lit. h) DS-GVO und Art. 9 Abs. 3 DS-GVO nahezu wortgenau umsetzt.

Für die **Verarbeitung genetischer und biometrischer Daten sowie Gesundheitsdaten** besteht nach **Art. 9 Abs. 4 DS-GVO** eine allgemeine Öffnungsklausel für die Mitgliedstaaten. Soweit die Verarbeitung von genetischen, biometrischen oder Gesundheitsdaten betroffen ist, können die Mitgliedstaaten zusätzliche Bedingungen, einschließlich Beschränkungen, einführen oder aufrechterhalten.

Eine einschränkende Bedingung zur Verarbeitung genetischer bzw. biometrischer Daten wurde in Deutschland z. B. in § 8 GenDG statuiert. Gemäß § 8 Abs. 1 S. 1 GenDG darf eine genetische Untersuchung oder Analyse nur vorgenommen und eine dafür erforderliche genetische Probe nur gewonnen werden, wenn die betroffene Person in die Untersuchung und die Gewinnung der dafür erforderlichen genetischen Probe ausdrücklich und schriftlich gegenüber der verantwortlichen ärztlichen Person eingewilligt hat. Ein solches Schriftformerfordernis sieht das Unionsrecht nicht vor.

3.5 Rechte der betroffenen Person

Die Rechte der betroffenen Person sind in den **Art. 13 ff. DS-GVO** normiert. Art. 12 DS-GVO stellt ihnen allgemeine Vorgaben voran, die im Zusammenhang mit der Wahrnehmung der Betroffenenrechte nach Art. 13 bis Art. 22 DS-GVO zu beachten sind, so etwa hinsichtlich der Verständlichkeit, Zugänglichkeit und Form der dem Betroffenen zu erteilenden Information oder auch bzgl. Form und Frist der Erfüllung der Betroffenenrechte.[170] Art. 12 Abs. 2 DS-GVO stellt ein sog. Behinderungsverbot bei der Ausübung der Rechte der betroffenen Person auf,[171] welches etwa dann verletzt sein kann, wenn der Verantwortliche trotz eindeutiger Aufforderung zur Erteilung einer Auskunft nach Art. 15 Abs. 1 DS-GVO die Erteilung der Auskunft durch unnötigen Schriftverkehr verzögert. Die Ausübung der Rechte muss zudem grundsätzlich unentgeltlich möglich sein, Art. 12 Abs. 5 S. 1 DS-GVO.[172] Verstöße gegen die Rechte der betroffenen Person gemäß Art. 12 bis Art. 22 DS-GVO können mit erheblichen Geldbußen sanktioniert werden, Art. 83 Abs. 5 lit. b)

---

[170] Die Norm stellt nicht nur bloße Leitlinien dar, sondern echte Pflichten deren Nichteinhaltung sanktionsbewehrt sind, vgl.: Art. 83 Abs. Abs. 5 lit. b) DS-GVO; *Albrecht/Jotzo*, Das neue Datenschutzrecht der EU, 1. Aufl. 2017, Teil 4 Rn. 3.

[171] Plath-*Kamlah*, DS-GVO BDSG, 3. Aufl. 2018, Art. 12 Rn. 11; *Kühling/Klar/Sackmann*, Datenschutzrecht, 4. Aufl. 2018, Rn. 581; Paal/Pauly-*Paal/Hennemann*, DS-GVO BDSG, 2. Aufl. 2018, Art. 12 Rn. 43 ff.

[172] Es sei denn es liegt ein exzessiver oder offenkundig unbegründeter Antrag vor, vgl. Art. 12 Abs. 5 S. 2 DS-GVO.

DS-GVO. Nach Art. 83 Abs. 5 lit. b) DS-GVO kann ein Verstoß gegen das Betroffenenrecht selbst genauso sanktioniert werden wie der Verstoß gegen die allgemeineren Vorschriften des Art. 12 DS-GVO oder die Informationspflichten nach Art. 13 und Art. 14 DS-GVO.

Im Übrigen erlaubt Art. 23 Abs. 1 DS-GVO es den Mitgliedsstaaten, unter den genannten Voraussetzungen die Rechte der betroffenen Person einzuschränken. Hiervon hat der nationale Gesetzgeber Gebrauch gemacht und Ausnahmen normiert von den Informationspflichten, dem Auskunftsrecht, dem Recht auf Löschung, dem Widerspruchsrecht und dem Recht nicht einer ausschließlich auf einer automatisierten Verarbeitung beruhenden Entscheidung unterworfen zu werden, vgl. §§ 32–37 BDSG. Die Unionsrechtskonformität dieser nationalen Ausnahmebestimmungen wird zu Recht von der Literatur kritisch hinterfragt. Der deutsche Gesetzgeber hat die Ausnahmen damit begründet, dass die Verantwortlichen vor einem unverhältnismäßigen Aufwand geschützt werden sollen.[173] Ob dieser Zweck wirklich von der Öffnungsklausel des Art. 23 Abs. 1 DS-GVO erfasst ist, darf ernsthaft bezweifelt werden.[174] Solange der EuGH aber die Unionsrechtswidrigkeit der §§ 32–37 BDSG nicht festgestellt hat, bleiben diese anwendbar und müssen als Einschränkung der Betroffenenrechte mitgeprüft werden.

Die Betroffenenrechte lassen sich einteilen in solche Rechte, die proaktiv befriedigt werden müssen (vgl. Art. 13 und 14 DS-GVO) und solche, die einer Ausübung durch den Betroffenen bedürfen (Art. 15 ff. DS-GVO; für eine Gesamtschau der Betroffenenrechte vgl. Abb. 3.4).

3.5.1 Informationsrecht

Bei dem Recht auf **Information** über die Erhebung personenbezogener Daten nach Art. 13 und 14 DS-GVO handelt es sich um ein sog. proaktives Recht, bei dem der Verantwortliche von sich aus ohne ein Tätigwerden der betroffenen Person Informationen zur Datenverarbeitung bereitstellen muss. Während Art. 13 DS-GVO eingreift, wenn die personenbezogenen Daten bei der betroffenen Person selbst erhoben werden, regelt Art. 14 DS-GVO die Informationspflichten bei Erhebung der Daten aus anderen Quellen. Im Falle des Art. 13 Abs. 1 DS-GVO hat der Verantwortliche die betroffene Person zum Zeitpunkt der Datenerhebung zu informieren. Der Verarbeitungsschritt der Erhebung ist der Speicherung vorgeschaltet und liegt bspw. zu dem Zeitpunkt vor, in dem eine bestimmbare Person gefilmt wird, Verbrauchswerte gemessen werden, Cookies ausgelesen werden oder IP-Adressen er-

---

[173] BT-Drs. 18/11325, S. 4.

[174] *Roßnagel*, DuD 2017, 277, 280; Specht/Mantz-*Lauber-Rönsberg*, Handbuch Europäisches und deutsches Datenschutzrecht, 1. Aufl. 2019, § 4 Rn. 124 ff.; Sydow-*Specht/Bienemann*, Bundesdatenschutzgesetz, 1. Aufl. 2019, § 34 Rn. 17 ff., Rn. 25; Schantz/Wolff-*Schantz*, Das neue Datenschutzrecht,1. Aufl. 2017, Rn. 1204; Kühling/Buchner-*Golla*, DS-GVO BDSG, 2. Aufl. 2018, § 32 Rn. 5.

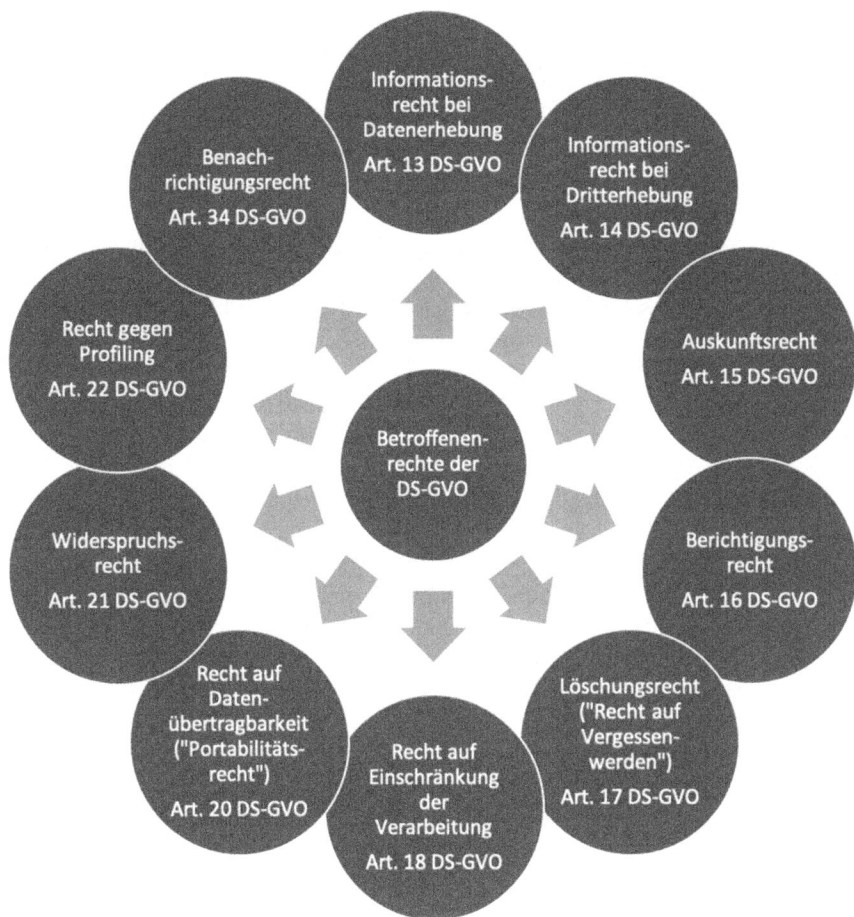

Abb. 3.4 Abbildung: Betroffenenrechte der DS-GVO

hoben werden.[175] Werden die Daten aus anderen Quellen erhoben, muss der Verantwortliche der betroffenen Person die Informationen innerhalb einer angemessenen
Frist, jedoch spätestens einen Monat nach Erhebung, erteilen, vgl. Art. 14 Abs. 3 lit.
a) DS-GVO.

Die Informationspflicht entfällt, wenn die Ausnahmevorschriften des Art. 13
Abs. 4 DS-GVO oder Art. 14 Abs. 5 DS-GVO greifen, z. B. dann, wenn die betroffene Person bereits über die Informationen verfügt.

---

[175] Simitis/Hornung/Spiecker gen. Döhmann-*Dix*, Datenschutzrecht, 1. Aufl. 2019, Art. 13 Rn. 5;
Schwartmann/Jaspers/Thüsing/Kugelmann-*Schwartmann/Schneider*, HK DS-GVO/BDSG, 1.
Aufl. 2018, Art. 13 Rn. 32; Kühling/Buchner-*Bäcker*, DS-GVO BDSG, 2. Aufl. 2018, Art. 13
Rn. 13 ff.

3.5.2 Auskunftsrecht

Art. 15 Abs. 1 DS-GVO regelt das fundamentale Recht der betroffenen Person, **Auskunft** vom Verantwortlichen über die Verarbeitung der personenbezogenen Daten zu verlangen. Abs. 2 regelt den Umfang der Auskunft. Erforderlich ist ein Antrag der betroffenen Person. Eine Zurverfügungstellung der Kopie der verarbeiteten personenbezogenen Daten muss grundsätzlich unentgeltlich erfolgen, Art. 15 Abs. 3 DS-GVO. Art. 15 Abs. 4 DS-GVO schränkt das Auskunftsrecht ein, soweit Rechte Dritter einer Beauskunftung des Betroffenen entgegenstehen. Art. 15 Abs. 4 DS-GVO beschränkt nicht nur das Recht auf Herausgabe von Kopien nach Art. 15 Abs. 3 DS-GVO, sondern ebenso die Auskunftserteilung nach Art. 15 Abs. 1 DS-GVO. Der Verweis lediglich auf Art. 15 Abs. 3 DS-GVO ist ein Redaktionsversehen.[176] Daneben enthält § 34 Abs. 1 BDSG Einschränkungen des Auskunftsrechts, wobei die Vorschrift wohl auf die Öffnungsklausel des Art. 23 DS-GVO gestützt sein soll.[177]

▶   **Merke** Das Auskunftsrecht wird von den Gerichten zunehmend weit ausgelegt. Zuletzt urteilte etwa das LAG Baden-Württemberg,[178] dass sogar dienstliche E-Mails sowie Leistungs- und Verhaltensdaten eines Arbeitnehmers i. S. d. Art. 15 Abs. 1 DS-GVO auskunftspflichtig sind. Nach einer Entscheidung des LG Köln[179] sollen sogar alle Merkmale, die die Identifizierung einer Person ermöglichen können (z. B. Name, Geburtsdatum, Gesundheitsdaten, Kontonummer) sowie ärztliche Unterlagen, Gutachten oder sonstige vergleichbare Mitteilungen anderer Quellen vom Auskunftsanspruch erfasst sein. Das OLG Köln[180] verurteilte den Beklagten schließlich sogar auf Herausgabe von Gesprächs- und Telefonvermerken.

Vgl. ausführlich zu den Rechten auf Auskunft und Kopie: Übungsfall 2 Abschn. 3.9.

3.5.3 Berichtigung, Löschung und Einschränkung der Verarbeitung

Nach Art. 16 S. 1 DS-GVO hat die betroffene Person Anspruch auf **Berichtigung** ihrer personenbezogenen Daten, sofern diese beim Verantwortlichen unrichtig sind.

---

[176] Sydow-*Specht*, Europäische Datenschutzgrundverordnung, 2. Aufl. 2018, Art. 15 Rn. 22; Simitis/Hornung/Spiecker gen. Döhmann-*Dix*, Datenschutzrecht, 1. Aufl. 2019, Art. 15 Rn. 34; Paal/Pauly-*Paal*, DS-GVO BDSG, 2. Aufl. 2018, Art. 15 Rn. 41; a.A.: *Spindler*, DB 2016, 937, 944.

[177] Sydow-*Specht/Bienemann*, Bundesdatenschutzgesetz, 1. Aufl. 2019, § 34 Rn. 1 f.; Specht/Mantz-*Lauber-Rönsberg*, Handbuch Europäisches und deutsches Datenschutzrecht, 1. Aufl. 2019, § 4 Rn. 137; Gola/Heckmann-*Werkmeister*, Bundesdatenschutzgesetz, 13. Aufl. 2019, § 34 Rn. 1 ff.

[178] LAG Baden-Württemberg, Urt. v. 20.12.2018 – 17 Sa 11/18, ZD 2019, 276 – *Auskunftsanspruch*; vgl. dazu eingehend: *Engeler/Quiel*, NJW 2019, 2201, 2202.

[179] LG Köln, Urt. v. 19.06.2019 – 26 S 13/18, r+s 2019, 450.

[180] OLG Köln, Urt. v. 26.07.2019 – 20 U 75/18, ZD 2019, 462.

Das Recht auf **Löschung** nach Art. 17 DS-GVO beinhaltet u. a. das bereits zuvor vom EuGH in der Rechtssache *Google Spain* entwickelte „**Recht auf Vergessenwerden**".[181] Mit dem Recht auf Vergessenwerden wurde bereits vor Geltung der DS-GVO der Situation Rechnung getragen, dass sachlich richtige personenbezogene Daten nicht dauerhaft auffindbar sein sollen bzw. zur Verfügung gestellt werden sollen, obwohl die Verarbeitung der Daten und die Auffindbarkeit ursprünglich rechtmäßig war.[182] Der EuGH hat hierzu entschieden, dass die betroffene Person ein Recht nach Art. 7 und Art. 8 GRCh darauf hat, dass die Informationen über sie zu einem anhand des Einzelfalls zu bestimmenden Zeitpunkt nicht mehr durch Suchergebnislisten der breiten Öffentlichkeit zur Verfügung gestellt werden.[183] Dieser Anspruch besteht unabhängig davon, ob der betroffenen Person durch die Einbeziehung der betreffenden Informationen in die Ergebnisliste ein Schaden entsteht.[184] Der Anspruch ist nicht gegeben, wenn sich aus besonderen Gründen des Einzelfalls ergeben sollte, dass der Eingriff in die Grundrechte der betroffenen Person durch das überwiegende Interesse der breiten Öffentlichkeit daran, über die Einbeziehung in eine derartige Ergebnisliste Kenntnis von und Zugang zu den betreffenden Information zu erhalten, gerechtfertigt ist.[185]

Das Recht auf Löschung nach Art. 17 DS-GVO ist vom „Rechts auf Vergessenwerden" zu **unterscheiden**, ErwGr 66. Es ist nur ein Teilbereich des Art. 17 DS-GVO. Nach Art. 17 Abs. 1 hat die betroffene Person das Recht, dass ihre personenbezogenen Daten vom Verantwortlichen gelöscht werden. Das Recht besteht, wenn die personenbezogenen Daten für die Zwecke der Verarbeitung nicht mehr notwendig sind, die betroffene Person ihre Einwilligung widerruft oder Widerspruch einlegt, die Daten unrechtmäßig verarbeitet wurden, die Löschung zur Erfüllung einer rechtlichen Verpflichtung erforderlich ist oder die personenbezogenen Daten in Bezug auf angebotene Dienste der Informationsgesellschaft nach Art. 8 Abs. 1 DS-GVO von einem Kind erhoben wurden, Art. 17 Abs. 1 lit. a) bis lit. f) DS-GVO. Ob ein Antrag der betroffenen Person erforderlich ist, ist bis jetzt noch ungeklärt.[186] Dagegen spricht, dass Art. 17 Abs. 1 HS 1 ein „Recht" auf Löschung normiert und

---

[181] EuGH, Urt. v. 13.05.2014 – C-131/12, ECLI:EU:C:2014:317 = GRUR 2014, 895 Rn. 89 ff. – *Google Spain*.

[182] EuGH, Urt. v. 13.05.2014 – C-131/12, ECLI:EU:C:2014:317 = GRUR 2014, 895 Rn. 89 ff. – *Google Spain*; *Hennemann*, PinG 2016, 176, 177; *Koreng/Feldmann*, ZD 2012, 311, 311 f.; Ehmann/Selmayr-*Kamann/Braun*, Datenschutz-Grundverordnung, 2. Aufl. 2018, Art. 17 Rn. 2 f.

[183] EuGH, Urt. v. 13.05.2014 – C-131/12, ECLI:EU:C:2014:317 = GRUR 2014, 895 Rn. 99 – *Google Spain*.

[184] EuGH, Urt. v. 13.05.2014 – C-131/12, ECLI:EU:C:2014:317 = GRUR 2014, 895 Rn. 99 – *Google Spain*.

[185] EuGH, Urt. v. 13.05.2014 – C-131/12, ECLI:EU:C:2014:317 = GRUR 2014, 895 Rn. 99 – *Google Spain*.

[186] Dagegen: *Hennemann*, PinG 2016, 176, 177; dafür: Ehmann/Selmayr-*Kamann/Braun*, Datenschutz-Grundverordnung, 2. Aufl. 2018, Art. 17 Rn. 67; Sydow-*Peukert*, Europäische Datenschutzgrundverordnung, 2. Aufl. 2018, Art. 17 Rn. 39 f.; differenzierend: Schwartmann/Jaspers/Thüsing/Kugelmann-*Leutheusser-Schnarrenberger*, HK DS-GVO/BDSG, 1. Aufl. 2018, Art. 17 Rn. 12.

danach zusätzlich die Pflicht des Verantwortlichen benannt wird, personenbezogenen Daten unverzüglich zu löschen, Art. 17 Abs. 1 HS 2 DS-GVO.[187] Dafür spricht
die Systematik der Betroffenenrechte, da Art. 12 Abs. 2 S. 2 DS-GVO das Antragserfordernis für alle Betroffenenrechte normiert, welches wohl nur dann nicht besteht, wenn dies explizit im jeweiligen Betroffenenrecht festgeschrieben ist.[188] Auch
der EuGH geht von einem Antragserfordernis aus.[189]

Hat der Verantwortliche die personenbezogenen Daten öffentlich gemacht und
ist er gemäß Abs. 1 zu ihrer Löschung verpflichtet, so trifft er unter Berücksichtigung der verfügbaren Technologie und der Implementierungskosten angemessene
Maßnahmen, auch technischer Art, um für die Datenverarbeitung Verantwortliche,
die die personenbezogenen Daten weiterverarbeiten, darüber zu informieren, dass
eine betroffene Person von ihnen die Löschung aller Links zu diesen personenbezogenen Daten verlangt hat, Art. 17 Abs. 2 DS-GVO. Das Gesetz verlangt hier nur,
dass der Verantwortliche, an den sich der primäre Antrag gerichtet hat, angemessene
Maßnahmen ergreift, um die Informationen an potenzielle weitere Verantwortliche
weiterzuleiten. Der Löscherfolg auch von Seiten der weiteren Verantwortlichen ist
nicht geschuldet. Ob der informierte Verantwortliche die personenbezogenen Daten
löschen muss, richtet sich dann wiederum nach Art. 17 Abs. 1 DS-GVO.[190]

Art. 17 Abs. 3 DS-GVO normiert die Ausschlussgründe des Rechts auf Löschung
nach Art. 17 Abs. 1 DS-GVO und die Informationspflichten nach Art. 17 Abs. 2 DS-
GVO. Die Absätze 1 und 2 gelten nicht, soweit die Verarbeitung zur Ausübung des
Rechts auf freie Meinungsäußerung und Information, zur Erfüllung einer rechtlichen Verpflichtung, aus Gründen des öffentlichen Interesses im Bereich der öffentlichen Gesundheit, für im öffentlichen Interesse liegende Archivzwecke, wissenschaftliche oder historische Forschungszwecke, für statistische Zwecke oder zur
Geltendmachung, Ausübung oder Verteidigung von Rechtsansprüchen erforderlich
ist, Art. 17 Abs. 3 DS-GVO. Das Merkmal der Erforderlichkeit zeigt, dass ein angemessener Ausgleich sämtlicher kollidierender Rechtsgüter herzustellen ist.[191] Im
nationalen Recht wird das Recht auf Löschung darüber hinaus gem. § 35 BDSG
eingeschränkt. Dieser schließt das Löschungsrecht für den Fall einer nicht automatisierten Datenverarbeitung aus, wenn die Erfüllung dessen aufgrund der besonde-

---

[187] Schwartmann/Jaspers/Thüsing/Kugelmann-*Leutheusser-Schnarrenberger*, HK DS-GVO/BDSG,
1. Aufl. 2018, Art. 17 Rn. 12.

[188] Ehmann/Selmayr-*Kamann/Braun*, Datenschutz-Grundverordnung, 2. Aufl. 2018, Art. 17
Rn. 67; Sydow-*Peukert*, Europäische Datenschutzgrundverordnung, 2. Aufl. 2018, Art. 17 Rn. 40.

[189] EuGH, Urt. v. 24.09.2019 – C-138/17, ECLI:EU:C:2019:773 = ZD 2020, 36 – *ED/CNIL*.

[190] *Hennemann*, PinG 2016, 176, 178; Schwartmann/Jaspers/Thüsing/Kugelmann-*Leutheusser-Schnarrenberger*, HK DS-GVO/BDSG, 1. Aufl. 2018, Art. 17 Rn. 51; Sydow-*Peukert*, Europäische Datenschutzgrundverordnung, 2. Aufl. 2018, Art. 17 Rn. 49 f.; Ehmann/Selmayr-*Kamann/
Braun*, Datenschutz-Grundverordnung, 2. Aufl. 2018, Art. 17 Rn. 46.

[191] Sydow-*Peukert*, Europäische Datenschutzgrundverordnung, 2. Aufl. 2018, Art. 17 Rn. 58; Eh-
mann/Selmayr-*Kamann/Braun*, Datenschutz-Grundverordnung, 2. Aufl. 2018, Art. 17 Rn. 55;
Schwartmann/Jaspers/Thüsing/Kugelmann-*Leutheusser-Schnarrenberger*, HK DS-GVO/BDSG,
1. Aufl. 2018, Art. 17 Rn. 53.

ren Art der Speicherung nicht oder nur mit unverhältnismäßig hohem Aufwand möglich und das Interesse der betroffenen Person an der Löschung als gering anzusehen ist.

Art. 17 DS-GVO stellt einen **speziellen Beseitigungsanspruch** dar, der den allgemeineren § 1004 Abs. 1 BGB analog i. V. m. § 823 Abs. 1 BGB bei Beeinträchtigungen des Rechts auf informationelle Selbstbestimmung im Anwendungsbereich der DS-GVO verdrängt.[192]

Unter den Voraussetzungen des Art. 18 Abs. 1 DS-GVO hat die betroffene Person ein Recht auf **Einschränkung** der Datenverarbeitung. Zu den Methoden der Einschränkung zählt es beispielsweise, die personenbezogenen Daten vorübergehend auf ein anderes Verarbeitungssystem zu übertragen oder veröffentliche Daten vorübergehend von einer Website zu entfernen, ErwGr 67 S. 1.

3.5.4 Datenübertragbarkeit

Die betroffene Person hat das Recht, die sie betreffenden personenbezogenen Daten, die sie einem Verantwortlichen bereitgestellt hat, in einem **strukturierten, gängigen und maschinenlesbaren Format** zu erhalten und sie hat das Recht, diese Daten einem anderen Verantwortlichen ohne Behinderung durch den Verantwortlichen, dem die Daten bereitgestellt wurden, zu übermitteln, sofern die Verarbeitung auf einer Einwilligung oder auf einem Vertrag beruht und die Verarbeitung mithilfe automatisierter Verfahren erfolgt, Art. 20 Abs. 1 lit. a) – lit. b) DS-GVO. Bei der Ausübung ihres Rechts auf Datenübertragbarkeit gemäß Abs. 1 hat die betroffene Person das Recht, zu erwirken, dass die personenbezogenen Daten direkt von einem Verantwortlichen einem anderen Verantwortlichen übermittelt werden, soweit dies technisch möglich ist, Art. 20 Abs. 2 DS-GVO. So soll die betroffene Person vor Lock-in-Effekten geschützt werden.[193] Lock-in-Effekte verhindern, dass eine Person den Anbieter einer Dienstleistung wechselt, da nur der ursprüngliche Anbieter über die personenbezogenen Daten verfügt, die zur Anbietung des Dienstes erforderlich sind.[194] Art. 20 DS-GVO bezweckt darüber hinaus auch, den Marktzutritt für

---

[192] Ein vorbeugender Unterlassungsanspruch bleibt dagegen jedoch möglich, siehe: Gola-*Nolte/ Werkmeister*, DS-GVO, 2. Aufl. 2018, Art. 17 Rn. 73; Kühling/Buchner-*Herbst*, DS-GVO BDSG, 2. Aufl. 2018, Art. 17 Rn. 93.

[193] *Specht/Bienemann*, Datenübertragbarkeit anleger- und anlagerelevanter Daten, in: Linardatos, Rechtshandbuch Robo Advice, im Erscheinen; *Jülicher/Röttgen/v. Schönfeld*, ZD 2016, 358, 360; *Peitz/Schweitzer*, NJW 2018, 275, 277; Schantz/Wolff-*Schantz*, Das neue Datenschutzrecht, 1. Aufl. 2017, Rn. 1236; Gierschmann/Schlender/Stentzel/Veil-*Veil*, Datenschutz-Grundverordnung, 1. Aufl. 2018, Art. 20 Rn. 3; Schwartmann/Jaspers/Thüsing/Kugelmann-*Rudolph*, HK DS-GVO/ BDSG, 1. Aufl. 2018, Art. 20 Rn. 26; Simitis/Hornung/Spiecker gen. Döhmann-*Dix*, Datenschutzrecht, 1. Aufl. 2019, Art. 20 Rn. 1.

[194] *Specht/Bienemann*, Datenübertragbarkeit anleger- und anlagerelevanter Daten, in: Linardatos, Rechtshandbuch Robo Advice, im Erscheinen; *Brüggemann*, K&R 2018, 1, 2; vgl. zu den switching costs: *Jülicher/Röttgen/v. Schönfeld*, ZD 2016, 358, 360; Schantz/Wolff-*Schantz*, Das neue Datenschutzrecht, 1. Aufl. 2017, Rn. 1236 ff.

andere Marktteilnehmer zu erleichtern, da die betroffene Person den neuen Marktteilnehmern die bereits dem ersten Verantwortlichen bereitgestellten personenbezogenen Daten übermitteln kann.[195] Das Recht auf Datenübertragbarkeit hat damit auch wettbewerbsrechtlichen Charakter.

Erfasst vom Recht auf Datenübertragbarkeit sind die personenbezogenen Daten, die die betroffene Person dem Verantwortlichen bereitgestellt hat, Art. 20 Abs. 1 DS-GVO. Indes fehlt eine Legaldefinition für das Prüfungsmerkmal „**Bereitstellen**".[196] Jedenfalls sind die Daten erfasst, die die betroffene Person aktiv, wissentlich und willentlich an den Verantwortlichen übermittelt.[197] Dies ist bspw. der Fall, wenn die betroffene Person Anmeldemasken zur Erstellung eines Kundenprofils ausfüllt.[198] Ob auch **Nutzungsdaten**, also Informationen über das Nutzungsverhalten eines Betroffenen (z. B. Anzahl und Zeitpunkt der Logins, werberelevante Interessen etc.), erfasst sind, ist bis dato ungeklärt.[199] Sie werden durch den Anbieter generiert, während der Kunde den angebotenen Dienst des Verantwortlichen nutzt.[200] Dafür spricht, dass ohne die Übertragung von Nutzungsdaten die unerwünschten Lock-in-Effekte bestehen blieben. Nur mit Übermittlung der Nutzungsdaten ist es möglich, dass auch der neue Diensteanbieter die Dienstleistung auf die betroffene Person zuschneiden und eine individualisierte Dienstleistung fortsetzen kann. Das Recht auf Datenübertragbarkeit würde bei einer zu engen Auslegung des „Bereitstellens" wohl keine praktische Relevanz entfalten. Eingegebene Stammdaten kann der Betroffene selbst an den neuen Verantwortlichen übertragen bzw. erneut bereitstellen.[201]

---

[195] Vgl. zum erleichterten Marktzutritt: *Strubel*, ZD 2017, 355, 355; *Wrobel*, Datenportabilität – Demokratisierung der digitalen Wirtschaft?, in: Taeger, Rechtsfragen digitaler Transformationen, 2018, S. 247, 248.

[196] *Jülicher/Röttgen/v. Schönfeld*, ZD 2016, 358, 359; *Brüggemann*, K&R 2018, 1, 2.

[197] *Specht/Bienemann*, Datenübertragbarkeit anleger- und anlagerelevanter Daten, in: Linardatos, Rechtshandbuch Robo Advice, im Erscheinen; Art. 29-Datenschutzgruppe WP 242, S. 3, 9; *Piltz*, K&R 2016, 629, 634; *Benedikt*, RDV 2017, 189, 190; *Brüggemann*, K&R 2018, 1, 2; *Krause*, PinG 2018, 239, 240; *Strubel*, ZD 2017, 355, 357 ff.; *Durmus*, RDV 2018, 80, 81; *Klinik-Straub/Straub*, ZD 2018, 459, 461; *Wrobel*, Datenportabilität – Demokratisierung der digitalen Wirtschaft?, in: Taeger, Rechtsfragen digitaler Transformationen, 2018, S. 247, 249.

[198] *Brüggemann*, K&R 2018, 1, 2; *Krause*, PinG 2018, 239, 240; *Wrobel*, Datenportabilität – Demokratisierung der digitalen Wirtschaft?, in: Taeger, Rechtsfragen digitaler Transformationen, 2018, S. 247, 249.

[199] Art. 29-Datenschutzgruppe, WP 242, S. 9; *Specht/Bienemann*, Datenübertragbarkeit anleger- und anlagerelevanter Daten, in: Linardatos, Rechtshandbuch Robo Advice, im Erscheinen; *Wrobel*, Datenportabilität – Demokratisierung der digitalen Wirtschaft?, in: Taeger, Rechtsfragen digitaler Transformationen, 2018, S. 247, 249; *Strubel*, ZD 2017, 355, 360; *Krause*, PinG 2018, 239, 241; *Richter*, PinG 2017, 231, 231.

[200] Art. 29-Datenschutzgruppe WP 242, S. 9; Sydow-*Sydow/Wilhelm*, Europäische Datenschutzgrundverordnung, 2. Aufl. 2018, Art. 20 Rn. 14; Ehmann/Selmayr-*Kamann/Braun*, Datenschutz-Grundverordnung, 2. Aufl. 2018, Art. 20 Rn. 13.

[201] *Specht/Bienemann*, Datenübertragbarkeit anleger- und anlagerelevanter Daten, in: Linardatos, Rechtshandbuch Robo Advice, im Erscheinen; *Brüggemann*, K&R 2018, 1, 2; *Krause*, PinG 2018, 239, 241; *Wrobel*, Datenportabilität – Demokratisierung der digitalen Wirtschaft?, in: Taeger,

Zur Ausübung des Rechts auf Datenübertragbarkeit ist ein Antrag der betroffenen Person erforderlich, Art. 12 Abs. 2 S. 2, Art. 20 Abs. 1, Abs. 2 DS-VO.[202] Die betroffene Person kann zwischen der indirekten Übermittlung nach Art. 20 Abs. 1 DS-GVO und der direkten Übermittlung nach Art. 20 Abs. 2 DS-GVO wählen und muss die gewünschte Übermittlungsmodalität bei der Antragsstellung festlegen.[203] Die Ausübung des Rechts auf Datenübertragbarkeit lässt das Recht auf Löschung nach Art. 17 Abs. 1 DS-GVO unberührt, Art. 20 Abs. 3 S. 1 DS-GVO. Das Recht auf Datenübertragbarkeit gilt nicht für eine Verarbeitung, die für die Wahrnehmung einer Aufgabe erforderlich ist, die im öffentlichen Interesse liegt oder in Ausübung öffentlicher Gewalt erfolgt, die dem Verantwortlichen übertragen wurde, Art. 20 Abs. 3 S. 2 DS-GVO. Das Recht auf Datenübertragbarkeit darf die Rechte und Freiheiten anderer Person nicht beeinträchtigen, nach Art. 20 Abs. 4 DS-GVO.

▶ **Wichtig** Auch an dieser Stelle kann von Ihnen in der Klausursituation eine umfassende Abwägung aller Interessen des Einzelfalles dahingehend gefordert sein, ob Rechte und Freiheiten anderer Personen i. S. d. Art. 20 Abs. 4 DS-GVO der Datenportabilität entgegenstehen.

Dies kann insbesondere aufgrund des Schutzes personenbezogener Daten Dritter oder zu deren Gunsten bestehender Immaterialgüter wie z. B. geistiger Eigentumsrechte der Fall sein. Aber auch die Betriebs- und Geschäftsgeheimnisse datenverarbeitender Unternehmen können einer Portabilität entgegenstehen.

Achten Sie hier stets auf die Umstände des Einzelfalles und die Informationen im Klausursachverhalt!

3.5.5 Widerspruch

Die betroffene Person hat das Recht, aus Gründen, die sich aus ihrer besonderen Situation ergeben, jederzeit gegen die Verarbeitung sie betreffender personenbezogener Daten, die aufgrund von Art. 6 Abs. 1 lit. e) oder lit. f) erfolgen, **Widerspruch** einzulegen; dies gilt auch für ein auf diese Bestimmungen gestütztes Profiling, Art. 21 Abs. 1 S. 1 DS-GVO. Die Vorschrift dient dem Betroffenen im Falle einer rechtmäßigen Datenverarbeitung dazu, diese nach seinem Willen zu beenden. Das

---

Rechtsfragen digitaler Transformationen, 2018, S. 247, 250; Schantz/Wolff-*Schantz*, Das neue Datenschutzrecht, 1. Aufl. 2017, Rn. 1239; Simitis/Hornung/Spiecker gen. Döhmann-*Dix*, Datenschutzrecht, 1. Aufl. 2019, Art. 20 Rn. 11.

[202] Gierschmann/Schlender/Stentzel/Veil-*Veil*, Datenschutz-Grundverordnung, 1. Aufl. 2018, Art. 20 Rn. 19; Schwartmann/Jaspers/Thüsing/Kugelmann-*Rudolph*, HK DS-GVO/BDSG, 1. Aufl. 2018, Art. 20 Rn. 78; Taeger/Gabel-*Munz*, DS-GVO BDSG, 3. Aufl. 2019, Art. 20 Rn. 14.

[203] *Specht/Bienemann*, Datenübertragbarkeit anleger- und anlagerelevanter Daten, in: Linardatos, Rechtshandbuch Robo Advice, im Erscheinen; Gierschmann/Schlender/Stentzel/Veil-*Veil*, Datenschutz-Grundverordnung, 1. Aufl. 2018, Art. 20 Rn. 19; Simitis/Hornung/Spiecker gen. Döhmann-*Dix*, Datenschutzrecht, 1. Aufl. 2019, Art. 20 Rn. 13.

Widerspruchsrecht führt dazu, dass der Verantwortliche die personenbezogenen Daten nicht mehr verarbeiten darf, es sei denn, er kann zwingende schutzwürdige Gründe für die Verarbeitung nachweisen, die die Interessen, Rechte und Freiheiten der betroffenen Person überwiegen, oder die Verarbeitung dient der Geltendmachung, Ausübung oder Verteidigung von Rechtsansprüchen, Art. 21 Abs. 1 S. 2 DS-GVO. Art. 21 DS-GVO gewährt dem Betroffenen ein Widerspruchsrecht gegen die an sich rechtmäßige Datenverarbeitung, ErwGr 69 S. 1.[204] Die betroffene Person muss die Gründe, die sich aus ihrer besonderen Situation ergeben und gegen die rechtmäßige Datenverarbeitung sprechen, bei der Antragsstellung konkret benennen (z. B. familiäre oder wirtschaftliche Gründe).[205] Wird eine Verarbeitung trotz wirksamen Widerspruchs fortgeführt, so ist diese ab dem Zeitpunkt des Widerspruchs rechtswidrig.

Werden personenbezogene Daten verarbeitet, um **Direktwerbung** zu betreiben, so hat die betroffene Person das Recht, jederzeit Widerspruch gegen die Verarbeitung sie betreffender personenbezogener Daten zum Zwecke derartiger Werbung einzulegen; dies gilt auch für Profiling, soweit es mit solcher Direktwerbung in Verbindung steht, Art. 21 Abs. 2 DS-GVO. Dieses Recht wird voraussetzungslos gewährt. Widerspricht die betroffene Person der Verarbeitung für Zwecke der Direktwerbung, so werden die personenbezogenen Daten nicht mehr für diese Zwecke verarbeitet, Art. 21 Abs. 3 DS-GVO. Die Vorschrift soll dem Betroffenen demgemäß zur Stärkung seiner Rechte auch während einer bereits erfolgten Datenverarbeitung ein Widerspruchsrecht einräumen. Dies ist insbesondere erforderlich, weil Datenverarbeitungen auch ohne Willensakt eines Betroffenen gerechtfertigt sein können und er diesen ansonsten schutzlos gegenüberstände.

Die betroffene Person muss **spätestens zum Zeitpunkt der ersten Kommunikation** mit ihr ausdrücklich auf das in den Absätzen 1 und 2 genannte Recht hingewiesen werden, Art. 21 Abs. 4 DS-GVO.

3.5.6 Recht auf Nichtunterwerfung ausschließlich automatisierter Entscheidungen

Die betroffene Person hat das **Recht, nicht einer ausschließlich auf einer automatisierten Verarbeitung – einschließlich Profiling – beruhenden Entscheidung unterworfen zu werden**, die ihr gegenüber rechtliche Wirkung entfaltet oder sie in ähnlicher Weise erheblich beeinträchtigt, Art. 22 Abs. 1 DS-GVO. Zweck der

---

[204] Sydow-*Helfrich*, Europäische Datenschutzgrundverordnung, 2. Aufl. 2018, Art. 21 Rn. 1; Simitis/Hornung/Spiecker gen. Döhmann-*Caspas*, Datenschutzrecht, 1. Aufl. 2019, Art. 21 Rn. 3; Ehmann/Selmayr-*Kamann/Braun*, Datenschutz-Grundverordnung, 2. Aufl. 2018, Art. 21 Rn. 1.

[205] Ehmann/Selmayr-*Kamann/Braun*, Datenschutz-Grundverordnung, 2. Aufl. 2018, Art. 21 Rn. 10; Paal/Pauly-*Martini*, DS-GVO BDSG, 2. Aufl. 2018, Art. 21 Rn. 30; Simitis/Hornung/Spiecker gen. Döhmann-*Caspar*, Datenschutzrecht, 1. Aufl. 2019, Art. 21 Rn. 18.

Norm ist die Vermeidung der Degradierung einer betroffenen Person zum Objekt einer Datenverarbeitung ohne jegliches menschliches Eingreifen, ErwGr 71 S. 1.[206] Abs. 1 gilt nicht, wenn die Entscheidung für den **Abschluss oder die Erfüllung eines Vertrages** zwischen der betroffenen Person und dem Verantwortlich erforderlich ist, aufgrund von Rechtsvorschriften der Union oder der Mitgliedstaaten, denen der Verantwortliche unterliegt, zulässig ist und diese Rechtsvorschriften angemessene Maßnahmen zur Wahrung der Rechte und Freiheiten sowie der berechtigten Interessen der betroffenen Person enthalten oder mit ausdrücklicher Einwilligung der betroffenen Person erfolgt, Art. 22 Abs. 2 lit. a) bis lit. c) DS-GVO. Auf Grundlage von Art. 22 Abs. 2 lit. b) DS-GVO hat der deutsche Gesetzgeber normiert, dass das Recht auch dann nicht besteht, wenn die Entscheidung im Rahmen der Leistungserbringung nach einem Versicherungsvertrag ergeht und dem Begehren der betroffenen Person stattgegeben wurde oder die Entscheidung auf der Anwendung verbindlicher Entgeltregelungen für Heilbehandlungen beruht, vgl. § 37 Abs. 1 Nr. 1 und Nr. 2 BDSG.

Wird **rechtmäßig** eine automatisierte Entscheidungsfindung durchgeführt, muss der Verantwortliche die betroffene Person hierüber informieren und aussagekräftige Informationen über die involvierte Logik sowie Tragweite und die angestrebten Auswirkungen einer derartigen Verarbeitung für die betroffene Person zu informieren, Art. 13 Abs. 2 lit. f), Art. 14 Abs. 2 lit. g) DS-GVO.

▶ **Wichtig** In diesem Kontext ist die *SCHUFA*-Entscheidung des BGH[207] heute schon ein „Klassiker": Der BGH entschied, dass die sog. Scoreformel, also die abstrakte Methode der Scorewertberechnung beim Profiling, nicht vom datenschutzrechtlichen Auskunftsanspruch erfasst ist. Zwar bezog sich die Entscheidung noch auf § 34 Abs. 4 S. 1 Nr. 4 BDSG a.F., sie lässt sich indes auf die DS-GVO übertragen. Die Scoreformel wurde vom BGH als Geschäftsgeheimnis und dementsprechend als nicht vom Auskunfts- und Informationsrecht umfasst angesehen. Auch im Geltungsregime der DS-GVO wird diesbezüglich noch mit dem Argument des Geschäftsgeheimnisschutzes zu argumentieren sein, vgl. etwa die Erwähnung in ErwGr 63 S. 5 DS-GVO. Auch wird die Scoreformel als mathematische Formel wohl kaum dem Erfordernis einer einfachen, klaren und verständlichen Sprache i. S. d. Art. 12 Abs. 1 DS-GVO gerecht werden können.[208] Sie fällt also aus dem Auskunfts- und Informationsanspruch hinaus.

Weiterhin entschied der BGH, dass zu den als Geschäftsgeheimnis geschützten Inhalten der Scoreformel die im ersten Schritt in die Scoreformel eingeflossenen allgemeinen Rechengrößen, wie etwa die herangezogenen statistischen Werte, die Gewichtung einzelner Berechnungselemente bei der Er-

---

[206] *Kühling/Klar/Sackmann*, Datenschutzrecht, 4. Aufl. 2018, Rn. 478; Paal/Pauly-*Martini*, DS-GVO BDSG, 2. Aufl. 2018, Art. 22 Rn. 1; Sydow-*Helfrich*, Europäische Datenschutzgrundverordnung, 2. Aufl. 2018, Art. 22 Rn. 1 ff.

[207] BGH, Urt. v. 28.01.2014 – VI ZR 156/13, ZD 2014, 306 – *SCHUFA*.

[208] *v. Lewiski/Pohl*, ZD 2018, 17, 22.

mittlung des Wahrscheinlichkeitswerts und die Bildung etwaiger Vergleichs-gruppen als Grundlage der Scorekarten zählen. Auch diese Informationen fallen als Geschäftsgeheimnisse nach der obigen Argumentation aus dem Informations- und Auskunftsanspruch heraus.

3.5.7 Prüfungsschema

Die Geltendmachung der Betroffenenrechte der DS-GVO kann schematisch geprüft werden. Der Aufbau erinnert an die Prüfung von Gestaltungsrechten (wie z. B. Rücktritt, Kündigung oder Anfechtung) im nationalen Recht. Es bietet sich folgende Prüfungsfolge an:

▶ 1. Bestehen eines Betroffenenrechts der Art. 13 ff. DS-GVO
   2. Ausübung des Rechts (= Geltendmachung)
▶ 3. Kein Ausschluss des Rechts (v. a. durch Art. 12 DS-GVO oder betroffenenrechtsspezifische Ausschlusstatbestände, z. B. Art. 15 Abs. 4 DSGVO für das Auskunftsrecht)

3.6 Durchsetzung des Datenschutzrechts

Die Art. 58, Art. 77 ff. DS-GVO regeln die Befugnisse der Aufsichtsbehörde einschließlich der allgemeinen Bedingungen für die Verhängung von Geldbußen, die Beschwerde an die Aufsichtsbehörde, gerichtliche Rechtsbehelfe und die zivilrechtliche Haftung bei Verstößen gegen die DS-GVO.

3.6.1 Beschwerde bei der Aufsichtsbehörde

Art. 77 DS-GVO regelt das Recht auf Beschwerde bei der Aufsichtsbehörde, wenn der Betroffene der Ansicht ist, die Verarbeitung der personenbezogenen Daten erfolge unrechtmäßig, Art. 77 Abs. 1 DS-GVO. Die Beschwerde wird sodann von der gem. Art. 55 DS-GVO zuständigen Aufsichtsbehörde geprüft. Im Falle ihrer Begründetheit können die Maßnahmen des Art. 58 DS-GVO zur Beendigung des Datenschutzverstoßes ergriffen werden, vgl. Art. 57, Art. 77 DS-GVO, ErwGr 141.[209] Es steht im Ermessen der Aufsichtsbehörde, ob und wie sie das Vorbingen prüft und ggf. gegen den Verantwortlichen vorgeht.[210]

---

[209] Sydow-*Helfrich*, Europäische Datenschutzgrundverordnung, 2. Aufl. 2018, Art. 77 Rn. 37; Specht/Mantz-*Mantz/Marosi*, Handbuch Europäisches und deutsches Datenschutzrecht, 1. Aufl. 2019, § 3 Rn. 207; Paal/Pauly-*Körffer*, DS-GVO BDSG, 2. Aufl. 2018, Art. 77 Rn. 5.
[210] Albrecht/Jotzo, Das neue Datenschutzrecht der EU, 1. Aufl. 2017, Teil 8 Rn. 7; Gola-*Pötters/Werkmeister*, DS-GVO, 2. Aufl. 2018, Art. 77 Rn. 7; Ehmann/Selmayr-*Nemitz*, Datenschutz-Grundverordnung, 2. Aufl. 2018, Art. 77 Rn. 17.

Exkurs

Aufgrund der zunehmend international stattfindenden Datenverarbeitungen kann Sie in einer Klausursituation die **Bestimmung der zuständigen Aufsichtsbehörde** vor Probleme stellen. Im Grundsatz ist Art. 55 Abs. 1 DS-GVO heranzuziehen, demgemäß stets die Aufsichtsbehörden im Hoheitsgebiet ihres eigenen Mitgliedstaates zuständig sind. Dies sind in Deutschland jeweils die Datenschutzbeauftragten eines jeden Bundeslandes für die dort ansässigen datenverarbeitenden Stellen.

Eine Besonderheit besteht bei Datenverarbeitungen von Akteuren, die in mehreren Mitgliedstaaten aktiv sind. Hier gilt das sog. **One-Stop-Shop-Prinzip**. Demnach soll aus Gründen einer effektiven Datenschutzaufsicht nur eine einzige federführende Aufsichtsbehörde zuständig sein, um sich widersprechende Entscheidungen zu verhindern. Gem. Art. 56 Abs. 1 DS-GVO ist daher nur die Aufsichtsbehörde am Ort der Hauptniederlassung eines Verantwortlichen i. S. d. Art. 4 Nr. 16 DS-GVO federführend für dessen Datenverarbeitungen zuständig.

Probleme liefert dieses Verfahren bei mehreren **gemeinsamen Verantwortlichen**, da in einem solchen Fall mehrere Hauptniederlassungen bestehen. Demgemäß würde hier die Gefahr sich widersprechender Entscheidungen hinsichtlich ein und derselben Datenverarbeitung wiederaufleben, da mehrere federführende Aufsichtsbehörden i. S. d. Art. 56 Abs. 1 DS-GVO bestehen würden. Daher sollten die beteiligten Aufsichtsbehörden autonom über die Federführung entscheiden können, gelingt ihnen dies nicht, ist analog Art. 65 Abs. 1 lit. b) DS-GVO ein Streitbeilegungsverfahren durchzuführen.[211]

3.6.2 Sanktionen

Die Aufsichtsbehörde verfügt über **Untersuchungsbefugnisse, Abhilfebefugnisse und Genehmigungsbefugnisse**, Art. 58 Abs. 1 bis Abs. 3 DS-GVO. Zur Beendigung des Datenschutzverstoßes verfügt die Aufsichtsbehörde auch über die Befugnis, eine **Geldbuße** für den Verantwortlichen zu verhängen, Art. 58 Abs. 2 lit. i), Art. 83 DS-GVO. Geldbußen werden je nach den Umständen des Einzelfalls zusätzlich oder anstelle von Maßnahmen nach Art. 58 Abs. 2 lit. a) bis h) und j) verhängt, Art. 83 Abs. 2 S. 1 DS-GVO. Nach Art. 83 Abs. 1 DS-GVO stellt jede Aufsichtsbehörde sicher, dass die Verhängung von Geldbußen für Verstöße gegen diese Verordnung gemäß den Absätzen 4, 5 und 6 in jedem Einzelfall wirksam, verhältnismäßig und abschreckend ist. Die Behörde hat auch bei der Verhängung von Geldbußen ein Ermessen.[212] Je nachdem, gegen welche Kategorie datenschutzrechtlicher Vorschriften verstoßen wird, können die Geldbußen bis zu 10 Millionen (Art. 83 Abs. 4 DS-GVO) oder 20 Millionen Euro (Art. 83 Abs. 5 DS-GVO) betragen. Art. 83 Abs. 2 und Abs. 3 DS-VO geben Kriterien vor, die bei der Verhängung der Geldbuße als solcher und der Bemessung der Höhe zu berücksichtigen sind. So sind nach Art. 83 Abs. 2 lit. a) DS-GVO bspw. gebührend zu berücksichtigen: Art, Schwere und Dauer des Verstoßes unter Berücksichtigung der Art, des Umfangs oder des Zwecks der betreffenden Verarbeitung sowie der Zahl der von der Verarbeitung betroffenen Personen und des Ausmaßes des von ihnen erlittenen Schadens,

---

[211] Vgl. dazu eingehend: *Schneider*, ZD 2020, 179, 179 ff.

[212] Paal/Pauly-*Frenzel*, DS-GVO BDSG, 2. Aufl. 2018, Art. 83 Rn. 6; Simitis/Hornung/Spiecker gen. Döhmann-*Boehm*, Datenschutzrecht, 1. Aufl. 2019, Art. 83 Rn. 15; Taeger/Gabel-*Moos/Schefzig*, DS-GVO BDSG, 3. Aufl. 2019, Art. 83 Rn. 28.

Art. 83 Abs. 2 lit. a) DS-GVO. Insbesondere im Falle mehrerer gemeinsamer Verantwortlicher kann die Aufsichtsbehörde die Bußgelder also so verhängen, dass aus ihrer Sicht Datenschutzverstößen am effektivsten begegnet wird. Gemeinsame Verantwortliche haften für Bußgelder indes getrennt und – anders als gemäß Art. 26 Abs. 3 DS-GVO für zivilrechtliche Ansprüche – gerade nicht gemeinsam.[213]
Die Aufsichtsbehörden haben bereits Geldbußen verhängt. So verhängte bspw. der Landesbeauftrage für Datenschutz und Informationsfreiheit Baden-Württemberg am 21.11.2018 eine Geldbuße in Höhe von 20.000 € gegenüber einem Social-Media-Anbieter, da dieser keine ausreichende Sicherheit der Datenverarbeitung gewährleistet hat, Art. 83 Abs. 4 lit. a), Art. 32 DS-GVO.[214] Weiterhin verhängte jüngst der Berliner Datenschutzbeauftragte ein Bußgeld i. H. v. 50.000 € gegen eine Onlinebank, die sog. „Blacklists" ehemaliger Kunden führte, mit denen sie gar keine Geschäftsbeziehungen mehr unterhielt.[215] In Deutschland divergiert die Aktionsintensität der Aufsichtsbehörden indes erheblich: Während 2018 in Baden-Württemberg bspw. 138 Bußgeldverfahren eingeleitet wurden, waren es im selben Zeitraum in Berlin, Brandenburg und Rheinland-Pfalz jeweils nur drei.[216]
Die französischen Aufsichtsbehörden verhängten gegen ein großes Internetunternehmen sogar ein Bußgeld i. H. v. 50 Mio. € wegen mangelnder Transparenz und Information sowie der ungenügenden Einholung von Einwilligungen zur Datenverarbeitung.[217] In diesem Zusammenhang wirkt das Bußgeld einer italienischen Aufsichtsbehörde[218] gegen ein Telemarketing-Unternehmen aufgrund mangelhafter Einholung von Einwilligungen zur Datenverarbeitung i. H. v. 2 Mio. € noch gering.

3.6.3 Zivilrechtliche Haftung und Recht auf Schadensersatz

Jede Person, der wegen eines Verstoßes gegen die DS-GVO ein materieller oder immaterieller Schaden entstanden ist, hat einen Anspruch auf **Schadensersatz** gegen den Verantwortlichen oder Auftragsverarbeiter, **Art. 82 Abs. 1 DS-GVO**. Ein Auftragsverarbeiter ist jedoch nur dann passivlegitimiert, wenn er seinen spezifischen Pflichten nicht nachgekommen ist, vgl. Art. 82 Abs. 2 S. 2 DS-GVO.

---

[213] *Specht-Riemenschneider/Schneider*, MMR 2019, 503, 507.

[214] Landesbeauftragter für Datenschutz und Informationsfreiheit Baden-Württemberg, Kooperation mit Ausicht macht es glimpflich, abrufbar unter: https://www.baden-wuerttemberg.datenschutz.de/lfdi-baden-wuerttemberg-verhaengt-sein-erstes-bussgeld-in-deutschland-nach-der-ds-gvo/, zuletzt abgerufen am 14.06.2019.

[215] *v. Cramm*, Verstoßen Blacklists gegen die DS-GVO?, abrufbar unter: www.datenschutzbeauftragter-info.de/verstossen-blacklists-gegen-die-DS-GVO/, zuletzt abgerufen am 30.08.2019; vgl. dazu auch: *Gola/Klug*, NJW 2019, 2587, 2590.

[216] *Schulzki-Haddouti*, Implodierende Aufsichtsbehörden, abrufbar unter: https://www.pingdigital. de/blog/2019/03/29/implodierende-aufsichtsbehoerden/1626, zuletzt abgerufen am 14.10.2019.

[217] Vgl. dazu eingehend: *Wybitul*, ZD 2019, 97, 97 ff.

[218] ZD-Aktuell 2019, 06677.

Ob nur die betroffene Person oder auch ein Dritter **anspruchsberechtigt** ist, wird uneinheitlich beantwortet.[219] Nach dem Wortlaut von Art. 82 Abs. 1 DS-GVO ist jede Person anspruchsberechtigt, der wegen eines Verstoßes gegen diese Verordnung ein Schaden entstanden ist. Dieser Wortlaut ist recht weit und spricht gegen eine Begrenzung der Anspruchsberechtigten. Jedoch wird nach der Systematik der Datenschutzgrundverordnung fast ausschließlich die betroffene Person geschützt.[220] Auch der Wortlaut von Art. 82 Abs. 4 DS-GVO, ErwGr 146 S. 6 und ErwGr 146 S. 8 unterstützt diese Ansicht, da jeweils normiert ist, dass nur ein wirksamer Schadensersatz für die betroffene Person sicherzustellen ist.[221] Dem kann wiederum entgegengehalten werden, dass durch die DS-GVO neben der betroffenen Person auch noch Dritte geschützt werden können, obwohl diese nicht direkt adressiert werden. Bspw. können sich falsche Bonitätsinformationen über einen Gesellschafter einer Gesellschaft bürgerlichen Rechts negativ auf alle Gesellschafter dieser Gesellschaft auswirken, so dass auch diese zum Schadensersatz nach Art. 82 Abs. 1 DS-GVO berechtigt sein sollten.[222] Auch gemeinsame Verantwortliche sollten im Innenverhältnis gegenseitige Ansprüche aus Art. 82 Abs. 1 DS-GVO haben, etwa dann, wenn sich ein Teil weigert, eine wirksame interne Vereinbarung i. S. d. Art. 26 Abs. 1 S. 2 DS-GVO abzuschließen und daraufhin dem anderen Teil ein Schaden entsteht.[223]

Ob Art. 82 DS-GVO einen **höchstpersönlichen** Anspruch normiert, der, wie der Geldentschädigungsanspruch bei Verletzung des Allgemeinen Persönlichkeitsrechts und des Rechts am eigenen Bild nicht vererblich ist, wird bislang weder diskutiert noch ist dies Gegenstand gerichtlicher Entscheidungen. Bereits die Nichtvererblichkeit des Geldentschädigungsanspruchs ist indes abzulehnen. Die fehlerhaften rechtlichen Wertungen, die ihr zugrundeliegen, sollten nicht auf die DSGVO übertragen werden, was aufgrund des Erfordernisses einer unionsrechtlich-autonomen Auslegung der DSGVO aber ohnehin unwahrscheinlich ist.

Auch die Frage, ob ein **Verschulden** des Verantwortlichen erforderlich ist oder die Norm eine verschuldensunabhängige Haftung vorsieht, ist umstritten.[224] Nach

---

[219] Nur die betroffene Person als anspruchsberechtigt sehen: Simitis/Hornung/Spiecker gen. Döhmann-*Boehm*, Datenschutzrecht, 1. Aufl. 2019, Art. 82 Rn. 8; Schwartmann/Jaspers/Thüsing/Kugelmann- *Schwartmann/Keppeler/Jacquemain*, HK DS-GVO/BDSG, 1. Aufl. 2018, Art. 82 Rn. 16; Auernhammer/Eßer/Kramer/v. Lewinski-*Eßer*, DS-GVO BDSG, 6. Aufl. 2018, Art. 82 Rn. 5; Gola-*Piltz*, DS-GVO, 2. Aufl. 2018, Art. 82 Rn. 10; Sydow-*Kreße*, Europäische Datenschutzverordnung, 2. Aufl. 2018, Art. 82 Rn. 9 ff.; a.A.: Schantz/Wolff-*Schantz*, Das neue Datenschutzrecht, 1. Aufl. 2017, Rn. 1247; Kühling/Buchner-*Bergt*, DS-GVO BDSG, 2. Aufl. 2018, Art. 82 Rn. 13 ff.

[220] Auernhammer/Eßer/Kramer/v. Lewinski-*Eßer*, DS-GVO BDSG, 6. Aufl. 2018, Art. 82 Rn. 5.

[221] Simitis/Hornung/Spiecker gen. Döhmann-*Boehm*, Datenschutzrecht, 1. Aufl. 2019, Art. 82 Rn. 8; Kühling/Buchner-*Bergt*, DS-GVO BDSG, 2. Aufl. 2018, Art. 82 Rn. 14.

[222] Simitis/Hornung/Spiecker gen. Döhmann-*Boehm*, Datenschutzrecht, 1. Aufl. 2019, Art. 82 Rn. 9.

[223] *Specht-Riemenschneider/Schneider*, MMR 2019, 503, 507.

[224] *Wybitul*, ZD 2016, 253, 253; Paal/Pauly-*Frenzel*, DS-GVO BDSG, 2. Aufl. 2018, Art. 82 Rn. 6; Gola-*Piltz*, DS-GVO, 2. Aufl. 2018, Art. 82 Rn. 18; Ehmann/Selmayr-*Nemitz*, Datenschutz-Grundverordnung, 2. Aufl. 2018, Art. 82 Rn. 14; Simitis/Hornung/Spiecker gen. Döhmann-*Boehm*, Datenschutzrecht, 1. Aufl. 2019, Art. 82 Rn. 1.

dem Wortlaut von Art. 82 Abs. 1 DS-GVO ist kein Verschulden vorausgesetzt. Art. 82 Abs. 3 DS-GVO gewährt hingegen eine Exkulpationsmöglichkeit: Dies spricht eher für eine Haftung für vermutetes Verschulden als für eine Gefährdungshaftung.[225] Der Verantwortliche oder der Auftragsverarbeiter wird von der Haftung gemäß Absatz 2 befreit, wenn er nachweist, dass er in keinerlei Hinsicht für den Umstand, durch den der Schaden eingetreten ist, verantwortlich ist, Art. 82 Abs. 3 DS-GVO.[226]

Ist der Person ein **kausaler Schaden** entstanden, so ist Schadensersatz sowohl für materielle als auch immaterielle Schäden zu leisten, Art. 82 Abs. 1 DS-GVO. Die Normierung eines immateriellen Schadensersatzes im Datenschutzrecht ist neu. Bislang wurde nur bei einer **schwerwiegenden Verletzung des Persönlichkeitsrechts** ein Anspruch auf Geldentschädigung gewährt.[227] Der Anspruch musste unmittelbar aus Art. 2 Abs. 1 i. V. m. Art. 1 Abs. 1 GG hergeleitet werden. De lege lata ist zum Ersatz immaterieller Schäden nicht mehr auf den Geldentschädigungsanspruch – hergeleitet aus Art. 2 Abs. 1 i. V. m. Art. 1 Abs. 1 GG – zurückzugreifen.[228] Nach Art. 82 Abs. 1 DS-GVO ist eine schwerwiegende Rechtsverletzung weder für materielle noch immaterielle Schäden erforderlich.[229] Jüngst urteilte in diesem Sinne auch das *AG Diez*.[230] Ein Schaden muss freilich aber jedenfalls entstanden sein.[231] Ob hierfür auf die Grundsätze der dreifachen Schadensberechnung aus dem Immaterialgüterrecht und dem Recht am eigenen Bild abgestellt werden kann, ist derzeit noch fraglich. Bei der Bestimmung der Höhe des immateriellen Schadens muss die Genugtuungs- und Abschreckungsfunktion der Norm berücksichtigt werden.[232]

▶   **Klausurtipp** Grundvoraussetzung für eine erfolgreiche zivilrechtliche Klausur ist die strukturierte Prüfung der Anspruchsgrundlagen. Vergegenwärtigen Sie sich daher das folgende **Prüfungsschema von Art. 82 Abs. 1 DS-GVO**, der zentralen Anspruchsgrundlage des neuen Datenschutzrechts! Dabei hilft Ihnen die Nähe zur Prüfungsfolge nationaler deliktischer Ansprüche (v. a. § 823 Abs. 1 BGB):

---

[225] Kühling/Buchner-*Bergt*, DS-GVO BDSG, 2. Aufl. 2018, Art. 82 Rn. 12.

[226] Simitis/Hornung/Spiecker gen. Döhmann-*Boehm*, Datenschutzrecht, 1. Aufl. 2019, Art. 82 Rn. 1; Specht/Mantz-*Mantz/Marosi*, Handbuch Europäisches und deutsches Datenschutzrecht, 1. Aufl. 2019, § 3 Rn. 245.

[227] Hierzu: Specht/Mantz-*Specht*, Handbuch Europäisches und deutsches Datenschutzrecht, 1. Aufl. 2019, § 9 Rn. 101; Gsell/Krüger/Lorenz/Reymann-*Specht-Riemenschneider*, BeckOGK BGB, § 823 Rn. 1232; ausführlich bei: Dreier/Schulze-*Specht*, Urheberrechtsgesetz, 6. Aufl. 2018, KUG §§ 33 – 50 Rn. 21 ff.

[228] Gsell/Krüger/Lorenz/Reymann-*Specht-Riemenschneider*, BeckOGK BGB, § 823 Rn. 1232.

[229] Specht/Mantz-*Specht*, Handbuch Europäisches und deutsches Datenschutzrecht, 1. Aufl. 2019, § 9 Rn. 101; Kühling/Buchner-*Bergt*, DS-GVO BDSG, 2. Aufl. 2018, Art. 88 Rn. 18; Gola-*Gola/Piltz*, DS-GVO, 2. Aufl. 2018, Art. 82 Rn. 13.

[230] AG Diez, Urt. v. 07.11.2018 – 8 C 130/18, ZD 2019, 85.

[231] AG Diez, Urt. v. 07.11.2018 – 8 C 130/18, ZD 2019, 85.

[232] Ehmann/Selmayr-*Nemitz*, Datenschutz-Grundverordnung, 2. Aufl. 2018, Art. 82 Rn. 18; Kühling/Buchner-*Bergt*, DS-GVO BDSG, 2. Aufl. 2018, Art. 88 Rn. 18; Gola-*Gola/Piltz*, DS-GVO, 2. Aufl. 2018, Art. 82 Rn. 13; vgl. auch: EuGH, Urt. v. 10.04.1984 – 14/83, ECLI:EU:C:1984:153 = NJW 1984, 2021, 2022 – *von Colson und Kamann*.

1. Anwendbarkeit der DS-GVO
2. Aktiv- und Passivlegitimation
3. Handlung des Passivlegitimierten
4. Verstoß gegen die DS-GVO
5. Verschulden
6. Schaden

Damit insgesamt ein wirksamer Schadensersatz sowohl für materielle als auch immaterielle Schäden für die betroffene Person sichergestellt ist, haften mehrere Verantwortliche oder Auftragsverarbeiter im Außenverhältnis als **Gesamtschuldner**, Art. 82 Abs. 4 DS-GVO. Im Innenverhältnis findet ein Ausgleich nach den jeweiligen Verantwortlichkeitsbeiträgen statt, Art. 82 Abs. 5 DS-GVO.[233] Dieser umfasst regelmäßig insbesondere den Regress gemeinsamer Verantwortlicher untereinander.

Umstritten ist, ob **nationale Schadensersatzansprüche** vertraglicher oder deliktischer Natur (z. B. aus dem BGB) neben den Ansprüchen der DS-GVO bestehen bleiben.[234] Dagegen spricht, dass Art. 82 Abs. 1 DS-GVO einen spezialgesetzlichen Schadensersatzanspruch für Datenschutzverstöße darstellt, der das mitgliedstaatliche Schadensersatzrecht überlagert.[235] Dies ist nach der hier vertretenen Ansicht zu bejahen, spricht für ein Nebeneinander der Schadensersatzansprüche doch bereits ErwGr 164. S. 4, der besagt, dass Art. 82 DS-GVO „unbeschadet von Schadensersatzforderungen aufgrund von Verstößen gegen andere Vorschriften des Unionsrechts oder des Rechts der Mitgliedstaaten" gilt.[236] Die DSGVO hat es überdies nicht zum Ziel, Ansprüche des Betroffenen zu verkürzen, sondern soll umfassend zu seinen Gunsten wirken. In jeden Fall ist es aber möglich, einen deliktischen Schadensersatzanspruch neben der DS-GVO geltend zu machen, wenn durch die Datenverarbeitung anderweitige persönlichkeitsrechtliche Rechtspositionen verletzt werden, die nicht direkt durch die DS-GVO geschützt werden.[237]

---

[233] *Albrecht/Jotzo*, Das neue Datenschutzrecht der EU, 1. Aufl. 2017, Teil 8 Rn. 21; Kühling/Buchner-*Bergt*, DS-GVO BDSG, 2. Aufl. 2018, Art. 82 Rn. 57 f.; Taeger/Gabel-*Moos/Schefzig*, DS-GVO BDSG, 3. Aufl. 2019, Art. 82 Rn. 84 ff.

[234] Für ein nebeneinander: *Specht-Riemenschneider/Schneider*, MMR 2019, 503, 507; Specht/Mantz-*Specht*, Handbuch Europäisches und deutsches Datenschutzrecht, 1. Aufl. 2019, § 9 Rn. 101; Auernhammer/Eßer/Kramer/v. Lewinski-*Eßer*, DS-GVO BDSG, 6. Aufl. 2018, Art. 82 Rn. 24; Schantz/Wolff-*Schantz*, Das neue Datenschutzrecht, 1. Aufl. 2017, Rn. 1246; Ehmann/Selmayr-*Nemitz*, Datenschutz-Grundverordnung, 2. Aufl. 2018, Art. 82 Rn. 7; Kühling/Buchner-*Bergt*, DS-GVO BDSG, 2. Aufl. 2018, Art. 88 Rn. 67; a.A.: Paal/Pauly-*Frenzel*, DS-GVO BDSG, 2. Aufl. 2018, Art. 82 Rn. 1; differenzierend: Sydow-*Kreße*, Europäische Datenschutzgrundverordnung, 2. Aufl. 2018, Art. 82 Rn. 27.

[235] Paal/Pauly-*Frenzel*, DS-GVO BDSG, 2. Aufl. 2018, Art. 82 Rn. 1.

[236] Specht/Mantz-*Specht*, Handbuch Europäisches und deutsches Datenschutzrecht, 1. Aufl. 2019, § 9 Rn. 101; Kühling/Buchner-*Bergt*, DS-GVO BDSG, 2. Aufl. 2018, Art. 88 Rn. 67; Ehmann/Selmayr-*Nemitz*, Datenschutz-Grundverordnung, 2. Aufl. 2018, Art. 82 Rn. 7.

[237] Gsell/Krüger/Lorenz/Reymann-*Specht-Riemenschneider*, BeckOGK BGB, § 823 Rn. 1231, Rn. 1233; vgl. auch: OLG Köln, Urt. v. 31.05.2016 – 15 U 197/17, ZD 2017, 280, 281 f.; BGH, Urt. v. 14.05.2013 – VI ZR 269/12, NJW 2013, 2348 Rn. 20 ff.

Zudem bleiben deliktische und vertragliche Ansprüche neben der DS-GVO bestehen, deren **Anspruchsziele die DS-GVO selbst nicht kennt**. Dies sind unter
anderem Ansprüche gerichtet auf (vorbeugende sowie zukünftige) Unterlassung
und Beseitigung, etwa analog §§ 823 Abs. 1, 1004 Abs. 1 BGB.[238]

3.6.4 Gerichtliche Rechtsbehelfe

Art. 78 und Art. 79 DS-GVO sehen die Möglichkeit **gerichtlicher Rechtsbehelfe**
vor. Die Verfahren vor den nationalen Gerichten erfolgen nach dem nationalen Ver-
fahrensrecht, ErwGr 143 S. 7. Es verbleibt insofern auch unter dem Geltungsregime
der DS-GVO bei der mitgliedstaatlichen **Verfahrensautonomie**. Während Art. 78
Abs. 1 DS-GVO einen gerichtlichen Rechtsbehelf gegen einen Beschluss oder ein
Untätigbleiben der Aufsichtsbehörde gewährt, für den der Verwaltungsrechtsweg
nach § 40 Abs. 1 S. 1 VwGO eröffnet ist,[239] statuiert Art. 79 Abs. 1 DS-GVO einen
zivilgerichtlichen Rechtsbehelf gegen private Verantwortliche bzw. Auftragsverarbeiter. Die betroffene Person kann auf diesem Wege z. B. ihre Rechte aus Art. 12 bis
Art. 22 DS-GVO oder einen etwaigen Schadensersatzanspruch nach Art. 82 Abs. 1
DS-GVO durchsetzen.

3.7   Besondere Verarbeitungssituationen

3.7.1 Videoüberwachung

Der deutsche Gesetzgeber hat die Zulässigkeit der **Videoüberwachung** in § 4 BDSG
normiert. Die Beobachtung öffentlich zugänglicher Räume mit optisch-elektronischen
Einrichtungen ist nur zulässig, soweit sie zur Aufgabenerfüllung öffentlicher Stellen,
zur Wahrnehmung des Hausrechts oder zur Wahrnehmung berechtigter Interessen
für konkret festgelegte Zwecke erforderlich ist und keine Anhaltspunkte bestehen,
dass schutzwürdige Interessen der Betroffenen überwiegen, § 4 Abs. 1 S. 1 Nr. 1 bis
Nr. 3 BDSG. Erfasst ist die Videoüberwachung sowohl durch öffentliche als auch
nichtöffentliche Stellen. Problematisch ist hierbei die Frage, ob § 4 BDSG auch in
europarechtskonformer Weise die Videoüberwachung durch nichtöffentliche Stellen
erfasst.[240] Als Öffnungsklausel zur Regelung des § 4 Abs. 1 BDSG kommen nur
Art. 6 Abs. 2 und Art. 6 Abs. 3 DS-GVO in Betracht. Diese beziehen sich jedoch auf

---

[238] Gsell/Krüger/Lorenz/Reymann-*Specht-Riemenschneider*, BeckOGK BGB, § 823 Rn. 1231,
Rn. 1234; vgl. dazu auch die Ausarbeitung des Wissenschaftlichen Dienstes des Bundestags zu
Abmahnungen im Datenschutzrecht: WD-7-3000-116/18, S. 7.

[239] *Albrecht/Jotzo*, Das neue Datenschutzrecht der EU, 1. Aufl. 2017, Teil 8 Rn. 11; Gola-*Pötters/
Werkmeister*, DS-GVO, 2. Aufl. 2018, Art. 78 Rn. 11 ff.; Paal/Pauly-*Körffer*, DS-GVO BDSG,
2. Aufl. 2017, Art. 78 Rn. 10.

[240] Für unionsrechtswidrig haltend: *Lachenmann*, ZD 2017, 407, 407 ff.; ähnlich: *Jandt*, ZRP 2018,
16, 18; kritisch aber differenzierend: *Kühling*, NJW 2017, 1985, 1987.

die Erlaubnistatbestände nach Art. 6 Abs. 1 lit. c) und e) DS-GVO, welche aus-schließlich spezifische Vorschriften für die Datenverarbeitung durch öffentliche Stel-len erlauben. Das BVerwG[241] sprach sich jüngst daher für die **Unionsrechtswidrig-keit** von § 4 BDSG hinsichtlich der Videoüberwachung durch private Stellen aus. Insofern richtet sich die Zulässigkeit der Videoüberwachung durch nichtöffentliche Stellen ausschließlich nach Art. 6 Abs. 1 lit. f) DS-GVO.[242]

3.7.2 Datenschutz im Beschäftigtenkontext

Art. 88 Abs. 1 DS-GVO enthält eine Öffnungsklausel für die Mitgliedstaaten für die Datenverarbeitung im **Beschäftigungskontext.** Der deutsche Gesetzgeber hat hiervon Gebrauch gemacht und auf dieser Grundlage sowie auf Grundlage des Art. 9 Abs. 2 lit. b) DS-GVO den § 26 BDSG geschaffen.[243] Personenbezogene Daten von Beschäftigten dürfen für Zwecke des Beschäftigungsverhältnisses ver-arbeitet werden, wenn dies für die Entscheidung über die Begründung eines Be-schäftigungsverhältnisses oder nach Begründung des Beschäftigungsverhältnisses für dessen Durchführung oder Beendigung oder zur Ausübung oder Erfüllung der sich aus einem Gesetz oder einem Tarifvertrag, einer Betriebs- oder Dienstverein-barung ergebenden Rechte und Pflichten der Interessenvertretung der Beschäftigten erforderlich ist, § 26 Abs. 1 S. 1 BDSG. Im Übrigen sieht § 26 Abs. 2 BDSG die Möglichkeit der Erteilung einer Einwilligung in die Datenverarbeitung durch den Beschäftigten vor. Für die Beurteilung der Freiwilligkeit der Einwilligung im Be-schäftigungsverhältnis ist insbesondere die im Beschäftigungsverhältnis bestehende Abhängigkeit der beschäftigten Person sowie die Umstände, unter denen die Ein-willigung erteilt worden ist, zu berücksichtigen, § 26 Abs. 2 S. 1 BDSG.

Abweichend von der DS-GVO muss die **Einwilligung** schriftlich oder elektro-nisch erfolgen, soweit nicht wegen besonderer Umstände eine andere Form ange-messen ist, vgl. § 26 Abs. 2 S. 3 BDSG. Die Verarbeitung besonderer Kategorien personenbezogener Daten ist unter den Voraussetzungen des § 26 Abs. 3 BDSG zu-lässig (z. B. zur Beurteilung der Arbeitsfähigkeit).[244] Der Begriff der Erforderlich-

---

[241] BVerwG, Urt. v. 27.03.2019 – 6 C 2/18, ZD 2019, 372, Rn. 47 m. zustimmender Anm. *Lachenmann.*

[242] Datenschutzkonferenz, Kurzpapier Nr. 15 Videoüberwachung nach der Datenschutz-Grundver-ordnung, S. 1; *Frenzel* sieht in § 4 Abs. 1 Nr. 3 einen Verstoß gegen das Wiederholungsverbot, so-weit die Norm auf Art. 6 Abs. 1 lit. f) DS-GVO verweist: Paal/Pauly-*Frenzel*, DS-GVO BDSG, 2. Aufl. 2018, § 4 Rn. 5 f.; für eine europarechtskonforme Auslegung: Schantz/Wolff-*Wolff*, Das neue Datenschutzrecht, 1. Aufl. 2017, Rn. 636 f.

[243] Gola-*Pötters*, DS-GVO, 2. Aufl. 2018, Art. 88 Rn. 28; Kühling/Buchner-*Maschmann*, DS-GVO BDSG, 2. Aufl. 2018, Art. 88 Rn. 62 ff.; Simitis/Hornung/Spiecker gen. Döhmann-*Seifert*, Daten-schutzrecht, 1. Aufl. 2019, Art. 88 Rn. 50 ff.; Taeger/Gabel-*Zöll*, DS-GVO BDSG, 3. Aufl. 2019, Art. 88 Rn. 13.

[244] Paal/Pauly-*Gräber/Nolden*, DS-GVO BDSG, 2. Aufl. 2018, § 26 Rn. 41; Taeger/Gabel-*Zöll*, DS-GVO BDSG, 3. Aufl. 2019, § 26 Rn. 82 ff.; *Kühling/Klar/Sackmann*, Datenschutzrecht, 4. Aufl. 2018, Rn. 815; *Roßnagel*, Das neue Datenschutzrecht, 1. Aufl. 2018, § 8 Rn. 17.

keit dominiert die Erlaubnistatbestände des § 26 BDSG und ist durch eine Abwägung der widerstreitenden Grundrechtspositionen festzustellen.[245]

3.7.3 Scoring und Bonitätsauskünfte

Ob die Verwendung eines Wahrscheinlichkeitswertes über ein bestimmtes zukünftiges Verhalten einer natürlichen Person zum Zwecke der Entscheidung über die Begründung, Durchführung oder Beendigung eines Vertragsverhältnisses mit dieser Person zulässig ist, richtet sich nach § 31 BDSG. Auf Grundlage des Art. 23 Abs. 1 lit. e) DS-GVO hat der deutsche Gesetzgeber eine Regelung sowohl zur Verwendung von **Scorewerten** als auch von **Bonitätsauskünften** normiert, § 31 Abs. 1 und Abs. 2 BDSG. § 31 BDSG ist ergänzend zu den Vorschriften der DS-GVO heranzuziehen.[246] § 31 BDSG geht aber über Art. 22 DS-GVO insofern hinaus, als dass die nationale Vorschrift für jede Form des Scorings zum Zweck der automatisierten oder nicht automatisierten Entscheidungsfindung bezüglich Begründung, Durchführung oder Beendigung eines Vertragsverhältnisses Anwendung findet.[247] Die Norm dient dem Schutz des Verbrauchers sowie gleichzeitig auch der Funktionsfähigkeit der Wirtschaft.[248]

3.8 Übungsfall 1: Schnupp-Chat

S ist ein Unternehmen mit Sitz in den USA und bietet in verschiedenen Download-Stores die App „Schnupp-Chat" an. Die App können auch Nutzer in Deutschland auf ihr Smartphone laden. Mit der App können verschiedene Funktionen genutzt werden. Eine Funktion davon ist das Aufsetzen von virtuellen lustigen Masken auf menschliche Gesichter unter Nutzung einer sog. Augmented-Reality Technologie. Diese Technologie greift jeweils auf die Vorder- oder Rückkamera des Smartphones der Nutzer zu, erfasst die Umgebung, analysiert sie und erkennt auf diese Weise die im Kamerabild erfassten Gesichter. Danach wird die gewünschte Maske individuell und passgenau das konkrete Gesicht aufgesetzt. Gesicht nebst Maske werden auf Wunsch des Nutzers auf dem Handy des Nutzers gespeichert. Unabhängig von diesem Wunsch des Nutzers, speichert S die gesamte Kameraaktivität des Nutzers bei eingeschalteter App als Video auf eigenen Servern in den USA für mindestens sechs Monate. Eine weitere Funktion der Schnupp-Chat-App ist es, dass Nutzer, die die App auf ihrem Smartphone runtergeladen haben, untereinander Nachrichten verschicken können.

---

[245] BT-Drs. 18/11325, S. 97.

[246] Gola/Heckmann-*Lapp*, BDSG, 13. Aufl. 2019, § 31 Rn. 4; *Kühling/Klar/Sackmann*, Datenschutzrecht, 4. Aufl. 2018, Rn. 840; nach *Frenzel* auch Art. 22 Abs. 2 lit. b) DS-GVO: Paal/Pauly-*Frenzel*, DS-GVO BDSG, § 31 Rn. 1.

[247] Gola/Heckmann-*Lapp*, BDSG, 13. Aufl. 2019, § 31 Rn. 3.

[248] BT-Drs. 18/12084, S. 7.

Die 19-jährige M wohnt in Köln und ist von der Idee des Aufsetzens virtueller Masken sehr begeistert. Sie lädt daher die App auf ihr Smartphone. Hierfür legt M vor der Nutzung der App einen Nutzeraccount an, für den sie ihren Namen und ihre E-Mail-Adresse angibt. Danach legt sie mit der Anwendung der App direkt schon los: Die M befindet sich in der Fußgängerzone von Köln, in der sich unzählige Passanten aufhalten. Sie startet die App unter Einschaltung der Vorderkamera ihres Mobiltelefons und probiert verschiedene virtuelle Masken aus. Plötzlich wechselt die Kamera kurzzeitig und unkontrolliert auf das Gesicht des Passanten P, der in der Fußgängerzone hinter der M steht. Die App setzt eine Maske auf dessen Gesicht und wechselt danach wieder auf das Gesicht der M. Der P bekommt dies zufällig mit, weil er hinter der M steht. M speichert anschließend Gesicht nebst Maske des P auf ihrem Smartphone.

Zu Hause erkundigt P sich umfassend über die Schnupp-Chat App. Er ist der Ansicht, dass diese App eine „Frechheit" sei und er sich heutzutage in der Öffentlichkeit kaum noch unbeobachtet bewegen könne, wenn er ständig befürchten müsse, dass es zu Aufnahmen seiner Person komme. Dass diese auch noch für unbegrenzte Zeit bei der M und für sechs Monate bei S gespeichert würden, ginge gar nicht. Gerade Apps mit solchen „besonderen Kameras", die nicht mehr nur bloß aufnehmen, sondern Daten extrahieren können, seien besonders „gefährlich". Schließlich sei sein Informationelles Selbstbestimmungsrecht doch verfassungsrechtlich geschützt und er könne doch frei darüber entscheiden, wer welche Daten über ihn verarbeiten dürfe. Dass hiervon eine Ausnahme gerade bei „Gesichtsdaten" bestünde, könne er sich nicht vorstellen. Er fordert daher, dass „alles gelöscht" wird.

Seine Ansichten teilt er S und M, deren Adressen und Namen er nach dem Vorfall bei M selbst sowie über die Website der S eingeholt hatte, mit. Außerdem habe er schon einmal irgendwo gelesen, dass er in derart schlimmen Fällen des „Datenmissbrauchs" auch ein „Schmerzensgeld" geltend machen könne. M entgegnet, P müsse sich vollständig an S halten, da sie doch nur „für private Zwecke" gehandelt habe, was zutrifft.

Frage 1
Hat **P gegen M und/oder S** einen Löschungsanspruch?

Frage 2
Hat **P gegen S** einen Anspruch auf „Schmerzensgeld"?

Frage 3
Nach dem Vorfall mit P hat die M nun einige Bedenken hinsichtlich der Schnupp-Chat App. Sie möchte vor allem die Chatverläufe in der App unwiederbringlich löschen und sichergehen, dass auch S keine Chatverläufe mehr über sie in seiner Cloud hat. Ergibt sich ein Löschungsanspruch de**r M gegen S** aus der ePrivacy-VO (E)?

Lösungsskizze
Frage 1
Ansprüche des P gegen M
  A. Anspruch P gegen M auf Löschung der Aufnahmen aus Art. 17 Abs. 1 lit.
d) DS-GVO
  I. Anwendbarkeit der DS-GVO

▶   **Anmerkung** Die Anwendbarkeit der DS-GVO ist bei jedem Anspruch, der
      sich aus ihr ergibt, zu prüfen.

1. Anwendungsvorrang der §§ 22, 23 KUG

• Vorrangig sind die §§ 22, 23 KUG als spezielle Regelungen des Bildnisrechts zu
  prüfen, sodass sich der Löschungsanspruch aus § 1004 Abs. 1 BGB analog
  i. V. m. §§ 823 Abs. 2 BGB, §§ 22, 23 KUG ergeben könnte.
• Nationale Vorschriften sind allerdings seit Geltung der DS-GVO nur noch anwendbar, sofern eine Öffnungsklausel in der DS-GVO besteht.
• Art. 85 Abs. 2 DS-GVO: Öffnungsklausel für journalistische, wissenschaftliche,
  künstlerische oder literarische Zwecke. Da die Schnupp-Chat-App hier aber eher
  Unterhaltungszwecken dient, ist Art. 85 Abs. 2 DS-GVO nicht einschlägig.
• Strittig ist, ob Art. 85 Abs. 1 DS-GVO als Öffnungsklausel für sonstige Zwecke
  qualifiziert werden kann.

Gegenüberstellung der Argumente

PRO	CONTRA
– Art. 85 Abs. 2 DS-GVO gibt für die genannten Fälle einen Mindeststandard vor, aber für eng auszulegende sonstige Abwägungsentscheidungen ist Art. 85 Abs. 1 DS-GVO eine Öffnungsklausel. – Im vorliegenden Fall wohl dennoch eher nicht anwendbar, da es schwerpunktmäßig um Unterhaltungszwecke geht, nicht um journalistische, wissenschaftliche, künstlerische oder literarische Zwecke (vgl. Art. 85 Abs. 2 DS-GVO)	– Art. 85 Abs. 1 DS-GVO ist keine Öffnungsklausel, da ansonsten die Voraussetzungen von Art. 85 Abs. 2 DS-GVO umgangen werden und überdies ein eindeutiger Bezug der Mitteilungspflicht des Art. 85 Abs. 3 DS-GVO zu Art. 85 Abs. 2 DS-GVO besteht.

• Im Ergebnis greift Art. 85 Abs. 1 DS-GVO eher nicht, sodass die DS-GVO ist
  anwendbar.

2. Sachlicher Anwendungsbereich, Art. 2 Abs. 1 DS-GVO

▶   **Merkposten:** Systematik des sachlichen Anwendungsbereichs
      1. Personenbezogene Daten, Art. 4 Nr. 1 DS-GVO
      2. Verarbeitung, Art. 4 Nr. 2 DS-GVO
      3. Keine Ausnahme, Art. 2 Abs. 2 DS-GVO

Dieser „**Dreiklang**" ist stets im sachlichen Anwendungsbereich zu prüfen, sodass Sie sich hier ein paar einfache „Standardfloskeln" bereithalten können.

a. Personenbezogene Daten
- Die Aufnahmen des P stellen personenbezogene Daten nach Art. 4 Nr. 1 DS-GVO dar, vgl. auch ErwGr. 51 S. 3 DS-GVO.

▶ **Anmerkung:** Der Streit bzgl. der Reichweite des Personenbezugs, d. h. wann eine Person identifizierbar ist, muss hier nicht thematisiert werden, da offensichtlich ein Personenbezug vorliegt.
Zur Erinnerung: Nach der relativen Theorie ist nur die Kenntnis der datenerhebenden Stelle maßgebend. Nach der objektiven Theorie kommt es auf das gesamte Weltwissen, also auf alle existierenden Zuordnungsmöglichkeiten an. Die beschränkt-objektive Theorie stellt auf alle Kenntnisse ab, auf die nach allgemeinem Ermessen vernünftigerweise zurückgegriffen werden kann (vgl. ErwGr 26).

b. Automatisierte Verarbeitung

- Die Aufnahme mit der Kamera ist ein Vorgang mit personenbezogenen Daten, der auch unter Nutzung des Smartphones ganz bzw. teilweise automatisiert erfolgt, vgl. Art. 4 Nr. 2 DS-GVO (wenn man die vorgeschaltete manuelle Betätigung der M berücksichtigt). Gleiches gilt für das Speichern der Aufnahmen auf M's Smartphone.

c. Keine Ausnahme, Art. 2 Abs. 2 DS-GVO

- Hier greift die sog. „Haushaltsausnahme" aus Art. 2 Abs. 2 lit. c) DS-GVO, da die Nutzung der Schnupp-Chat-App ohne jeden beruflichen oder wirtschaftlichen Bezug durch die M zu rein privaten Zwecken genutzt wird. Weiterhin erfolgt die Aufnahme nur kurzzeitig und nicht über lange Dauer, sodass der Anwendungsbereich der Haushaltsausnahme nicht ausgeschlossen ist, weil die M sich im öffentlichen Raum befindet.[249]

II. Zwischenergebnis
Die DS-GVO ist daher sachlich nicht anwendbar.

Ergebnis
P hat gegen M keinen Anspruch auf Löschung der Aufnahmen aus Art. 17 Abs. 1 lit. d) DS-GVO.

---

[249] Vgl. EuGH, Urt. v. 11.12.14 – C-212/13, ECLI:EU:C:2014:2428 = EuZW 2015, 234 – *Ryneš*.

B. Anspruch P gegen M auf Löschung der Aufnahmen aus § 1004 Abs. 1 analog i. V. m. § 823 Abs. 1 BGB

▶ **Anmerkung** Auch hier ist zunächst wiederum auf die Anwendssbarkeit der Normen einzugehen, denn grundsätzlich hätte die DS-GVO Vorrang (s. o.) vor den nationalen Vorschriften.

I. Anwendbarkeit neben der DS-GVO

- Außerhalb des Anwendungsbereichs der DS-GVO kann die Verletzung des Rechts am eigenen Bild sonst nicht geschützt werden, wenn § 1004 Abs. 1 analog BGB keine Anwendung fände. Die DS-GVO kennt keine Ansprüche mit dem Anspruchsziel der Unterlassung (Abschn. 3.6.3). Daher ist die Norm neben Art. 17 Abs. 1 DS-GVO anwendbar.

Zur Vertiefung: Herleitung der Analogie des § 1004 Abs. 1 BGB
§ 1004 Abs. 1 BGB schützt ausdrücklich nur das Eigentum vor Beeinträchtigungen. Die Rechte und Rechtsgüter aus § 823 Abs. 1 BGB haben allerdings den gleichen absoluten Rang, sodass auch das Allgemeine Persönlichkeitsrecht als sonstiges Recht i. S. v. § 823 Abs. 1 BGB (sowie das Recht am eigenen Bild als dessen besondere Ausprägung) gleichermaßen schutzwürdig sind. Es besteht daher eine planwidrige Regelungslücke und ebenso eine gleich gelagerte Interessenlage für eine analoge Anwendung.

II. Störung eines absoluten Rechts
1. Verletzung des Allgemeinen Persönlichkeitsrechts sowie des Rechts am eigenen Bild, § 22 f. KUG

- Allgemein anerkannt ist, dass § 1004 BGB über den Wortlaut hinaus auf alle im Rahmen des § 823 BGB anerkannten absoluten Rechte anwendbar ist (sog. quasi-negatorischer Anspruch), was auch für das Allgemeine Persönlichkeitsrecht (und auch für das Recht am eigenen Bild i. S. v. §§ 22, 23 KUG) gilt.
- §§ 22, 23 KUG setzen aber voraus, dass ein Verbreiten oder öffentliches Zur-Schau-Stellen nach § 22 S. 1 KUG vorliegt. Hier liegt durch die Aufnahme jedoch lediglich ein Anfertigen und Speichern des Bildnisses der P vor, sodass § 22 S. 1 KUG nicht anwendbar ist.
- Das Recht am eigenen Bild ist aber jedenfalls auch Teil des Allgemeinen Persönlichkeitsrechts, sodass in Fällen des Anfertigens und Speicherns von Bildnissen stets das Allgemeine Persönlichkeitsrecht beeinträchtigt ist.

2. Fortdauernde Störung

- Da die Aufnahmen immer noch auf dem Handy der M gespeichert sind, dauert die Beeinträchtigung auch noch an.

III. Aktiv- und Passivlegitimation

• P's Recht am eigenen Bild ist beeinträchtigt, daher ist er aktivlegitimiert. Die Beeinträchtigung geht von M, die die Aufnahmen tätigt und speichert, als Handlungsstörerin aus. Daher liegt auch die Passivlegitimation vor.

IV. Ausschluss gem. § 1004 Abs. 2 BGB analog (Duldungspflicht)

▶ **Anmerkung** An dieser Stelle ist die Rechtswidrigkeit der Störung zu prüfen. Sollten die §§ 22 f. KUG einschlägig sein, empfiehlt es sich, die Prüfung bereits bei der „Störung" vorzunehmen, vgl. dazu Fall 2 zum Allgemeinen Persönlichkeitsrecht (Abschn. 2.7).

1. § 23 KUG

• § 23 KUG kommt grundsätzlich als Duldungspflicht in Betracht. Er statuiert bei fehlender Einwilligung nach § 22 KUG unter den aufgezählten Ausnahmen eine Duldungspflicht der betroffenen Person bei Eingriffen in das Recht am eigenen Bild. Da aber kein Verbreiten oder öffentliches Zur-Schau-Stellen nach § 22 S. 1 KUG vorliegt (s. o.), kann die Ausnahme nach § 23 KUG auch nicht greifen.

2. Positive Feststellung durch Interessenabwägung

▶ **Anmerkung** Die Ausnahmetatbestände des § 23 KUG sind im Rahmen der Interessenabwägung entsprechend heranzuziehen, da sie Wertungen des Gesetzgebers bei Handlungen in Bezug auf Personenbildnisse enthalten.

• „Bereich der Zeitgeschichte", § 23 Abs. 1 Nr. 1 KUG: Greift nicht, da eine Fußgängerzone keine Erscheinung der Gegenwart darstellt, die von der Öffentlichkeit Beachtung findet und Wissbegier weckt.
• „Personen als Beiwerk", § 23 Abs. 1 Nr. 2 KUG: Greift nicht, da sich P im Vordergrund der Aufnahme befinden und dicht hinter der M steht. Die Aufnahme ist durch seine Person geprägt.
• Da auch kein Erlaubnistatbestand in analoger Anwendung greift und überdies M jederzeit neue Aufnahmen mit virtuellen Masken tätigen kann und auch sonst kein besonderes Interesse an künftiger Speicherung hat, ist die Beeinträchtigung rechtswidrig.

V. Wiederholungsgefahr

• Die Wiederholungsgefahr wird durch die Störung bzw. Rechtsverletzung indiziert. Eine Widerlegung ist nur möglich durch die Abgabe einer strafbewehrten Unterlassungserklärung, welche B hier aber verweigert hat.

VI. Anspruchsinhalt

- § 1004 Abs. 1 S. 1 BGB: Anspruch auf Beseitigung der Störung, d. h. auf Löschung der Bilder.

Ergebnis
P hat gegen M einen Anspruch auf Löschung der Bilder analog § 1004 Abs. 1 S. 1 BGB i. V. m. § 823 Abs. 1 BGB.

Ansprüche des P gegen S
C. Anspruch P gegen S auf Löschung der Aufnahmen aus § 4 Abs. 5 BDSG

▶ **Vorbemerkung** Anknüpfungspunkt ist auch hier das Speichern der Kamera-aktivitäten aller Nutzer durch S, das eine „Videoüberwachung" nach § 4 Abs. 1 BDSG darstellen könnte. Das nationale Datenschutzrecht darf für eine vollständige Prüfung trotz Geltung der DS-GVO nicht fehlen. Aus klausur-taktischer Sicht ist es irrelevant, ob Ansprüche des BDSG vor oder nach den Ansprüchen aus der DS-GVO geprüft werden – wichtig ist nur, dass jeweils der Anwendungsbereich problematisiert wird.

I. Anwendbarkeit des BDSG
1. Sachlicher Anwendungsbereich, § 1 Abs. 1 S. 2 BDSG

- Die Aufnahmen des P sind personenbezogene Daten (s. o.).
- Das Speichern der Aufnahmen auf Servern als rechnergestützten Vorgang ist eine ganz automatisierte Verarbeitung, Art. 4 Nr. 2 DS-GVO (s. o.).
- Die „Haushaltsausnahme" nach § 1 Abs. 1 S. 2 BDSG greift nur gegenüber der Nutzerin M, nicht aber gegenüber S, der unternehmerisch/wirtschaftlich tätig ist. Daher ist das BDSG auch sachlich anwendbar.

2. Räumlicher Anwendungsbereich, § 1 Abs. 4 Nr. 3 BDSG

- S ist als privates Unternehmen „nichtöffentliche Stelle" i. S. d. § 2 Abs. 4 BDSG.
- Für Verantwortliche, die keine Niederlassung in der BRD haben, verweist § 1 Abs. 4 Nr. 3 BDSG auf die DS-GVO; bei europarechtkonformer Auslegung des Verweises gilt also Art. 3 Abs. 2 lit. a) DS-GVO. Hiernach ist eine Niederlassung innerhalb der EU nicht erforderlich, sondern ausreichend ist vielmehr das Anbieten von Waren oder Dienstleistungen an die betroffenen Personen in der Union. Hier liegt ein „Anbieten" der Schnupp-Chat-App i. S. e. invitatio ad offerendum in den verschiedenen Download-Stores in Deutschland vor, daher ist der räumliche Anwendungsbereich eröffnet.

3. Anwendbarkeit des § 4 BDSG auf nichtöffentliche Stellen

▶   **Anmerkung** Hier wird erneut das Konkurrenzverhältnis zur DS-GVO relevant. Wichtig ist, dass man die Unterscheidung zwischen öffentlichen und nichtöffentlichen Stellen im Hinblick auf den Anwendungsbereich erkennt.

- Fraglich ist aber, ob § 4 Abs. 1 BDSG als nationale Norm auf nichtöffentliche Stellen überhaupt anwendbar ist. Das ist nur dann der Fall, wenn eine Öffnungsklausel der DS-GVO diese Regelung abdeckt.
- Art. 6 Abs. 2 und 3 DS-GVO sehen für die Fälle des Art. 6 Abs. 1 lit. c) und lit. e) DS-GVO eine Öffnungsklausel vor. Die mitgliedstaatliche Norm wiederum muss eine im öffentlichen Interesse liegende Aufgabenwahrnehmung oder die Ausübung öffentlicher Gewalt regeln oder einer rechtlichen Verpflichtung unterliegen.
- S übt als privater Verantwortlicher weder öffentliche Gewalt aus, noch nimmt er eine öffentliche Aufgabe wahr, die ihm übertragen wurde. Auch eine rechtliche Verpflichtung zur Speicherung der Aufnahmen ist nicht erkennbar. Damit besteht die Öffnungsklausel nur für die Regelung der Videoüberwachung durch öffentliche Stellen, jedoch nicht für nichtöffentliche Stellen zu sonstigen Zwecken.
- Mithin ist § 4 BDSG mangels Bestehens einer Öffnungsklausel europarechtswidrig[250] und ist nicht anwendbar.

II. Ergebnis

I. P hat keinen Anspruch gegen S aus § 4 Abs. 5 BDSG auf Löschung der Aufnahmen.

D. Anspruch P gegen S auf Löschung der Aufnahmen aus Art. 17 Abs. 1 lit. d) DS-GVO
I. Anwendbarkeit der DS-GVO

- § 1004 Abs. 1 analog i. V. m. § 823 Abs. 2 BGB i. V. m. §§ 22, 23 KUG kommt als vorrangiger Unterlassungsanspruch in Frage, sofern Art. 85 Abs. 1 DS-GVO diesbezüglich als Öffnungsklausel betrachtet wird und die Voraussetzungen vorliegen. Dies ist jedoch nicht der Fall, s. o.

II. Anwendungsbereich der DS-GVO
1. Sachlicher Anwendungsbereich, Art. 2 Abs. 1 DS-GVO

- Das Erscheinungsbild und insbesondere das Gesicht des P stellen personenbezogene Daten dar (s. o.).
- Das Erfassen des P durch den Videostream und die anschließende Speicherung des gestreamten Inhalts, also der Aufnahmen, auf eigenen Servern des S ist gleichermaßen eine automatisierte Verarbeitung.

---

[250] Vgl. zuletzt: BVerwG, Urt. v. 27.03.2019 – 6 C 2/18, ZD 2019, 372, Rn. 47 m. zustimmender Anm. *Lachenmann.*

2. Räumlicher Anwendungsbereich, Art. 3 DS-GVO

- Nach dem Niederlassungsprinzip des Art. 3 Abs. 1 DS-GVO ist die DS-GVO räumlich nicht anwendbar, da S seine Niederlassung nicht in der EU, sondern in den USA hat.
- Allerdings greift hier das Marktortprinzip aus Art. 3 Abs. 2 lit. a) DS-GVO, da die Schnupp-Chat-App in deutschen Download-Stores erhältlich ist, sodass S „offensichtlich beabsichtigt", betroffenen Personen in der Union „Angebot von Dienstleistungen" zu machen.

III. Voraussetzungen, Art. 17 Abs. 1 lit. d) DS-GVO
1. Aktiv- und Passivlegitimation

- Aktivlegitimiert ist die „betroffene Person", hier also P (s. o.)
- Passivlegitimiert ist der „Verantwortliche", hier also S, der über Mittel und Zweck der Schnupp-Chat-App und der unmittelbar damit zusammenhängenden Verarbeitungen entscheidet. Dass S eine juristische Person ist, ist unerheblich, vgl. Art. 4 Nr. 7 DS-GVO.

2. Löschungsgrund gemäß Art. 17 Abs. 1 DS-GVO

▶ **Anmerkung** Es ist stets an alle in Art. 17 Abs. 1 DS-GVO aufgezählten Löschungsgründe zu denken, wobei nur die wesentlichen in der Klausur auch tatsächlich zur Sprache kommen sollten.

a. Widerruf der Einwilligung, Art. 17 Abs. 1 lit. b) DS-GVO

- Widerruf durch das Löschungsbegehren: Zwar ist grundsätzlich die Erteilung einer konkludenten Einwilligung in Verarbeitung personenbezogener Daten möglich, mangels Informiertheit des P über die Zwecke und Umstände der Verarbeitung wäre eine solche aber nicht wirksam erteilt, vgl. Art. 4 Nr. 11, Art. 7 Abs. 1 DS-GVO
- Im Übrigen fehlte es an der „Ausdrücklichkeit", sofern biometrische Daten durch die Augmented-Reality-Technologie als sensible Daten nach Art. 9 Abs. 1, Abs. 2 lit. a) DS-GVO verarbeitet werden (Näheres s.u.).

b. Unrechtmäßige Verarbeitung, Art. 17 Abs. 1 lit. d) DS-GVO

▶ **Anmerkung** Art. 17 Abs. 1 lit. d) DS-GVO schlägt die Brücke zur Rechtmäßigkeit der Datenverarbeitung nach Art. 6 Abs. 1 DS-GVO (und Art. 9 DS-GVO). Zu Art. 6 DS-GVO gelangt man im Übrigen auch über den Schadensersatzanspruch aus Art. 82 DS-GVO („Verstoß gegen die Verordnung"). Auch für Art. 6 Abs. 1 DS-GVO gilt: Nur die wirklich relevanten Rechtmäßigkeitsgründe ansprechen (**Schwerpunktsetzung**).

▶ **Klausurtaktik** Grundsätzlich sind der Videostream der Umgebung, der Einsatz eines Gesichtserkennungsprogramms und die anschließende Speicherung getrennt auf ihre Rechtmäßigkeit zu überprüfen; da hier aber alle drei Verarbeitungshandlungen unmittelbar ineinander übergehen und miteinander zusammenhängen, können sie auch zusammen geprüft werden.

- Der Videostream könnte über <u>Art. 6 Abs. 1 lit. f) DS-GVO</u> legitimiert sein, wenn S oder ein Dritter berechtigte Interessen an dieser Verarbeitung hat und diese solche des P im Rahmen einer Interessenabwägung überwiegen.

Gegenüberstellung der Interessen	
Interessen des S und Dritter	Interessen des P und Dritter
– Interessen des S: Die Interessen sind wirtschaftlicher Art, indem ihm die Möglichkeit gewährt wird, eine App mit Augmented-Reality-Funktion anzubieten und damit konkurrenzfähig und insbesondere exklusiv zu sein – Berufsgestaltungsfreiheit (Art. 49 ff. AEUV) – Interessen Dritter: Unterhaltungszwecke der Nutzer der App, die von der allgemeinen Handlungsfreiheit erfasst sind.	– Interessen des P sind primär ideeller Natur, indem ihm durch den Schutz seiner personenbezogenen Daten die Freiheit gewährt wird, selbst über sein Recht auf informationelle Selbstbestimmung zu verfügen. Der Einsatz von Kameras der Anwender der Schnupp-Chat-App führt seitens des P zu einem Gefühl des „permanenten Beobachtetseins" und beeinträchtigt die genannte Grundfreiheit des P.

- Diese Interessen sind nun gegeneinander abzuwägen:
  - Einerseits ist die AR-Technologie nur durch Zugriff auf die Kamera der Nutzer möglich, insofern fehlt es an einem <u>anderen gleich effektiven Mittel</u> für die Verarbeitung. Die Unrechtmäßigkeit des Videostreams hätte faktisch das Verbot der Schnupp-Chat-App zur Folge, welche eine erhebliche Beschneidung der <u>Berufsgestaltungsfreiheit</u> des S bedeutet.
  - Dagegen liefe aber auch teilweise das <u>Recht auf informationelle Selbstbestimmung</u> seitens P leer, wenn er nicht mehr überblicken kann, „wer welche Inforationen bei welcher Gelegenheit" über ihn weiß. Insbesondere kommt hier dem Faktor der „Streubreite" des Eingriffs, die im Falle des Videostreams ausgeprägt gegeben ist, wenn man den Einsatz an jedem Ort erwarten muss, große Bedeutung zu. Auch die „Heimlichkeit" spielt hier mit ein, da der P nur zufällig die Kameraaktivität (noch) mitbekommen hat, was aber grundsätzlich angesichts der kleinen Kameras nicht immer der Fall sein wird. Zwar sind alle Verarbeitungen einzeln auf ihre Legitimation zu überprüfen, da jedoch die anschließende Speicherung des Videostreams für sechs Monate unmittelbar mit ihm zusammenhängt, kann auch dies hier berücksichtigt werden.
  - Unter Berücksichtigung der Verarbeitungsgrundsätze des Art. 5 Abs. 1 DS-GVO sowie insb. des Erforderlichkeitsgrundsatzes in Art. 6 Abs. 1 lit. f) DS-GVO ist der Videostream für die Schnupp-Chat-App rechtswidrig.

- Darüber hinaus stellt die Gesichtserkennungsfunktion eine <u>Verarbeitung bio-metrischer Daten</u> nach Art. 4 Nr. 14, Art. 9 Abs. 1 DS-GVO dar, die über keinen der in <u>Art. 9 Abs. 2 DS-GVO</u> aufgeführten Erlaubnistatbestände ge-deckt ist.

▶ **Anmerkung** Hier ist Argumentationsvermögen gefragt! Setzen Sie an dieser Stelle einen erkennbaren Schwerpunkt und werten Sie alle Anhaltspunkte im Sachverhalt aus. Eine andere Ansicht ist bei entsprechender Argumentation ebenso vertretbar.

Ergebnis
Die Verarbeitung der personenbezogenen Daten des P ist unrechtmäßig, damit ist der Löschungsgrund und damit insgesamt der Löschungsanspruch des P aus Art. 17 Abs. 1 lit. d) DS-GVO gegeben.
    E. Anspruch P gegen S auf Löschung der Aufnahmen aus § 1004 Abs. 1 ana-log i. V. m. § 823 Abs. 1 BGB

▶ **Anmerkung** Zeigen Sie mit einem kurzen feststellenden Satz, dass Sie an die nationalen Ansprüche gedacht haben und das Konkurrenzverhältnis zur DS-GVO beherrschen! Machen Sie sich auch den Unterschied zu der Konstella-tion oben klar, in der die nation alen Vorschriften wegen der fehlenden An-wendbarkeit der DS-GVO anwendbar sind.

Dieser Anspruch ist zumindest im Geltungsbereich der DS-GVO nicht anwend-bar, da der hier einschlägige Art. 17 Abs. 1 DS-GVO insoweit spezieller ist.

Frage 2
Anspruch P gegen S auf „Schmerzensgeld"

A. Anspruch P gegen S auf Schadensersatz aus Art. 82 Abs. 1 DS-GVO
I. Anwendungsbereich der DS-GVO

• Der Anwendungsbereich der DS-GVO ist in sachlicher und räumlicher Hinsicht eröffnet, s. o.

II. Aktiv- und Passivlegitimation

• P ist jedenfalls betroffene Person und damit aktivlegitimiert. S ist Verantwortli-cher und damit passivlegitimiert.

III. Handlung

• Die personenbezogenen Daten des P sind von S verarbeitet worden (s. o.).

IV. Verstoß gegen die DS-GVO

▶ **Anmerkung** Als „Verstoß" gegen die DS-GVO kommen zum einen immer die Grundsätze der Datenverarbeitung nach Art. 5 DS-GVO und zum anderen die Rechtmäßigkeitsgründe der Art. 6, 9 DS-GVO in Betracht.

- Die personenbezogenen Daten des P sind unter Verstoß gegen Art. 6 Abs. 1 lit. f) DS-GVO und Art. 9 Abs. 2 (sowie Art. 5 Abs. 1) DS-GVO verarbeitet worden (s. o.).
- Der Verstoß in Form der unrechtmäßigen Verarbeitung durch S war auch (haftungsbegründend) kausal für die Verletzung des Schutzes der personenbezogenen Daten des P.

V. Verschulden

- S hat zumindest fahrlässig gehandelt, § 276 Abs. 2 BGB.

VI. Schaden

- P hat einen <u>immateriellen</u> Schaden erlitten, indem er sich nun in der Öffentlichkeit beobachtet fühlt. Die Tatsache, dass sensible Daten ohne Rechtsgrundlage verarbeitet werden, ist bei der Bemessung der Schadenshöhe besonders zu berücksichtigen.
- Der Schaden beruht auch (haftungsausfüllend) auf der unrechtmäßigen Verarbeitung des S.

Ergebnis
P hat gegen S einen Schadensersatzanspruch aus Art. 82 Abs. 1 DS-GVO.

▶ **Klausurtipp** Vergegenwärtigen Sie sich das **Prüfungsschema von Art. 82 Abs. 1 DS-GVO**, der zentralen Anspruchsgrundlage des neuen Datenschutzrechts! Dabei hilft Ihnen die Nähe zur Prüfungsfolge nationaler deliktischer Ansprüche (v. a. § 823 Abs. 1 BGB):\
1. Anwendbarkeit der DS-GVO
2. Aktiv- und Passivlegitimation
3. Handlung des Passivlegitimierten
4. Verstoß gegen die DS-GVO
5. Verschulden
6. Schaden

B. Anspruch P gegen S auf Geldentschädigung aus Art. 2 Abs. 1, 1 Abs. 1 GG

▶ **Vorbemerkung:** Ein Anspruch auf Ersatz des immateriellen Schadens ergibt sich nicht schon aus § 823 Abs. 1 BGB i. V. m. Art. 2 Abs. 1, 1 Abs. 1 GG, da sich der Anspruchsinhalt nach § 253 BGB richtet und hier keine der in § 253 Abs. 2 BGB normierten Rechtsgüter betroffen sind. Anerkannt ist vielmehr ein unmittelbarer Entschädigungsanspruch aus Art. 2 Abs. 1, 1 Abs. 1 GG bei besonders schwerwiegenden Persönlichkeitsrechtsverletzungen.

I. Eingriff in den Schutzbereich

- Durch <u>Erstellen</u> und <u>Speichern</u> der Aufnahmen des P ist ein Eingriff in das Recht auf informationelle Selbstbestimmung, welches eine besondere Fallgruppe des Allgemeinen Persönlichkeitsrechts darstellt, gegeben.

II. Haftungsbegründende Kausalität

- Die Beeinträchtigung des Rechts auf informationelle Selbstbestimmung beruht auf Erstellen und Speichern der Aufnahmen durch S.

III. Rechtswidrigkeit: Positive Feststellung durch Interessenabwägung

- Unter Verweis auf die oben aufgeführten Gesichtspunkte innerhalb der Interessenabwägung ist die Rechtswidrigkeit grundsätzlich gegeben (Lehre vom Handlungsunrecht).

IV. Verschulden

- S handelte zumindest fahrlässig (s. o.).

V. Subsidiarität

- Geldentschädigung für immaterielle Beeinträchtigungen wird nur gewährt, wenn dem Betroffenen <u>keine andere Form des Ausgleiches</u> zur Verfügung steht und die Persönlichkeitsrechtsverletzung <u>nicht bloß bagatellartig</u>[251] erfolgt ist.
- Art. 82 Abs. 1 DS-GVO regelt jedoch einen Schadensersatz für immaterielle Beeinträchtigungen, sodass der subsidiäre Geldentschädigungsanspruch aus Art. 2 Abs. 1, 1 Abs. 1 GG zurücktritt.

Ergebnis
P hat gegen S keinen Anspruch auf Geldentschädigung aus Art. 2 Abs. 1, 1 Abs. 1 GG.

Frage 3
Anspruch M gegen S auf Löschung der Chatverläufe

A. Anspruch M gegen S auf Löschung der Chatverläufe aus Art. 7 Abs. 1 ePrivacy-VO (E)
I. Sachlicher Anwendungsbereich, Art. 2 ePrivacy-VO (E)

---

[251] Vgl. zuletzt: AG Dietz, Urt. v. 07.11.2018 – 8 C 130/18, ZD 2019, 85.

- Die Schnupp-Chat-App bietet die Möglichkeit des Verschickens von Nachrichten der Nutzer untereinander (sog. Instant-Messanging) und stellt damit einen <u>elektronischen Kommunikationsdienst</u> nach Art. 4 Abs. 1 lit. b) ePrivacy-VO (E) dar.
- Dieser Dienst verarbeitet durch Versendung von Nachrichten zwischen M und anderen Nutzern elektronische Kommunikationsdaten, Art. 4 Abs. 3 lit. a) ePrivacy-VO (E).

II. Räumlicher Anwendungsbereich, Art. 3 Abs. 1 lit. a), Abs. 2 ePrivacy-VO (E)

- S stellt durch die Möglichkeit des Versendens von Nachrichten von Nutzern untereinander, wie der M, die sich in der Union befinden, einen elektronischen Kommunikationsdienst bereit.
- Die Tatsache, dass S sich in den USA befindet, ändert nichts an der räumlichen Anwendbarkeit der ePrivacy-VO (E), Art. 1 Abs. 3, Art. 4 Abs. 1 lit. a) ePrivacy-VO (E) i. V. m. Art. 3 Abs. 2 lit. a) DS-GVO (sog. <u>Marktortprinzip</u>).

III. Voraussetzungen des Art. 7 Abs. 1 ePrivacy-VO (E)

- Nach Art. 7 Abs. 1 S. 1 ePrivacy-VO (E) sind elektronische Kommunikationsinhalte unbeschadet des Art. 6 Abs. 1 lit. b) und des Art. 6 Abs. 3 lit. a), b) ePrivacy-VO (E) durch den Betreiber des elektronischen Kommunikationsdienstes zu löschen oder zu anonymisieren, sobald der bzw. die vorgesehenen Empfänger die elektronischen Kommunikationsinhalte erhalten haben.
- Die Chatverläufe der M, die bei S einen Nutzeraccount erstellt hat, zu anderen Nutzern der Schnupp-Chat-App stellen elektronische Kommunikationsinhalte in Form von Textnachrichten nach Art. 4 Abs. 1 lit. b) ePrivacy-VO (E) dar. Diese haben auch die durch die M vorgesehenen Empfänger erhalten. Die Löschpflicht gilt auch unbeschadet des Vorliegens einer Einwilligung des Nutzers nach Art. 6 Abs. 3 lit. b) ePrivacy-VO (E), die jedoch vorliegend ohnehin durch die M widerrufen wurde.

Ergebnis
Daher sind die Voraussetzungen des Art. 7 Abs. 1 ePrivacy-VO (E) gegeben, sodass die M von S die Löschung der Chatverläufe verlangen kann.

B. Anspruch M gegen S auf Löschung der Chatverläufe aus Art. 7 Abs. 2 ePrivacy-VO (E)
Bei lebensnaher Auslegung des Sachverhalts werden im Zusammenhang mit dem Instant-Messanging auch Kommunikationsmetadaten i. S. d. Art. 4 Abs. 3 lit. c) ePrivacy-VO (E) durch S verarbeitet (z. B. Uhrzeit der jeweils versendeten Nachrichten), die nach Art. 7 Abs. 2 ePrivacy-VO (E) auch zu löschen sind. Damit hat die M gegen S auch einen Löschungsanspruch aus Art. 7 Abs. 2 ePrivacy-VO (E).

3.9   Übungsfall 2: S wie Scoring

S ist eine Wirtschaftsauskuftei mit Sitz in Wiesbaden. S sammelt und speichert personenbezogene Daten, welche für die Beurteilung der Kreditwürdigkeit der Betroffenen relevant sein können. Unter Berücksichtigung und unterschiedlicher Gewichtung dieser Daten erstellt sie sog. Scorewerte. „Score" ist ein Wahrscheinlichkeitswert über das künftige Verhalten von Personengruppen, der durch ein statistisch-mathematisches Analyseverfahren berechnet wird. Die von S ermittelten Scores sollen aussagen, mit welcher Wahrscheinlichkeit der Betroffene seine Verbindlichkeiten vertragsgemäß erfüllen wird. Ihren Vertragspartnern stellt sie diese Scorewerte zur Verfügung, um ihnen die Beurteilung der Bonität ihrer Kunden zu ermöglichen.

Im Juni 2018 scheiterte die Finanzierung eines Automobilkaufs der A aufgrund einer falschen Negativauskunft der S. A forderte daraufhin die Zusendung einer Auskunft ihrer von der S gespeicherten persönlichen Daten. A verlangt zudem Auskunft über ihre aktuellen Scorewerte und darüber hinaus Angaben zur Gewichtung der in den Scorewert eingeflossenen Merkmale sowie zu den Vergleichsgruppen, in welche S die A zur Berechnung der Scores eingeordnet habe.

Zu Recht?
Lösungsskizze

A. Anspruch A gegen S auf Auskunft über die gespeicherten
personenbezogenen Daten, deren Gewichtung in der Bewertung, über die
hierfür herangezogenen Vergleichsgruppen sowie über den Scorewert aus
Art. 15 Abs. 1 Hs. 2 DS-GVO
I. Anwendungsbereich der DS-GVO

1. Sachlicher Anwendungsbereich, Art. 2 Abs. 1 DS-GVO
a. Personenbezogene Daten, Art. 4 Abs. 1 DS-GVO

- Personenbezogene Daten sind alle Informationen, die sich auf eine identifizierte oder identifizierbare natürliche Person beziehen, Art. 4 Nr. 1 DS-GVO.
- Problematisch ist, wann eine Person identifizierbar ist bzw. auf wessen Mittel und Kenntnisse zur Identifizierung abzustellen ist

▶   **Anmerkung:** Diese Frage stellt ein „Standardproblem" im Rahmen des sachlichen Anwendungsbereiches dar, die Theorien sollten Ihnen also bekannt sein!

- <u>Relative Theorie</u>: Nur Mittel, auf die der Datenverarbeitende zurückgreifen kann
- <u>Objektive Theorie</u>: Alle existierenden Zuordnungsmöglichkeiten, auch Dritter
- <u>Beschränkt-objektive Theorie</u>: Alle rechtlich zulässigen Mittel für die Zuordnungsmöglichkeit
- Die von S gespeicherten Daten hinsichtlich der Kreditwürdigkeit der A ermöglichen es der S, die A zu identifizieren. Nach allen Theorien ist A somit identifizierbar.

b. Automatisierte Verarbeitung, Art. 4 Nr. 2 DS-GVO

- Jeder Vorgang, der im Zusammenhang mit personenbezogenen Daten ausgeführt wird, Art. 4 Nr. 2 DS-GVO (weiter Verarbeitungsbegriff).
- Eine solche Verarbeitung liegt hier durch das Erheben von Daten über die Zahlungsfähigkeit der A vor.
- Ebenso das Erstellen von Scoringwerten hinsichtlich ihrer Kreditwürdigkeit.
- Die Offenlegung und Weitergabe dieser Daten und Werte an Kunden erfolgt ebenso in automatisierter und teilweise automatisierter Form.

2. Räumlicher Anwendungsbereich, Art. 3 DS-GVO

- Es gilt das <u>Niederlassungsprinzip</u> des Art. 3 Abs. 1 DS-GVO: S ist in Wiesbaden niedergelassen.

II. Voraussetzungen
1. Aktiv- und Passivlegitimation

- Anspruchsberechtigt ist gemäß Art. 15 Abs. 1 DS-GVO die „betroffene Person".
  - A kann mittels der Daten über ihre Zahlungsfähigkeit identifiziert werden, Art. 4 Nr. 1 DS-GVO (s. o.)
- Anspruchsgegner ist gemäß Art. 15 Abs. 1 DS-GVO der „Verantwortliche".
  - S hat die Daten über die Kreditwürdigkeit der A erhoben, zur Berechnung eines Scoringwertes verwendet und an Unternehmen weitergegeben und entscheidet damit über Mittel und Zweck der Verarbeitung, Art. 4 Nr. 7 DS-GVO.

2. Auskunftsersuchen

- Anders als die Informationspflichten der Art. 13, 14 DS-GVO, denen der Verantwortliche von sich aus nachkommen muss, erfordert ein Anspruch auf Auskunft gemäß Art. 15 DS-GVO ein Auskunftsersuchen des Betroffenen. Dieses Auskunftsersuchen der A ist hier gegeben.

3. Statthaftigkeit des Anspruchs

- Das Auskunftsersuchen der A ist weder offensichtlich unbegründet, noch hat sie in exzessiver Weise von ihrem Recht auf Auskunft Gebrauch gemacht.

4. Inhalt des Auskunftsanspruchs, Art. 15 Abs. 1 DS-GVO

- <u>Ob</u> (**Hs. 1**) und <u>welche</u> (**Hs. 2**) personenbezogene Daten verarbeitet werden
- **Hs. 2 lit. a):** Verarbeitungszwecke
- **Hs. 2 lit. b):** Kategorien der verarbeiteten personenbezogenen Daten
- **Hs. 2 lit. c):** Empfänger/Kategorien von Empfängern, die die Daten erhalten haben bzw. sollen

- **Hs. 2 lit. d):** Dauer der Datenspeicherung
- **Hs. 2 lit. e):** Bestehen eines Berichtigungs-/Widerspruchs-/Löschungsrechts bzgl. dieser Daten
- **Hs. 2 lit. f):** Bestehen eines Beschwerderechts bei einer Aufsichtsbehörde
- **Hs. 2 lit. g):** Herkunft der Daten
- **Hs. 2 lit. h):** Bestehen einer automatisierten Entscheidungsfindung sowie Logik, Tragweite und angestrebten Auswirkungen dieser Verarbeitung für die betroffene Person

▶ **Merke:** Die **Reichweite des Auskunftsanspruchs** wird von den Gerichten zunehmend weit ausgelegt (Abschn. 3.5.2). Insbesondere nach den Urteilen des LAG Baden-Württemberg[252] und des LG Köln[253] fallen darunter alle Merkmale, die die Identifizierung einer Person ermöglichen können (z. B. Name, Geburtsdatum, Gesundheitsdaten, Kontonummer) sowie ärztliche Unterlagen, Gutachten oder sonstige vergleichbare Mitteilungen, sogar dienstliche E-Mails sowie Leistungs- und Verhaltensdaten eines Arbeitnehmers.

5. Mitteilung aller gespeicherten personenbezogenen Daten, Art. 15 Abs. 1 Hs. 2 DS-GVO

- Es hat eine Mitteilung aller über A gespeicherten personenbezogenen Daten (Kontoverfügungen etc.) zu erfolgen

6. Scorewert = personenbezogenes Datum?

- Umstritten ist, ob der Scorewert ein personenbezogenes Datum im Sinne der DS-GVO darstellt

Gegenüberstellung der Argumente	
PRO	CONTRA
– Ein personenbezogenes Datum liegt (erst) vor, nachdem der Wahrscheinlichkeitswert einer natürlichen Person zugeordnet wurde. Vorher ist die DS-GVO nicht anwendbar.[254]	– Bei einem Wahrscheinlichkeitswert handelt es sich um eine Meinungsäußerung, die somit unter Art. 5 Abs. 1 GG fällt.[255]

- Soweit hier also die Auskunftei der betroffenen Person in der Vergangenheit einen Wert zugeteilt hat und dieser gespeichert wurde, ist dieser herauszugeben

---

[252] LAG Baden-Württemberg, Urt. v. 20.12.2018 – 17 Sa 11/18, ZD 2019, 276 – *Auskunftsanspruch*.

[253] LG Köln, Urt. v. 19.06.2019 – 26 S 13/18, r+s 2019, 450.

[254] *von Lewinski/Pohl*, ZD 2018, 17, 28.

[255] Gierschmann/Schlender/Stentzel/Veil-*Veil*, Datenschutz-Grundverordnung, 1. Aufl. 2018, Art. 15 Rn. 100.

7. Logik der Entscheidungsfindung

- Der Auskunftsanspruch soll größtmögliche Transparenz bzgl. der Datenverarbeitung schaffen, den Verantwortlichen aber nicht zwingen, seine Geschäftsgeheimnisse preiszugeben (Ausgleich: Transparenzinteresse der betroffenen Person vs. Geheimhaltungsinteresse des Verantwortlichen; vgl. 63. ErwGr)
- Die betroffene Person soll den in die Bewertung eingeflossenen Lebenssachverhalt erkennen, um darauf reagieren zu können
- Die Entscheidungsfindung ist so darzulegen, dass die betroffene Person A hier ihre Rechte sachgerecht ausüben kann, ohne dass dabei die konkrete Scoreformel mitgeteilt werden muss

III. Beschränkungen des Auskunftsrechts, Art. 34 DS-GVO i. V. m. §§ 27–29, 34 BDSG

- Eine Beschränkung des Auskunftsrechts kommt nicht in Betracht.

Ergebnis

A kann Auskunft über die gespeicherten personenbezogenen Daten, sowie auch die ihr zugeordneten Scorewerte (Art. 15 Abs. 1 Hs. 2 DS-GVO), verlangen. Ein Auskunftsanspruch über die konkrete Scoreformel (Gewichtung der Daten, Vergleichsgruppen) besteht nicht; es sind nur die Grundsätze mitzuteilen (Art. 15 Abs. 1 Hs. 2 lit. h) DS-GVO). Auskünfte sind als Kopie zur Verfügung zu stellen (Art. 15 Abs. 3 S. 1 DS-GVO).

Exkurs: Das Recht auf Kopie gemäß Art. 15 Abs. 3 DS-GVO

Fraglich ist, wie genau das Recht der Kopie zugunsten des Betroffenen auszugestalten ist. Unter einer **Kopie** ist zunächst die grafische Nachbildung der von dem Auskunftsanspruch erfassten Daten dergestalt zu verstehen, wie sie beim Verantwortlichen wahrnehmbar sind.[256] Diese ist jedoch nicht als „Schickschuld" des Verantwortlichen zu verstehen, vielmehr genügt es, wenn er sie dem Betroffenen auf Anfrage zur Verfügung stellt.[257] Denkbar ist hierbei insbesondere die Bereitstellung im Internet oder die Zusendung per E-Mail.

---

[256] *Engeler/Quiel*, NJW 2019, 2201, 2203.

[257] *Engeler/Quiel*, NJW 2019, 2201, 2206.

eCommerce

4

Louisa Specht-Riemenschneider

4.1 Einleitung

Der elektronische Geschäftsverkehr (**eCommerce**) gewinnt zunehmend an Bedeutung und verzeichnete insbesondere im Bereich des klassischen Versandhandels in den vergangenen Jahren erhebliche Wachstumsraten. Nach einer Studie des HDE-Handelsverband Deutschland wuchs der deutsche Onlinehandel 2018 auf ein Volumen von 53,4 Mrd. Euro. Damit ist der eCommerce-Umsatz im Vergleich zu 2017 um 4,7 Mrd. Euro gestiegen.[1] Für 2019 wurde in Deutschland ein weiterer Anwuchs auf ein Umsatzvolumen i. H. v. 57,8 Mrd. Euro erwartet. Tatsächlich hat der eCommerce-Umsatz sogar die 70,0 Mrd. Euro-Marke überschritten.[2]

Der elektronische Geschäftsverkehr findet über die Nutzung von **Telemedien** statt. sind gemäß § 1 Abs. 1 S. 1 TMG alle elektronischen Informations- und Kommunikationsdienste zu fassen, soweit sie nicht Telekommunikationsdienste (§ 3 Nr. 24 TKG), telekommunikationsgestützte Diensten (§ 3 Nr. 25 TKG) oder Rundfunk (§ 2 RStV) sind.

Telekommunikationsdienste gemäß § 3 Nr. 24 TKG sind in der Regel entgeltliche Dienste, die ganz oder überwiegend in der Übertragung von Signalen über

---

[1] Siehe https://einzelhandel.de/presse/zahlenfaktengrafiken/861-online-handel/1889-e-commerce-umsaetze, zuletzt abgerufen am 16.08.2019.

[2] Siehe https://t3n.de/news/onlinehandel-waechst-2019-70-euro-1205455/, zuletzt abgerufen am 18.04.2020.

L. Specht-Riemenschneider (✉)
Lehrstuhl für Bürgerliches Recht, Informations- und Datenrecht
Rheinische Friedrich-Wilhelms-Universität Bonn, Bonn, Deutschland
E-Mail: louisa.specht@forschungsstelle-datenrecht.de

© Springer-Verlag GmbH Deutschland, ein Teil von Springer Nature 2020
L. Specht-Riemenschneider et al., *Internetrecht*, Springer-Lehrbuch,
https://doi.org/10.1007/978-3-662-61726-7_4

Telekommunikationsnetze bestehen, einschließlich Übertragungsdienste in Rundfunknetzen, vgl. § 1 Abs. S. 1 TMG. Vom Anwendungsbereich des TMG ausgenommen sind solche Dienste nur dann, wenn diese ganz in der Übertragung von Signalen über Telekommunikationsnetze bestehen. Maßgeblich ist die Bereitstellung eines Netzes zum Transport von Signalen, d. h. die Bereitstellung der technischen Voraussetzungen für die Übertragung elektronischer oder sonstiger Informationen sowie die Transportdienstleistung selbst.[3] Dienste mit reiner Signalübertragung sind solche, die mit der klassischen Sprachtelefonie und Datenübertragung vergleichbar sind, etwa die Internet-Telefonie mittels „Voice over IP" wie Skype oder die Eröffnung des Internetzugangs durch Access-Provider.[4] Dienste, die überwiegend (> 50 %), aber nicht ausschließlich Signale übertragen, sind sowohl Telekommunikationsdienste als auch Telemediendienste.[5] Der Gesetzgeber nennt hier exemplarisch Internet-Zugänge und E-Mail-Übertragungen.[6]

Telekommunikationsgestützte Dienste gemäß § 3 Nr. 25 TKG lösen keinen räumlich und zeitlich trennbaren Leistungsfluss aus, sondern erfüllen die Inhaltsleistung noch während der Telekommunikationsverbindung. Sie haben über die bloße Telekommunikationsdienstleistung hinaus weitere Inhaltsleistungen zum Gegenstand.[7] Es handelt sich um Dienste, die keine reine bzw. überwiegende Signalübertragung gemäß § 3 Nr. 24 TKG durchführen, sondern deren Leistung sich der Telekommunikationsverbindung als solcher bedient[8] Erfasst sind insbesondere Sprach- und Telefonmehrwertdienste, die telefonisch Inhaltsdienste erbringen[9] wie etwa Auskunftsdienste (§ 3 Nr. 2a TKG), entgeltfreie Telefondienste (§ 3 Nr. 8a TKG), Service-Dienste (§ 3 Nr. 8b), Premium-Dienste (§ 3 Nr. 17b TKG) neuartige Dienste (§ 3 Nr. 12b) oder Dienste nach § 3 Nr. 11 a bis d TKG.[10]

Letztlich findet das TMG keine Anwendung auf den **Rundfunk** gemäß § 2 RStV. Rundfunk ist ein linearer Informations- und Kommunikationsdienst; er ist die für die Allgemeinheit und zum zeitgleichen Empfang bestimmte Veranstaltung und Verbreitung von Angeboten in Bewegtbild oder Ton entlang eines Sendeplans unter Benutzung elektromagnetischer Schwingungen (§ 2 Abs. 1 S. 1 RStV).

Der Begriff des eCommerce umfasst sowohl den Rechtsverkehr zwischen Unternehmern (Business-to-Business-Geschäfte, „**b2b**") als auch den Rechtsverkehr zwischen Unternehmern und Verbrauchern (Business-to-Consumer-Geschäfte, „**b2c**").[11]

---

[3] VG Münster, Beschl. v. 14.06.2010 – 1 L 155/10, NWVBl 2010, 442; Gersdorf/Paal-*Martini*, BeckOK IndoMedienR, 24. Ed. Stand: 01.08.2018, TMG § 1 Rn. 11.

[4] Gersdorf/Paal-*Martini*, BeckOK InfoMedienR, 24. Ed. Stand: 01.08.2018, TMG § 1 Rn. 11 ff.; Spindler/Schmitz-*Spindler*, TMG, 2. Aufl., 2018, TMG § 1 Rn. 21.

[5] Spindler/Schmitz-*Spindler*, TMG, 2. Aufl., 2018, TMG § 1 Rn. 31.

[6] BT-Drs. 2016/3078, 13.

[7] VG Münster, Beschl. v. 14.06.2010 – 1 L 155/10, NWVBl 2010, 442.

[8] Scheurle/Mayen-*Lüneburger/Stamm*, TKG, 3. Aufl. 2018, TKG § 3 Nr. 72; Spindler/Schmitz-*Spindler*, TMG, 2. Aufl., 2018, TMG § 1 Rn. 46.

[9] Spindler/Schmitz-*Spindler*, TMG, 2. Aufl., 2018, TMG § 1 Rn. 46.

[10] Spindler/Schuster-*Ricke*, Recht der elektronischen Medien, 3. Aufl., 2015, TMG § 1 Rn. 8; Geppert/Schütz-*Ditscheid*, TKG, 4. Aufl. 2013, TKG § 3 Rn. 81.

[11] *Köhler/Fetzer*, Recht des Internets, 8. Aufl. 2016, Rn. 164.

Im b2c-Bereich kommt es dabei in der Regel zum Abschluss von Fernabsatzverträgen, d. h. solchen Verträgen, bei denen für die Vertragsverhandlungen und den Vertragsschluss ausschließlich Fernkommunikationsmittel verwendet werden (§ 312c Abs. 1 BGB). Rechtliche Sonderregeln finden sich für das Verhältnis Unternehmer – Verbraucher insbesondere in den §§ 312 c ff. BGB.

Regelungen zum **Fernabsatzvertrag** waren ursprünglich im Fernabsatzgesetz normiert, das die Fernabsatzrichtlinie 97/7/EG umsetzte. Dieses sollte vor allem die Nachteile des Verbrauchers ausgleichen, die ihm gegenüber dem Einkauf im stationären Handel entstehen, weil er im Fernabsatz nicht die Möglichkeit hat, den Vertragsgegenstand zu sehen und seine Eigenschaften unmittelbar zur Kenntnis zu nehmen.[12] Im Zuge der Schuldrechtsreform[13] und einer Reihe anschließender Gesetzesanpassungen[14] findet sich heute eine vor allem für das wichtige Widerrufsrecht einheitliche Regelung von außerhalb von Geschäftsräumen geschlossenen und Fernabsatzverträgen in § 312g BGB. Sie dient der Umsetzung der Art. 9 Abs. 1, Art. 16 Richtlinie 2011/83/EU (Verbraucherrechterichtlinie),[15] durch welche die Widerrufsrechte bei Außergeschäftsraum- und Fernabsatzverträgen auf unionsrechtlicher Ebene umfassend reformiert und hinsichtlich Ausübung und Rechtsfolgen weitgehend aneinander angeglichen wurden.[16]

Der Begriff des eCommerce reicht aber weiter, auch Vertragsabschlusssituationen zwischen Verbrauchern sind ihm zuzuordnen.[17] Während Geschäfte zwischen Privaten häufig über Versteigerungs-Plattformen wie „eBay" abgewickelt werden und der b2b-Commerce regelmäßig zwischen Unternehmern und Lieferanten zur Anwendung kommt, finden Verträge im b2c-Commerce in der Regel in virtuellen Shoppingcentern wie „Amazon", „Zalando" oder direkt über die Internetseite oder über den Webshop eines Einzelunternehmens statt.

---

[12] Vgl. Erwägungsgrund 37, Richtlinie 97/7/EG (Fernabsatzrichtlinie); zur Fernabsatzrichtlinie vgl. *Micklitz*, ZEuP 1999, 875, 875 ff.; *Reich*, EuZW 1997, 581, 581 ff.

[13] Bamberger/Roth/Hau/Poseck-*Martens*, BeckOK BGB, 42. Ed. 2017, BGB § 312c Rn. 2.1; Säcker/Rixecker/Oetker/Limperg-*Wendehorst*, MüKo BGB, 8. Aufl. 2019, BGB § 312b Rn. 5, § 312c Rn. 5; Staudinger-*Thüsing*, Neubearb. 2019, § 312c Rn. 10.

[14] Vgl. BT-Drs. 17/5097, 11; Gesetz zur Änderung der Vorschriften über Fernabsatzverträge bei Finanzdienstleistungen vom 02.12.2004, BGBl. 2004 I 3102 ff.; Gesetz zur Umsetzung der Verbraucherkreditrichtlinie, des zivilrechtlichen Teils der Zahlungsdiensterichtlinie sowie zur Neuordnung der Vorschriften über das Widerrufs- und Rückgaberecht vom 29.07.2009, BGBl. 2009 I 2355 ff.; Art. 25 Abs. 1 Nr. 4–7 des Gesetzes zur Änderung des Rechts der Vertretung durch Rechtsanwälte vor den Oberlandesgerichten vom 23.07.2002; Gesetz zur Bekämpfung unerlaubter Telefonwerbung und zur Verbesserung des Verbraucherschutzes bei besonderen Vertriebsformen vom 29.07.2009, BGBl. 2009 I 2413 ff.

[15] Richtlinie 2011/83/EU (Verbraucherrechterichtlinie); vgl. hierzu insbesondere: *Unger*, ZEuP 2012, 270 ff.

[16] Gsell/Krüger/Lorenz/Reymann-*Busch*, BeckOGK BGB, § 312g Rn. 8, BGB § 312g Rn. 8; Bamberger/Roth/Hau/Poseck-*Martens*, BeckOK BGB, 50. Ed. 2019, BGB § 312g Rn. 1; *Rott*, EJCL 2011, 371 ff.; *Unger*, ZEuP 2012, 270 ff.; vgl. hierzu auch: *Specht*, VuR 2017, 363, 363 f.

[17] Bräutigam/Rücker-*Bräutigam*, E-Commerce 2.0, 2017, 1. Teil A. Rn. 1.

Der Begriff des eCommerce erfasst sowohl die Vertragserfüllung durch eine digitalisiert zu erbringende Leistung (sog. „Online-Geschäfte") als auch die analoge Vertragserfüllung, sofern der Vertragsschluss online erfolgt (sog. „Offline-Geschäfte").[18] Dementsprechend sind im eCommerce-Recht vor allem Fragen relevant, die den Vertragsabschluss sowie die Loslösung von einer im Rahmen eines solchen Vertragsschlusses abgegebenen Willenserklärung und die damit verbundene Rückabwicklung des Vertragsverhältnisses betreffen. Das eCommerce-Recht ist bei Studierenden aufgrund seiner auf den ersten Blick unübersichtlichen Struktur mit Regelungen v. a. in den §§ 312 ff. BGB sowie in den Art. 246 ff. EGBGB und der Vielzahl von Verweisungen innerhalb der relevanten Normen unbeliebt, gewinnt in der staatlichen Prüfung wie auch im Schwerpunktbereich und den Grundvorlesungen aber zunehmend an Relevanz. Hierzu trägt auch bei, dass Instanzgerichte, BGH und EuGH in den vergangenen Jahren eine Vielzahl relevanter Entscheidungen in diesem Rechtsbereich getroffen haben.[19]

Exkurs
Autonome Supermärkte
Nicht in den Bereich des eCommerce fallen Supermärkte, die z. B. kassenlos und ohne Angestellte betrieben werden. Prominentes Beispiel ist diesbezüglich das amerikanische *AmazonGo*. Dort werden Supermärkte mit sog. „Just Walk Out"-Technologie betrieben, was bedeutet, dass der Supermarkt registriert, welche Produkte in den Einkaufswagen gelegt werden und sodann – bei Verlassen des Supermarktes mit dem Wagen – den exakten Kaufpreis vom Konto des Kunden abbucht. Solche Konzepte führen zu gänzlich neuen Rechtsproblemen[20] mittels dieser Technik, die in diesem Buch jedoch nicht behandelt werden.

4.2   Vertragsschluss im Internet

Das Zustandekommen eines Vertrages setzt auch im Internet zwei inhaltlich aufeinander bezogene Willenserklärungen, Angebot und Annahme, voraus, welche von rechts- und geschäftsfähigen Rechtssubjekten abgegeben werden müssen.[21]

4.2.1   Die elektronische Willenserklärung

Eine **elektronische Willenserklärung** kann per E-Mail, Mausklick o. ä. abgegeben werden. Von anderen rechtsgeschäftlichen Erklärungen unterscheidet sie sich ledig-

---

[18]Vgl. *Haug*, Grundwissen Internetrecht, 3. Aufl. 2016, Rn. 561.

[19]Richtungsweisende Urteile waren jüngst etwa: EuGH, Urt. v. 04.06.2015 – C-497/13, ECLI:EU:C:2015:357 = NJW 2015, 2237 – *Faber*; BGH, Beschl. v. 15.11.2017 – VIII ZR 194/16, NJW 2018, 453 – *Online-Matratzenkauf*; BGH, Urt. v. 12.10.2016 – VIII ZR 55/15, NJW 2017, 878 – *Katalysator-Kauf*; BGH, Urt. v. 03.11.2010 – VIII ZR 337/09, NJW 2011, 56 – *Wasserbett*; OLG München, Urt. v. 10.01.2019 – 29 U 1091/18, MMR 2019, 532 – *Dash-Button*.

[20]Vgl. dazu eingehend: *Etzkorn*, CR 2019, 585, 585 ff.

[21]*Härting*, Internetrecht, 6. Aufl. 2017, Rn. 635.

lich hinsichtlich ihres Übermittlungsweges, sodass auch eine elektronische Willenserklärung freilich den Tatbestand einer Willenserklärung erfüllen muss.[22] Voraussetzung ist die Erklärung eines menschlichen Willens.[23] Bei automatisierten Erklärungen, die durch eine Programmierung von einem Computer selbstständig erstellt werden, wird der Wille nach herrschender Meinung bereits im Stadium der Vornahme relevanter Voreinstellungen gebildet, indem die Willensbildung im Programm festgelegt wird.[24]

Beispiel

Entsprechende automatisierte Erklärungen können z. B. von Druckern abgegeben werden, die aufgrund bestimmter – menschlicher – Voreinstellungen eigenständig Patronen nachbestellen oder von „smarten" Kühlschränken, die eigenständig das Fehlen eines bestimmten Lebensmittels (bspw. Milch) feststellen und dieses nachbestellen.[25] ◄

Es ist dementsprechend nicht erforderlich, dass die Elemente einer Willenserklärung (wie z. B. das Erklärungsbewusstsein) im Zeitpunkt der konkreten Erklärung vorliegen.[26] Ausreichend ist, dass der Erklärungsakt durch ein kooperatives Zusammenwirken (sog. **arbeitsteiliges Verfahren**) von Mensch und Maschine zustande kommt.[27] Dafür kann die Inbetriebnahme eines Systems, das mit entsprechenden Voreinstellungen versehen ist, ausreichen.[28] Solche Erklärungen, die eine Maschine aufgrund der Voreinstellungen eines Menschen vornimmt, nennt man **Computererklärungen**.[29]

Rufen Sie sich zur Wiederholung die Grundstruktur einer jeden bürgerlich-rechtlichen Willenserklärung hervor (Abb. 4.1):

4.2.1.1 Angebot

Wird eine **Leistung auf einer Website präsentiert**, stellt sich die Frage, ob dadurch bereits ein gemäß § 145 BGB verbindliches Angebot gerichtet auf Vertragsschluss abgegeben wurde. Erforderlich ist, dass mit der Handlung des Anbieters – also mit der Präsentation der Ware im Internet – der Wille erkennbar wird, eine rechtsverbindliche Willenserklärung abzugeben. Ist kein solcher Rechtsbindungswille erkennbar, so handelt es sich um eine unverbindliche Einladung zur Abgabe

---

[22] *Härting*, Internetrecht, 6. Aufl. 2017, Rn. 639.

[23] *Mehrings*, MMR 1998, 30, 31.

[24] Vgl. eingehend: *Mehrings*, MMR 1998, 30, 31.

[25] Vgl. hierzu eingehend: *Specht/Herold*, MMR 2018, 40, 40 f.

[26] *Specht/Herold*, MMR 2018, 40, 41.

[27] BGH, Urt. v. 07.11.2001 – VIII ZR 13/01, MMR 2002, 95 – *ricardo.de*; *Specht/Herold*, MMR 2018, 40, 41; *Taeger*, NJW 2016, 3754, 3764 ff.; *Cornelius*, MMR 2002, 353, 355.

[28] *Specht/Herold*, MMR 2018, 40, 41; *Cornelius*, MMR 2002, 353, 355.

[29] *Specht/Herold*, MMR 2018, 40, 41; Bräutigam/Rücker-*Dienst/Falke*, E-Commerce, 2017, 14. Teil Rn. 15.

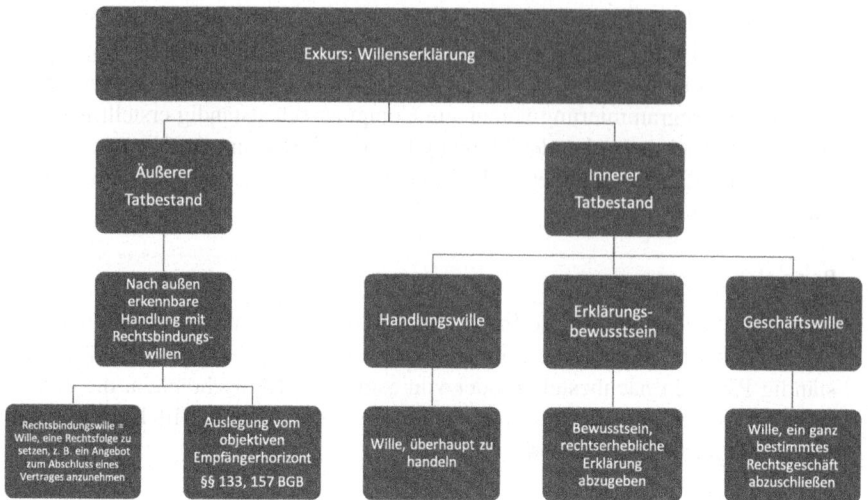

Abb. 4.1 Abbildung: Grundstruktur der Willenserklärung

eines Angebots (invitatio ad offerendum).[30] Dies ist vom Horizont eines objektiven Dritten auf Seiten des Erklärungsempfängers her zu beurteilen, wobei zur Auslegung der Willenserklärung insbesondere die Verkehrssitte (§§ 133, 157 BGB) und der Grundsatz von Treu und Glauben heranzuziehen sind (§ 242 BGB).[31]

Bietet der Verkäufer **online** Waren zum Verkauf an, so wird vereinzelt vertreten, dass dies bereits ein rechtlich verbindliches Angebot zum Vertragsschluss darstellt.[32] Auch bei einem Internetkauf muss der Anbieter jedoch vor dem Zustandekommen eines Vertrages seine Lieferkapazitäten sicherstellen können.[33] Stellte nämlich die Website selbst ein verbindliches Angebot dar, so wäre der Betreiber jedem zum Schadensersatz verpflichtet, der das Angebot über die verfügbaren Kapazitäten hinaus annimmt. Überdies muss der Verkäufer in dieser Situation die Möglichkeit haben, seinen Vertragspartner auszuwählen und dessen Bonität zu überprüfen.[34] Daher stellt das Anbieten von Produkten oder Dienstleistungen auf

---

[30] Hoeren/Sieber/Holznagel-*Kitz*, Handbuch Multimediarecht, 48. EL Februar 2019, Teil 13.1 Rn. 144 f.; Säcker/Rixecker/Oetker/Limperg-*Busche*, MüKo BGB, 8. Aufl. 2018, BGB § 145 Rn. 10.

[31] BGH, Urt. v. 12.03.1992 – IX ZR 141/91, NJW 1992, 1446 f.; BGH, Urt. v. 05.07.1990 – IX ZR 10/90, NJW 1990, 3206 f.; BGH, Urt. v. 24.06.1988 – V ZR 49/87, NJW 1988, 2878, 2879; Bamberger/Roth/Hau/Poseck-*Eckert*, 49. Ed. 2019, BGB § 145 Rn. 41; Hoeren/Sieber/Holznagel-*Kitz*, Handbuch Multimediarecht, 48. EL Februar 2019, Teil 13.1 Rn. 146; *Jacoby/von Hinden*, Studienkommentar BGB, 16. Aufl., 2018, BGB § 133 Rn. 4, § 145 Rn. 1.

[32] *Mehrings*, MMR 1998, 31, 32.

[33] OLG Düsseldorf, Urt. v. 19.05.2016 – I-16 U 72/15, NJW-RR 2016, 1073, 1074 f.

[34] OLG Düsseldorf, Urt. v. 19.05.2016 – I-16 U 72/15, NJW-RR 2016, 1073, 1074 f.

Websites im Internet grundsätzlich eine sog. „invitatio ad offerendum" in einem „virtuellen Schaufenster" dar, durch die sich der Verkäufer rechtlich nicht bindet.[35] Etwas anderes gilt, wenn **im konkreten Einzelfall besondere Umstände** dafür sprechen, dass sich der Verkäufer bereits mit der Darstellung auf der Website rechtlich binden will – etwa dann, wenn die AGB der Website dies vorsehen.

▶ **Wichtig** Sobald in einer Klausursituation ein Online-Shop involviert ist, dürfen Sie keinesfalls vergessen, auf die sog. **Button-Lösung** des § 312j Abs. 4 BGB einzugehen.

Dort hat der Gesetzgeber statuiert, dass ein Unternehmer als Betreiber eines Online-Shops die Bestellsituation beim Vertragsschluss so zu gestalten hat, dass der Verbraucher mit seiner Bestellung ausdrücklich bestätigt, dass er sich zu einer Zahlung verpflichtet. Erfolgt die Bestellung über eine Schaltfläche, ist die Pflicht des Unternehmers nur erfüllt, wenn diese Schaltfläche gut lesbar mit nichts anderem als den Wörtern „zahlungspflichtig bestellen" oder mit einer entsprechenden eindeutigen Formulierung beschriftet ist. (siehe dazu eingehend Abschn. 4.3.2.3)

4.2.1.2 Annahme

Wie bei jedem Vertragsschluss, bedarf es auch im eCommerce einer Annahmeerklärung sowie eines Zugangs dieser Erklärung. Eine Willenserklärung wird gemäß § 130 Abs. 1 S. 1 BGB erst mit dem Zugang beim Adressaten wirksam, sofern sie in dessen Abwesenheit abgegeben wurde. Voraussetzung für den Zugang ist, dass die Willenserklärung derart in den Machtbereich des Empfängers gelangt ist, dass dieser unter normalen Verhältnissen von ihr Kenntnis erlangen kann (sog. **modifizierte Vernehmungstheorie**).[36] Auf die tatsächliche spätere Kenntnisnahme des Empfängers kommt es nicht an.[37]

Gemäß § 151 S. 1 BGB ist **der Zugang der Annahmeerklärung gegenüber dem Anbietenden entbehrlich**, wenn die Annahmeerklärung nach der Verkehrssitte nicht zu erwarten ist oder der Anbietende auf sie verzichtet hat. Hierdurch entfällt allerdings, entgegen vielgeteilter Ansicht in der Studierendenschaft, lediglich das Erfordernis des Erklärungszugangs. Dies ändert nichts daran, dass die Annahme erklärt werden muss, wenn auch nur konkludent, z. B. durch das Verpacken und Versenden der Ware.[38] Voraussetzung ist ein als Willensbetätigung zu wertendes,

---

[35] Vgl. Säcker/Rixecker/Oetker/Limperg-*Busche*, 8. Aufl. 2018, BGB § 145 Rn. 14; Säcker/Rixecker/Oetker/Limperg-*Säcker*, 8. Aufl 2018, Einl. BGB Rn. 191.

[36] BGH, Beschl. v. 21.06.2011 – II ZB 15/10, NJW-RR 2011, 1184, 1185; BGH, Urt. v. 27.10.1982 – V ZR 24/82, NJW 1983, 929, 930; BGH, Urt. v. 03.11.1976 – VIII ZR 140/75, NJW 1977, 194; Säcker/Rixecker/Oetker/Limperg-*Einsele*, 8. Aufl. 2018, BGB § 130 Rn. 16; Palandt-*Ellenberger*, 78. Aufl. 2019, BGB § 130 Rn. 5.

[37] Vgl. Art. 11 Abs. 1 Richtlinie 2000/31/EG (E-Commerce-Richtlinie).

[38] BGH, Urt. v. 16.10.2012 – X ZR 37/12, NJW 2013, 598, 599; OLG Schleswig, Urt. v. 03.07.2003 – 7 U 240/01, NJW 2004, 231, 231 f.; RG, Urt. v. 02.12.1913 – Rep. II. 474/13, RGZ 84, 320, 323; Bräutigam/Rücker-*Jandt*, E-Commerce, 2017, 10. Teil C. Rn. 41.

nach außen hervortretendes Verhalten des Angebotsempfängers, aus dem sich dessen Annahmewille ergibt (sog. „Betätigung des Annahmewillens").[39] Im Einzelfall kann ein solches Verhalten etwa in Erfüllungs-, Aneignungs- oder Gebrauchshandlungen des Angebotsempfängers liegen.[40]

Im Rahmen von b2c-Verträgen muss der Zugang der Bestellung unverzüglich auf elektronischem Weg bestätigt werden (**§ 312i Abs. 1 S. 1 Nr. 3 BGB**). Hierdurch wird der Unternehmer allerdings nicht verpflichtet, dem Verbraucher mit der Bestätigung zugleich auch die Annahme zu erklären; ob die Bestellbestätigung im Einzelfall dennoch eine Annahmeerklärung enthält, ist anhand des objektiven Empfängerhorizonts zu bestimmen.[41] Von einer Annahmeerklärung ist beispielsweise auszugehen, wenn neben einer Eingangsbestätigung außerdem eine rasche Ausführung des Auftrags in Aussicht gestellt wird.[42] Um Missverständnisse beim Empfänger zu vermeiden, sollte der Verkäufer sprachlich klarstellen, ob es sich um eine Vertragsannahme seinerseits handelt oder ob er lediglich seine allgemeine Pflicht im elektronischen Geschäftsverkehr erfüllen möchte, den Eingang der Bestellung zu bestätigen.

> **Klausurtipp** An dieser Stelle ist in einer Klausur genauestens darauf zu achten, wie die Bestellbestätigung des Unternehmers erfolgt. Gegebenenfalls ist die Erklärung auszulegen. Die Kasuistik der Rechtsprechung zeigt auf, wie schwierig die Abgrenzung im Einzelfall sein kann.
>
> So wurde eine **Annahmeerklärung** (und nicht eine bloße Erfüllung der Pflicht aus § 312i Abs. 1 S. 1 Nr. 3 BGB) angenommen für Äußerungen wie „Vielen Dank für Ihren Auftrag, den wir so schnell als möglich ausführen werden",[43] „Guten Tag, vielen Dank für Ihre Bestellung! Am Ende dieser E-Mail finden Sie eine Auflistung Ihrer Bestellung, die wir so schnell wie möglich für Sie bearbeiten werden"[44] sowie die allgemeine Ankündigung, ein Auftrag werde „ausgeführt".[45]

---

[39] BGH, Urt. v. 14.04.1999 – VIII ZR 370–97, NJW 1999, 2179; BGH, Urt. v. 28.03.1990 – VIII ZR 258/89, NJW 1990, 1655, 1656; BGH, Urt. v. 18.12.1985 – VIII ZR 297/84, NJW-RR 1986, 415; BGH, Urt. v. 07.05.1979 – II ZR 210/78, NJW 1979, 2143, 2144.

[40] Säcker/Rixecker/Oetker/Limperg-*Busche*, MüKo BGB, 8. Aufl. 2018, BGB § 151 Rn. 9; Palandt-*Ellenberger*, 78. Aufl. 2019, BGB § 151 Rn. 2; Staudinger-*Bork*, Neubearbeitung 2015, BGB § 151 Rn. 17 f.

[41] BGH, Urt. v. 16.10.2012 – X ZR 37/12, NJW 2013, 598, 599; Auer-Reinsdorff/Conrad-*Bierekoven*, IT- und Datenschutzrecht, 2. Aufl. 2016, D. § 26 Rn. 74; Bräutigam/Rücker-*Jandt*, E-Commerce, 2017, 10. Teil C. Rn. 41; Säcker/Rixecker/Oetker/Limperg-*Wendehorst*, 8. Aufl. 2019, BGB § 312i Rn. 94; Palandt-*Grüneberg*, 78. Aufl. 2019, BGB § 312i Rn. 7; *Sutschet*, NJW 2014, 1041, 1046.

[42] BGH, Urt. v. 26.01.2005 – VIII ZR 79/04 = NJW 2005, 976; OLG Frankfurt a. M., Urt. v. 20.11.2002 – 9 U 94/02, MMR 2003, 405, 406; LG Köln, Urt. v. 16.04.2003 – 9 S 289/02, MMR 2003, 481.

[43] OLG Frankfurt a. M., Urt. v. 20.11.2002 – 9 U 94/02, CR 2003, 450.

[44] AG Westerburg, Urt. v. 14.03.2003 – 21 C 26/03, CR 2003, 699.

[45] LG Köln, Urt. v. 16.04.2003 – 9 S 289/02, MMR 2003, 481 – *Auto-Reply*; LG Gießen, Urt. v. 04.06.2003 – 1 S 413/02, NJW-RR 2003, 1206 – *Erhalt nicht bestellter Ware*; vgl. dazu eingehend: *Hoeren*, Internetrecht, Stand: April 2019, S. 336, abrufbar unter: https://www.itm.nrw/wp-content/uploads/Skript_Internetrecht_April-2019.pdf.

Die **Rechtsprechung** ist jedoch **uneinheitlich**. So wurde jüngst in der Formulierung „Vielen Dank für Ihren Auftrag. Wir werden Ihre Bestellung umgehend bearbeiten"[46] noch **keine Annahme** gesehen, da offensichtlich sei, dass der Bestätigende sich eine finale Entscheidung noch offenhalten möchte. Ähnlich wurde für die Formulierung „Vielen Dank für Ihre E-Mail. Wir werden Ihren Auftrag umgehend bearbeiten" entschieden.[47] Gleiches gilt auch für Verträge, in denen bei objektiver Betrachtung offensichtlich ist, dass wesentliche Bestandteile des Vertrages noch nicht feststehen (z. B. die Benennung eines weiteren Vertragspartners wie etwa einem zweiten Fluggast fehlt) und daher davon ausgegangen werden muss, dass noch kein wirksamer Vertragsschluss vorliegt.[48]

Die **Rechtsfolgen eines Verstoßes gegen § 312i Abs. 1 S. 1 Nr. 3 BGB** sind nicht unmittelbar in der Vorschrift selbst geregelt, sondern richten sich nach dem allgemeinen Leistungsstörungsrecht.[49] Da es sich bei der Informationspflicht um eine bloße vertragliche Nebenpflicht handelt, scheidet jedenfalls eine Unwirksamkeit des Vertrages als Rechtsfolge aus.[50] Rechtsfolgen können vielmehr sein:[51]

1. Der Ausschluss des Vertrauensschadens im Falle eines Irrtums, § 122 BGB,
2. Ein Vorvertraglicher Schadensersatzanspruch im Falle des Entstehens eines Schadens, §§ 280 Abs. 1, 241 Abs. 2, 311 Abs. 2 BGB und
3. Eine Unterlassungsverpflichtung im Falle der Sanktionierung nach UKlaG oder UWG.

▶ **Exkurs** Bedenken Sie, dass auch im eCommerce-Recht für einen Vertragsschluss stets die sog. **essentialia negotii** feststehen müssen. Die Vertragspartner müssen für einen wirksamen Vertragsschluss daher folgende Modalitäten zwingend übereinstimmend geklärt haben:

1. Vertragsgegenstand
2. Vertragsparteien
3. Vergütung

---

[46] OLG Düsseldorf, Urt. v. 19.05.2016 – I-16 U 72/15, NJW-RR 2016, 1073; a.A. jedoch zuvor OLG Nürnberg, Beschl. v. 10.06.2009 – 14 U 622/09, MMR 2010, 31.

[47] AG Butzbach, Urt. v. 14.06.2002 – 51 C 25/02, NJW-RR 2003, 55.

[48] BGH, Urt. v. 16.10.2012 – X ZR 37/12, NJW 2013, 598; vgl. dazu auch Bamberger/Roth/Hau/Poseck-*Maume*, BeckOK BGB, 51. Ed. 2019, § 312i BGB Rn. 26.

[49] Begr. RegE, BT-Drs. 14/6040, 173; *Tamm*, VuR 2014, 9, 16.

[50] Begr. RegE, BT-Drs. 14/6040, 173; bestätigend: BGH, Urt. v. 03.04.2008 – III ZR 290/07, MMR 2008, 455.

[51] Vgl. eingehend zu den Rechtsfolgen: Bamberger/Roth/Hau/Poseck-*Maume*, BeckOK BGB, 53. Ed. 2020, § 312i BGB Rn. 34 ff.

4.2.1.3 Exkurs: Unbestellte Waren (§ 241a Abs. 1 BGB)

Liefert der Unternehmer dem Verbraucher Waren, obwohl der Verbraucher diese nicht bestellt hat, so sind **vertragliche und gesetzliche Ansprüche** des Unternehmers, die sich auf diese Lieferung betreffen, **gemäß § 241a Abs. 1 BGB ausgeschlossen**. Dies gilt auch für eine Rückabwicklung gemäß § 812 BGB.[52] Das heißt, Leistungen, die der Unternehmer unbestellt erbracht hat, muss der Verbraucher weder vergüten noch zurückgeben; vielmehr darf er sie unentgeltlich behalten.[53] Gesetzliche Ansprüche sind nicht ausgeschlossen, wenn die Leistung nicht für den Empfänger bestimmt war oder in der irrigen Vorstellung einer Bestellung erfolgte und der Empfänger dies erkannt hat oder bei Anwendung der im Verkehr erforderlichen Sorgfalt hätte erkennen können (§ 241a Abs. 2 BGB). Ansprüche des Verbrauchers gegen den Unternehmer – etwa aus c.i.c., Delikt oder Produkthaftung – bleiben von § 241a BGB unberührt.[54] Sie bleiben also daneben bestehen und können vom Verbraucher weiterhin geltend gemacht werden. Von diesem Regelungsregime besteht zugunsten des Verbrauchers ein **Abweichungs- und Umgehungsverbot**,[55] vgl. § 241a Abs. 3 BGB. Weder durch Individualvereinbarungen noch durch AGB darf also bereits qua Gesetz vom Grundsatz des unentgeltlichen Behaltendürfens unbestellter Waren abgewichen werden. Dies entspricht letzten Endes freilich dem mit dieser Vorschrift bezweckten Verbraucherschutz.

4.2.1.4 Zugang

4.2.1.4.1 Zugang von elektronischen Willenserklärungen

Beim Zugang von Willenserklärungen, die elektronisch übermittelt werden, kommt es für einen wirksamen Zugang darauf an, ob der Empfänger hierfür einen entsprechenden Zugang eröffnet hat.[56] Tritt der Empfänger im Rechts- und Geschäftsverkehr etwa mit seiner **E-Mail-Adresse** auf, so gehen ihm an diese Adresse übermittelte Willenserklärungen dann zu, wenn sie in seinem E-Mail-Postfach abrufbar gespeichert sind und mit einer Kenntnisnahme üblicherweise zu rechnen ist.[57] Wird

---

[52] Vgl. BT-Drs. 14/3195, 32; BT-Drs. 14/2658, 46; *Berger*, JuS 2001, 649, 652; Säcker/Rixecker/Oetker/Limperg-*Finkenauer*, MüKo BGB, 8. Aufl. 2019, BGB § 241a Rn. 29; *Schwarz*, NJW 2001, 1449, 1450; *Schäfer*, AcP 2002, 397, 428 f.; Staudinger-*Olzen*, Neubearb. 2015, BGB § 241a Rn. 47; Palandt-*Grüneberg*, 78. Aufl. 2019, BGB § 241a Rn. 7; a.A.: *Köhler* JuS 2014, 865, der § 241a Abs. 1 BGB – unter Berufung auf Art. 27 S. 1 Richtlinie 2011/83/EU (Verbraucherrechterichtlinie) – dahingehend teleologisch reduziert, dass diese Vorschrift nur *vertragliche* Ansprüche auf Gegenleistung, nicht aber *gesetzliche* Ansprüche des Unternehmers gegen den Verbraucher ausschließt.

[53] *Medicus/Petersen*, Bürgerliches Recht, 26. Auflage 2017, Rn. 330.

[54] Säcker/Rixecker/Oetker/Limperg-*Finkenauer*, MüKo BGB, 8. Aufl. 2019, BGB § 241a Rn. 24.

[55] BT-Drs. 17/12637, S. 37.

[56] *Haug*, Grundwissen Internetrecht, 3. Aufl. 2016, Rn. 570.

[57] LG Hamburg, Urt. v. 07.07.2009 – 312 O 142/09, MMR 2010, 654; AG Meldorf, Urt. v. 29.03.2011 – 81 C 1601/10, NJW, 2011, 2890, 2891; Säcker/Rixecker/Oetker/Limperg-*Einsele*, MüKo BGB, 8. Aufl. 2018, § 130 Rn. 18 f.; *Ultsch*, NJW 1997, 3007, 3007 f.

ein solcher Zugang nicht eröffnet, so erfolgt die Nutzung ausschließlich im gesellschaftlich-sozialen Bereich, sodass jene Kommunikationskanäle keine Empfangsvorrichtungen für Willenserklärungen darstellen.[58] Wann im Rechts- und Geschäftsverkehr üblicherweise mit einer Kenntnisnahme zu rechnen ist, ist umstritten. Wer im geschäftlichen Rechtsverkehr per E-Mail erreichbar ist, lässt damit rechnen, dass er mindestens einmal am Tag seine E-Mails abruft.[59] Sofern die E-Mail zur Unzeit eingeht, wird der Folgetag als maßgeblicher Zugangszeitpunkt angesehen.[60]

Exkurs

Wann eine Willenserklärung zur **Unzeit** eingeht, ist nicht abschließend geklärt. In der Klausur wird von Ihnen an dieser Stelle erhöhter Begründungsaufwand gefordert sein, sollte der Zugang zu einer kritischen Zeit vollzogen werden.

Regelmäßig ist davon auszugehen, dass mit einer Kenntnisnahme von sowohl Briefen als auch E-Mails bis 18:00 Uhr eines Tages gerechnet werden darf.[61] Das LAG Köln sieht einen Zugang sogar nur bis 16:00 Uhr eines Tages für vertretbar an.[62] Es wird hier stets auf die Umstände des Einzelfalles ankommen. Jedenfalls darf Verbrauchern kein erhöhter Aufwand abgefordert werden. Bei Ihnen ist damit zu rechnen, dass Sie einmal täglich ihre E-Mails abrufen.[63] Es bleibt abzuwarten, ob Rechtsprechung und Literatur diese Grenze aufgrund der zunehmenden Digitalisierung und damit verbundenen Abrufmöglichkeiten auf mobilen Geräten nach hinten verschieben werden. Entsprechende Tendenzen sind indes noch nicht zu erkennen.

Vor dem Hintergrund, dass E-Mails von einer Firewall aufgehalten und an anderer Stelle als der Mailbox zwischengespeichert werden können, ist nach zutreffender Auffassung des LG Hamburg üblicherweise spätestens zwei Arbeitstage nach Absendung mit der Kenntnisnahme zu rechnen.[64] Dass der Empfänger die E-Mail noch nicht auf seinen Computer runtergeladen hat, spielt für den Zugang jedenfalls keine Rolle.[65]

Grundsätzlich gehen auch elektronische Erklärungen dem Empfänger nicht zu, wenn sie gar nicht erst in seinen **Machtbereich** gelangt sind.[66] Wer das Risiko von technisch bedingten Zugangsstörungen trägt, ist im Einzelfall unter anderem danach zu beurteilen, wessen Sphäre dieses Zugangshindernis zuzurechnen ist.[67] Hat

---

[58] Säcker/Rixecker/Oetker/Limperg-*Säcker*, MüKo BGB, 8. Aufl. 2018, Einl. BGB Rn. 203; *Ultsch*, NJW 1997, 3007, 3008.

[59] *Wietzorek*, MMR 2007, 156, 156; *Herwig*, MMR 2001, 145, 146.

[60] Palandt-*Ellenberger*, 78. Aufl. 2019, BGB § 130 Rn. 7a; *Ultsch*, NJW 1997, 3007, 3008.

[61] *Noack/Uhlig*, JA 2012, 740, 742.

[62] LAG Köln, Urt. v. 17.09.2010 – 4 Sa 721/10, NZA-RR 2011, 180.

[63] *Noack/Uhlig*, JA 2012, 740, 742.

[64] LG Hamburg, Urt. v. 07.07.2009 – 312 O 142/09, MMR 2010, 654, 654 f.

[65] So *Ultsch*, NJW 1997, 3007, 3008, da es auch beim Zugang einer postalisch erklärten Willenserklärung nicht darauf ankomme, ob der Empfänger seinen Briefkasten geleert hat oder nicht.

[66] Hoeren/Sieber/Holznagel-*Kitz*, Handbuch Multimedia-Recht, 48. EL Februar 2019, Teil 13.1 Rn. 83.

[67] Vgl. *Härting*, Internetrecht, 6. Aufl. 2014, Rn. 675 ff.

die Erklärung den Provider, bei dem der Empfänger sein E-Mail-Postfach eingerichtet hat, zwar rechtzeitig erreicht, kann sie störungsbedingt jedoch nur verspätet, fehlerhaft oder überhaupt nicht abgerufen werden, so hat dies der Empfänger der elektronischen Willenserklärung zu vertreten. Erreicht die Erklärung den Provider aufgrund einer Netzstörung gar nicht erst, so fällt dies in den Verantwortungsbereich des Absenders.[68] Ist die Erklärung nicht lesbar, weil die von den Parteien verwendete Software nicht miteinander kompatibel sind, dann ist für den Zugang auf die Sicht des Absenders abzustellen: War redlicherweise von der Lesbarkeit der Erklärung auszugehen, so geht dem Empfänger auch eine unlesbare Erklärung zu; im Übrigen ist der Zugang abzulehnen.[69]

Scheitert eine Übermittlung der Willensklärung aufgrund von Überfüllung an der Kapazitätsgrenze des E-Mail-Postfachs, ist zu differenzieren, ob der Absender hierüber in Kenntnis gesetzt wurde (sog. „**Bounce-Mail**") oder nicht. Wurde der Absender *nicht* von der Fehlübermittlung informiert, so muss er davon ausgehen können, dass die Erklärung dem Empfänger zugegangen ist.[70] Demgegenüber ist der Zugang der Erklärung zu verneinen, wenn den Empfänger eine Bounce-Mail erreicht hat. Unternimmt der Absender daraufhin einen erneuten, diesmal erfolgreichen Zustellungsversuch, so kann sich der Empfänger nicht auf einen verspäteten Zugang der Erklärung berufen, da die Ursache für die erstmalige Verspätung (Überfüllung des Postfachs) in seinen Verantwortlichkeitsbereich fällt.[71] Für den Fall, dass der Empfänger aufgrund einer Geschäftsbeziehung mit einer Erklärung des Absenders rechnen muss, weil er etwa eine „sofortige Bearbeitung" von Erklärungen in bestimmten Zeiträumen verspricht, dann gilt die Erklärung auch ohne einen erneuten Zustellungsversuch als zugegangen (vgl. §§ 162 Abs. 1, 242 BGB).[72]

Ein anderes Kommunikationsmittel muss der Absender jedoch nicht wählen, wenn ihm vom Empfänger eine Mail-Adresse mitgeteilt wurde und die Mail daher objektiv als angemessenes Kommunikationsmittel erscheint. Kommen mehrere Bounce-Mails zurück, kann der Absender daher wählen, ob er vom weiteren Vertragsschluss Abstand nimmt oder die Zustellung qua eines anderen Kommunikationsmittels vornimmt.[73]

---

[68] *Härting*, Internetrecht, 6. Aufl. 2014, Rn. 675.

[69] *Borges*, Verträge im elektronischen Geschäftsverkehr, 2008, S. 265; *Härting*, Internetrecht, 6. Aufl. 2014, Rn. 678.

[70] *Härting*, Internetrecht, 6. Aufl. 2014, Rn. 680.

[71] *Härting*, Internetrecht, 6. Aufl. 2014, Rn. 679; Hoeren/Sieber/Holznagel-*Kitz*, Handbuch Multimedia-Recht, 48. EL Februar 2019, Teil 13.1 Rn. 84.

[72] BGH, Urt. v. 17.04.1996 – IV ZR 202/95, NJW 1996, 1967, 1968; LG Freiburg, Urt. v. 01.07.2004 – 3 S 317/03, NJW-RR 2004, 1377, 1378; Hoeren/Sieber/Holznagel-*Kitz*, Handbuch Multimedia-Recht, 48. EL Februar 2019, Teil 13.1, Rn. 85, 92.

[73] Vgl. insofern allgemein zu Zugangshindernissen: Säcker/Rixecker/Oetker/Limperg-*Einsele*, MüJo BGB, 8. Aufl. 2018, § 130 BGB Rn. 34 ff.

4.2.1.4.2 Zugangsbeweis

Ist der Zugang einer elektronischen Willenserklärung streitig, trägt grundsätzlich derjenige die Beweislast, der sich auf den Zugang beruft.[74] Kommt es auf die Rechtzeitigkeit der Erklärung an, so erstreckt sich die Beweislast auch auf den Zeitpunkt des Zugangs.[75] Während der Empfänger das Ob und Wann des Zugangs einer elektronischen Erklärung in aller Regel aus der bei ihm eingegangenen Erklärung heraus belegen kann, ist für den Absender das Führen eines Zugangsbeweises problematischer. Denn wie auch der dokumentierte Einwurf eines Briefes keinen Anscheinsbeweis[76] für den Zugang liefert,[77] ist auch das bloße Absenden einer elektronischen Erklärung – nachweisbar etwa mittels eines E-Mail-Sendeprotokolls – als Zugangsbeweis unzureichend, weil der Zugang nach dem Absenden durch vom Empfänger nicht zu vertretende Umstände gestört werden kann.[78] Der Zugangsbeweis kann allerdings mit einer Eingangs- oder Lesebestätigung des Empfängers – insbesondere mit einer Bestätigung gemäß § 312i Abs. 1 Nr. 3 BGB[79] – geführt werden.[80] Aus der Tatsache, dass den Absender keine die fehlerhafte Übermittlung bescheinigende „Bounce-Mail" erreicht hat, lässt sich hingegen keine erfolgreiche Übermittlung schließen.[81] In der Praxis ergibt sich der Zugang einer E-Mail meistens bereits daraus, dass der Empfänger diese beantwortet.[82]

4.2.2 Anfechtung

Die **Regeln der Anfechtung** finden **auch auf elektronisch abgegebenen Willenserklärungen** Anwendung. Für die Anfechtung bedarf es eines Anfechtungsgrundes,

---

[74] BGH, Urt. v. 07.12.1994 – VIII ZR 153/93, NJW 1995, 665, 666; OLG Saarbrücken, Urt. v. 24.05.2004 – 5 W 99/04, NJW 2004, 2908, 2909; Säcker/Rixecker/Oetker/Limperg-*Einsele*, MüKo BGB, 8. Aufl. 2018, BGB § 130 Rn. 46; Palandt-*Ellenberger*, 78. Aufl. 2019, BGB § 130 Rn. 21.

[75] BGH, Urt. v. 18.01.1978 – IV ZR 204/75, NJW 1978, 886; Palandt-*Ellenberger*, 78. Aufl. 2019, BGB § 130 Rn. 21.

[76] Die Grundsätze vom Beweis des ersten Anscheins gelten nur bei typischen Geschehensabläufen, bei denen nach der Lebenserfahrung regelmäßig von einem bestimmten Ereignis auf einen bestimmten Erfolg geschlossen werden kann und umgekehrt, BGH, Urt. v. 27.05.1957 – II ZR 132/56, NJW 1957, 1230, 1231.

[77] BGH, Urt. v. 27.05.1957 – II ZR 132/56, NJW 1957, 1230, 1231; BGH, Urt. v. 17.02.1964 – II ZR 87/61, NJW 1964, 1176, 1177; *Reichert*, NJW 2001, 2523, 2524.

[78] OLG Köln, Urt. v. 05.12.2006 – 3 U 167/05, BeckRS 2007, 00267; *Mankowski*, NJW 2004, 1901, 1904; *Mrosk*, NJW 2013, 1481, 1484 f.

[79] Hoeren/Sieber/Holznagel-*Kitz*, Handbuch Multimedia-Recht, 48. EL Februar 2019, Teil 13.1, Rn. 120.

[80] BGH, Beschl. v. 17.07.2013 – I ZR 64/13, NJW 2014, 556, 557; BGH, Beschl. v. 04.10.2002 – 23 U 92/02, NJW 2003, 833, 834; Hoeren/Sieber/Holznagel-*Kitz*, 48. EL Februar 2019, Teil 13.1 Rn. 120; *Mankowski*, NJW 2004, 1901, 1902 f.; *Mrosk*, NJW 2013, 1481, 1484; Säcker/Rixecker/Oetker/Limperg-*Einsele*, 8. Aufl. 2018, BGB § 130 Rn. 46.

[81] *Härting*, Internetrecht, 6. Aufl. 2017, Rn. 686; a.A. AG Frankfurt a.M., Urt. v. 23.10.2008 – 30 C 730/08-25, MMR 2009, 507.

[82] *Härting*, Internetrecht, 6. Aufl. 2017, Rn. 687.

der in einem Irrtum (§ 119 BGB), einer falschen Übermittlung (§ 120 BGB) oder einer arglistigen Täuschung bzw. widerrechtlichen Drohung bestehen kann (§ 123 BGB). Ist ein Anfechtungsgrund gegeben, kann der Anfechtungsberechtigte das Rechtsgeschäft vor Ablauf der gesetzlich geregelten Frist (§§ 121, 124 BGB) mittels Erklärung (§ 143 Abs. 1 BGB) gegenüber dem richtigen Anfechtungsgegner (§ 143 Abs. 2 bis 3 BGB) anfechten. Ein wirksam angefochtenes Rechtsgeschäft ist gemäß § 142 Abs. 1 BGB als von Anfang an nichtig anzusehen (sog. „ex-tunc-Wirkung").

Es ergeben sich **keine Unterschiede zur Anfechtung von Willenserklärungen im analogen Raum**, insbesondere müssen ein Anfechtungsgrund (i. d. R. ein Irrtum) sowie eine fristgerechte Anfechtungserklärung vorliegen.

Erfolgt eine Anfechtung gemäß §§ 119, 120 BGB, so sieht sich der Anfechtende einem Schadensersatzanspruch des Anfechtungsgegners gemäß § 122 Abs. 1 BGB ausgesetzt. Der Anfechtungsgegner kann Ersatz des Schadens verlangen, der ihm dadurch entstanden ist, dass er auf die Wirksamkeit und den Bestand der Willenserklärung vertraut hat (sog. negatives Interesse). Ein solcher **Vertrauensschaden** entsteht, wenn der Käufer im Vertrauen auf den Kaufvertrag weitere, an den Kaufvertrag anknüpfende, vermögensrechtliche Dispositionen trifft (z. B. den Kauf eines Netzteils in Erwartung des Kaufs eines Laptops). Der Anfechtungsgegner aber soll nicht bessergestellt werden, als er bei einer wirksamen Willenserklärung stünde.[83] Der Umfang der Schadensersatzpflicht ist daher begrenzt auf den Ersatz des positiven Interesses, also auf den Vermögensvorteil, den der Käufer bei einer erfolgreichen Vertragsabwicklung erlangt hätte (**Erfüllungsinteresse**).

Der Schadensersatzanspruch ist gemäß § 122 Abs. 2 BGB ausgeschlossen, wenn der Geschädigte den Irrtum kannte oder fahrlässig nicht kannte.[84] Dies wäre beispielsweise der Fall, wenn eine Website zur Bestellung sehr unübersichtlich gestaltet ist und es an einer Möglichkeit zur Beseitigung von Eingabefehlern seitens der Besteller fehlt und der Online-Anbieter dadurch seine Pflichten aus § 312i Abs. 1 Nr. 1 BGB und Art. 246a § 4 EGBGB verletzt. Der Online-Anbieter hat in einer solchen Konstellation am Irrtum des Bestellers zumindest fahrlässig mitgewirkt, was einen Ersatz des Vertrauensschadens gemäß § 122 Abs. 1 BGB ausschließt.

4.2.3   Stellvertretung

Auch für die Stellvertretung gelten die **allgemeinen Voraussetzungen. Besonderheiten** ergeben sich aber im Falle des Missbrauchs von Online-Accounts sowie bei Erklärungen automatisierter und autonom agierender Systeme.

---

[83] Säcker/Rixecker/Oetker/Limperg-*Armbrüster*, MüKo BGB, 8. Aufl. 2018, BGB § 122 Rn. 19.
[84] Säcker/Rixecker/Oetker/Limperg-*Armbrüster*, MüKo BGB, 8. Aufl. 2018, BGB § 122 Rn. 21 f.

▶ **Klausurtipp** Behalten Sie sich an dieser Stelle immer die drei zentralen Voraussetzungen einer wirksamen Stellvertretung i. S. d. § 164 BGB im Hinterkopf:
1. Eigene Willenserklärung
2. Im fremden Namen
3. Mit Vertretungsmacht

4.2.4 Missbrauch von Online-Accounts

Ein zunehmend zu beobachtendes Phänomen ist der Missbrauch fremder Online-Accounts. Ein solcher kann auf vielfältigen Plattform geschehen, maßgebliche Anwendungsfälle liegen jedoch auf Online-Handelsplattformen sowie in sozialen Netzwerken vor. Fraglich ist die zivilrechtliche Würdigung eines solchen Missbrauchs.

Erhält ein Dritter mittels der **Zugangsdaten eines Anderen** Zugriff auf dessen Account und tätigt er **ohne Befugnis ein Rechtsgeschäft**, so ist zu diskutieren, ob und zwischen welchen Parteien ein Vertrag zustande gekommen ist. Der Verkäufer trägt grundsätzlich die Beweislast für das Vorliegen der essentialia negotii und damit auch dafür, dass mit der in Anspruch genommenen Person tatsächlich ein Vertragsverhältnis zustande gekommen ist.[85] In Betracht kommt eine Zurechnung nach den allgemeinen Regeln der **Stellvertretung** gemäß §§ 164 ff. BGB.

Exkurs: Duldungs- und Anscheinsvollmacht

Von hoher Relevanz im eCommerce-Recht sind die aus dem BGB AT bekannten Duldungs- und Anscheinsvollmachten.

Eine **Duldungsvollmacht** besitzt folgende Voraussetzungen:[86]

1. Ein Vertreter ohne Vertretungsmacht tritt wiederholt und über einen längeren Zeitraum im Namen des Vertretenen auf (ggf. genügt sogar einmaliges Auftreten),[87]
2. Der Vertretene kannte dieses Handeln und hat es nicht unterbunden, obgleich ihm dies möglich gewesen wäre und
3. Der Geschäftsgegner kannte das Verhalten sowohl des Vertreters als auch des Vertretenen und durfte nach Treu und Glauben davon ausgehen, dass der Vertreter mit Vertretungsmacht handelt (= Gutgläubigkeit).

---

[85] OLG Hamm, Urt. v. 16.11.2006 – 28 U 84/06, NJW 2007, 611; Dauner-Lieb/Langen-*Kremer*, BGB, 3. Aufl. 2016, Anh. zu § 156 BGB Rn. 28.

[86] Vgl. dazu instruktiv: Säcker/Rixecker/Oetker/Limperg-*Schäfer*, MüKo BGB, 8. Aufl. 2018, § 167 BGB Rn. 106.

[87] LG Fulda, Urt. v. 19.09.2011 – 4-2 O 108/09, BeckRS 2013, 22697: Dies muss sich aus einer individuellen Abwägung im Einzelfall ergeben, wobei der Pflichtverstoß des Vertretenen mit dem Schutzinteresse des Geschäftsgegners abzuwägen ist.

Voraussetzungen für eine **Anscheinsvollmacht** sind:[88]

1. Ein Vertreter ohne Vertretungsmacht tritt mit einer gewissen Häufigkeit und Dauer im Namen des Vertretenen auf,
2. Der Vertretene kennt das Verhalten des Vertreters ohne Vertretungsmacht nicht, hätte es bei pflichtgemäßer Sorgfalt aber erkennen können und
3. Der Geschäftsgegner unter Beachtung von Treu und Glauben annehmen durfte, dass der Vertretene dulde und billige das Verhalten des Vertreters.

Weiß der Käufer, dass eine dritte Person regelmäßig Bestellungen über seinen Account vornimmt, so nimmt er dieses Verhalten willentlich hin. Durfte der Vertragsgegner darauf vertrauen, dass die Person wirksam vom Kunden bevollmächtigt wurde, so ist dem Inhaber des Kunden-Accounts das Verhalten der weiteren Person im Wege der sog. **Duldungsvollmacht** als eigene Willenserklärung zuzurechnen.[89] Verkennt der Käufer fahrlässig, dass eine weitere Person regelmäßig Bestellungen über seinen Account vornimmt und durfte der Verkäufer darauf vertrauen, dass die Bestellung auch durch den Account-Inhaber vorgenommen wurde, so liegt eine sog. **Anscheinsvollmacht** vor. Bei **passwortgeschützten** Kunden-Accounts darf der Verkäufer grundsätzlich davon ausgehen, dass die abgegebene Willenserklärung vom Kontoinhaber herrührt.[90] Gelangt der Handelnde an die Zugangsdaten eines Accounts, weil der Inhaber diese nicht hinreichend vor fremdem Zugriff gesichert hat, muss sich der Account-Inhaber wegen der von ihm geschaffenen Gefahr einer Unklarheit darüber, wer unter dem Account gehandelt hat und im Falle einer Vertrags- oder Schutzrechtsverletzung in Anspruch genommen werden kann, so behandeln lassen, als ob er selbst gehandelt hätte.[91] Nach Auffassung des BGH liegen jedoch die Voraussetzungen einer Anscheinsvollmacht erst vor, wenn eine gewisse Häufigkeit und Dauer der unbefugten Verwendung des Kunden-Accounts durch den „Scheinvertreter" im allgemeinen Rechtsverkehr zu verzeichnen ist.[92]

Liegen die Voraussetzungen der Duldungs- oder Anscheinsvollmacht nicht vor, so liegt eine Identitätstäuschung durch einen (unbekannten) Dritten vor, bei welcher keine Zurechnung der abgegebenen Willenserklärung erfolgt. In diesem Fall wird keine Willenserklärung „im" fremden Namen, sondern vielmehr „**unter" fremden Namen** abgegeben. Der Handelnde tritt also nicht *für* einen anderen, sondern *als* ein anderer auf. Die Rechtsfolge eines solchen Handelns hängt davon ab, ob die Identität des Handelnden für den Vertragspartner relevant ist. Kommt es dem Vertragspartner nicht auf die Identität des Handelnden an („**Namenstäuschung**"), so tätigt dieser ein

---

[88] Vgl. dazu instruktiv: Spindler/Schuster-*Spindler*, Recht der elektronischen Medien, 4. Aufl. 2019, § 164 BGB Rn. 8.

[89] BGH, Urt. v. 11.05.2011 – VIII ZR 289/09, NJW 2011, 2421 m. Anm. *Mankowski*; *Härting*, Internetrecht, 6. Aufl. 2017, Rn. 831.

[90] BGH, Urt. v. 11.05.2011 – VIII ZR 289/09, NJW 2011, 2421, 2422.

[91] BGH, Urt. v. 11.03.2009 – I ZR 114/06, NJW 2009, 1960, 1961 – *Halzband*.

[92] BGH, Urt. v. 11.05.2011 – VIII ZR 289/09, NJW 2011, 2421, 2422.

Eigengeschäft gemäß § 164 Abs. 2 BGB.[93] Ist die Identität des Handelnden für den Vertragspartner hingegen von Bedeutung („**Identitätstäuschung**"), dann haftet dieser gemäß § 179 BGB als Vertreter ohne Vertretungsmacht, wenn die Grundsätze über die Duldungs- oder die Anscheinsvollmacht nicht eingreifen.[94] Der „Identitätsdieb" ist dem Vertragspartner dann nach dessen Wahl zur Erfüllung oder zum Schadensersatz verpflichtet, sofern der Vertretene die Genehmigung des Vertrags verweigert.[95]

4.2.5 Plattformnutzungsverträge

Die **Inhalte** einer Online-Plattform können häufig ohne vorherige Registrierung angesehen werden. Um Handelsplattformen, soziale Netzwerke, Internet-Kaufhäuser etc. unbegrenzt nutzen zu können, ist dagegen meist die Einrichtung eines Kunden-Accounts notwendig.[96] Hierbei wird in der Regel ein Plattformnutzungsvertrag abgeschlossen.[97] Während die Bereitstellung der Online-Anmeldemaske eine invitatio ad offerendum darstellt,[98] kommt der Vertrag erst durch das vollständige Absenden der Anmeldedaten durch den Nutzer (Angebot) und die anschließende Freischaltung des Accounts durch den Plattformbetreiber (Annahme) zustande.[99] Auch wenn die Freischaltung meist automatisch und ohne individuelle Prüfung der Nutzerangaben erfolgt, liegt ein Rechtsbindungswille (§§ 133, 157 BGB) des Plattformbetreibers vor, weil er den Nutzer an die Nutzungsbedingungen der Plattform binden und im Falle von Verstößen entsprechende Ansprüche geltend machen will. Umgekehrt liegt es im Interesse des Nutzers, vor willkürlichen Löschungen seiner Inhalte durch den Plattformbetreiber geschützt zu sein.[100] Der Nutzung einer reinen Suchma-

---

[93] BGH, Urt. v. 11.05.2011 – VIII ZR 289/09, NJW 2011, 2421; BGH, Urt. v. 08.12.2005 – III ZR 99/05, NJW-RR 2006, 701, 702; BGH, Urt. v. 18.01.1988 – II ZR 304/86, NJW-RR 1988, 814, 815; BGH, Beschl. v. 03.03.1966 – II ZR 18/64, NJW 1966, 1069, 1069 f.; RG, Urt. v. 15.03.1919 – Rep. V. 242/18, RGZ 95, 188, 190; Bamberger/Roth/Hau/Poseck-*Schäfer*, BeckOK BGB, 50. Ed. Stand: 01.05.2019, BGB § 164 Rn. 33; *Mock*, JuS 2008, 309, 312.

[94] BGH, Urt. v. 08.12.2005 – III ZR 99/05, NJW-RR 2006, 701, 702; BGH, Beschl. v. 03.03.1966 – II ZR 18/64, NJW 1966, 1069.

[95] BGH, Urt. v. 11.05.2011 – VIII ZR 289/09, NJW 2011, 2421; Bamberger/Roth/Hau/Poseck-*Schäfer*, BeckOK BGB, 50. Ed. Stand: 01.05.2019, BGB § 164 Rn. 34; Säcker/Rixecker/Oetker/Limperg-*Schubert*, MüKo BGB, 8. Aufl. 2018, BGB § 164 Rn. 145; Soergel-*Leptien*, Band 2, 13. Aufl. 1999, BGB Vor § 164 Rn. 25.

[96] Röhricht/Graf von Westphalen/Haas-*Specht-Riemenschneider*, 5. Aufl. 2019, Rn. 6.

[97] Röhricht/Graf von Westphalen/Haas-*Specht-Riemenschneider*, 5. Aufl. 2019, Rn. 6; *Gläser*, MMR 2015, 699, 699.

[98] *Maume*, MMR 2007, 620, 621; auf die Grundsätze des Geschäfts für den, den es angeht abstellend: *Feldmann/Heidrich*, CR 2006, 406, 410.

[99] Röhricht/Graf von Westphalen/Haas-*Specht-Riemenschneider*, 5. Aufl. 2019, Rn. 6; vgl. dazu auch: *Specht*, Grundlegung einer verbrauchergerechten Regulierung interaktionsmittelnder Plattformfunktionalitäten, Diskussionsentwurf v. 20.03.2020, S. 16.

[100] LG München I, Urt. v. 25.10.2006 – 30 O 11973/05, ZUM-RD 2007, 261, 267; Röhricht/Graf von Westphalen/Haas-*Specht-Riemenschneider*, 5. Aufl. 2019, Rn. 7 f.; vgl. dazu auch S. 16.

schine wird ein Rechtsbindungswille dagegen kaum entnommen werden können, sodass im Falle der Nutzung einer rein informationsmittelnden Plattform, wie einer Suchmaschine, ein Plattformnutzungsvertrag in der Regel nicht zustande kommt.[101]
Die **Anmeldung** erfordert meist die Angabe der persönlichen Daten des Nutzers und ist üblicherweise mit einem Passwort gesichert. Aufgrund des Verbots der Klarnamenpflicht im Netz (§ 13 Abs. 6 S. 1 TMG) muss der Plattformbetreiber dem Nutzer die anonyme und pseudonyme Nutzung des Dienstes ermöglichen. Dies gilt nach wohl h.M. aber nur im Außenverhältnis, was bedeutet, dass eine Klarnamenpflicht bei Registrierung zulässig ist, wenn die nachfolgende Nutzung des Dienstes anonym oder pseudonym erfolgen kann.[102] Dies ergibt sich v. a. aus dem Wortlaut des § 13 Abs. 6 S. 1 TMG, der sich auf die *Nutzung* und *Bezahlung* der Nutzung von Telemedien, nicht aber auf den Registrierungsvorgang bezieht.[103]

Exkurs I: Rechtsnatur eines Plattformnutzungsvertrages
Die **Rechtsnatur** eines **Plattformnutzungsvertrages** ist **umstritten** und nach den individuellen Gegebenheiten einer jeden Plattform zu bestimmen. Regelmäßig werden v. a. Elemente von Dienst-, Miet- und Werkvertrag enthalten sein. Aber auch Elemente eines Auftrags i. S. d. §§ 662 ff. BGB können von Relevanz sein.[104]
Sofern die Rechtsnatur eines Plattformnutzungsvertrages auf das Bestehen eines Anspruchs in der Praxis keinen Einfluss hat (weil etwa Regelungen des allgemeinen Schuldrechts entscheidend sind), wird sie von den Gerichten meist offengelassen.[105]

Exkurs II: Haupt- und Nebenpflichten im Plattformnutzungsvertrag
Hauptpflichten des Plattformbetreibers sind die Bereitstellung eines funktionsfähigen Zugangs zur Plattform sowie die Organisation und Gewährleistung ungestörter Nutzungsmöglichkeiten.[106] Die Hauptpflicht des Plattformnutzers ist nicht abschließend geklärt. Naheliegend ist es jedoch unter Heranziehung der §§ 133, 157 BGB als Gegenleistung des Plattformnutzers die Einwilligung in die Hingabe seiner Daten anzusehen, da diese die regelmäßige Gegenleistung der ansonsten „kostenlosen" Plattformnutzung ist.[107]

---

[101] *Specht*, Datenverwertungsverträge zwischen Datenschutz und Vertragsfreiheit – Eckpfeiler eines neuen Datenschuldrechts, in: Briner/Funk, DGRI Jahrbuch 2017, S. 64, 69 f. Rn. 6.

[102] Röhricht/Graf von Westphalen/Haas-*Specht-Riemenschneider*, 5. Aufl. 2019, Rn. 37; *Lorenz*, VuR 2014, 83, 89; *Lauber-Rönsberg*, MMR 2014, 10, 13; Spindler/Schuster-*Nink*, Recht der elektronischen Medien, 4. Aufl. 2019, § 13 TMG Rn. 22.

[103] OLG Düsseldorf, Urt. v. 07.06.2006 – 15 U 21/06, ZUM-RD 2006, 384, 386; LG Köln, Urt. v. 21.03.2007 – 28 O 15/07, ZUM 2007, 665, 670; Röhricht/Graf von Westphalen/Haas-*Specht-Riemenschneider*, 5. Aufl. 2019, Rn. 37; Spindler/Schuster-*Nink*, Recht der elektronischen Medien, 4. Aufl. 2019, § 13 TMG Rn. 22.

[104] Vgl. hierzu: Hoeren/Sieber/Holznagel-*Redeker*, Multimedia-Recht, Stand: 48. EL Februar 2019, Teil 12 Rn. 424.

[105] Vgl. statt vieler: BGH, Urt. v. 12.07.2018 – III ZR 183/17, MMR 2018, 740, Rn. 19 – *Digitaler Nachlass*; OLG München, Beschl. v. 24.08.2018 – 18 W 1294/18, BeckRS 2018, 20659, Rn. 18.

[106] *Specht*, Grundlegung einer verbrauchergerechten Regulierung interaktionsmittelnder Plattformfunktionalitäten, Diskussionsentwurf v. 20.03.2020, S. 17; *Söbbing/Jakob*, InTeR 2016, 149, 150; Leible/Sosnitza-*Hoffmann*, Versteigerungen im Internet, 2004, Teil 3 Rn. 104; Röhricht/Graf von Westphalen/Haas-*Specht-Riemenschneider*, HGB, 5. Aufl. 2019, Plattformnutzungsverträge Rn. 17.

[107] Vgl. dazu eingehend: *Specht*, Grundlegung einer verbrauchergerechten Regulierung interaktionsmittelnder Plattformfunktionalitäten, Diskussionsentwurf v. 20.03.2020, S. 18 f.; a.A. Hoeren/Sieber/Holznagel-*Redeker*, Handbuch Multimedia-Recht, 50. EL Oktober 2019, Teil 12 Rn. 428.

Auch die **nebenvertraglichen Schutzpflichten** gemäß § 241 Abs. 2 BGB sind nicht abschließend geklärt. Das Bedürfnis nach solchen Schutzpflichten ergibt sich insbesondere daraus, dass
Plattformen sich oftmals per AGB vorbehalten, unliebsame Äußerungen und Inhalte zu löschen,
was vielfach in Grundrechte (Art. 5 Abs. 1 GG) eingreift. Fraglich ist daher insbesondere, bis zu
welchem Grad Plattformen Inhalte als Nebenpflicht löschen müssen bzw. überhaupt löschen dürfen. Letztlich treffen auch den Plattformnutzer Schutzpflichten. So ist er beispielsweise angehal-
ten, den Kommunikationsverkehr auf einer Plattform nicht nachhaltig zu stören.[108] Anhaltende
Verstöße gegen diese Schutzpflichten sollten zu Kündigungsmöglichkeiten des Plattformbetreibers
führen, § 314 Abs. 2 BGB.[109]

Exkurs III: Plattformbegriff und Plattformfunktionen[110]
Plattformen spielen in der modernen Gesellschaft eine wichtige Rolle. Sie dienen als Informa-
tionsvermittler und filtern als sog. **Gatekeeper** die wichtigen Informationen aus der Fülle des Internets für ihre Benutzer heraus. Dieser **materielle** Plattformbegriff ist vom **technischen** Plattformbegriff abzugrenzen, der die funktionalen Grundlagen des Betreibens einer Plattform
beschreibt (Software, Code, Hardware etc.). An dieser Stelle soll der Fokus auf dem materiellen
Plattformbegriff liegen. Dabei ist begrifflich zunächst grundlegend zwischen einseitigen und
mehrseitigen Plattformen zu unterscheiden:
Einseitige Plattformen sind solche, die selbst Inhalte bereitstellen und diese ihren Nutzern zugänglich machen. **Mehrseitige** Plattformen sind hingegen solche, die lediglich vermittelnden Charakter haben und ihren Nutzern Inhalte zugänglich machen, die sie nicht selbst, sondern andere
Nutzer erstellt haben. Während einseitige Plattformen Inhalte also in einem Vertikalverhältnis vermitteln, vermitteln mehrseitige Plattformen im Horizontalverhältnis zwischen den Nutzern. Teilweise werden einseitige Plattformen auch als Inhalteanbieter und mehrseitige Plattformen als In-
frastrukturdienstleister umschrieben.[111]
Die überwiegende Anzahl der modernen Plattformen sind **mehrseitige Plattformen**. Ihnen
sind verschiedene **Mittelungsfunktionen** immanent, die ihren Plattformcharakter umschreiben.
Dies sind primär die Folgenden:[112]

1. **Interaktionsmittelung:** Durch interaktionsmittelnde Plattformfunktionalitäten erhalten Plattformnutzer die Möglichkeit, über die Plattform mit anderen Nutzern zu kommunizieren und
   Inhalte öffentlich zugänglich machen.[113] Interaktionsmittelnde Funktionalität weisen beispiel-
   haft soziale Netzwerke (z. B. Facebook, Xing, LinkedIn, Instagram, Pinterest, Flickr, Vimeo,
   Vevo Bandcamp, SoundCloud, Myspace, Reddit, TikTok oder Buzzfeed), Videoplattformen
   (z. B. YouTube und MyVideo), Bewertungsplattformen[114] (z. B. Yelp und TripAdvisor) und
   Meinungsforen auf.
2. **Transaktionsmittelung:** Transaktionsmittelnde Plattformfunktionalitäten geben Nutzern die
   Möglichkeit, mit anderen Nutzern Transaktionen abzuschließen, also v. a. Verträge einzugehen.
   Transaktionsmittelnde Plattformfunktionaliät weisen im Wesentlichen Verkaufsvermittlungs-

---

[108] *Specht*, Grundlegung einer verbrauchergerechten Regulierung interaktionsmittelnder Plattformfunktionalitäten, Diskussionsentwurf v. 20.03.2020, S. 20.

[109] Zur Kündigungsmöglichkeit bei Schutzpflichtverletzungen vgl. Säcker/Rixecker/Oetker/Lim-
perg-*Gaier*, MüKo BGB, 8. Auflage 2019, § 314 Rn. 18 m. w. N.

[110] Vgl. zum ganzen Exkurs eingehend: *Specht*, Grundlegung einer verbrauchergerechten Regulierung interaktionsmittelnder Plattformfunktionalitäten, Diskussionsentwurf v. 20.03.2020, S. 12 f.

[111] So z. B. von: *Berberich*, GRUR-Prax 2017, 269, 269.

[112] Vgl. dazu eingehend: *Specht*, Grundlegung einer verbrauchergerechten Regulierung interaktionsmittelnder Plattformfunktionalitäten, Diskussionsentwurf v. 20.03.2020, S. 12 f.

[113] *Nolte/Hecht*, ITRB 2006, 188.

[114] BGH, Urt. v. 19.03.2015 – I ZR 94/13, GRUR 2015, 1129 – *Hotelbewertungsportal*.

plattformen (z. B. eBay), Reisevermittlungsplattformen (z. B. HRS), Wohnungsvermittlungs-
plattformen (z. B. Airbnb), Plattformen zum Angebot von Dienstleistungen (z. B. myhammer.de)
sowie Lieferantenplattformen[115] z. B. großer Autohersteller und Vergabeplattformen[116] wie die
der einzelnen Bundesländer.

3. **Informationsmittelung**: Informationsmittelnde Plattformfunktionalitäten geben Nutzern
   letztlich die Möglichkeit, auf durch Dritte bereitgestellte Informationen zuzugreifen und aktiv
   nach diesen zu suchen. Informationsmittelnde Plattformfunktionalität lässt sich im Wesentlichen bei Suchmaschinen (z. B. Google, Yahoo oder Bing) finden. Der Plattformnutzer wird
   demgemäß aber lediglich darüber informiert, dass bestimmte Inhalte im Netz verfügbar sind.
   Erst durch das Betätigen eines weiteren Links gelangt der Plattformnutzer zu diesen Informationen. Hier wird der Gegensatz zu interaktionsmittelnden Plattformfunktionalitäten sichtbar,
   die die Inhalte für ihre Plattformnutzer unmittelbar zugänglich machen.

Die Dogmatik des Plattformbegriffes und dessen verschiedener Funktionen lässt sich in folgendem Schaubild veranschaulichen (Abb. 4.2):

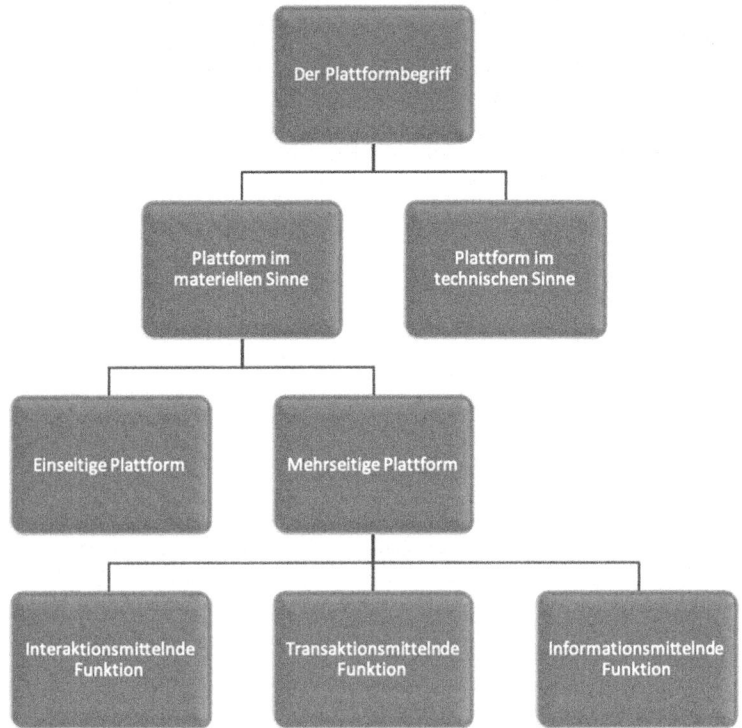

Abb. 4.2 Abbildung: Plattformbegriff

---

[115] *Nolte/Hecht*, ITRB 2006, 188.
[116] Vgl. etwa: https://www.vergabe.nrw.de/.

4.3 Fernabsatzverträge

Schließen Unternehmer und Verbraucher unter ausschließlicher Verwendung von Fernkommunikationsmitteln, z. B. über das Internet, einen Vertrag, so kommt das **Fernabsatzrecht** zur Anwendung. Es ist in den §§ 312c ff. BGB normiert. Bei **Fernabsatzverträgen** handelt es sich gemäß **§ 312c Abs. 1 Hs. 1 BGB** um Verträge zwischen einem Unternehmer oder einer in seinem Namen oder Auftrag handelnde Person und einem Verbraucher, wobei für die Vertragsverhandlungen und den Vertragsschluss ausschließlich Fernkommunikationsmittel verwendet werden. **Fernkommunikationsmittel** sind gemäß § 312c Abs. 2 BGB alle Kommunikationsmittel, die zur Anbahnung oder zum Abschluss eines Vertrags eingesetzt werden können, ohne dass die Vertragsparteien gleichzeitig körperlich anwesend sind. Darunter fallen vornehmlich Briefe, Kataloge, Telefonanrufe, Telekopien, E-Mails, über den Mobilfunkdienst versendete Nachrichten (SMS, MMS) sowie Rundfunk und Telemedien, vgl. § 312c Abs. 2 BGB. Kein Fernabsatzvertrag liegt gemäß § 312c Abs. 1 Hs. 2 BGB vor, wenn der Vertragsschluss nicht im Rahmen eines für den Fernabsatz organisierten Vertriebs- oder Dienstleistungssystems erfolgt. Der Unternehmer muss dementsprechend durch die personelle und sachliche Ausstattung innerhalb seines Betriebs die organisatorischen Bedingungen geschaffen haben, die notwendig sind, um regelmäßig im Fernabsatz zu tätigende Geschäfte zu bewältigen.[117] Empfängt ein im Internet grundsätzlich nicht präsenter Inhaber eines Ladengeschäftes **ausnahmsweise** eine E-Mail-Bestellung (z. B. eines ihm persönlich bekannten Kunden) und lässt er die Ware anschließend ausliefern, liegt ein für den Fernabsatz organisiertes Vertriebssystem nicht vor.[118] Der **Anwendungsbereich** für die §§ 312–312h BGB ergibt sich aus **§ 312 BGB**.[119] Liegt ein **Fernabsatzvertrag** vor, so steht dem Verbraucher ein **Widerrufsrecht** zu, das in den §§ 312g, 355 ff. BGB normiert ist. Ferner muss der Unternehmer die in **§ 312d BGB i. V. m. Art. 246 EGBGB (lesen!)** geregelten Informationspflichten erfüllen. Ziel der verbraucherschützenden Vorschriften des Fernabsatzrechtes ist einerseits der Ausgleich eines technisch-strukturellen Informationsdefizites des Verbrauchers in der spezifischen Fernabsatzsituation, die aus der fehlenden persönlichen Prüfmöglichkeit des Vertragsgegenstands resultiert, andererseits aber auch der Schutz vor Überrumpelung durch situationsgebundene und personalisierte elektronische Angebote,[120] die z. B. via SMS auf das Smartphone geschickt werden, sobald sich der Verbraucher in eine bestimmte Umgebung begibt.

---

[117] BGH, Urt. v. 21.10.2004 – III ZR 280/03, MMR 2005, 44, 47; Spindler/Schuster-*Schirmbacher*, Recht der elektronischen Medien, 4. Aufl. 2019, BGB § 312 Rn. 16.

[118] OLG Hamm, Urt. v. 14.03.2011 – 31 U 126/10, WM 2011, 1412, 1414 f.; Spindler/Schuster-*Schirmbacher*, Recht der elektronischen Medien, 4. Aufl. 2019, BGB § 312 Rn. 16; *Bodewig*, DZWir 1997, 448; *Bülow/Artz*, NJW 2000, 2053.

[119] Spindler/Schuster-*Schirmbacher*, Recht der elektronischen Medien, 3. Aufl. 2015, BGB § 312 Rn. 1.

[120] Säcker/Rixecker/Oetker/Limperg-*Wendehorst*, MüKo BGB, 8. Aufl. 2019, BGB § 312c Rn. 4 f.

4.3.1   Der Verbrauchervertrag

4.3.1.1 Persönlicher Anwendungsbereich

Der **Fernabsatzvertrag** erfordert zunächst die **Situation eines** Verbrauchervertrages gem. § 310 Abs. 3 BGB. Erforderlich ist ein Vertrag zwischen einem **Verbraucher** (**§ 13 BGB**) und einem **Unternehmer** (**§ 14 BGB**). Ob eine Person Verbraucher oder Unternehmer ist, ist jeweils für das **konkret** getätigte Geschäft zu beurteilen.[121] Hierbei kommt es auf die **Zweckrichtung** ihres Verhaltens an. Diese ist anhand **objektiver Kriterien** festzustellen,[122] z. B. also die Beschriftung des Briefkopfs, die Lieferadresse sowie die spätere tatsächliche Benutzung. Problematisch sind insbesondere die Fälle des sog. „**dual use**" (Abschn. 4.3.1.1.3), bei denen sowohl verbraucher- als auch unternehmerische Tendenzen erkennbar sind.

4.3.1.1.1   Unternehmer (§ 14 BGB)

Unternehmer ist, wer in Ausübung seiner gewerblichen oder selbstständigen beruflichen Tätigkeit handelt (§ 14 Abs. 1 BGB). Erforderlich ist, dass die Tätigkeit nach ihrem äußeren Erscheinungsbild im weitesten Sinne gewerblichen oder beruflichen Zwecken dient.[123] Unternehmer kann jede natürliche oder juristische Person oder eine rechtsfähige Personengesellschaft sein. Eine rechtsfähige Personengesellschaft ist eine Personengesellschaft, die mit der Fähigkeit ausgestattet ist, Rechte zu erwerben und Verbindlichkeiten einzugehen (§ 14 Abs. 2 BGB). Das sind einerseits Gesellschaften, denen qua Gesetz die Fähigkeit zugeschrieben wird, eigene Rechte zu erwerben und Pflichten einzugehen (z. B. in §§ 124 Abs. 1, 164 Abs. 2 HGB für OHG und KG), andererseits aber auch Gesellschaften, denen die Rechtsfähigkeit aufgrund Richterrechts zusteht, wie bspw. der Außen-GbR.[124]

Für die Bestimmung, ob eine **gewerbliche Tätigkeit** vorliegt, wird auf § 1 Abs. 2 HGB zurückgegriffen.[125] Gewerbe i. S. d. HGB ist eine planvolle, auf gewisse Dauer angelegte, selbstständige und wirtschaftliche Tätigkeit, die nach außen hin erkennbar ist.[126] Erforderlich ist ein organisatorischer Mindestauf-

---

[121] Spindler/Schuster-*Schirmbacher*, Recht der elektronischen Medien, 4. Aufl. 2019, BGB § 312 Rn. 22.

[122] Bamberger/Roth/Hau/Poseck-*Bamberger*, BeckOK BGB, 50. Ed. Stand: 01.05.2019, BGB § 13 Rn. 41; § 14 Rn. 13, Säcker/Rixecker/Oetker/Limperg-*Micklitz*, MüKo BGB, 8. Aufl. 2018, BGB § 14 Rn. 18.

[123] Bamberger/Roth/Hau/Poseck-*Bamberger*, BeckOK BGB, 50. Ed. Stand: 01.05.2019, BGB § 14 Rn. 13.

[124] Vgl. zur Begründung der Rechtsfähigkeit der Außen-GbR: BGH, Urt. v. 29.01.2001 – II ZR 331/00, NJW 2001, 1056 – *ARGE Weißes Roß*.

[125] Säcker/Rixecker/Oetker/Limperg-*Micklitz*, MüKo BGB, 8. Aufl. 2018, BGB § 14 Rn. 19.

[126] BGH, Urt. v. 27.09.2017 – VIII ZR 271/16, NJW 2018, 146, 149; BGH, Urt. v. 29.03.2006 – VIII ZR 173/05, NJW 2006, 2250; OLG Düsseldorf, Urt. v. 02.04.2004 – 14 U 213/03, NJOZ 2004, 1935, 1938; OLG Koblenz, Beschl. v. 10.01.2011 – 5 U 1353/10, NJW-RR 2011, 1203 (Ls.); Säcker/Rixecker/Oetker/Limperg-*Micklitz*, MüKo BGB, 8. Aufl. 2018, BGB § 14 Rn. 19; Palandt-*Ellenberger*, 78. Aufl. 2019, BGB § 14 Rn. 2.

wand,[127] weshalb ein rein gelegentliches Tätigwerden noch keine Unternehmereigenschaft begründet.[128] Die Tätigkeit muss entgeltlich erfolgen, wobei es nicht auf eine Gewinnerzielungsabsicht ankommt.[129] Letztlich liegt ein Gewerbe nur dann vor, wenn der Unternehmer selbstständig, d. h. in eigener Verantwortung und auf eigene Rechnung und Gefahr handelt.[130] Eine gewerbliche Tätigkeit liegt auch bei branchenfremden Nebengeschäften des Handelnden,[131] nebenberuflichen unternehmerischen Tätigkeiten[132] sowie bei Kleingewerbebetreibenden[133] und Existenzgründern[134] vor. Teilweise wird aus der Eigenschaft eines eBay-Verkäufers als „PowerSeller" auf dessen Unternehmereigenschaft geschlossen.[135]

Kein Gewerbetreibender ist hingegen, wer in Ausübung einer **selbstständigen beruflichen Tätigkeit** handelt. Hierunter fallen die sog. „**freien Berufe**", also solche Berufe, die traditionell nicht als handelsrechtliches Gewerbe angesehen werden (vgl. § 2 Abs. 2 BRAO). Neben den Gewerbetreibenden können auch sie Unternehmer i. S. d. § 14 BGB sein. Ihre Selbstständigkeit wird dadurch gekennzeichnet, dass der Handelnde seine Tätigkeit frei gestalten und seine Arbeitszeit bestimmen kann, vgl. § 84 Abs. 1 S. 2 HGB. Hierzu zählen Freiberufler wie z. B. Ärzte, Rechtsanwälte, Wirtschaftsprüfer, Steuerberater und Notare.[136]

Exkurs
Eine **(nicht abschließende) Aufzählung der freien Berufe**, die selbstständig arbeiten, finden Sie in § 18 Abs. 1 Nr. 1 S. 2 EStG. Zur freiberuflichen Tätigkeit gehören demnach die selbstständig ausgeübte wissenschaftliche, künstlerische, schriftstellerische, unterrichtende oder erzieherische Tätigkeit, die selbstständige Berufstätigkeit der Ärzte, Zahnärzte, Tierärzte, Rechtsanwälte,

---

[127] Bamberger/Roth/Hau/Poseck-*Bamberger*, BeckOK BGB, 50. Ed. Stand: 01.05.2019, BGB § 14 Rn. 14; Säcker/Rixecker/Oetker/Limperg-*Micklitz*, MüKo BGB, 8. Aufl. 2018, BGB § 14 Rn. 20.

[128] LG Hof, Urt. v. 29.08.2003 – 22 S 28/03, CR 2003, 854; Säcker/Rixecker/Oetker/Limperg-*Micklitz*, MüKo BGB, 8. Aufl. 2018, BGB § 14 Rn. 20.

[129] *BGH*, 29.03.2006 – VIII ZR 173/05, NJW 2006, 2250, 2251; Säcker/Rixecker/Oetker/Limperg-*Micklitz*, MüKo BGB, 8. Aufl. 2018, BGB § 14 Rn. 24.

[130] Bamberger/Roth/Hau/Poseck-*Bamberger*, BeckOK BGB, 50. Ed. Stand: 01.05.2019, BGB § 14 Rn. 14; *Faber*, ZEuP 1998, 854, 871; Säcker/Rixecker/Oetker/Limperg-*Micklitz*, MüKo BGB, 8. Aufl. 2018, BGB § 14 Rn. 31.

[131] BGH, Urt. v. 09.12.2008 – XI ZR 513/07, NZG 2009, 273, 274.

[132] Palandt-*Ellenberger*, 78. Aufl. 2019, BGB § 14 Rn. 2.

[133] LG Arnsberg, Urt. v. 22.12.2011 – 9 O 12/11, BeckRS 2012, 8647; LG Berlin, Urt. v. 05.09.2006 – 103 O 75/06, NJW 2007, 2647 (Ls.); Palandt-*Ellenberger*, 78. Aufl. 2019, BGB § 14 Rn. 2.

[134] BGH, Beschl. v. 24.02.2005 – III ZB 36/04, NJW 2005, 1273, 1274.

[135] OLG Frankfurt a.M., Beschl. v. 04.07.2007 – 6 W 66/07, NJOZ 2008, 836, 837; OLG Frankfurt a.M., Beschl. v. 22.12.2004 – 6 W 153/04, NJW 2005, 1438; LG Mainz, Urt. v. 06.07.2005 – 3 O 184/04, NJW 2006, 783; AG Bad Kissingen, Urt. v. 04.04.2005 – 21 C 185/04, NJW 2005, 2463; daraus leitet das LG Mainz einen Anscheinsbeweis ab, vgl. Urt. v. LG Mainz, 06.07.2005 – 3 O 184/04, NJW 2006, 783.

[136] Bamberger/Roth/Hau/Poseck-*Bamberger*, BeckOK BGB, 50. Ed. Stand: 01.05.2019, BGB § 14 Rn. 21; Säcker/Rixecker/Oetker/Limperg-*Micklitz*, MüKo BGB, 8. Aufl. 2018, BGB § 14 Rn. 21; *Wolf/von Bismarck*, JA 2010, 841, 847.

Notare, Patentanwälte, Vermessungsingenieure, Ingenieure, Architekten, Handelschemiker, Wirtschaftsprüfer, Steuerberater, beratenden Volks- und Betriebswirte, vereidigten Buchprüfer, Steuerbevollmächtigten, Heilpraktiker, Dentisten, Krankengymnasten, Journalisten, Bildberichterstatter, Dolmetscher, Übersetzer, Lotsen und ähnlicher Berufe. Gemäß § 18 Abs. 1 Nr. 1 S. 3 EStG ist ein Angehöriger eines freien Berufs auch dann freiberuflich tätig, wenn er sich der Mithilfe fachlich vorgebildeter Arbeitskräfte bedient; Voraussetzung ist, dass er auf Grund eigener Fachkenntnisse leitend und eigenverantwortlich tätig wird. Eine Vertretung im Fall vorübergehender Verhinderung steht der Annahme einer leitenden und eigenverantwortlichen Tätigkeit gemäß § 18 Abs. 1 Nr. 1 S. 4 EStG nicht entgegen.

Aktuell steht insbesondere in der Diskussion, ob auch Insolvenzverwalter als Freiberufler anzuerkennen sind.[137]

Das Vorliegen der Unternehmereigenschaft muss derjenige beweisen, der sich auf diese beruft.[138] Dies wird i. d. R. der Verbraucher sein. Diesen Beweis zu führen, gestaltet sich in der Praxis häufig schwierig, weil der Verbraucher keinen Einblick in die Organisation ihres Vertragspartners hat.[139] Er kann sich aber auf den Beweis des ersten Anscheins berufen, wenn aufgrund von Erfahrungssätzen vom konkreten Lebenssachverhalt auf die Unternehmereigenschaft des anderen geschlossen werden kann.[140]

Exkurs
Beweis des ersten Anscheins
Der Beweis des ersten Anscheins (i. d. R. als sog. **Anscheinsbeweis** bezeichnet) ist heute gewohnheitsrechtlich anerkannt. Er besagt, dass bei typischen Geschehensabläufen **prima facie** von bestimmten Tatsachen (sog. **Anscheinsbasis**) auf das Vorliegen anderer Tatsachen oder Umstände (beispielsweise eine Ursache, einen Erfolg oder Verschulden) geschlossen werden darf, sofern zwischen diesen „dem ersten Anschein" nach eine so enge Verbindung besteht, die es rechtfertigt, ihr Vorliegen ohne weiteren Nachweis zu unterstellen.[141]

So spricht die Bezeichnung eines eBay-Verkäufers als „PowerSeller" für dessen Unternehmereigenschaft (s. o.).[142] Diese Bezeichnung dürfen Personen tragen, die kontinuierlich besonders viele Artikel verkaufen oder ein hohes Handelsvolumen vorweisen können und mindestens 100 Bewertungspunkte erhalten haben, von

---

[137] Vgl. dazu eingehend: Berg, ZIP 2019, 247, 252.

[138] Bamberger/Roth/Hau/Poseck-*Bamberger*, BeckOK BGB, 50. Ed. Stand: 01.05.2019, BGB § 14 Rn. 30.

[139] Bamberger/Roth/Hau/Poseck-*Bamberger*, BeckOK BGB, 50. Ed. Stand: 01.05.2019, BGB § 14 Rn. 30.

[140] Zum Beweis des ersten Anscheins vgl.: Säcker/Rixecker/Oetker/Limperg-*Oetker*, MüKo BGB, 8. Aufl. 2019, BGB § 249 Rn. 492 ff.; *Dörr*, MDR 2010, 1163, 1163 ff.

[141] BGH, Urt. v. 17.04.1951 – I ZR 28/50, NJW 1951, 653; vgl. bündig: Saenger-*Saenger*, ZPO, 8. Aufl. 2019, § 286 ZPO Rn. 28.

[142] OLG Frankfurt a. M., Beschl. v. 04.07.2007 – 6 W 66/07, NJOZ 2008, 836, 837; OLG Frankfurt a. M., Beschl. v. 22.12.2004 – 6 W 153/04, NJW 2005, 1438; LG Mainz, Urt. v. 06.07.2005 – 3 O 184/04, NJW 2006, 783; AG Bad Kissingen, Urt. v. 04.04.2005 – 21 C 185/04, NJW 2005, 2463; daraus leitet das LG Mainz einen Anscheinsbeweis ab, vgl. LG Mainz, Urt. v. 06.07.2005 – 3 O 184/04, NJW 2006, 783.

denen mindestens 98 % positiv sein müssen. Der Anscheinsbeweis kann erschüttert werden, wenn der Verkäufer nachweist, dass er nur Gegenstände des persönlichen Gebrauchs, also ausschließlich persönliche Gegenstände, die er selbst nicht mehr gebraucht hat, veräußert hat.[143] Dies wäre z. B. der Fall, wenn eine Person ihre mehrteilige Comicsammlung auflöst und verkauft.[144] Weitere Indizien, welche für die Unternehmereigenschaft sprechen, sind die Zahl und Häufigkeit von durchgeführten Internet-Auktionen[145] oder der Verkauf gleichartige Geräte in nennenswertem Umfang.[146] Eine vollständige Beweislastumkehr hinsichtlich der Unternehmereigenschaft lässt sich allerdings nicht begründen.[147] (vgl. zum Unternehmerbegriff bei Internetauktionen, insbesondere eBay, eingehend:)

4.3.1.1.2 Verbraucher (§ 13 BGB)

Ein **Verbraucher** kann gemäß § 13 BGB nur eine natürliche Person sein, die ein Rechtsgeschäft zu einem Zweck abschließt, der überwiegend weder ihrer gewerblichen noch ihrer selbstständigen beruflichen Tätigkeit zugerechnet werden kann. Juristische Personen können somit niemals als Verbraucher tätig sein. Zum privaten Bereich zählen beispielsweise Besorgungen für Haushalt und Freizeit sowie die Gesundheitsvorsorge oder Verwaltung des eigenen Vermögens.[148]

4.3.1.1.3 „Dual Use"

Bei Produkten/Leistungen, die der Vertragspartner **sowohl** in seiner Eigenschaft als **Unternehmer, als auch** in seiner Eigenschaft als **Verbraucher** nutzen kann, liegt ein sogenannter „**Dual Use**" vor. Dies ist beispielsweise dann der Fall, wenn sich ein Influencer eine neue Webcam oder ein neues Smartphone zulegt, mit der/dem er sowohl geschäftliche als auch private Videoaufnahmen anfertigen will.[149] Hier stellt sich die Frage, ob er dieses Geschäft in seiner Eigenschaft als Verbraucher oder Unternehmer tätigt. Aus dem Wortlaut des § 13 BGB ergibt sich, dass die §§ 312 ff. BGB und §§ 474 ff. BGB anwendbar sind, wenn der **überwiegende Zweck** des Vertragsschlusses weder der gewerblichen noch der beruflichen Tätigkeit derjenigen Partei zugerechnet werden kann.[150] Bei solchen Rechtsgeschäften ist daher auf

---

[143] LG Mainz, Urt. v. 06.07.2005 – 3 O 184/04, NJW 2006, 783.

[144] *Leible/Wildemann*, K&R 2005, 26, 28.

[145] LG München I, Urt. v, 07.04.2009 – 33 O 1936/08, MMR 2009, 504 (Ls.); OLG Zweibrücken, Urt. v. 28.06.2007 – 4 U 210/06, MMR 2008, 135 (Ls.).

[146] OLG Hamm, Urt. v. 18.03.2010 – 4 U 177/09, MMR 2010, 608.

[147] Bamberger/Roth/Hau/Poseck-*Bamberger*, BeckOK BGB, 50. Ed. Stand: 01.05.2019, BGB § 14 Rn. 31.

[148] BGH, Urt. v. 23.10.2001 – XI ZR 63/01, NJW 2002, 368, 369; Spindler/Schuster-*Schirmbacher*, Recht der elektronischen Medien, 4. Aufl. 2019, BGB § 312 Rn. 13.

[149] *Willems*, MMR 2018, 707, 707 f.

[150] Bräutigam/Rücker-*Föhlisch*, E-Commerce, 2017, 3. Teil C. Rn. 7.

den Schwerpunkt des Geschäftszwecks abzustellen.[151] Zur Beurteilung ist ein objektiver Beobachtungsmaßstab unter Berücksichtigung der Erklärungen beider Parteien heranzuziehen.[152] Zu berücksichtigende Faktoren können die Art der Produkte sein, die Zahlung über ein Firmenkonto (dann eher Unternehmer) oder über ein Privatkonto (dann eher Verbraucher) oder die Angabe der Firma bei der Bestellung.[153]

Exkurs

Eine interessante Problematik ergibt sich, wenn ein Verbraucher gegenüber einem Unternehmer vorgibt, ebenfalls Unternehmer zu sein, um etwa bessere Konditionen bei einem Autokauf o. ä. zu bekommen. Fraglich ist, ob sich der Verbraucher dennoch auf das Verbraucherschutzrecht der §§ 312 ff. BGB berufen kann.

Der BGH stellte hierzu bereits 2004 fest, dass einem Verbraucher, der sich als Unternehmer ausgibt, eine Berufung auf die Verbraucherschutzvorschriften verwehrt ist.[154] Dies ist letztlich Ausfluss des Grundsatzes von Treu und Glauben gem. § 242 BGB. Setzt der Verbraucher den Rechtsschein, er sei Unternehmer, muss er sich auch an diesem festhalten und als solcher behandeln lassen.

4.3.1.2 Sachlicher Anwendungsbereich (§§ 312 ff. BGB)

Erforderlich für die Eröffnung des **sachlichen Anwendungsbereichs** ist gemäß dem **§§ 312 ff. BGB** eine **entgeltliche Leistung**. Diese Leistung kann sich auf Waren, Dienstleistungen oder andere Gegenstände beziehen.[155] Der Begriff der Entgeltlichkeit ist **weit auszulegen**[156] und meint jegliche Leistung des Verbrauchers, zu der er aufgrund des Verbrauchervertrages verpflichtet wird.[157] Als Entgelt zählt daher alles, was der Unternehmer vom Verbraucher erlangt und in irgendeiner Form für ihn nützlich ist.[158] Voraussetzung für einen Fernabsatzvertrag ist ferner, dass der Verbraucher im Rahmen eines Vertriebs- und Dienstleistungssystems für die Vertragshandlungen und den Vertragsschluss ausschließlich **Fernkommunikationsmittel** gem. **§ 312c Abs. 2 BGB** verwendet (vgl. zur Definition Abschn. 4.3).

---

[151] *Beckmann*, Staudinger – Eckpfeiler des Zivilrechts, 6. Aufl. 2018, S. 932; Bamberger/Roth/Hau/Poseck-*Bamberger*, BeckOK BGB, 50. Ed. Stand: 01.05.2019, BGB § 13 Rn. 39 f.; *Gsell*, Staudinger – Eckpfeiler des Zivilrechts, 6. Aufl. 2018, S. 724; *Raue*, Jura 2015, 326.

[152] *Becker/Föhlisch*, NJW 2005, 3377, 3378.

[153] Bräutigam/Rücker-*Föhlisch*, E-Commerce, 2017, 3. Teil C. Rn. 8.

[154] BGH, Urt. v. 22.12.2004 – VIII ZR 91/04, NJW 2005, 1045; vgl. zustimmend: *Herresthal*, JZ 2006, 704.

[155] Bamberger/Roth/Hau/Poseck-*Martens*, BeckOK BGB, 50. Ed. Stand: 01.05.2019, BGB § 312 Rn. 9.

[156] *Wendehorst*, NJW 2014, 577, 580.

[157] *Brönneke/Schmidt*, VuR 2014, 3; *Wendehorst*, NJW 2014, 577, 580; Bamberger/Roth/Hau/Poseck-*Martens*, BeckOK BGB, 50. Ed. Stand: 01.05.2019, BGB § 312 Rn. 10.

[158] Säcker/Rixecker/Oetker/Limperg-*Wendehorst*, MüKo BGB, 8. Aufl. 2019, BGB § 312 Rn. 37; vgl. schon zu § 312 BGB a.F.: Staudinger-*Thüsing*, BGB, 2013, § 312 BGB Rn. 19.

4.3.2 Informationspflichten bei Fernabsatzverträgen

Den **Unternehmer** treffen im Rahmen der **Fernabsatzverträge** zu verschiedenen Phasen des Vertragsschlusses besondere **Informationspflichten.** Diese Informationspflichten sind in **§ 312d BGB i. V. m. Art. 246a, c EGBGB** geregelt. Sie überschneiden sich z.T. mit den Informationspflichten im elektronischen Geschäftsverkehr, welche in § 312i BGB normiert sind. Im Folgenden ist zunächst zu unterscheiden zwischen vor- und nachvertraglichen Informationspflichten.

4.3.2.1 Vorvertragliche Informationspflichten, §§ 312d i. V. m. Art. 246a EGBGB

Noch **bevor** der Verbraucher seine auf den **Vertragsschluss** gerichtete Willenserklärung abgibt (Art. 246a § 4 Abs. 1 EGBGB), muss der Unternehmer **in klarer und verständlicher Weise,** abhängig von dem jeweils verwendeten Medium (Art. 246a § 4 Abs. 3, 4 EGBGB), den Verbraucher über alle relevanten Umstände des Vertragsschlusses aufklären.

Der **Inhalt der Informationspflichten richtet sich gem. § 312d Abs. 1 BGB nach Art. 246a EGBGB (lesen!).** Diese Vorschrift enthält einen **Katalog** an Informationspflichten, welche vor Abgabe der Willenserklärung des Verbrauchers erfüllt sein müssen, damit er über alle relevanten Umstände des Vertragsschlusses hinreichend aufgeklärt ist. **Relevante Umstände** i. S. d. Art. 246a § 1 Abs. 1 S. 1 EGBGB sind beispielsweise Eigenschaften der Waren oder Dienstleistungen (Nr. 1), die Identität, Anschrift und Kontaktdaten des Unternehmers und seiner Auftraggeber (Nr. 2, 3) sowie der Gesamtpreis der Waren oder Dienstleistungen einschließlich aller Steuern, Abgaben und laufenden Kosten (Nr. 4, 5). Bei der Veräußerung digitaler Waren oder Inhalte, so z. B. Musik, Videos, Spiele oder Apps, muss der Unternehmer über die Funktions- und Verwendungsweise sowie über einen bestehenden Kopierschutz informieren, vgl. Art. 246a § 1 Abs. 1 S. 1 Nr. 14 EGBGB.[159] Steht dem Verbraucher gemäß § 312g Abs. 1 BGB ein Widerrufsrecht zu, trifft den Unternehmer gemäß Art. 246a § 1 Abs. 2 EGBGB u. a. eine Informationspflicht über die Bedingungen, Fristen und das Verfahren für die Ausübung des Widerrufsrechts nach § 355 Abs. 1 BGB (Nr. 1) sowie über ggf. entstehende Rücksendekosten (Nr. 2). Ferner hat der Unternehmer den Verbraucher gemäß Art. 246a § 1 Abs. 3 EGBGB darüber zu informieren, dass das Widerrufsrecht nach § 312g Abs. 2 Nr. 1, 2, 5 und 7 bis 13 BGB ausgeschlossen ist oder es nach § 312g Abs. 2 Nr. 3, 4 und 6 sowie § 356 Abs. 4 und 5 BGB vorzeitig erlöschen kann.

4.3.2.2 Nach Vertragsschluss, § 312f i. V. m. Art. 246a EGBGB

Nach dem Vertragsschluss ist der Unternehmer verpflichtet dem Verbraucher gem. § 312f Abs. 2 i. V. m. Art. 246a EGBGB eine **Bestätigung** über den Inhalt des geschlossenen Vertrages innerhalb einer angemessenen Frist, spätestens jedoch mit der Lieferung bzw. Leistungserbringung, zur Verfügung zu stellen. Der Unterneh-

---

[159] *Köhler/Fetzer*, Recht des Internet, 8. Aufl. 2016, Rn. 268.

mer muss dem Verbraucher diese in klarer und verständlicher Weise zur Verfügung stellen (Art. 246a § 4 Abs. 1 EGBGB).

Diese Verpflichtung umfasst die Bestätigung des Vertragsinhalts auf einem dauerhaften Datenträger einschließlich aller Pflichtangaben gem. Art. 246a EGBGB. Ein dauerhafter Datenträger ist gemäß § 126b BGB jedes Medium, das es dem Empfänger ermöglicht, eine auf dem Datenträger befindliche, an ihn persönlich gerichtete Erklärung so aufzubewahren oder zu speichern, dass sie ihm während eines für ihren Zweck angemessenen Zeitraums zugänglich ist (Nr. 1), und geeignet ist, die Erklärung unverändert wiederzugeben (Nr. 2).[160] Entscheidend ist gemäß dem 23. Erwägungsgrund der Richtlinie 2011/83/EU (Verbraucherrechte-Richtlinie), dass der Datenträger es dem Verbraucher ermöglicht, Informationen so lange zu speichern, wie es für den Schutz seiner Interessen in den Beziehungen zum Unternehmer erforderlich ist.[161] An dieser Formulierung hält auch die geänderte Verbraucherrechte-Richtlinie 2019/2161/EU fest.

Zu dauerhaften Datenträgern gehören insbesondere Papier, USB-Sticks, CD-ROMs, DVDs, Speicherkarten oder die Festplatten von Computern sowie E-Mails.[162] Das Dateiformat, in dem eine Erklärung auf einem externen Datenträger gespeichert wird, ist irrelevant. Aus dem Umgehungsverbot gemäß § 312k Abs. 2 BGB ergibt sich, dass der Unternehmer ein Medium verwenden muss, von dem er davon ausgehen kann, dass der Verbraucher dieses abspielen kann. Die Wahl antiquierter Speichermedien wie Disketten ist daher unzulässig.[163] Auch sollte ein Dateiformat gewählt werden, welches der Verbraucher mit gängigen Programmen öffnen kann (z. B. doc, pdf etc.). Eine Website stellt einen dauerhaften Datenträger dar, wenn sie Elemente enthält, die den Verbraucher mit an Sicherheit grenzender Wahrscheinlichkeit dazu anhalten, die Informationen in Papierform zu sichern oder auf einem anderen dauerhaften Datenträger zu speichern oder wenn sie einen sicheren Speicherbereich für den einzelnen Verbraucher vorsieht, auf welchen nur dieser mittels Eingabe von Benutzernamen und Passwort zugreifen kann, sodass der Unternehmer keine Möglichkeit hat, die dort einmal eingestellten Informationen zu ändern.[164]

Bei der Lieferung von Daten, welche sich nicht auf einem körperlichen Datenträger befinden (**digitale Inhalte**), muss gemäß **§ 312f Abs. 3 i. V. m. § 356 Abs. 5 BGB** in der Bestätigung des Vertrages festgehalten werden, dass der Verbraucher der Ausführung des Vertrages durch den Unternehmer vor Ablauf der Widerrufsfrist ausdrücklich zustimmt und seine Kenntnis davon bestätigt, dass er durch seine Zustimmung mit Beginn der Ausführung des Vertrags sein Widerrufsrecht verliert. Di-

---

[160] Siehe auch Art. 2 Nr. 10 Richtlinie 2011/83/EU (Verbraucherrechterichtlinie).

[161] EuGH, Urt. v. 05.07.2012 – C-49/11, ECLI:EU:C:2012:419 = NJW 2012, 2637, 2638, das Bezug auf Art. 2 lit. f Richtlinie 2002/65/EG (Richtlinie über Fernabsatzverträge bei Finanzdienstleistungen) nimmt.

[162] Vgl. auch: Begr. RegE BT-Drs. 17/12637, 44.

[163] Säcker/Rixecker/Oetker/Limperg-*Wendehorst*, MüKo BGB, 8. Aufl. 2019, BGB § 312f Rn. 16.

[164] EuGH, Urt. v. 05.07.2012 – C-49/11, ECLI:EU:C:2012:419 = NJW 2012, 2637, 2638; EFTA, Urt. v. 27.01.2010 – E-4/09, VersR 2010, 793, 797; BGH, Urt. v. 15.05.2014 – III ZR 368/13, NJW 2014, 2857, 2858 f.

gitale Inhalte sind nach dem 19. Erwägungsgrund der Richtlinie 2011/83/EU (Verbraucherrechterichtlinie) Daten, die in digitaler Form hergestellt und bereitgestellt werden, wie etwa Computerprogramme, Apps, Spiele, Musik, Videos oder Texte, unabhängig davon, ob auf sie durch Herunterladen oder Herunterladen in Echtzeit (Streaming), von einem körperlichen Datenträger oder in sonstiger Weise zugegriffen wird. Regelmäßiger Anwendungsfall ist hier die Inanspruchnahme von Online-Dienstleistungen wie z. B. Videokursen oder Lernplattformen. An diesen Grundsätzen hat auch die neue Digitale-Inhalte-RL (2019/770/EU) nichts geändert.

4.3.2.3 Informationspflichten im elektronischen Rechtsverkehr, §§ 312i, j BGB i. V. m. Art. 246c EGBGB

Die **Informationspflichten der §§ 312i und 312j BGB** dienen der Umsetzung von Art. 10 und 11 Richtlinie 2000/31/EG (eCommerce-Richtlinie)[165] bzw. von Art. 8 Abs. 2 und 3 Richtlinie 2011/83/EU (Verbraucherrechte-Richtlinie)[166] und ergänzen die in Art. 246a EGBG niedergelegten Informationspflichten.[167] Die §§ 312i, 312j BGB finden nicht auf jeden Fernabsatzvertrag Anwendung, sondern nur dann, wenn sich ein Unternehmer zum Zwecke des Abschlusses eines Vertrags über die Lieferung von Waren oder über die Erbringung von Dienstleistungen der Telemedien bedient (§ 312i Abs. 1 S. 1 BGB). Die speziellen Informationspflichten der §§ 312i und 312j BGB gelten daher nur bei Verträgen im elektronischen Geschäftsverkehr und nicht bei jedem beliebigen Verbrauchervertrag, der z. B. per Telefon, Fax[168] oder Brief abgeschlossen wird.

Diese Regelungen knüpfen an die **Vertragsanbahnungs- bzw. Vertragsabschlusssituation zwischen Unternehmer und Verbraucher** an.[169] § 312i BGB will Vertragsschlüsse im Internet transparent gestalten, damit das Vertrauen des Kunden in den elektronischen Geschäftsverkehr gestärkt wird. Der elektronische Geschäftsverkehr ist nämlich von der Unsichtbarkeit des Vertragspartners und des Produkts geprägt und birgt daher die Gefahr übereilter Vertragsschlüsse über Waren, die man vor Vertragsschluss nicht prüfen kann.[170] Die Vorschrift will eine formal faire Vertragsanbahnung und einen formal fairen Vertragsschluss sicherstellen, indem sie der Gefahr vorbeugt, dass der Kunde irrtümlich eine Bestellung falsch oder mehrfach gibt und ihn darüber informiert, dass überhaupt eine Bestellung abgegeben wurde.

---

[165] Spindler/Schuster-*Schirmbacher*, Recht der elektronischen Medien, 4. Aufl. 2019, BGB § 312d, Rn. 7.

[166] Spindler/Schuster-*Schirmbacher*, Recht der elektronischen Medien, 4. Aufl. 2019, § 312j Rn. 1, 2.

[167] Vgl. Erwägungsgrund 12 der Richtlinie 2011/83/EU (Verbraucherrechte-Richtlinie).

[168] AG Bonn, Urt. v. 19.08.2008 – 15 C 127/08, CR 2008, 740.

[169] Vgl. Regierungsentwurf, BT-Drs. 14/6040, S. 170 f.

[170] Vgl. Erwägungsgründe 2, 7 Richtlinie 2000/31/EG (E-Commerce-Richtlinie); *Boente/Riehm*, Jura 2002, 222, 225; Spindler/Schuster-*Schirmbacher*, Recht der elektronischen Medien, 4. Aufl. 2019, BGB § 312i Rn. 2.

Dem Verbraucher sollen bei Vertragsschluss technische Mittel zur Verfügung gestellt werden, mit dem er **Eingabefehler** vor Abgabe seiner Bestellung erkennen und berichtigen kann (§ 312i Abs. 1 Nr. 1 BGB).[171] Im Regelfall erscheint dementsprechend kurz vor dem Vertragsschluss auf der jeweiligen Website eine Maske mit allen vom Besteller abgegebenen Informationen, die es zu prüfen gilt. Der Unternehmer muss den Kunden gemäß Art. 246c EGBGB i. V. m. § 312i Abs. 2 Nr. 2 BGB darüber informieren, welche einzelnen technischen Schritte zum Vertragsschluss führen (Nr. 1), ob der Vertragstext nach dem Vertragsschluss von dem Unternehmer gespeichert wird und ob er dem Kunden zugänglich ist (Nr. 2), wie der Kunde die technischen Mittel gemäß § 312i Abs. 1 Nr. 1 BGB einsetzen kann (Nr. 3), welche Sprachen für den Vertragsschluss zur Verfügung stehen (Nr. 4) und welche Verhaltenskodizes sich der Unternehmer unterworfen hat (Nr. 5). Dem Kunden ist der Zugang der Bestellung unverzüglich auf elektronischem Wege zu bestätigen und die Möglichkeit zu verschaffen, die Vertragsbestimmungen einschließlich der AGB abzurufen und in wiedergabefähiger Form zu speichern, vgl. §§ 312i Abs. 1 Nr. 3 und 4 BGB.

§ 312j BGB stellt Anforderungen an **Informationspflichten auf Websites** für den elektronischen Geschäftsverkehr zwischen Unternehmern und Verbrauchern. Während § 312i BGB diejenigen Pflichten regelt, welche der Unternehmer im elektronischen Geschäftsverkehr generell zu beachten hat, setzt § 312j BGB das Vorliegen eines Verbrauchervertrages voraus.[172] Der Unternehmer muss spätestens bei Beginn des Bestellvorgangs klar und deutlich angeben, ob Lieferbeschränkungen bestehen und welche Zahlungsmittel akzeptiert werden (§ 312j Abs. 1 BGB). Hat der Verbrauchervertrag entgeltliche Leistungen (Abschn. 4.3.1.2) des Unternehmers zum Gegenstand, so muss der Unternehmer unmittelbar bevor der Verbraucher seine Bestellung abgibt, die in Artikel 246a § 1 Abs. 1 S. 1 Nr. 1, 4, 5, 11 und 12 EGBGB aufgezählten Informationen klar und verständlich in hervorgehobener Weise zur Verfügung stellen (§ 312j Abs. 2 BGB). Hierunter fallen z. B. die wesentlichen Eigenschaften der Waren (Nr. 1), der Gesamtpreis der Waren oder Dienstleistungen (Nr. 4), die monatlichen Kosten eines unbefristeten Vertrages oder Abonnement-Vertrages (Nr. 5), die Laufzeit des Vertrages sowie die Kündigungsbedingungen (Nr. 11) und die Mindestdauer der vertraglichen Verpflichtungen (Nr. 12).

Damit ein Vertrag nach Art. 312j Abs. 2 BGB zustande kommen kann, hat der Unternehmer die **Bestellsituation** so zu **gestalten**, dass der Verbraucher mit seiner Bestellung ausdrücklich bestätigt, dass er sich zu einer Zahlung verpflichtet (§ 312j Abs. 3 S. 1, 4 BGB). Erfolgt die Bestellung über eine **Schaltfläche**, ist diese Pflicht des Unternehmers nur dann erfüllt, wenn diese Schaltfläche gut lesbar mit den Worten „zahlungspflichtig bestellen" oder mit einer entsprechenden eindeutigen Formulierung beschriftet ist (sog. „**Button-Lösung**"). Unter „Schaltfläche" ist hierbei

---

[171] Palandt-*Grüneberg*, 78. Aufl. 2019, BGB § 312i Rn. 5.

[172] Spindler/Schuster-*Schirmbacher*, Recht der elektronischen Medien, 4. Aufl. 2019, BGB § 312i Rn. 1.

jedes grafische Bedienelement zu verstehen, das dem Anwender erlaubt, eine Aktion in Gang zu setzen oder dem System eine Rückmeldung zu geben.[173] Dies können Hyperlinks oder Checkboxen sein, deren Aktivierung den Bestellvorgang unmittelbar auslöst.[174] Die Beschriftung der Schaltfläche muss deutlich machen, dass
sich der Käufer durch deren Aktivierung vertraglich bindet und sich zur Zahlung
verpflichtet. **Unzulässig sind daher unklare Beschriftungen** wie „Anmeldung"
oder „weiter", in der Regel aber auch Formulierungen wie „bestellen" oder „Bestellung abgegeben", weil diese die Entgeltpflichtigkeit einer Leistung für den Verbraucher nicht hinreichend deutlich machen.[175] Dasselbe gilt für Formulierungen
wie „Jetzt anmelden",[176] „anmelden"[177] und „Bestellung abschicken".[178] Auch die
Gestaltung der Schaltfläche mit der Aufschrift „Jetzt gratis testen – danach kosten-
pflichtig" verstößt gegen § 312j Abs. 3 BGB, weil hierdurch nicht ausreichend zum
Vorschein kommt, dass man bereits durch das Aktivieren der Schaltfläche eine Zah-
lungspflicht eingeht, wenn auch erst nach Ablauf des Testzeitraums.[179] Nach Auffassung des AG Köln[180] ist auch die Bezeichnung „Bestellen und Kaufen" mit § 312j
Abs. 3 BGB unvereinbar, da der Begriff „Kaufen" alleine noch keine Zahlungs-
pflichtigkeit ausdrücke und der Kunde mit der Betätigung der Schaltfläche noch
keinen Bindungswillen zu erkennen gebe.[181]

4.3.3 Widerrufsrecht des Verbrauchers

Dem Verbraucher steht gem. §§ 312g, 355 BGB ein Widerrufsrecht zu, wenn der
Vertragsschluss im Wege des Fernabsatzvertrages erfolgte. Dogmatisch ist es rück-
trittsähnlich ausgestaltet,[182] als Gestaltungsrecht ist für seine Ausübung indes eine

---

[173] RegE, BT-Drs. 17/7745, 12.

[174] Säcker/Rixecker/Oetker/Limperg-*Wendehorst*, MüKo BGB, 8. Aufl. 2019, BGB § 312j Rn. 25.

[175] RegE, BT-Drs. 17/7745, 12.

[176] LG Leipzig, Urt. v. 26.07.2013 – 08 O 3495/12, VuR 2013, 472, 473; AG Bonn, Urt. v. 25.04.2013 – 115 C 26/13, BeckRS 2013, 17520; AG Mönchengladbach, Urt. v. 16.07.2013 – 4 C 476/12, BeckRS 2013, 14741.

[177] LG Berlin, Urt. v. 17.07.2013 – 97 O 5/13, MMR 2013, 780.

[178] OLG Hamm, Urt. v. 19.11.2013 – 4 U 65/13, MMR 2014, 534, 535.

[179] OLG Köln, Urt. v. 07.10.2016 – 6 U 48/16, MMR 2017, 552, 553 f.; OLG Köln, Urt. v. 03.02.2016 – 6 U 39/15, MMR 2016, 602, 604.

[180] AG Köln, Urt. v. 28.04.2014 – 142 C 354/13, MMR 2014, 736, 737 f.

[181] Säcker/Rixecker/Oetker/Limperg-*Wendehorst*, MüKo BGB, 8. Aufl. 2019, BGB § 312j Rn. 28; a.A. *Bisges*, NJW 2014, 183, 184; *Föhlisch/Stariradeff*, Anm. zu AG Köln, Urt. v. 28.04.2014 – 142 C 354/13, MMR 2014, 736, 739; Hoeren/Sieber/Holznagel-*Föhlisch*, Handbuch Mutime-dia-Recht, 48. EL Februar 2019, Teil 13.4 Rn. 202.

[182] Vor Umsetzung der Richtlinie 2011/83/EU (Verbraucherrechterichtlinie) verwiesen die Vor-schriften über den Widerruf für die Rückabwicklung auf die Rücktrittsvorschriften; heute enthält § 355 Abs. 3 BGB eine eigenständige Vorschrift zur Rückabwicklung; Vgl. dazu: *Specht*, VuR 2017, 363.

empfangsbedürftige Willenserklärung erforderlich.[183] Der Widerruf bedarf keiner Begründung, darf aber auch nicht unter eine Bedingung gestellt werden.[184] Zulässig sind aber – wie bei allen Gestaltungsrechten – sog. „Rechtsbedingungen" (condicio iuris). Dies sind die gesetzlichen Wirksamkeitsbedingungen, d. h. Gültigkeitserfordernisse eines Rechtsgeschäfts.[185] Da ihr Eintritt auf dem Gesetz und nicht auf Parteivereinbarungen beruht, sind sie kein Ausdruck privatautonomer Gestaltung und stellen somit keine (tatsächlichen) Bedingungen i. S. d. § 158 BGB dar.[186] Vor diesem Hintergrund ist es unschädlich, einem bedingungsfeindlichen Rechtsgeschäft derartige Rechtsbedingungen hinzuzufügen, da hierdurch lediglich die gesetzlichen Wirksamkeitserfordernisse wiederholt werden.[187]

Beispiel

Rechtsbedingungen sind solche, die keine privatautonome Rechtsgestaltung tangieren, sondern lediglich ein Rechtsgeschäft unter die Bedingung eines ohnehin bestehenden gesetzlichen Tatbestandes stellen. So kann ein Verbraucher z. B. den Widerruf unter der Bedingung erklären, dass das BGB einen einschlägigen Widerrufsgrund kennt. ◄

Das Widerrufsrecht besteht ebenso bei Verträgen, die aufgrund von Sittenwidrigkeit (§ 134 BGB) oder wegen des Verstoßes gegen ein gesetzliches Verbot (§ 138 BGB) nichtig sind, damit der Verbraucher die Möglichkeit hat, sich auf einfache Weise von dem geschlossenen Vertrag zu lösen, ohne mit dem Unternehmer in eine rechtliche Auseinandersetzung über die Nichtigkeit des Vertrags eintreten zu müssen (**Schutzzweck des Widerrufsrechts**).[188] Auch bei einer etwaigen Nichtigkeit des geschlossenen Vertrages hat der Verbraucher deshalb grundsätzlich die Wahl, seine auf den Abschluss des Fernabsatzvertrags gerichtete Willenserklärung zu widerrufen oder sich auf die Nichtigkeit zu berufen.[189] Dies entspricht der von Theodor Kipp entwickelten Lehre von den „Doppelwirkungen im Recht", wonach sich zwei gleichwirkende juristische Tatsachen in ihrer Wirksamkeit vertragen.[190] Ist das

---

[183] Vgl. BGH, Urt. v. 18.10.1989 – VIII ZR 325/88, NJW 1990, 320; Säcker/Rixecker/Oetker/Limperg-*Fritsche*, MüKo BGB, 8. Aufl. 2019, BGB § 355 Rn. 47; *Specht*, VuR 2017, 363, 364.

[184] *Specht*, VuR 2017, 363; vgl. zur Anfechtung: BGH, Urt. v. 15.05.1968 – VIII ZR 29/66, NJW 1968, 2099; RG, Urt. v. 17.05.1907 – II 45/07, RGZ 66, 153, 154; Säcker/Rixecker/Oetker/Limperg-*Fritsche*, 8. Aufl. 2019, § 355 Rn. 41; Dauner-Lieb/Langen-*Ring*, BGB, 3. Aufl. 2016, § 355 Rn. 9.

[185] Staudinger-*Bork*, Neubearb. 2015, BGB Vor §§ 158-163 Rn. 23.

[186] *Specht*, VuR 2017, 363, 367; Staudinger-*Bork*, Neubearb. 2015, BGB Vor §§ 158-163 Rn. 24 f.

[187] Säcker/Rixecker/Oetker/Limperg-*Westermann*, 8. Aufl. 2018, BGB § 158 Rn. 54; Staudinger-*Bork*, Neubearb. 2015, BGB Vor §§ 158-163 Rn. 25.

[188] *Medicus/Petersen*, Bürgerliches Recht, 26. Aufl. 2017, Rn. 344.

[189] BGH, Urt. v. 25.11.2009 – VIII ZR 318/08, NJW 2010, 610, 611.

[190] *Kipp*, FS von Martitz, 1911, S. 211, 228; für eine ausführliche Darstellung der Lehre von den Doppelwirkungen im Recht siehe *Würdinger*, JuS 2011, 769, 769 ff.; kritisch *Lorenz*, Gedächtnisschrift für Manfred Wolf, 2011, S. 77 ff.

Rechtsgeschäft etwa bereits aufgrund einer Anfechtung als nichtig anzusehen, so muss dieses auch widerrufen werden können, damit der Verbraucher in den Genuss einer privilegierten Rückabwicklung nach den §§ 357, 346 BGB kommen kann und keiner etwaigen Schadensersatzpflicht aus § 122 BGB ausgesetzt ist.

4.3.3.1 Widerrufserklärung

Die Erklärung des Widerrufs unterliegt seit Umsetzung der Verbraucherrechte-Richtlinie spezifischen Voraussetzungen. Der Verbraucher kann den Widerruf auf verschiedene Arten erklären und muss dabei nicht zwangsläufig das Wort „Widerruf" verwenden. Es ist individuell für jeden Einzelfall durch **Auslegung** zu ermitteln, welches Gestaltungsrecht der Verbraucher geltend machen möchte. Die entsprechende Erklärung kann grds. formfrei gemäß § 355 Abs. 1 BGB ausgeübt werden, muss jedoch den Widerrufswillen eindeutig erkennen lassen (§§ 133, 157 BGB).[191]

Der Unternehmer kann dem Verbraucher die Möglichkeit einräumen, das Muster-Widerrufsformular nach Anlage 2 zu Artikel 246a § 1 Absatz 2 Satz 1 Nummer 1 EGBGB oder eine andere eindeutige Widerrufserklärung auf der Website des Unternehmers auszufüllen und zu übermitteln (§ 356 Abs. 1 S. 1 BGB). Eine kommentarlose Rücksendung der Ware reicht indes nicht aus.[192] Zwar ließe sich argumentieren, dass in dem Zurücksenden der Ware ein schlüssiges, konkludentes Verhalten zu sehen ist, durch das der Rücksender in ausreichender Art und Weise zum Ausdruck bringt, dass er die Ware nicht mehr haben möchte und daher den Vertrag widerruft.[193] Erwägungsgrund 44 der Verbraucherrichtlinie enthält allerdings die Vorgabe, dass die Warenrücksendung stets von einer „deutlichen Erklärung" begleitet sein muss, was sich als Argument für erstgenannte Ansicht anführen lässt. Grundsätzlich ist der Verbraucher für den Zugang der Widerrufserklärung darlegungs- und beweispflichtig,[194] weshalb von mündlichen Widerrufserklärungen, die i. d. R. nur schwer beweisbar sind, abzuraten ist.

4.3.3.2 Widerrufsfrist

Die **Widerrufsfrist beträgt grundsätzlich 14 Tage** und beginnt mit dem Vertragsschluss, also dem Zeitpunkt des Zustandekommens des Vertrages,[195] soweit nichts anderes bestimmt ist (§ 355 Abs. 2 BGB). Bei außerhalb von Geschäfts-

---

[191] *Specht*, VuR 2017, 363, 368.

[192] *Specht*, VuR 2017, 363, 364; Bamberger/Roth/Hau/Poseck-*Müller-Christmann*, BeckOK BGB, 50. Ed. Stand: 01.05.2019, BGB § 355 Rn. 24; Dauner-Lieb/Langen-*Ring*, BGB, 3. Aufl. 2016, § 355 Rn. 7; *Hohlweger/Ehmann*, GWR 2014, 211, 213; a.A. *Hoffmann/Schneider*, NJW 2015, 2529, 2529 ff.; kritisch: Spindler/Schuster-*Schirmbacher*, Recht der elektronischen Medien, 4. Aufl. 2019, BGB § 355 Rn. 14 ff.; Freilich besteht für die Parteien die Möglichkeit, eine kommentarlose Rücksendung individualvertraglich vorzusehen.

[193] *Hoffmann/Schneider*, NJW 2015, 2529, 2529 ff.; *Haug*, Grundwissen Internetrecht, 3. Aufl. 2016, Rn. 655a.

[194] Säcker/Rixecker/Oetker/Limperg-*Wendehorst*, MüKo BGB, 8. Aufl. 2019, § 312g Rn. 59.

[195] Palandt-*Ellenberger*, 78. Aufl. 2019, BGB Einf. § 145 Rn. 4; Spindler/Schuster-*Schirmbacher*, Recht der elektronischen Medien, 4. Aufl. 2019, BGB § 355 Rn. 20.

räumen geschlossenen Verträgen und Fernabsatzverträgen beginnt die Widerrufsfrist, sobald der Verbraucher oder ein von ihm benannter Dritter, der nicht Frachtführer ist, die Waren erhalten hat (§ 356 Abs. 2 Nr. 1 lit. a BGB). Bestellt der
Verbraucher im Rahmen einer einheitlichen Bestellung mehrere oder eine mehrteilige Ware, so beginnt die Frist, sobald der Verbraucher oder ein von ihm benannter Dritter, der nicht Frachtführer ist, die letzte Ware bzw. das letzte Teilstück
erhalten hat (§ 356 Abs. 2 Nr. 1 lit. b, c BGB). Ist die Bestellung auf die regelmäßige Lieferung von Waren über einen festgelegten Zeitraum gerichtet, so beginnt die Widerrufsfrist, sobald der Verbraucher oder ein von ihm benannter Dritter, der nicht Frachtführer ist, die erste Ware erhalten hat (§ 356 Abs. 2 Nr. 1 lit. d
BGB). Bei einem Vertrag, der die nicht in einem begrenzten Volumen oder in einer
bestimmten Menge angebotene Lieferung von Wasser, Gas oder Strom, die Lieferung von Fernwärme oder die Lieferung von nicht auf einem körperlichen Datenträger befindlichen digitalen Inhalten zum Gegenstand hat, beginnt die Frist mit
Vertragsschluss (§ 356 Abs. 2 Nr. 2 BGB). Hat der Unternehmer den Verbraucher
nicht gemäß Art. 246a § 1 Abs. 2 S. 1 Nr. 1 oder Art. 246b § 2 Abs. 1 EGBGB
belehrt, so beginnt die Frist nicht zu laufen (§ 356 Abs. 3 S. 1 BGB). Das Widerrufsrecht erlischt aber auch in diesem Fall gemäß § 356 Abs. 3 S. 2 BGB spätestens nach zwölf Monaten und 14 Tagen, sofern es sich nicht um Verträge über
Finanzdienstleistungen handelt (§ 356 Abs. 3 S. 3 BGB).

▶ **Hinweis** Nach nationalem Recht besteht gemäß **§ 356 Abs. 3 S. 3 BGB** also
die Möglichkeit eines sog. „ewigen Widerrufsrechts" für Verträge über Finanzdienstleistungen, da die Widerrufsfrist bei mangelhafter Belehrung nie
beginnt. Der EuGH hat sich dem jedoch jüngst entgegengestellt und die Vorschrift teilweise eingegrenzt: Sofern ein Finanzdienstleistungsvertrag von
beiden Seiten vollständig erfüllt ist, kommt ein späterer Widerruf nicht mehr
in Betracht.[196] § 356 Abs. 3 S. 3 BGB ist daher **unionsrechtskonform**
auszulegen.

Zur **Fristwahrung** genügt die rechtzeitige Absendung des Widerrufs (§ 355
Abs. 1 Satz 5 BGB). Es kommt daher nicht darauf an, ob die Widerrufserklärung bis
zum Ende der Widerrufsfrist zugegangen ist.[197]

4.3.3.3 Folgen des Widerrufs – Rückabwicklung
Die **Rechtsfolgen eines Widerrufs** finden sich maßgeblich in den **§§ 355, 357 ff.**
BGB. Die dortigen Vorschriften stellen eigenständige Anspruchsgrundlagen da,
die leges speciales zu den allgemeinen Rücktritts- und Bereicherungsansprüchen sind.

---

[196] EuGH, Urt. v. 11.09.2019 – C-143/18, ECLI:EU:C:2019:701 = BeckRS 2019, 20585; Das Gericht stützte sich in seiner Argumentation im Wesentlichen auf Art. 6 Abs. 2 lit. c RL 2002/65/EG.

[197] Säcker/Rixecker/Oetker/Limperg-*Fritsche*, MüKo BGB, 8. Aufl. 2019, BGB § 355 Rn. 57.

4.3.3.3.1 Rückgewähr

Mit der wirksamen und fristgemäßen Erklärung des Widerrufs entsteht ein **Rückgewährschuldverhältnis**, infolgedessen die Parteien nicht mehr an die eigene Willenserklärung gebunden sind (§ 355 Abs. 1 BGB) und sie die empfangenen Leistungen grundsätzlich unverzüglich zurückzugewähren haben (§ 355 Abs. 3 S. 1 BGB). Die Rückgewährfrist im Falle des Widerrufs von außerhalb von Geschäftsräumen geschlossenen Verträgen und Fernabsatzverträgen beträgt 14 Tagen (§ 357 Abs. 1 BGB). Der Unternehmer kann die Rückzahlung verweigern, bis er die Waren zurückerhalten hat oder der Verbraucher den Nachweis erbracht hat, dass er die Waren abgesandt hat (§ 357 Abs. 4 S. 1 BGB), es sei denn, der Unternehmer hat angeboten, die Waren abzuholen (§ 357 Abs. 4 S. 2 BGB). Der Verbraucher ist nicht verpflichtet, die empfangenen Waren zurückzusenden, wenn der Unternehmer angeboten hat, die Waren abzuholen (§ 352 Abs. 7 BGB).

4.3.3.3.2 Kostentragung: Hin- und Rücksendekosten

Im Rahmen des Rückgewährschuldverhältnisses hat der Unternehmer grundsätzlich gem. § 357 Abs. 2 BGB den **gezahlten Kaufpreis sowie Versandkosten** zu tragen, soweit der Unternehmer diese verlangt hat und sie dem Standardangebot entsprechen. Was in diesem Zusammenhang unter einem „**Standardangebot**" zu verstehen ist, ist nicht gesetzlich definiert und daher – wie das gesamte Verbraucherschutzrecht – aufgrund der unionsrechtlichen Harmonisierung durch unionsrechtskonforme Auslegung des § 357 BGB zu ermitteln. Der Begriff der Standardlieferung entstammt Art. 13 Abs. 2 der RL 2011/83/EU (Verbraucherrechterichtlinie). Darunter sollte eine im jeweiligen Verkehrskreis übliche und dem Verbraucher zumutbare,[198] d. h. nicht mit einer langen Wartezeit verbundene, Übersendung von Waren verstanden werden. Hat sich der Verbraucher ausdrücklich für eine andere Art der Lieferung als die vom Unternehmer angebotene, günstigste Standardlieferung entschieden (z. B. eine Expresslieferung[199] oder Eilzustellung innerhalb von 24 Stunden),[200] muss der Unternehmer diese zusätzlichen Kosten nicht zurückerstatten.[201]

Der Verbraucher ist gemäß § 355 Abs. 3 BGB grundsätzlich dazu verpflichtet, die Kaufsache zurückzugeben. Ferner hat er gemäß § 357 Abs. 6 S. 1 BGB die dafür anfallenden Rücksendekosten zu tragen. Dies setzt allerdings voraus, dass der Unternehmer seiner Pflicht zur ordnungsgemäßen Belehrung gegenüber dem Verbraucher über die Auferlegung der Rücksendekosten nach § 357 Abs. 6 S. 1 BGB i. V. m. Art. 246a § 1 Abs. 2 S. 1 Nr. 2 EGBGB nachgekommen ist. Eine Ausnahme von dieser Kostentragungspflicht des Verbrauchers ist gegeben, wenn der Unternehmer dem Verbraucher die Übernahme der Rücksendekosten zugesagt hat (§ 357 Abs. 6 S. 2 BGB). Bei außerhalb von Geschäftsräumen geschlossenen Verträgen, bei denen

---

[198] Vgl. *Säcker/Rixecker/Oetker/Limperg-Fritsche*, MüKo BGB, 8. Aufl. 2019, BGB § 357 Rn. 12.

[199] BT-Drs. 17/12637, S. 63.

[200] Vgl. *Karampatzos/Belakouzova*, NJOZ 2018, 1681, 1681.

[201] Spindler/Schuster-*Schirmbacher*, Recht der elektronischen Medien, 4. Aufl. 2019, BGB § 357 Rn. 7; *Föhlisch/Dyakova*, MMR 2013, 71, 74; *Schirmbacher/Schmidt*, CR 2014, 107, 118.

die Waren zum Zeitpunkt des Vertragsschlusses zur Wohnung des Verbrauchers geliefert worden sind, ist der Unternehmer verpflichtet, die Waren auf eigene Kosten
abzuholen, wenn die Waren so beschaffen sind, dass sie nicht per Post zurückge-
sandt werden können (§ 357 Abs. 6 S. 3 BGB).

4.3.3.3.3 Wertersatz

Soweit der Verbraucher die Ware nur auf ihre Beschaffenheit, Eigenschaften und
Funktionsweise hin überprüft hat, so muss er keinen **Wertersatz** wegen einer Verschlechterung der Ware leisten. Für jede Nutzung, welche über diese Überprüfung
hinausgeht, besteht allerdings auf Seiten des Verbrauchers eine Wertersatzpflicht,
soweit er ordnungsgemäß durch den Unternehmer gemäß §§ 357 Abs. 7 Nr. 2 BGB
i. V. m. Art. 246a § 1 Abs. 2 S. 1 Nr. 1 BGB über sein Widerrufsrecht unterrichtet
wurde.[202] Der Unternehmer muss den Verbraucher allerdings nicht ausdrücklich auf
dessen Wertersatzpflicht hinweisen.[203] Es bestehen ausschließlich die o.g. Informationspflichten (Abschn. 4.3.2).

    Problematisch ist die Bestimmung des zur Prüfung der Ware erforderlichen
Umfangs. Entscheidend ist, wie zwischen der Prüfung einerseits und der Ingebrauchnahme und Nutzung andererseits abzugrenzen ist. Der Wortlaut des § 357
Abs. 7 Nr. 1 BGB („Prüfung der Beschaffenheit, der Eigenschaften und der Funktionsweise") indiziert, dass mehr als eine bloße Inaugenscheinnahme gestattet sein
muss, womit also eine gewisse Ingebrauchnahme ohne Auslösen einer Wertersatzpflicht möglich ist.[204] Die Ingebrauchnahme darf aber nur testweise, also zu Prüfzwecken erfolgen.[205] Vergleichsmaßstab der testweisen „Prüfung" soll die übliche
Prüfungsmöglichkeit im stationären Handel sein.

    Einerseits entspricht es dem **Sinn und Zweck** des Widerrufsrechts im Fernabsatz-
vertrag, diejenigen **Nachteile auszugleichen**, die der Verbraucher gegenüber einem
Kauf im stationären Handel erfährt, weil er im Fernabsatz nicht die Möglichkeiten
hat, den Vertragsgegenstand zu sehen und seine Eigenschaften unmittelbar zur Kenntnis zu nehmen.[206] Das Auspacken und Anprobieren von Kleidung sowie das Anschließen und Ausprobieren eines Notebooks ist daher unproblematisch von dem werter-
satzfreien Prüfungsumfang gedeckt. Der BGH sieht sogar den Aufbau und das
Befüllen eines Wasserbettes als von der Prüfungsbefugnis umfasst an. Die Befüllung
der des Wasserbettes sei zwingend notwendig, um das Wasserbett prüfen zu können.

---

[202] Säcker/Rixecker/Oetker/Limperg-*Fritsche*, MüKo BGB, 8. Aufl. 2019, BGB § 357 Rn. 27.

[203] LG Ellwangen, Urt. v. 25.01.2018 – 4 O 232/17, BeckRS 2018, 1138, Rn. 92 ff.; Bamberger/
Roth/Hau/Poseck-*Müller-Christmann*, 50. Ed. Stand: 01.05.2019, BGB § 357 Rn. 23; Säcker/Ri-
xecker/Oetker/Limperg-*Fritsche*, MüKo BGB, 8. Aufl. 2019, BGB § 357 Rn. 34; *Nordholtz/Bleck-
wenn*, NJW 2017, 2497, 2497 ff. *Schwab*, JZ 2015, 644, 650; a.A. Palandt-*Grüneberg*, 78. Aufl.
2019, BGB § 357 Rn. 10; *Buchmann*, K&R 2014, 221, 223f.; *Schirmbacher/Schmidt*, CR 2014,
107, 116; *Schmidt/Brönneke*, VuR 2013, 448, 451 f.

[204] *Specht*, VuR 2017, 363, 367.

[205] *Amort*, NJW 2017, 857; *Specht*, VuR 2017, 363, 367; vgl. auch: BT-Drs. 17/5097, 15; *Höhne*,
VuR 2017, 184, 187.

[206] *Specht*, VuR 2017, 363, 363.

Im Ladengeschäft habe der Verbraucher üblicherweise die Gelegenheit ein Musterstück zu testen, welches dort aufgebaut ist.[207] Andererseits darf die Prüfungsbefugnis
im Rahmen eines Fernabsatzvertrages nicht weiterreichen als im stationären Ladengeschäft.[208] Der Einbau eines Katalysators in ein Kraftfahrzeug und das anschließende
Testen soll daher nicht von dieser Prüfungsbefugnis umfasst sein. Denn im stationären
Handel wird der Verbraucher den Katalysator regelmäßig nicht auf mögliche Auswirkungen auf sein Fahrzeug prüfen dürfen, weshalb ein Einbau und ein anschließendes
Testen auch im Fernabsatz von der Prüfungsbefugnis nicht umfasst ist.[209]

Problematisch sind sog. „**Risikogüter**", d. h. solche Güter, die der Verbraucher
auch im Ladengeschäft nicht umfassend in Gebrauch nehmen kann (DVDs, CDs,
Badekleidung). Sie können auch im Ladengeschäft nicht unter realen Bedingungen
getestet und ebenso nicht zu Testzwecken geöffnet werden, da z. B. eine Badehose
nicht unter Wasser oder eine CD nicht im heimischen CD-Spieler getestet werden
kann. Bei diesen Waren muss der Verbraucher wie im stationären Handel auch im
Fernabsatzvertrag das Risiko tragen, dass ihm deren Beschaffenheit, Eigenschaften
und Funktionsweise nicht zusagen. Daher unterliegen diese „Risikogüter" auch im
Fernabsatz weniger intensiven Prüfungsmöglichkeiten.[210]

4.3.3.4 Ausschluss des Widerrufsrechts

Das Widerrufsrecht ist, vorbehaltlich einer anderweitigen Parteivereinbarung, in
den in § 312g Abs. 2 BGB genannten Fällen ausgeschlossen. Dieser Katalog ist abschließend, sodass die Ausübung des Widerrufsrechts keinen weiteren Einschränkungen unterliegen darf. Gem. § 312g Abs. 2 BGB ausgeschlossen ist das Widerrufsrecht z. B. bei Verträgen zur Lieferung von Waren, die nicht vorgefertigt sind
und daher **auf den Kunden zugeschnitten** sind (Nr. 1) oder im Falle von Verträgen
zur Lieferung von Waren, die **schnell verderben** können oder deren Verfallsdatum
schnell überschritten würde (Nr. 2). Ebenfalls ausgeschlossen ist das Widerrufsrecht
für Verträge zur Lieferung versiegelter Waren, die aus **Gründen des Gesundheitsschutzes** oder der Hygiene nach Entfernung des Siegels nicht zur Rückgabe geeignet sind (Nr. 3). Letzterer Ausschlusstatbestand gilt jedoch nicht für Waren, die nach
der Rücksendung durch den Verbraucher mittels Reinigung oder Desinfektion für
eine Wiederverwendung durch einen Dritten und damit für ein erneutes Inverkehrbringen geeignet sind, ohne dass man hierdurch die Erfordernisse des Gesundheitsschutzes und der Hygiene vernachlässigen müsste.[211] Ferner ist die Forderung nach
der Rücksendung der Ware in „Originalverpackung" unzulässig, da sie das gesetzlich geregelte Widerrufsrecht unerlaubt einschränkt.[212]

---

[207] BGH, Urt. v. 03.11.2010 – VIII ZR 337/09, NJW 2011, 56, 57 – *Wasserbett-Entscheidung*.

[208] *Buchmann/Föhlisch*, K&R 2011, 433, 434 f.

[209] BGH, Urt. v. 12.10.2016 – VIII ZR 55/15, NJW 2017, 878 – *Katalysator-Kauf*.

[210] *Specht*, VuR 2017, 363, 367.

[211] EuGH, 27.03.2019 – C-681/17, ECLI:EU:C:2019:255 = NJW 2019, 1507, 1508 f., m. Anm.
Singbartl/Weber.

[212] OLG Frankfurt a. M., Urt. v. 10.11.2005 – 1 U 127/05, MMR 2006, 325, 326; OLG Hamm, Urt.
v. 10.12.2004 – 11 U 102/04, NJW-RR 2005, 1582.

Exkurs

Der „Matratzenfall"

Der Ausnahmetatbestand des § 312g Abs. 2 Nr. 3 BGB (welcher auf Art. 16 lit. e der Verbraucherrechte-Richtlinie beruht) beschäftigte jüngst intensiv die nationalen Gerichte sowie den EuGH. Im sog. „**Matratzenfall**" wurde darum gestritten, ob das Widerrufsrecht auch bei einer bestellten Matratze ausgeschlossen ist, die aus hygienischen Gründen mit einer Schutzfolie versiegelt ist.

Der **EuGH** (und auch der BGH) schlossen sich der Auffassung der nationalen Instanzgerichte an und entschieden, dass dies nicht der Fall ist. Entscheidungserheblich war insbesondere die Auslegung des Passus „aus hygienischen Gründen". Die erforderliche hygienische Notwendigkeit bejahte der EuGH zwar für Artikel, die „bei bestimmungsgemäßer Nutzung durch den Käufer intensiv mit dem Körper in Kontakt kämen, wie etwa Zahnbürsten oder sogenannte Earphones", nicht jedoch für Waren, die sich, wenn auch „mit einigem Aufwand wieder verkehrsfähig machen ließen, [wie z. B.] auf dem Körper getragene Badewäsche oder Unterwäsche, aber auch [...] Matratzen".[213]

Der **BGH** stellt schließlich heraus, welcher Punkt für ihn wesentlich ist: Die Ausnahmeregelung des § 312g Abs. 2 Nr. 3 BGB greife „nur dann ein, wenn nach der Entfernung der Versiegelung der Verpackung die darin enthaltene Ware aus Gründen des Gesundheitsschutzes oder der Hygiene endgültig nicht mehr verkehrsfähig sei, weil es für den Unternehmer wegen ihrer Beschaffenheit unmöglich oder übermäßig schwierig sei, Maßnahmen zu ergreifen, die sie wieder verkaufsfähig machten, ohne dass einem dieser Erfordernisse nicht genügt würde".[214]

Die für Sie in einer Klausursituation entscheidende **Testfrage** muss also stets sein: „Kann die Ware aus Sicht der durchschnittlichen Hygieneanforderungen eines objektiven Verbrauchers wieder verkehrsfähig gemacht werden?". Bejahen Sie diese Frage, ist der Ausschlussgrund des § 312g Abs. 2 Nr. 3 BGB nicht einschlägig und dem Verbraucher steht das Widerrufsrecht aus § 312g Abs. 1 BGB weiterhin zu.

4.4 Übungsfall 1: Der Katalysatorkauf

B betreibt einen Onlinehandel für Autoteile. Anfang Februar 2012 bestellte K über die Website des B bei diesem einen Katalysator nebst Montagesatz zu einem Gesamtkaufpreis von 350,- €. Rechtzeitig und in ausreichendem Umfang erhielt K per E-Mail eine Bestätigung über den Versand der Ware, die mit einer Widerrufsbelehrung und Hinweisen zu den Widerrufsfolgen versehen war. Den Katalysator ließ K von einer Fachwerkstatt in seinen Mercedes-Benz S 420 einbauen.

Als er nach einer kurzen Probefahrt feststellte, dass das Fahrzeug nicht mehr die vorherige Leistung erbrachte, widerrief er mit E-Mail vom 10.02.2012 sowie mit Schreiben vom 11.02.2012 seine auf Abschluss des Kaufvertrags gerichtete Willenserklärung und sandte die Kaufsache am 22.02.2012 an B zurück. Der Katalysator wies deutliche Gebrauchs- und Einbauspuren auf.

B verweigerte die Rückzahlung des Kaufpreises mit der Begründung, der Katalysator sei durch die Ingebrauchnahme wertlos geworden. Er rechne daher mit einem hieraus resultierenden Wertersatzanspruch auf.

---

[213] BGH, Urt. v. 03.07.2019 – VIII ZR 194/16, BeckRS 2019, 13104, Rn. 12.

[214] BGH, Urt. v. 03.07.2019 – VIII ZR 194/16, BeckRS 2019, 13104, Rn. 19.

Frage

Hat **K gegen B** einen Anspruch auf Rückzahlung des Kaufpreises?

Lösungsskizze

Anspruch K gegen B auf Rückzahlung des Kaufpreises aus §§ 357 Abs. 1, 355 BGB

I. Anwendbarkeit der §§ 312 ff. BGB

1. Vertrag zwischen Unternehmer und Verbraucher, § 310 Abs. 3 BGB

- Verbraucherverträge sind gem. § 310 Abs. 3 BGB alle zwischen einem Unternehmer (§ 14 BGB) und Verbraucher (§ 13 BGB) geschlossenen Verträge.
- K schließt zu privaten Zwecken als Verbraucher den Vertrag mit B, welcher durch den Betrieb eines Online-Handels für Autoteile seiner gewerblichen oder selbstständigen beruflichen Tätigkeit nachgeht und somit als Unternehmer agiert.

2. Entgeltliche Leistung, § 312 Abs. 1 BGB

- B bietet den Katalysator nebst Montagesatz für einen Gesamtpreis von 350€ zum Kauf an.

3. Keine Einschränkung/kein Ausschluss nach § 312 Abs. 2-6 BGB

- Der geschlossene Kaufvertrag über den Katalysator fällt unter keinen der in § 312 Abs. 2-6 genannten Verträge.

II. Widerrufsrecht
1. Vertragsschluss

- K bestellte Anfang Februar über die Website des B den Katalysator (Angebot), erhielt eine Bestätigungsmail sowie die Ware (Annahme), §§ 145, 147 BGB. Somit liegt ein wirksamer Vertrag vor.

2. Fernabsatzvertrag, § 312c BGB

- Fernabsatzverträge gem. § 312c Abs. 1 BGB sind solche, die ausschließlich unter Verwendung von Fernkommunikationsmitteln geschlossen wurden. Fernkommunikationsmittel sind gem. § 312c Abs. 2 BGB Briefe, Kataloge, Telefonanrufe, Telekopien, E-Mails, SMS, Rundfunk und Telemedien. Im Übrigen gelten Verbraucherschutzrechte gem. § 312b BGB für Verträge, die außerhalb von Geschäftsräumen geschlossen wurden.
- K hat sich über die Website des K und somit unter Verwendung von Telemedien für das Angebot des B entschieden.

III. Kein Ausschluss des Widerrufsrechts, § 312g Abs. 2, 3 BGB

- Die Absätze enthalten eine heteronome Aufzählung von Fallkonstellationen, in denen das Widerrufsrecht ausgeschlossen ist, da dem Unternehmer eine Rückabwicklung des Vertrages nicht zugemutet werden kann.
- Der geschlossene Kaufvertrag zwischen B und K fällt jedoch unter keinen der in § 312g Abs. 2, 3 genannten Verträge, die ein Widerrufsrecht ausschließen.

IV. Widerrufserklärung, § 355 Abs. 1 BGB

1. Es bedarf einer eindeutigen Äußerung des Verbrauchers, wobei die Verwendung des Begriffs „Widerruf" ebenso wenig erforderlich ist wie eine Begründung. Eine kommentarlose Rücksendung der Ware allein reicht allerdings nicht aus.
2. K widerrief mit E-Mail vom 10.02.2012 sowie mit Schreiben vom 11.02.2012 seine auf Abschluss des Kaufvertrages gerichtete Willenserklärung und sandte die Kaufsache am 22.02.2012 an den B zurück. Darin ist eine ausreichende Widerrufserklärung zu sehen.

V. Widerrufsfrist, § 355 Abs. 2 S. 1 BGB

1. Die Widerrufsfrist beträgt einheitlich 14 Tage, § 355 Abs. 1, 2 S. 1 BGB, und beginnt grundsätzlich mit Vertragsschluss, § 355 Abs. 2 S. 2 BGB. Für Fernabsatzverträge enthält § 356 Abs. 2 Nr. 1 lit. a) BGB die Sonderbestimmung, dass die Frist mit Erhalt der Waren beginnt.
2. Eine Ausnahme für den Fristbeginn bei Fernabsatzverträgen normiert § 356 Abs. 3 S. 1 BGB im Falle einer falschen oder fehlenden Belehrung. Das Widerrufsrecht erlischt dann aber spätestens nach zwölf Monaten und 14 Tagen, § 355 Abs. 3 S. 2 BGB i. V. m. § 356 Abs. 3 S. 2 BGB
3. K schloss einen Fernabsatzvertrag mit B, auf den die Ausnahmeregelung des § 356 Abs. 3 S. 1 BGB der vorliegenden Belehrung keine Anwendung findet. Somit hat die Frist nach § 356 Abs. 2 Nr. 1 lit. a) BGB mit Erhalt des Katalysators begonnen.
4. Der Widerruf erfolgte innerhalb von 14 Tagen nach Erhalt der Ware, sodass die Frist gewahrt ist.

VI. Rechtsfolge

1. Bei erfolgreicher Ausübung des Widerrufsrechts sind die Parteien nicht mehr an die auf den Abschluss des Vertrages gerichteten Willenserklärungen gebunden. Der Vertrag wird ex nunc unwirksam und wandelt sich in ein Rückgewährschuldverhältnis um, § 357 BGB.
2. Die empfangenen Leistungen sind Zug-um-Zug innerhalb von 14 Tagen zurück zu gewähren, § 357 Abs. 1, 4 BGB.

VII. Anspruch erloschen durch Aufrechnung, § 387 BGB

▶ **Merkposten: Das BGB kennt folgende Erfüllungssurrogate**

1. Leistung an Erfüllungs statt, § 364 Abs. 1 BGB
2. Leistung erfüllungshalber, § 364 Abs. 2 BGB: Kein sofortiges Erlöschen der Forderung: Soweit der Gläubiger aus der erfüllungshalber angenommenen Leistung befriedigt ist, erlischt die ursprüngliche Forderung. Soweit dies misslingt, kann er auf die ursprüngliche Forderung zurückgreifen.
3. Hinterlegung, § 378 BGB
4. Aufrechnung, § 389 BGB
5. Erlass, § 397 BGB

Den Erfüllungssurrogaten ist immanent, dass die Forderung durch **Befriedigung des Leistungsinteresses** des Gläubigers erlischt. Andere Fälle, in denen eine Forderung ohne Befriedigung des Leistungsinteresses des Gläubigers erlischt, sind etwa die Anfechtung gemäß § 142 BGB sowie die Unmöglichkeit nach Maßgabe des § 275 BGB.

Welche Form der Erfüllung des Leistungsinteresses ein Schuldner hervorbringen möchte, ist grundsätzlich durch Auslegung zu ermitteln. Wenn aber – wie hier – eindeutig ein bestimmtes Erfüllungssurrogat vom Schuldner geltend gemacht wird und dieses in ihren Augen auch einschlägig ist, können sie dieses unmittelbar ohne Auslegung gutachterlich prüfen.

1. Aufrechnungslage
a. Gegenseitigkeit zweier Forderungen

* Forderung des Aufrechnungsgegners gegen den Aufrechnenden (Hauptforderung)
* Kaufpreisrückzahlungsanspruch des K (Aufrechnungsgegner) gegen B (Aufrechnender) i. H. v. 350 €

b. Forderung des Aufrechnenden gegen den Aufrechnungsgegner (Gegenforderung)

▶ **Anmerkung** Hier muss nun inzident ein möglicher Wertersatzanspruch des B gegen K geprüft werden, mit dem B aufrechnen könnte. Machen Sie sich bewusst, dass ein solcher beim Verbrauchsgüterkauf in § 357 Abs. 7 BGB (Anspruchsgrundlage) versteckt ist!

Wertersatzanspruch des B gegen K aus § 357 Abs. 7 BGB
aa. § 357 Abs. 7 BGB
Der Wertverlust müsste auf einen Umgang mit den Waren zurückzuführen sein, der zur Prüfung der Beschaffenheit, der Eigenschaften und der Funktionsweise der Waren nicht notwendig war (Nr. 1) und der Unternehmer müsste den Verbraucher gem. Art. 246a § 1 Abs. 2 S. 1 Nr. 1 EGBGB über sein Widerrufsrecht unterrichtet haben (Nr. 2)

bb. § 357 Abs. 7 Nr. 1 BGB
Was ist der zur Prüfung der Ware erforderliche Umfang?

- Der <u>Wortlaut</u> des § 357 Abs. 7 Nr. 1 BGB indiziert, dass mehr als eine bloße Inaugenscheinnahme gestattet sein muss, eine gewisse Ingebrauchnahme also ohne Auslösen einer Wertersatzpflicht möglich sein muss.
- Vergleichsmaßstab soll die übliche Prüfungsmöglichkeit im stationären Handel sein.[215]
- <u>Telos</u> des § 312c BGB (europarechtskonforme Auslegung, Art. 6 Abs. 1 und 2 der Fernabsatzrichtlinie): Man möchte die Nachteile des Verbrauchers ausgleichen, die ihm gegenüber dem stationären Handel entstehen, weil er im Fernabsatz nicht die Möglichkeiten hat, den Vertragsgegenstand zu sehen und seine Eigenschaften unmittelbar zur Kenntnis zu nehmen. Im Umkehrschluss darf die Prüfungsbefugnis bei Fernabsatzverträgen dann aber nicht weiterreichen als im stationären Ladengeschäft.
- Problematisch sind dabei insbesondere sog. <u>Risikogüter</u>, d. h. solche Güter, die der Verbraucher auch im Ladengeschäft nicht umfassend in Gebrauch nehmen kann (DVDs, CDs, Badekleidung). Sie unterliegen dementsprechend auch im Fernabsatz weniger intensiven Prüfungsmöglichkeiten (Bsp.: Auspacken und Anprobieren eines Kleidungsstückes, Testen einer Wasserbett-Matratze). Die Befüllung einer Matratze ist beispielsweise zwingend notwendig, um ein Wasserbett prüfen zu können und der Verbraucher hätte zudem grundsätzlich im Ladengeschäft die Gelegenheit, ein Musterstück zu testen, welches dort aufgebaut ist. Im Gegensatz dazu war hier jedoch das Testen eines Musterkatalysators nicht möglich.

▶ Anmerkung   Das bedeutet für den vorliegenden Fall: Auch im stationären Handel hätte der Verbraucher den Katalysator nicht auf mögliche Auswirkungen auf sein Fahrzeug auf diese Art und Weise (durch Einbau) prüfen können und dürfen. Bei Gegenständen, die zu Prüfzwecken fest in andere Gegenstände verbaut werden müssen und hierdurch einen erheblichen Wertverlust erleiden, wie der Katalysator, ließe sich sogar über ein Erlöschen des Widerrufsrechts nachdenken.

cc. § 357 Abs. 7 Nr. 2 BGB
Die Widerrufsbelehrung ist erfolgt.

dd. Mangelhaftigkeit der Sache
Ergibt sich ggf. etwas anderes, weil die Sache mangelhaft war?

a. Beim gesetzlichen Rücktritt gilt: Kein Wertersatz für die bestimmungsgemäße Ingebrauchnahme, § 346 Abs. 3 S. 1 Nr. 3 BGB

---

[215] Bamberger/Roth/Hau/Poseck-*Müller-Christmann*, BeckOK BGB, 50. Ed. Stand: 01.05.2019, BGB § 357 Rn. 20.

b. Aber: Die Schlechterstellung bzw. schärfere Haftung des Verbrauchers beim Widerruf erfolgt ganz bewusst: Es liegt eine unterschiedliche Interesslage beim gesetzlichen Rücktritt einerseits und dem Widerrufsrecht andererseits vor. Das Widerrufsrecht hängt nicht von einer Vertragsverletzung des Unternehmers ab, sondern steht dem Verbraucher kraft Gesetzes allein bei Vorliegen der spezifischen Situation des Fernabsatzvertrages zu. c. Der Wertersatzanspruch erlischt also nicht wegen Mangelhaftigkeit der Sache.

Zwischenergebnis
Es bestehen zwei gegenseitige Forderungen.

2. Gleichartigkeit der Forderungen
Die geschuldeten Leistungen müssen ihrem Gegenstand nach gleichartig sein, dies ist bei Geldforderungen und vertretbaren Sachen i. S. v. § 91 BGB in der Regel gegeben.

3. Bestehende, fällige und durchsetzbare Gegenforderung, §§ 271, 390 BGB
Die bestehende Gegenforderung des B (Wertersatzanspruch aus § 357 Abs. 7 BGB) ist fällig und durchsetzbar.

4. Erfüllbare Hauptforderung, § 271 BGB
Die Hauptforderung des K (Rückzahlungsanspruch aus §§ 357 Abs. 1, 355 BGB) ist erfüllbar.

5. Aufrechnungserklärung, § 388 BGB
B hat die Aufrechnung ausdrücklich erklärt.

6. Kein Aufrechnungsausschluss
Ein Ausschluss der Aufrechnung (etwa § 390 BGB) ist nicht ersichtlich.

7. Rechtsfolge der Aufrechnung
Die wirksame Aufrechnung bewirkt, dass die Forderungen, soweit sie sich decken, in dem Zeitpunkt als erloschen gelten, in welchem sie zur Aufrechnung gegenüberstanden, § 389 BGB.
Der Anspruch des K auf Rückzahlung aus §§ 357 Abs. 1, 355 BGB ist somit erloschen.

▶ **Anmerkung** Zur Höhe des Wertersatzanspruches des B sind hier keine Angaben im Sachverhalt ersichtlich, sodass auch von ihnen nicht erwartet werden kann, diesen zu beziffern und in der Folge festzustellen, ob der Anspruch des K gänzlich erlischt oder aber nur teilweise.

Ergebnis
K hat gegen B keinen Anspruch auf Rückzahlung des Kaufpreises i. H. v. 350 €.

▶   **Klausurtipp** In der Klausursituation können Sie sich hinsichtlich des
Rückgewähranspruchs aus § 357 Abs. 1 BGB stets an folgendem **Schema**
orientieren:

1. Anwendbarkeit der §§ 312 ff. BGB
   a. Vertrag zwischen Unternehmer und Verbraucher, § 310 Abs. 3 BGB
   b. Entgeltliche Leistung, § 312 Abs. 1 BGB
   c. Kein Ausschluss, § 312 Abs. 2-6 BGB
2. Bestehen eines Widerrufsrechts
3. Widerrufserklärung, § 355 Abs. 1 BGB
4. Einhaltung der Widerrufsfrist, § 355 Abs. 2 S. 1 BGB
5. Rechtsfolge: Zug-um-Zug Rückgewähr der empfangenen Leistungen

Denken Sie im Anschluss insbesondere an den **potenziellen Gegenanspruch aus § 357 Abs. 7 BGB** auf **Wertersatz**, der ggf. vom Unternehmer im Wege einer Aufrechnung (wie hier) geltend gemacht wird.
   Der Teufel liegt bei verbraucherschutzrechtlichen Fällen oft im Detail.
Verschaffen Sie sich also besser schon jetzt einen umfassenden Überblick
über die wesentlichen Kernvorschriften der §§ 312 ff., 355 ff. BGB, um deren Details nicht erst in der Klausursituation nachvollziehen zu müssen.

4.5   Online-Auktionen – eBay

„eBay" ist wohl das bekannteste Beispiel einer Auktionsplattform im Netz. Es handelt sich um einen Online-Marktplatz, der seinen Nutzern den weltweiten Handel von Waren aller Art ermöglicht. Auf dieser Plattform erhalten Verkäufer die Gelegenheit, ihre Waren einer großen Anzahl von Interessenten zu präsentieren und so einen höheren Preis zu erzielen als dies auf konventionellen Märkten möglich wäre. Im Gegenzug können geschickte Käufer neue oder gebrauchte Produkte zu Preisen erwerben, die weitaus unter ihrem Marktwert liegen. Online-Auktionshäuser werfen eine Reihe rechtlicher Fragestellungen auf.

▶   **Wichtig** Der BGH hat bereits mehrfach bestätigt, dass zur Auslegung der Willenserklärungen auf einem Online-Marktplatz (wie z. B. eBay) die jeweiligen AGB des Marktplatzes zu berücksichtigen sind.[216] Sie dienen Ihnen daher als Orientierungshilfe, da sie letztendlich die „Spielregeln" auf dem jeweiligen Marktplatz bestimmen.

4.5.1   Vertragsschluss

Im Grundmodell der Online-Auktion stellt der Versteigerer einen Artikel zum Verkauf ein und versieht die Auktion mit einer Produktbeschreibung und Bildern. Bei

---

[216] BGH, Urt. v. 15.02.2017 – VIII ZR 59/16, NJW 2017, 1660 m. w. N.

eBay hat der Verkäufer die Option, einen Mindestpreis für den Artikel festzulegen – was höhere Gebührenzahlungen an eBay erfordert – oder die Auktion bei 1 Euro starten zu lassen. Nach der Eröffnung der Auktion können Kaufinteressenten Gebote auf diesen Artikel abgeben und sich gegenseitig überbieten. Bei eBay kommt es sodann zum Vertragsschluss zwischen dem Verkäufer und dem bei Zeitablauf Höchstbietenden. Anzumerken ist, dass es sich bei Online-Auktionen üblicherweise nicht um Versteigerungen gemäß § 156 BGB handelt, da diese Vorschrift die persönliche Anwesenheit des Bieters erfordert.[217] Hinzu kommt, dass bei eBay-Auktionen kein „Zuschlag" i. S. d. § 156 BGB erteilt wird,[218] sondern die Auktion durch Zeitablauf endet.

Anstelle des oder neben dem oben geschilderten Grundmodells einer Online-Auktion kann der Verkäufer bei eBay die „**Sofort-Kaufen**"-Option aktivieren, mit der er einen Kaufpreis festlegt, deren Wahl zum sofortigen Vertragsschluss zum angegebenen Preis führt. Mit der Aktivierung der Sofort-Kaufen-Option erklärt der Verkäufer verbindlich, seine Ware an denjenigen zu verkaufen, der sich für diese Option entscheidet (vgl. § 6 Nr. 3, 4 eBay-AGB). Das Einstellen eines Angebots mit Sofort-Kaufen-Option ist daher bereits ein verbindliches Angebot gerichtet auf Vertragsschluss gemäß § 145 BGB.[219] Der Verkäufer hat bei eBay die Möglichkeit, die Sofort-Kaufen-Option um die Option „Preis vorschlagen" zu ergänzen. Diese erlaubt es dem Kaufinteressenten, dem Verkäufer einen vom Festpreis abweichenden Kaufpreis vorzuschlagen und damit ein Angebot abzugeben. Der Verkäufer kann dem Interessenten hierauf einen **Gegenvorschlag** unterbreiten (§ 6 Nr. 8 eBay-AGB). Ein solcher Gegenvorschlag wird nach Maßgabe des § 150 Abs. 2 BGB regelmäßig als neues Angebot anzusehen sein.

4.5.1.1 Vertragsschluss bei eBay

Das **Zustandekommen von Verträgen**, die im Rahmen einer Online-Auktion mit Geboten geschlossen werden, richtet sich nach den §§ 145–157 BGB.[220] In der Praxis hat die Frage, welche Partei das auf den Vertragsschluss gerichtete Angebot abgibt, eine wesentliche Bedeutung. Die Feststellung, welche Person ab welchem Zeitpunkt gemäß § 145 BGB an seine Willenserklärung gebunden ist, entscheidet nämlich darüber, ob der Bieter im Falle eines vorzeitigen Abbruchs einer Auktion durch den Versteigerer berechtigt ist, Sekundäransprüche geltend zu machen. Je nach Ablauf und Ausgestaltung der konkreten Auktion kann das Angebot entweder vom Versteigerer oder vom Bieter ausgehen. Hierbei kommt es insbesondere auf die von der Auktionsplattform – meist in Form von AGB – gestellten Auktionsbedingungen an, die bei der Auslegung der Willenserklärungen gemäß §§ 133, 157 BGB

---

[217] *Haug*, Grundwissen Internetrecht, 3. Auflage 2016, Rn. 588.

[218] BGH, Urt. v. 24.08.2016 – VIII ZR 100/15, MMR 2017, 176, 178, 180 m. Anm. *Wagner/Zenger*; BGH, Urt. v. 07.11.2001 – VIII ZR 13/01, NJW 2002, 363, 364; Palandt-*Ellenberger*, 78. Auflage 2019, BGB § 156 Rn. 3.

[219] Vgl. LG Memmingen, Urt. v. 23.06.2004 – 1H O 1016/04, NJW 2004, 2389, 2390.

[220] KG Berlin, Beschl. v. 26.07.2018 – 4 U 31/16, MMR 2019, 391.

zu berücksichtigen sind.[221] Im Wesentlichen sind zwei dogmatische Konstruktionen hinsichtlich des Vertragsschlusses auf eBay denkbar:

Überwiegend wird eine Orientierung an den eBay-AGB präferiert:[222] Demnach gibt bei eBay-Versteigerungen der Verkäufer ein **gemäß § 145 BGB verbindliches Angebot** ab, indem er einen Artikel im Auktions- oder Festpreisformat einstellt (§ 6 Nr. 2 S. 1 eBay-AGB).[223] Dabei bestimmt er einen Start- bzw. Festpreis und eine Frist, binnen derer das Angebot angenommen werden kann (§ 6 Nr. 2 S. 2 eBay-AGB). Das Angebot richtet sich indes ausschließlich an denjenigen (zum Startzeitpunkt der Auktion noch Unbekannten), der während der Angebotsdauer das höchste Gebot abgeben wird. Zunächst handelt es sich dabei um eine **invitatio ad incertas personas**. Der Käufer nimmt das Angebot durch Abgabe eines (letztendlich höchsten) Gebots oder – bei Festpreisartikeln – durch Ausübung der „Sofort-Kaufen"-Funktion an (§ 6 Nr. 4, 5 eBay-AGB).

Beim Auktionsformat hat der Bieter die Möglichkeit, den Betrag einzugeben, den er maximal zu zahlen bereit ist. Ein **automatisches Bietsystem** gibt sodann schrittweise verbindliche Gebote solange ab, bis entweder das vom Bieter vorgegebene Maximalgebot erreicht ist oder der Bieter alle bisherigen Mitbieter überboten hat. Bei Auktionen erfolgt die Annahmeerklärung unter der aufschiebenden Bedingung (§ 158 Abs. 1 BGB), dass der Käufer nach Ablauf der Angebotsdauer Höchstbietender ist (§ 6 Nr. 5 S. 2 eBay-AGB). Die Annahmeerklärung erlischt, wenn ein anderer Käufer während der Angebotsdauer ein höheres Gebot abgibt (§ 6 Nr. 5 S. 3 eBay-AGB). Mit Ablauf der vom Anbieter gesetzten Frist, kommt es zwischen Anbieter und Höchstbietenden im Zeitpunkt des Auktionsendes zum Vertragsschluss.

Eine weitere Möglichkeit wäre es, das Einstellen eines Produkts auf eBay durch den Verkäufer lediglich als sog. invitatio ad offerendum anzusehen.[224] Dann wäre in jedem Angebot eines Bieters ein neues, eigenständiges Angebot zu sehen. Die Annahmeerklärung erfolgt sodann durch den Verkäufer aufschiebend bedingt – gegenüber dem im Zeitpunkt des Zeitablaufs der Auktion Höchstbietenden. Dieser Auffassung sollte jedoch nicht gefolgt werden, da der Verkäufer im Zeitpunkt der Angebotserstellung bereits einen **Rechtsbindungswillen** hat und **nicht** lediglich andere Personen zur Abgabe eines Angebots i. S. e. **invitatio ad offerendum** auffordern will.[225]

---

[221] BGH, Urt. v. 24.08.2016 – VIII ZR 100/15, NJW 2017, 468, 468 f.; BGH, Urt. v. 23.09.2015 – VIII ZR 284/14, MMR 2016, 26, 27 m. Anm. *Wagner*; BGH, Urt. v. 28.03.2012 – VIII ZR 244/10, MMR 2012, 451, 453 m. Anm. *Gooren*; BGH, Urt. v. 08.06.2011 – VIII ZR 305/10, MMR 2011, 653, 654 m. Anm. *Dammers*; KG Berlin, Beschl. v. 26.07.2018 – 4 U 31/16, MMR 2019, 391.

[222] So die ständige Rechtsprechung: BGH, Urt. v. 08.06.2011 – VIII ZR 305/10, MMR 2011, 653; BGH, Urt. v. 03.11.2004 – VIII ZR 375/03, MMR 2005, 37; OLG Stuttgart, Beschl. v. 04.02.2008 – MMR 2008, 616; vgl. auch eingehend: *Wagner/Zenger*, MMR 2013, 343, 344 ff.

[223] Vgl. *Haug*, Grundwissen Internetrecht, 3. Aufl. 2016, Rn. 589 f.

[224] Hoeren/Sieber/Holznagel-*Föhlisch*, Multimedia-Recht, 48. EL Februar 2019, Teil 13.4 Rn. 192.

[225] BGH, Urt. v. 07.11.2001 – VIII ZR 13/01, MMR 2002, 95 – *ricardo.de*; vgl. zustimmend: *Wagner/Zenger*, MMR 2013, 343, 344.

Der Betreiber der Online-Auktionsplattform fungiert in beiden dogmatischen Konstruktionen als Empfangsvertreter bezogen auf die abgegebenen Willenserklärungen
(§ 164 Abs. 3 BGB).[226] Willenserklärungen werden daher in dem Moment wirksam, in
dem sie dem Plattformbetreiber zugehen.[227] Da eBay zugegangene Willenserklärungen
automatisch zur Kenntnis nimmt, erfolgt der Zugang unmittelbar mit Eingang der Erklärung. Auch wenn eine Willenserklärung also „zur Unzeit" abgegeben wird, so geht
sie unabhängig von der Uhrzeit unmittelbar zu (Abschn. 4.2.1.4).[228]

Vertiefung
Ein kurioser Fall zum Vertragschluss auf eBay wurde jüngst vor dem AG Aschaffenburg verhan-
delt. Dort gab ein eBay-Käufer an, er habe die Taste „Sofort Kaufen" nicht selbst gedrückt, sondern diese sei durch eine Fehlfunktion seines Handys ausgelöst worden. Das Gericht entschied,
dass in einem solchen Fall die Anwendung des § 105 Abs. 2 BGB (Unwirksamkeit des Vertragsschlusses wegen vorübergehender Störung der Geistestätigkeit) nicht einschlägig ist.[229]

4.5.1.2 Wirksamkeit von Geboten beim „shill bidding"
Ein häufig auftretendes Phänomen ist das sog. „shill bidding", bei dem der **Verkäufer** mittels eines **zweiten Mitgliedskontos Gebote auf seine eigenen Artikel**
abgibt, um den Verkaufspreis in die Höhe zu treiben. Ein derartiges Eigengebot ist
unwirksam, da ein Vertrag übereinstimmende Willenserklärungen *verschiedener
Rechtssubjekte* voraussetzt.[230] Die Eröffnung der Online Auktion ist als Angebot
gemäß § 145 BGB darauf angelegt, dass der Vertragsschluss „einem anderen" als
dem Anbietenden angetragen wird. Voraussetzung ist daher die Personenverschie-
denheit der Bieter.[231] Überdies ist es gemäß § 3 Nr. 3 eBay-AGB verboten, mehrere
eBay-Konten zu verwenden, um die Preise eigener Angebote zu manipulieren.

Problematisch ist die **Rechtsfolge** der Abgabe eines Eigengebots. Auf der einen
Seite könnte angenommen werden, dass das Eigengebot niedrige Gebote zum Erlöschen bringen kann und selbst überboten werden müsste. Als Argument könnte
eine analoge Anwendung des § 156 S. 2 BGB herangezogen werden, wonach Ge-

---

[226] BGH, Urt. v. 07.11.2001 – VIII ZR 13/01, NJW 2002, 363, 364; BGH, Urt. v. 27.01.1965 – VIII
ZR 11/63, NJW 1965, 965, 966; AG Menden, Urt. v. 10.11.2003 – 4 C 183/03, MMR 2004, 502;
Dauner-Lieb/Langen-*Kremer*, BGB, 3. Aufl. 2016, BGB Anh. § 156 Rn. 15; Palandt-*Ellenberger*,
78. Aufl. 2019, BGB § 156 Rn. 3; Prütting/Wegen/Weinreich-*Brinkmann*, 13. Aufl. 2018, BGB Vor
§§ 145 ff. Rn. 51; Staudinger-*Singer/Benedict*, Neubearb. 2017, BGB § 130 Rn. 62; *Stieper*, MMR
2015, 627, 628; *Wagner/Zenger*, MMR 2013, 343, 344; vgl. auch RG, Urt. v. 08.02.1902 – Rep.
I. 348/01, RGZ 50, 194.

[227] Spindler/Schuster-*Spindler*, Recht der elektronischen Medien, 4. Aufl. 2019, § 130 Rn. 14;
Wolf/Neuner, Allgemeiner Teil des Bürgerlichen Rechts, 11. Aufl. 2016, § 33 Rn. 41.

[228] *Schinkels*, MMR 2018, 351, 353.

[229] AG Aschaffenburg, Urt. v. 17.04.2019 – 130 C 60/17, BeckRS 2019, 6582.

[230] BGH, Urt. v. 24.08.2016 – VIII ZR 100/15, NJW 2017, 468, 469; BGH, Urt. v. 27.04.2016 –
VIII ZR 323/14, NJW-RR 2016, 784, 785; Palandt-*Ellenberger*, 78. Aufl. 2019, BGB Einf. § 145
Rn. 1; Erman-*Armbrüster*, 15. Aufl. 2017, BGB Vor § 145 Rn. 1; Vgl. Staudinger-*Bork*, BGB,
Neubearb. 2015, BGB Vor §§ 145–156 Rn. 2.

[231] BGH, Urt. v. 24.08.2016 – VIII ZR 100/15, NJW 2017, 468, 469.

bote bei einer Versteigerung erlöschen, sobald ein Übergebot abgegeben wurde.[232] Allerdings sind Online-Auktionen und klassische Versteigerungen i. S. d. § 156 BGB – insbesondere aufgrund des Erfordernisses der persönlichen Teilnahme an klassischen Versteigerungen – derart wesensverschieden, dass eine analoge Anwendung ausscheidet.[233] Außerdem würde diese Auffassung dem Verkäufer Anreize dafür geben, den Preis durch Eigenangebote hochzutreiben.[234]

Exkurs
Rufen Sie sich an dieser Stelle die Voraussetzungen einer Analogie hervor. Diese sind:
1. Regelungslücke
2. Planwidrigkeit der Regelungslücke
3. Vergleichbare Interessenlage

Vorzugsweise ist daher von einer **Unbeachtlichkeit von Eigengeboten** auszugehen, sodass es zum Vertragsschluss mit dem letzten redlichen Höchstbietenden zum Preis des letzten regulären Höchstgebots kommt. Hat der Bieter ein Maximalgebot abgegeben, so handelt es sich beim ersten automatischen Erhöhungsschritt um das letzte reguläre Höchstgebot. Jeder weitere durch ein Eigengebot ausgelöste Erhöhungsschritt stellt kein wirksames Gebot dar.[235] Dies gilt auch für von einem Verkäufer mit einem Gebot beauftragte Dritte.[236] Das automatisch abgegebene Gebot ist aber zulässig, wenn hierdurch ein – zwischen mehreren Eigengeboten des Verkäufers abgegebenes – Fremdgebot durch einen Dritten überboten wird. Bei diesem Fremdgebot handelt es sich nämlich um ein *reguläres* Gebot, das der Bieter mit seinem ursprünglich abgegebenen Maximalgebot auch überbieten wollte.[237]

Hat der – nach Streichung der Eigengebote – Höchstbietende kein Interesse mehr am Vertragsschluss, etwa weil er im Glauben an eine verlorene Auktion einen Deckungskauf getätigt hat, so kann er das Rechtsgeschäft wegen pflichtwidriger Verfälschung der Auktion durch Abgabe von Eigengeboten anfechten (§§ 123 Abs. 1, 142 Abs. 1) oder aufheben (§§ 280 Abs. 1, 241 Abs. 2, 311 Abs. 2, 249 Abs. 1 BGB).[238]

---

[232] OLG Stuttgart, Urt. v. 14.04.2015 – 12 U 153/14, MMR 2015, 577, 579; LG Frankenthal, Urt. v. 08.07.2014 – 8 O 63/14, BeckRS 2014, 18110; *Ernst*, CR 2000, 304, 310.

[233] BGH, Urt.v. 24.08.2016 – VIII ZR 100/15, NJW 2017, 468, 470.

[234] BGH, Urt. v. 24.08.2016 – VIII ZR 100/15, NJW 2017, 468, 470.

[235] BGH, Urt. v. 24.08.2016 – VIII ZR 100/15, NJW 2017, 468, 469 f.

[236] LG Mannheim, Urt. v. 29.11.2019 – 1 O 37/18, BeckRS 2019, 34342.

[237] BGH, Urt. v. 24.08.2016 – VIII ZR 100/15, NJW 2017, 468, 470, 471; *Wagner/Zenger*, MMR 2017, 176, 182 f. – Anm. zu BGH, Urt. v. 24.08.2016 – VIII ZR 100/15 = NJW 2017, 468, 470.

[238] *Eckel*, MMR 2017, 373, 377; krit. *Sutschet*, NJW 2014, 1041, 1045; *Tölle*, MMR-Aktuell 2017, 384984.

4.5.2 Bindungswirkung der Willenserklärungen

Sowohl die Eröffnung einer Online-Auktion als auch die Abgabe eines Gebots sind bindende Willenserklärungen.[239] Diese können nicht gemäß § 130 Abs. 1 S. 2 BGB widerrufen werden, da sie bereits im Moment des Einstellens der Auktionsplattform als Empfangsvertreter der Parteien (§ 164 Abs. 3 BGB) jeweils zugegangen und damit wirksam geworden sind (§ 130 Abs. 1 S. 1 BGB).[240] Ferner schließt § 6 Nr. 6 eBay-AGB, der bei einer vorzeitigen Beendigung der Auktion den Vertragsschluss mit dem Höchstbietenden anordnet, die gesetzlich vorgesehene Möglichkeit des vorherigen bzw. gleichzeitigen Widerrufs einer Willenserklärung aus.[241]

4.5.2.1 Vorzeitige Beendigung der Auktion

Im Rahmen von Online-Auktionen werden nicht selten Verträge geschlossen, an denen der Verkäufer nicht festhalten möchte. Dies kann der Fall sein, wenn das für den Auktionsgegenstand erzielte Höchstgebot erheblich von seinem Marktwert abweicht. Ein Grund hierfür kann aber auch sein, dass dem Verkäufer bei der Einstellung des Artikels ein Irrtum unterlaufen ist (Eingabe eines falschen Mindestgebotes). **Meistens** aber hat sich der **Verkäufer** schlichtweg **verspekuliert**, weil er von einem weitaus höheren Verkaufspreis ausgegangen ist. Ferner kann es dem Verkäufer auch unmöglich sein, seine Pflichten aus dem Kaufvertrag zu erfüllen, weil er den Kaufgegenstand wegen Diebstahls, Verlust oder Weiterveräußerung nicht mehr herausgeben kann. In solchen Fällen stellt sich die Frage, ob und – wenn ja – unter welchen Voraussetzungen sich Verkäufer von ihrer Willenserklärung lösen können.

4.5.2.1.1 Zulässigkeit der vorzeitigen Auktionsbeendigung

Bei Beendigung des Angebots durch den Verkäufer kommt gemäß § 6 Nr. 6 eBay-AGB ein **Kaufvertrag** zwischen Verkäufer und Höchstbietenden zustande, es sei denn, der Verkäufer war dazu berechtigt, das Angebot zurückzunehmen und die vorliegenden Gebote zu streichen. Insofern steht die Angebotserklärung unter dem Vorbehalt einer berechtigten Angebotsrücknahme.[242] Die unberechtigte Rücknahme des Angebotes führt zum Vertragsabschluss mit dem Höchstbietenden, wenn die Parteien keine abweichenden Vertragserklärungen abgegeben haben.[243] Weigert sich der Verkäufer, die Kaufsache zum Gebotspreis zu übergeben und zu übereignen, hat er die Differenz zwischen Kaufpreis und objektivem Wert der Kaufsache im Wege

---

[239] Vgl. Prütting/Wegen/Weinreich-*Brinkmann*, 13. Auflage 2018, BGB Vor §§ 145 ff. Rn. 54.

[240] BGH, Urt. v. 07.11.2001 – VIII ZR 13/01, NJW 2002, 363, 364; Prütting/Wegen/Weinreich-*Brinkmann*, 13. Aufl. 2018, BGB Vor §§ 145 ff. Rn. 55.

[241] KG Berlin, Beschl. v. 25.01.2005 – 17 U 72/04, NJW 2005, 1053, 1054.

[242] BGH, Urt. v. 23.09.2015 – VIII ZR 284/14, NJW 2016, 395, 396; BGH, Urt. v. 10.12.2014 – VIII ZR 90/14, MMR 2015, 167; BGH, Urt. v. 08.01.2014 – VIII ZR 63/13, NJW 2014, 1292, 1293 m. Anm. *Kulke*; BGH, Urt. v. 08.06.2011 – VIII ZR 305/10, MMR 2011, 653, 654 m. Anm. *Dammers*; *Haug*, Grundwissen Internetrecht, 3. Aufl. 2016, Rn. 589.

[243] LG Frankfurt (Oder), Urt. v. 19.07.2017 – 16 S 168/16, BeckRS 2017, 151905, Rn. 14.

des Schadensersatzes statt der Leistung gem. §§ 280 Abs. 1, Abs. 3, 281 Abs. 1 BGB zu ersetzen.[244]

Ein **berechtigter Grund zur Angebotsstreichung** kommt aber in Betracht, wenn Umstände vorliegen, die zur Anfechtung des Angebots (§§ 119 ff. BGB) oder zum Rücktritt vom Vertrag (§ 323 IV BGB) berechtigen würden.[245] Auch ist eine Rücknahme zulässig, wenn Leistungshindernisse eingetreten sind, die der Verkäufer nicht zu vertreten hat, wie etwa der Verlust oder Diebstahl des Auktionsgegenstandes.[246] Kein berechtigter Grund liegt vor, wenn sich der Verkäufer nur deswegen vom Rechtsgeschäft lösen will, da er seine Ware sonst erheblich unter Wert verkaufen müsste – dies entspricht eben dem Risiko der Durchführung einer Online-Auktion,[247] sodass die enttäuschte Preiserwartung mit einem unbeachtlichen Motivirrtum vergleichbar ist. Ebenfalls um keine berechtigte Beendigung der Auktion handelt es sich, wenn der Verkäufer den Kaufgegenstand aus sonstigen Gründen anderweitig veräußert.[248]

4.5.2.1.2 Anfechtung des Angebotes

Ein **Erklärungsirrtum** (§ 119 Abs. 1 Alt. 2 BGB) kann vorliegen, wenn sich der Verkäufer beim Einstellen der Auktion vertippt und *hierdurch* ein falsches Verkaufsmodell gewählt (Sofort-Kaufen-Option statt Versteigerung).[249] Kein Erklärungsirrtum liegt vor, wenn der Verkäufer lediglich vergessen hat, ein Mindestgebot für den Kaufgegenstand anzugeben, da der Irrtum in der ursprünglichen Erklärungshandlung verankert sein muss.[250] Daher kommt ein Erklärungsirrtum nur in Betracht, wenn sich der Verkäufer bei der Angabe eines Mindestgebotes vertippt hat.

Ein **Inhaltsirrtum** (§ 119 Abs. 1 Alt. 1 BGB) kann z. B. vorliegen, wenn der Verkäufer beim Einstellen des Angebotes zwar keinem Erklärungsirrtum unterlegen war, er sich aber über die rechtliche Bedeutung seiner Erklärung geirrt hat. In Be-

---

[244] Vgl. OLG Köln, Urt. v. 08.12.2006 – 19 U 109/06, MMR 2007, 446; *Haug*, Grundwissen Internetrecht, 3. Aufl. 2016, Rn. 589.

[245] Vgl. BGH, Urt. v. 23.09.2015 – VIII ZR 284/14, NJW 2016, 395, 396 f.; BGH, Urt. v. 10.12.2014 – VIII ZR 90/14, MMR 2015, 167, 168 m. Anm. *Wagner/Zenger*; BGH, Urt. v. 08.06.2011 – VIII ZR 305/10, NJW 2011, 2643, 2644; OLG Koblenz, Beschl. v. 03.06.2009 – 5 U 429/09, MMR 2009, 630; OLG Oldenburg, Urt. v. 28.07.2005 – 8 U 93/05, NJW 2005, 2556, 2557; LG Berlin, 15.05.2007 – 31 O 270/05, MMR 2007, 802, 802 f.; LG Coburg, Urt. v. 06.07.2004 – 22 O 43/04, MMR 2005, 330, 332; *Haug*, Grundwissen Internetrecht, 3. Aufl. 2016, Rn. 589.

[246] Vgl. BGH, Urt. v. 23.09.2015 – VIII ZR 284/14, NJW 2016, 395, 396; BGH, Urt. v. 08.06.2011 – VIII ZR 305/10, NJW 2011, 2643, 2643 f.; AG Bremen, Urt. v. 05.12.2012 – 23 C 0317/12, BeckRS 2012, 25130; Prütting/Wegen/Weinreich-*Brinkmann*, 13. Aufl. 2018, BGB Vor §§ 145 ff. Rn. 55.

[247] BGH, Urt. v. 12.11.2014 – VIII ZR 42/14, NJW 2015, 548, 549; OLG Jena, Urt. v. 15.01.2014 – 7 U 399/13, BeckRS 2014, 18477; *Oechsler*, NJW 2015, 665, 667.

[248] Vgl. OLG Köln, Urt. v. 08.12.2006 – 19 U 109/06, CR 2007, 598.

[249] LG Köln, Urt. v. 30.11.2010 – 18 O 150/10, K&R 2011, 281, 282; AG Bremen, Urt. v. 05.12.2012 – 23 C 0317/12, BeckRS 2012, 25130.

[250] AG Bremen, Urt. v. 05.12.2012 – 23 C 0317/12, BeckRS 2012, 25130.

tracht kommt ein Irrtum über die Bedeutung von Mengeneinheiten (z. B. *Gros*)[251] oder Produktbezeichnungen (z. B. die Fehlvorstellung, dass *Martini* ein Weinbrand sei).[252]

Ein **Eigenschaftsirrtum** (§ 119 Abs. 2 BGB) kommt in Betracht, wenn sich der Verkäufer über eine verkehrswesentliche Eigenschaft des Auktionsgegenstandes geirrt hat. Nur vorübergehende Erscheinungen wie ein unschwer durch Reparatur zu behebender Ölverlust des Getriebes sind allerdings keine verkehrswesentlichen Eigenschaften einer Sache.[253] Kein Anfechtungsgrund ist ebenfalls gegeben, wenn objektive Anhaltspunkte für eine „Unseriösität" des Käufers bestehen, da der Verkäufer bei eBay-Auktionen nicht vorleistungspflichtig ist, sondern der Kauf regelmäßig gegen Vorkasse oder Zug um Zug abgewickelt wird (vgl. § 6 Nr. 9 eBay-AGB).[254] Eine Anfechtung ist zudem dann nicht möglich, wenn der Verkäufer in seinen Erwartungen, einen möglichst hohen Kaufpreis zu erzielen, enttäuscht wurde. Der Gefahr eines ungünstigen Geschäfts, bei dem ein Missverhältnis vom Wert der Ware und dem Versteigerungspreis besteht, hat sich der Verkäufer nämlich freiwillig ausgesetzt. Daher handelt es sich um einen gemäß § 119 Abs. 2 BGB unbeachtlichen Motivirrtum.[255]

Exkurs
Bedenken Sie an dieser Stelle stets das **Verhältnis des Anfechtungs- zum Mängelgewährleistungsrecht**. Während das Mängelgewährleistungsrecht (§§ 434 ff. BGB) ab Gefahrübergang lex specialis zum Eigenschaftsirrtum gem. § 119 Abs. 2 BGB ist, bleibt das Anfechtungsrecht aufgrund seiner insofern differenzierten Schutzrichtung neben dem Inhalts- und Erklärungsirrtum gem. § 119 Abs. 1 BGB und der Anfechtung wegen arglistiger Täuschung sowie widerrechtlicher Drohung gem. § 123 BGB bestehen. Freilich bleibt auch die Anfechtbarkeit wegen falscher Übermittlung gem. § 120 BGB neben dem Mängelgewährleistungsrecht bestehen.
  Die **Verdrängung der Anfechtung wegen Eigenschaftsirrtums ab Gefahrübergang** ist dadurch gerechtfertigt, dass das Mängelgewährleistungsrecht in den §§ 434 ff. BGB ausdifferenziertere Vorschriften bereithält. Das Mängelgewährleistungsrecht ist insofern insbesondere aufgrund des Vorrangs der Nacherfüllung und den kürzeren Verjährungsfristen spezieller.
  Die sonstigen Anfechtungsgründe haben hingegen eine gänzlich andere Schutzrichtung, indem sie die korrekte Willensbildung des Anfechtenden unabhängig vom Inhalt des Vertragsgegenstandes schützen. Sie können daher neben dem Mängelgewährleistungsrecht bestehen bleiben.

▶ **Klausurtipp Anfechtungssituationen** lassen sich sehr gut in einen
    Klausurfall einbauen. Sie sind insbesondere deshalb interessant, weil
    ein Verkäufer unter gewöhnlichen Umständen ein einmal platziertes An-
    gebot nur unter sehr engen Voraussetzungen wieder zurücknehmen

---

[251] LG Hanau, Urt. v. 30.06.1978 – 11 O 175/78, NJW 1979, 721; vgl. dazu auch: Bamberger/Roth/ Hau/Poseck-*Wendtland*, BeckOK BGB, 50. Ed. Stand: 01.05.2019, BGB § 119 Rn. 31 f.
[252] *Musielak*, JuS 2014, 491, 494; Schulze-*Dörner*, BGB, 10. Aufl. 2019, § 119 BGB Rn. 9.
[253] *OLG Oldenburg*, Urt. v. 28.07.2005 – 8 U 93/05, NJW 2005, 2556, 2557.
[254] BGH, Urt. v. 23.09.2015 – VIII ZR 284/14, NJW 2016, 395, 396 f.
[255] Vgl. BGH, Urt. v. 24.08.2016 – VIII ZR 100/15, NJW 2017, 468, 471; BGH, Urt. v. 12.11.2014 – VIII ZR 42/14, NJW 2015, 548.

kann. In der Anspruchsprüfung könnte bspw. ein **Schadensersatzan-spruch des enttäuschten Höchstbietenden** gemäß **§§ 280 Abs. 1, Abs. 3, 283 BGB** zu prüfen sein, der, nachdem der Verkäufer sein Ange-bot offline gestellt hat, den Wert der Kaufsache ersetzt haben möchte. Dieser wird jedoch im Falle der berechtigten Angebotsrücknahme (etwa, weil der Verkäufer anfechtungsberechtigt war) regelmäßig aus-scheiden, da dann ex tunc kein Schuldverhältnis mehr besteht. Auch ein Anspruch aus *culpa in contrahendo* wird ausscheiden, da in der berech-tigten Angebotsrücknahme keine Pflichtverletzung gesehen werden kann. Deliktische Ansprüche sind ohnehin nicht in Betracht zu ziehen, weil § 823 BGB nicht das Vermögen an sich **schützt.**

4.5.2.1.3   Rücknahme von Geboten

Auch eine vorzeitige Beendigung durch Bieter kommt in Betracht: Bieter können **Gebote** gemäß **§ 6 Nr. 7 eBay-AGB** allerdings nur dann **zurücknehmen**, wenn ein berechtigter Grund hierfür vorliegt. Dies ist nach den Erläuterungen der eBay-AGB, die bei der Auslegung der Willenserklärungen beider Seiten zu berücksich-tigen sind,[256] der Fall, wenn die Partei versehentlich einen falschen Gebotsbetrag eingegeben hat, wobei unverzüglich nach der Rücknahme ein neues Gebot mit dem korrekten Gebotsbetrag abzugeben ist. Weiterhin ist eine Rücknahme des Gebotes zulässig, wenn sich die Artikelbeschreibung nach Abgabe des Gebotes wesentlich verändert hat oder der Verkäufer nicht auf eine Anfrage des Bieters antwortet.

4.5.2.2 Sittenwidrigkeit (§ 138 BGB)

Ein Rechtsgeschäft, das gegen die guten Sitten verstößt, ist gemäß **§ 138 Abs. 1 BGB** nichtig. Allein der bloße Umstand, dass ein grobes Missverhältnis zwischen Leistung und Gegenleistung – so zwischen dem Maximalgebot eines Bieters und dem Marktwert des Versteigerungsobjekts – besteht, begründet jedoch noch keine Sittenwidrigkeit.[257] Sittenwidrigkeit erfordert zusätzlich noch eine verwerfliche Ge-sinnung des Bieters bei der Abgabe des Angebotes (**subjektives Tatbestandsmo-ment**). Eine solche Gesinnung ergibt sich noch nicht allein aus dem groben Miss-verhältnis von Leistung und Gegenleistung,[258] sondern bedarf einer zusätzlichen subjektiven Intuition des Bieters.

Nur, wenn ein grobes, *besonders krasses* Missverhältnis zwischen Leistung und Gegenleistung besteht, kann der Schluss auf eine verwerfliche Gesinnung des be-günstigten Vertragsteils und damit auf einen sittenwidrigen Charakter des Rechts-geschäfts gezogen werden. Dies ist z. B. der Fall, wenn bei Grundstückskaufver-trägen sowie Kaufverträgen über vergleichbar wertvolle bewegliche Sachen der

---

[256] BGH, Urt. v. 08.06.2011 – VIII ZR 305/10, MMR 2011, 653, 654.

[257] BGH, Urt. v. 12.11.2014 – VIII ZR 42/14, MMR 2015, 103, 104; BGH, Urt. v. 28.03.2012 – VIII ZR 244/10, MMR 2012, 451.

[258] Vgl. nur: Urt. v. BGH, 21.05.1957 – VIII ZR 226/56, NJW 1957, 1274, 1274 f.

Wert der Leistung annähernd doppelt so hoch ist wie derjenige der Gegenleistung.[259] Der Schluss von einem solchen besonders groben Äquivalenzmissverhältnis auf eine verwerfliche Gesinnung des Begünstigten leitet sich aus dem Erfahrungssatz her, dass außergewöhnliche Leistungen in der Regel nicht ohne **Not oder einen anderen den Benachteiligten hemmenden Umstand** zugestanden werden und der Begünstigte diese Erfahrung teilt.[260] Dieser Erfahrungssatz geht allerdings von einer Situation aus, in der sich die Vertragspartner in Vertragsverhandlungen gegenüberstanden, die zu Zugeständnissen der objektiv benachteiligten Seite führten.

Diese Situation entspricht allerdings nicht den **besonderen Umständen von Online-Auktionen**, weil der Kaufpreis hier nicht in Vertragsverhandlungen, sondern durch einen Wettstreit der Bieter festgelegt wird. Internetauktionen können daher stets dazu führen, dass der Verkaufspreis eines Versteigerungsobjektes entweder weit über oder weit unter dem objektiven Marktwert liegt. Es macht gerade ihren Reiz aus, dass Käufer Gegenstände zum „Schnäppchenpreis" erwerben, Verkäufer aber auch äußerst vorteilhafte Verkaufspreise erzielen können. Zudem liegt es nicht in der Hand des Käufers, dass ein – aus Sicht des Käufers – angemessener Kaufpreis erzielt wird, da der Kaufpreis nur durch das gegenseitige Überbieten mehrerer Bieter steigen kann. Wird also ein vom Bieter abgegebenes Maximalgebot mangels anderweitiger Gebote nicht erreicht, so kommt der Kaufvertrag zwangsläufig zu einem geringen Preis zustande. Andersherum können sich aufgrund des Wettstreits um das Gewinnen einer Auktion teilweise auch aus objektiver Sicht überteuerte Preise ergeben, die daraus resultieren, dass einer der Bieter *um jeden Preis* eine Auktion gewinnen möchte. Daher verbietet es sich bei Online-Auktionen, von einem auffälligen Missverhältnis zwischen Marktwert und Verkaufspreis eines Auktionsgegenstandes auf eine verwerfliche Gesinnung des Käufers gemäß § 138 BGB zu schließen.[261] Es müssten **noch weitere Umstände hinzutreten**.[262] Dem Bieter muss vorzuwerfen sein, er habe trotz der bei einer Internetauktion bestehenden besonderen Preisbildungssituation die Not oder einen anderen den Anbieter hemmenden Umstand in verwerflicher Weise zu seinem Vorteil ausgenutzt.[263]

---

[259] BGH, Urt. v. 28.03.2012 – VIII ZR 244/10, MMR 2012, 451, 452; BGH, Urt. v. 08.12.2000 – V ZR 270/99, NJOZ 2001, 272, 273; BGH, Urt. v. 04.02.2000 – V ZR 146/98, NJW 2000, 1487, 1488; BGH, Urt. v. 08.11.1991 – V ZR 260/90, NJW 1992, 899, 900; BGH, Urt. v. 08.11.1991 – V ZR 260/90, NJW 1992, 899, 900.

[260] BGH, Urt. v. 28.03.2012 – VIII ZR 244/10, MMR 2012, 451, 452; BGH, Urt. v. 05.10.2001 – V ZR 237/00, NJW 2002, 429, 432; BGH, Urt. v. 19.01.2001 – V ZR 437/99, NJW 2001, 1127, 1128.

[261] BGH, Urt. v. 12.11.2014 – VIII ZR 42/14, NJW 2015, 548, 549; BGH, Urt. v. 28.03.2012 – VIII ZR 244/10, MMR 2012, 451, 452; OLG Köln, Urt. v. 08.12.2006 – 19 U 109/06, MMR 2007, 446, 447 f.; OLG Oldenburg, Urt. v. 30.10.2003 – 8 U 136/03, NJW 2004, 168, 169; LG Bonn, Urt. v. 12.11.2004 – 1 O 307/04, BeckRS 2012, 17893; LG München I, Urt. v. 07.08.2008 – 34 S 20431/04, ZUM-RD 2009, 360, 361;*Ernst*, CR 2000, 304, 310; *Eickelmann*, Jura 2011, 451, 454; Spindler/Schuster-*Müller*, Recht der elektronischen Medien, 4. Aufl. 2019, BGB § 138 Rn. 20; a.A. LG Saarbrücken, Urt. v. 21.08.2009 – 12 O 75/09, BeckRS 2011, 12839.

[262] BGH, Urt. v. 12.11.2014 – VIII ZR 42/14, MMR 2015, 103, 104; BGH, Urt. v. 28.3.2012 – VIII ZR 244/10, MMR 2012, 451, 451 f. – m. Anm. *Gooren*.

[263] BGH, Urt. v. 28.03.2012 – VIII ZR 244/10, MMR 2012, 451, 452.

Dieser Nachweis wird allerdings schwer zu erbringen sein, da sich der Verkäufer im Bewusstsein der geltenden AGBs dafür entschieden hat, mit der Einstellung eines Auktionsgegenstandes eine rechtsverbindliche Willenserklärung abzugeben. In aller Regel muss er daher das bei Ablauf der Auktionsfrist höchste vorliegende Gebot akzeptieren. Mit dieser Argumentation hat der **BGH** die Wirksamkeit eines Kaufvertrages über ein Vertu-Mobiltelefon zum Preis von **782 Euro bestätigt, obwohl** der **Neupreis** für vergleichbare Handys bei zirka **24.000 Euro** lag.[264] Mit gleicher Argumentation bestätigte z. B. auch das LG Bonn den Verkauf eines Diamantrings und einer Luxus-Armbanduhr für jeweils nur ca. 500 €.[265]

4.5.2.3 Abbruchjäger

Im Rahmen von Online-Auktionen wirft auch das Phänomen der sog. „**Abbruchjäger**" rechtliche Fragen auf. Hierbei handelt es sich um Bieter, die mit der Motivation an Online-Auktion teilnehmen, um im Falle einer grundlosen vorzeitigen Beendigung Schadensersatzsprüche geltend zu machen. Abbruchjäger geben ihr Gebot typischerweise für hochwertige Waren ab, die für einen Mindestpreis von 1 Euro angeboten werden.[266] Es stellt sich die Frage, ob der Verkäufer diesen Bietern gegenüber zur Erfüllung verpflichtet ist oder ob deren fehlende Kaufabsicht der Wirksamkeit des Kaufvertrages möglicherweise entgegensteht.

Der Verkäufer kann dem Erfüllungs- bzw. Schadensersatzanspruch des Höchstbietenden den **Einwand des Rechtsmissbrauchs (§ 242 BGB)** entgegenhalten, wenn das Verlangen auf Vertragserfüllung rechtsmissbräuchlich ist.[267] Die Annahme eines Rechtsmissbrauchs erfordert eine sorgfältige und umfassende Prüfung aller maßgeblichen Umstände des Einzelfalles und muss auf besondere Ausnahmefälle beschränkt bleiben.[268] Ein Rechtsmissbrauch ist ausgeschlossen, wenn der Käufer bei der Abgabe seines Gebotes die Absicht hatte, den Auktionsgegenstand zu erwerben. Es ist nicht zu beanstanden, dass ein Bieter gezielt auf Waren bietet, die zu einem weit unter Marktwert liegenden Mindestgebot angeboten werden,[269] da es in der Natur einer Online-Auktion liegt, dass Bieter „Schnäppchen" ergattern können. Genauso wie der Verkäufer die Chance erhält, mit Internetauktionen hohe Gewinne zu erzielen, geht er das Risiko eines ungünstigen Auktionsverlaufs ein, wenn er niedrige Mindestpreise für seine Waren festlegt.[270]

---

[264] BGH, Urt. v. 28.03.2012 – VIII ZR 244/10, MMR 2012, 451.

[265] LG Bonn, Urt. v. 25.09.2019 – 5 S 60/19, BeckRS 2019, 25460.

[266] *Wagner*, MMR 2016, 737, 738 – Anm. zu BGH, Urt. v. 24.08.2016 – VIII ZR 182/15.

[267] Prütting/Wegen/Weinreich-*Brinkmann*, 13. Auflage 2018, BGB Vor §§ 145 ff. Rn. 55.

[268] BGH, Urt. v. 12.11.2014 – VIII ZR 42/14, NJW 2015, 548, 549; BGH, Urt. v. 27.04.1977 – IV ZR 143/76, NJW 1977, 1234, 1235; BGH, Urt. v. 07.01.1971 – II ZR 23/70, NJW 1971, 1127, 1128; so auch jüngst: LG Berlin, Urt. v. 09.07.2019 – 55 S 259/16, BeckRS 2019, 16120.

[269] BGH, Urt. v. 22.05.2019 – VIII ZR 182/17, NJW 2019, 2475; OLG Köln, Urt. v. 08.12.2006 – 19 U 109/06, MMR 2007, 446, 448.

[270] BGH, Urt. v. 12.11.2014 – VIII ZR 42/14, NJW 2015, 548, 549; BGH, Urt. v. 28.03.2012 – VIII ZR 244/10, MMR 2012, 451, 452; LG Frankfurt (Oder), Urt. v. 19.07.2017 – 16 S 168/16, BeckRS 2017, 151905, Rn. 21.

Die Rechtsordnung will niemanden vor objektiv unvernünftigen oder riskanten Verkaufsstrategien schützen.[271] Die Grenze zu einem zu missbilligenden Verhalten wird aber dann überschritten, wenn die Absicht des Käufers von vornherein nicht auf den Erfolg des Vertrages, sondern auf dessen Scheitern gerichtet ist; er den angebotenen Gegenstand also gar nicht erwerben will, sondern auf die vorzeitige Beendigung der Auktion abzielt, um Schadensersatzansprüche geltend machen zu können. Es ist rechtsmissbräuchlich, sich einen Vertrag positiv zunutze machen zu wollen, obwohl es einem selbst niemals auf die erfolgreiche Abwicklung des Vertrages ankam. In diesem Fall kann der Käufer keine günstigen Rechtsfolgen aus der vorzeitigen Beendigung der Auktion für sich herleiten.[272] Ob eine solche, nicht auf Vertragsdurchführung, sondern auf das Scheitern des Vertrages gerichtete Absicht des Bieters vorliegt, hängt von einer Gesamtwürdigung aller Umstände des Einzelfalles ab und kann nicht anhand abstrakter, verallgemeinerungsfähiger Kriterien bestimmt werden.[273]

Der Umstand, dass die **Gesamtsumme** der auf verschiedene Auktionsgegenstände gebotenen Geldbeträge die **Leistungsfähigkeit des Bieters nachweislich übersteigt**, steht seiner Erwerbsabsicht nicht entgegen. Bei einem normalen Verlauf der Auktionen muss er nicht damit rechnen, die Gesamtsumme seiner Angebote aufbringen zu müssen, weil ein Bieter bei der Abgabe von weit unter dem Marktwert liegenden Höchstgeboten regelmäßig überboten wird, bei der Auktion also nicht zum Zuge kommt und demzufolge auch den angebotenen Preis nicht zu entrichten hat.[274] So hat das LG Frankfurt (Oder) eine Erwerbsaussicht bejaht, obwohl der Bieter an etwa 14.000 Auktionen mit einem Gesamtbetrag von mehr als 52 Millionen Euro teilgenommen und in mindestens 100 Fällen Schadensersatzansprüche geltend gemacht hat. Allein die Quantität eines von der Rechtsordnung im Einzelfall gebilligten Vorgehens führe nach Ansicht des Gerichts nicht zu dessen Missbilligung.[275] Ebenfalls **unerheblich** ist der Umstand, dass der Bieter für die Gegenstände, auf die er geboten habe, in ihrer Vielzahl **keine tatsächliche Verwendung und daher kein erkennbares Interesse an ihrem Erwerb** gehabt habe. Ob der Bieter die Ware für sich selbst oder einen Dritten erwerben, weiter verschenken oder gewinnbringend weiterveräußern will, lässt als bloßes Kaufmotiv keine tragfähigen Rückschlüsse auf eine fehlende Erwerbsabsicht zu.[276]

---

[271] *Haug*, Grundwissen Internetrecht, 3. Aufl. 2016, Rn. 589.

[272] *BGH*, Urt. v. 22.05.2019 – VIII ZR 182/17, NJW 2019, 2475; LG Frankfurt (Oder), Urt. v. 19.07.2017 – 16 S 168/16, BeckRS 2017, 151905 Rn. 22; a.A. OLG Hamm, Urt. v. 30.10.2014 – I-28 U 199/13, MMR 2015, 25, 28, das eine Anwendung von § 242 BGB auf systematisch agierende „Abbruchjäger" mit der Begründung ablehnt, dass sich ein Verkäufer, der hochwertige Ware zu einem Startpreis von nur 1 Euro versteigert, selbst dem Risiko aussetzt, diesen zu unrealistischen Konditionen zu verkaufen.

[273] BGH, Urt. v. 22.05.2019 – VIII ZR 182/17, NJW 2019, 2475.

[274] BGH, Urt. v. 22.05.2019 – VIII ZR 182/17, NJW 2019, 2475, 2476.

[275] LG Frankfurt (Oder), Urt. v. 19.07.2017 – 16 S 168/16, BeckRS 2017, 151905, Rn. 21; bestätigt durch *BGH*, Urt. v. 22.05.2019 – VIII ZR 182/17, NJW 2019, 2475, 2476.

[276] BGH, 22.05.2019 – Urt. v. VIII ZR 182/17, NJW 2019, 2475, 2476.

Der Einwand des Rechtsmissbrauchs gemäß § 242 BGB setzt also voraus, dass durch das Verhalten des Bieters **weitere Umstände hinzutreten**, die besonders zu missbilligen sind. Der BGH hat dies in einem Fall bejaht, in dem der Bieter bei einer vorzeitig abgebrochenen Aktion nicht bei einer (ihm bekannt gewordenen) nachfolgenden Auktion über denselben Gegenstand mitgeboten hat, sondern vielmehr seine (vermeintlichen) Ansprüche an einen Dritten abgetreten und dieser seinen Schadensersatzanspruch anschließend erst sehr spät gerichtlich geltend gemacht, als er davon ausgehen konnte, dass der Gegenstand bereits an einen Dritten veräußert worden war.[277] Weiterhin kann ein Rechtsmissbrauch vorliegen, wenn der Bieter **systematisch** auf eine Vielzahl für den Anbieter **riskanter Angebote** bietet, den Kaufgegenstand im Falle des Erfolges seiner Gebotes regelmäßig aber nicht abnimmt. Umgekehrt spricht es gegen eine Anwendung des § 242 BGB, wenn der Bieter die von ihm ersteigerten Gegenstände jeweils abgenommen hat.[278]

▶ **Wichtig** Das KG hat jedoch jüngst entschieden, dass sich ein „Abbruchjäger" nicht für jede eBay-Auktion an dieser Eigenschaft festhalten lassen muss. In dem Fall einer **Kollision von „Abbruchjäger" und „shill bidding"**, wenn also ein Abbruchjäger gemeinsam mit dem Auktionator selber auf ein Produkt bietet und letztendlich aufgrund der mangelhaften Berücksichtigung der Gebote des Auktionators ein geringer Preis zustande kommt, muss sich der „Abbruchjäger" nicht an seinem ansonsten rechtsmissbräuchlichen Verhalten festhalten lassen.[279]

4.5.3 Verbraucherschutz

Online-Auktionsplattformen wie eBay werden vielfach als „digitale Flohmärkte" angesehen, in denen sich Privatleute tummeln, um – auf Verkäuferseite – für nicht mehr benötigte Gegenstände aus dem eigenen Haushalt auf bequeme Weise Geld zu erhalten oder – auf Käuferseite – interessante Objekte zu Schnäppchenpreisen zu ergattern. Oft wird nicht hierbei bedacht, dass es sich um Fernabsatzverträge handelt, was aus rechtlicher Sicht erhebliche Folgen haben kann. Während es bei professionell auftretenden Händlern naheliegt, dass es sich um Unternehmer i. S. v. § 14 BGB handelt, ist vielen „normalen" eBay-Nutzern nicht bewusst, dass diese selbst die Voraussetzungen des Unternehmerbegriffs erfüllen und daher den Vorschriften des Verbraucherrechts verpflichtet sind.

Die Anwendung der **Vorschriften des Fernabsatzvertragsrechts** auf Online-Auktionen setzt gemäß § 312 Abs. 1 BGB das Vorliegen eines Verbrauchervertrages i. S. d. § 310 Abs. 3 BGB – also eines Vertrages zwischen einem Unternehmer (§ 14

---

[277] BGH, Urt. v. 24.08.2016 – VIII ZR 182/15, MMR 2016, 737, 737 f.; vorgehend LG Görlitz, Urt. v. 29.07.2015 – 2 S 213/14, BeckRS 2016, 8624.

[278] BGH, Urt. v. 22.05.2019 – VIII ZR 182/17 = NJW 2019, 2475, 2476.

[279] KG Berlin, Beschl. v. 11.06.2019 – 21 U 93/18, BeckRS 2019, 12730, Rn. 12 – *Preismanipulation bei eBay-Kauf.*

BGB) und einem Verbraucher (§ 13 BGB) – voraus. Bei Vertragsschlüssen über die Internetauktionsplattform fällt die Abgrenzung zwischen einer „noch privaten" und einer „schon gewerblichen" Tätigkeit schwer. Es ist zu differenzieren, ob es sich um einen gelegentlichen, sporadischen Verkauf privater Produkte handelt oder ob eine Regelmäßigkeit zu verzeichnen ist, die sich durch einen planmäßigen gewerblichen Verkauf auszeichnet.[280] Grundsätzlich gilt: wer ab und an private Gegenstände auf einer Auktionsplattform zu Geld macht, der ist Verbraucher; wer aber im großen Stil und auf Dauer z. B. eigens hergestellte Lebensmittel oder Accessoires im Internet vertreibt, der ist Unternehmer.[281]

Die Unternehmereigenschaft einer Vertragspartei ist im Wege einer **Gesamtabwägung** unter Berücksichtigung sämtlicher Umstände des Einzelfalles festzustellen.[282] Hierfür hat die Rechtsprechung **zahlreiche Kriterien** aufgestellt, die eine unternehmerische Tätigkeit indizieren. Für ein unternehmerisches Handeln spricht die hohe Anzahl von Verkäufen,[283] die Anzahl von Bewertungen,[284] die Verwendung von AGB,[285] der Verkauf gleichartiger Ware[286] oder das Betreiben eines eBay-Shops[287] sowie der Ankauf von Produkten zum anschließenden Weiterverkauf.[288]

Erfüllt ein Nutzer die Voraussetzungen des § 14 BGB, so kann er sich nicht durch die Selbstbezeichnung als „Privatverkäufer" oder Standarderklärungen wie „Dies ist ein Privatverkauf" von seiner Unternehmereigenschaft lossagen.[289]

---

[280] *Härting*, Internetrecht, 6. Auflage 2017, Rn. 1094; ausführliche Darstellung in *Meyer*, K&R 2007, 572, 574 ff.

[281] *Härting*, Internetrecht, 6. Auflage 2017, Rn. 1094.

[282] OLG Zweibrücken, Urt. v. 28.06.2007 – 4 U 210/06, BeckRS 2007, 12389; Hoeren/Sieber/Holznagel-*Föhlisch*, Handbuch Multimedia-Recht, 48. EL Februar 2019, Teil 13.4 Rn. 18; *Schmittmann*, VuR 2006, 223, 224; vgl. LG Dessau-Roßlau, Urt. v. 11.01.2017 – 3 O 36/16, MMR 2017, 424, 425.

[283] OLG Frankfurt a.M., Beschl. v. 21.03.2007 – 6 W 27/07, MMR 2007, 378, 378 f.; OLG Zweibrücken, Urt. v. 28.06.2007 – 4 U 210/06, MMR 2008, 135 (Ls.); *Schmittmann*, VuR 2006, 223, 224.

[284] OLG Frankfurt a. M., Beschl. v. 27.07.2004 – 6 W 80/04, GRUR 2004, 1043, 1043 f.; OLG Hamm, Urt. v. 21.08.2012 – I-4 U 114/12, GRUR-RS 2013, 00045; LG Hanau, Urt. v. 28.09.2006 – 5 O 51/06, MMR 2007, 339; AG Wernigerode, Urt. v. 22.02.2007 – 10 C 659/06, MMR 2007, 402 (Ls. 1) – m. Anm. *Faustmann*.

[285] vgl. LG Coburg, Urt. v. 19.10.2006 – 1 HK O 32/06, MMR 2007, 399, 400; a.A. AG Detmold, Urt. v. 27.04.2004 – 7 C 117/04, MMR 2004, 638; vgl. dazu: *Härting*, Internetrecht, 6. Aufl. 2017, Rn. 1094; *Schmittmann*, VuR 2006, 223, 225; *ders.*, K&R 2005, 337, 338.

[286] OLG Hamm, Urt. v. 21.08.2012 – I-4 U 114/12, GRUR-RS 2013, 00045; LG Berlin, Urt. v. 05.09.2006 – 103 O 75/06, NJW 2007, 2647 (Ls.).

[287] Hoeren/Sieber/Holznagel-*Föhlisch*, Handbuch Multimedia-Recht, 48. EL Februar 2019, Teil 13.4 Rn. 15.

[288] OLG Frankfurt a. M., Beschl. v. 21.03.2007 – 6 W 27/07, MMR 2007, 378, 379; LG München I, Urt. v. 07.04.2009 – 33 O 1936/08, MMR 2009, 504 (Ls.).

[289] OLG Frankfurt a. M., Beschl. v. 22.12.2004 – 6 W 153/04, NJW 2005, 1438; Hoeren/Sieber/Holznagel-*Föhlisch*, Handbuch Multimedia-Recht, 48. EL Februar 2019, Teil 13.4 Rn. 14.

Bezeichnet man sich umgekehrt bei der Tätigung eines Rechtsgeschäfts als Unternehmer, so muss man sich an dieser Bezeichnung festhalten lassen,[290] sodass man einerseits als Verkäufer dem Vorschriften des Verbraucherrechts verpflichtet ist und sich andererseits als Käufer nicht auf privilegierendes Verbraucherrecht berufen darf.[291] Aus diesem Grund spricht für den sog. „eBay-Powerseller" eine **tatsächliche Vermutung für unternehmerisches Handeln** (siehe eingehend oben: Abschn. 4.3.1.1.1.1).

Der Vertragsschluss erfolgt bei Online-Auktionen unter ausschließlicher Verwendung von Fernkommunikationsmitteln. Es handelt sich um Fernabsatzverträge gemäß § 312c BGB, auf welche insbesondere die Informationspflichten gemäß § 312d BGB und die Vorschriften des Widerrufsrechts (§§ 312g, 355 ff. BGB) anzuwenden sind (Abschn. 4.3). Zwar gilt gemäß § 312g Abs. 2 Nr. 10 BGB, dass bei öffentlich zugänglichen Versteigerungen kein Widerrufsrecht besteht, jedoch ist diese Vorschrift nicht auf Online-Auktionen anwendbar. Denn nach der Legaldefinition setzt eine öffentlich zugängliche Versteigerung die *persönliche Anwesenheit* der teilnehmenden Verbraucher voraus. Online-Auktionsplattformen werden allerdings gerade dadurch gekennzeichnet, dass ihre Benutzer persönlich *abwesend* sind. Insofern ist bei diesen Plattformen das **Widerrufsrecht nicht ausgeschlossen.**[292]

Exkurs
Besonderheiten können jedoch hinsichtlich der o.g. Informationspflichten bei Fernabsatzverträgen (Abschn. 4.3.2) bestehen. So entschied das LG Hannover jüngst, dass ein gewerblicher Verkäufer auf eBay, der seinen Kunden eine Garantie anbiete, keine Informationen über die Garantie des ursprünglichen Herstellers i. S. d. Art. 246a § 1 Abs. 1 S. 1, § 4 Abs. 1 EGBGB eines Produkts bereitstellen muss.[293]

Kommt es bei Online-Auktionen zu einem Vertragsschluss zwischen einem Unternehmer und einem Verbraucher, so handelt es sich um einen **Verbrauchsgüterkauf** (§ 474 Abs. 1 BGB). Dies sind Verträge, bei denen ein Verbraucher von einem Unternehmer eine bewegliche Sache kauft (§ 474 Abs. 1 S. 1) oder zusätzlich dessen Dienstleistung in Anspruch nimmt (S. 2). Für den Verbrauchsgüterkauf gelten gemäß § 474 Abs. 2 S. 1 BGB die Sondervorschriften der §§ 475–479 BGB. Eine Ausnahme gilt gemäß § 474 Abs. 2 S. 2 BGB für gebrauchte Sachen, die in einer öffentlich zugänglichen Versteigerung i. S. d. § 312g Abs. 3 Nr. 10 BGB verkauft werden. Derartige Versteigerungen setzen aber ebenfalls die persönliche Anwesen-

---

[290] *Härting*, Internetrecht, 6. Aufl. 2017, Rn. 1094.

[291] BGH, Urt. v. 22.12.2004 – VIII ZR 91/04, NJW 2005, 1045, 1046 f.; OLG Koblenz, Urt. v. 04.03.2004 – 7 U 873/03, BeckRS 2005, 01960; Bamberger/Roth/Hau/Poseck-*Bamberger*, 50. Ed. Stand: 01.05.2019, BGB § 14 Rn. 29.

[292] *Haug*, Grundwissen Internetrecht, 3. Aufl. 2016, Rn. 588.

[293] LG Hannover, Urt. v. 23.09.2019 – 18 O 33/19, BeckRS 2019, 24701.

heit der teilnehmenden Verbraucher voraus (s. o.), sodass die Ausnahmeregelung auf Online-Auktionen keine Anwendung findet. Bei einem Verbrauchsgüterkauf kann das **Sachmängelgewährleistungsrecht** (§§ 437 ff. BGB) nicht ausgeschlossen werden (§ 476 BGB). Handelt es sich beim Verkäufer dagegen um einen Verbraucher, so gilt das Sachmängelgewährleistungsrecht, soweit es nicht wirksam ausgeschlossen wurde, der Verkäufer die Mangelhaftigkeit der Sache nicht arglistig verschwiegen und seinerseits keine Garantie für die Beschaffenheit der Sache übernommen hat (vgl. §§ 444, 276 Abs. 1 S. 1 Hs. 2 BGB). Von einer Garantieübernahme spricht man, wenn ein Verkäufer, Hersteller oder sonstiger Dritter in einer Erklärung oder vor Abschluss des Kaufvertrages verfügbaren einschlägigen Werbung, über die gesetzliche Mängelhaftung herausgehende Verpflichtungen bezogen auf die Kaufpreiserstattung, Mängelbeseitigung etc. eingegangen ist (§ 443 Abs. 1 BGB). Gemeint ist der unbedingte Einstandswille, verschuldensunabhängig haften zu wollen.[294] Ob die Artikelbeschreibung eine bloße **Beschaffenheitsangabe** (§ 434 Abs. 1 S. 1 BGB) oder eine vom Verkäufer übernommene **Garantie** (§ 443 Abs. 1 BGB) darstellt, hängt von den **Umständen des Einzelfalles** unter Berücksichtigung der beiderseitigen Interessen ab.[295]

4.6 Übungsfall 2: Die Elektroheizung

Der Beklagte B (Verkäufer) erstellt am 01.01.2017 eine private Auktion über eine Elektroheizung bei eBay, die nicht seiner gewerblichen oder beruflichen Tätigkeit zugeordnet werden konnte. Als Startpreis wählte er 1 €, die Auktionsfrist betrug 10 Tage, der Wert der Elektroheizung belief sich auf 8500 €.

Am 08.01.2017 bot der Kläger K (Käufer) auf das Angebot des Beklagten einen Betrag von 1 €. Am 09.01.2017 beendete der Beklagte die Auktion vorzeitig und veranlasste die Streichung des Gebotes des Klägers.

Der Abbruch erfolgte grundlos. Am 15.01.2017 zahlte der Kläger an den Beklagten 1 €.

Anschließend veräußerte der Beklagte die Elektroheizung an einen Dritten.

Frage
Hat **K gegen B** einen Anspruch auf Schadensersatz?
Lösungsskizze

---

[294] BGH, Urt. v. 29.11.2006 – VIII ZR 92/06, NJW 2007, 1346, 1348.
[295] Vgl. BGH, Urt. v. 29.11.2006 – VIII ZR 92/06, NJW 2007, 1346, 1348.

A. Vorüberlegungen: Auswahl der richtigen Anspruchsgrundlage – §§ 280 Abs. 1, Abs. 3, 283 BGB

I. Warum entspringt die Anspruchsgrundlage nicht dem besonderen Leistungsstörungsrecht, hier dem kaufvertraglichen Mängelgewährleistungsrecht?

- Auf das kaufrechtliche Mängelgewährleistungsrecht der §§ 437 ff. BGB kann noch nicht abgestellt werden, da dieses erst nach Gefahrübergang gem. § 446 BGB mit Übergabe der Kaufsache anwendbar ist.
- Die Übergabe fehlt hier noch, weshalb die Anspruchsgrundlage allein aus dem allgemeinen Schuldrecht kommen kann.

II. Warum wird ein Schadensersatz statt der Leistung und nicht neben der Leistung geltend gemacht?

1. <u>Frühere Rechtslage</u>: Schadensphänomenologisch wurde darauf abgestellt, an welchem Objekt der Schaden eingetreten ist, welches Interesse also ersetzt verlangt wurde.
   a. Waren Schäden am Vertragsgegenstand selbst eingetreten, verlangte man Ersatz des sog. <u>Äquivalenzinteresses</u>, so sollte ein Schadensersatz statt der Leistung einschlägig sein.
   b. Waren dagegen Schäden an anderen Rechten und Rechtsgütern eingetreten, wurde Ersatz des <u>Integritätsinteresses</u> verlangt, so sollte ein Schadensersatz neben der Leistung gefordert werden können.
2. <u>Heutige Rechtslage</u>: Abgrenzung anhand des Telos des Schadensersatzanspruches statt der Leistung: Schadensersatz statt der Leistung ist allein derjenige Schaden, der sich aus dem endgültigen Ausbleiben der Leistung ergibt.
   a. Die Leistung bleibt aber erst ab dem Zeitpunkt endgültig aus, in welchem sie der Schuldner nicht mehr erbringen <u>kann</u> (§§ 275 Abs. 1-3 BGB) oder sie nicht mehr erbringen <u>darf</u>, weil der Gläubiger stattdessen Schadensersatz geltend machen kann (was dann gem. § 281 Abs. 4 BGB zum Wegfall der Leistungspflicht führt).
   b. Nicht Gegenstand des Schadensersatzes „statt der Leistung" sind hingegen alle Schäden, die bereits vor diesem Zeitpunkt eingetreten, das heißt nicht auf das endgültige Ausbleiben der Leistung zurückzuführen sind.
   c. Die Abgrenzung erfolgt anhand der Frage, ob ein Nachholen der Leistung im letztmöglichen Zeitpunkt den Schaden noch hätte entfallen lassen.

III. Warum wird auf § 283 BGB und nicht auf § 281 BGB abgestellt?

- §§ 280 Abs. 1, Abs. 3, 281 BGB ist immer dann die richtige Anspruchs-grundlage, wenn eine Schlecht- oder Nichtleistung vorliegt, die nicht auf eine Unmöglichkeit zurückzuführen ist.
- §§ 280 Abs. 1, Abs. 3, 283 BGB ist folglich dann einschlägig, wenn eine Nichtleistung aufgrund Unmöglichkeit i. S. v. § 275 BGB vorliegt.
- Unter dem Begriff der Unmöglichkeit versteht man jede dauerhafte Nicht-erbringbarkeit des Leistungserfolgs, und zwar in jeder Form (objektive, subjektive Unmöglichkeit, anfängliche, nachträgliche sowie die zu vertre-tende und nicht zu vertretende Unmöglichkeit).
- Da B das Stromaggregat an D veräußert hat, ist ihm subjektiv der Leis-tungserfolg an K nicht mehr möglich. Die korrekte Anspruchsgrundlage ist daher §§ 280 Abs. 1, Abs. 3, 283 BGB.

B. Anspruch K gegen B auf Schadensersatz aus §§ 280 Abs. 1, Abs. 3, 283 BGB
I. Schuldverhältnis
1. Vertragsschluss bei Online-Auktionen
a. § 156 BGB

- Der Vertragsschluss könnte durch Zuschlag gem. § 156 BGB zustande gekom-men sein, mit der Folge, dass ein Widerrufsrecht des Verbrauchers gem. § 312g Abs. 2 S. 1 Nr. 10 BGB ausgeschlossen wäre.
- eBay sieht jedoch nicht die Modalitäten für den Vertragsschluss vor, welche das Gesetz für Versteigerungen zugrunde legt. Versteigerungen bei eBay laufen auto-matisch ab, ohne dass ein Versteigerer über den Zuschlag entscheidet. Der bloße Zeitablauf stellt keine Willenserklärung dar und kann eine solche auch nicht ersetzen. Versteigerungen über eBay sind daher keine Versteigerungen im Rechtssinne.
- Der Vertrag soll vorliegend nicht durch den Zuschlag einer Willenserklärung des Versteigerers, sondern durch Erklärungen der Mitglieder zustande kommen.

b. §§ 145 ff. BGB

- Der Vertragsschluss erfolgt somit durch Angebot und Annahme gem. §§ 145 ff. BGB.
- Etwas anderes gilt allenfalls nur bei sog. Live-Auktionen, in denen ein Modera-tor tatsächlich einen Zuschlag erteilt.[296]

---

[296]Vgl. *Spindler*, ZIP 2001, 809, 810.

c. Angebot des B durch Einstellen der Auktion bzw. Freischalten der Angebotsseite

Einstellen der Auktion = <u>invitatio ad offerendum</u>?

- Der <u>Rechtsbindungswille</u> des B ist fraglich, da er die Mitglieder von eBay lediglich auffordern könnte, ihrerseits ein Angebot abzugeben. Dies ist regelmäßig dann der Fall, wenn der Verkäufer nicht an jeden beliebigen Interessenten verkaufen will, sondern sich den Vertragsschluss bis zuletzt selbst vorbehalten möchte, um Zahlungs- und Leistungsfähigkeit des Käufers zu prüfen.
- Die Feststellung des Rechtsbindungswillens des B erfolgt durch Auslegung nach dem objektiven Empfängerhorizont gem. §§ 133, 157 BGB
- Gegen eine invitatio ad offerendum spricht der Umstand, dass ein Angebot auch an einen unbestimmten Personenkreis möglich ist (<u>offerta ad incertam personam</u>), wenn zweifelsfrei bestimmbar ist, mit welchem Auktionsteilnehmer der Beklagte einen Vertrag abschließen will. Das ist bei eBay-Auktionen derjenige, der bei Auktionsende das Höchstgebot abgegeben hat. Der Kaufpreis ist dann als Höchstgebot ebenfalls bestimmbar.
- Nach h.M. ist das Einstellen der Auktion daher ein nach diesen Grundsätzen als „Angebot an den Höchstbietenden zum Höchstgebot" gem. § 148 BGB als befristetes Angebot zulässig.

d. Annahme des K

- Die Abgabe eines Gebotes ist dann eine Annahmeerklärung des befristeten Angebots an den bei Auktionsende Höchstbietenden, die dann aber auch nur der letztlich Höchstbietende erklären kann.
- Das abgegebene Gebot des K in Höhe von 1 € ist eine wirksame, auf Abschluss eines Kaufvertrags mit dem B gerichtete Willenserklärung.

e. Wirksame Vertretung

Angebot und Annahme werden zwar gegenüber der Verkaufsplattform erklärt, sie gehen dieser aber als Empfangsvertreter der jeweils anderen Partei zu, § 164 Abs. 3 BGB, und werden damit wirksam i. S. v. § 130 BGB.

▶   **Zur Vertiefung** Ebenfalls wird vertreten, dass das Einstellen einer Auktion als <u>antizipierte Annahmeerklärung</u> des Verkäufers gegenüber dem bei Auktionsende Höchstbietenden zu verstehen sei, wobei der Bietende ein Angebot im Hinblick auf die antizipiert erklärte Annahmeerklärung macht. Alternativ zu diesem vom BGH vertretenen Modell eines Angebots und einer Annahme allein durch den bei Auktionsende Höchstbietenden wird in Rechtsprechung und Literatur auch vertreten, das Angebot sei an jeden Bieter gerichtet, stehe aber unter einer Bedingung gemäß § 158 BGB, nämlich entweder unter der aufschiebenden Bedingung keines anderweitigen Vertragsschlusses zu einem höheren Kaufpreis oder aber unter der auflösenden Bedingung der Abgabe eines höheren Gebotes. Auch diese Ansichten lassen sich selbstverständlich vertreten. Vgl. dazu schon eingehend: Abschn. 4.5.1.

2. Wirksamkeit des Vertragsschlusses/Einwendungen

a. Angebotsrücknahme als Widerruf, § 312b, g BGB

B könnte seine Willenserklärung zunächst wirksam widerrufen haben. Zweck des Widerrufsrechts bei Fernabsatzverträgen gem. §§ 312b, g BGB ist es, den Verbraucher vor der Gefahr einer Fehlentscheidung beim Kauf zu schützen, wenn er die Kaufsache zuvor nicht prüfen kann. Dieser Zweck kommt indes nicht zum Tragen, wenn der Verbraucher derjenige ist, der die Ware veräußert. Art. 2 Nr. 5 der Verbraucherrechterichtlinie, auf dem das deutsche Fernabsatzrecht beruht, statuiert daher, dass ein „Kaufvertrag" nur Verträge erfasst, bei denen der Unternehmer die Übertragung des Eigentums an Waren und der Verbraucher ihre Zahlung zusagt. Dementsprechend spricht § 312 Abs. 1 BGB von einer entgeltlichen Leistung eines Unternehmers, auf die die Vorschriften des Fernabsatzrechts Anwendung finden. B kann den Vertrag daher nicht widerrufen, obwohl er als Verbraucher tätig geworden ist.

b. Sittenwidrigkeit, § 138 BGB

Weiterhin könnte der Vertrag nach Maßgabe des § 138 BGB unwirksam sein.

aa. § 138 Abs. 1 BGB

- <u>Sittenwidrigkeit</u>: Rechtsgeschäft, das gegen die guten Sitten verstößt, d. h. gegen das Anstandsgefühl aller billig und gerecht Denkenden.
- Für die Sittenwidrigkeit eines Rechtsgeschäfts reicht jedoch allein das zweifelsohne hier vorliegende besonders krasse Missverhältnis zwischen Preis und Leistung nicht aus.

bb. § 138 Abs. 2 BGB

<u>Wucher</u>: Spezieller Fall der Sittenwidrigkeit, welcher dem § 138 Abs. 1 BGB vorgeht:

a. <u>Objektive Voraussetzung</u>: Vorliegen eines groben Missverhältnisses zwischen Leistung und Gegenleistung, was jeweils anhand des Einzelfalls bei Ermittlung und Gegenüberstellung des objektiven Wertes der beiderseitigen Leistungen zu ermitteln ist. Ein besonders grobes Missverhältnis liegt in der Regel vor, wenn die vom Schuldner zu erbringende Leistung um 100 % oder mehr über dem Marktpreis liegt (<u>Grenze des Doppelten</u>). Dies zugrunde gelegt müsste man im Falle eines Kaufvertrages über ein Stromaggregat im Wert von 8500€ gegen Zahlung von 1€ von einem solch groben Missverhältnis ausgehen.

b. <u>Subjektive Voraussetzung</u>: Ausbeutung, d. h. bewusstes Zunutzemachen einer Schwächesituation (Zwangslage, Unerfahrenheit, Mangel an Urteilsvermögen, erhebliche Willensschwäche eines anderen) und Kenntnis von Missverhältnis der Leistung (verwerfliche Gesinnung, welche im Falle eines besonders groben Missverhältnisses vermutet wird.

Zur Vertiefung
In einer Entscheidung aus dem Jahr 2012[297] hat der BGH die Übertragbarkeit der Vermutung der subjektiv verwerflichen Gesinnung auf Online Auktionen allerdings verneint. Die Vermutung der verwerflichen Gesinnung wurde ursprünglich für Rechtsgeschäfte entwickelt, in denen typischerweise eine intellektuelle oder wirtschaftliche Unterlegenheit der übervorteilten Person besteht. Der Abschluss eines derart nachteiligen Rechtsgeschäfts könne nicht anders erklärt werden, als mit einem Handeln aus intellektueller oder wirtschaftlicher Not heraus. Eine solche Not liegt im Rahmen einer Online-Auktion allerdings nicht vor, vielmehr ist es hier der Verkäufer, der mit der Wahl eines niedrigen Startpreises bewusst das Risiko eines Missverhältnisses zwischen Leistung und Gegenleistung eingeht. Er geht dieses Risiko ein, weil in einem niedrigen Startangebot die Möglichkeit liegt, eine große Anzahl potenzieller Käufer anzulocken, die sich gegenseitig überbieten und den Preis so in die Höhe treiben. Gleichzeitig besteht dann aber natürlich das Risiko, dass der Wunschpreis nicht erreicht wird, weil das Angebot letztlich auch mit einem niedrigen Startpreis nicht attraktiv genug für die Käufer ist. In dieser Situation, die nicht von intellektueller oder wirtschaftlicher Not geprägt ist, sondern das Risiko des Missverhältnisses von Leistung und Gegenleistung vom Verkäufer bewusst in Kauf genommen wird, lässt sich eine Vermutung einer verwerflichen Gesinnung indes nicht begründen. (siehe zum Ganzen bereits: Abschn. 4.5.2.2)

c. Aufgrund der besonderen Interessen- und Gefährdungslage bei Online-Auktionen (s. o.) liegt hier somit kein Wucher i. S. v. § 138 Abs. 2 BGB vor.

cc. Zwischenergebnis
Ein wirksamer Vertragsschluss ist somit gegeben.

II. Pflichtverletzung
Die Pflichtverletzung liegt in der durch die nachträgliche Unmöglichkeit herbeigeführten Nichtleistung (Verfügung an den Dritten), § 275 Abs. 1 BGB.

III. Vertretenmüssen, § 276 BGB
Der B hat die zur Unmöglichkeit führenden Umstände auch gemäß § 276 Abs. 1 BGB zu vertreten, da er das Stromaggregat selbstverantwortet an den Dritten veräußert hat.

VI. Schaden

• Ersetzt wird beim Schadensersatz statt der Leistung das positive Interesse, d. h. der K ist so zu stellen, wie er stünde, wenn ordnungsgemäß erfüllt worden wäre, § 249 Abs. 1 BGB. Es erfolgt ein Vergleich der Vermögenslagen ohne und mit ordnungsgemäßer Erfüllung nach der sogenannten Differenzhypothese.
• Dabei ist festzustellen, dass sich im Vermögen des K bei ordnungsgemäßer Erfüllung ein Stromaggregat im Wert von 8500 € zu einem Kaufpreis von 1 € befunden hätte, das nun fehlt. Der Wert des Stromaggregats ist daher der zu beziffernde Schaden.

Ergebnis
K hat gegen B einen Anspruch auf Schadensersatz statt der Leistung gem. §§ 280 Abs. 1, Abs. 3, 283 BGB in Höhe von 8499 €.

---

[297] BGH, Urt. v. 28.03.2012 – VIII ZR 244/10, NJW 2012, 2723.

Marken- und Lauterkeitsrecht am Beispiel von Domainrecht, AdWords und Influencer-Marketing

5

Ruben Schneider

In diesem Kapitel werden das Marken- sowie das Lauterkeitsrecht an den Beispielen des Domainrechts und des Influencer-Marketings näher erläutert. In diesem Rahmen wird auch die Problematik rund um sog. AdWords aufgezeigt. Marken- und Lauterkeitsrecht hängen unweigerlich zusammen, da die Verletzung eines Markenrechts oft auch wettbewerbsrechtliche Implikationen zur Folge hat. Das Domainrecht hingegen ist eine Querschnittsmaterie, die eine Vielzahl anderer Rechtsgebiete tangiert. Es soll daher erst im Nachgang beschrieben werden, obgleich es unweigerlich Bezüge zum Marken- und Lauterkeitsrecht, v.a. aber auch zum bürgerlich-rechtlichen Namensrecht aufweist. Das Kapitel schließt mit einer Darstellung der rechtlichen Grundzüge des Influencer-Marketings, welches ebenfalls starke Bezüge zum Marken- und Lauterkeitsrecht aufweist.

5.1 Grundzüge des Markenrechts

Aus kennzeichenrechtlicher Perspektive sind zunächst die Vorschriften des Markenrechts (insbesondere das **MarkenG**) zu berücksichtigen. Im Zentrum des Markenrechts steht – wie der Begriff bereits andeutet – die **Marke**. Dabei ist es jedoch so, dass entgegen der weit verbreiteten Vorstellung auch abseits der bekannten Firmen- und Produktnamen wie „Cola-Cola", „Mars" oder „Lucky Strike" markenrechtlicher Schutz bestehen kann. Ein Name wird immer dann zur Marke, wenn er mit

R. Schneider (✉)
Rheinische Friedrich-Wilhelms-Universität Bonn, Lehrstuhl für Bürgerliches Recht, Informations- und Datenrecht, Bonn, Deutschland
E-Mail: ruben.schneider@forschungsstelle-datenrecht.de

© Springer-Verlag GmbH Deutschland, ein Teil von Springer Nature 2020
L. Specht-Riemenschneider et al., *Internetrecht*, Springer-Lehrbuch,
https://doi.org/10.1007/978-3-662-61726-7_5

einer bestimmten Ware oder Dienstleistung verknüpft wird,[1] also z. B. mit Limonade, Schokoriegeln oder Zigaretten.

Grundlegend ist hierbei zwischen **Wort- und Bildmarken** zu unterscheiden. Geschützte Kennzeichen können also entweder aus einer grafischen Abbildung oder einer Buchstabenkombination bestehen. Auch gemischte Wort-Bild-Marken sind denkbar. § 3 Abs. 1 MarkenG legt diesbezüglich fest, dass **jedes Zeichen als Marke schutzfähig** ist, sofern es **Unterscheidungskraft** besitzt und somit von anderen Marken abgegrenzt werden kann. Demnach können alle Zeichen, insbesondere Wörter mitsamt Personennamen, Abbildungen, Buchstaben, Zahlen, Klängen, dreidimensionalen Gestaltungen einschließlich der Form einer Ware oder ihrer Verpackung sowie sonstige Aufmachungen inklusive Farben und Farbzusammenstellungen geschützt werden, die geeignet sind, Waren oder Dienstleistungen eines Unternehmens von denjenigen anderer Unternehmen zu unterscheiden.

▶ Im Wesentlichen hat eine Marke also **zwei Entstehungsvoraussetzungen**:

1. Es muss ein **Zeichen** vorliegen. Dieser Begriff muss aufgrund der zunehmenden unionsrechtlichen Harmonisierung einheitlich ausgelegt werden. Der EuGH[2] versteht unter einem Zeichen jedes mit den fünf menschlichen Sinnen wahrnehmbare Symbol.
2. Dieses Zeichen muss weiterhin **Unterscheidungskraft** besitzen und somit von anderen Symbolen abgrenzbar sein. Dafür ist erforderlich, dass ein Zeichen überhaupt von anderen unterschieden werden kann, sog. **abstrakte Unterscheidungseignung**. Dies wird regelmäßig zu bejahen sein.

Marken entstehen entweder durch Eintragung im Markenregister (sog. **Registermarken**) oder durch umfangreiche Benutzung und damit einhergehende Verkehrsgeltung (sog. **Benutzungsmarken**). Registermarken sind nur dann schutzfähig, wenn tatsächlich auch eine Benutzungsabsicht für die Zukunft besteht (vgl. Benutzungsschonfrist gemäß § 49 MarkenG).[3]

Kein Markenschutz kommt allerdings denjenigen Zeichen zu, denen die sog. abstrakte Markenfähigkeit fehlt. Gemäß **§ 3 Abs. 2 MarkenG** nicht dem Markenschutz zugänglich sind demnach Zeichen, die ausschließlich aus Formen oder anderen charakteristischen Merkmalen bestehen,

1. die durch die Art der Ware selbst bedingt sind,
2. die zur Erreichung einer technischen Wirkung erforderlich sind oder
3. die der Ware einen wesentlichen Wert verleihen.

---

[1] *Hacker*, Markenrecht, 4. Aufl. 2016, Rn. 2.

[2] EuGH, Urt. v. 25.01.2007 – C-321/03, ECLI:EU:C:2007:51 = GRUR 2007, 231, Rn. 29 – *Dyson*.

[3] Spindler/Schuster-*Müller*, Recht der elektronischen Medien, 4. Aufl. 2019, § 3 MarkenG Rn. 18.

Beispiele

Zeichen mit fehlender abstrakter Markenfähigkeit

- Kugelform als Markenzeichen für einen Fußball (§ 3 Abs. 2 Nr. 1 MarkenG)
- Flügelform als Markenzeichen für ein Flugzeug (§ 3 Abs. 2 Nr. 2 MarkenG)
- Individueller Malstil eines Künstlers als Markenzeichen für dessen Gemälde (§ 3 Abs. 2 Nr. 3 MarkenG) ◄

Freilich werden die Ausschlussgründe des § 3 Abs. 2 MarkenG für die Nutzung von Marken im Internet regelmäßig nur im Rahmen der Inhalte einer Homepage Relevanz haben, wohingegen Domains i. d. R. keine derartigen Formen oder charakteristischen Merkmale enthalten.

Die **Form** einer potenziellen Marke ist beliebig – sie kann einerseits aus grafischen Elementen (z. B. das Coca-Cola-Logo), andererseits aber auch klassischerweise aus Buchstaben und Zahlen bestehen (z. B. 11880, Planet49, Immowelt). Auch Hör-, Tast-, Farb- und 3D-Marken sind denkbar und heute weitestgehend anerkannt.[4] Sogar Positionsmarken, etwa für die Position eines Logos, einer farbigen Fläche oder eines Reißverschlusses sind möglich.[5]

Eine – auch und gerade für das Internet – relevante Fallgruppe sind die sog. **Farbmarken**. Bei besonderer Prägnanz können bestimmte Farbtöne markenrechtlichen Kennzeichenschutz genießen.[6] Abstrakte Schutzfähigkeit besteht demnach etwa für Farbkombinationen oder sogar allgemeine Farbkategorien. Es ist jedoch zu beachten, dass ggf. absolute Schutzhindernisse bzw. Freihaltebedürfnisse entgegenstehen können. So ist es bspw. schwer vorstellbar, dass Grundfarben wie schwarz, weiß oder gelb markenrechtlich geschützt werden können.[7] Dennoch wurde etwa für das „Milka-Lila"[8] und das „Sparkassen-Rot"[9] markenrechtlicher Schutz bejaht. Indes wird der Schutz bei Farbkombinationen sowie Farbmustern deutlich leichter gelingen.

Das Kennzeichenrecht besteht neben den Marken aus geschäftlichen Bezeichnungen und geografischen Herkunftsangaben. **Geschäftliche Bezeichnungen** dienen dabei insbesondere der Identifikation und Kennzeichnung von Unternehmen. Sie sind aufgegliedert in Unternehmenskennzeichen (§ 5 Abs. 1, Abs. 2 MarkenG) und Werktitel (§ 5 Abs. 1, Abs. 3 MarkenG). **Unternehmenskennzeichen** können einerseits Namen und namensähnliche Bezeichnungen sein, andererseits aber auch nicht-namensmäßige Zeichen wie bspw. die Kleidung der Angestellten, die Gestal-

---

[4] Vgl. statt vieler: *Berlit*, Markenrecht, 10. Aufl. 2015, Rn. 4.

[5] Vgl. aktuell: EuGH, Urt. v. 06.06.2019 – C-223/18, ECLI:EU:C:2019:471 = GRUR-Prax 2019, 327 – *Sportschuh mit X*.

[6] Spindler/Schuster-*Müller*, Recht der elektronischen Medien, 4. Aufl. 2019, § 3 MarkenG Rn. 22.

[7] *Berlit*, Markenrecht, 10. Aufl. 2015, Rn. 7 f.

[8] BGH, Urt. v. 07.10.2004 – I ZR 91/02, GRUR 2005, 427 – *Lila-Schokolade*.

[9] BGH, Beschl. v. 21.07.2016 – I ZB 52/15, GRUR 2016, 1167 – *Sparkassen-Rot*.

tung der Geschäftsräume oder die Auswahl bestimmter Geschäftsfarben.[10] **Werktitel** schützen hingegen nicht ein verkörpertes Objekt, sondern vielmehr den gedanklich-immateriellen Werkinhalt, der einen Werkinhalt konkretisiert.[11] **Geografische Herkunftsangaben** (§§ 126–129 MarkenG) dienen demgegenüber dem Schutz der Bezeichnung von Produkten, die aufgrund ihrer geografischen Herkunft eine herausragende Stellung haben und daher geschützt werden sollen (z. B. *Elsässer Nudeln*[12] oder *Schwaben Bräu;*[13] nicht jedoch bloß gebietsbeschreibende Begriffe wie *Morgenland* oder *Abendland).*[14] Im Einzelfall können geografische Herkunftsangaben auch als Individualmarke geschützt sein.[15] Für das Internetrecht ist indes primär der markenrechtliche Schutz relevant, sodass sich die Ausführungen in diesem Kapitel hierauf beschränken. Wirtschaftlich betrachtet stellen Marken zudem das wichtigste Kennzeichen dar, da sie erheblich zur Erhöhung der Wertschätzung von Produkten und Dienstleistungen beitragen.[16]

Gemäß **§ 4 Nr. 2 MarkenG** kann der Markenschutz durch die bloße Benutzung eines Zeichens im geschäftlichen Verkehr entstehen, soweit das Zeichen innerhalb der beteiligten Verkehrskreise als Marke Verkehrsgeltung erlangt hat. **Verkehrsgeltung** bezeichnet letzten Endes nichts anderes als den Prozess, dass durch die bloße Benutzung einer Marke dieser im Verkehr Herkunftsfunktion zugemessen wird.[17] Hinsichtlich der Geltung eines Domainnamens ist auf die beteiligten nationalen Internetbenutzer als Verkehrskreis abzustellen.[18] Weitestgehend wird hierfür eine Bekanntheit des Kennzeichens von über 50 % in den beteiligten Verkehrskreisen für erforderlich gehalten.[19] In Ausnahmefällen kann eine Bekanntheit von nur 20 % genügen.[20] Feste Prozentzahlen können zur Begründung der Verkehrsgeltung nicht bestimmt werden, i. d. R. wird jedoch eine Geltung in 25–40 % des Verkehrskreises ausreichen.

Rechtssicherer ist freilich die Entstehung markenrechtlichen Schutzes durch die Eintragung eines Zeichens als Marke in das vom Deutschen Patent- und Markenamt geführten Register, vgl. **§ 4 Nr. 1 MarkenG.**

Sofern eine Marke eingetragen werden soll, sind maßgeblich die **absoluten Schutzhindernisse des § 8 MarkenG** zu prüfen. **§ 8 Abs. 1 MarkenG** stellt zunächst klar, dass eine Marke im Register so dargestellt werden muss, dass sie **klar**

---

[10] *Hacker*, Markenrecht, 4. Aufl. 2016, Rn. 8 ff.

[11] *Hacker*, Markenrecht, 4. Aufl. 2016, Rn. 11.

[12] BGH, Urt. v. 29.04.1982 – I ZR 111/80, GRUR 1982, 564 – *Elsässer Nudeln.*

[13] BPatG, Beschl. v. 17.05.2017 – 26 W (pat) 541/16, BeckRS 2017, 124457 – *Schwaben Bräu.*

[14] BPatG, Beschl. v. 26.04.2018 – 25 W (pat) 528/16, BeckRS 2018, 8402 – *Abendland.*

[15] Spindler/Schuster-*Müller*, Recht der elektronischen Medien, 4. Aufl. 2019, § 1 MarkenG Rn. 11.

[16] Spindler/Schuster-*Müller*, Recht der elektronischen Medien, 4. Aufl. 2019, § 3 MarkenG Rn. 5.

[17] *Ingerl/Rohnke*, MarkenG, 3. Aufl. 2010, § 4 MarkenG Rn. 11.

[18] Spindler/Schuster-*Müller*, Recht der elektronischen Medien, 4. Aufl. 2019, § 4 MarkenG Rn. 21 ff.

[19] Kur/v. Bomhard/Albrecht-*Weiler*, BeckOK MarkenR, 18. Ed. Stand: 01.07.2019, § 4 MarkenG Rn. 40; *Ingerl/Rohnke*, MarkenG, 3. Aufl. 2010, § 4 MarkenG Rn. 21.

[20] Spindler/Schuster-*Müller*, Recht der elektronischen Medien, 4. Aufl. 2019, § 4 MarkenG Rn. 20.

und eindeutig bestimmt werden kann. Den diesbezüglichen Grundstein hat der EuGH in der Entscheidung *Sieckmann*[21] gelegt. Demnach kann auch ein Zeichen, das als solches nicht visuell wahrnehmbar ist, eine Marke sein, sofern es insbesondere mit Hilfe von Figuren, Linien oder Schriftzeichen grafisch dargestellt werden kann und die Darstellung klar, eindeutig, in sich abgeschlossen, leicht zugänglich, verständlich, dauerhaft und objektiv ist.[22] Solange also Klassifikationssysteme (z. B. für Farben und Klänge) bestehen, steht § 8 Abs. 1 MarkenG einer Eintragung dergleichen als Marke nicht entgegen.

Marken werden dabei immer in bestimmte **Klassen** im Markenregister eingetragen, die verschiedenste Waren- und Dienstleistungskategorien umfassen. Es existieren 45 verschiedene Klassen (sog. *Nizza-Klassifikation*), davon 34 Waren- und 11 Dienstleistungsklassen. Darunter befindet sich z. B. eine Klasse für Musikinstrumente (Klasse 15), eine für Bekleidungsstücke, Schuhwaren und Kopfbedeckungen (Klasse 25) sowie eine für die Telekommunikation (Klasse 38). Eine Standard-Anmeldung beim DPMA umfasst grundsätzlich die Eintragung einer Marke für drei Klassen, wobei es jedem Anmelder freisteht, für eine zusätzliche Gebühr eine Eintragung weiterer Klassen vornehmen zu lassen.

§ 8 Abs. 2 MarkenG stellt weitere absolute Schutzhindernisse auf. Die wichtigsten absoluten Schutzhindernisse sind § 8 Abs. 2 Nr. 1–3 MarkenG, was nicht zuletzt daran zu erkennen ist, dass diese mittels sog. **Verkehrsdurchsetzung** überwunden werden können. Zu den drei Schutzhindernissen im Einzelnen:

1. Das **Fehlen jeglicher Unterscheidungskraft** (§ 8 Abs. 2 Nr. 1 MarkenG): Während es in § 3 Abs. 1 MarkenG noch um die abstrakte Unterscheidungskraft geht, behandelt § 8 Abs. 2 Nr. 1 MarkenG die konkrete Unterscheidungskraft. Ein Zeichen muss also für die konkrete einzutragende Warenkategorie Unterscheidungskraft besitzen. Der EuGH[23] spricht einem Zeichen die konkrete Unterscheidungskraft dann zu, wenn es geeignet ist, die Waren, für die die Eintragung beantragt wird, als von einem bestimmten Unternehmen stammend zu kennzeichnen und diese Waren somit ohne Verwechslungsgefahr von denjenigen anderer Unternehmen zu unterscheiden. Es bedarf nicht zwingend der Neuheit, Originalität, Kreativität oder sonstiger „Schöpfungshöhe" (wie z. B. im Urheber- oder Patentrecht), um Unterscheidungskraft begründen zu können.[24] Dennoch kann das Vorliegen eines dieser Kriterien Indizwirkung zur Begründung der Unterscheidungskraft besitzen. Der BGH[25] legt hierfür einen sehr großzügigen Maßstab an. Nach ständiger Rechtsprechung genügt demnach jede noch so geringe Unterscheidungskraft.[26]

---

[21] EuGH, Urt. v. 12.12.2002 – C-273/00, ECLI:EU:C:2002:748 = GRUR 2003, 145 – *Sieckmann*.

[22] EuGH, Urt. v. 12.12.2002 – C-273/00, ECLI:EU:C:2002:748 = GRUR 2003, 145 – *Sieckmann*.

[23] Grundlegend: EuGH, Urt. v. 04.05.1999 – C-108 und 109/97, ECLI:EU:C:1999:230 = GRUR 1999, 723 – *Chiemsee*.

[24] Kur/v. Bomhard/Albrecht-*Eichelberger*, BeckOK MarkenR, 18. Ed. Stand: 01.07.2019, § 8 MarkenG Rn. 98.

[25] Vgl. statt vieler: BGH, Beschl. v. 21.02.2008 – I ZB 24/05, GRUR 2008, 710 – *VISAGE*.

[26] Vgl. aktuell: BGH, Beschl. v. 21.06.2018 – I ZB 61/17, GRUR 2018, 932 – *#darferdas?*.

Beispiel

Das Zeichen *Apple* genießt abstrakte Unterscheidungskraft i. S. d. § 3 Abs. 1 MarkenG. Dennoch könnte es nicht als Marke für die Kategorie „Apfel" eingetragen werden (wie z. B. *Pink Lady* oder *Braeburn*), weil es ihm diesbezüglich an konkreter Unterscheidungskraft i. S. d. § 8 Abs. 2 Nr. 1 MarkenG fehlt. Für Computer und Handys ist die Eintragung hingegen möglich, da diesbezüglich die Bezeichnung *Apple* nicht lediglich beschreibend ist. ◄

2. Ein weiteres Schutzhindernis besteht aufgrund des **Freihaltebedürfnisses be-schreibender Angaben** (§ 8 Abs. 2 Nr. 2 MarkenG). Demnach ist etwa Grundbegriffen wie „erntefrisch", „frisch", „neuwertig" o.ä. ein markenrechtlicher Schutz aus Gründen des Allgemeininteresses[27] verwehrt. Der EuGH[28] sieht es dementsprechend als Interesse der Allgemeinheit an, dass alle Marken, die ausschließlich aus Zeichen oder Angaben bestehen, die zur Bezeichnung der Merkmale einer Ware oder einer Dienstleistung dienen können, von jedermann frei verwendet und vorbehaltlich der Verkehrsdurchsetzung nicht eingetragen werden können. Dabei ist stets auf die Auffassung der relevanten Verkehrskreise abzustellen.[29] Um einer Marke die Eintragungsfähigkeit zu verwehren, ist also erforderlich, dass ein Großteil des gesamten – angesprochenen – Rechtsverkehrs ihr jegliche Unterscheidungskraft abspricht.[30] Indes ist der Gesamteindruck eines Kennzeichens relevant, nicht der bloße Eindruck aller Einzelbestandteile.[31] Sofern eine **Abwandlung einer beschreibenden Angabe** vorliegt, kommt die Eintragungsfähigkeit hingegen wieder in Betracht. Problematisch ist hier nur, wie weit eine Kennzeichnung von einer beschreibenden Angabe entfernt sein muss, um eintragungsfähig zu sein, wann also eine sog. **schutzfähige Abwandlung** vorliegt. Eine solche kann sogar bei gleicher Aussprache vorliegen, wenn Schriftbild und Sinngehalt der Abwandlung von der beschreibenden Angabe abweichen und sich lediglich auf eine klangliche Ähnlichkeit beschränken.[32] Als eintragungsfähig anerkannt wurden etwa *Snakers* (statt *Sneakers*),[33] *NATUA* (statt *NATUR*)[34] und *Swensor* (statt *Sensor*).[35] Hier sind auch Mischungen verschiedener Sprachen, insbesondere der deutschen und englischen Sprache (sog. *Denglisch*), denkbar.

---

[27] Vgl. dazu: *Ingerl/Rohnke*, MarkenG, 3. Aufl. 2010, § 8 MarkenG Rn. 198.

[28] EuGH, Urt. v. 12.01.2006 – C-173/04, ECLI:EU:C:2006:20 = GRUR 2006, 233, Rn. 62 – *Standbeutel*.

[29] *Ingerl/Rohnke*, MarkenG, 3. Aufl. 2010, § 8 MarkenG Rn. 206.

[30] Fezer-*Fezer*, Markenrecht, 4. Aufl. 2009, § 8 MarkenG Rn. 341.

[31] EuGH, Urt. v. 12.02.2004 – C-363/99, ECLI:EU:C:2004:86 = GRUR 2004, 674 – *Postkantoor*.

[32] Fezer-*Fezer*, Markenrecht, 4. Aufl. 2009, § 8 MarkenG Rn. 485.

[33] DPA Mitt. 1989, 242.

[34] BPatG Mitt. 1991, 83.

[35] BPatG Mitt. 1987, 220.

3. Ein Schutzhindernis besteht auch dann, wenn nur **übliche Zeichen verwendet** werden (§ 8 Abs. 2 Nr. 3 MarkenG). **Üblichkeit** setzt diesbezüglich voraus, dass ein Zeichen bereits verwendet wird und dass es die von den konkret beanspruchten Waren und Dienstleistungen angesprochenen Personen als Sachhinweis, Gattungsbezeichnung oder Werbeschlagwort auffassen.[36] Wird ein Zeichen nicht benutzt, so kann es auch nicht „üblich" sein.[37] Im Falle der Mehrdeutigkeit eines Zeichens reicht es für die Üblichkeit bereits aus, wenn eine einzige, nicht fernliegende Auffassungsweise üblich ist.[38] § 8 Abs. 2 Nr. 3 MarkenG erfasst dabei maßgeblich Bezeichnungen, die zum Zeitpunkt der Stellung eines Eintragungsantrages üblich sind.[39] Abzustellen ist dabei auf sämtliche am Vertrieb einer Ware beteiligten Personen, wobei eine nur regionale Bekanntheit bzw. Üblichkeit bereits als Schutzhindernis genügt.[40]

Weitere relevante Schutzhindernisse sind **Täuschung und Irreführung** gemäß § 8 Abs. 2 Nr. 4 MarkenG sowie ein **Verstoß gegen die öffentliche Ordnung oder gute Sitten** nach Maßgabe des § 8 Abs. 2 Nr. 5 MarkenG. Auch die **bösgläubige Anmeldung einer Marke** kann ein absolutes Schutzhindernis gemäß § 8 Abs. 2 Nr. 14 MarkenG (*bis 13.01.2019: § 8 Abs. 2 Nr. 10 MarkenG a.F.*) darstellen.

Wie oben bereits angedeutet, können die absoluten Schutzhindernisse aus § 8 Abs. 2 Nr. 1–3 MarkenG mittels **Verkehrsdurchsetzung** überwunden werden. Dies ist dem Umstand geschuldet, dass ein Zeichen, welches für lange Zeit im Verkehr verwendet wird, mit der Zeit eine Herkunfts- und Kennzeichnungsfunktion entwickeln kann, die die Rechtfertigung markenrechtlichen Schutzes begründet. Unter Verkehrsdurchsetzung wird demgemäß verstanden, dass sich ein Zeichen bei der Verwendung als Marke in den beteiligten Verkehrskreisen aus Sicht der Verbraucher als **herkunftskennzeichnend und produktidentifizierend** für bestimmte Waren oder Dienstleistungen durchgesetzt hat.[41] Verkehrsdurchsetzung kommt somit insbesondere für Zeichen in Betracht, die schon grundsätzlich nicht eintragungsfähig sind, wie z. B. Farben. In der Regel ist ein **Mindestdurchsetzungsgrad von 50 %**[42] in den beteiligten Verkehrskreisen erforderlich.

---

[36] *Lehmann-Richter*, WRP 2002, 1391, 1391 ff.; Kur/v. Bomhard/Albrecht-*Eichelberger*, BeckOK MarkenR, 18. Ed. Stand: 01.07.2019, § 8 MarkenG Rn. 525.

[37] Aktuell: BPatG, Beschl. v. 10.05.2019 – 28 W (pat) 22/16, BeckRS 2019, 8865 – *POSTMAXX*.

[38] Kur/v. Bomhard/Albrecht-*Eichelberger*, BeckOK MarkenR, 18. Ed. Stand: 01.07.2019, § 8 MarkenG Rn. 530.

[39] *Schrader*, WRP 2000, 69, 72 f.

[40] Fezer-*Fezer*, Markenrecht, 4. Aufl. 2009, § 8 MarkenG Rn. 498; Kur/v. Bomhard/Albrecht-*Eichelberger*, BeckOK MarkenR, 18. Ed. Stand: 01.07.2019, § 8 MarkenG Rn. 545.

[41] *Ingerl/Rohnke*, MarkenG, 3. Aufl. 2010, § 8 MarkenG Rn. 324; Fezer-*Fezer*, Markenrecht, 4. Aufl. 2009, § 8 MarkenG Rn. 687.

[42] So die st. Rspr.: BGH, Beschl. v. 17.10.2013 – I ZB 65/12, GRUR 2014, 483 – *test*; BGH, Beschl. v. 02.04.2009 – I ZB 94/06, GRUR 2009, 954 – *Kinder III*.

Neben den absoluten Schutzhindernissen des § 8 MarkenG finden sich in §§ 9 ff. MarkenG die sog. **relativen Schutzhindernisse**. Diese Kollisionstatbestände sind insofern identisch zu den markenrechtlichen Eingriffsvorschriften der §§ 14 ff. MarkenG. Demnach kann eine bereits eingetragene Marke ein Schutzhindernis für die Eintragung einer neuen Marke darstellen, wenn:

1. sie mit einer angemeldeten oder eingetragenen Marke mit älterem Zeitrang **identisch** ist und die Waren oder Dienstleistungen, für die sie eingetragen worden ist, mit den Waren oder Dienstleistungen identisch sind, für die die Marke mit älterem Zeitrang angemeldet oder eingetragen worden ist (§ 9 Abs. 1 Nr. 1 MarkenG, sog. **Identitätsschutz**),
2. wegen ihrer **Identität oder Ähnlichkeit** mit einer angemeldeten oder eingetragenen Marke mit älterem Zeitrang und der Identität oder der Ähnlichkeit der durch die beiden Marken erfassten Waren oder Dienstleistungen für das Publikum die Gefahr von Verwechslungen besteht, einschließlich der Gefahr, dass die Marken gedanklich miteinander in Verbindung gebracht werden (§ 9 Abs. 1 Nr. 2 MarkenG, sog. **Verwechslungsschutz**), oder
3. sie mit einer angemeldeten oder eingetragenen Marke mit **älterem Zeitrang** identisch ist oder dieser ähnlich ist, falls es sich bei der Marke mit älterem Zeitrang um eine im Inland bekannte Marke handelt und die Benutzung der eingetragenen Marke die Unterscheidungskraft oder die Wertschätzung der bekannten Marke ohne rechtfertigenden Grund in unlauterer Weise ausnutzen oder beeinträchtigen würde (§ 9 Abs. 1 Nr. 3 MarkenG, sog. **Bekanntheitsschutz**).

Weitere relative Schutzhindernisse stellen die **notorische Bekanntheit** eines Kennzeichens (§ 10 MarkenG), die Eintragung einer **Agentenmarke** ohne Zustimmung (§ 11 MarkenG), die **anderweitige Berechtigung** (§ 12 MarkenG) sowie das **Bestehen sonstiger älterer Rechte** (§ 13 MarkenG) dar.

§ 14 MarkenG räumt dem Markeninhaber insofern ein Ausschließlichkeitsrecht ein. Die Vorschrift ist notwendig, um dem Inhaber einer Marke effektiven Schutz zu gewähren. Die **Kernvorschrift** des markenrechtlichen Schutzes ist **§ 14 Abs. 5 MarkenG**, der einen **Unterlassungsanspruch** gesetzlich statuiert. Kernvoraussetzung ist das Vorliegen einer Markenverletzung, die im Wesentlichen ein Handeln „im geschäftlichen Verkehr", eine „markenmäßige Benutzung" sowie einen Eingriff in einen der Tatbestände des § 14 Abs. 2 MarkenG voraussetzt.

Ein Schema für die markenrechtliche Anspruchsprüfung finden Sie i. R. d. Domainrechts (Abschn. 5.3.2.6).

5.2   Grundzüge des Lauterkeitsrechts

Neben dem Markenrecht ist insbesondere das Lauterkeitsrecht im Internet von Relevanz. Dieses ist – ebenso wie das Kartellrecht – ein Teil des Wettbewerbsrechts und regelt als solches den Schutz des Wettbewerbs vor Verfälschungen durch unlautere Handlungen. Die wesentlichen Vorschriften des Lauterkeitsrechts finden sich im **UWG**, dem Gesetz gegen den unlauteren Wettbewerb. Gemäß § 1 UWG soll das Gesetz sowohl Mitbewerber, Verbraucher und sonstige Marktteilnehmer als auch das Interesse der Allgemeinheit an einem unverfälschten Wettbewerb schützen. Dementsprechend finden sich in den §§ 3 ff. UWG diverse Unlauterkeitstatbestände, die mit den Ansprüchen der §§ 8 ff. UWG durchgesetzt werden können. Zentrale Anspruchsgrundlagen sind § 8 UWG (Unterlassungsanspruch), § 9 UWG (Schadensersatzanspruch bei Verschulden) sowie § 10 UWG (Gewinnabschöpfungsanspruch). Kernvoraussetzung ist stets die Verletzung eines Unlauterkeitstatbestandes der §§ 3 ff. UWG.

5.2.1 § 2 Abs. 1 Nr. 1 UWG: Vorliegen einer geschäftlichen Handlung

Essentielles Tatbestandsmerkmal für die Anwendung des UWG ist das Vorliegen einer **geschäftlichen Handlung** i. S. d. § 2 Abs. 1 Nr. 1 UWG. Dies beschreibt grundsätzlich jedes Verhalten einer Person zugunsten des eigenen oder eines fremden Unternehmens, bei oder nach einem Geschäftsabschluss, das mit der Förderung des Absatzes oder des Bezugs von Waren oder Dienstleistungen oder mit dem Abschluss oder der Durchführung eines Vertrags über Waren oder Dienstleistungen objektiv zusammenhängt. Geschäftliche Handlungen können nicht nur von Kaufleuten oder Unternehmen, sondern vielmehr auch etwa von Freiberuflern (vgl. eingehend zu diesem Begriff Abschn. 4.3.1.1.1) wie Ärzten, Apothekern, Steuerberatern, Wirtschaftsprüfern und Rechtsanwälten vorgenommen werden.[43] Dabei ist nicht zwingend erforderlich, dass ein Angebot unentgeltlich erfolgt.[44]

Bei **Angeboten der öffentlichen Hand** (z. B. Wetterdienst-App) ist jedoch genauestens zu prüfen, ob eine Tätigkeit ausschließlich zur Erfüllung hoheitlicher Aufgaben geschieht. Ist dies der Fall, so liegt keine geschäftliche Handlung i. S. d. § 2 Abs. 1 Nr. 1 UWG vor.[45]

5.2.2 § 3 UWG: Generalklausel

§ 3 UWG enthält zunächst eine sehr allgemein gehaltene **Generalklausel**, die bestimmt, dass unlautere geschäftliche Handlungen unzulässig sind. Diese allgemeine Generalklausel hat in der Praxis jedoch nur einen geringen Anwendungsbereich, da

---

[43] *Ekey*, Grundriss des Wettbewerbs- und Kartellrechts, 5. Aufl. 2016, Rn. 73; vgl. zu weiteren freien Berufen exemplarisch § 18 Abs. 1 Nr. 1 S. 2 EStG.

[44] LG Bonn, Urt. v. 15.11.2017 – 16 O 21/16, MMR 2018, 189, 190 – *WetterWarn-App*; OLG Hamm, Urt. v. 27.09.2011 – I-4 U 91/11, MMR 2012, 32, 33 – *Kostenlose Router-Weitergabe an Zahnärzte*.

[45] OLG Köln, Urt. v. 13.07.2018 – 6 U 180/17, GRUR-RR 2018, 461, 464 – *WarnWetterApp*.

der Großteil unlauterer geschäftlicher Handlungen unter die besonderen Unlauterkeitstatbestände der §§ 3a ff. UWG subsumiert werden kann. Nur vereinzelt wurde die Unlauterkeit geschäftlicher Handlungen in der Vergangenheit auf Grundlage von § 3 Abs. 1 UWG festgestellt: So z. B. für das hartnäckige Kontaktieren und Abwerben von Mitarbeitern eines Konkurrenten,[46] die Übernahme eines Kfz-Versicherungs-Selbstbehalts durch einen Kfz-Reparaturbetrieb zur Schädigung der Versicherung[47] oder die Gewährung eines unzulässigen Rabatts durch eine Apotheke.[48] Bei der Beurteilung von geschäftlichen Handlungen gegenüber Verbrauchern ist gemäß § 3 Abs. 4 S. 1 UWG auf den **durchschnittlichen Verbraucher** oder, wenn sich die geschäftliche Handlung an eine bestimmte Gruppe von Verbrauchern wendet, auf ein durchschnittliches Mitglied dieser Gruppe abzustellen

Ebenfalls relevant i. R. d. Grundtatbestandes des § 3 UWG ist **§ 3 Abs. 3 UWG**, der die absolute Unzulässigkeit der im Anhang des UWG aufgeführten geschäftlichen Handlungen festlegt. Es handelt sich bei diesen Tatbeständen um **per-se-Verbote** ohne Wertungsmöglichkeit (sog. **Blacklist**). Regelmäßig fallen auch Bagatellverstöße hierunter.[49] Da sie individuell-abschließend aufgelistet sind, verbietet sich eine analoge Anwendung der Tatbestände.[50] Der Anhang des UWG ist wegen der absoluten Unzulässigkeit der dort aufgelisteten Handlungen gegenüber Verbrauchern stets vorrangig zu prüfen. Findet sich kein passender Tatbestand in der Blacklist, muss auf die „allgemeinen" materiell-rechtlichen Unlauterkeitstatbestände der §§ 3 ff. UWG ausgewichen werden.

5.2.3 § 3a UWG: Rechtsbruch

Den ersten besonderen Unlauterkeitstatbestand stellt **§ 3a UWG** dar, der den sog. **Rechtsbruch** beschreibt. Demnach handelt unlauter, wer einer gesetzlichen Vorschrift zuwiderhandelt, die auch dazu bestimmt ist, im Interesse der Marktteilnehmer das Marktverhalten zu regeln, und der Verstoß geeignet ist, die Interessen von Verbrauchern, sonstigen Marktteilnehmern oder Mitbewerbern spürbar zu beeinträchtigen.

Erste Voraussetzung für einen Rechtsbruch ist somit das Vorliegen einer **gesetzlichen Vorschrift**. Darunter ist jede geltende innerstaatliche Rechtsnorm i. S. d. Art. 2 EGBGB zu fassen, insbesondere also Bundes- und Landesgesetze, Verordnungen, Satzungen und sogar Gewohnheitsrecht.[51] Keine gesetzlichen Vorschriften

---

[46] BGH, Urt. v. 09.02.2006 – I ZR 73/02, GRUR 2006, 426 – *Direktansprache am Arbeitsplatz II*.

[47] OLG Frankfurt a.M., Urt. v. 11.05.2006 – 6 U 7/06, GRUR-RR 2006, 414 – *Selbstbehalt*.

[48] LG Frankfurt a.M., Urt. v. 11.11.2004 – 2/3 O 241/04, NJW-RR 2005, 405 – *Hibu-Taler*.

[49] *Ekey*, Grundriss des Wettbewerbs- und Kartellrechts, 5. Aufl. 2016, Rn. 158.

[50] Köhler/Bornkamm/Feddersen-*Köhler*, UWG, 37. Aufl. 2019, § 3 UWG Rn. 4.4.

[51] Ohly/Sosnitza-*Ohly*, UWG, 7. Aufl. 2016, § 3a UWG Rn. 12.

sind hingegen ausländische Rechtsnormen, Gerichtsentscheidungen, Verwaltungs-
akte, Verträge oder Verhaltenskodizes.[52] Diese gesetzliche Vorschrift muss dazu bestimmt sein, im Interesse der Marktteilnehmer das Marktverhalten zu regeln, sog. **Marktverhaltensregelung**. Eine
solche Regelung zeichnet sich dadurch aus, dass sie sich explizit auf die Tätigkeit
am Markt, also auf einen Bereich des Waren- und Dienstleistungsaustauschs bezieht
und gerade nicht nur den Marktzutritt und ggf. damit zusammenhängende vorbereitende Tätigkeiten reguliert.[53] Dies ist durch Auslegung zu ermitteln. Vielfach lassen
sich das Marktverhalten regelnde Vorschriften daran erkennen, dass sie die Interessen der Allgemeinheit schützen sollen.[54] Die Bandbreite hierunter fallender Normen
divergiert je nach individuellem Einzelfall, weshalb eine abschließende Aufzählung
nicht möglich ist. Prominente Beispiele aus der Praxis der Rechtsprechung sind jedoch berufsrechtliche Vorschriften wie BRAO, ApoG, GewO, HWG und HandwO
sowie Vorschriften des Jugendschutzes, Ladenschlusses oder Feiertagsschutzes.[55]
Ausreichend ist dabei stets, dass eine Norm „auch" den Schutz der Interessen der
Marktteilnehmer bezweckt, wenngleich sie ggf. primär die Allgemeinheit schützen
soll.[56] Ein nur reflexartiger, gar zufälliger Schutz reicht hingegen nicht aus.[57]

Für einen Rechtsbruch i. S. d § 3a UWG ist indes zusätzlich erforderlich, dass
der Verstoß gegen eine solche Vorschrift geeignet ist, die Interessen von Verbrauchern, sonstigen Marktteilnehmern oder Mitbewerbern spürbar zu beeinträchtigen.
Hinsichtlich des Begriffes der **Verbraucher** gilt gemäß § 2 Abs. 2 UWG die Definition des § 13 BGB (vgl. dazu bereits eingehend Abschn. 4.3.1.1.2). **Mitbewerber**
ist gemäß § 2 Abs. 1 Nr. 3 UWG jeder Unternehmer, der mit einem oder mehreren
Unternehmern als Anbieter oder Nachfrager von Waren oder Dienstleistungen in
einem konkreten Wettbewerbsverhältnis steht. **Sonstige Marktteilnehmer** sind alle
Unternehmer und sonstige Institutionen, die zu einem potenziellen Mitbewerber im
Vertikalverhältnis stehen, ohne zu diesem im Wettbewerb zu agieren.[58] Hinsichtlich
der **Spürbarkeit** einer solchen Beeinträchtigung sind stets alle Umstände des Ein-

---

[52] Spindler/Schuster-*Micklitz/Schirmbacher*, Recht der elektronischen Medien, 4. Aufl. 2019, § 3a
UWG Rn. 5 f.; Ohly/Sosnitza-*Ohly*, UWG, 7. Aufl. 2016, § 3a UWG Rn. 13.

[53] Harte-Bavendamm/Henning-Bodewig-*v. Jagow*, UWG, 4. Aufl. 2016, § 3a UWG Rn. 26 f.

[54] BGH, Urt. v. 25.04.2002 – I ZR 250/00, GRUR 2002, 825 – *Elektroarbeiten*; vgl. dazu Fezer/
Büscher/Obergfell-*Götting/Hetmank*, UWG, 3. Aufl. 2016, § 3a UWG Rn. 92.

[55] Vgl. umfassend: Fezer/Büscher/Obergfell-*Götting/Hetmank*, UWG, 3. Aufl. 2016, § 3a UWG
Rn. 91 ff.; Harte-Bavendamm/Henning-Bodewig-*v. Jagow*, UWG, 4. Aufl. 2016, § 3a UWG
Rn. 42 ff.

[56] Köhler/Bornkamm/Feddersen-*Köhler*, UWG, 37. Aufl. 2019, § 3a UWG Rn. 1.64.

[57] BGH, Urt. v. 27.04.2017 – I ZR 215/15, GRUR 2017, 819, Rn. 20 – *Aufzeichnungspflicht*.

[58] Götting/Nordemann-*Götting*, UWG, 3. Aufl. 2016, § 1 UWG Rn. 26; Ohly/Sosnitza-*Ohly*,
UWG, 7. Aufl. 2016, § 1 UWG Rn. 27.

zelfalles, wie z. B. Schwere der Handlung, Häufigkeit, Dauer, Wiederholung- und Nachahmungsgefahr sowie etwaige behördliche Sanktionen zu berücksichtigen.[59]

5.2.4 § 4 UWG: Mitbewerberschutz

Das materielle Lauterkeitsrecht kennt im Weiteren vier Tatbestände, die explizit dem Schutz von Mitbewerbern i. S. d. § 2 Abs. 1 Nr. 3 UWG dienen.

5.2.4.1 § 4 Nr. 1 UWG: Herabsetzung eines Mitbewerbers

§ 4 Nr. 1 UWG legt zunächst fest, dass wer die Kennzeichen, Waren, Dienstleistungen, Tätigkeiten oder persönlichen oder geschäftlichen Verhältnisse eines Mitbewerbers herabsetzt oder verunglimpft, unlauter handelt (sog. **Herabsetzung eines Mitbewerbers**). Sinn und Zweck dieser Regelung ist der Schutz der geschäftlichen Wertschätzung eines Unternehmens (sog. Goodwill), welche regelmäßig den wirtschaftlichen Erfolg eines solchen bestimmt.[60] Maßgeblich sind Fälle sog. **Schmähkritik**,[61] in denen also negative Äußerungen über einen Mitbewerber nicht mehr auf die Auseinandersetzung in der Sache, sondern nur noch auf Diffamierung gerichtet sind. Unlauter sind in diesem Zusammenhang auch Formalbeleidigungen und Verstöße gegen die Menschenwürde; allgemein ist zu prüfen, ob eine Äußerung in unangemessener Weise abfällig, abwertend oder unsachlich ist.[62] Unter Umständen kann sogar die Verbreitung wahrer Tatsachen eine unlautere Herabsetzung darstellen,[63] wenn dieser Art Äußerungen unangebracht oder übertrieben dargestellt werden. Grundsätzlich ist der Meinungsfreiheit jedoch ein erheblicher Spielraum zuzumessen. Zum Schutze des betroffenen Mitbewerbers muss stets eine Interessenabwägung[64] erfolgen, in der die Meinungsfreiheit des Äußernden sorgfältig mit dem Persönlichkeits- und Gewerbebetriebsschutz des betroffenen Mitbewerbers abzuwägen ist.

5.2.4.2 § 4 Nr. 2 UWG: Anschwärzung

Der Mitbewerberschutz wird fortgeführt in § 4 Nr. 2 UWG: Demnach handelt unlauter, wer über die Waren, Dienstleistungen oder das Unternehmen eines Mitbewerbers oder über den Unternehmer oder ein Mitglied der Unternehmensleitung

---

[59] Vgl. Köhler/Bornkamm/Feddersen-*Köhler*, UWG, 37. Aufl. 2019, § 3a UWG Rn. 1.104 ff.

[60] Ohly/Sosnitza-*Ohly*, UWG, 7. Aufl. 2016, § 4 Nr. 1 UWG Rn. 1/1.

[61] BT-Drucks. 15/1487, S. 18.

[62] BVerfG, Beschl. v. 25.03.1992 – 1 BvR 514/90, NJW 1992, 2073; BGH, Urt. v. 15.10.1998 – I ZR 69/98, GRUR 1999, 501 – *Vergleichen Sie*; vgl. dazu: Köhler/Bornkamm/Feddersen-*Köhler*, UWG, 37. Aufl. 2019, § 4 Nr. 1 UWG Rn. 1.19 f.

[63] Köhler/Bornkamm/Feddersen-*Köhler*, UWG, 37. Aufl. 2019, § 4 Nr. 1 UWG Rn. 1.16; Ohly/Sosnitza-*Ohly*, UWG, 7. Aufl. 2016, § 4 Nr. 1 UWG Rn. 1/1.

[64] Vgl. aktuell: BGH, Urt. v. 01.03.2018 – I ZR 264/16, GRUR 2018, 622, Rn. 34 ff. – *Verkürzter Versorgungsweg II*.

Tatsachen behauptet oder verbreitet, die geeignet sind, den Betrieb des Unternehmens oder den Kredit des Unternehmers zu **schädigen**, sofern die Tatsachen nicht erweislich wahr sind (sog. **Anschwärzung**). Handelt es sich um vertrauliche Mitteilungen und hat der Mitteilende oder der Empfänger der Mitteilung an ihr ein berechtigtes Interesse, so ist die Handlung nur dann unlauter, wenn die Tatsachen der Wahrheit zuwider behauptet oder verbreitet wurden. Auch diese Vorschrift dient in erster Linie dem Schutz des guten Geschäftsrufs, dem sog. Goodwill.[65] Gegenstand einer Anschwärzung muss stets eine **Tatsachenbehauptung** sein, sodass an dieser Stelle die klassische Abgrenzung zu Werturteilen vorgenommen werden muss. Eine Tatsachenbehauptung liegt immer dann vor, wenn eine Äußerung dem Beweis zugänglich ist.[66] Da § 4 Nr. 2 UWG erfordert, dass die streitige Äußerung objektiv geeignet ist, den Betrieb des Geschäfts oder den Kredit des Inhabers zu schädigen, ist nicht jede beliebige Ehrkränkung tatbestandlich erfasst; erforderlich ist vielmehr eine Auswirkung auf die unternehmerischen Belange, was aus Sicht der betroffenen und beteiligten Verkehrskreise zu ermitteln ist.[67] Geeignete Äußerungen können etwa die fehlende Lieferfähigkeit[68] eines Unternehmers betreffen sowie die Behauptung einer mehrfachen Insolvenz[69] oder tatsächlich nicht begangener Rechtsverletzungen.[70] Eine solche Äußerung wird **behauptet**, wenn sie als eigene Äußerung aufgestellt, bzw. wenn sich eine fremde Äußerung zu eigen gemacht wird.[71] Sie wird hingegen **verbreitet**, wenn sie lediglich als fremde Äußerung weitergegeben wird, also Dritten zugänglich gemacht wird.[72]

5.2.4.3 § 4 Nr. 3 UWG: Wettbewerbsrechtlicher Leistungsschutz

Den am wesentlich umfangreichsten wettbewerbsrechtlichen Mitbewerberschutz bietet **§ 4 Nr. 3 UWG**, der sog. **wettbewerbsrechtliche Leistungsschutz**. Unter den Voraussetzungen der § 4 Nr. 3 lit. a-c UWG kann das Anbieten einer Ware oder Dienstleistung, die eine Nachahmung der Waren oder Dienstleistungen eines Mitbewerbers ist, unlauter sein. Der Schutzgegenstand ist hier sehr weit auszulegen, sodass unter die Waren und Dienstleistungen letzten Endes Leistungs- und Arbeitsergebnisse aller Art fallen.[73] Dennoch bietet sich eine Einordnung in eine der beiden

---

[65] Ohly/Sosnitza-*Ohly*, UWG, 7. Aufl. 2016, § 4 Nr. 2 UWG Rn. 2/1.

[66] Spindler/Schuster-*Micklitz/Schirmbacher*, Recht der elektronischen Medien, 4. Aufl. 2019, § 4 Nr. 2 UWG Rn. 28.

[67] Köhler/Bornkamm/Feddersen-*Köhler*, UWG, 37. Aufl. 2019, § 4 Nr. 2 UWG Rn. 2.19.

[68] BGH, Urt. v. 08.10.1992 – I ZR 220/90, GRUR 1993, 572 – *Fehlende Lieferfähigkeit*.

[69] BGH, Urt. v. 28.06.1994 – VI ZR 252/93, GRUR 1994, 915 – *Börsenjournalist*.

[70] OLG Hamburg, Urt. v. 06.07.2006 – 3 U 51/06, NJOZ 2007, 5184 – *Spielzeugautorennbahn*.

[71] OLG Hamburg, Urt. v. 30.06.2016 – 5 U 58/13, GRUR-RR 2017, 148, Rn. 32 – *Abgewohntes Hotel*.

[72] OLG Hamburg, Urt. v. 30.06.2016 – 5 U 58/13, GRUR-RR 2017, 148, Rn. 35 – *Abgewohntes Hotel*; vgl. eingehend zur Terminologie auch: Köhler/Bornkamm/Feddersen-*Köhler*, UWG, 37. Aufl. 2019, § 4 Nr. 2 UWG Rn. 2.18 ff.

[73] BGH, Urt. v. 23.09.2015 – I ZR 105/14, GRUR 2015, 1214, Rn. 73 – *Goldbären*; vgl. dazu: Köhler/Bornkamm/Feddersen-*Köhler*, UWG, 37. Aufl. 2019, § 4 Nr. 3 UWG Rn. 3.21.

Kategorien an: **Waren** sind demnach alle Güter, die Gegenstände des geschäftlichen Verkehrs sein können,[74] während unter die **Dienstleistungen** reine Tätigkeiten zu fassen sind. Bisher in Literatur und Rechtsprechung anerkannte Dienstleistungen waren etwa die Erstellung eines Aktienindex[75] oder die Zusammenstellung von Reisedienstleistungen und Versicherungen.[76] Die Anknüpfung an Dienstleistungen wird jedoch die Ausnahme bleiben, da diese regelmäßig keinem der drei Tatbestände der § 4 Nr. 3 lit. a-c UWG unterfallen.

Hervorzuheben ist i. R. d. wettbewerbsrechtlichen Leistungsschutzes, dass dem Tatbestand das ungeschriebene Tatbestandsmerkmal der sog. **wettbewerblichen Eigenart** immanent ist. Nur wenn eine Ware oder Dienstleistung wettbewerbliche Eigenart besitzt, wird sie vom wettbewerblichen Leistungsschutz geschützt. Die Rechtsprechung[77] entwickelte dieses Tatbestandsmerkmal bereits zum UWG a.F., der Gesetzgeber hat indes in der Gesetzesbegründung[78] klargestellt, dass es auch im UWG n.F. beibehalten werden soll. Es sollen gerade nicht sämtliche „Allerweltserzeugnisse" geschützt werden, bei denen ein Verbraucher ohnehin nicht auf die betriebliche Herkunft achtet.[79] Nach den vom BGH[80] aufgestellten Kriterien besitzt ein Erzeugnis nur dann wettbewerbliche Eigenart, wenn dessen konkrete Ausgestaltung oder bestimmte Merkmale geeignet sind, die interessierten Verkehrskreise auf seine betriebliche Herkunft oder seine Besonderheiten hinzuweisen. Auf eine entsprechende Absicht des Herstellers eines Produktes bzw. des Erbringers einer Dienstleistung kommt es dabei nicht an.[81] Dementsprechend ist nach vorherrschender Auffassung auch kein Herkunftshinweis am Produkt notwendig.[82] Neuheit und Bekanntheit sind ebenfalls nicht erforderlich, können aber ein Indiz für das Vorliegen wettbewerblicher Eigenart darstellen.[83] Für die Beurteilung ist jedoch letzten Endes stets eine Gesamtabwägung vorzunehmen bzw. auf den Gesamteindruck eines Erzeugnisses abzustellen.[84]

---

[74] Ohly/Sosnitza-*Ohly*, UWG, 7. Aufl. 2016, § 4 Nr. 3 UWG Rn. 3/27.

[75] BGH, Urt. v. 30.04.2009 – I ZR 42/07, GRUR 2009, 1162 – *DAX*.

[76] Vgl. Harte-Bavendamm/Henning-Bodewig-*Sambuc*, UWG, 4. Aufl. 2016, § 4 Nr. 3 UWG Rn. 43.

[77] Vgl. BGH, Urt. v. 12.05.2011 – I ZR 53/10, GRUR 2012, 58, Rn. 41 ff. – *Seilzirkus*.

[78] BT-Drucks. 15/1487, S. 18.

[79] *Lettl*, Wettbewerbsrecht, 3. Aufl. 2016, S. 145.

[80] Bspw. BGH, Urt. v. 28.05.2009 – I ZR 124/06, GRUR 2010, 80, Rn. 23 – *LIKEaBIKE*.

[81] Köhler/Bornkamm/Feddersen-*Köhler*, UWG, 37. Aufl. 2019, § 4 Nr. 3 UWG Rn. 3.24.

[82] Ohly/Sosnitza-*Ohly*, UWG, 7. Aufl. 2016, § 4 Nr. 3 UWG Rn. 3/37.

[83] BGH, Urt. v. 17.07.2013 – I ZR 21/12, GRUR 2013, 1052, Rn. 25 – *Einkaufswagen III*; BGH, Urt. v. 09.10.2008 – I ZR 126/06, GRUR 2009, 79, Rn. 35 – *Gebäckpresse*; vgl. dazu auch: *Nemeczek*, WRP 2012, 1025, 1025 ff.

[84] BGH, Urt. v. 02.12.2015 – I ZR 176/14, GRUR 2016, 730, Rn. 33 – *Herrnhuter Stern*; BGH, Urt. v. 04.05.2016 – I ZR 58/14, GRUR 2017, 79, Rn. 79 – *Segmentstruktur*; vgl. dazu auch: Köhler/Bornkamm/Feddersen-*Köhler*, UWG, 37. Aufl. 2019, § 4 Nr. 3 UWG Rn. 3.24.

5.2.4.3.1 § 4 Nr. 3 lit. a UWG: Herkunftstäuschung

Den ersten Fall des wettbewerbsrechtlichen Leistungsschutzes stellt die sog. **Herkunftstäuschung** gemäß **§ 4 Nr. 3 lit. a UWG** dar. Sie ist eng mit der „Verwechslung" i. S. d. § 14 Abs. 2 Nr. 2 MarkenG verwandt.[85] Demnach handelt unlauter, wer Waren oder Dienstleistungen anbietet, die eine Nachahmung der Waren oder Dienstleistungen eines Mitbewerbers sind, wenn er eine vermeidbare Täuschung der Abnehmer über die betriebliche Herkunft herbeiführt. Dabei ist nach *Ohly* grundsätzlich zwischen drei verschiedenen Arten der Herkunftstäuschung zu unterscheiden:[86]

1. Die **unmittelbare Herkunftstäuschung**, bei der der Verkehr mehrere Produkte miteinander verwechselt.
2. Die **mittelbare Herkunftstäuschung**, bei der der Verkehr die Produkte zwar grundsätzlich auf Mikroebene unterscheiden kann, sie jedoch auf Makroebene demselben Hersteller zuordnet und dementsprechend nur die Hersteller verwechselt.
3. Die **Herkunftstäuschung im weiteren Sinne**, bei der der Verkehr die Produkte sogar verschiedenen Herstellern zuordnet, jedoch von einer vertraglichen (Lizenz- bzw. Erlaubnis-)Beziehung zwischen diesen ausgeht. Der Verkehrt irrt hier somit nur über die Berechtigung des Nachahmenden.

Ob eine Herkunftstäuschung vorliegt, ist nach der **Verkehrsauffassung** des angesprochenen Verkehrskreises in der Situation bis zur Kaufentscheidung zu beurteilen, wobei stets auf den Gesamteindruck abzustellen ist, für dessen Wirkung es einer umfassenden Würdigung aller Umstände des Einzelfalles bedarf.[87] Entscheidend ist weiterhin stets, ob eine vorgenommene Herkunftstäuschung **vermeidbar** war. Mit diesem Kriterium wird dem freien Wettbewerb ein gewisser Spielraum ermöglicht, da Ähnlichkeiten und damit einhergehende Verwechslungsgefahren nicht immer redlich ausgeschlossen werden können. Fraglich ist in diesem Kontext regelmäßig, welche Abweichungen von einem Produkt noch **geeignet** und **zumutbar** sind,[88] um eine Herkunftstäuschung zu vermeiden. Auch hinsichtlich der Vermeidbarkeitsprüfung ist also eine **Gesamtabwägung** vorzunehmen. Relevante Kriterien sind hier etwa das Interesse des Herstellers des Originalerzeugnisses an der Vermeidung einer Herkunftstäuschung, das Interesse der Wettbewerber an der Nutzung nicht unter Sonderrechtsschutz stehender Gestaltungselemente sowie das Interesse der Abnehmer an einem Preis- und Leistungswettbewerb zwischen unterschiedlichen Anbietern.[89]

---

[85] Vgl. Harte-Bavendamm/Henning-Bodewig-*Sambuc*, UWG, 4. Aufl. 2016, § 4 Nr. 3 UWG Rn. 77.

[86] Vgl. dazu eingehend: Ohly/Sosnitza-*Ohly*, UWG, 7. Aufl. 2016, § 4 Nr. 3 UWG Rn. 3/53.

[87] Harte-Bavendamm/Henning-Bodewig-*Sambuc*, UWG, 4. Aufl. 2016, § 4 Nr. 3 UWG Rn. 102 ff.; Ohly/Sosnitza-*Ohly*, UWG, 7. Aufl. 2016, § 4 Nr. 3 UWG Rn. 3/54 ff.

[88] BGH, Urt. v. 22.01.2015 – I ZR 107/13, GRUR 2015, 909, Rn. 33 – *Exzenterzähne*.

[89] BGH, Urt. v. 24.01.2013 – I ZR 136/11, GRUR 2013, 951, Rn. 35 f. – *Regalsystem*.

5.2.4.3.2   § 4 Nr. 3 lit. b UWG: Rufausbeutung und Rufbeeinträchtigung

Ein Mitbewerber handelt weiterhin dann unlauter, wenn er Waren oder Dienstleistungen anbietet, die eine Nachahmung der Waren oder Dienstleistungen eines Mitbewerbers sind, wenn er die Wertschätzung der nachgeahmten Ware oder Dienstleistung unangemessen ausnutzt oder beeinträchtigt, vgl. § 4 Nr. 3 lit. b UWG, sog. Rufausbeutung und Rufbeeinträchtigung. Dies wird als spezialgesetzliche Ausprägung des allgemeinen Verbotes der gezielten Mitbewerberbehinderung aus § 4 Nr. 4 UWG (Abschn. 5.2.4.4) aufgefasst.[90] Eine **Rufausbeutung** (auch als **Imagetransfer** oder **Rufübertragung** bezeichnet) liegt immer dann vor, wenn die angesprochenen Verkehrskreise die Wertschätzung für ein Originalprodukt („guter Ruf"/ „Image") auf ein nachgeahmtes Produkt übertragen.[91] Ausreichend ist jedoch nicht das bloße Hervorrufen von Assoziationen zu einem fremden Produkt oder Kennzeichen,[92] vielmehr muss eine tatsächliche Übertragung des guten Rufs eines Produkts auf das nachgeahmte Produkt stattfinden, was i. d. R. eine erkennbare Bezugnahme auf dieses voraussetzt.[93] Eine **Rufbeeinträchtigung** liegt vor, wenn die Wertschätzung des nachgeahmten Produktes durch die Vermarktung einer Nachahmung in ihrem guten Ruf beeinträchtigt ist.[94] Dies wird regelmäßig in solchen Fällen erfüllt sein, in denen die Nachahmung qualitativ minderwertig ist und der Verkehr dementsprechend negative Rückschlüsse auf die Qualität des Originals ziehen könnte. Sofern der gute Ruf eines Produktes auf dessen Exklusivität beruht, kann auch der massenhafte Vertrieb einer Nachahmung, der zu einem Verlust von Exklusivität und Prestigewert des Originals führt, eine unlautere Rufbeeinträchtigung darstellen.[95]

Fraglich ist stets, ab welchem Punkt die Ausbeutung oder Beeinträchtigung eines Rufs **unangemessen** erfolgt. Dies ist im Rahmen einer Gesamtabwägung aller individuellen Umstände des Einzelfalles festzustellen.[96] Relevante Faktoren sind etwa die Höhe der wettbewerblichen Eigenart, die Intensität der Nachahmung, die Höhe der Herstellungskosten, die Ersparnis des Nachahmers sowie Art und Umfang der Bewerbung durch den Nachahmer.[97]

5.2.4.3.3   § 4 Nr. 3 lit. c UWG: Unredliche Erlangung von Kenntnissen und Unterlagen

Unlauter handelt zudem ein Mitbewerber, der Waren oder Dienstleistungen anbietet, die eine Nachahmung der Waren oder Dienstleistungen eines Mitbewerbers

---

[90] *Köhler*, GRUR 2007, 548, 552; *Nemeczek*, WRP 2012, 1025, 1030; Köhler/Bornkamm/Feddersen-*Köhler*, UWG, 37. Aufl. 2019, § 4 Nr. 3 UWG Rn. 3.51.

[91] Aktuell: OLG München, Urt. v. 12.07.2018 – 29 U 1311/18, GRUR-RR 2018, 524, Rn. 28 – *Badelatsche*.

[92] Aktuell: OLG Köln, Urt. v. 28.04.2017 – 6 U 136/16, GRUR-RR 2017, 323, Rn. 40 – *ChariTea*.

[93] Köhler/Bornkamm/Feddersen-*Köhler*, UWG, 37. Aufl. 2019, § 4 Nr. 3 UWG Rn. 3.53.

[94] *Lettl*, Wettbewerbsrecht, 3. Aufl. 2016, S. 152.

[95] BGH, Urt. v. 08.11.1984 – I ZR 128/82 – GRUR 1985, 876 – *Tchibo/Rolex*; vgl. dazu: Köhler/ Bornkamm/Feddersen-*Köhler*, UWG, 37. Aufl. 2019, § 4 Nr. 3 UWG Rn. 3.59.

[96] Ohly/Sosnitza-*Ohly*, UWG, 7. Aufl. 2016, § 4 Nr. 3 UWG Rn. 3/68.

[97] Köhler/Bornkamm/Feddersen-*Köhler*, UWG, 37. Aufl. 2019, § 4 Nr. 3 UWG Rn. 3.51a m. w. N.

sind, wenn er die für die Nachahmung erforderlichen **Kenntnisse oder Unterlagen unredlich erlangt** hat, vgl. **§ 4 Nr. 3 lit. c UWG.** Dieser Unlauterkeitstatbestand rekurriert nicht auf die wettbewerbliche Eigenart eines Produkts, sondern vielmehr auf ein vorangegangenes Verhalten des Verletzers gegenüber dem Hersteller eines Produkts, der sich ein **fremdes Betriebsgeheimnis erschlichen** hat.[98] Der Tatbestand dient dementsprechend dem Geschäftsgeheimnisschutz und unterfällt gleichsam dem Bereich der Wirtschaftskriminalität. Erforderlich ist, dass sich die Kenntnisse oder Unterlagen in verwerflicher Weise (**unredlich**) verschafft wurden, dass also ein sog. **Vertrauensbruch** vorliegt.[99] Ein solcher Vertrauensbruch ist regelmäßig dadurch gekennzeichnet, dass ein Vertrauensverhältnis von Anfang an durch Täuschung nur deshalb aufgebaut wird, um später Kenntnisse oder Unterlagen unredlich zu erlangen.[100] Klassischer Fall ist jedoch auch die Nutzung von Kenntnissen und Unterlagen, die in Vertragsverhandlungen erlangt wurden, die letzten Endes gescheitert sind.[101] Das Vorgehen muss nicht zwingend heimlich erfolgen.[102] Kein Vertrauensbruch liegt vor, wenn ein Mitarbeiter im Rahmen seiner Tätigkeit für ein Unternehmen redlicherweise Kenntnisse oder Unterlagen erlangt hat, die er später in einem neuen Unternehmen einbringt bzw. verwertet.[103]

5.2.4.4 § 4 Nr. 4 UWG: Gezielte Behinderung
Der Mitbewerberschutz wird ebenfalls geregelt durch **§ 4 Nr. 4 UWG**, der Schutz vor einer **gezielten Behinderung** bietet. Nach inzwischen vorherrschender Auffassung ist unter einer **Behinderung** jede Beeinträchtigung zu verstehen, die die wettbewerbliche Entfaltungsmöglichkeit eines Mitbewerbers tangiert, wobei sich dies auf alle Wettbewerbsparameter beziehen kann.[104] Da nahezu jedes Agieren in irgendeiner Weise die Mitbewerber beeinträchtigt, hat der Gesetzgeber als Erfordernis der Unlauterkeit einschränkend hinzugefügt, dass eine solche Behinderung **gezielt** erfolgen muss. Dies ist nach gefestigter Rechtsprechung des BGH dann der Fall, wenn ein streitiges Verhalten bei objektiver Würdigung aller Umstände in erster Linie nicht auf die Förderung der eigenen wettbewerblichen Entfaltung, sondern primär auf die Beeinträchtigung der wettbewerblichen Entfaltung eines Mitbewerbers gerichtet ist.[105] Ein solcher Eingriff kann sowohl in unternehmensbezogener als auch in marktbezogener Hinsicht erfolgen.[106] Sofern ein Eingriff mit **Verdrän-**

---

[98] *Lettl*, Wettbewerbsrecht, 3. Aufl. 2016, S. 153.

[99] Vgl. schon: BGH, Urt. v. 07.11.2002 – I ZR 64/00, GRUR 2003, 356 – *Präzisionsmessgeräte*.

[100] Vgl. *Lettl*, Wettbewerbsrecht, 3. Aufl. 2016, S. 153.

[101] BGH, Urt. v. 27.01.1983 – I ZR 177/80, GRUR 1983, 377 – *Brombeer-Muster*.

[102] Harte-Bavendamm/Henning-Bodewig-*Sambuc*, UWG, 4. Aufl. 2016, § 4 Nr. 3 UWG Rn. 174.

[103] *Lettl*, Wettbewerbsrecht, 3. Aufl. 2016, S. 154.

[104] Statt vieler: BGH, Urt. v. 24.06.2004 – I ZR 26/02, GRUR 2004, 877 – *Werbeblocker*; vgl. dazu auch: Götting/Nordemann-*Wirtz*, UWG, 3. Aufl. 2016, § 2 Nr. 4 UWG Rn. 4.6.

[105] BGH, Urt. v. 11.01.2007 – I ZR 96/04, GRUR 2007, 800, Rn. 23 – *Außendienstmitarbeiter*; BGH, Urt. v. 10.01.2008 – I ZR 38/05, GRUR 2008, 621, Rn. 32 – *AKADEMIKS*.

[106] Köhler/Bornkamm/Feddersen-*Köhler*, UWG, 37. Aufl. 2019, § 4 Nr. 4 UWG Rn. 4.8.

gungsabsicht erfolgt, also um einen Mitbewerber vollständig vom Markt zu verdrängen, liegt regelmäßig eine gezielte und insofern unlautere Behinderung vor.[107] Weiterhin kann eine gezielte Behinderung aber auch dann vorliegen, wenn der Absatz eines Mitbewerbers behindert wird, Produkte, Produktion oder Vertrieb eines Mitbewerbers beeinträchtigt werden oder auf Kunden eingewirkt wird, etwa durch Verwendung der Kennzeichen eines Mitbewerbers, Nachfrage- und Werbebeeinträchtigungen, Boykotttaufrufe oder Mitarbeiterabwerbungen.[108]

5.2.5 § 4a UWG: Aggressive geschäftliche Handlungen

In **§ 4a UWG** findet sich ein weiterer materieller Unlauterkeitstatbestand. Er bietet Schutz vor **aggressiven geschäftlichen Handlungen.** Demnach handelt unlauter, wer eine aggressive geschäftliche Handlung vornimmt, die geeignet ist, den Verbraucher oder sonstigen Marktteilnehmer zu einer geschäftlichen Entscheidung zu veranlassen, die dieser andernfalls nicht getroffen hätte. Gemäß § 4a Abs. 1 S. 2 UWG ist eine geschäftliche Handlung dann **aggressiv**, wenn sie im konkreten Fall unter Berücksichtigung aller Umstände geeignet ist, die Entscheidungsfreiheit des Verbrauchers oder sonstigen Marktteilnehmers erheblich zu beeinträchtigen durch:

1. **Belästigung,**
2. **Nötigung** einschließlich der Anwendung körperlicher Gewalt oder
3. **Unzulässige Beeinflussung**, wobei gemäß § 4a Abs. 1 S. 3 UWG eine unzulässige Beeinflussung dann vorliegt, wenn der Unternehmer eine Machtposition gegenüber dem Verbraucher oder sonstigen Marktteilnehmer zur Ausübung von Druck, auch ohne Anwendung oder Androhung von körperlicher Gewalt, in einer Weise ausnutzt, die die Fähigkeit des Verbrauchers oder sonstigen Marktteilnehmers zu einer informierten Entscheidung wesentlich einschränkt.

Der Gesetzgeber gibt dem Gesetzesanwender in **§ 4a Abs. 2 UWG** einen bunten Strauß an **Kriterien** an die Hand, mittels derer die Aggressivität einer geschäftlichen Handlung ermittelt werden kann:

1. Zeitpunkt, Ort, Art oder Dauer der Handlung,
2. die Verwendung drohender oder beleidigender Formulierungen oder Verhaltensweisen,
3. die bewusste Ausnutzung von konkreten Unglückssituationen oder Umständen von solcher Schwere, dass sie das Urteilsvermögen des Verbrauchers oder sonstigen Marktteilnehmers beeinträchtigen, um dessen Entscheidung zu beeinflussen, wobei zu diesen Umständen gemäß § 4a Abs. 2 S. 2 UWG insbesondere

---

[107] BGH, Urt. v. 23.06.2016 – I ZR 137/15, GRUR 2017, 92, Rn. 14 – *Fremdcoupon-Einlösung.*

[108] Vgl. hierzu eingehend und mit umfassenden Fallgruppen: Köhler/Bornkamm/Feddersen-*Köhler*, UWG, 37. Aufl. 2019, § 4 Nr. 4 UWG Rn. 4.24 ff.

geistige und körperliche Beeinträchtigungen, das Alter, die geschäftliche Unerfahrenheit, die Leichtgläubigkeit, die Angst und die Zwangslage von Verbrauchern zählen,

4. belastende oder unverhältnismäßige Hindernisse nichtvertraglicher Art, mit denen der Unternehmer den Verbraucher oder sonstigen Marktteilnehmer an der
Ausübung seiner vertraglichen Rechte zu hindern versucht, wozu auch das Recht
gehört, den Vertrag zu kündigen oder zu einer anderen Ware oder Dienstleistung
oder einem anderen Unternehmer zu wechseln,

5. Drohungen mit rechtlich unzulässigen Handlungen.

Zur Aggressivität einer geschäftlichen Handlung i. S. d. § 4a UWG muss für die
Unlauterkeit stets hinzutreten, dass die geschäftliche Handlung dazu geeignet ist, einen Marktteilnehmer zu einer geschäftlichen Entscheidung zu veranlassen, die dieser
andernfalls nicht getroffen hätte, sog. **geschäftliche Relevanz**. Eine **geschäftlichen
Entscheidung** ist gemäß § 2 Abs. 1 Nr. 9 UWG jede Entscheidung eines Verbrauchers oder sonstigen Marktteilnehmers darüber, ob, wie und unter welchen Bedingungen er ein Geschäft abschließen, eine Zahlung leisten, eine Ware oder Dienstleistung
behalten oder abgeben oder ein vertragliches Recht im Zusammenhang mit einer
Ware oder Dienstleistung ausüben will, unabhängig davon, ob der Verbraucher oder
sonstige Marktteilnehmer sich entschließt, tätig zu werden.

§ 4a UWG schützt somit insbesondere die Entscheidungs- und Verhaltensfrei-
heit von Verbrauchern und sonstigen Marktteilnehmern, die autonome geschäftliche
Entscheidungen treffen sollen und somit ihre **Schiedsrichterfunktion** am Markt
ordnungsgemäß wahrnehmen können.[109]

5.2.6 § 5 UWG: Irreführende geschäftliche Handlungen

§ 5 UWG schützt schließlich Verbraucher und sonstige Marktteilnehmer vor **irreführenden geschäftlichen Handlungen**. Demnach handelt unlauter, wer eine irreführende geschäftliche Handlung vornimmt, die geeignet ist, den Verbraucher oder
sonstigen Marktteilnehmer zu einer geschäftlichen Entscheidung zu veranlassen,
die er andernfalls nicht getroffen hätte. Gemäß § 5 Abs. 1 S. 2 UWG ist eine geschäftliche Handlung irreführend, wenn sie unwahre Angaben enthält oder sonstige
zur Täuschung geeignete Angaben über folgende Umstände enthält:

1. die wesentlichen Merkmale der Ware oder Dienstleistung wie Verfügbarkeit,
Art, Ausführung, Vorteile, Risiken, Zusammensetzung, Zubehör, Verfahren oder
Zeitpunkt der Herstellung, Lieferung oder Erbringung, Zwecktauglichkeit, Verwendungsmöglichkeit, Menge, Beschaffenheit, Kundendienst und Beschwerde-
verfahren, geografische oder betriebliche Herkunft, von der Verwendung zu

---

[109] *Lettl*, Wettbewerbsrecht, 3. Aufl. 2016, S. 179.

erwartende Ergebnisse oder die Ergebnisse oder wesentlichen Bestandteile von Tests der Waren oder Dienstleistungen;

2. den Anlass des Verkaufs wie das Vorhandensein eines besonderen Preisvorteils, den Preis oder die Art und Weise, in der er berechnet wird, oder die Bedingungen, unter denen die Ware geliefert oder die Dienstleistung erbracht wird;

3. die Person, Eigenschaften oder Rechte des Unternehmers wie Identität, Vermögen einschließlich der Rechte des geistigen Eigentums, den Umfang von Verpflichtungen, Befähigung, Status, Zulassung, Mitgliedschaften oder Beziehungen, Auszeichnungen oder Ehrungen, Beweggründe für die geschäftliche Handlung oder die Art des Vertriebs;

4. Aussagen oder Symbole, die im Zusammenhang mit direktem oder indirektem Sponsoring stehen oder sich auf eine Zulassung des Unternehmers oder der Waren oder Dienstleistungen beziehen;

5. die Notwendigkeit einer Leistung, eines Ersatzteils, eines Austauschs oder einer Reparatur;

6. die Einhaltung eines Verhaltenskodexes, auf den sich der Unternehmer verbindlich verpflichtet hat, wenn er auf diese Bindung hinweist, oder

7. Rechte des Verbrauchers, insbesondere solche auf Grund von Garantieversprechen oder Gewährleistungsrechte bei Leistungsstörungen.

Angaben im Sinne dieser Vorschrift sind alle Aussagen oder Äußerungen eines Unternehmens, die sich auf Tatsachen beziehen und daher inhaltlich nachprüfbar sind.[110] Beispielsweise können auch **Domains** eine Angabe enthalten, sofern ihnen vom Durchschnittsumworbenen ein gewisser Aussagegehalt (z. B. eine Alleinstellungsbehauptung)[111] zugemessen wird.[112] Gemäß **§ 5 Abs. 3 UWG** bezieht sich dies auch auf Angaben im Rahmen vergleichender Werbung sowie bildliche Darstellungen und sonstige Veranstaltungen, die darauf zielen und geeignet sind, solche Angaben zu ersetzen. Werturteile können schon deshalb nicht von der Vorschrift umfasst sein, weil sie nicht „unwahr" sein können.

Weiterhin legt **§ 5 Abs. 2 UWG** fest, dass eine geschäftliche Handlung auch dann irreführend ist, wenn sie im Zusammenhang mit der Vermarktung von Waren oder Dienstleistungen einschließlich vergleichender Werbung eine Verwechslungsgefahr mit einer anderen Ware oder Dienstleistung oder mit der Marke oder einem anderen Kennzeichen eines Mitbewerbers hervorruft.

§ 5 Abs. 4 S. 1 UWG legt schließlich fest, dass bei der Herabsetzung eines Preises eine Irreführung vermutet wird, sofern der Preis nur für eine unangemessen kurze Zeit gefordert wurden ist. Ist streitig, ob und in welchem Zeitraum der Preis gefordert worden ist, so trifft die Beweislast gemäß § 5 Abs. 4 S. 2 UWG denjenigen, der mit der Preisherabsetzung geworben hat.

---

[110] Köhler/Bornkamm/Feddersen-*Köhler*, UWG, 37. Aufl. 2019, § 5 UWG Rn. 1.21.

[111] Vgl. dazu: BGH, Urt. v. 17.05.2001 – I ZR 216/99, GRUR 2001, 1061 – *Mitwohnzentrale*; OLG Hamburg, Urt. v. 15.11.2006 – 5 U 185/05, GRUR-RR 2007, 93 – *Deutsches-Handwerk.de.*

[112] Harte-Bavendamm/Henning-Bodewig-*Dreyer*, UWG, 4. Aufl. 2016, § 5 UWG Rn. 69.

5.2.7 § 5a UWG: Irreführung durch Unterlassen

§ 5a UWG regelt schließlich als Ergänzung zu § 5 UWG die **Irreführung durch Unterlassen**. Unlauter handelt gemäß § 5a Abs. 2 S. 1 UWG, wer im konkreten Fall unter Berücksichtigung aller Umstände dem Verbraucher eine wesentliche Information vorenthält,

1. die der Verbraucher je nach den Umständen benötigt, um eine informierte geschäftliche Entscheidung zu treffen, und
2. deren Vorenthalten geeignet ist, den Verbraucher zu einer geschäftlichen Entscheidung zu veranlassen, die er andernfalls nicht getroffen hätte.

Der Begriff der **Information** ist hierbei empfängerbezogen zu verstehen und meint ein mittelbares Wissen über Tatsachen.[113] Eine Information ist **wesentlich**, wenn es sich um eine dem Beweis zugängliche Tatsache handelt, die der Verbraucher nach den konkreten Umständen benötigt, um eine informierte, geschäftliche Entscheidung unter Berücksichtigung des verwendeten Kommunikationsmittels treffen zu können, und deren Vorenthalten geeignet ist, den Verbraucher zu einer geschäftlichen Entscheidung zu veranlassen, die er andernfalls nicht getroffen hätte.[114] Ein **Vorenthalten** einer solchen Information liegt regelmäßig dann vor, wenn eine Information zum Geschäfts- und Verantwortungsbereich des Unternehmers gehört oder dieser sie sich mit zumutbarem Aufwand beschaffen kann und der Verbraucher sie nicht oder nicht so erhält, dass er sie bei seiner geschäftlichen Entscheidung berücksichtigen kann.[115] Als Vorenthalten gilt gemäß § 5a Abs. 2 S. 2 UWG auch:

1. das Verheimlichen wesentlicher Informationen,
2. die Bereitstellung wesentlicher Informationen in unklarer, unverständlicher oder zweideutiger Weise,
3. die nicht rechtzeitige Bereitstellung wesentlicher Informationen.

Werden Waren oder Dienstleistungen unter Hinweis auf deren Merkmale und Preis in einer dem verwendeten Kommunikationsmittel angemessenen Weise so angeboten, dass ein durchschnittlicher Verbraucher das Geschäft abschließen kann, gelten **gemäß § 5a Abs. 3 UWG folgende Informationen als wesentlich im Sinne des § 5a Abs. 2 UWG**, sofern sie sich nicht unmittelbar aus den Umständen ergeben:

---

[113] Köhler/Bornkamm/Feddersen-*Köhler*, UWG, 37. Aufl. 2019, § 5a UWG Rn. 3.9.

[114] Vgl. hierzu eingehend: Spindler/Schuster-*Micklitz/Namyslowska*, Recht der elektronischen Medien, 4. Aufl. 2019, § 5a UWG Rn. 25.

[115] Zuletzt etwa: BGH, Urt. v. 05.10.2017 – I ZR 232/16, GRUR 2018, 438 – *Energieausweis*; vgl. dazu auch: Köhler/Bornkamm/Feddersen-*Köhler*, UWG, 37. Aufl. 2019, § 5a UWG Rn. 3.23.

1. alle wesentlichen Merkmale der Ware oder Dienstleistung in dem dieser und dem verwendeten Kommunikationsmittel angemessenen Umfang;
2. die Identität und Anschrift des Unternehmers, gegebenenfalls die Identität und Anschrift des Unternehmers, für den er handelt;
3. der Gesamtpreis oder in Fällen, in denen ein solcher Preis auf Grund der Beschaffenheit der Ware oder Dienstleistung nicht im Voraus berechnet werden kann, die Art der Preisberechnung sowie gegebenenfalls alle zusätzlichen Fracht-, Liefer- und Zustellkosten oder in Fällen, in denen diese Kosten nicht im Voraus berechnet werden können, die Tatsache, dass solche zusätzlichen Kosten anfallen können;
4. Zahlungs-, Liefer- und Leistungsbedingungen sowie Verfahren zum Umgang mit Beschwerden, soweit sie von Erfordernissen der unternehmerischen Sorgfalt abweichen, und
5. das Bestehen eines Rechts zum Rücktritt oder Widerruf.

Als wesentlich im Sinne des § 5a Abs. 2 UWG gelten gemäß **§ 5a Abs. 4 UWG** auch Informationen, die dem Verbraucher auf Grund unionsrechtlicher Verordnungen oder nach Rechtsvorschriften zur Umsetzung unionsrechtlicher Richtlinien für kommerzielle Kommunikation einschließlich Werbung und Marketing nicht vorenthalten werden dürfen.

Bei der Beurteilung, ob Informationen vorenthalten wurde, sind gemäß § 5a Abs. 5 UWG zu berücksichtigen:

1. räumliche und zeitliche Beschränkungen durch das für die geschäftliche Handlung gewählte Kommunikationsmittel sowie
2. alle Maßnahmen des Unternehmers, um den Verbraucher die Informationen auf andere Weise zur Verfügung zu stellen.

▶   Insbesondere im Bereich des **Internets** und der **mobilen Apps** können also Einschränkungen hinsichtlich der Darstellbarkeit bestimmter Informationen auftreten.

Unlauter handelt gemäß **§ 5a Abs. 6 UWG** insbesondere auch, wer den kommerziellen Zweck einer geschäftlichen Handlung nicht kenntlich macht, sofern sich dieser nicht unmittelbar aus den Umständen ergibt, und das Nichtkenntlichmachen geeignet ist, den Verbraucher zu einer geschäftlichen Entscheidung zu veranlassen, die er andernfalls nicht getroffen hätte. Diese Vorschrift ist von **zentraler Bedeutung** für die rechtliche Problematik des **Influencer-Marketings** (Abschn. 5.6). Sie ist vom Gesetzgeber indes als eigenständiger Unlauterkeitstatbestand vorgesehen.[116]

---

[116] BT-Drucks. 18/6571, S. 15.

5.2.8 § 6 UWG: Vergleichende Werbung

Einen speziellen Unlauterkeitstatbestand für **vergleichende Werbung** stellt § 6 UWG dar. **§ 6 Abs. 1 UWG definiert** dabei zunächst, was unter vergleichender Werbung zu verstehen ist: Jede Werbung, die unmittelbar oder mittelbar einen Mitbewerber oder die von einem Mitbewerber angebotenen Waren oder Dienstleistungen erkennbar macht. Der Begriff der **Werbung** ist enger als derjenige einer geschäftlichen Handlung: Während jede Werbung eine geschäftliche Handlung ist, muss nicht zwingend jede geschäftliche Handlung auch Werbung sein.[117] Unter Werbung ist gemäß Art. 2 lit. a Werbe-RL[118] zu verstehen: Jede Äußerung bei der Ausübung eines Handels, Gewerbes, Handwerks oder freien Berufs mit dem Ziel, den Absatz von Waren oder die Erbringung von Dienstleistungen, einschließlich unbeweglicher Sachen, Rechte und Verpflichtungen zu fördern. Fraglich ist indes, wann eine Werbung **vergleichend** ist. Der EuGH stellte in seiner Rechtsprechung mittlerweile klar, dass es ausreicht, wenn eine Äußerung in beliebiger Form erfolgt, die – wenn auch nur mittelbar – auf einen Mitbewerber oder dessen Erzeugnisse oder Dienstleistungen Bezug nimmt.[119]

§ 6 Abs. 2 UWG legt schließlich fest, unter welchen **Voraussetzungen** eine vergleichende Werbung **unlauter** ist. Demnach handelt, wer vergleichend wirbt, unlauter, wenn der Vergleich:

1. sich nicht auf Waren oder Dienstleistungen für den gleichen Bedarf oder dieselbe Zweckbestimmung bezieht,
2. nicht objektiv auf eine oder mehrere wesentliche, relevante, nachprüfbare und typische Eigenschaften oder den Preis dieser Waren oder Dienstleistungen bezogen ist,
3. im geschäftlichen Verkehr zu einer Gefahr von Verwechslungen zwischen dem Werbenden und einem Mitbewerber oder zwischen den von diesen angebotenen Waren oder Dienstleistungen oder den von ihnen verwendeten Kennzeichen führt,
4. den Ruf des von einem Mitbewerber verwendeten Kennzeichens in unlauterer Weise ausnutzt oder beeinträchtigt,
5. die Waren, Dienstleistungen, Tätigkeiten oder persönlichen oder geschäftlichen Verhältnisse eines Mitbewerbers herabsetzt oder verunglimpft oder
6. eine Ware oder Dienstleistung als Imitation oder Nachahmung einer unter einem geschützten Kennzeichen vertriebenen Ware oder Dienstleistung darstellt.

---

[117] Vgl. dazu: Ohly/Sositza-*Ohly*, UWG, 7. Aufl. 2016, § 6 UWG Rn. 22.

[118] Richtlinie 2006/114/EG des Europäischen Parlaments und des Rates vom 12. Dezember 2006 über irreführende und vergleichende Werbung, ABl. Nr. L 376 v. 27.12.2006.

[119] EuGH, Urt. v. 18.06.2009 – C-487/07, ECLI:EU:C:2009:378 = GRUR 2009, 756 Rn. 52 – *L'Oréal/Bellure*; EuGH, Urt. v. 19.04.2007 – C-381/05, ECLI:EU:C:2007:230 = GRUR 2007, 511, Rn. 16 – *De Landtsheer/CIVC*; vgl. dazu: Köhler/Bornkamm/Feddersen-*Köhler*, UWG, 37. Aufl. 2019, § 6 UWG Rn. 45.

Es genügt die **alternative** Erfüllung eines dieser Kriterien zur Begründung der Unlauterkeit. Andersherum ausgedrückt: Vergleichende Werbung muss alle diese sechs Voraussetzungen kumulativ-konträr erfüllen, um nicht unlauter zu sein.

5.2.9   § 7 UWG: Unzumutbare Belästigungen

Der letzte materielle Unlauterkeitstatbestand findet sich in § 7 UWG, der Schutz vor **unzumutbaren Belästigungen** bietet. § 7 Abs. 1 UWG legt diesbezüglich fest, dass eine geschäftliche Handlung, durch die ein Marktteilnehmer in unzumutbarer Weise belästigt wird, unzulässig ist. Gemäß § 7 Abs. 2 UWG gilt dies insbesondere für Werbung, obwohl erkennbar ist, dass der angesprochene Marktteilnehmer diese Werbung nicht wünscht. Als **Belästigung** kommt jede geschäftliche Handlung in Betracht, die schon aufgrund ihrer Art und Weise vom Adressaten als aufgedrängt empfunden wird.[120] Das Tatbestandsmerkmal der **Unzumutbarkeit** stellt demgemäß klar, dass eine Interessenabwägung[121] hinsichtlich der Zumutbarkeit einer Belästigung vorzunehmen ist und statuiert insofern eine eigenständige Relevanzschwelle für den Unlauterkeitstatbestand. Dabei kommt es auf das Empfinden eines durchschnittlich empfindlichen Adressaten an,[122] wobei alle Umstände des Einzelfalles zu berücksichtigen sind. Einzelne Beurteilungskriterien sind etwa die Intensität des Eingriffs in die private oder geschäftliche Sphäre, die Möglichkeit eines schonenderen Vorgehens, die potenziellen Auswahlmöglichkeiten des Adressaten sowie die Gefahr einer Belästigungssummierung.[123]

§ 7 Abs. 2 UWG legt schließlich fest, dass eine unzumutbare Belästigung **stets** anzunehmen ist:

1. bei Werbung unter Verwendung eines in den Nummern 2 und 3 nicht aufgeführten, für den Fernabsatz geeigneten Mittels der kommerziellen Kommunikation, durch die ein Verbraucher hartnäckig angesprochen wird, obwohl er dies erkennbar nicht wünscht;
2. bei Werbung mit einem Telefonanruf gegenüber einem Verbraucher ohne dessen vorherige ausdrückliche Einwilligung oder gegenüber einem sonstigen Marktteilnehmer ohne dessen zumindest mutmaßliche Einwilligung,
3. bei Werbung unter Verwendung einer automatischen Anrufmaschine, eines Faxgerätes oder elektronischer Post, ohne dass eine vorherige ausdrückliche Einwilligung des Adressaten vorliegt, oder

---

[120] Harte-Bavendamm/Henning-Bodewig-*Schöler*, UWG, 4. Aufl. 2016, § 7 UWG Rn. 45.

[121] Vgl. dazu: Ohly/Sosnitza-*Ohly*, UWG, 7. Aufl. 2016, § 6 UWG Rn. 25.

[122] BGH, Urt. v. 03.03.2011 – I ZR 167/09, GRUR 2011, 747, Rn. 17 – *Kreditkartenübersendung*; BGH, Urt. v. 22.04.2010 – I ZR 29/09, GRUR 2010, 1113, Rn. 15 – *Grabmalwerbung*.

[123] Vgl. eingehend: Köhler/Bornkamm/Feddersen-*Köhler*, UWG, 37. Aufl. 2019, § 7 UWG Rn. 23 ff.

4. bei Werbung mit einer Nachricht,
   a. bei der die Identität des Absenders, in dessen Auftrag die Nachricht übermittelt wird, verschleiert oder verheimlicht wird oder
   b. bei der gegen § 6 Absatz 1 des Telemediengesetzes verstoßen wird oder in der der Empfänger aufgefordert wird, eine Website aufzurufen, die gegen diese Vorschrift verstößt, oder
   c. bei der keine gültige Adresse vorhanden ist, an die der Empfänger eine Aufforderung zur Einstellung solcher Nachrichten richten kann, ohne dass hierfür andere als die Übermittlungskosten nach den Basistarifen entstehen.

Ausnahmen sieht die Vorschrift indes für Fälle des **E-Mail-Marketings** vor: Abweichend von § 7 Abs. 2 Nr. 3 UWG ist eine unzumutbare Belästigung bei einer Werbung unter Verwendung elektronischer Post (= E-Mails) gemäß **§ 7 Abs. 3 UWG** nicht anzunehmen, wenn:

1. ein Unternehmer im Zusammenhang mit dem Verkauf einer Ware oder Dienstleistung von dem Kunden dessen elektronische Postadresse erhalten hat,
2. der Unternehmer die Adresse zur Direktwerbung für eigene ähnliche Waren oder Dienstleistungen verwendet,
3. der Kunde der Verwendung nicht widersprochen hat und
4. der Kunde bei Erhebung der Adresse und bei jeder Verwendung klar und deutlich darauf hingewiesen wird, dass er der Verwendung jederzeit widersprechen kann, ohne dass hierfür andere als die Übermittlungskosten nach den Basistarifen entstehen.

5.2.10 §§ 8 ff. UWG: Lauterkeitsrechtlicher Rechtsschutz

Der lauterkeitsrechtliche Rechtsschutz wird im Wesentlichen von den §§ 8 ff. UWG bestimmt. Zentrale Anspruchsgrundlagen sind der **Unterlassungs- und Beseitigungsanspruch** aus **§ 8 UWG**, der **Schadensersatzanspruch** aus **§ 9 UWG** sowie der **Gewinnabschöpfungsanspruch** aus **§ 10 UWG**.

Es bietet sich folgendes Schema zur Prüfung der **Unterlassungs- und Beseitigungsansprüche** aus **§ 8 UWG** an:

1. Aktivlegitimation, § 8 Abs. 3 Nr. 1–4 UWG
2. Passivlegitimation, § 8 Abs. 1, Abs. 2 UWG = Täter und Teilnehmer + ggf. Unternehmensinhaber
3. Unzulässige geschäftliche Handlung
   a. Geschäftliche Handlung i. S. d. § 2 Abs. 1 Nr. 1 UWG
   b. Unzulässigkeit: Verstoß gegen materielles Lauterkeitsrecht i. S. d. §§ 3 ff. UWG

4. Erstbegehungs- oder Wiederholungsgefahr, § 8 Abs. 1 UWG
5. Kein Rechtsmissbrauch, § 8 Abs. 4 UWG
6. Keine Einwendungen und Einreden (insbesondere Verwirkung und Verjährung nach § 11 UWG)
7. Rechtsfolge: Unterlassungs- oder Beseitigungsanspruch

Ein **Schadensersatzanspruch** gemäß **§ 9 UWG** sollte wie folgt geprüft werden:

1. Aktivlegitimation, § 9 S. 1 UWG = Mitbewerber i. S. d. § 2 Abs. 1 Nr. 3 UWG
2. Passivlegitimation, § 8 Abs. 1, Abs. 2 UWG = Täter und Teilnehmer + ggf. Unternehmensinhaber
3. Unzulässige geschäftliche Handlung
   a. Geschäftliche Handlung i. S. d. § 2 Abs. 1 Nr. 1 UWG
   b. Unzulässigkeit: Verstoß gegen materielles Lauterkeitsrecht i. S. d. §§ 3 ff. UWG
4. Vorsatz oder Fahrlässigkeit, § 9 S. 1 UWG (Ausnahme: Nur Vorsatz bei § 9 S. 2 UWG)
5. Schaden, § 9 S. 1 UWG
6. Keine Einwendungen und Einreden (insbesondere Verwirkung und Verjährung nach § 11 UWG)
7. Rechtsfolge: Schadensersatzanspruch

Der **Gewinnabschöpfungsanspruch** gemäß **§ 10 UWG** ist wie folgt zu prüfen:

1. Aktivlegitimation, § 10 Abs. 1 UWG
2. Passivlegitimation, § 10 Abs. 1 UWG = § 8 Abs. 3 Nr. 2–4 UWG
3. Unzulässige geschäftliche Handlung
   a. Geschäftliche Handlung i. S. d. § 2 Abs. 1 Nr. 1 UWG
   b. Unzulässigkeit: Verstoß gegen materielles Lauterkeitsrecht i. S. d. §§ 3 ff. UWG
4. Vorsatz, § 10 Abs. 1 UWG
5. Erzielung eines Gewinns zu Lasten einer Vielzahl von Abnehmern
6. Keine Einwendungen und Einreden (insbesondere Verwirkung und Verjährung nach § 11 UWG)
7. Rechtsfolge: Herausgabe des Gewinns an den Bundeshaushalt

Im **lauterkeitsrechtlichen Anspruchssystem** lassen sich insbesondere **drei Besonderheiten** im Vergleich zum allgemeinen zivilrechtlichen Anspruchsregime herausstellen: Erstens kann Schadensersatz nur von Mitbewerbern, nicht hingegen von Verbrauchern geltend gemacht werden. Zweitens kann der Gewinnabschöpfungsanspruch nur zugunsten des Bundeshaushalts geltend gemacht werden und geht nicht – wie ansonsten üblich – in das Vermögen des Aktivlegitimierten über. Hinzu kommt, dass die aus dem Bereich des geistigen Eigentums bekannte Störerhaftung (Abschn. 1.10.2) im Wettbewerbsrecht aufgegeben wurde und heute nicht mehr angewendet wird.

5.3 Domainrecht

5.3.1 Einleitung

Rechner kommunizieren im Internet miteinander. Damit das gelingt, benötigen sie eine Adresse: Die **IP-Adresse**. Die IP-Adresse besteht aus vier durch einen Punkt getrennte Byte-Werte zwischen 0 und 255,[124] sie kann bspw. so aussehen: 173.232.159.004. Das Vergabeverfahren für IP-Adressen nennt sich IPv4.[125] Während **statische** IP-Adressen über einen längeren Zeitraum mit einem bestimmten Rechner verknüpft sind, werden **dynamische** IP-Adressen erst bei Bedarf zugewiesen, wodurch bei jeder Netzwerkanmeldung eine neue dynamische IP-Adresse vergeben wird.[126] Aus technischen Gründen gibt es jede Domain weltweit nur einmalig. Domainnamen sind daher einzigartig und ubiquitär.[127] Da der Bedarf an IP-Adressen durch die fortschreitende Digitalisierung kontinuierlich wächst, wird an einer neuen Version des Vergabeverfahrens gearbeitet, IPv6,[128] welches bereits teilweise eingesetzt wird. Das neue Vergabeverfahren ermöglicht die Vergabe von mehr IP-Adressen, da eine IPv6-Adresse 16 Byte lang ist und in acht Gruppen à vier Ziffern im hexadezimalen System geschrieben wird.[129]

Um die IP-Adresse benutzerfreundlicher zu gestalten, wird sie in einen **Domainnamen** übersetzt.[130] Während sich eine IP-Adresse aus einer langen Zahlenreihenfolge zusammensetzt, ist der Aufbau des Domainnamens übersichtlich, sodass der

[124] Hoeren/Sieber/Holznagel-*Sieber*, Multimedia-Recht, 48. EL Februar 2019, Teil 1, Rn. 53; *Hoeren*, Internetrecht, 3. Aufl. 2018, Rn. 27.

[125] Hoeren/Sieber/Holznagel-*Sieber*, Multimedia-Recht, 48. EL Februar 2019, Teil 1, Rn. 53.

[126] Hoeren/Sieber/Holznagel-*Sieber*, Multimedia-Recht, 15. EL Stand: Juni 2006, Werkstand: 48. EL Februar 2019, Teil 1, Rn. 55; *Härting*, Internetrecht, 6. Aufl. 2017, Rn. 229 und Rn. 2206.

[127] Auer-Reinsdorff/Conrad-*Auer-Reinsdorff*, Handbuch IT- und Datenschutzrecht, 2. Aufl. 2016, § 7 Rn. 2.

[128] Hoeren/Sieber/Holznagel-*Sieber*, Multimedia-Recht, 48. EL Februar 2019, Teil 1, Rn. 57; Ein IPv5-Protokoll hat es nie gegeben, da entsprechende Versuche stets gescheitert sind.

[129] Hoeren/Sieber/Holznagel-*Sieber*, Multimedia-Recht, 48. EL Februar 2019, Teil 1, Rn. 57.

[130] *Härting*, Internetrecht, 6. Aufl. 2017, Rn. 2206; Spindler/Schuster-*Müller*, Recht der elektronischen Medien, 4. Aufl. 2019, Vor MarkenG Rn. 34 f.; *Hoeren*, Internetrecht, 3. Aufl. 2018, Rn. 27; Hoeren/Sieber/Holznagel-*Sieber*, Multimedia-Recht, 48. EL Februar 2019, Teil 1, Rn. 59.

Nutzer sich diesen besser merken kann. Die technische Zuordnung vom Domainnamen zur IP-Adresse übernehmen dafür vorgesehene Name-Server.[131] Das sogenannte Domain Name System (DNS) übersetzt den Domainnamen in eine IP-Adresse sowie andersherum und bleibt für den Nutzer unbemerkt.[132]

Der Domainname setzt sich aus mehreren Textbestandteilen zusammen (Labels), die jeweils durch einen Punkt getrennt werden, wobei jeder Domainname mindestens eine Top-Level-Domain (**TLD**) und eine Second-Level-Domain (**SLD**) beinhaltet.[133] Die TLD kennzeichnet einen Adressraum, der klassischerweise vornehmlich nach geografischen Kürzeln wie „de" („Deutschland"), „eu" („Europa") oder generischen Kürzeln wie „com" („commercial") gebildet wird.[134] Seit der Reform der TLDs im Jahre 2013 existiert jedoch eine bunte Bandbreite unterschiedlicher TLDs verschiedenster Kategorien. Nunmehr kann z. B. auch die TLD „yoga", „catering", „beer" oder „sex" gewählt werden. Hinzu kommen Städte- und Regions-TLDs wie z. B. „hamburg", „cologne", „nrw" oder „istanbul".

Exkurs
TLD-Reform 2013
   Durch die zunehmende Verbreitung des Internets und das damit einhergehende Interesse am Erstellen einer eigenen Webpräsenz stieg auch das Interesse am Einführen neuer TLDs. So gut wie jeder denkbare Begriff, der nicht gegen die Grundsätze der ICANN verstieß (siehe dazu sogleich) oder einer anderen TLD zu ähnlich war, wurde als TLD registriert. Diese lassen sich im Wesentlichen in acht Gruppen einteilen:

1. Generische TLDs („baby", „gratis", „luxury" etc.)
2. Web/eBusiness TLDs („media", „phone", „app" etc.)
3. Community TLDs („events", „family", „university" etc.)
4. Sport/Hobby TLDs („band", „fitness", „soccer" etc.)
5. Städte/Regionen TLDs („saarland", „ruhr", „earth" etc.)
6. Tourismus/Gastro TLDs („coffee", „voyage", „vodka" etc.)
7. Shop/Hotel TLDs („discount", „kaufen", „sale" etc.)
8. Business TLDs („creditcard", „investments", „lawyer" etc.)

Die SLD stellt demgegenüber den kennzeichnenden Teil der Domain dar und befindet sich links neben der TLD (z. B. uni-bonn.de). Darüber hinaus kann die

---

[131] *Härting*, Internetrecht, 6. Aufl. 2017, Rn. 2207; *Hoeren*, Internetrecht, 3. Aufl. 2018, Rn. 27; Spindler/Schuster-*Müller*, Recht der elektronischen Medien, 4. Aufl. 2019, Vor MarkenG Rn. 35; Hoeren/Sieber/Holznagel-*Sieber*, Multimedia-Recht, 48. EL Februar 2019, Teil 1, Rn. 59.

[132] *Härting*, Internetrecht, 6. Aufl. 2017, Rn. 2214; *Hoeren*, Internetrecht, 3. Aufl. 2018, Rn. 27; Spindler/Schuster-*Müller*, Recht der elektronischen Medien, 4. Aufl. 2019, Vor MarkenG Rn. 35; Hoeren/Sieber/Holznagel-*Sieber*, Multimedia-Recht, 48. EL Februar 2019, Teil 1, Rn. 59.

[133] *Härting*, Internetrecht, 6. Aufl. 2017, Rn. 2208 ff.; Spindler/Schuster-*Müller*, Recht der elektronischen Medien, 4. Aufl. 2019, Vor MarkenG Rn. 36; Hoeren/Sieber/Holznagel-*Sieber*, Multimedia-Recht, 48. EL Februar 2019, Teil 1, Rn. 61.

[134] Hoeren/Sieber/Holznagel-*Sieber*, Multimedia-Recht, 48. EL Februar 2019, Teil 1, Rn. 62; Härting, Internetrecht, 6. Aufl. 2017, Rn. 2210 ff.; *Hoeren*, Internetrecht, 3. Aufl. 2018, Rn. 30 ff.; Spindler/Schuster-*Müller*, Recht der elektronischen Medien, 4. Aufl. 2019, Vor MarkenG Rn. 37.

SLD – und somit auch der Domainname – durch die sog. Third-Level-Domain erweitert werden (z. B. jura.uni-bonn.de).

Die **Aufsicht**, die die weltweite Vergabe, Koordination und Verwaltung über die
IP-Adressen und die TLDs übernimmt, liegt bei der *Internet Corporation für Assi-
gned Names and Numbers* (ICANN).[135] Die ICANN ist eine privatrechtliche
non-profit organisierte Körperschaft mit Sitz in Kalifornien.[136] Dabei bedient sich
die ICANN für die Vergabe und Verwaltung von IP-Adressen der Hilfe von Regional Internet Registries (RIR) und bei der Vergabe und Verwaltung von TLDs der
Hilfe von sog. Network Information Center (NIC), die sodann die Registrierung der
einzelnen Domains vornehmen.[137] Für die Verwaltung der deutschen TLD („de") ist
das *Deutsche Network Information Center* (DENIC) mit Sitz in Frankfurt am Main
zuständig.[138] Nach welchen Bedingungen eine Domain registriert werden kann, bestimmen die DENIC-Domainrichtlinien und die DENIC-Domainbedingungen.[139]
Danach erfolgt die Zuteilung der Domain nach dem Prioritätsprinzip („First come,
first serve").[140] Der Domainauftrag stellt das verbindliche Vertragsangebot des künftigen Domaininhabers dar, wobei ein Registrierungsvertrag abgeschlossen wird.
Die DENIC ist während der Vertragslaufzeit zur Registrierung und Konnektierung
der Domain verpflichtet. Der Domaininhaber ist demgegenüber zur Zahlung des
Domainentgelts verpflichtet.[141] Bei der Zuteilung erfolgt regelmäßig keine rechtliche, sondern nur eine technische Prüfung.[142] Der Antragsteller muss der DENIC
daher versichern, dass durch die Registrierung des Domainnamens keine Rechte Dritter verletzt werden.[143] Lediglich bei offenkundiger Rechtswidrigkeit der Registrierung

---

[135] *Hoeren*, Internetrecht, 3. Aufl. 2018, Rn. 29 f.; *Härting*, Internetrecht, 6. Aufl. 2017, Rn. 2214 f.;
Hoeren/Sieber/Holznagel-*Sieber*, Multimedia-Recht, 48. EL Februar 2019, Teil 1, Rn. 63.

[136] *Härting*, Internetrecht, 6. Aufl. 2017, Rn. 2214; Hoeren/Sieber/Holznagel-*Sieber*, Multimedia-Recht, 48. EL Februar 2019, Teil 1, Rn. 63; *Hoeren*, Internetrecht, 3. Aufl. 2018, Rn. 29.

[137] *Hoeren*, Internetrecht, 3. Aufl. 2018, Rn. 30; Spindler/Schuster-*Müller*, Recht der elektronischen Medien, 4. Aufl. 2019, Vor MarkenG Rn. 53; *Härting*, Internetrecht, 6. Aufl. 2017, Rn. 2215.
Hoeren/Sieber/Holznagel-*Sieber*, Multimedia-Recht, 48. EL Februar 2019, Teil 1, Rn. 64.

[138] *Hoeren*, Internetrecht, 3. Aufl. 2018, Rn. 40; Hoeren/Sieber/Holznagel-*Sieber*, Multimedia-
Recht, 48. EL Februar 2019, Teil 1, Rn. 66; *Härting*, Internetrecht, 6. Aufl. 2017, Rn. 2216;
Spindler/Schuster-*Müller*, Recht der elektronischen Medien, 4. Aufl. 2019, Vor MarkenG Rn. 57.

[139] DENIC-Domainrichtlinien und Datenschutzhinweise, abrufbar unter: https://www.denic.de/do-
mains/de-domains/domainrichtlinien/, zuletzt abgerufen am 30.06.2019; DENIC-Domainbedingungen, abrufbar unter: https://www.denic.de/domains/de-domains/domainbedingungen/, zuletzt
abgerufen am 30.06.2019.

[140] III. der DENIC-Domainrichtlinien und Datenschutzhinweise, abrufbar unter: https://www.de-
nic.de/domains/de-domains/domainrichtlinien/, zuletzt abgerufen am 30.06.2019.

[141] § 2 ff. DENIC-Domainbedingungen, abrufbar unter: https://www.denic.de/domains/de-do-
mains/domainbedingungen/, zuletzt abgerufen am 30.06.2019.

[142] § 2 DENIC-Domainbedingungen, abrufbar unter: https://www.denic.de/domains/de-domains/
domainbedingungen/, zuletzt abgerufen am 30.06.2019.

[143] § 3 Abs. 1 DENIC-Domainbedingungen, abrufbar unter: https://www.denic.de/domains/de-do-
mains/domainbedingungen/, zuletzt abgerufen am 30.06.2019.

kann sie diesen aus rechtlichen Gründen ablehnen.[144] Ist die beantragte Domain demnach nicht bereits für einen Dritten registriert und der Antrag nicht offenkundig rechtswidrig wird dem Begehren stattgegeben und der Antragsteller Inhaber der Domain.

Mit der Registrierung erlangt der Domaininhaber ein **ausschließliches Nutzungsrecht** an dem Domainnamen.[145] Er erlangt durch die Eintragung eine eigentumsähnliche Rechtsposition, die dem Schutz von Art. 14 GG unterfällt.[146] Ferner kommt ihr der Schutz von Art. 1 des 1. Zusatzprotokolls zur EMRK zugute.[147] Eine Domain begründet indes kein sonstiges absolutes Recht i. S. d. § 823 Abs. 1 BGB und ist mangels Körperlichkeit auch keine eigentumsfähige Sache i. S. d. § 90 BGB.[148]

Ob eine Domain bereits vergeben ist oder noch zur Registrierung zur Verfügung steht, ist über die *WHOIS-Datenbank* zu recherchieren.[149] Seit Geltung der DS-GVO sind die Kotaktdaten der Domaininhaber nicht mehr für jedermann öffentlich zugänglich, sie können nur noch mit Hilfe eines begründeten Antrags angefragt werden, bspw. wenn sich Dritte durch eine vergebene Domain in ihren Rechten verletzt sehen.[150]

Zudem bietet die DENIC Dritten die Möglichkeit, einen sog. **Dispute-Eintrag** zu hinterlegen, wenn der Dritte Tatsachen glaubhaft macht, die dafürsprechen, dass die angezeigte Domain seine Rechte verletzt. Darüber hinaus muss der Dritte erklären, dass er die daraus resultierenden Ansprüche gegenüber dem Domaininhaber geltend macht.[151] Die Domain, die mit einem Dispute-Eintrag versehen ist, kann

---

[144] III. der DENIC-Domainrichtlinien und Datenschutzhinweise, abrufbar unter: https://www.denic.de/domains/de-domains/domainrichtlinien/, zuletzt abgerufen am 30.06.2019.

[145] BVerfG, Beschl. v. 24.11.2004 – 1 BvR 1306/02, MMR 2005, 165 – *adacta.de*; BGH, Urt. v. 18.01.2012 – I ZR 187/10, MMR 2012, 307, 308 – *gewinn.de*; BGH, Beschl. v. 05.07.2005 – VII ZB 5/05, MMR 2005, 685, 686 – *Domain-Pfändung*.

[146] BVerfG, Beschl. v. 24.11.2004 – 1 BvR 1306/02, MMR 2005, 165 – *adacta.de*; BGH, Urt. v. 14.05.2009 - I ZR 231/06, GRUR 2009, 1055, 1058 – *airdsl*.

[147] EGMR, Urt. v. 18.09.2007 - App. nos. 25379/04, 21688/05, 21722/05, 21770/05, MMR 2008, 29 – *Eigentumsfähigkeit von Internetdomains*; Hoeren/Sieber/Holznagel-*Viefhues*, Multimedia-Recht, 48. EL Februar 2019, Teil 6, Rn. 9.

[148] BVerfG, Beschl. v. 24.11.2004 – 1 BvR 1306/02, NJW 2005, 589 – *adacta.de*; BGH, Urt. v. 18.01.2012 – I ZR 187/10, GRUR 2012, 417, 419 – *gewinn.de*; BGH, Beschl. v. 05.07.2005 – VII ZB 5/05, GRUR 2005, 969, 970 – *Domain-Pfändung*; BGH, Urt. v. 24.04.2008 – I ZR 159/05, NJW 2008, 3716, 3718 – *afilias.de*; KG Berlin, Urt. v. 15.03.2013 – 5 U 41/12, GRUR-RR 2013, 487, 488 – *berlin.com*.

[149] United domains WHOIS-Abfragen, https://www.united-domains.de/whois-suche/, zuletzt abgerufen am 30.06.2018; *Hoeren*, Internetrecht, 3. Aufl. 2018, Rn. 47.

[150] United domains WHOIS-Abfragen, https://www.united-domains.de/whois-suche/, zuletzt abgerufen am 30.06.2018.

[151] § 2 Abs. 3 DENIC-Domainbedingungen, abrufbar unter: https://www.denic.de/domains/de-domains/domainbedingungen/, zuletzt abgerufen am 30.06.2019.

zwar weiter genutzt, aber nicht auf einen Dritten übertragen werden.[152] Der Dispute-Eintrag hat zunächst Wirkung für ein Jahr und sichert dem Antragsteller seinen Rang, bis die Auseinandersetzung mit dem Domaininhaber abgeschlossen ist.[153] Er ist insofern mit einem rangwahrenden Grundbucheintrag zu vergleichen. Der Dispute-Antragsteller wird automatisch neuer Inhaber der Domain, sobald der bisherige Domaininhaber diese aufgibt.[154] Dies verhindert, dass die Domain durch eine weitere Person registriert werden kann, die den Zeitpunkt der Aufgabe der Domain für sich nutzt.[155] Die DENIC trägt nur einen Dispute-Eintrag pro Domain ein, so wird auch das automatische Nachrückverfahren gesichert.[156]

Der bisherige Domaininhaber, der seine materielle Berechtigung an der Domain geklärt wissen will, kann sich mit einer (negativen) Feststellungsklage gegen den Dispute-Eintrag zur Wehr setzen.[157] Es wird festgestellt, dass der vom Gegner behauptete Anspruch nicht besteht. Die negative Feststellungsklage ist zulässig, sofern ein rechtliches Interesse an einer alsbaldigen Feststellung des Nichtbestehens eines Rechtsverhältnisses besteht.

Prüfungsschema der Feststellungsklage
I. Zulässigkeit der (negative) Feststellungsklage
  1. Feststellungsklage über das Nichtbestehen eines Rechtsverhältnisses, § 256 Abs. 1 ZPO
  2. Feststellungsinteresse
  3. Zuständigkeit
     a. sachliche Zuständigkeit, gem. §§ 23, 71 GVG
     b. örtliche Zuständigkeit, gem. § 24 Abs. 1 ZPO
II. Begründetheit der Feststellungsklage
  – Die (negative) Feststellungsklage ist begründet, wenn der Dispute-Eintrag vom Dritten zu Unrecht hinterlegt wurde und die Domain dem bisherigen Domaininhaber daher rechtmäßig zusteht.

Wie oben bereits angedeutet, existiert nicht "das" Domainrecht. Vielmehr ist das Domainrecht eine Querschnittsmaterie, die verschiedenste Rechtsgebiete tangiert. Dies sind maßgeblich das Markenrecht (Abschn. 5.3.2), das bürgerlich-rechtliche

---

[152] § 2 Abs. 3 DENIC-Domainbedingungen, abrufbar unter: https://www.denic.de/domains/de-domains/domainbedingungen/, zuletzt abgerufen am 30.06.2019; *Hoeren*, Internetrecht, 3. Aufl. 2018, Rn. 175.

[153] Säcker/Rixecker/Oetker/Limperg-*Heine*, MüKo BGB, 8. Aufl. 2018, § 12 Rn. 237.

[154] *Hoeren*, Internetrecht, 3. Aufl. 2018, Rn. 175.

[155] Hoeren/Sieber/Holznagel-*Viefhues*, Multimedia-Recht, 48. EL Februar 2019, Teil 6, Rn. 397.

[156] *Hoeren*, Internetrecht, 3. Aufl. 2018, Rn. 175.

[157] Säcker/Rixecker/Oetker/Limperg-*Heine*, MüKo BGB, 8. Aufl. 2018, § 12 Rn. 240; *Hoeren*, Internetrecht, 3. Aufl. 2018, Rn. 175.

Namensrecht (Abschn. 5.3.3) sowie das Lauterkeitsrecht (Abschn. 5.3.4 ff.), deren domainrechtliche Implikationen im Folgenden erörtert werden sollen. Das Kapitel schließt mit Ausführungen zu Spezialproblemen des Domainrechts.

Während zu Beginn der kommerziellen Nutzung des Internets maßgebliche Streitigkeiten von der missbräuchlichen Registrierung von Domains mit fremden Markennamen handelten, hat sich die Anzahl domainrechtlicher Streitigkeiten heute drastisch reduziert und ist nur noch selten vorzufinden.[158] Die Praxisrelevanz des Domainrechts ist dennoch nicht zu unterschätzen.

5.3.2   Kennzeichenrechtliche Ansprüche, §§ 14, 15 MarkenG

5.3.2.1 Bestehen des Markenschutzes/Schutz der geschäftlichen Bezeichnung

Vielfach registrieren **Unternehmen** ihre Website unter einem **Domainnamen**, der ihrer schutzfähigen **Marke oder ihrer geschäftlichen Bezeichnung entspricht**, §§ 3, 5 MarkenG.[159] Der Domainname nimmt sodann am Schutz der Marke oder der geschäftlichen Bezeichnung teil.[160] Registriert hingegen ein Dritter eine Domain unter diesem schutzfähigen Zeichen oder einem zum Verwechseln ähnlichen Zeichen, verletzt er dabei regelmäßig diese Rechtsposition. Der Rechtsinhaber kann Unterlassung, §§ 14 Abs. 5, 15 Abs. Abs. 4 MarkenG, und bei Verschulden auch Schadensersatz verlangen, §§ 14 Abs. 6, 15 Abs. 5 MarkenG.

Daneben ist es möglich, dass der registrierte Domainname anfangs keinen kennzeichenrechtlichen Schutz genießt und dieser erst durch die Benutzung des Domainnamens entsteht oder der Domaininhaber den Domainnamen nachträglich als Marke im Markenregister eintragen lässt, § 4 Nr. 1 MarkenG oder §§ 4 Nr. 2, 5 Abs. 2 S. 1 MarkenG.[161]

Für den Markenschutz ist es erforderlich, dass der Domainname die Funktion hat, Waren oder Dienstleistungen zu bezeichnen. Neben der Eintragung kann der Markenschutz ausnahmsweise auch durch die Benutzung der Domain im geschäftlichen Verkehr entstehen, soweit das Zeichen innerhalb beteiligter Verkehrskreise als Marke Verkehrsgeltung erworben hat, § 4 Nr. 2 MarkenG.[162] Dies kommt insbesondere dann in Betracht, wenn ein Domaininhaber für seine Waren und Dienstleis-

---

[158] *Härting*, Internetrecht, 6. Aufl. 2017, Rn. 2234.

[159] Vgl.: OLG Hamm, Urt. v. 19.06.2001 – 4 U 32/01, MMR 2001, 749, 749 – *veltins.com*; Spindler/Schuster-*Müller*, Recht der elektronischen Medien, 4. Aufl. 2019, Vor MarkenG Rn. 45.

[160] Spindler/Schuster-*Müller*, Recht der elektronischen Medien, 4. Aufl. 2019, § 3 MarkenG Rn. 24 und § 5 Rn. 29; *Hoeren*, Internetrecht, 3. Aufl. 2018, Rn. 63.

[161] Albrecht/Kur/v. Bomhard-*Thalmaier*, BeckOK MarkenR, 17 Ed. Stand: 01.04.2019, § 15 Rn. 81; Spindler/Schuster-*Müller*, Recht der elektronischen Medien, 4. Aufl. 2019, Vor MarkenG Rn. 45 und § 1 MarkenG Rn. 13.

[162] *Härting*, Internetrecht, 6. Aufl. 2017, Rn. 2256.

tungen in einer Art und Weise wirbt, durch die der Domainname besondere Bekanntheit erlangt.[163]

Geschäftliche Bezeichnungen können nicht im Markenregister eingetragen werden, sie erhalten Schutz durch die erste Benutzung bei originärer Kennzeichnungskraft oder bei Eintritt der Verkehrsgeltung, vgl. § 5 MarkenG.[164] Der Domainname kann diesen Schutz nur erlangen, wenn er geeignet ist, im Sinne der Herkunftsfunktion ein konkretes Unternehmen zu identifizieren.[165] Daran fehlt es, wenn der durchschnittliche Internetnutzer mit dem Domainnamen zwar die Website identifiziert, nicht aber das Unternehmen selbst.[166]

Durch die **bloße Registrierung** einer Domain kann kein kennzeichenrechtlicher Schutz entstehen, es fehlt an einer Benutzung des Zeichens im geschäftlichen Verkehr bzw. an einem kennzeichenmäßigen Gebrauch des Zeichens.[167] Markenrechtlich kann also nicht das bloße „Registrierthalten" einer Domain untersagt werden.[168] Die Nutzung von Gattungsbegriffen oder beschreibenden Begriffen als Domainname ist zwar grundsätzlich zulässig,[169] sie genießen aber keinen markenrechtlichen Schutz, § 8 Abs. 2 MarkenG[170] (Vgl. eingehend zu Sammel- und Gattungsbegriffen Abschn. 5.3.5).

Es gilt indes zu beachten, dass der Kennzeichenschutz auch in seiner domainrechtlichen Perspektive **nur regional gewährleistet** wird. Das bedeutet, dass domainrechtlicher Kennzeichenschutz nur für diejenigen Domains gewährleistet wird, die in irgendeiner Verbindung zur geschützten Marke stehen. Wenn bspw. ein ausschließlich in Bayern tätiges Sprachinstitut den Namen „Cambridge Institut" führt, kann dieses nicht einem schweizerischen – gleichnamigen – Anbieter die Registrierung der Domain „cambridgeinstitut.ch" versagen,[171] da dies ihren räumlichen Tätigkeitsbereich nicht tangiert. Die bloße Registrierung einer Domain sagt allerdings

---

[163] Auer-Reinsdorff/Conrad-*Witte*, Handbuch IT- und Datenschutzrecht, 2. Aufl. 2016, § 7 Rn. 40.

[164] Spindler/Schuster-*Müller*, Recht der elektronischen Medien, 4. Aufl. 2019, § 1 MarkenG Rn. 14, Rn. 35; *Härting*, Internetrecht, 6. Aufl. 2017, Rn. 2253; *Hoeren*, Internetrecht, 3. Aufl. 2018, Rn. 68.

[165] BGH, Urt. v. 19.04.2012 – I ZR 86/10, MMR 2013, 34, Rn. 29 f. – *Pelikan*; Spindler/Schuster-*Müller*, Recht der elektronischen Medien, 4. Aufl. 2019, § 5 MarkenG Rn. 30 ff.; *Härting*, Internetrecht, 6. Aufl. 2017, Rn. 2259; *Hoeren*, Internetrecht, 3. Aufl. 2018, Rn. 69.

[166] Spindler/Schuster-*Müller*, Recht der elektronischen Medien, 4. Aufl. 2019, § 5 MarkenG Rn. 30.

[167] BGH, Urt. v. 14.05.2009 – I ZR 231/06, GRUR 2009, 1055, 1057 – *airdsl*; BGH, Urt. v. 19.02.2009 – I ZR 135/06, GRUR 2009, 685, Rn. 30 – *ahd.de*; OLG Frankfurt a.M., Beschl. v. 18.05.2018 – 2-03 O 175/18, MMR 2019, 124 – *abc-law.de*; OLG Frankfurt a.M., Urt. v. 05.08.2010 – 6 U 89/09, MMR 2010, 831, 832; Albrecht/Kur/v. Bomhard-*Thalmaier*, BeckOK MarkenR, 17. Ed. Stand: 01.04.2019, § 15 Rn. 81.

[168] OLG Frankfurt a.M., Beschl. v. 18.05.2018 – 2-03 O 175/18, MMR 2019, 124 – *abc-law.de*.

[169] BGH, Urt. v. 17.05.2001 – I ZR 216/99, MMR 2001, 666, 667 ff. – *mitwohnzentrale.de*.

[170] *Hoeren*, Internetrecht, 3. Aufl. 2018, Rn. 110.

[171] BGH, Urt. v. 28.06.2007 – I ZR 49/04, MMR 2007, 748 – *cambridgeinstitut.de*; vgl. dazu eingehend: *Hoeren*, Internetrecht, 3. Aufl. 2018, S. 59 Rn. 129.

noch nichts darüber aus, ob ein Waren- oder Dienstleistungsanbieter seinen regionalen Wirkungskreis verlassen und seine Waren und Dienstleistungen nunmehr bundesweit anbieten möchte.[172]

5.3.2.2 Benutzen im geschäftlichen Verkehr

Für die Ansprüche nach §§ 14, 15 MarkenG ist stets ein **Benutzen im geschäftlichen Verkehr** erforderlich.[173] Dies liegt bei **wirtschaftlichen Tätigkeiten** vor, die der **Förderung eines eigenen oder fremden Geschäftszweckes** dienen.[174] Nicht erforderlich ist das Vorliegen einer Gewinnerzielungsabsicht oder eines potenziellen Wettbewerbsverhältnisses.[175] Ein Domainname, der das geschützte Zeichen oder die geschützte geschäftliche Bezeichnung beinhaltet, aber ausschließlich für private Zwecke genutzt wird, verletzt hingegen keine markenrechtliche Rechtsposition.[176] Gegen privat genutzte Domains sind Ansprüche aus dem Namensrecht zu prüfen, § 12 BGB, im Falle des Domaingrabbings (Abschn. 5.3.4) insbesondere Ansprüche aus dem Gesetz gegen den unlauteren Wettbewerb, § 8 Abs. 1, 4 Nr. 4 UWG.[177]

Eine **Benutzung der Domain** im geschäftlichen Verkehr muss positiv festgestellt werden, eine bloße Vermutung genügt nicht.[178] Im Zweifel liegt eine private Nutzung vor.[179] Es wird auf die erkennbar nach außen tretende Zielrichtung des Handelnden abgestellt.[180] Dabei werden alle selbstständigen wirtschaftlichen Tätigkeiten erfasst, durch die am Erwerbsleben teilgenommen wird.[181] So verleiht ein **Werbebanner** einer privaten Homepage kommerziellen Charakter, sofern es sich nicht lediglich um Providerwerbung zur Kostenminimierung handelt.[182] Auch **Links**

---

[172] Vgl. BGH, Urt. v. 22.07.2004 – I ZR 135/01, GRUR 2005, 262 – *soco.de*.

[173] BGH, Urt. v. 22.11.2001 – I ZR 138/99, NJW 2002, 2031, 2033 - *shell.de*; *Härting*, Internetrecht, 6. Aufl. 2017, Rn. 2275; *Hoeren*, Internetrecht, 3. Aufl. 2018, Rn. 79.

[174] BGH, Urt. v. 28.04.2016 – I ZR 82/14, GRUR 2016, 810 Rn. 20 – *profitbricks.es*; *Härting*, Internetrecht, 6. Aufl. 2017, Rn. 2275.

[175] Auer-Reinsdorff/Conrad-*Witte*, Handbuch IT- und Datenschutzrecht, 2. Aufl. 2016, § 7 Rn. 52.

[176] *Härting*, Internetrecht, 6. Aufl. 2017, Rn. 2275.

[177] *Härting*, Internetrecht, 6. Aufl. 2017, Rn. 2276.

[178] BGH, Urt. v. 28.04.2016 – I ZR 82/14, GRUR 2016, 810, Rn. 21 – *profitbricks.es*; BGH, Urt. v. 24.04.2008 – I ZR 159/05, NJW 2008, 3716, Rn. 12 – *afilias.de*; *Härting*, Internetrecht, 6. Aufl. 2017, Rn. 2279; *Hoeren*, Internetrecht, 3. Aufl. 2018, Rn. 83; *Ingerl/Rohnke*, MarkenG, 3. Aufl. 2010, Nach § 15 MarkenG Rn. 124; a.A. Fezer-*Fezer*, MarkenG, 4. Aufl. 2009, Einl. G. Rn. 50.

[179] BGH, Urt. v. 28.04.2016 – I ZR 82/14, GRUR 2016, 810, Rn. 21 – *profitbricks.es*; BGH, Urt. v. 24.04.2008 – I ZR 159/05, NJW 2008, 3716, Rn. 12 – *afilias.de*; *Härting*, Internetrecht, 6. Aufl. 2017, Rn. 2279; *Hoeren*, Internetrecht, 3. Aufl. 2018, Rn. 83; *Ingerl/Rohnke*, MarkenG, 3. Aufl. 2010, Nach § 15 MarkenG Rn. 124; a.A. Fezer-*Fezer*, MarkenG, 4. Aufl. 2009, Einl. G. Rn. 50.

[180] BGH, Urt. v. 28.04.2016 – I ZR 82/14, GRUR 2016, 810, Rn. 21 – *profitbricks.es*; BGH, Urt. v. 24.04.2008 – I ZR 159/05, NJW 2008, 3716, Rn. 12 – *afilias.de; Härting*, Internetrecht, 6. Aufl. 2017, Rn. 2277.

[181] *Hoeren*, Internetrecht, 3. Aufl. 2018, Rn. 79.

[182] LG München I, Urt. v. 08.03.2001 – 4 HKO 200/01, CR 2001, 555 – *saeugling.de*; vgl. Dazu: Auer-Reinsdorff/Conrad-*Witte*, Handbuch IT- und Datenschutzrecht, 2. Aufl. 2016, § 7 Rn. 53.

zu fremden Seiten können einer privaten Seite kommerziellen Charakter zuschreiben, sofern der Seitenbetreiber sich die fremden Inhalte zu eigen macht bzw. der Störerhaftung (Abschn. 1.10.2) unterliegt.[183] Kennzeichenrechtliche Ansprüche gegen eine **nicht aktive Website** scheiden demnach grundsätzlich aus. Eine Gewinnerzielungsabsicht des Domainbetreibers ist nicht zwingend.[184] Da die „.com"-TLD allen Nutzern zur Verfügung steht und nicht, wie anfangs angedacht, nur für gewerbliche Nutzer, können hieraus keine Rückschlüsse auf die Zielrichtung des Handelnden abgeleitet werden.[185]

Die **bloße Registrierung** einer kennzeichenrechtlich geschützten Domain ist nicht untersagt, da mit ihr **noch keine Benutzung** des geschützten Zeichens im geschäftlichen Verkehr verbunden ist.[186] Dieses Ergebnis ändert sich auch nicht, wenn der Domaininhaber die Domain zum Verkauf anbietet.[187] Auch die Registrierung eines Domainnamens in der Absicht, diesen zu veräußern, begründet keine markenrechtlich relevante Benutzung des Zeichens im geschäftlichen Verkehr.[188] Auch ein „Baustellenschild", welches auf der Domain nach ihrer Registrierung abrufbar ist, stellt in der Regel keine Benutzung im markenrechtlichen Sinne dar.[189] In den Fällen des Domaingrabbings muss auf das Gesetz gegen den unlauteren Wettbewerb zurückgegriffen werden.[190] Beim Domaingrabbing werden Domainregistrierungen mit dem alleinigen Ziel vorgenommen, die registriere Domain anschließend dem Namensträger oder Kennzeicheninhaber zum Verkauf anzubieten.[191]

5.3.2.3 Kollisionstatbestand
§§ 14 Abs. 2 Nr. 1 bis Nr. 3 MarkenG sowie § 15 Abs. 2 und Abs. 3 MarkenG normieren unterschiedliche Verletzungstatbestände. Hier gilt es, zwischen den unterschiedlichen Tatbeständen sauber zu unterscheiden und den Sachverhalt richtig zu subsumieren. Die Tatbestände ähneln den relativen Schutzhindernissen des § 9 Abs. 1 MarkenG (Abschn. 5.1).

---

[183] Auer-Reinsdorff/Conrad-*Witte*, Handbuch IT- und Datenschutzrecht, 2. Aufl. 2016, § 7 Rn. 54.

[184] Vgl.: *Härting*, Internetrecht, 6. Aufl. 2017, Rn. 2287.

[185] BGH, Urt. v. 28.04.2016 – I ZR 82/14, GRUR 2016, 810, Rn. 24 – *profitbricks.es*; *Härting*, Internetrecht, 6. Aufl. 2017, Rn. 2278.

[186] BGH, Urt. v. 28.04.2016 – I ZR 82/14, GRUR 2016, 810, Rn. 24 – *profitbricks.es*; BGH, Urt. v. 13.03.2008 – I ZR 151/05, GRUR 2008, 912, Rn. 16 – *Metrosex*; BGH, Urt. v. 02.12.2004 – I ZR 207/01, NJW 2005, 2315, 2316 – *weltonline.de*; Säcker/Rixecker/Oetker/Limperg-*Heine*, MüKo BGB, 8. Aufl. 2018, § 12 Rn. 276; a.A. für den Tatbestand § 14 Abs. 2 Nr. 3 MarkenG: OLG Hamm, Urt. v. 19.06.2001 – 4 U 32/01, MMR 2001, 749, 750 – *veltins.com*.

[187] *Härting*, Internetrecht, 6. Aufl. 2017, Rn. 2283.

[188] BGH, Urt. v. 28.04.2016 – I ZR 82/14, GRUR 2016, 810, Rn. 25 – *profitbricks.es*.

[189] *Hoeren*, Internetrecht, 3. Aufl. 2018, Rn. 83.

[190] *Härting*, Internetrecht, 6. Aufl. 2017, Rn. 2276.

[191] BGH, Urt. v. 19.02.2009 – I ZR 135/06, GRUR 2009, 685, Rn. 34 – *ahd.de*; Säcker/Rixecker/Oetker/Limperg-*Heine*, MüKo BGB, 8. Aufl. 2018, § 12 Rn. 289.

5.3.2.3.1 Identität, § 14 Abs. 2 Nr. 1 MarkenG

Gem. § 14 Abs. 2 Nr. 1 MarkenG ist es Dritten untersagt, ohne Zustimmung des Inhabers der Marke im geschäftlichen Verkehr in Bezug auf Waren oder Dienstleistungen ein mit der Marke identisches Zeichen für Waren oder Dienstleistungen zu benutzen, die mit denjenigen identisch sind, für die sie Schutz genießt.

Für den ersten Verletzungstatbestand muss der Rechtsverletzer ein **identisches Zeichen** für seinen Domainnamen verwenden und damit auf der Website identische Produkte beschreiben.[192]

5.3.2.3.2 Verwechslungsgefahr, §§ 14 Abs. 2 Nr. 2, 15 Abs. 2 MarkenG

Gem. § 14 Abs. 2 Nr. 2 MarkenG ist es Dritten aber auch untersagt, ohne Zustimmung des Inhabers der Marke im geschäftlichen Verkehr in Bezug auf Waren oder Dienstleistungen ein Zeichen zu benutzen, wenn das Zeichen mit einer Marke identisch oder ihr ähnlich ist und für Waren oder Dienstleistungen benutzt wird, die mit denjenigen identisch oder ihnen ähnlich sind, die von der Marke erfasst werden, und für das Publikum die Gefahr einer Verwechslung besteht, die die Gefahr einschließt, dass das Zeichen mit der Marke gedanklich in Verbindung gebracht wird.

Einen parallelen Schutz bietet § 15 Abs. 2 MarkenG für geschäftliche Bezeichnungen: Demnach ist es Dritten untersagt, die geschäftliche Bezeichnung oder ein ähnliches Zeichen im geschäftlichen Verkehr unbefugt in einer Weise zu benutzen, die geeignet ist, Verwechslungen mit der geschützten Bezeichnung hervorzurufen.

Beim Verletzungstatbestand der Verwechslungsgefahr ist es sowohl für den Markenschutz als auch für den Schutz der geschäftlichen Bezeichnung erforderlich, dass der rechtsverletzende Domainname ein zumindest **ähnliches Zeichen** oder die geschäftliche Bezeichnung wiedergibt und so eine **Verwechslungsgefahr** hervorgerufen wird.[193] Ob eine Verwechslungsgefahr besteht, ist unter Heranziehung aller Umstände des Einzelfalls zu beurteilen.[194] Umstritten ist, ob der klassische markenrechtliche Verwechslungsmaßstab für Domainnamen übernommen werden kann, oder, ob er für dieses spezielle Anwendungsfeld weniger streng anzuwenden ist.[195] Dagegen ist einzuwenden, dass die Anlegung verschiedener Maßstäbe zu Wertungswidersprüchen führt. So könnte die Benutzung eines Domainnamens erlaubt sein, wohingegen die Verwendung desselben Zeichens bzw. derselben geschäftlichen Bezeichnung außerhalb des Internets verboten wäre.[196] Es gelten somit die „gewöhnlichen" – strengen – Maßstäbe.

---

[192] *Härting*, Internetrecht, 6. Aufl. 2017, Rn. 2303.

[193] Spindler/Schuster-*Müller*, Recht der elektronischen Medien, 4. Aufl. 2019, § 14 MarkenG Rn. 10; *Hoeren*, Internetrecht, 3. Aufl. 2018, Rn. 86; vgl. auch: OLG Hamburg, Urt. v. 21.09.2000 – 3 U 89/00, GRUR-RR 2002, 100, 101; OLG Frankfurt a.M., Urt. v. 04.05.2000 – 6 U 81/99, MMR 2000, 486, 486 f.

[194] OLG Hamburg, Urt. v. 21.09.2000 – 3 U 89/00, GRUR-RR 2002, 100, 101; *Hoeren*, Internetrecht, 3. Aufl. 2018, Rn. 87.

[195] Säcker/Rixecker/Oetker/Limperg-*Heine*, MüKo BGB, 8. Aufl. 2018, § 12 Rn. 280.

[196] Säcker/Rixecker/Oetker/Limperg-*Heine*, MüKo BGB, 8. Aufl. 2018, § 12 Rn. 280.

Fehlt es an einer **Waren- bzw. Dienstleistungsähnlichkeit**, gem. § 14 Abs. 2 Nr. 2 MarkenG, oder an der Branchennähe gem. § 15 Abs. 2 MarkenG, ist die Verwechslungsgefahr auch bei Domainnamen zu verneinen.[197] Letzteres ist der Fall, wenn im Hinblick auf die Unterschiedlichkeit der Branchen nicht davon ausgegangen werden kann, dass der Verkehr Verwechslungen der bezeichneten Unternehmen erliegt oder wenigstens irrtümlich nicht bestehende wirtschaftliche Zusammenhänge zwischen ihnen annimmt.[198] Beim Streit um den Domainnamen „alcon.de" hat das OLG Frankfurt a.M. eine fehlende Branchennähe zwischen einem Unternehmen angenommen, das Pharmazeutika und Medizinprodukte für die Augenheilkunde vertreibt, und einem Unternehmen, welches Vermögensverwaltung anbietet.[199] Eine Dienstleitungsähnlichkeit zwischen der produzierten Krimimalreihe „Derrick", die im Markenregister eingetragen ist, und der Internetdomain „derrick.de" wurde vom OLG Hamburg negiert, da unter dieser Internetdomain Lösungen für das Internet angeboten wurden. Diese völlig verschiedenen Dienstleistungsangebote zeigen keine Ähnlichkeiten i. S. d. § 14 Abs. 2 Nr. 2 MarkenG.[200]

5.3.2.3.3 Bekanntheitsschutz, §§ 14 Abs. 2 Nr. 3, 15 Abs. 3 MarkenG

Des Kriteriums der Verwechslungsgefahr bedarf es in den Fällen des § 14 Abs. 2 Nr. 3 und § 15 Abs. 3 MarkenG hingegen nicht. Dies liegt daran, dass bekannte Marken und Geschäftsbezeichnungen im Inland einen erhöhten Schutz gegen die **unlautere Ausnutzung oder Beeinträchtigung ihrer Unterscheidungskraft oder Wertschätzung** genießen.[201] Der Internetbesucher erwartet durch den Aufruf des Domainnamens die Internetpräsenz des im Inland bekannten Kennzeicheninhabers, da der Domainname ein zu der Marke zumindest ähnliches Zeichen oder eine zumindest ähnliche Geschäftsbezeichnung enthält.[202] Der Rechtsverkehr erwartet, dass Unternehmen, die im Inland sehr bekannt sind, unter der mit der Top-Level-Domain „.de" gebildeten Internet-Adresse auf einfache Weise zu finden sind.[203]

Ob die Unterscheidungskraft oder Wertschätzung der Marke bzw. Geschäftsbezeichnung in unlauterer Weise ausgenutzt oder beeinträchtigt wird, ist durch eine Abwägung zwischen den berechtigten Interessen des Zeicheninhabers und des Eingreifenden festzustellen.[204] Hier ist zwischen vier unterschiedlichen Verletzungserfolgen zu differenzieren: Aufmerksamkeitsausbeutung, Rufausbeutung, Verwässerung und Rufschädigung.[205]

---

[197] Spindler/Schuster-*Müller*, Recht der elektronischen Medien, 4. Aufl. 2019, § 15 MarkenG Rn. 11; *Hoeren*, Internetrecht, 3. Aufl. 2018, Rn. 91.

[198] OLG Frankfurt a.M., Urt. v. 04.05.2000 – 6 U 81/99, MMR 2000, 486, 487.

[199] OLG Frankfurt a.M., Urt. v. 04.05.2000 – 6 U 81/99, MMR 2000, 486, 487.

[200] OLG Hamburg, Urt. v. 21.09.2000 – 3 U 89/00, GRUR-RR 2002, 100, 101.

[201] Säcker/Rixecker/Oetker/Limperg-*Heine*, MüKo BGB, 8. Aufl. 2018, § 12 Rn. 281; Härting, Internetrecht, 6. Aufl. 2017, Rn. 2267.

[202] BGH, Urt. v. 22.11.2001 – I ZR 138/99, NJW 2002, 2031, 2034 – *shell.de*.

[203] BGH, Urt. v. 22.11.2001 – I ZR 138/99, NJW 2002, 2031, 2034 – *shell.de*.

[204] OLG Stuttgart, Urt. v. 27.07.2006 – 2 U 108/05, GRUR-RR 2007, 313, 315.

[205] OLG Stuttgart, Urt. v. 27.07.2006 – - U 108/05, GRUR-RR 2007, 313, 315.

Für die **Aufmerksamkeitsausbeutung** ist es erforderlich, dass das besondere Maß an Aufmerksamkeit ausgenutzt wird, das mit der Verwendung der bekannten Marke bzw. Geschäftsbezeichnung verbunden ist. Von einem unlauteren Verhalten ist regelmäßig auszugehen, wenn die identische oder ähnliche Benutzung des Zeichens bzw. der Geschäftsbezeichnung bezweckt, die mit ihrer Verwendung verbundene Aufmerksamkeit auszubeuten.[206]

Rufausbeutung ist gegeben, wenn die Internetnutzer durch das zumindest ähnliche Zeichen oder die zumindest ähnliche Geschäftsbezeichnung im Domainnamen zum Aufrufen einer Internetseite verleitet werden, die sie ansonsten wohl nicht aufgerufen hätten.[207] Zugleich muss der Domainname aber dazu führen, dass die auf der Internetseite angebotenen Produkte oder Dienstleistungen eine Steigerung ihrer Wertschätzung erfahren, sog. Imagetransfer.[208] Auch Tippfehlerdomains (Abschn. 5.3.6) werden unter die Fallgruppe der Rufausbeutung subsumiert.[209]

Verwässerung wird dadurch erreicht, dass die Unterscheidungskraft des geschützten Zeichens bzw. der Geschäftsbezeichnung unzulässig beeinträchtigt wird.[210] Neben den Umstand der Bekanntheit der Bezeichnung muss die Gefahr treten, dass der Bekanntheitswert durch die rechtsverletzende Internetdomain gemindert wird.[211] Diese Gefahr ist z. B. gegeben, wenn der Verkehr mit der Marke bzw. Geschäftsbezeichnung nicht mehr nur den Berechtigten und seine Produkte verbindet, sondern auch die Angebote, die auf der rechtsverletzenden Internetdomain präsentiert werden.[212]

Rufschädigung liegt nur dann vor, wenn die Inhalte auf der rechtsverletzenden Internetdomain das geschützte Zeichen bzw. die Geschäftsbezeichnung herabwürdigen, bspw. bei produkt- oder unternehmenskritischen Websites.[213]

5.3.2.4 Unbefugte Benutzung

Schließlich muss der Inhaber der Internetdomain diese auch **unbefugt** im geschäftlichen Verkehr **benutzen**.

---

[206] BGH, Urt. v. 03.02.2005 – I ZR 159/02, NJW 2005, 2856, 2867 – *Lila-Postkarte*; OLG Stuttgart, Urt. v. 27.07.2006 – 2 U 108/05, GRUR-RR 2007, 313, 315; Spindler/Schuster-*Müller*, Recht der elektronischen Medien, 4. Aufl. 2019, § 14 MarkenG Rn. 110.

[207] Spindler/Schuster-*Müller*, Recht der elektronischen Medien, 4. Aufl. 2019, § 14 MarkenG Rn. 108.

[208] OLG Stuttgart, Urt. v. 27.07.2006 – 2 U 108/05, GRUR-RR 2007, 313, 315 – *CARRERA*; OLG Hamburg, Urt. v. 21.09.2000 – 3 U 89/00, GRUR-RR 2002, 100, 102 – *derrick.de*; *Hoeren*, Internetrecht, 3. Aufl. 2018, Rn. 93.

[209] *Hoeren*, Internetrecht, 3. Aufl. 2018, Rn. 94.

[210] OLG Hamm, Urt. v. 19.06.2001 – 4 U 32/01, MMR 2001, 749, 750 – *veltins.com*; OLG Hamburg, Urt. v. 21.09.2000 – 3 U 89/00, GRUR-RR 2002, 100, 102.

[211] OLG Hamm, Urt. v. 19.06.2001 – 4 U 32/01, MMR 2001, 749, 750 – *veltins.com;* OLG Hamburg, Urt. v. 21.09.2000 – 3 U 89/00, GRUR-RR 2002, 100, 102; Spindler/Schuster-*Müller*, Recht der elektronischen Medien, 4. Aufl. 2019, § 14 MarkenG Rn. 113.

[212] OLG Hamburg, Urt. v. 21.09.2000 – 3 U 89/00, GRUR-RR 2002, 100, 102 f.

[213] Spindler/Schuster-*Müller*, Recht der elektronischen Medien, 4. Aufl. 2019, § 14 MarkenG Rn. 111.

5.3.2.4.1 § 23 MarkenG: Recht der Gleichnamigen

Der Domaininhaber kann seinerseits zur Nutzung befugt sein, wenn er ebenfalls kennzeichenrechtlichen oder namensrechtlichen Schutz für den Domainnamen genießt oder sich auf eine der Schutzschranken des **§ 23 MarkenG** berufen kann.[214] Dies wird als das sog. **Recht der Gleichnamigen** bezeichnet.

Grundsätzlich kommt es im Markenrecht zur Anwendung des **Prioritätsprinzips, § 6 MarkenG**.[215] Ist der Domaininhaber gleichfalls Inhaber eines geschützten Zeichens bzw. einer geschäftlichen Bezeichnung, ist für die Bestimmung des Vorrangs der zusammentreffenden Kennzeichenrechte der Zeitpunkt des Rechtserwerbs, also die Eintragung ins Markenregister oder die Aufnahme der Benutzung zu bestimmen, § 6 Abs. 1 und Abs. 3 MarkenG.[216] Der Inhaber des älteren Zeichenrechts kann dem Inhaber des jüngeren Zeichenrechts die Nutzung der Internetdomain untersagen.

Von diesem Grundsatz wird eine **Ausnahme** normiert, § 23 Abs. 1 Nr. 1 MarkenG. Der Inhaber einer Marke oder einer geschäftlichen Bezeichnung darf einem Dritten nicht untersagen, den Namen oder die Anschrift des Dritten im geschäftlichen Verkehr zu benutzen, wenn dieser eine natürliche Person ist, § 23 Abs. 1 Nr. 1 MarkenG.

Für diese Fälle von **Gleichnamigkeit**, in denen ein geschütztes Zeichen bzw. eine geschützte Geschäftsbezeichnung mit einer aus einem bürgerlichen Namen gebildeten Bezeichnung zusammentrifft, hat der BGH eigene Grundsätze entwickelt.[217] Anstelle des Prinzips des Zeitrangs kommt es im Falle der Gleichnamigkeit zur Anwendung des Gerechtigkeitsprinzips der Priorität der Registrierung.[218] Nach dem Prioritätsprinzip hat derjenige Vorrang, der seinen eigenen Namen zuerst als Domainnamen hat registrieren lassen.[219] Dieser Grundsatz wird für den Fall der Gleichnamigkeit ins Markenrecht übertagen. Er gilt für die Registrierung eines Domainnamens, wenn die Rechtsposition des Zeicheninhabers auf die Rechtsposition eines berechtigten Namensträgers trifft. Ihm muss sich grundsätzlich auch der Inhaber eines relativ stärkeren Rechts unterwerfen, der feststellt, dass sein Name

---

[214] Säcker/Rixecker/Oetker/Limperg-*Heine*, MüKo BGB, 8. Aufl. 2018, § 12 Rn. 282; *Härting*, Internetrecht, 6. Aufl. 2017, Rn. 2298 ff.

[215] BGH, Urt. v. 31.03.2010 – I ZR 174/07, GRUR 2010, 738, Rn. 17 – *Peek & Cloppenburg*.

[216] BGH, Urt. v. 31.03.2010 – I ZR 174/07, GRUR 2010, 738, Rn. 17 – *Peek & Cloppenburg*.

[217] BGH, Urt. v. 31.03.2010 – I ZR 174/07, GRUR 2010, 738, Rn. 18 – *Peek & Cloppenburg*; BGH, Urt. v. 23.06.2005 – I ZR 288/02, GRUR 2006, 159, Rn. 20 – *hufeland.de*; BGH, Urt. v. 22.11.2001 – I ZR 138/99, NJW 2002, 2031, 2034 – *shell.de*.

[218] BGH, Urt. v. 31.03.2010 – I ZR 174/07, GRUR 2010, 738, Rn. 29 – *Peek & Cloppenburg*; BGH, Urt. v. 23.06.2005 – I ZR 288/02, GRUR 2006, 159, Rn. 20 – *hufeland.de*.

[219] OLG Köln, Urt. v. 20.01.2006 – 6 U 146/05, GRUR-RR 2006, 370, 372; BGH, Urt. v. 23.06.2005 – I ZR 288/02, GRUR 2006, 159, Rn. 20 – *hufeland.de*; BGH, Urt. v. 09.06.2005 – I ZR 231/01, NJW 2006, 146 Rn. 13 – *segnitz.de*; BGH, Urt. v. 22.11.2001 – I ZR 138/99, NJW 2002, 2031, 2034 – *shell.de*.

oder sonstiges Kennzeichen bereits von einem Gleichnamigen als Domain registriert worden ist.[220] Der Inhaber des älteren Kennzeichenrechts muss die Benutzung
im geschäftlichen Verkehr und die damit einhergehende Verwechslungsgefahr hinnehmen, wenn der Träger des prioritätsjüngeren Namensrecht ein schutzwürdiges
Interesse an der Benutzung hat, redlich handelt und alles Erforderliche und Zumutbare tut, um eine Verwechslungsgefahr auszuschließen oder auf ein hinnehmbares
Maß zu vermindern.[221] Dies gilt gleichsam für **Vor- und Nachnamen**.[222] Im Fall der
überragenden Bekanntheit des Zeicheninhabers, kann der Domaininhaber ausnahmsweise dazu verpflichtet werden, seine eingetragene Domain zu löschen und
seine ursprüngliche Domain ausschließlich mit einem zu unterscheidenden Zusatz
neu registrieren zu lassen.[223]

Dies wird als das sog. **Rücksichtnahmegebot** beschrieben, welches eine **Durch-
brechung des Prioritätsgrundsatzes** ermöglicht.[224] Vorher muss jedoch geprüft
werden, ob eine bestehende Verwechslungsgefahr nicht durch ausdrückliche Hinweise auf der konkurrierenden Domain beseitigt werden kann.[225] Insbesondere beim
Aufeinandertreffen von gleichwertigen Interessen verschiedener aufeinandertref-
fender Parteien, können diese dazu verpflichtet sein, in ihrer Repräsentation voneinander ausreichenden Abstand zu halten.[226] Der BGH entschied etwa für den Fall
der bekannten Kaufhausketten mit dem identischen Namen *Peek & Cloppenburg*,
dass diese auf ihren Websites hinreichend klarstellen müssen, um welches konkrete
Unternehmen es sich handelt und somit alles Erforderliche und Zumutbare vornehmen, um eine Verwechslungsgefahr auszuschließen bzw. auf ein akzeptables Maß
zu verringern.[227]

Diese Grundsätze wendet der BGH entsprechend für die Fälle der Gleichgewichtslage an, die dadurch entstehen, dass die **Rechte an verwechslungsfähigen
Unternehmensbezeichnungen jahrelang unbeanstandet nebeneinander** bestan-
den haben.[228] Die Fälle der Gleichgewichtslage unterscheiden sich von den Fällen
der Gleichnamigkeit dadurch, dass nicht eine geschützte Bezeichnung mit einer aus

---

[220] BGH, Urt. v. 22.11.2001 – I ZR 138/99, NJW 2002, 2031, 2034 – *shell.de*.

[221] BGH, Urt. v. 31.03.2010 – I ZR 174/07, GRUR 2010, 738, Rn. 18 – *Peek & Cloppenburg*; Sä-
cker/Rixecker/Oetker/Limperg-*Heine*, 8. Aufl. 2018, § 12 Rn. 284; *Hoeren*, Internetrecht, 3. Aufl.
2018, Rn. 100.

[222] BGH, Urt. v. 23.10.2008 – I ZR 11/06, MMR 2009, 394 – *raule.de*; vgl. dazu eingehend: Au-
er-Reinsdorff/Conrad-*Witte*, Handbuch IT- und Datenschutzrecht, 2. Aufl. 2016, § 7 Rn. 62 ff.

[223] BGH, Urt. v. 22.11.2001 – I ZR 138/99, NJW 2002, 2031, 2034 – *shell.de*; LG Hamburg, Urt.
v. 01.08.2000 – 312 O 328/00, MMR 2000, 620, 621 ff. – *joop.de*; Säcker/Rixecker/Oetker/Lim-
perg-*Heine*, MüKo BGB, 8. Aufl. 2018, § 12 Rn. 284; *Hoeren*, Internetrecht, 3. Aufl. 2018,
Rn. 101.

[224] Vgl. *Härting*, Internetrecht, 6. Aufl. 2017, Rn. 2384.

[225] Vgl. ähnlich: BGH, Urt. v. 28.02.2002 – I ZR 195/99, NJW 2002, 2093, 2095 – *vossius.de*.

[226] *Härting*, Internetrecht, 6. Aufl. 2017, Rn. 2388.

[227] BGH, Urt. v. 31.03.2010, I ZR 174/07 – GRUR 2010, 738 – *Peek & Cloppenburg*; Ein entsprechender sehr anschaulicher Hinweis findet sich im Header der Website der Kaufhauskette, vgl.
unter: www.peek-cloppenburg.de, zuletzt abgerufen am 10.09.2020.

[228] BGH, Urt. v. 31.03.2010 – I ZR 174/07, GRUR 2010, 738, Rn. 19 – *Peek & Cloppenburg*; vgl.
dazu: *Hoeren*, Internetrecht, 3. Aufl. 2018, Rn. 106.

einem bürgerlichen Namen gebildeten Bezeichnung zusammentrifft, sondern zwei geschützte Geschäftsbezeichnungen aufeinandertreffen.[229]

5.3.2.4.2 § 24 MarkenG: Erschöpfungsrecht

Ein weiterer Rechtfertigungsgrund, der zur Benutzungsbefugnis einer Marke führt, ist die **Erschöpfung** gemäß § 24 MarkenG. Gemäß § 24 Abs. 1 MarkenG hat ein Markeninhaber nicht das Recht, einem Dritten die Verwendung der Marke zu untersagen, wenn er diese bereits in den Verkehr gebracht hat. Dies dient letzten Endes dem Schutz der Verkehrsfähigkeit von Produkten, die mit einer Marke gekennzeichnet sind: Dementsprechend darf also etwa ein KFZ der Marke „BMW" auch mit der Bezeichnung „BMW" weiterverkauft werden. Schon BGH und EuGH entschieden, dass vom Erschöpfungsrecht **auch die bloße Bewerbung bzw. Ankündigung eines Produktes** erfasst ist.[230] Der Erschöpfungsgrundsatz gilt hingegen bei einer **Domain** nicht, wenn eine markenbezogene Domain unternehmensbezogen verwendet wird bzw. überhaupt keine Originalprodukte auf einer Homepage verkauft werden,[231] obwohl dies durch den Domainnamen suggeriert wird.

Weiterhin besteht gemäß § 24 Abs. 2 MarkenG die Möglichkeit für den Berechtigten, der Verwendung einer Marke durch einen Anderen trotz Erschöpfung zu **widersprechen**, sofern er **berechtigte Gründe** vorweisen kann. Dies ist insbesondere dann der Fall, wenn durch die Verwendung einer Marke (z. B. in einer Domain) suggeriert wird, dass zwischen Domaininhaber und Markeninhaber eine vertragliche Beziehung besteht.[232] Das OLG Düsseldorf verbot etwa einem Tuninganbieter die Nutzung der Domain *www.peugeot-tuning.de*, da dieser keine Vertragsbeziehung mit Peugeot unterhielt und sich durch die Benutzung dieser Domain zu einem scheinbaren Vertragspartner gerierte.[233] Mit ähnlicher Argumentation verweigerten verschiedene Instanzgerichte die Berufung auf die Erschöpfungswirkung hinsichtlich der Homepages *www.cat-ersatzteile.de* sowie *www.bmw-ersatzteile.de*.[234]

5.3.2.5 Rechtsfolge

Derjenige, der gegen kennzeichenrechtliche Ansprüche verstößt, ist nach §§ 14 Abs. 5, 15 Abs. 4 MarkenG zur Unterlassung und bei Verschulden zum Schadensersatz verpflichtet, §§ 14 Abs. 6, 15 Abs. 5 MarkenG.[235] Gegebenenfalls kann zur effektiven Durchsetzung der Ansprüche ein Auskunftsanspruch nach § 242 BGB ergänzend hinzutreten.

---

[229] Vgl.: BGH, Urt. v. 31.03.2010 – I ZR 174/07, GRUR 2010, 738, Rn. 18 f. – *Peek & Cloppenburg*.

[230] EuGH, Urt. v. 23.02.1999 – C-63/97, ECLI:EU:C:1999:82 = GRUR Int. 1999, 438 – *BMW*; BGH, Urt. v. 08.02.2007 – I ZR 77/04, CR 2007, 589 – *AIDOL*.

[231] LG Hamburg, Urt. v. 30.05.2000 – 312 O 146/00, NJWE-WettbR 2000, 235 – *Ferrari Official Merchandise*; vgl. dazu eingehend: *Hoeren*, Internetrecht, 3. Aufl. 2018, Rn. 107.

[232] LG Düsseldorf, Urt. v. 19.07.2006 – 2a O 32/06, CR 2007, 118 – *cat-ersatzteile.de*.

[233] OLG Düsseldorf, Urt. v. 21.11.2006 – I-20 U 241/05, GRUR-RR 2007, 102.

[234] LG Düsseldorf, Urt. v. 19.0.2006 – 2a O 32/06, CR 2007, 118 – *cat-ersatzteile.de*; LG München I, Urt. v. 16.11.2000 – 17 HKO 17624/00, CR 2001, 416 – *bmw-ersatzteile.de*.

[235] *Ingerl/Rohnke*, MarkenG, 3. Aufl. 2010, Nach § 15 MarkenG Rn. 203; Säcker/Rixecker/Oetker/Limperg-*Heine*, MüKo BGB, § 12 Rn. 286.

5.3.2.6 Prüfungsschema

5.3.2.6.1 Unterlassungsanspruch gemäß §§ 14 Abs. 5, 15 Abs. 4 MarkenG

Der Unterlassungsanspruch gemäß §§ 14 Abs. 5, 15 Abs. 4 MarkenG ist wie folgt zu prüfen:

I. **Bestehen des Markenschutzes/Schutz der geschäftlichen Bezeichnung**

   (+), wenn Domain unter der gleichlautenden bereits bestehenden Marke/geschäftlichen Bezeichnung des Unternehmens registriert wird

   (+), Eintragung der Marke im Markenregister

   (+), Nutzung eines Unternehmenskennzeichens mit Herkunftsfunktion

   (-), bei bloßer Registrierung einer Domain

II. **Aktivlegitimation**

III. **Rechtsverletzung**

IV. **Handeln im geschäftlichen Verkehr**

   (+), wirtschaftliche Tätigkeiten, die Förderung eines Geschäftszweckes dient

   (-), Domain dient privaten Zwecken

   (-), bei bloßer Domainregistrierung

   (-), bei Domaingrabbing

V. **Kollisionstatbestand**

   1. **Doppelidentität**, § 14 Abs. 2 Nr. 1 MarkenG

      (+), identisches Zeichen für identische Ware/Dienstleistung

   2. **Verwechslungsgefahr**, §§ 14 Abs. 2 Nr. 2, 15 Abs. 2 MarkenG

      (+), bei Waren- bzw. Dienstleitungsähnlichkeit, § 14 Abs. 2 Nr. 2 MarkenG

      (+), bei Branchennähe, § 15 Abs. 2 MarkenG

   3. **Unlautere Rufausbeutung/Rufbeeinträchtigung**, §§ 14 Abs. 2 Nr. 3, 15 Abs. 3 MarkenG

      (+), Aufmerksamkeitsausbeutung

      (+), Rufausbeutung

      (+), Rufschädigung

      (+), Verwässerung

VI. **Unbefugte Benutzung**

   (-), bei erlaubter Nutzung, v.a. gemäß §§ 23, 24 MarkenG

VII. **Passivlegitimation**

VIII. **Erstbegehungs-/Wiederholungsgefahr**, §§ 14 Abs. 5, 15 Abs. 4 MarkenG

IX. **Rechtsfolge:** Abgabe einer Unterlassungserklärung, ggf. Erzwingung gemäß § 890 ZPO

5.3.2.6.2 Schadensersatzanspruch gemäß §§ 14 Abs. 6, 15 Abs. 4 MarkenG:

Eine Prüfung des Schadensersatzanspruchs gemäß § 14 Abs. 6, 15 Abs. 4 MarkenG empfiehlt sich wie folgt:

I. – VII. *Wie beim Unterlassungsanspruch*
   VIII. <u>Verschulden</u>, § 14 Abs. 6 MarkenG, § 276 Abs. 1 BGB
   IX. <u>Rechtsfolge</u> = sog. *dreifache Schadensberechnung* (vgl. schon Urheberrecht Abschn. 1.10.3)

1. Tatsächlich entstandener Schaden, §§ 14 Abs. 6 Satz 1, 15 Abs. 5 MarkenG
2. Herausgabe des Verletzergewinns, §§ 14 Abs. 6 Satz 2, 15 Abs. 5 MarkenG
3. Fiktive Lizenzgebühr, §§ 14 Abs. 6 Satz 3, 15 Abs. 5 MarkenG

5.3.3 Domain als Name, § 12 BGB

Verwendet der Domaininhaber für die Bezeichnung seiner Domain einen fremden Namen, kann er dadurch das Namensrecht des rechtmäßigen Namensträgers bestreiten (vgl. zum Namensrecht auch die Ausführungen im Kapitel „Persönlichkeitsrecht" Abschn. 2.3.2).[236] Das **Namensrecht** dient zur Identifizierung und Unterscheidung von Personen.[237] Es gewährt gemäß § 12 S. 1 BGB einen Anspruch auf Beseitigung sowie gemäß § 12 S. 2 BGB einen Anspruch auf Unterlassung der Namensnutzung.

Durch eine Domainregistrierung können die Namensrechte verschiedenster Personen tangiert werden: Geschützt wird die Namensbezeichnung einer natürlichen Person, einer Familie, einer juristischen Person oder einer öffentlich-rechtlichen Körperschaft.[238] Auch amtliche sowie nicht amtliche Gerichtsnamen genießen insofern

---

[236] BGH, Urt. v. 24.03.2016 – I ZR 185/14, GRUR 2016, 1093, Rn. 13 – *grit-lehmann.de*; Gsell/Krüger/Lorenz/Reymann-*Specht*, BeckOGK BGB, Stand: 01.05.2019, § 823 Rn. 1138.

[237] BVerfG, Beschl. v. 21.08.2006 – 1 BvR 2047/03, NJW 2007, 671, 671 – *maxem.de*; Gsell/Krüger/Lorenz/Reymann-*Specht*, BeckOGK BGB, Stand: 01.05.2019, § 823 Rn. 1144.

[238] Gsell/Krüger/Lorenz/Reymann-*Specht*, BeckOGK BGB, Stand: 01.05.2019, § 823 Rn. 1138; Säcker/Rixecker/Oetker/Limperg-*Heine*, MüKo BGB, 8. Aufl. 2018, § 12 Rn. 253; *Hoeren*, Internetrecht, 3. Aufl. 2018, Rn. 144.

Namensrechtsschutz.[239] So können sogar z. B. Städtenamen bürgerlich-rechtlichen Namensschutz genießen.[240] Auch Liegenschaften, die im allgemeinen Sprachgebrauch mit dem bürgerlichen Namen einer Familie bezeichnet werden (z. B. Guts- und Bauernhöfe), können dem namensrechtlichen Schutz unterfallen, sofern sie schutzbedürftig sind.[241] Gleichermaßen sind Pseudonyme und Fantasienamen vom Namensrecht geschützt.[242] Aus dem Namensrecht entspringt für das Domainrecht insofern die sog. **Registrierungsfunktion**.

Die Domainadresse hat über ihre Registrierungsfunktion hinaus auch eine **Kennzeichnungsfunktion**. Sie grenzt die unter der Domainadresse registrierte Person oder Einrichtung von anderen Internetteilnehmern ab.[243] Eine Verletzung des Namensrechts liegt jedoch nicht vor, wenn dem Domaininhaber selbst das Recht zusteht den Namen zu führen, bspw. im Fall der Gleichnamigkeit.[244] Steht dem Domaininhaber das Recht zu, den Namen zu nutzen, scheidet eine Namensrechtsverletzung durch die Domainregistrierung und die Domainnutzung aus.[245]

Der Schutz des bürgerlichen Namens **beginnt mit der Geburt** oder durch Namensannahme (bspw. durch Heirat) und erlischt grundsätzlich durch den Tod; jedoch besteht weiterhin ein **postmortaler Schutz**.[246] Der Schutz des Wahlnamens und der Unternehmensbezeichnung beginnt mit dem Gebrauch des Namens, soweit zu diesem Zeitpunkt eine individualisierende Unterscheidungskraft gegeben ist, anderenfalls mit der Anerkennung des Namens im Verkehr.[247]

Eine **Namensverletzung** kann sich durch eine positive Verletzungshandlung, die Namensanmaßung, oder eine negative Verletzungshandlung, die Namensleugnung, ergeben.[248] Eine Domainregistrierung und -nutzung verstößt gegen das Namensrecht gem. § 12 BGB, wenn von dem Domainnamen unbefugt Gebrauch gemacht wird, eine Zuordnungsverwirrung entsteht und schutzwürdige Interessen des

---

[239] *Redeker*, IT-Recht, 6. Aufl. 2017, Rn. 1215.

[240] BGH, Urt. v. 09.06.2005 – I ZR 231/01, NJW 2006, 146 – *segnitz.de*.

[241] BGH, Urt. v. 28.09.2011 – I ZR 188/09, GRUR 2012, 534 – *Landgut Borsig*; vgl. dazu: Auer-Reinsdorff/Conrad-*Witte*, Handbuch IT- und Datenschutzrecht, 2. Aufl. 2016, § 7 Rn. 128.

[242] *Härting*, Internetrecht, 6. Aufl. 2017, Rn. 2341.

[243] OLG Koblenz, Urt. v. 25.01.2002 – 8 U 1842/00, MMR 2002, 466, 466.

[244] Gsell/Krüger/Lorenz/Reymann-*Specht*, BeckOGK BGB, Stand: 01.05.2019, § 823 Rn. 1144; zur Gleichnamigkeit: BGH, Urt. v. 22.11.2001 – I ZR 138/99, NJW 2002, 2031, 2034 f. – *shell.de*; Spindler/Schuster-*Müller*, Recht der elektronischen Medien, 4. Aufl. 2019, § 12 BGB Rn. 76 ff.

[245] Gsell/Krüger/Lorenz/Reymann-*Specht*, BeckOGK BGB, Stand: 01.05.2019, § 823 Rn. 1144; Spindler/Schuster-*Müller*, Recht der elektronischen Medien, 4. Aufl. 2019, § 12 BGB Rn. 72 f.

[246] Gsell/Krüger/Lorenz/Reymann-*Specht*, BeckOGK BGB, Stand: 01.05.2019, § 823 Rn. 1140; Paschke/Berlit/Meyer-*Vendt*, Gesamtes Medienrecht, 3. Aufl. 2016, Teil 4 Abs. 34 Rn. 11 f.; *Hoeren*, Internetrecht, 3. Aufl. 2018, Rn. 146.

[247] Gsell/Krüger/Lorenz/Reymann-*Specht*, BeckOGK BGB, Stand: 01.05.2019, § 823 Rn. 1140.

[248] Gsell/Krüger/Lorenz/Reymann-*Specht*, BeckOGK BGB, Stand: 01.05.2019, § 823 Rn. 1141; Paschke/Berlit/Meyer-*Vendt*, Gesamtes Medienrecht, 3. Aufl. 2016, Teil 4 Abs. 34 Rn. 15; *Hoeren*, Internetrecht, 3. Aufl. 2018, Rn. 153.

Namentträgers verletzt werden, sog. **Namensanmaßung**.[249] Eine Namensverletzung durch Namensleugnung scheidet im Bereich der Domains aus, da weder die Registrierung einer Domain noch ihre Nutzung für ein Bestreiten des Namensrechts ausreicht.[250] Zwar kann jede SLD aus technischen Gründen nur einmal unter einer TLD vergeben werden, hieraus ergibt sich jedoch nicht zwangsläufig ein Bestreiten des Namensrechts.[251] Die **Registrierung einer Domain** unter fremden Namen stellt bereits für sich einen Namensgebrauch dar.[252] So stellt auch das **Domaingrabbing** (Abschn. 5.3.4) eine Verletzungshandlung i. S. d § 12 S. 1 Alt. 2 BGB dar, obwohl beim Domaingrabbing in der Regel nicht beabsichtigt ist, die registrierte Domain tatsächlich selbst zu nutzen.[253] Der Gebrauch des Namens ist immer dann unbefugt, wenn der Domaininhaber kein eigenes Benutzungsrecht an dem registrierten Namen hat.[254] Ein eigenes Benutzungsrecht des Domaininhabers besteht bspw. bei Gleichnamigkeit. Eine Zuordnungsverwirrung ist gegeben, wenn der Name benutzt wird, um nicht den Namensträger selbst zu bezeichnen, sondern eine andere Person, Einrichtung oder ein anderes Unternehmen.[255] Daneben reicht es für eine Zuordnungsverwirrung auch aus, wenn der falsche Eindruck erweckt wird, dass der Namensbefugte der Namensverwendung des Dritten zugestimmt hätte.[256] Die Zuordnungsverwirrung wird durch den Gebrauch eines fremden Namens als Domainname indiziert.[257] Das schutzwürdige Interesse des Namensträgers ist weit auszulegen und umfasst sowohl ideelle und kommerzielle Interessen als auch das reine Affektionsinteresse.[258] Das schutzwürdige Interesse des Berechtigten, seinen eigenen Namen als Domain zu registrieren und zu verwenden, wird auch nicht dadurch gemindert, dass das Angebot an Top-Level-Domains stetig erweitert wird (s. o. TLD-Reform 2013: Abschn. 5.3.1) und so mehrere Alternativen bestehen.[259] Der

[249] BGH, Urt. v. 24.03.2016 – I ZR 185/14, GRUR 2016, 1093, Rn. 13 – *grit-lehmann.de*; Säcker/Rixecker/Oetker/Limperg-*Heine*, MüKo BGB, 8. Aufl. 2018, § 12 Rn. 250; Spindler/Schuster-*Müller*, Recht der elektronischen Medien, 4. Aufl. 2019, § 12 BGB Rn. 64.

[250] OLG Düsseldorf, Urt. v. 15.01.2002 – 20 U 76/01, GRUR-RR 2003, 25, 25; *Härting*, Internetrecht, 6. Aufl. 2017, Rn. 2347; *Hoeren*, Internetrecht, 3. Aufl. 2018, Rn. 153.

[251] BGH, Urt. v. 22.11.2001 – I ZR 138/99, NJW 2002, 2031, 2033 – *shell.de*.

[252] BGH, Urt. v. 28.04.2016 – I ZR 82/14, GRUR 2016, 810, Rn. 40 f. – *profitbricks.es;* Spindler/Schuster-*Müller*, Recht der elektronischen Medien, 4. Aufl. 2019, § 12 BGB Rn. 67.

[253] BGH, Urt. v. 19.02.2009 – I ZR 135/06, GRUR 2009, 685, Rn. 34 – *ahd.de*.

[254] BGH, Urt. v. 06.11.2013 – I ZR 153/12, GRUR 2014, 506, Rn. 19 – *sr.de*; BGH, Urt. v. 24.04.2008 – I ZR 159/05, NJW 2008, 3716, 3717 – *afilias.de*.

[255] *Härting*, Internetrecht, 6. Aufl. 2017, Rn. 2351.

[256] Palandt-*Ellenberger*, BGB, 78. Aufl. 2019, § 12 Rn. 23; *Hoeren*, Internetrecht, 3. Aufl. 2018, Rn. 153.

[257] Säcker/Rixecker/Oetker/Limperg-*Heine*, MüKo BGB, 8. Aufl. 2018, § 12 Rn. 252.

[258] BGH, Urt. v. 24.02.1965 – IV ZR 81/64, NJW 1965, 859, 861; Gsell/Krüger/Lorenz/Reymann-*Specht*, BeckOGK BGB, Stand: 01.05.2019, § 823 Rn. 1143.

[259] BGH, Urt. v. 24.03.2016 – I ZR 185/14, GRUR 2016, 1093, Rn. 13 – *grit-lehmann.de*; Gsell/Krüger/Lorenz/Reymann-*Specht*, BeckOGK, Stand: 01.05.2019, § 823 Rn. 1144.

BGH vertritt die Auffassung, dass das schutzwürdige Interesse nicht in gleichem Maße für ausländische Top-Level-Domains gilt.[260] Hier gilt es festzustellen, ob der Namensträger ein tatsächliches schutzwürdiges Interesse hat, in anderen Länder unter seinem Namen als Top-Level-Domain registriert zu sein.[261]

Die Rechtsfolge des § 12 S. 1 Alt. 2 BGB ist ein Anspruch des Namensinhabers gegen den Domainverwender darauf, dass der Domainverwender gegenüber der DENIC auf den Domainnamen verzichtet.[262] Als Folge löscht die DENIC die Domain und der Berechtigte kann sich als neuer Domaininhaber registrieren lassen, bzw. wird durch den bereits gestellten Dispute-Eintrag automatisch registriert.[263] Der Berechtigte hat hingegen **keinen Anspruch** gegenüber der DENIC auf eine **Sperrung** der Domain, die durch den Dritten registriert ist.[264]

Ebenfalls nicht existent ist ein sog. **Freihalteanspruch**, also ein Anspruch einer Person gegenüber der DENIC, eine Domain überhaupt nicht zu vergeben. Der BGH hat einen solchen in der Entscheidung *kurt-biedenkopf.de* explizit abgelehnt.[265] Insofern ist Selbstinitiative eines namensrechtlich Berechtigten gefragt, da die streitige Domain ansonsten durch die DENIC vergeben werden darf.

Auch existiert kein **Übertragungsanspruch** hinsichtlich einer Domain gegenüber einem Nichtberechtigten. Weder marken, wettbewerbs- noch bürgerlich-rechtlich lässt sich ein solcher Anspruch (z. B. in Analogie zum Grundbuchberichtigungsanspruch[266] nach § 894 BGB oder der patentrechtlichen Vindikation gemäß § 8 S. 2 PatG) herleiten.[267]

Das Namensrecht einer Person erlischt grundsätzlich mit ihrem **Todeszeitpunkt**, sodass ab diesem Zeitpunkt auch kein Anspruch gegen die Verwendung des Namens als Domain-Name geltend gemacht werden kann, es sei denn, der Name der Person wird auch nach ihrem Tod weiterhin in einer Weise benutzt, die das postmortale allgemeine Persönlichkeitsrecht der Person tangiert.[268]

5.3.3.1 Gleichnamigkeit

Oftmals wird es **mehrere Personen** geben, die zur Registrierung einer Domain als Namensträger berechtigt sind. Jede Domain darf jedoch nur ein einziges Mal vergeben werden, sodass nach dem **Prioritätsprinzip** derjenige Vorrang hat, der seinen

---

[260] BGH, Urt. v. 28.04.2016 – I ZR 82/14, GRUR 2016, 810, Rn. 45 – *profitbricks.es.*

[261] BGH, Urt. v. 28.04.2016 – I ZR 82/14, GRUR 2016, 810, Rn. 46 – *profitbricks.es.*

[262] BGH, Urt. v. 28.09.2011 – I ZR 188/09, GRUR 2012, 534, 539 – *Landgut Borsig*; BGH, Urt. v. 22.11.2001 – I ZR 138/99, NJW 2002, 2031, 2035 – *shell.de.*

[263] Säcker/Rixecker/Oetker/Limperg-*Heine*, MüKo BGB, 8. Aufl. 2018, § 12 Rn. 272.

[264] Säcker/Rixecker/Oetker/Limperg-*Heine*, MüKo BGB, 8. Aufl. 2018, § 12 Rn. 274.

[265] BGH, Urt. v. 19.02.2004 – I ZR 82/01, MMR 2004, 467 – *kurt-biedenkopf.de*; vgl. dazu auch: Auer-Reinsdorff/Conrad-*Witte*, Handbuch IT- und Datenschutzrecht, 2. Aufl. 2016, § 7 Rn. 130 ff.

[266] So noch: OLG München, Urt. v. 25.03.1999 – 6 U 4557/98, ZUM 1999, 584 – *shell.de.*

[267] Auer-Reinsdorff/Conrad-*Witte*, Handbuch IT- und Datenschutzrecht, 2. Aufl. 2016, § 7 Rn. 76.

[268] BGH, Urt. v. 05.10.2006 – I ZR 277/03, NJW 2007, 684 – *kinski-klaus.de*; vgl. dazu: Spindler/Schuster-*Mann*, Recht der elektronischen Medien, 4. Aufl. 2019, § 823 BGB Rn. 9.

eigenen Namen zuerst als Domainnamen hat registrieren lassen.[269] Diesem Grundsatz kann weder entgegengehalten werden, dass der andere Domaininteressent ein älteres Namensrecht noch ein relativ stärkeres Recht innehat.[270] Eine Ausnahme von diesem Grundsatz wird jedoch für den Fall der **überragenden Bekanntheit** zugelassen.[271] Zwar darf die Registrierung desjenigen, der als Namensträger eine Domain registriert, nicht als unbefugt angesehen werden, gleichwohl kann die Verwendung des eigenen Namens in Fällen der Gleichnamigkeit eingeschränkt werden.[272] In diesen Fällen ist eine **Abwägung** der kollidierenden Interessen durchzuführen und wenn das Interesse des Gleichnamigen aufgrund einer überragenden Bekanntheit das Interesse des Namensträgers überwiegt, hat dieser seinen Domainnamen um einen individualisierten Zusatz zu erweitern.[273]

5.3.3.2 Gattungsbegriffe und generische Namen

Der Namensträger eines **generischen Namens** wie bspw. „Süß"[274] oder „Netz"[275] oder eines **Gattungsbegriffs** kann sich nicht gegen die Registrierung oder Nutzung eines gleichnamigen Domainnamens zur Wehr setzen, da eine solche Domainnutzung keinen Namensgebrauch darstellt.[276] Werden Sachbegriffe, Adjektive etc. in ihrem üblichen Wortsinn als Domain genutzt, könnte bereits eine Individualisierungsfunktion kritisch hinterfragt werden, die für den Schutz des Namensrechts erforderlich ist.[277] Jedenfalls scheidet eine Zuordnungsverwirrung aus, da die Sachbegriffe zum allgemeinen Sprachgebrauch gehören und nicht als Hinweis auf den Namensträger anzusehen sind.[278]

---

[269] BGH, Urt. v. 23.06.2005 – I ZR 288/02, GRUR 2006, 159, Rn. 20 – *hufeland.de*; BGH, Urt. v. 09.06.2005 – I ZR 231/01, NJW 2006, 146, Rn. 13 – *segnitz.de*; BGH, Urt. v. 22.11.2001 – I ZR 138/99, NJW 2002, 2031, 2034 – *shell.de*; OLG Köln, Urt. v. 20.01.2006 – 6 U 146/05, GRUR-RR 2006, 370, 372.

[270] BGH, Urt. v. 11.04.2002 – I ZR 317/99, NJW 2002, 2096, 2098 – *Vossius*; BGH, Urt. v. 22.11.2001 – I ZR 138/99, NJW 2002, 2031, 2034 – *shell.de*; OLG Köln, Urt. v. 20.01.2006 – 6 U 146/05, GRUR-RR 2006, 370, 372.

[271] *Hoeren*, Internetrecht, 3. Aufl. 2018, Rn. 153; Auer-Reinsdorff/Conrad-*Witte*, Handbuch IT- und Datenschutzrecht, 2. Aufl. 2016, § 7 Rn. 140.

[272] BGH, Urt. v. 22.11.2001 – I ZR 138/99, NJW 2002, 2031, 2034 – *shell.de*.

[273] BGH, Urt. v. 22.11.2001 – I ZR 138/99, NJW 2002, 2031, 2034 – *shell.de*.

[274] OLG Nürnberg, Urt. v. 12.04.2006 – 4 U 1790/05, NJW-RR 2006, 906, 906.

[275] OLG Stuttgart, Urt. v. 07.03.2002 – 2 U 184/01, GRUR-RR 2002, 192, 192.

[276] OLG Hamm, Beschl. v. 25.07.2013 – 4 W 33/12, MMR 2013, 791, 793; *Härting*, Internetrecht, 6. Aufl. 2017, Rn. 2365 ff.; *Hoeren*, Internetrecht, 3. Aufl. 2018, Rn. 145, Rn. 156; Säcker/Rixecker/Oetker/Limperg-*Heine*, MüKo BGB, 8. Aufl. 2018, § 12 Rn. 271.

[277] OLG Nürnberg, Urt. v. 12.04.2006 – 4 U 1790/05, NJW-RR 2006, 906, 907; OLG Stuttgart, Urt. v. 07.03.2002 – 2 U 184/01, GRUR-RR 2002, 192, 192 f.; *Härting*, Internetrecht, 6. Aufl. 2017, Rn. 2367.

[278] OLG Stuttgart, Urt. v. 07.03.2002 – 2 U 184/01, GRUR-RR 2002, 192, 193; *Härting*, Internetrecht, 6. Aufl. 2017, Rn. 2369, Rn. 2365 ff.; Säcker/Rixecker/Oetker/Limperg-*Heine*, 8. Aufl. 2018, § 12 Rn. 271; Spindler/Schuster-*Müller*, Recht der elektronischen Medien, 4. Aufl. 2019, § 12 BGB Rn. 82.

5.3.3.3 Besonderheiten im geschäftlichen Verkehr, Subsidiarität zum Markenrecht

Sofern es sich bei der geschützten Namensbezeichnung um einen **geschäftlichen Namen** handelt, kann die Anspruchsgrundlage aus § 12 S. 1 Alt. 2 BGB mit den vorrangig anzuwendenden Anspruchsgrundlagen aus dem Markengesetz konkurrieren, § 14 Abs. 2 MarkenG oder §§ 15 Abs. 2, Abs. 3 MarkenG.[279] Die **Anwendbarkeit** des Markengesetzes und des Namensschutzes kann zusammenfallen, wenn der registrierte Domainname im Internet für eine Website verwendet wird und sowohl die Marke bzw. die geschäftliche Bezeichnung des Anspruchstellers verletzt als auch sein Namensrecht. Dies ist in der Regel der Fall, wenn die geschützte Namensbezeichnung zugleich als Marke eingetragen ist. Das Markengesetz hat sodann in seinem Anwendungsbereich grundsätzlich Vorrang vor dem Namensschutz, so dass der Anspruch gem. § 12 Abs. 1 Alt. 2 BGB gesperrt ist.[280] Jedoch bestehen zu diesem Grundsatz mindestens zwei Ausnahmen:[281]

▶   **Klausurtipp** Die Anwendbarkeit des Markengesetzes und des Namensschutzes fällt nicht immer zusammen, wenn die registrierte Domain sowohl der Marke bzw. der geschäftlichen Bezeichnung des Anspruchstellers als auch seinem Namen entspricht. Das Markengesetz ist nur anwendbar, wenn der Anspruchsgegner (Domaininhaber) das geschützte Zeichen oder die geschäftliche Bezeichnung im geschäftlichen Verkehr benutzt, §§ 14 Abs. 2, 15 Abs. 2, Abs. 3 MarkenG. Eine Anspruchskonkurrenz zwischen § 12 S. 1 Alt. 2 BGB und §§ 14 Abs. 2, 15 Abs. 2, Abs. 3 MarkenG scheidet von vornherein aus, wenn der Anspruchsgegner die registrierte Domain nur für private Zwecke nutzt.[282] In diesem Fall ist § 12 S. 1 Alt. 2 BGB mangels Anspruchskonkurrenz anwendbar.[283] (vgl. zur Konkurrenz von Namensrecht und MarkenG auch Übungsfall 1: Abschn. 5.4)

5.3.3.4 Fehlen der Branchennähe, Werkähnlichkeit oder Warenähnlichkeit

Die Rechtsprechung spricht dem Marken- und zugleich Nameninhaber ausnahmsweise einen Beseitigungsanspruch gem. § 12 S. 1 Alt. 2 BGB zu, wenn die regis-

---

[279] Hoeren/Sieber/Holznagel-*Viefhues*, Multimedia-Recht, 48. EL Februar 2019, Teil 6, Rn. 56; Spindler/Schuster-*Müller*, Recht der elektronischen Medien, 4. Aufl. 2019, § 12 BGB Rn. 58.

[280] BGH, Urt. v. 09.11.2011 – I ZR 150/09, MMR 2012, 233 Rn. 32 – *Basler Haar-Kosmetik*; BGH, Urt. v. 24.04.2008 – I ZR 159/05, NJW 2008, 3716, 3716 – *afilias.de*; BGH, Urt. v. 09.09.2004 – I ZR 65/02, NJW 2005, 1196, 1196 – *mho.de;* BGH, Urt. v. 22.11.2001 – I ZR 138/99, NJW 2002, 2031, 2033 – *shell.de*; *Härting*, Internetrecht, 6. Aufl. 2017, Rn. 2358 ff.; Spindler/Schuster-*Müller*, Recht der elektronischen Medien, 4. Aufl. 2019, § 12 BGB Rn. 58 ff.

[281] BGH, Urt. v. 06.11.2013 – I ZR 153/12, GRUR 2014, 506 Rn. 8 – *sr.de*.

[282] *Härting*, Internetrecht, 6. Aufl. 2017, Rn. 2339; Spindler/Schuster-*Müller*, Recht der elektronischen Medien, 4. Aufl. 2019, § 2 MarkenG Rn. 4.

[283] BGH, Urt. v. 22.11.2001 – I ZR 138/99, NJW 2002, 2031, 2033 – *shell.de*.

trierte Domain zwar das geschützte Zeichen oder die geschäftliche Bezeichnung des Anspruchstellers verwendet, sich der Inhalt der Domain jedoch auf **unähnliche Waren, Werke oder auf eine entfernte Branche** bezieht.[284] Der Unterlassungsanspruch nach § 15 Abs. 2 bzw. § 14 Abs. 2 Nr. 1, 2 MarkenG scheidet sodann aus, da die erforderliche Voraussetzung der Verwechslungsgefahr unter diesen Umständen nicht vorliegt. Damit der Dritte sich dennoch gegen die Namensrechtsverletzung wehren kann, ist der Beseitigungsanspruch gem. § 12 S. 1 Alt. 2 BGB ausnahmsweise neben dem MarkenG anwendbar.

5.3.3.5 Anspruchsziele, die im MarkenG nicht normiert sind

Der Namensschutz wird trotz Vorrang des Markengesetzes zugelassen, wenn zwar sämtliche Tatbestandsvoraussetzungen des § 14 Abs. 2 MarkenG oder des §§ 15 Abs. 2, Abs. 3 MarkenG vorliegen, der Anspruchsteller aber ein **Anspruchsziel verfolgt, welches im Markengesetz fehlt**. Dies ist der Fall, wenn der Anspruchsteller vom Domaininhaber verlangt, gegenüber der DENIC auf die Domain zu **verzichten**. Diesem Begehren kann über § 12 S. 1 Alt. 2 BGB entsprochen werden, nicht aber über das sonst vorrangig anwendbare Markengesetz.[285] Da der Inhaber einer geschäftlichen Namensbezeichnung nicht ohne rechtlich ersichtlichen Grund schlechter gestellt werden soll, ist § 12 S. 1 Alt. 2 BGB für dieses Anspruchsziel neben dem Markengesetz anwendbar.[286]

Das oben Gesagte gilt auch, wenn sich der Inhaber des schutzfähigen Zeichens gegen eine bisher lediglich registrierte Domain zur Wehr setzen will. §§ 14 Abs. 2, 15 Abs. 2, Abs. 3 MarkenG untersagen es Dritten lediglich, das schutzfähige Zeichen bzw. die geschäftliche Bezeichnung im geschäftlichen Verkehr unbefugt zu benutzen.[287] Sie normieren keinen Unterlassungsanspruch gegen eine Domain, die bei der DENIC registriert ist, aber im Internet nicht aktiv für die Bezeichnung einer Website benutzt wird. Auch für dieses Anspruchsziel ist § 12 S. 1 Alt. 2 BGB ausnahmsweise neben dem vorrangig anwendbaren Markengesetz anwendbar.[288]

5.3.3.6 Konkurrenz zum Markenrecht

Durch die Ausführungen des BGH[289] in der Rechtssache *shell.de* kam erstmals die Frage auf, wie das Verhältnis des bürgerlich-rechtlichen Namensschutzes aus § 12

---

[284] BGH, Urt. v. 09.09.2004 – I ZR 65/02, NJW 2005, 1196, 1197 – *mho.de*; OLG Karlsruhe, Urt. v. 13.03.2013 – 6 U 49/12, MMR 2013, 517, 518; OLG Köln, Urt. v. 14.07.2006 – 6 U 26/06, MMR 2007, 326, 327; Säcker/Rixecker/Oetker/Limperg-*Heine*, MüKo BGB, 8. Aufl. 2018, § 12 Rn. 247.

[285] BGH, Urt. v. 06.11.2013 – I ZR 153/12, GRUR 2014, 506, Rn. 8 – *sr.de*; OLG Hamm, Beschl. v. 25.07.2013 – 4 W 33/12, MMR 2013, 791, 793; Säcker/Rixecker/Oetker/Limperg-*Heine*, MüKo BGB, 8. Aufl. 2018, § 12 Rn. 248.

[286] Säcker/Rixecker/Oetker/Limperg-*Heine*, MüKo BGB, 8. Aufl. 2018, § 12 Rn. 248.

[287] BGH, Urt. v. 06.11.2013 – I ZR 153/12, GRUR 2014, 506, Rn. 8 – *sr.de*.

[288] BGH, Urt. v. 28.04.2016 – I ZR 82/14, GRUR 2016, 810, Rn. 38. – *profitbricks.es*; BGH, Urt. v. 06.11.2013 – I ZR 153/12, GRUR 2014, 506, Rn. 8; BGH, Urt. v. 09.11.2011 – I ZR 150/09, MMR 2012, 233, Rn. 29 ff. – *Basler Haar-Kosmetik*.

[289] BGH, Urt. v. 22.11.2001 – I ZR 138/99, AfP 2002, 264 – *shell.de*.

BGB zum markenrechtlichen Schutz nach dem MarkenG (s. o.) auszugestalten ist. Auffassung des BGH war dort, dass zumindest für den Bereich einer geschäftlichen Namensnutzung die Vorschriften des MarkenG vorrangig seien. Sogar für den Fall, dass kein Anspruch nach dem MarkenG in Betracht kommt, wurde ein Rückgriff auf die Vorschrift des § 12 BGB vollständig ausgeschlossen.[290] Als Konsequenz dieser Entscheidung wurde lange Zeit von Rechtsprechung und Literatur vertreten, dass ein namensrechtlicher Schutz nur für diejenigen Fälle in Betracht kommt, in denen es um die Domainnutzung zu privaten Zwecken geht (s. o.).[291]

Letzten Endes war es jedoch der BGH, der durch seine **Rechtsprechungslinie** in den Rechtssachen *mho.de,*[292] *Basler Haar-Kosmetik*[293] sowie *sr.de*[294] deutlich machte, dass er die **Subsidiarität** der namensrechtlichen Ansprüche aus § 12 BGB **aushebeln** möchte. Wesentliche Argumente in der Kasuistik des BGH hierfür waren, dass das **Markenrecht nicht ein vollständiges Anspruchsrepertoire** biete (v.a. keinen Löschungsanspruch) sowie die Tatsache, dass bei fehlender Branchennähe und Verwechslungsgefahr keine Anhaltspunkte für eine Subsidiarität des Namensrechts aus § 12 BGB vorliegen.[295] Die Aussagen des BGH sind indes dahingehend zu deuten, dass er von verschiedenen Schutzzwecken der Gesetze ausgeht. Schon vor diesem Rechtsprechungswandel erkannte das OLG Hamburg[296] in der Rechtssache *mlpblog.de*, dass durchaus verschiedene Schutzbereiche von einerseits Kennzeichenrecht und andererseits Namensrecht auszumachen sind und daher kein Bedürfnis einer Subsidiarität besteht. Nach Auffassung des erkennenden Gerichts in einer späteren Entscheidung sei dies insbesondere dann der Fall, wenn eine Unternehmensbezeichnung außerhalb des kennzeichenrechtlichen Anwendungsbereichs verwendet wird, also insbesondere nicht im geschäftlichen Verkehr und nicht in der einschlägigen Branche.[297]

---

[290] BGH, Urt. v. 22.11.2001 – I ZR 138/99, AfP 2002, 264 – *shell.de.*

[291] BGH, Urt. v. 24.04.2008 – I ZR 159/05, K&R 2008, 735, 736 – *afilias.de*; OLG Hamm, Urt. v. 18.01.2005 – 4 U 166/04, MMR 2005, 381 – *juraxx.de*; LG Hamburg, Urt. v. 31.08.2006 – 315 O 279/06, NJW-RR 2007, 338 – *bundesliag.de*; vgl. zustimmend: *Härting*, Internetrecht, 6. Aufl. 2017, Rn. 2358; Gounalakis-*Backhaus*, Rechtshandbuch Electronic Business, 2003, § 25 Rn. 27.

[292] BGH, Urt. v. 09.09.2004 – I ZR 65/02, NJW 2005, 1196, 1196 f. – *mho.de.*

[293] BGH, Urt. v. 09.11.2011 – I ZR 150/09, CR 2012, 179, Rn. 32 – *Basler Haar-Kosmetik.*

[294] BGH, Urt. v. 06.11.2013 – I ZR 153/12, AfP 2014, 261, Rn. 8 – *sr.de.*

[295] Vgl. dazu eingehend: *Härting*, Internetrecht, 6. Aufl. 2017, Rn. 2359 ff.

[296] OLG Hamburg, Urt. v. 31.05.2007 – 3 W 110/07, MMR 2008, 118 – *mlpblog.de.*

[297] OLG Hamburg, Urt. v. 24.09.2009 – 3 U 437/09, K§R 2010, 195 – *stadtwerke-uetersen.de*; vgl. dazu auch: *Härting*, Internetrecht, 6. Aufl. 2017, Rn. 2362.

5.3.3.7 Prüfungsschema

Die Verletzung des Namensrecht durch eine Domainregistrierung wird wie folgt geprüft:

Schema: Anspruch des Namensinhabers gegen den Domainverwender auf Verzicht des Domainnamens gegenüber der DENIC, § 12 S. 1 Alt. 2 BGB:

    I. **Anwendbarkeit**, kein Vorrang des MarkenG
   II. **Verletzungshandlung**, Namensgebrauch § 12 S. 1 Alt. 2 BGB
      (+), bei Domaingrabbing
 III. **Aktivlegitimation** des Namensträgers
 IV. **Rechtswidrigkeit** der Verletzungshandlung, unbefugter Namensgebrauch
      (-), bei Gleichnamigkeit und Beachtung des Prioritätsprinzips
      (+), bei Gleichnamigkeit aber überragende Bekanntheit des Anspruchsstellers, Interessenabwägung, eingeschränkte Rechtsfolge: Domaininhaber muss individualisierenden Zusatz in seine Domain einfügen.
   V. **Zuordnungsverwirrung**
      (-), bei generischen Namen
      (+), grds. durch den Gebrauch des fremden Namens indiziert
 VI. **Schutzwürdige Interessen** des Namensträgers werden verletzt (≙ Interessenabwägung)
 VII. **Passivlegitimation** des Namensverwenders
VIII. **Rechtsfolge**: Anspruch des Namensinhabers gegen den Domainverwender auf Verzicht des Domainnamens gegenüber der DENIC, § 12 S. 1 Alt. 2 BGB

5.3.4 Domaingrabbing

Auch wettbewerbsrechtliche Ansprüche kommen gegen eine Domainregistrierung in Betracht, und zwar immer dann, wenn sie sich gegen ein Verhalten richten, das als solches nicht Gegenstand der kennzeichenrechtlichen Regelungen ist.[298] Darunter fällt das sog. Domaingrabbing und die Registrierung von Sammelbegriffen (Abschn. 5.3.5).

---

[298] BGH, Urt. v. 30.10.2003 – I ZR 236/97, GRUR 2004, 235, 238 – *Davidoff II*; BGH, Urt. v. 19.02.2009 – I ZR 135/06, GRUR 2009, 685 – *ahd.de*; Säcker/Rixecker/Oetker/ Limperg-*Heine*, MüKo BGB, 8. Aufl. 2018, § 12 Rn. 288.

5.3.4.1 Einführung

Domainregistrierungen, die nur vorgenommen werden, um sich eine Domain von einem Namensträger oder Kennzeicheninhaber abkaufen zu lassen, werden als **Domaingrabbing** (teilweise auch sog. **Cybersquatting**) bezeichnet.[299] Bereits zum Ende der 1990er-Jahre – und somit zu Beginn der kommerziellen Nutzung des Internets – wurde der lukrative wirtschaftliche Wert von Domains erkannt. Vielfach registrierten geschäftstüchtige Unternehmer Domains, die kennzeichenrechtlich geschützte Zeichen bekannter Firmen enthielten. Erste prominente Beispiele waren etwa Rolls-Royce, Zwilling oder Ufa.[300] Die Gerichte fanden indes schnell eine dogmatische Lösung dieses Phänomens, welche in ihren Grundsätzen noch heute gilt. Inzwischen ist es richtigerweise gefestigte Auffassung in Rechtsprechung[301] und Literatur,[302] dass Domaingrabbing sittenwidrig ist.

5.3.4.2 Markenrechtliche Ansprüche

Zunächst kommen markenrechtliche Ansprüche des Berechtigten gegen den „Domaingrabber" in Betracht. Diesbezüglich gilt die Dogmatik der o.g. markenrechtlichen Ansprüche (Abschn. 5.3.2). Die markenrechtlich relevante Verwechslungsgefahr ist dabei stets nach allen Umständen des Einzelfalles zu beurteilen,[303] insbesondere danach, ob der Domaininhaber es ersichtlich auf einen Tippfehler angelegt hat und nicht nur ein generischer Begriff vorliegt, dem verschiedene Schreibweisen immanent sind. Markenrechtliche Ansprüche sind für Fälle des Domaingrabbings i. d. R. jedoch von untergeordneter Relevanz.

5.3.4.3 Lauterkeitsrechtliche Ansprüche

Von gehobener Relevanz sind hingegen lauterkeitsrechtliche Ansprüche eines von Domaingrabbing Betroffenen. Essentielle Voraussetzung für das Bestehen ist freilich der Bestand eines Wettbewerbsverhältnisses zwischen den streitigen Parteien.

Dieses Vorgehen kann gem. **§ 4 Nr. 4 UWG** den Tatbestand der **gezielten Behinderung von Mitbewerbern** verwirklichen. Auch hier ist zunächst vom **Grundsatz des Prioritätsprinzips** bei der Domainregistrierung auszugehen. Demnach müssen Wettbewerber grundsätzlich hinnehmen, dass ihnen bei der Sicherung eines

---

[299] BGH, Urt. v. 19.02.2009 – I ZR 135/06, GRUR 2009, 685, Rn. 34 – *ahd.de*; Säcker/Rixecker/Oetker/Limperg-*Heine*, MüKo BGB, 8. Aufl. 2018, § 12 Rn. 289; Spindler/Schuster-*Müller*, Recht der elektronischen Medien, 4. Aufl. 2019, § 12 BGB Rn. 100; *Hoeren*, Internetrecht, 6. Aufl. 2018, S. 41 Rn. 95.

[300] OLG München, Urt. v. 12.08.1999 – 6 U 4484/98, MMR 2000, 104 – *rolls-royce.de*; OLG Karlsruhe, Urt. v. 24.06.1998 – 6 U 247/97, WRP 1998, 900 – *zwilling.de*; OLG Düsseldorf, Urt. v. 17.11.1998 – 20 U 162/97, CR 1998, 528 – *ufa.de*; vgl. dazu auch: *Härting*, Internetrecht, 6. Aufl. 2017, Rn. 2238.

[301] OLG Düsseldorf, Urt. v. 17.11.1998 – 20 U 162/97, CR 1998, 528 – *ufa.de*; OLG Frankfurt, Urt. v. 12.04.2000 – 6 W 33/00, CR 2000, 615 – *weideglueck.de*; LG Düsseldorf, Urt. v. 06.07.2001 – 38 O 18/01, CR 2002, 138 – *literaturen.de*.

[302] *Härting*, Internetrecht, 6. Aufl. 2017, Rn. 2239; Palandt-*Sprau*, § 826 BGB Rn. 46.

[303] LG Frankenthal, Urt. v. 29.09.2005 – 2 HK O 55/05, MMR 2006, 115 – *guenstig.de/günstig.de*.

Domainnamens ein Mitbewerber zuvorkommen kann.[304] Auf eine Zuordnungsverwirrung, Verwechslungsgefahr oder Benutzungsabsicht kommt es hierbei nicht an.
Auch der geplante Weiterverkauf von registrierten Domains ist für sich genommen
nicht unlauter. Unlauter handelt aber derjenige, der die Registrierung in der Absicht
hat vornehmen lassen, dass der Inhaber des Namens- oder Kennzeichenrechts die
Domain in der Folge abkaufen wird.[305] Die Beweisführung wird dem Betroffenen
hierbei besonders leicht gelingen, wenn der Rechtsverletzer eine Vielzahl bekannter
Kennzeichen als Domainnamen anmeldet, sog. **Domain-Trafficking**.[306]

Der BGH hat inzwischen festgestellt, dass ein Wettbewerbsverstoß i. S. d. § 4
Nr. 4 UWG nur im Falle der **Rechtsmissbräuchlichkeit** vorkommt, wofür das
bloße Fehlen eines ernsthaften Interesses an der Domainregistrierung jedoch nicht
ausreiche.[307] Dem hat sich auch das Schrifttum angeschlossen.[308] So kann etwa
Agenturen oder professionellen Domainhändlern durchaus ein legitimes Interesse
am Domainhandel zukommen, welches das Vorliegen von Rechtsmissbräuchlichkeit
ausschließt. Insbesondere muss sichergestellt werden, dass dem grundsätzlich legalen Domainhandel nicht allzu enge Grenzen gesetzt werden.[309] Dies entspringt letztlich auch einer angemessenen Gewährung der Berufsfreiheit i. S. d. Art. 12 Abs. 1
S. 1 GG von Domainhändlern.

Eine besondere Problematik stellt die Reservierung von Domains dar, die **planmäßig** von einem anderen **freigegeben** wurde. Durch die Registrierung solcher Domains besteht die Gefahr, Kunden des ursprünglichen Domaininhabers abzuwerben
und ggf. „Negativwerbung"[310] zu dessen Lasten vorzunehmen. Hier besteht gerade
deshalb eine besondere Gefahrenlage, weil der alte Domaininhaber keinen Einfluss
mehr auf die inhaltliche Gestaltung der unter der Domain aufzufindenden Homepage hat. Er ist daher besonders schutzwürdig. Das OLG München bejahte für einen
solchen Fall in der Rechtssache *fwt-koeln.de* eine unlautere Behinderung eines Mitbewerbers gemäß § 4 Nr. 4 UWG.[311]

Sofern das Domaingrabbing einen internationalen Bezug hat, kann sogar ein
Eingriff der ICANN Uniform Domain Name Dispute Resolution (UDRP) in Betracht

---

[304] OLG Hamburg, Urt. v. 09.04.2015 – 3 U 59/11, BeckRS 2015, 15010, Rn. 119; Säcker/Rixe-
cker/Oetker/Limperg-*Heine*, MüKo BGB, 8. Aufl. 2018, § 12 Rn. 289.

[305] BGH, Urt. v. 24.04.2008 – I ZR 159/05, NJW 2008, 3716, 3719 – *afilias.de*;
BGH, Urt. v. 19.02.2009 – I ZR 135/06, GRUR 2009, 685 – *ahd.de*; Hoeren/Sieber/Holzna-
gel-*Boemke*, Multimedia-Recht, Teil 11 Rn. 66.

[306] Spindler/Schuster-*Müller*, Recht der elektronischen Medien, 4. Aufl. 2019, § 14 MarkenG
Rn. 127; *Hoeren*, Internetrecht, 6. Aufl. 2018, S. 41 Rn. 95.

[307] BGH, Urt. v. 19.02.2009 – I ZR 135/06, CR 2009, 748 – *ahd.de*.

[308] Vgl. dem BGH zustimmend: *Härting*, Internetrecht, 6. Aufl. 2017, Rn. 2247; *Hoeren*, Internet-
und Kommunikationsrecht, 2. Aufl. 2012, S. 48.

[309] Vgl. dazu etwa die Bilanz der Rechtsprechung zum Domainrecht bei: *Reinholz/Schätzle*, K&R
2009, 606, 610.

[310] *Härting*, Internetrecht, 6. Aufl. 2017, Rn. 2249.

[311] OLG München, Urt. v. 05.10.2006 – 29 U 3143/06, MMR 2007, 115 – *fwt-koeln.de*.

kommen, die einer Domainregistrierung den Einwand des „*Reverse Domain Name Hijacking*" entgegenhalten und eine solche damit einhergehend effektiv verhindern kann.[312]

5.3.4.4 Bürgerlich-rechtliche Ansprüche

Das Domaingrabbing kann nicht nur gegen MarkenG und UWG verstoßen, sondern gleichermaßen gegen das bürgerlich-rechtliche Namensrecht. Auch außerhalb des geschäftlichen Verkehrs kommt daher eine Namensrechtsverletzung i. S. d. § 12 BGB aufgrund der mit dem Domaingrabbing verbundenen **Blockadewirkung** in Betracht.[313] Dies gilt insbesondere dann, wenn kein anderer Grund als der beabsichtigte Verkauf für die Domainregistrierung erkennbar ist.[314] Die Beweislast hierfür obliegt nach den allgemeinen zivilprozessualen Grundsätzen (vgl. insbesondere § 363 BGB analog) demjenigen, der sich auf die Verkaufsabsicht beruft, also dem Anspruchsteller,[315] der sich in seinen Rechten verletzt sieht.

Dem Namensrechtsinhaber stehen daher die Unterlassungsansprüche des § 12 BGB gegen eine unzulässige Namensnutzung durch das Domaingrabbing zu. Daneben können auch bürgerlich-rechtliche Schadensersatzansprüche aus § 823 Abs. 1 BGB in Betracht kommen, wenn der Anspruchsgegner schuldhaft handelte. Das bürgerlich-rechtliche Namensrecht ist insofern als „sonstiges Recht" i. S. d. § 823 Abs. 1 BGB schutzfähig. Gegebenenfalls kann auch ein Eingriff in das als „sonstige Recht" geschützt Recht am eingerichteten und ausgeübten Gewerbebetrieb vorliegen. Zwischen Privatpersonen kommt unter Umständen sogar ein Schadensersatzanspruch aufgrund vorsätzlicher sittenwidriger Schädigung gemäß § 826 BGB[316] in Betracht. Dies ist insbesondere dann der Fall, wenn Registrierungsdatenbanken systematisch nach freigewordenen, wirtschaftlich attraktiven, Domainnamen durchsucht werden.[317] Aber auch das bloße Streben nach Gewinnen durch den Verkauf einer Domain ohne eigene Nutzungsabsicht kann bereits für das Vorliegen einer vorsätzlichen sittenwidrigen Schädigung genügen.[318]

5.3.5   Sammel- und Gattungsbegriffe

Sammel- und Gattungsbegriffe (z. B. *Mitfahrzentrale* oder *Anwalt*) unterliegen keinen rechtlichen Schranken, sondern nur dem **Prioritätsprinzip**. Es liegt auch kein

---

[312] LG Düsseldorf, Urt. v. 06.07.2001 – 38 O 18/01, MMR 2002, 126, 127 – *literaturen.de*; vgl. dazu: Spindler/Schuster-*Müller*, Recht der elektronischen Medien, 4. Aufl. 2019, § 14 MarkenG Rn. 129.

[313] Spindler/Schuster-*Müller*, Recht der elektronischen Medien, 4. Aufl. 2019, § 12 BGB Rn. 103.

[314] OLG Hamburg, Urt. v. 24.09.2009 – 3 U 437/09, K&R 2010, 195, 196 f. – *stadtwerke-uetersen. de*; vgl. dazu auch: *Härting*, Internetrecht, 6. Aufl. 2017, Rn. 2242.

[315] Vgl. dazu auch: BGH, Urt. v. 23.11.2000 – I ZR 93/98, WRP 2001, 160 ff. – *Classe E.*

[316] OLG Naumburg, Urt. v. 24.06.2010 – 1 U 20/10, ITRB 2011, 32; LG München I, Urt. v. 21.03.2006 – 33 O 22666/05, CR 2006, 494.

[317] LG München I, Urt. v. 04.07.2006 – 33 O 2343/06, MMR 2006, 823 – *feuerwehr-fehrbellin.de.*

[318] LG Düsseldorf, Urt. v. 06.07.2001 – 38 O 18/01, MMR 2002, 126 – *literaturen.de.*

unlauteres Abfangen potenzieller Kunden von Mitbewerbern vor. Dem verständigen Verbraucher ist bewusst, dass jede Domain nur einmal vergeben werden kann, sodass er nicht erwarten darf, unter einer solchen Domain ein vollständiges Marktbild zu erhalten; er wird daher weder unsachlich beeinflusst noch irregeführt.[319] Wenn mit der konkreten Benutzung allerdings der Eindruck erweckt wird, der Domaininhaber stehe in einer Spitzenstellung oder er mit einer Tippfehler-Domain Kunden eines Mitbewerbers abzufangen versucht, kann ein unlauteres Verhalten vorliegen.[320] So führt der BGH in der Rechtssache *weltonline.de*[321] aus:

> „Die Registrierung generischer Begriffe als Domainnamen ist im Grundsatz keinen rechtlichen Schranken unterworfen. Der Senat hat entschieden, dass es nicht wettbewerbswidrig ist, wenn ein Anbieter einen Gattungsbegriff, an dessen Verwendung als Domainnamen auch Mitbewerber ein Interesse haben können, als Domainnamen registrieren lässt und sich damit einen Vorteil gegenüber seinen Mitbewerbern verschafft (...). Die Registrierung generischer Begriffe als Domainnamen ist vielmehr weitgehend dem Gerechtigkeitsprinzip der Priorität unterworfen: Der Vorteil, der demjenigen zukommt, der als erster die Registrierung eines beschreibenden Domainnamens erwirkt, kann nicht als sittenwidrig angesehen werden (...)."

Problematisch ist aus markenrechtlicher Sicht zunächst, dass **Sammelbegriffe i. d. R. keine hinreichende Unterscheidungskraft** (§ 8 Abs. 2 Nr. 1 MarkenG) haben bzw. einem besonderen Freihaltebedürfnis (§ 8 Abs. 2 Nr. 2 MarkenG) unterliegen.[322] Grundsätzlich dürfen Gattungsbegriffe daher ohne Einschränkungen als Domain registriert werden, vgl. etwa „anwalt.de", „notar.de" oder „messe.de".[323]

In Betracht kommt – obgleich Gattungsbezeichnungen grundsätzlich nicht geschützt sind – jedoch die Verletzung lauterkeitsrechtlicher Vorschriften. So ist bspw. die Domain „anwalt.de" auch tatsächlich nur einem Anwalt und die Domain „notar. de" nur einem Notar vorbehalten. Sofern jemand eine fremde – geschützte – **Berufsbezeichnung** als Domain registriert, kanalisiert er Kundenströme zu seinen Gunsten und verletzt dadurch die lauterkeitsrechtlichen Vorschriften aus § 4 Nr. 4 UWG (gezielte Behinderung von Mitbewerbern) sowie § 5 UWG (Vornahme einer irreführenden geschäftlichen Handlung).[324] Eine abschließende Klärung, in welchen Fällen eine **unzulässige Kanalisierung von Kundenströmen** vorliegt, hat noch nicht stattgefunden. Das OLG Hamburg entschied, dass es durchaus Fälle gibt, in denen Internetuser „auf gut Glück" eine Domainadresse in ihren Browser eingeben, um zu ihrer Suche thematisch passende Inhalte aufzufinden.[325] Ob dies heute

---

[319] Säcker/Rixecker/Oetker/Limperg-*Heine*, MüKo BGB, 8. Aufl. 2018, § 12 Rn. 290.

[320] Säcker/Rixecker/Oetker/Limperg-*Heine*, MüKo BGB, 8. Aufl. 2018, § 12 Rn. 290.

[321] BGH, Urt. v. 02.12.2004 – I ZR 207/01, NJW 2005, 2315, 2316 – *weltonline.de*; dabei rekurriert der BGH im Wesentlichen auf seine Ausführungen in der früheren Rechtssache *Mitwohnzentrale. de*: BGH, Urt. v. 17.05.2001 – I ZR 216/99, MMR 2001, 666 – *Mitwohnzentrale.de*.

[322] *Hoeren*, Internetrecht, 6. Aufl. 2018, S. 50 Rn. 110.

[323] BGH, Urt. v. 17.05.2001 – I ZR 216/99, CR 2001, 777 – *mitwohnzentrale.de*.

[324] Vgl. dazu eingehend: *Hoeren*, Internetrecht, 6. Aufl. 2018, S. 50 Rn. 111.

[325] OLG Hamburg, Urt. v. 13.07.1999 – 3 U 58/98, MMR 2000, 40, 42.

noch der gängigen Praxis eines Internetnutzers entspricht, mag aufgrund der zunehmenden Benutzung von Suchmaschinen fraglich erscheinen. Einige Gerichte folgten der „Hamburger Rechtsprechung" und entschieden sich für eine WettbewerbswidrigkeitetwahinsichtlichderDomains„rechtsanwaelte.de",„zwangsversteigerung. de", „hauptbahnhof.de" und „deutsches-handwerk.de".[326] Es gab jedoch auch viele Entscheidungen, die sich gegen eine Verletzung des Lauterkeitsrechts aussprachen: So etwa hinsichtlich der Domains „lastminute.com", „zeitarbeit.de", „autovermietung.de", „fahrplan.de", „sauna.de", „rechtsanwalt.com" oder „kueche.de".[327] Das OLG Braunschweig etwa stellte sich sogar auf den Standpunkt, dass durch die Gefahr der Kanalisierung gar kein wettbewerbswidriges Verhalten begründet werden könne.[328] Überzeugend erscheinen indes die von einigen Gerichten vertretenen **vermittelnden Lösungen**: Urteilen des LG Hamburg und LG Darmstadt kann etwa entnommen werden, dass auf den **jeweiligen Einzelfall** abzustellen sei und darauf, wie ein *„umsichtiger, kritisch prüfender und verständiger Verbraucher"* die unter einer Domain angebotene Dienstleistung auffasse.[329]

▶   **Klausurtipp** Eine solche umsichtige Prüfung wird auch in der Klausursituation von Ihnen abverlangt. Sofern es in Ihrer Klausur also um die Abwehr von Sammel- oder Gattungsbegriffen als Domainname geht, wird von Ihnen eine umfassende Abwägung aller Umstände des Einzelfalles erwartet. Setzen Sie sich ausführlich mit den im Sachverhalt angelegten Argumenten auseinander und versetzen Sie sich in die Lage des durchschnittlichen Verbrauchers hinein: Wie würde dieser die Domain verstehen?

Der BGH hat in seiner Entscheidung *weltonline.de* nochmals bekräftigt, dass die Registrierung von Gattungsnamen lediglich die Nutzung eines sich aufdrängenden Vorteils sei und eine Domainregistrierung nach dem Prioritätsprinzip daher im Grundsatz kein unlauteres Verhalten begründe.[330]

---

[326] OLG Hamburg, Urt. v. 15.11.2006 – 5 U 185/05, CR 2007, 258; LG München I, Urt. v. 16.11.2000 – 7 O 5570/00, MMR 2001, 179; LG Köln, Urt. v. 10.10.2000 – 33 O 286/00, MMR 2001, 55; LG Köln, Urt. v. 23.09.1999 – 31 O 522/99, MMR 2000, 45; vgl. dazu eingehend: *Hoeren*, Internetrecht, 6. Aufl. 2018, S. 51 Rn. 113.

[327] OLG Hamm, Urt. v. 02.11.2000 – 4 U 95/00, MR 2001, 237; LG Hamburg, Urt. v. 30.06.2000 – 416 O 91/00, CR 2000, 617; LG Köln, Urt. v. 27.04.2000 – 31 O 166/00, MMR 2001, 197; LG München, Urt. v. 28.09.2000 – 4 HKO 13251/00, MMR 2001, 185; LG Köln, Urt. v. 01.12.1999 – 31 O 513/99 – juris; LG Mannheim, Urt. v. 24.08.2001 – 7 O 189/01, MMR 2002, 635; LG Darmstadt, Urt. v. 17.04.2001 – 16 O 501/00, MMR 2001, 559; vgl. auch hierzu eingehend: *Hoeren*, Internetrecht, 6. Aufl. 2018, S. 51 Rn. 113.

[328] OLG Braunschweig, Urt. v. 20.07.2000 – 2 U 26/00, MMR 2000, 610.

[329] LG Hamburg, Urt. v. 30.06.2000 – 416 O 91/00, CR 2000, 617 – *lastminute.com*; LG Darmstadt, Urt. v. 17.04.2001 – 16 O 501/00, MMR 2001, 559; vgl. dazu: *Hoeren*, Internetrecht, 6. Aufl. 2018, S. 52 Rn. 113.

[330] BGH, Urt. v. 02.12.2004 – I ZR 207/01, MMR 2005, 534 – *weltonline.de*.

Eine Zeit lang stand in der Diskussion, ob die Registrierung einer Domain gepaart mit einem **Stadt- oder Regionsnamen** („tauchschule-dortmund.de"[331] oder „bodenseekanzlei.de")[332] eine irreführende Handlung i. S. d. § 5 UWG sei. Dieser Argumentation wurde jedoch nunmehr vom OLG Hamm in der Entscheidung *anwaltskanzlei-dortmund.de* eine klare Absage erteilt, da es den potenziellen Kunden i. d. R. bekannt sei, dass es in größeren Städten auch eine Vielzahl von Dienstleistern gleich jedweder Branche gebe.[333] Ähnlich entschied das OLG Celle hinsichtlich der Nutzung des Domains „*kanzlei-niedersachsen.de*".[334] Der BGH bekräftigte diese Auffassung mit einer inhaltsgleichen Entscheidung zugunsten der Domainwahl von Steuerberatern.[335] Das LG Ulm erweiterte sie auf den Internetauftritt einer Hausverwaltung.[336]

Auch hier vertraut die Rechtsprechung also zunehmend dem mündigen Verbraucher. Dieser muss damit rechnen, dass in einer einzigen Stadt mehrere Anwaltskanzleien, Tauchschulen, etc. existieren.

Irreführungen kommen jedoch weiterhin in Betracht, sofern eine Domain den **Anschein** erweckt, eine **vollständige Auflistung bestimmter Branchen** vorzunehmen. Zwar wurde eine solche Alleinstellung für Anwaltskanzleien etc. abgelehnt (s. o.), sie kommt aber bspw. für offizielle Verzeichnisse in Betracht, vgl. etwa die Entscheidungen *Deutsches-Anwaltsverzeichnis.de*[337] und *deutsches-handwerk. de.*[338] Dies wird damit begründet, dass der durchschnittliche Kunde in solchen Domains regelmäßig eine berufsständische – und daher vollständige Liste erwartet; zur Vermeidung einer Unlauterkeit wird daher i. d. R. auf der Startseite einer solchen Homepage ein ausführlicher Hinweis dahingehend erfolgen müssen, dass es sich nicht um eine offizielle Homepage des betreffenden Berufsstandes handelt.[339] Gleiches gilt auch für die Abdeckung berufsständischer Branchen, also etwa die Registrierung einer Website „*presserecht.de*".[340] Auch hier scheidet eine Irreführung aus, sofern eine hinreichende Kennzeichnung der Website erfolgte.

---

[331] OLG Hamm, Urt. v. 18.03.2003 – 4 U 14/03, MMR 2003, 471; LG Dortmund, Urt. v. 24.10.2002 – 18 O 70/02, MMR 2003, 200.

[332] OLG Stuttgart, Urt. v. 16.03.2006 – 2 U 147/05, NJW 2006, 2273.

[333] OLG Hamm, Urt. v. 19.06.2008 – 4 U 63/08, MMR 2009, 50 – *anwaltskanzlei-dortmund.de*; vgl. dazu eingehend: *Hoeren*, Internetrecht, 6. Aufl. 2018, S. 54 Rn. 117.

[334] OLG Celle, Urt. v. 17.11.2011 – 13 U 168/11, MMR 2012, 107 – *kanzlei-niedersachsen.de*.

[335] BGH, Urt. v. 01.09.2010 – StBSt (R) 2/10, NJW-RR 2011, 210 – *steuerberater-suednieder-sachsen.de*.

[336] LG Ulm, Urt. v. 07.09.2012 – 10 O 71/12 KfH, CR 2013, 749 – *ulmer-hausverwaltung.de*; vgl. dazu auch: *Härting*, Internetrecht, 6. Aufl. 2017, Rn. 2419; *Reinholz/Janke*, K&R 2013, 613, 615.

[337] LG Berlin, Urt. v. 16.12.2002 – 97 O 192/02, MMR 2003, 490 – *Deutsches-Anwaltsverzeichnis.de*.

[338] OLG Hamburg, Urt. v. 15.11.2006 – 5 U 185/05, GRUR-RR 2007, 93 – *deutsches-handwerk.de*.

[339] Ähnlich: *Hoeren*, Internetrecht, 6. Aufl. 2018, S. 54 Rn. 118.

[340] BGH, Urt. v. 25.11.2002 – AnwZ (B) 41/02, MMR 2003, 252 – *presserecht.de*.

Ebenfalls problematisch ist die Wahl einer Domain, die dem Domaininhaber **bestimmte Eigenschaften** zuweist. So kann eine Irreführung i. S. d. § 5 UWG darin gesehen werden, dass eine Domain den Zusatz „-international.de" führt, obgleich der registrierte Unternehmer gar nicht international, sondern nur regional tätig ist oder darin, dass sich ein Abschleppunternehmer durch den Zusatz „-polizei.de" hoheitliche Befugnisse zuschreibt.[341] In Frage gestellt werden muss jedoch ein Urteil des OLG Hamburg,[342] in welchem dieses entschied, die TLD „*ag*" suggeriere dem Internetnutzer, dass der Domaininhaber eine AG (Aktiengesellschaft) i. S. d. § 1 AktG verkörpere und sei daher irreführend. Der durchschnittliche Verbraucher wird heutzutage erkennen, dass aufgrund der begrenzten Anzahl zu vergebender Domains und der oft spielerischen Zusammensetzung die TLD „*ag*" nicht zwingend von einer Aktiengesellschaft verwendet wird bzw. ein Unternehmen zu einer solchen geriert werden soll. Offiziell ist die TLD namentlich dem Instelstaat Antigua und Barbuda zugewiesen. Anders kann dies jedoch in Bezug auf die neuerdings immer öfter aufzufindenden sog. gTLDs (= generische TLDs) mit speziellem Sachbezug beurteilt werden: Sollte die TLD also etwa „*shopping*", „*luxury*" oder „*build*" lauten, wird der durchschnittliche Internetnutzer auch erwarten dürfen, dass der Domain eine derartige Dienstleistung beinhaltet.[343]

Es ist somit ratsam, dass Websites, die Gattungs- oder Sammelbegriffe in ihrer Domain verwenden, einer Inanspruchnahme wegen Irreführung vorbeugen. In der Praxis geschieht dies am effektivsten, wenn direkt auf der Startseite einer Homepage dem Eindruck vorgebeugt wird, es liege eine Spitzen-, Vorzugs- oder Alleinstellung vor.[344]

Besondere Bedeutung erlangt die Domainwahl auch im Rahmen von **berufsständischen Websites**. So darf etwa die Domain „*rechtsanwalt.com*"[345] auch nur von einer Person betrieben werden, die tatsächlich den geschützten Beruf eines Rechtsanwalts ausübt. Unzulässig sei auch das Betreiben des Domains „*anwaltskanzlei-notariat.de*", da § 2 S. 2 BNotO Notaren die Verwendung der Bezeichnungen „Notarin" oder „Notar" vorschreibt.[346] Heute wird einem solchen Verstoß i. d. R. auch Rechtsbruch i. S. d. § 3a UWG aufgrund der Verletzung einschlägigen berufsständischen Rechts immanent sein. Ebenfalls achtsam sollten Rechtsanwälte nach Auffassung des OLG München bei der Verwendung des **Plurals** in ihrer Domain sein: Das Gericht bejahte eine Irreführung im Falle der Domain „*rechtsanwaelte-dachau.de*",[347] da der betroffene Benutzer nach Beurtei-

---

[341] OLG Dresden, Urt. v. 04.05.2010 – 14 U 46/10, WRP 2010, 1285, Rn. 44 ff.; LG Augsburg, Urt. v. 08.09.2009, K&R 2010, 285 f. – *parkplatz-polizei.de*; vgl. dazu auch: *Härting*, Internetrecht, 6. Aufl. 2017, Rn. 2443.

[342] OLG Hamburg, Urt. v. 16.06.2004 – 5 U 162/03, CR 2004, 769, 770 f. – *tipp.ag*.

[343] Vgl.: *Leyendecker-Langner*, MMR 2014, 288, 291.

[344] Vgl. auch: Härting, Internetrecht, 6. Aufl. 2017, Rn. 2421.

[345] OLG Hamburg, Urt. v. 02.05.2002 – 3 U 303/01, NJW-RR 2002, 1852 – *rechtsanwalt.com*.

[346] BGH, Urt. v. 11.07.2005 – NotZ 6/05, MMR 2005, 759 – *anwaltskanzlei-notariat.de*; vgl. dazu auch: *Härting*, Internetrecht, 6. Aufl. 2017, Rn. 2433; *Schmittmann*, K&R 2006, 67, 68.

[347] OLG München, Urt. v. 18.04.2002 – 29 U 1573/02, AfP 2002, 552 – *rechtsanwaelte-dachau.de*.

lung der eigenen Sachkunde des Gerichts unter dieser Adresse eine Aufzählung aller Anwälte der Stadt Dachau erwarte, tatsächlich aber nur eine bestimmte Kanzlei unter dieser Domain auftrete. Ein solch strenger Maßstab wird jedoch nicht mit der **inzwischen äußerst liberalen Rechtsprechung des BGH** (s. o.) in Einklang zu bringen sein.[348]

Die **Nutzung lateinischer Begriffe** in einem Domainnamen oder die Nachahmung eines Domains unter **Entfernung der Umlaute** stellen noch keine wettbewerbswidrigen Handlungen dar.[349] Nach Ansicht des OLG Köln liege allein schon deshalb keine unlautere Behinderung eines Mitbewerbers vor, weil der Wettbewerber weiterhin in der Lage ist, seine bisherige Domain zu nutzen.[350] Insbesondere hat der neue Registrar keinen Einfluss auf das Nutzungs- und Abrufverhalten hinsichtlich der alten Domain. Eine unlautere Behinderung muss auch dann ausscheiden, wenn Umlaute im Domainnamen abgewandelt werden (ä in *ae*, ö in *oe*, ü in *ue*), z. B. also *schlüsselbänder.de* als Konkurrenz zu *schlüsselbaender.de*.[351] Diesbezüglich ist noch offen, wie die Verwendung des Plurals in Konkurrenz zum Singular hinsichtlich der Domainwahl zu beurteilen ist, also z. B. *schlüsselband.de* statt *schlüsselbänder.de*. Auch hierin sollte jedoch keine unlautere Behinderung eines Mitbewerbers gesehen werden, da sprachlich i. d. R. ein hinreichender erkennbarer Unterschied – auch klanglich – zwischen singulärer und pluralistischer Form eines Wortes besteht.

5.3.6 Tippfehler-Domains

Die oben dargelegten Grundsätze gelten in restriktiver Anwendung auch für sog. **Tippfehler-Domains**. Dabei handelt es sich um Domainnamen, die anderen **Domainnamen zum Verwechseln ähnlich** sind und sich von diesen nur durch einen Tippfehler unterscheiden lassen. Der Internetbesucher vertippt sich und gelangt so auf die Tippfehler-Domain (sog. **Typosquatting**). Soweit die Tippfehler-Domain auch inhaltlich mit der anderen Domain weitgehend übereinstimmt, können namensrechtliche Ansprüche bestehen, soweit Verwechslungsgefahr vorliegt.[352] Liegt hingegen keine inhaltliche Übereinstimmung vor, kommen vorrangig wettbewerbs-

---

[348] So auch: *Härting*, Internetrecht, 6. Aufl. 2017, Rn. 2431.

[349] LG München I, Urt. v. 11.04.2005 – 27 O 16317/04, MMR 2005, 620; OLG Köln, Urt. v. 02.09.2005, 6 U 39/05, MMR 205, 763; vgl. dazu auch: *Hoeren*, Internetrecht, 6. Aufl. 2018, S. 57 Rn. 122 f.

[350] OLG Köln, Urt. v. 02.09.2005 – 6 U 39/05, MMR 2005, 763 – *Schlüsselbänder.de*.

[351] OLG Köln, Urt. v. 02.09.2005 – 6 U 39/05m CR 2005, 880 – *schlüsselbänder.de*; vgl. dazu: Auer-Reinsdorff/Conrad-*Witte*, Handbuch IT- und Datenschutzrecht, 2. Aufl. 2016, § 7 Rn. 148 ff.

[352] OLG Hamm, Urt. v. 27.11.2006 – 6 U 106/05, MMR 2007, 391; LG Hamburg, Urt. v. 31.08.2006 – 315 O 279/06, GRUR-RR 2007, 44.

rechtliche Ansprüche wegen des unlauteren Abfangens von Kunden (§ 3 UWG, § 4 Nr. 4 UWG) und Ansprüche aus § 826 BGB wegen vorsätzlicher sittenwidriger Schädigung in Betracht.[353] Nach der aktuellen Rechtsprechung haftet ein Mitbewerber auch für das Typosquatting durch einen seiner Affiliate-Partner.[354] Eine Haftung scheidet jedoch aus, sofern der Internetnutzer auf der versehentlich besuchten Internetseite unmittelbar und unmissverständlich darauf aufmerksam gemacht wird, dass er sich nicht auf der Internetseite befindet, die er eigentlich besuchen wollte.[355]

Sowohl marken- als auch namensrechtlich erfolgreich war etwa die Deutsche Fußball Liga (DFL), die sich erfolgreich gegen die Verwendung des Domains *bundesliag.de* wendete, mit der Besucher von der originalen Website *bundesliga.de* abgegriffen werden sollten.[356]

Nah verwandt mit den Tippfehler-Domains ist der bloße **Austausch der TLD** (Top-Level-Domain, s. o.) einer Domain. Fraglich ist also insbesondere, ob eine marken- und lauterkeitsrechtlich relevante Verwechslungsgefahr vorliegt, wenn bspw. statt der TLD „.de" die TLD „.com" verwendet wird – die nachgeahmte Domain also etwa „handelsblatt.com" statt „handelsblatt.de" heißt. Nach der vorherrschenden Auffassung in Rechtsprechung und Literatur kommt der TLD keine hinreichende Unterscheidungskraft zu, d.h. es kann durch den bloßen Austausch der TLD weiterhin eine Verwechslungsgefahr bestehen.[357] Dem schloss sich auch die instanzgerichtliche Rechtsprechung an.[358]

In engem Zusammenhang mit dem Austausch einer TLD steht auch die **Einbindung des Markennamens in eine TLD**. So ist also durchaus denkbar, dass ein Markenname die gesamte Domain – und dabei die TLD eingeschlossen – bildet. Prominente Beispiele sind etwa „sta.de", „goeteb.org", „buxtehu.de" oder „strab. ag", bei denen gerade die Kombination aus TLD und SLD (Second-Level-Domain, s.o) die Verwechslungsgefahr begründet.[359] Ebenfalls nicht erlaubt ist die Registrierung von Domains, welche aus Teilen eines fremden Markennamens bestehen, sofern mittels dieser auf ein Konkurrenzprodukt verwiesen wird und dieses keinen klarstellenden Hinweis enthält.[360] Angreifbar wäre somit beispielsweise die Regis-

---

[353] BGH, Urt. v. 22.01.2014 – I ZR 164/12, BeckRS 2014, 03493, Rn. 34 ff. – *wetteronline.de*; OLG Jena, Urt. v. 23.03.2005 – 2 U 1019/04, MMR 2005, 776, 777; LG Stuttgart, Urt. v. 27.01.2009 – 41 O 101/08 KfH, MMR 2009, 271; Hoeren/Sieber/Holznagel-*Viefhues*, Multimedia-Recht, 48. EL 2019, Teil 6 Rn. 218.

[354] OLG Köln, Urt. v. 18.10.2013 – 6 U 36/13, MMR 2014, 258.

[355] BGH, Urt. v. 22.01.2014 – I ZR 164/12, BeckRS 2014, 03493, Rn. 39 – *wetteronline.de*.

[356] LG Hamburg, Urt. v. 31.08.2006 – 315 O279/06, GRUR-RR 2007, 44 – *bundesliag.de*.

[357] EuG, Urt. v. 12.12.2007 – RS Z-117/06, MMR 2008, 390 – *suchen.de*; BGH, Urt. v. 14.05.2009 – I ZR 231/06, GRUR 2009, 1055 – *airdsl*; vgl. statt vieler: *Hoeren*, Internetrecht, 6. Aufl. 2018, S. 58 Rn. 125.

[358] Statt vieler: OLG Köln, Urt. v. 30.04.2010 – 6 U 208/09, MMR 2010, 616 – *www.fcbayern.es*; OLG Hamm, Urt. v. 27.11.2006 – 6 U 106/05, MMR 2007, 391 – *ringlockschuppen.com*.

[359] Vgl. dazu eingehend: *Hoeren*, Internetrecht, 6. Aufl. 2018, S. 58 Rn. 126.

[360] OLG Hamburg, Urt. v. 14.04.2005 – 5 U 74/04, MMR 2006, 328, 329 f. – *advanced-microwave-systems.de*; vgl. dazu: *Härting*, Internetrecht, 6. Aufl. 2017, Rn. 2440.

trierung der Domains „*auto-unger.de*" oder „*teile-unger.de*" durch einen Konkurrenten, da diese rechtmäßig der bekannten Firma „Auto Teile Unger" zustehen würden.

In eine ähnliche Richtung geht der teilweise vorgenommene Versuch, das einer
Website immanent vorgestellte **„www." in den Domainnamen einzubinden**, um
Kunden abzufangen, die den Punkt zwischen „www." und SLD vergessen (Bsp.:
wwwgoogle.de, um Kunden von www.google.de abzufangen, da Browser heutzu-
tage eine Domainadresse auch ohne das vorangestellte „www." aufrufen können).
Entgegen einer Entscheidung des LG Hamburg,[361] sollte in einer solchen Vorge-
hensweise eine wettbewerbswidrige Mitbewerberbehinderung i. S. d. § 4 Nr. 4
UWG gesehen werden.

Ein weiterer dem Typosquatting ähnlicher Fall ist die Verwendung von sog.
„catch-all"-Funktionen. Diese bewirken, dass jede beliebige, von einem Internetnutzer eingegebene Third-Level-Domain eliminiert wird und dieser auf eine bestimmte Sub-Level-Domain (SLD) geleitet wird. Egal, ob der Nutzer also „x.whir-
lpools.de", „y.whirlpools.de" oder „z.whirlpools.de" eingibt, er landet immer auf der
Seite „whirlpools.de". Wird durch eine solche „catch-all"-Funktion der Markenname eines Mitbewerbers eliminiert, handelt es sich nach Entscheidung des ÖOGH
um eine wettbewerbsrechtlich unlautere Handlung.[362] Im nationalen Recht entsprä-
che dies v.a. der gezielten Behinderung eines Wettbewerbers i. S. d. § 4 Nr. 4 UWG.

Beispiel

„catch-all"-Funktion

Angenommen, der Sportartikelhersteller Nike registriert die Domain „*sports-
hirts.de*", auf der er lediglich Nike-Produkte vertreibt. Wenn er nun eine „catch-
all-Funktion" implementiert, die den Websitebesucher auch bei Eingabe der Domains „adidas.sportshirts.de" und „puma.sportshirts.de" auf die Seite „*sportshirts.
de*" leitet, auf der nur Nike-Produkte vertrieben werden, liegt eine unlautere Behinderung der Mitbewerber Adidas und Puma i. S. d. § 4 Nr. 4 UWG vor.

Freilich ist die Praxisnähe solcher Fälle fraglich, da sie nur dann Relevanz
erlangen, wenn ein Internetuser tatsächlich eigenständig einen solchen Anhang
(sog. *Third-Level-Domain*) an die mit der „catch-all"-Funktion ausgestattete
SLD anhängt. In Suchmaschinen können die „gecatchten" Markennamen von
Mitbewerbern schon aus logischen Gründen nicht gefunden werden, da sie faktisch nicht existieren und lediglich von der „catch-all"-Funktion geschluckt
werden. ◄

Anders gelagert können hingegen Situationen sein, in denen die Domain, auf die
mittels eines Tippfehlers gelangt wird, ein **vollkommen anderes Geschäftsmodell**

---

[361] LG Hamburg, Urt. v. 16.07.2009 – 327 O 117/09, K&R 2009, 745, 746 f. – *wwwmoebel.de*; vgl.
dazu kritisch: *Härting*, Internetrecht, 6. Aufl. 2017, Rn. 2435.
[362] ÖOGH, Beschl. v. 12.07.2005 – 4 Ob 131/05a, MMR 2005, 750.

als die Ursprungsdomain verfolgt. Wird eine Tippfehlerdomain etwa nur zur Weiterleitung auf eine sog. „**Parking-Seite**" mit darauf befindlichen Werbelinks verwendet, so liegt nach Auffassung des BGH[363] nicht per se eine unlautere Behinderung i. S. d. § 4 Nr. 4 UWG vor. Sofern der Besucher einer solchen Seite unmittelbar auf der Startseite darauf hingewiesen wird, dass ggf. eine Verwechslung bzw. ein Tippfehler vorliegt, kann eine Mitbewerberbehinderung ausscheiden. Heute wird regelmäßig davon auszugehen sein, dass Internet-Benutzer beim Erscheinen einer solchen „Parking-Seite" selbstständig feststellen, dass sie sich vertippt haben. Ein Hinweis sollte also nur in denjenigen Fällen für erforderlich gehalten werden, in denen tatsächlich die Seite eines Mitbewerbers erscheint, der ein nur leicht abgeändertes Geschäftsmodell verfolgt. Verfolgt der Seiteninhaber ein gänzlich anderes Geschäftsmodell, wird i. d. R. schon die Mitbewerbereigenschaft (Abschn. 5.2.4) mangels konkreten Wettbewerbsverhältnisses abzulehnen sein.

Namensrechtliche Ansprüche scheiden gegenüber Tippfehler-Domains jedoch i. d. R. aus. So stellt der BGH in dies gelagerten Konstellationen auf die **fehlende Interessenbeeinträchtigung** i. S. d. § 12 S. 1 Fall 2 BGB ab.[364]

Im Rahmen potenzieller **markenrechtlicher Ansprüche** kommen insbesondere **Verwechslungsgefahr** i. S. d. §§ 14 Abs. 2 Nr. 2, 15 Abs. 2 MarkenG sowie eine Zuordnungsverwirrung i. R. d. §§ 14 Abs. 2 Nr. 3, 15 Abs. 3 MarkenG in Betracht. Zu beachten ist allerdings, dass Tippfehler-Domains (sowie allgemein die Falschschreibung eines Kennzeichens in einer Werbeankündigung) dem Eintritt der markenrechtlichen **Erschöpfungswirkung** nicht entgegenstehen.[365]

5.3.7 Domain-Sharing

In engem Zusammenhang mit dem Recht der Gleichnamigen aus § 23 MarkenG (Abschn. 5.3.2.4.1) steht das sog. **Domain-Sharing**. Die Notwendigkeit dafür besteht aufgrund der Divergenz des realen sowie des digitalen Lebens: Während in der echten Welt bedenkenlos viele Personen einen identischen Namen tragen können, kann in der digitalen Welt eine Domain nur ein einziges Mal vergeben werden. Es sind also Situationen denkbar, in denen sich mehrere Personen eine Domain teilen können.

Anwendungsfälle sind insbesondere Kennzeichenkollisionen verschiedener Branchen, verschiedener Territorien und verschiedener Nutzungszwecke (v.a. gewerblich vs. privat).[366] Regelmäßig kommt ein Domain-Sharing also dann in Betracht, wenn die teilenden Parteien in keinem unmittelbaren, konkreten Wettbewerbsverhältnis i. S. d. UWG (Abschn. 5.2.4) stehen. Aufkommende Risiken sind dennoch

[363] BGH, Urt. v. 22.01.2014 – I ZR 164/12, ITRB 2014, 126, Rn. 48 – *wetter-online.de*; vgl. dazu: *Härting*, Internetrecht, 6. Aufl. 2017, Rn. 2438; *Reinholz/Janke*, K&R 2014, 703, 705.

[364] BGH, Urt. v. 28.04.2016 – I ZR 82/14, GRUR 2016, 810 Rn. 48 – *profitbricks.es*; vgl. dazu auch: *Redeker*, IT-Recht, 6. Aufl. 2017, Rn. 1219.

[365] OLG Düsseldorf, Urt. v. 24.01.2019 – I-20 U 54/18, GRUR-RS 2019, 4827 – *brikenstock*.

[366] Hoeren/Sieber/Holznagel-*Viefhues*, Multimedia-Recht, 48. EL 2019, Teil 6 Rn. 379.

maßgeblich die nicht vollständig zu beseitigende Verwechslungsgefahr, die Verwässerungsgefahr sowie die Gefahr ungeklärter Haftungsfragen.[367]

Das Domain-Sharing bezeichnet dabei einen eleganten **Ausweg aus der Kollision** zweier oder mehrerer Namensrechte: Mehrere unter dem gleichen Namen auftretende Parteien teilen sich schlicht eine Domain bzw. ein Einstiegsportal, durch welches man jeweils auf die korrekte Website einzelner Parteien navigieren kann, die hinreichend gekennzeichnet sind. Ebenfalls denkbar ist, dem prioritätsfrüheren Domainanmelder weiterhin zu gestatten, eine Domain zu nutzen, ihm jedoch gleichzeitig aufzuerlegen, einen Hinweis auf die Internetpräsenz des Gleichnamigen darauf zu platzieren und sich von diesem abzugrenzen.[368]

Der BGH stellte jedoch in der Entscheidung *Peek & Cloppenburg* fest, dass durchaus auch bei gleichnamigen Konkurrenten der Prioritätsgrundsatz fortgelten kann, sofern diese bereits seit einigen Jahren unbeschadet nebeneinander existieren.[369] Dann sind jedoch beide Konkurrenten verpflichtet, auf ihren Websites **geeignete Hinweise auf die Abgrenzung** und die jeweils andere Partei zu implementieren.[370]

Auf ein Domain-Sharing wird sich der priorisierte Domaininhaber i. d. R. nur dann einlassen, wenn ihm dafür eine (meist wirtschaftliche) **Gegenleistung** angeboten wird. Domain-Sharing kann also insbesondere als Teil von ohnehin bestehenden sowie in der Praxis notwendigen Abgrenzungs-, Lizenz- und Distributionsvereinbarungen in Betracht kommen.[371]

Fraglich ist, ob – und wenn ja auf welche **Anspruchsgrundlage** – ein sog. **Teilhabeanspruch**, also ein **Anspruch auf Domain-Sharing**, gestützt werden kann. Teilweise wird vertreten, ein solcher Anspruch resultiere aus unechter Geschäftsführung gemäß § 687 Abs. 2 BGB.[372] Wiederum andere knüpfen die Teilhabe an einen Eingriff in das Recht am eingerichteten und ausgeübten Gewerbebetrieb als sonstiges Recht i. R. d. § 823 Abs. 1 BGB.[373] Eine Vielzahl von Autoren[374] erwägt dem gegenüber eine Analogie zum Notwegerecht aus § 917 BGB, die auf den ersten Blick zwar fernliegend erscheint, von ihrem Schutzinteresse jedoch nur unwesentlich vom Zugang zu einer Domain abweicht und daher zu begrüßen ist.

Ebenfalls vertretbar erscheint die Auffassung, einen Teilhabeanspruch gänzlich abzulehnen, da der Gesetzgeber im Ursprung weiterhin am Prioritätsprinzip festhält

---

[367] Kröger/Kummermehr/Sternemann/Zittel-*Kummermehr/Wegener*, FormularBibliothek Vertragsgestaltung – Schuldrecht, 3. Aufl. 2018, § 12 Rn. 6 ff.

[368] BGH, Urt. v. 11.04.2002 – I ZR 317/99, NJW 2002, 2096, 2098 – *vossius.de*; vgl. dazu: *Hoeren*, Internetrecht, 6. Aufl. 2018, S. 45 Rn. 105.

[369] BGH, Urt. v. 31.03.2010 – I ZR 174/07, GRUR 2010, 738 – *Peek & Cloppenburg.*

[370] *Hoeren*, Internetrecht, 6. Aufl. 2018, S. 46 Rn. 106.

[371] Hoeren/Sieber/Holznagel-*Viefhues*, Multimedia-Recht, 48. EL 2019, Teil 6 Rn. 381.

[372] Hoeren/Sieber/Holznagel-*Viefhues*, Multimedia-Recht, 48. EL 2019, Teil 6 Rn. 386 f.

[373] *Jacobs*, Gesetzliche Teilhabe an Donainnames, S. 243; darauf Bezug nehmend auch: Hoeren/Sieber/Holznagel-*Viefhues*, Multimedia-Recht, 48. EL 2019, Teil 6 Rn. 387.

[374] *Renck*, WRP 2000, 264, 268; *Marwitz*, WRP 2001, 9, 13; *Wendlandt*, WRP 2001, 629, 643.

(s. o.). Diese Ansicht scheint sich in der neueren Literatur durchzusetzen.[375] Ausnahmen können ggf. durch eine Interessenabwägung im individuellen Einzelfall gerechtfertigt werden.

▶ **Klausurtipp** Wie Sie sich an dieser Stelle in einer Klausur entscheiden – ob und welche Ansprüche Sie also bzgl. des Domain-Sharings annehmen – ist zweitrangig. Primär entscheidend ist, dass Sie sich mit allein einschlägig in Betracht kommenden Anspruchsgrundlagen eingehend auseinandersetzen und ausführlich begründen, warum diese aus Ihrer Sicht (nicht) in Betracht kommen.

5.3.8   Störerhaftung für Rechtsverletzungen

Sowohl die Registries als auch die Registrare können Pflichten treffen, wenn und soweit Rechtsverletzungen auf einer konnektierten Domain vorgenommen werden. Aber auch sonstige Beteiligte können Prüfpflichten im Rahmen einer potenziellen Störerhaftung treffen, auf die im Folgenden eingegangen werden soll.

5.3.8.1 Grundzüge der Störerhaftung
Die Störerhaftung ist dabei ein Minus zur Haftung aufgrund von Täterschaft oder Teilnahme. Sie gilt nur für Unterlassungs- und Beseitigungsansprüche, nicht jedoch für Schadensersatzansprüche.[376] Voraussetzung für die Anwendbarkeit einer Störerhaftung ist stets die rechtliche und tatsächliche Möglichkeit des Eingreifens sowie die Zumutbarkeit, eine Rechtsverletzung effektiv zu unterbinden bzw. zu verhindern.[377] (vgl. bereits eingehend zur Störerhaftung Abschn. 1.10.2)

Der Umfang der jeweils konkreten Prüfpflichten ergibt sich aus einer umfassenden Interessenabwägung für den Einzelfall.[378] Beginn der Prüfpflicht ist i. d. R. in dem Zeitpunkt, in dem der potenzielle Störer von einer Rechtsverletzung Kenntnis erlangt.[379] Der Störer muss ohnehin qua Gesetz gemäß § 10 Abs. 1 Nr. 2 TMG tätig werden, sobald er von einer Rechtsverletzung erfährt. Im digitalen Bereich erfolgt

---

[375] Vgl. etwa Fezer/Büscher/Obergfell-*Jung-Weiser*, UWG, 3. Aufl. 2016, Domainrecht Rn. 69; Köhler/Bornkamm/Feddersen-*Bornkamm/Feddersen*, UWG, 37. Aufl. 2019, § 5 UWG Rn. 2.130.

[376] Vgl. dazu eingehend: Dreier/Schulze-*Specht*, UrhG, 6. Aufl. 2018, UrhG § 97 Rn. 28 ff.

[377] BGH, Urt. v. 21.09.2017 – I ZR 11/16, BeckRS 2017, 126380, Rn. 74 – *Vorschaubilder III*; BGH, Urt. v. 24.11.2016 – I ZR 220/15, GRUR 2017, 617, Rn. 11 – *WLAN-Schlüssel*; BGH, Urt. v. 02.03.2017 – I ZR 273/14, GRUR 2017, 541, Rn. 38 – *Videospiel-Konsolen III*; vgl. dazu auch: Dreier/Schulze-*Specht*, UrhG, 6. Aufl. 2018, UrhG § 97 Rn. 28.

[378] BGH, Urt. v. 25.10.2011 – VI ZR 93/10, GRUR 2012, 311 Rn. 22 – *Blog-Eintrag*; BGH, Urt. v. 17.08.2011 – I ZR 57/09, GRUR 2011, 1038 Rn. 20 – *Stiftparfum*; vgl. Dreier/Schulze-*Specht*, UrhG, 6. Aufl. 2018, UrhG § 97 Rn. 28.

[379] EuGH, Urt. v. 23.03.2010 – C-236/08 bis C-238/08, ECLI:EU:C:2010:159 = NJW 2010, 2029 – *Google France*.

dies i. d. R. durch die Löschung eines Inhalts bzw. einer Zugangssperre, sodass ein streitiger Inhalt nicht mehr aufgerufen werden kann.[380] Bei Domains wird dies i. d. R. die Löschung der Domains sein. Eine Vorab-Inanspruchnahme ist nur dann möglich, wenn ernstzunehmende Anhaltspunkte dafür vorliegen, dass ein störendes Verhalten in Zukunft auftreten wird.[381] Dies gilt, obgleich eine proaktive Überwachungspflicht von § 7 Abs. 2 S. 1 TMG grundsätzlich ausgeschlossen wird.

Inhalt der Prüfpflicht ist auch, dass es nach Möglichkeit nicht erneut zu weiterer Rechtsverletzungen durch den Täter kommt.[382] Im Domainrecht wird also i. d. R. sicherzustellen sein, dass ein Domainanmelder nicht ähnliche Rechtsverletzungen erneut vornimmt und somit ggf. einer stärkeren Kontrolle unterliegt. Denkbar ist auch, dass andere – von diesem Domaininhaber bereits in der Vergangenheit vorgenommenen Domainregistrierungen – genauer unter die Lupe genommen werden. In der Regel wird sich aber hierbei auf stichprobenartige Untersuchungen beschränkt werden können.[383] Da die Domainvergabe jedoch grundsätzlich ein gebilligtes Geschäftsmodell ist, werden keine allzu hohen Anforderungen an die Prüfpflichten zu stellen sein. Hat der Betreffende alles ihm Zumutbare getan, so entfällt seine Haftung als Störer.[384]

Hinsichtlich der Störerhaftung im Domainrecht ist im Wesentlichen zwischen der Haftung von Registries und Registraren zu unterscheiden:

5.3.8.2 Registries
Eine Haftung der Vergabeeinrichtung (**Registrier** = z. B. DENIC) ist grundsätzlich nicht vorgesehen, da die Einrichtung selbst auch keine Berechtigungsprüfung durchzuführen hat. Eine Haftung als Störer kommt heute – entgegen der früheren Auffassung in der Literatur[385] – aber dann in Betracht, wenn die Rechtsverletzung offenkundig und für die Vergabeeinrichtung ohne weiteres erkennbar ist.[386] Dies geht auch aus Ziff. III Abs. 1 der DENIC-Domainrichtlinie hervor.[387] Der BGH stellte dies explizit im Musterverfahren *„regierung-oberfranken.de"* fest.[388] Die

---

[380] Dreier/Schulze-*Specht*, UrhG, 6. Aufl. 2018, UrhG § 97 Rn. 29.

[381] Dreier/Schulze-*Specht*, UrhG, 6. Aufl. 2018, UrhG § 97 Rn. 30.

[382] EuGH, Urt. v. 12.07.2011 – C-324/09, ECLI:EU:C:2011:474 = MMR 2011, 596, Rn. 131 – *L'Oréal*.

[383] Dreier/Schulze-*Specht*, UrhG, 6. Aufl. 2018, UrhG § 97 Rn. 30.

[384] Dreier/Schulze-*Specht*, UrhG, 6. Aufl. 2018, UrhG § 97 Rn. 33.

[385] Statt vieler: Fezer-*Fezer*, Markenrecht, 4. Aufl. 2009, Domainrecht Rn. 128.

[386] OLG Köln, Urt. v. 31.08.2018 – 6 U 4/18, GRUR-RR 2019, 1, 4.

[387] Ziff. III Abs. 1 DENIC-Domainrichtlinie: DENIC registriert die Domain, wenn sie nicht bereits für einen Dritten registriert ist („first come, first served") und sich nicht in der Redemption Grace Period befindet, kann jedoch den Auftrag ablehnen, wenn die Registrierung offenkundig rechtswidrig wäre.

[388] BGH, Urt. v. 27.10.2011 – I ZR 131/10, AfP 2012, 257 – *regierung-oberfranken.de*.

bloße Kenntnisnahme eines Mahnschreibens, aus welchem eine potenzielle Rechtsverletzung hervorgeht, soll jedoch noch nicht für die Verletzung von Prüfpflichten durch Registries ausreichen.[389]

Ähnliches gilt auch für die Haftung eines sog. **Admin-C**, dem administrativen Ansprechpartner einer Homepage (allgemein als Administrator bezeichnet). Er kann zwar nicht als Täter oder Teilnehmer haften, jedoch kommt eine Haftung als Störer in Betracht, wenn er auf eine Rechtsverletzung besonders hingewiesen wurde und nicht ausreichend gegen diese vorgegangen ist.[390] Eine umfassende Kasuistik des BGH hierzu steht noch aus.

5.3.8.3 Registrare

Den **Registraren** (z. B. GoDaddy, STRATO oder EuroDNS) kommen im Gegensatz zu den Registries weitergehende Prüfpflichten zu.[391] Dies deshalb, da sie im Gegensatz zu den Registries mit den Registranten (den Domaininhabern) in vertraglicher Beziehung stehen. Der Registrar führt die Registrierung eines Domainnamens durch und erlangt während der Vertragslaufzeit eine konstante wiederkehrende Vergütung. Die Registries verfolgen dagegen keine eigenen Zwecke, sondern handeln im Interesse sämtlicher Internetnutzer und nehmen zugleich öffentliche Interessen wahr.[392] So handeln Registrare nicht mit Gewinnerzielungsabsicht, sondern im Interesse einer größtmöglichen Effizienz im Rahmen des Domainregistrierungsprozesses.

In einem vom Oberlandesgericht Köln[393] entschiedenen Fall hatte der Registrar (Beklagter) die streitgegenständliche Domain auch nach Kenntniserlangung ihres rechtswidrigen Inhalts nicht dekonnektieren lassen bzw. hatte zu einer Dekonnektierung (Trennung der Verbindung zwischen Domainnamen und nummerischer IP-Adresse) nicht beigetragen. Der rechtswidrige Inhalt hat in die urheberrechtlichen Verwertungsrechte der Klägerin zum Vertrieb und zur öffentlichen Zugänglichmachung eines Spielfilms in der Bundesrepublik Deutschland unzulässig eingegriffen.[394] Das Gericht entschied, dass der Registrar für Rechtsverletzungen, die auf einer konnektierten Domain vorgenommen werden, ab Kenntniserlangung haften kann.[395] In Betracht kommt eine Störerhaftung, wenn er ab Kenntniserlangung nicht zur Dekonnektierung der Domain beiträgt.[396] Der entsprechende Anspruch auf

---

[389] OLG Hamburg, Beschl. v. 25.04.2015 – 5 U 117/04, GRUR-RR 2005, 315, 317 – *günstiger.de*.

[390] BGH, Urt. v. 09.11.2011 – I ZR 150/09, GRUR 2012, 304, Rn. 43 – *Basler Haar-Kosmetik*; Vgl. dazu Spindler/Schuster-*Spindler/Volkmann*, Recht der elektronischen Medien, 4. Aufl. 2019, § 1004 BGB Rn. 43.

[391] OLG Köln, Urt. v. 31.08.2018 – 6 U 4/18, GRUR-RR 2019, 1, 4.

[392] BGH, Urt. v. 27.10.2011 – I ZR 131/10, GRUR 2012, 651 – *regierung-oberfranken.de*.

[393] OLG Köln, Urt. v. 31.08.2018 – 6 U 4/18, GRUR-RR 2019, 1, 4.

[394] OLG Köln, Urt. v. 31.08.2018 – 6 U 4/18, GRUR-RR 2019, 1.

[395] OLG Köln, Urteil vom 31.08.2018 – 6 U 4/18, GRUR-RR 2019, 1, 4; vgl. dazu auch: Dreier/Schulze-*Specht*, UrhG, 6. Aufl. 2018, UrhG § 97 Rn. 54;

[396] LG Köln, Urt. v. 05.12.2017 – 14 O 125/16, GRUR-RS 2017, 144887, Rn. 65.

Unterlassung ergab sich im Streitfall aus §§ 97 Abs. 1, 19a, 94 Abs. 1 i. V. m. § 31 III UrhG.[397] Die **Registrierung und Konnektierung einer Domain** stellt eine **dauerhafte positive Leistung** des Registrars dar, dies wird auch dadurch deutlich, dass der Registrant (Domaininhaber) diese Leistung fortlaufend vergütet.[398] Durch die Leistungserbringung des Registrars trägt dieser in adäquat kausaler Weise dazu bei, dass der Registrant (Domaininhaber) seinen Nutzern den streitgegenständlichen Film ohne Zustimmung der Klägerin öffentlich zugänglich macht.[399] Durch die Registrierung und Erteilung der gewünschten Domain wird der Zugriff auf die Domain für die Nutzer erheblich vereinfacht.[400] Zwar treffen den Registrar keine allgemeinen Prüfungs- und Überwachungspflichten hinsichtlich der Inhalte der Domains, deren Konnektierung er auf Antrag des Registranten veranlasst hat. Der Registrar hat aber durch Aufrechterhalten der Konnektierung der streitgegenständlichen Domains einen adäquat kausalen Beitrag (s. o.) zu den streitgegenständlichen Urheberrechtsverletzungen geleistet.[401] Dem Registrar ist im Hinblick auf die Offenkundigkeit der Rechtsverletzung auch eine anlassbezogene Prüfpflicht zumutbar.[402] Der Registrar braucht zwar die eigentliche Dekonnektierung nicht vorzunehmen, da dieser Vorgang nur von der Vergabeorganisation (Registrier) oder dem Nameserver vorgenommen werden kann.[403] Er hat aber in diesen Fällen an die Vergabeorganisation heranzutreten und damit dazu beizutragen, dass eine Dekonnektierung alsbald veranlasst wird.[404] Wenn die Vergabeorganisation der Vorgabe des Registrars nicht nachkommt, hat dieser jedenfalls das ihm mögliche und zumutbare getan.[405]

5.3.8.4 Weitere Beteiligte

Den Inhaber eines **Domainname-Parking-Providers** trifft grundsätzlich keine Prüfpflicht, sofern er einem erlaubten Geschäftsmodell nachgeht und nicht auf konkrete Rechtsverletzungen hingewiesen wurde.[406] Auch bei der bloß technischen Unterstützung des Weiterleitens von einer Homepage auf eine andere (sog. **Forwarding**) bestehen keine grundsätzlichen und anlasslosen Prüfpflichten, da eine dauerhafte Kontrolle schlichtweg unmöglich ist.[407]

---

[397] LG Köln, Urt. v. 05.12.2017 – 14 O 125/16, GRUR-RS 2017, 144887, Rn. 51.

[398] LG Köln, Urt. v. 05.12.2017 – 14 O 125/16, GRUR-RS 2017, 144887, Rn. 66.

[399] LG Köln, Urt. v. 05.12.2017 – 14 O 125/16, GRUR-RS 2017, 144887, Rn. 67.

[400] OLG Saarbrücken, Urt. v. 22.10.2014 – 1 U 25/14, CR 2015, 317; LG Köln, Urt. v. 05.12.2017 – 14 O 125/16, GRUR-RS 2017, 144887, Rn. 67.

[401] LG Köln, Urt. v. 05.12.2017 – 14 O 125/16, GRUR-RS 2017, 144887, Rn. 75.

[402] LG Köln, Urt. v. 05.12.2017 – 14 O 125/16, GRUR-RS 2017, 144887, Rn. 77.

[403] OLG Köln, Urt. v. 31.08.2018 – 6 U 4/18, ZUM 2019, 348, Rn. 119.

[404] OLG Köln, Urt. v. 31.08.2018 – 6 U 4/18, ZUM 2019, 348, Rn. 119.

[405] OLG Köln, Urt. v. 31.08.2018 – 6 U 4/18, ZUM 2019, 348, Rn. 119.

[406] Spindler/Schuster-*Müller*, Recht der elektronischen Medien, 4. Aufl. 2019, § 14 MarkenG Rn. 30.

[407] OLG Hamburg, Urt. v. 29.04.2010 – 3 U 77/09, MMR 2010, 470; vgl. dazu auch: Spindler/Schuster-*Müller*, Recht der elektronischen Medien, 4. Aufl. 2019, § 14 MarkenG Rn. 31.

Haftungsbedarf besteht jedoch beim Inhaber einer sog. **Domainnamen-Handelsplattform**.[408] Obgleich dieser zwar einem erlaubten Geschäftsmodell nachgeht, so kann ihn dies nicht von der Haftung vollständig freistellen.[409] Dies resultiert im Wesentlichen daraus, dass seine Tätigkeit gefahrgeneigt ist und das Problem des sog. Domaingrabbings (Abschn. 5.3.4) bekannt ist. Die Auferlegung von Prüfpflichten erscheint daher interessengerecht. Auch für den **Verpächter** einer Domain kommt eine Störerhaftung in Betracht,[410] weil er mit dem inhaltlichen Gestalter der Homepage ein Vertragsverhältnis betreibt und insofern eine gewisse Nähe zu potenziellen Rechtsverletzungen aufweist.

5.3.9 Rechtsschutz im Domainrecht

Hinsichtlich des Rechtsschutzes und der Rechtsdurchsetzung gelten im Domainrecht einige Besonderheiten.

Die **gerichtliche** Durchsetzung der materiellen, zivilrechtlichen Ansprüche aus BGB, UWG und MarkenG erfolgt zunächst nach den gewöhnlichen Vorschriften. Zu prüfen ist jedoch stets, ob:[411]

1. Die mit einer Domain konnektierte Website hinreichenden **Inlandsbezug** aufweist
2. Der Freigabeanspruch ggü. der DENIC **ordnungsgemäß gestellt** ist, d. h. der beklagte Domaininhaber die Domain unter keinem Gesichtspunkt nutzen darf und seine Einwilligung zur Übertragung der Berechtigung an der Domain gemäß § 894 ZPO fingiert wird sowie
3. Im Falle des **einstweiligen Rechtsschutzes** das Verbot der Vorwegnahme der Hauptsache gewahrt ist, sodass nur ein vorläufiger Unterlassungsantrag gewährt wird.

Aber auch hinsichtlich der **außergerichtlichen Geltendmachung** von Ansprüchen existieren Sondervorschriften: So stellt die **DENIC** eigens ein autonomes, sog. „**Dispute-Verfahren**" zur Verfügung, mittels dessen Domainstreitigkeiten ausgefochten werden können. Erforderlich ist dafür die Einreichung eines Antrags sowie die hinreichende Glaubhaftmachung der besseren Rechte, z. B. durch Einreichung von Urkunden etc.[412] Ein solcher Antrag ist auf ein Jahr befristet.[413] Sofern er un-

---

[408] Vgl. dazu schon: LG Düsseldorf, Urt. v. 05.11.2008 – 14c O 146/08, MMR 2009, 70 – *elena.de*.

[409] Spindler/Schuster-*Müller*, Recht der elektronischen Medien, 4. Aufl. 2019, § 14 MarkenG Rn. 32.

[410] Spindler/Schuster-*Müller*, Recht der elektronischen Medien, 4. Aufl. 2019, § 14 MarkenG Rn. 33.

[411] Auer-Reinsdorff/Conrad-*Luckhaus*, Handbuch IT- und Datenschutzrecht, 2. Aufl. 2016, § 7 Rn. 175 ff.

[412] Auer-Reinsdorff/Conrad-*Luckhaus*, Handbuch IT- und Datenschutzrecht, 2. Aufl. 2016, § 7 Rn. 169.

[413] Auer-Reinsdorff/Conrad-*Luckhaus*, Handbuch IT- und Datenschutzrecht, 2. Aufl. 2016, § 7 Rn. 169.

rechtmäßig eingereicht wurde, liegt nach Auffassung einiger Instanzgerichte ein Eingriff in das Recht am eingerichteten und ausgeübten Gewerbebetrieb i. S. d. § 823 Abs. 1 BGB vor, gegen den sich der Denunzierte zur Wehr setzen kann.[414] Der BGH lehnt einen solchen Anspruch und die damit verbundene absolute Rechtsposition hingegen ab und verweist den berechtigten Domain-Inhaber auf einen bereicherungsrechtlichen Anspruch aus § 812 Abs. 1 S. 1 Alt. 2 BGB, falls ein Anderer zu Unrecht als Inhaber einer Domain eingetragen ist.[415] Die Konstellation ist rechtlich so einzuordnen, dass ein Anderer auf Kosten des Berechtigten die Inhaberschaft an der Domain erlangt.

5.4   Übungsfall 1: Domaingrabbing

K ist im Bereich der elektronischen Datenverarbeitung aktiv und bietet seit Oktober 2001 unter der Bezeichnung „ahd" spezifische Ausstattungen mit Hard- und Software im geschäftlichen Verkehr an. Zudem ist er seit 2003 Inhaber der eingetragenen Wort-/Bildmarke „ahd" für diverse Waren und Dienstleistungen des EDV-Bereichs.

B wittert geschäftliche Erfolge durch das Registrieren von Domains, um diese anschließend potenziellen Interessenten zum Kauf oder zur entgeltlichen Nutzung anzubieten. Daher lässt er mehrere tausend Domainnamen auf sich registrieren, darunter auch die Domain „ahd.de", deren Inhaber er seit 1997 ist. Bis 2002 erschien auf dieser Internetseite ein Baustellenschild, später konnten dann verschiedene inhaltliche Angebote abgerufen werden, die auf das von B betriebene Internetportal verweisen. Dabei geht es um die Vergabe von E-Mail-Adressen mit der Option einer dazugehörigen Homepage.

Als K von dem Betrieb der Domain durch B erfährt, ist er erzürnt. Er sieht darin eine Verletzung seiner Geschäftsbezeichnung „ahd" und eine wettbewerbswidrige Behinderung seiner Person. Er verlangt daher von B Unterlassung der Nutzung des Domainnamens „ahd.de" für den Betrieb eines Internetportals sowie Einwilligung in die Löschung der Domain.

Frage
Kann **K von B** Unterlassung der Domainnutzung sowie Einwilligung in deren Löschung verlangen?
Lösungsskizze

Der Fall ist angelehnt an BGH, Urt. v. 19.02.2009 – I ZR 135/06, GRUR 2009, 685 – ahd.de.

---

[414] OLG Köln, Urt. v. 17.03.2006 – 6 U 163/05, MMR 2006, 469; OLG Düsseldorf, Urt. v. 20.11.2012 – I 20 U 202/11, BeckRS 2013, 11230; vgl. dazu: Auer-Reinsdorff/Conrad-*Luckhaus*, Handbuch IT- und Datenschutzrecht, 2. Aufl. 2016, § 7 Rn. 170.
[415] BGH, Urt. v. 18.01.2012 – I ZR 187/10, GRUR 2012, 417 – *gewinn.de*.

A. Anspruch K gegen B auf Unterlassung der Nutzung des Domainnamens „ahd.de" aus §§ 15 Abs. 2, Abs. 4, 5 Abs. 2 MarkenG
I. Geschäftsbezeichnung, § 5 Abs. 2 S. 1 MarkenG

- <u>Geschäftliche Bezeichnungen</u>: Unternehmenskennzeichen (§ 5 Abs. 2 MarkenG) und Werktitel (§ 5 Abs. 3 MarkenG).
    - <u>Unternehmenskennzeichen, § 5 Abs. 2 S.</u> 1 MarkenG: Zeichen, die im Geschäftsverkehr als Name, Firma oder besondere Bezeichnung eines Geschäftsbetriebs oder Unternehmens benutzt werden (Identifizierungs-, Unterscheidungs- und Namensfunktion).

1. Entstehungszeitpunkt

- Entscheidend ist die Aufnahme der Benutzung im geschäftlichen Verkehr zur Kennzeichnung der Geschäftsbezeichnung.
- Besonderheit bei aus Firmenbestandteilen gebildeten <u>Abkürzungen (Firmenschlagwort)</u>: Umstritten ist, ob sich der maßgebliche Zeitpunkt nach dem *Gesamtkennzeichen* richtet oder ob auf einen *selbstständigen Entstehungstatbestand* abgestellt werden muss.[416]
- Die Frage kann hier aber dahinstehen, da K jedenfalls seit Oktober 2001 die Bezeichnung „ahd" als besondere Geschäftsbezeichnung seines Unternehmens nutzt und damit spätestens zu diesem Zeitpunkt der Unternehmenskennzeichenschutz aus § 5 Abs. 1 S. 1 MarkenG entstanden ist.

2. Weitere (ungeschriebene) Voraussetzung: Unterscheidungskraft

- Das Zeichen muss geeignet sein, bei der Verwendung im Verkehr als Name des Unternehmens zu wirken (originär oder durch Verkehrsgeltung).[417]
- Besonderheit bei <u>nicht aussprechbaren Buchstabenkombinationen</u>: Originäre Unterscheidungskraft ist gegeben, soweit die Buchstabenkombination ohne Weiteres geeignet ist, vom Verkehr als namensmäßiger Hinweis auf ein bestimmtes Unternehmen verstanden zu werden und nicht bloß beschreibend ist.[418]
- Die Buchstabenkombination „ahd" ist nicht beschreibend für den Tätigkeitsbereich des K. Sie dient damit als namensmäßiger Hinweis auf sein Unternehmen.

II. Kennzeichenmäßige Nutzung der Domain durch B, § 15 Abs. 2 MarkenG

- Eine kennzeichenmäßige Benutzung durch Verwendung der Domain im geschäftlichen Verkehr liegt vor, wenn der Verkehr darin nicht bloß eine Adress-

---

[416] BGH, Urt. v. 30.11.1989 – I ZR 191/87, GRUR 1992, 329, 331 – *AjS-Schriftenreihe*. Ströbele/Hacker/Thiering-*Hacker*, MarkenG, 12. Aufl. 2018, § 5 Rn. 28 ff.
[417] BGH, Urt. v. 31.07.2008 – I ZR 171/05, GRUR 2008, 1104, Rn. 17 – *Haus & Grund II*.
[418] BGH, Urt. v. 05.10.2000 – I ZR 166/98, GRUR 2001, 344, 344 f. – *DB Immobilienfonds*.

bezeichnung, sondern einen Hinweis auf das Unternehmen bzw. die betriebliche Herkunft der Waren und Dienstleistungen erkennt.

• Ab 2002: Unter „ahd.de" sind verschiedene inhaltliche Angebote abrufbar.
• Wegen der „Umleitungsdomain" auf das von B betriebene Internetportal könnte aber ggf. kein Herkunftshinweis gegeben sein und in der Folge keine kennzeichenmäßige Verwendung vorliegen.
  – Maßgebliches Verkehrsverständnis: Umleitungsfunktion oder Herkunftshinweis?
  – Der angesprochene Verkehr versteht die in der URL sichtbare Bezeichnung „ahd" als kennzeichnenden Hinweis für die auf dieser Internetseite angebotenen Dienstleistungen. Wegen der Nutzung als Umleitungsdomain entfällt also nicht die kennzeichenmäßige Nutzung.

III. Verwechslungsgefahr, § 15 Abs. 2 MarkenG

• Unter Berücksichtigung aller Umstände des Einzelfalls besteht eine Wechselwirkung zwischen dem Ähnlichkeitsgrad der einander gegenüberstehenden Bezeichnungen, der Kennzeichnungskraft des Kennzeichens und der Nähe der Unternehmensbereiche.[419]

1. Kennzeichnungskraft

• Mangels entgegenstehender Angaben ist von einer durchschnittlichen Kennzeichnungskraft auszugehen.

▶ **Zur Vertiefung**: Es ist zu unterscheiden zwischen schwacher, durchschnittlicher und hoher Kennzeichnungskraft. Wenn im Sachverhalt diesbezüglich keinerlei Angaben gemacht werden, ist dieser Prüfungspunkt grundsätzlich knapp abzuhandeln und es ist von durchschnittlicher Kennzeichnungskraft auszugehen.

2. Zeichenidentität/Zeichenähnlichkeit

• Unternehmensbezeichnung des K: „ahd".
• Verwendetes Zeichen des B: „ahd.de".
• Fraglich ist, ob das Zeichen „ahd.de" als einheitliche Kennzeichnung und „ahd" damit nur Bestandteil dieses Gesamtzeichens aufgefasst wird oder ob „ahd" ein selbstständiges Kennzeichen in der Domain darstellt.
  – EuGH: Es handelt sich in diesen Konstellationen um selbstständig kennzeichnende Bestandteile, die eine Verwechslungsgefahr begründen können: Denn der Zusatz „.de" hat allein funktionale Bedeutung, indem er auf die in

---

[419] BGH, Urt. v. 31.07.2008 – I ZR 171/05, GRUR 2008, 1104, Rn. 21 – *Haus & Grund II*.

Deutschland verbreitete Top-Level-Domain hinweist. Die Domainadresse „ahd.de" weißt damit im geschäftlichen Verkehr auf ein Unternehmen mit der Geschäftsbezeichnung „ahd" hin.[420]

▶   **Anmerkung**: Gleiches gilt für den für Internetadressen erforderlichen Zusatz „www". Dieser ist ebenfalls allgemein bekannt und ist bei Beurteilung der Zeichenähnlichkeit ebenso nicht zu berücksichtigen.

3. Branchennähe

* In erster Linie kommt es hier auf die jeweiligen Produktbereiche und Arbeitsgebiete an, die nach der Verkehrsauffassung typisch für die sich gegenüberstehenden Unternehmen sind.[421]
* Beispielhafte Anhaltspunkte: Berührungspunkte der Waren und Dienstleistungen, gemeinsame Vertriebswege, Verwendungsmöglichkeiten der Waren und Dienstleistungen.

Unterschied zur markenrechtlichen Waren- und Dienstleistungsähnlichkeit: Zwar tritt die Branchennähe im Prüfungsaufbau systematisch an die Stelle der nach § 14 Abs. 2 Nr. 2 MarkenG erforderlichen Waren- und Dienstleistungsähnlichkeit. Allerdings setzt die Branchennähe keine markenrechtliche Ähnlichkeit der angebotenen Waren oder Dienstleistungen voraus, sondern erfordert sachliche Berührungspunkte zwischen den Unternehmen, aufgrund derer der Verkehr wirtschaftliche oder organisatorische Zusammenhänge im Sinne einer Verwechslungsgefahr im weiteren Sinne annehmen kann.[422]

* K bietet kundenspezifische Ausstattungen mit Hard- und Software an; B stellt E-Mail-Adressen inklusive Homepage zur Verfügung.
* Dieser Dienstleistungen werden oftmals auch von sog. Systemhäusern (Unternehmen, die kundenspezifische EDV-Dienstleistungen erbringen) als Ergänzung zu ihrem Kerngeschäftsfeld angeboten (sog. Full-Service-Prinzip).

▶   **Anmerkung**: Dass ein gemeinsamer Vertriebsweg wie hier lediglich hypothetisch ist, ist unschädlich: In die Beurteilung sind vielmehr auch nur naheliegende oder bloß theoretische Ausweitungen der jeweiligen Tätigkeitsbereiche mit einzubeziehen![423]

* Auch ansonsten besteht ein offensichtliches Näheverhältnis zwischen diesen EDV-spezifischen Dienstleistungsangeboten, sodass von einer Branchennähe ausgegangen werden kann.

---

[420] EuGH, Urt. v. 06.10.2005 – C-120/04, ECLI:EU:C:2005:594 = GRUR 2005, 1042 – *THOMSON LIFE*; BGH, Urt. v. 22.07.2004 – I ZR 135/01, GRUR 2005, 262, 263 – *soco.de*.

[421] BGH, Urt. v. 22.03.2012 – I ZR 55/10, GRUR 2012, 635, Rn. 14 – *METRO/ROLLER's Metro*.

[422] BGH, Urt. v. 10.06.2009 – I ZR 34/07, GRUR-RR 2010, 205, Rn. 34 – *Haus & Grund IV*.

[423] BGH, Urt. v. 22.03.2012 – I ZR 55/10, GRUR 2012, 635, Rn. 14 – *METRO/ROLLER's Metro*.

IV. Prioritätsälteres Recht des B

- Möglicherweise könnte sich B auf ein gegenüber der geschäftlichen Bezeichnung des K prioritätsälteres Recht berufen, da er die Domain bereits 1997 registrieren ließ.
- Maßgeblicher Zeitpunkt für die Feststellung des Zeitrangs des Unternehmenskennzeichens des K, §§ 6 Abs. 3 i. V. m. 5 Abs. 2 MarkenG: Benutzungsaufnahme, d.h. spätestens Oktober 2001 (s. o.).

1. Registrierung
a. Eigenes Kennzeichnungsrecht durch Registrierung

- B könnte mit der Registrierung im Jahr 1997 ein eigenes (prioritätsälteres) Kennzeichenrecht erworben haben und damit gegenüber dem Recht des K, das im Oktober 2001 entstanden ist (s. o.), ein vorrangiges Kennzeichenrecht innehaben.
- Maßgeblicher Zeitpunkt für die Feststellung des Zeitrangs eines möglichen Kennzeichenrechts des B, §§ 6 Abs. 3 i. V. m. 5 Abs. 2 MarkenG: Benutzungsaufnahme.
- B hat allerdings im Zeitraum von 1997 bis Oktober 2001 den Domainnamen nicht im geschäftlichen Verkehr als Unternehmenskennzeichen benutzt, was Voraussetzung für die Entstehung eines Unternehmenskennzeichenrechts ist.
- Somit hat B kein gegenüber K älteres Unternehmenskennzeichen erworben.

b. Nutzungsrecht durch die Registrierung

- Die Registrierung begründet jedoch ein relativ wirkendes Nutzungsrecht zugunsten des Domaininhabers, dieses ist ihm wie auch das Eigentum an einer Sache ausschließlich zugewiesen. Dadurch müssen zeitlich später entstehende Namens- und Kennzeichnungsrechte Dritter grundsätzlich gegenüber dem Nutzungsrecht des Domaininhabers zurücktreten. Der Inhaber des später entstehenden Rechts kann danach nicht alleine unter Berufung auf sein Recht dem Domaininhaber jegliche Nutzung und das „Halten" der Domain untersagen, solange der Domaininhaber mit seiner Domain nicht in verletzender Weise in das Recht des Dritten eingreift.[424]
- K wendet sich hier aber nicht gegen jegliche Nutzung des Domainnamens oder gegen dessen Registrierung als solche, sondern explizit gegen die sein Unternehmenskennzeichen verletzende Verwendung der Bezeichnung „ahd" zum Betrieb eines Internetportals mit den jeweiligen inhaltlichen Angeboten.
- Somit greift auch das Nutzungsrecht nicht als prioritätsälteres Recht.

---

[424] BGH, Urt. v. 02.12.2004 – I ZR 207/01, GRUR 2005, 687, 689 – *weltonline.de.*

▶ Hier ist tiefergehendes Verständnis im Domainrecht gefragt: Zwar hat B die Domain zeitlich früher und auch ordnungsgemäß registriert und damit ein Nutzungsrecht erhalten. Daraus resultiert allerdings kein Recht zur Benutzung dieser Domain in der Weise, Kennzeichenrechte Dritter zu verletzen.

2. Anbieten der Nutzung auf einer unter anderem Domainnamen erreichbaren Internetseite

• Das Anbieten der Nutzung der fraglichen Domain stellt ebenso wenig ein geschäftliches Handeln unter diesem Domainnamen dar, sondern vielmehr lediglich ein Angebot zum Erwerb des Domainnamens.

V. Passivlegitimation

• B hat die kennzeichenverletzende Handlung selbst vorgenommen und ist damit passivlegitimiert.

Ergebnis
K hat gegen B einen Unterlassungsanspruch in Bezug auf die Nutzung des Domainnamens „ahd.de" für den Betrieb eines Internetportals aus §§ 15 Abs. 2, Abs. 4, 5 Abs. 2 MarkenG.

B. Anspruch K gegen B auf Unterlassung der Domainnutzung aus §§ 12, 1004 Abs. 1 BGB
Ob K auch ein Unterlassungsanspruch gestützt auf das Namensrecht aus § 12 BGB zusteht, kann dahinstehen, da Ansprüche aus § 15 MarkenG in ihrem Anwendungsbereich dem Namensschutz aus § 12 BGB jedenfalls vorgehen.

▶ **Anmerkung**: Machen Sie sich die Konkurrenzverhältnisse in Bezug auf kennzeichenrechtliche Ansprüche klar. Ein kurzer feststellender Hinweis auf die lex-specialis-Regelungen des MarkenG gegenüber dem allgemeinen zivilrechtlichen Namensschutz ohne Prüfung des Anspruchs zeigt, dass Sie die Anwendungsbereiche der Normen im Verhältnis zueinander kennen.

C. Anspruch K gegen B auf Einwilligung in die Löschung der Domain aus §§ 15 Abs. 2, Abs. 4, 5 Abs. 2 MarkenG
Ein Anspruch auf Einwilligung in die Löschung der Domain wegen Verletzung des Unternehmenskennzeichenrechts wäre nur dann begründet, soweit schon das bloße „Halten" einer Domain alleine eine Verletzung eines Kennzeichenrechts darstellen würde. Dies ist aber, wie unter A. dargestellt, nicht der Fall.

D. Anspruch K gegen B auf Einwilligung in die Löschung der Domain aus § 8 Abs. 1 S. 1 UWG

▶ Denken Sie im Domainrecht auch immer an Ansprüche aus dem UWG: Hier könnte die Aufrechterhaltung der Registrierung des Domainnamens eine ge-

zielte unlautere Behinderung des K darstellen und damit einen Beseitigungsanspruch aus § 8 Abs. 1 S. 1 UWG auslösen.

I. Anwendungsbereich neben dem MarkenG

- Wettbewerbsrechtliche Ansprüche aus dem UWG sind neben kennzeichenrechtlichen Ansprüchen aus dem MarkenG dann anwendbar, soweit sie sich gegen ein
wettbewerbswidriges Verhalten richten, das nicht schon Gegenstand der kennzeichenrechtlichen Regelung ist.
- Da die bloße Registrierung einer Domain kennzeichenrechtlich nicht relevant ist
(s. o. unter A), ist das UWG bezüglich dieser Handlung anwendbar.

II. Verletzungshandlung (Wettbewerbsverstoß), § 8 Abs. 1 S. 1 i. V. m. §. 3 Abs. 1 UWG

1. Geschäftliche Handlung, §§ 3 Abs. 1, 2 Abs. 1 Nr. 1 UWG

- Es bedarf einer Handlung einer Person zugunsten eines Unternehmens und zur
Förderung des Wettbewerbs (Wettbewerbshandlung).
- Durch die Registrierung des Domainnamens „ahd.de" zugunsten des B wird K in
seinen wettbewerbsrechtlichen Entfaltungsmöglichkeiten eingeschränkt. Der Verkehr geht von einem Hinweis auf den Betreiber des jeweiligen Internetauftritts
aus, d. h. dass unter dem Domainnamen „ahd.de" Waren oder Dienstleistungen
durch ein Unternehmen angeboten werden, das diese Kurzbezeichnung führt. K
kann eine solche Handlung entsprechend der Verkehrserwartung nicht vornehmen, da eine Internetadresse gebildet aus seinem Unternehmenskennzeichen mit
der Top-Level-Domain „.de" nur ein einziges Mal vergeben werden kann.

2. Wettbewerbsverhältnis

- Ausreichend ist hierfür, dass beide Parteien denselben Domainnamen für sich
registrieren lassen wollen. Dies ist hier der Fall.

3. Unlauterkeit der geschäftlichen Handlung, § 3 Abs. 1 UWG

- Die Unlauterkeit einer geschäftlichen Handlung ist anhand einer <u>Abwägung</u> aller
betroffenen Interessen unter Berücksichtigung aller Umstände des Einzelfalls
festzustellen. Darunter fallen in der Regel alle Handlungen, die den anständigen
Gepflogenheiten des Handels, Gewerbes, Handwerkes sowie selbstständiger Tätigkeit zuwiderlaufen. Einzubeziehen sind etwa Anlass, Mittel und Zweck des
Verhaltens oder mögliche Auswirkungen des Verhaltens.
- Unlauter kann eine Wettbewerbshandlung danach unter anderem dann sein,
wenn sie zwar auch der Entfaltung des eigenen Wettbewerbs dient, aber dieses
Eigeninteresse unter Berücksichtigung des beteiligten Dritten und des Grundsatzes der Wettbewerbsfreiheit weniger schutzwürdig ist als die Interessen der übrigen Beteiligten sowie der Allgemeinheit.

a. Grundsatz: Prioritätsprinzip

• Dass K an der Nutzung des Domainnamens wegen der zeitlich vor der Entstehung seines Unternehmenskennzeichenrechts erfolgten Registrierung der Domain durch B daran gehindert ist, ist Folge des bei der Vergabe von Domainnamen geltenden Prioritätsprinzips.
• Daraus resultierende Beeinträchtigungen von wettbewerblichen Entfaltungsmöglichkeiten sind somit grundsätzlich hinzunehmen.
• Damit kann sich K folglich grundsätzlich nicht auf ein überwiegendes schutzwürdiges Interesse berufen, er hätte vielmehr bei der Etablierung seiner Unternehmensbezeichnung auch auf eine andere Geschäftskennzeichnung ausweichen können. Die Interessen des B überwiegen also gemäß dem Prioritätsprinzip.

b. Ausnahme: Rechtsmissbräuchliches Verhalten

• Etwas anderes gilt jedoch dann, wenn der Domaininhaber bei der Registrierung oder durch das Halten der Domain rechtsmissbräuchlich handelt. Dann kann er sich nicht auf die grundsätzlich zu seinen Gunsten ausfallende Interessenabwägung berufen.
• Rechtsmissbräuchliches Verhalten ist insbesondere dann zu bejahen, wenn der Inhaber der Domain diese ohne ernsthaften Benutzungswillen in der Absicht hat registrieren lassen, sich diesen später von dem Inhaber eines dementsprechenden Namens- oder Kennzeichenrechtsinhabers abkaufen zu lassen.[425]
  – Ein solches Verhalten könnte in der Registrierung von tausenden von Domains mit dem Zweck, sie später zum Kauf oder zur entgeltlichen Nutzung anzubieten, zu sehen sein. Fraglich ist also, ob B keinen ernsthaften Benutzungswillen hatte und wenn ja, nach welchen Maßstäben ein solcher überhaupt festzustellen ist.
  – Grundsätzlich hatte B nie vor, die registrierten Domainnamen selbst zu nutzen, sondern hatte nur die Absicht, damit geschäftlich zu handeln und Profit zu schlagen. Ein eigener Benutzungswille scheidet demnach aus.
  – Allerdings ist auch das Handeln mit Domains solange zulässig und auch verfassungsrechtlich schutzwürdig gemäß Art. 12, 14 GG, wie die Registrierung oder Nutzung des Domainnamens keine Namens- oder Kennzeichenrechte Dritter verletzt.[426]
  – Somit kann alleine die Feststellung, dass B derartig agiert, nicht für die Annahme eines rechtsmissbräuchlichen Verhaltens genügen.
• Nach der Rspr. zur rechtsmissbräuchlichen Anmeldung von Marken genügt es für den Nachweis eines (generellen) Benutzungswillens, dass die Marke der Benutzung durch einen Dritten zugeführt werden soll (d.h. mittels Lizenzerteilung

---

[425] BGH, Urt. v. 24.04.2008 – I ZR 159/05, GRUR 2008, 1099, Rn. 33 – *afilias.de.*
[426] BGH, Urt. v. 02.12.2004 – I ZR 207/01, GRUR 2005, 687, 689 – *weltonline.de.*

oder Übertragung). Diese Grundsätze sind auch auf das Erwerben und Halten von Domainnamen anzuwenden.[427]

▶ **Anmerkung**: Machen Sie sich die – etwas verzwickte – Argumentationsstruktur der Rspr. klar: Stellt das Handeln ohne ernsthaften Benutzungswillen zwar grundsätzlich ein rechtsmissbräuchliches Verhalten dar, genügt diese Feststellung alleine allerdings nicht für die Bejahung eines rechtsmissbräuchlichen Handelns beim Domaingrabbing, da ein Benutzungswille kongruent zum Markenrecht auch durch einen „Drittbenutzungswillen" nachgewiesen werden kann. Für die Bejahung eines rechtsmissbräuchlichen Verhaltens müssen vielmehr noch weitere Umstände hinzutreten, wie etwa die nachweisbare Absicht, dass die Registrierung alleine und gezielt der Behinderung eines bestimmten Wettbewerbers diente.

• K hat die Verwendung des Unternehmenskennzeichens zeitlich erst nach der Registrierung der Domain durch B begonnen, sodass im Zeitpunkt der Registrierung der Domain im Jahr 1997 auch sonst kein schutzwürdiges Interesse des K erkennbar ist: Denn bei der Registrierung der Domain konnte B demzufolge gar nicht in der Absicht handeln, gezielt K in seiner wettbewerblichen Entfaltung zu behindern.

Ergebnis
K hat gegen B keinen Anspruch auf Einwilligung in die Löschung der Domain aus § 8 Abs. 1 S. 1 UWG.

5.5 AdWords-Marketing

Eine wesentliche und weit verbreitete Art des Online-Marketings stellt das sog. AdWords-Marketing dar. Unter **AdWords** (kurz für „Advertising Words", also „Werbeworte") versteht man „Begriffe, die bei ihrer Eingabe in eine Suchmaschine gleichzeitig mit dem Suchergebnis zur räumlich getrennten Einblendung bestimmter Werbeanzeigen führen".[428] AdWords haben also zur Folge, dass neben den gewöhnlichen Suchergebnissen auch kommerzielle Suchergebnisse geschaltet werden, die vom Werbetreibenden mit einem bestimmten, von ihm erkauften, Stichwort gezielt angesteuert werden. Anders als bei den sog. **Metatags**[429] werden die Stichwörter jedoch nicht im Quelltext einer Homepage hinterlegt, sondern befinden sich auf dem Server der jeweiligen Suchmaschine und beeinflussen deren Algorithmus. Marktführer in diesem Segment ist *Google* mit seinem Dienst *Google Ads*.

---

[427] BGH, Urt. v. 19.02.2009 – I ZR 135/06, GRUR 2009, 685 – *ahd.de.*

[428] *Schmidl*, IT-Recht von A-Z, 2. Aufl. 2014, Stichwort: AdWords.

[429] Vgl. eingehend zur rechtlichen Einordnung von Metatags: Kur/v. Bomhard/Albrecht-*Mielke*, BeckOK MarkenR, 15. Ed. Stand: 01.10.2018, § 14 MarkenG Rn. 201 ff.

Beim AdWords-Marketing besteht von vornherein die Gefahr, dass Mitbewerber die Marke eines Konkurrenten als AdWord benutzen, sodass insbesondere die Vorschriften des **Markenrechts (MarkenG,** Abschn. 5.5.1) von Relevanz sind. Aber auch eine unbemerkte Beeinflussung von Mitbewerbern, Verbrauchern und sonstigen Marktteilenehmern ist nicht ausgeschlossen, sodass es zusätzlich die Regelungen des **Lauterkeitsrechts (UWG,** Abschn. 5.5.2) zu beachten gilt.

Die Verwendung einer bekannten Marke als AdWord, um auf bestimmte Produkte aufmerksam zu machen, ist ein lukratives und in der Praxis sehr effektives Marketinginstrument. Schon heute haben sich AdWords zur Haupteinnahmequelle der Suchmaschinenbetreiber entwickelt und stellen eines der bedeutsamsten Instrumente der Werbewirtschaft dar.[430]

5.5.1 Markenrecht

Für AdWords werden regelmäßig ausschließlich Wortmarken Relevanz haben, da die Bildersuche (in der bspw. nach Bildmarken gesucht werden könnte) in der Praxis – verglichen mit der Wortsuche – eine nur erheblich untergeordnete Rolle spielt.

Unproblematisch ist freilich die Verwendung einer Marke im Kontext einer bloß **beschreibenden Bezeichnung** (sog. generische Bezeichnung),[431] wenn die angezeigten Produkte tatsächlich der gesuchten Marke entstammen. Dementsprechend ist v.a. § 23 Abs. 1 Nr. 2 MarkenG relevant, der beschreibende Angaben rechtfertigt, sofern der Verwender dabei die anständigen Gepflogenheiten in Gewerbe oder Handel gemäß § 23 Abs. 2 MarkenG einhält. Jedermann soll die Befugnis besitzen, eine Marke zur Beschreibung eines Produktes zu benutzen, ohne dabei markenrechtliche Vorschriften zu verletzen. Dies gilt sogar dann, wenn eine Marke als AdWord registriert wird und auch dann angezeigt werden soll, wenn nach Wörtern, die der Marke nur ähneln („weitgehend passende AdWords"), gesucht wird.[432] Die Benutzung einer eigenen Marke und die Benutzung fremder Marken zur bloßen Bezeichnung stellen demnach markenrechtlich keine Hürde dar.

Beispiel

Unproblematisch ist also etwa die Benutzung des AdWords „Apple Watch", wenn ein Online-Händler damit von ihm verkaufte Apple Watches bewirbt. Auch dürfen AdWords z. B. für den Verkauf von Ersatzteilen eines bestimmten Händlers gesetzt werden, vgl. etwa „Smeg Kaffeemaschine Ersatzteile". Nach dem gleichen Muster sind auch AdWords für Zubehör eines Produktes möglich, wie z. B. „Canon Drucker Patrone". ◀

---

[430] *Haug*, Grundwissen Internetrecht, 3. Aufl. 2016, Rn. 394; *Köhler/Arndt/Fetzer*, Recht des Internet, 8. Aufl. 2016, Rn. 734; *Backu*, CR 2009, 326.

[431] Vgl. Kur/v. Bomhard/Albrecht-*Mielke*, BeckOK MarkenR, 17. Ed. Stand: 01.04.2019, § 14 MarkenG Rn. 208; Auer-Reinsdorff/Conrad-*Eckhardt*, Handbuch IT- und Datenschutzrecht, 2. Aufl. 2016, § 25 Rn. 49; *Schirmbacher*, GRUR-Prax 2010, 165, 167.

[432] BGH, Urt. v. 22.01.2009 – I ZR 129/07, GRUR 2009, 502, Rn. 20 – *pcb*.

Problematisch ist indes die Verwendung fremder Marken (§ 3 Abs. 1 MarkenG) und Unternehmenskennzeichen (§ 5 Abs. 1 MarkenG) im Rahmen einer AdWord-Marketingstrategie außerhalb bloß generischer Bezeichnungen.

In der Rechtssache *Beta Layout* befasste sich der BGH mit der **Verwendung eines fremden kennzeichenrechtlich geschützten Unternehmenskennzeichen als AdWord**. Hierbei verneinte er die Verwechslungsgefahr i. S. d. § 14 Abs. 2 MarkenG aufgrund der Tatsache, dass auch für unerfahrene Internetnutzer deutlich sei, dass die dargestellten Werbeanzeigen von Anzeigenkunden des Suchmaschinenbetreibers entstammen und gerade keine Beziehung zum Kennzeicheninhaber besteht.[433] **Verwechslungsgefahr** wird nach allgemeiner Auffassung indes nur dann angenommen, wenn das Publikum glauben könnte, dass die betreffenden Waren oder Dienstleistungen aus demselben Unternehmen bzw. wirtschaftlich verbundenen Unternehmen stammen.[434]

Eine Vorlage an den EuGH war hinsichtlich des unternehmenskennzeichenrechtlichen Schutzes nicht erforderlich, da dieser – anders als der markenrechtliche Schutz – nicht europaweit harmonisiert ist.

Deutlich problematischer ist daher die **Benutzung fremder Marken als AdWord**. Der BGH hatte sich mit dieser Fragestellung erstmals in der Rechtssache *Bananabay* zu befassen und legte diese dem EuGH zur Vorabentscheidung vor. Dies resultierte daraus, dass der BGH eine Verletzung des Markenrechts zwar ablehnte, allerdings hinsichtlich der „markenmäßigen Benutzung" – welche für das Bestehen der markenrechtlichen Ansprüche aus § 14 Abs. 5 MarkenG essenziell ist[435] – die Markenfunktionen als entscheidungserheblich ansah. Für diese besitzt jedoch der EuGH aufgrund der unionsrechtlichen Harmonisierung die Auslegungshoheit.[436] Die nationale Rechtsprechung setzte sich indes über die Vorlage hinweg und folgte der Ansicht des BGH, ohne das Vorabentscheidungsverfahren vor dem EuGH abzuwarten.[437]

Dem **EuGH** war kurz zuvor bereits ein ähnliches Verfahren aus Frankreich vom *Cour de Cassation* vorgelegt worden, sodass er einheitlich entscheiden musste. In dieser Rechtssache statuierte der EuGH die wesentlichen Grundsätze zum AdWord-Marketing mit fremden Markennamen: Nach den jeweiligen Umständen

---

[433] BGH, Urt. v. 22.01.2009 – I ZR 30/07, MMR 2009, 329 – *Beta Layout* m. Anm. *Hoeren*.

[434] EuGH, Urt. v. 10.04.2008 – C-102/07, ECLI:EU:C:2008:217 = GRUR 2008, 503, Rn. 28 – *adidas*; EuGH, Urt. v. 29.09.1998 – C-39/97, ECLI:EU:C:1998:442 = GRUR 1998, 922, Rn. 29 – *Canon*; vgl. dazu auch: Kur/v. Bomhard/Albrecht-*Thalmeier*, BeckOK MarkenR, 17. Ed. Stand: 01.04.2019, § 14 MarkenG Rn. 257.

[435] EuGH, Urt. v. 23.02.1999 – C-63/97, ECLI:EU:C:1999:82 = GRUR Int 1999, 438 – *BMW*; Die Lit. hat sich dem EuGH diesbezüglich angeschlossen, vgl. statt vieler: Kur/v. Bomhard/Albrecht-*Mielke/Schneider*, BeckOK MarkenR, 17. Ed. Stand: 01.04.2019, § 14 MarkenG Rn. 526.

[436] BGH, Urt. v. 22.01.2009 – I ZR 125/07, MMR 2009, 326 – *Bananabay* m. Anm. *Hoeren*; vgl. dazu auch: Auer-Reinsdorff/Conrad-*Eckhardt*, Handbuch IT- und Datenschutzrecht, 2. Aufl. 2016, § 25 Rn. 55 f.; Fezer/Büscher/Obergfell-*Jung-Weiser*, UWG, 3. Aufl. 2016, S 11 Rn. 209.

[437] OLG Braunschweig, Beschl. v. 25.03.2009 – 2 U 193/08, juris; LG Berlin, Urt. v. 22.09.2010 – 97 O 55/10, juris.

des Einzelfalles soll entscheidend sein, ob der Durchschnittsbenutzer erkennen könne, dass die in der Anzeige beworbenen Waren oder Dienstleistungen tatsächlich nicht zur Marke gehören, die als AdWord verwendet wurde.[438] Der EuGH orientiert sich also weiterhin an der potenziellen Verwechslungsgefahr. Der BGH hat die Entscheidung des EuGHs insofern fortgeführt, als dass der Markenname nicht im Anzeigentext selbst erscheinen, sondern nur als AdWord benutzt werden dürfe.[439] Mit einer solchen Gangart wird versucht, dem wenig greifbaren und unbestimmten Begriff der Verwechslungsgefahr klare Konturen zu setzen.

Der EuGH führte in der Rechtssache *BergSpechte* weiter aus, dass die Verwendung einer fremden Marke als AdWord jedenfalls eine Benutzung im geschäftlichen Verkehr (vgl. im deutschen Recht: § 14 Abs. 2 S. 1 MarkenG) darstelle.[440] Gegen eine solche Benutzung im geschäftlichen Verkehr kann allerdings nur dann mit den markenrechtlichen Ansprüchen des § 14 MarkenG vorgegangen werden, wenn zusätzlich eine sog. **markenmäßige Benutzung** vorliegt. Dies ist dann der Fall, wenn eine der **Markenfunktionen verletzt** ist (s. o.).

Eine Verletzung der **Werbefunktion** sah der EuGH bei AdWords nicht als gegeben an. Dies resultiere daraus, dass die Verwendung einer fremden Marke als Ad-Word zwar in die Handelsstrategie des Markeninhabers eingreife, die Werbefunktion jedoch nicht hinreichend beeinträchtigt sei, da die Produkte des Markeninhabers in den regulären Suchergebnissen in der Regel immer noch an vorderster Stelle stünden.[441] Die Werbewirkung bleibt also zugunsten des Markeninhabers bestehen.

Auch eine Verletzung der **Herkunftsfunktion** soll grundsätzlich nicht vorliegen. Die Herkunftsfunktion sei vielmehr nur in denjenigen Fällen beeinträchtigt, in denen eine AdWords-Anzeige zu vage formuliert ist bzw. der Suchmaschinennutzer nicht erkennen kann, ob tatsächlich eine wirtschaftliche Verbindung zwischen dem Markeninhaber und der mittels AdWord geschalteten Anzeige vorliegt.[442] Insbesondere bei Konkurrenzprodukten fehlt eine solche Verbindung in der Regel.[443] Diese Rechtsprechung hat der EuGH in der Rechtssache *Portakabin/Primakabin* bestätigt

---

[438] EuGH, Urt. v. 23.03.2010 – C-236/08 bis C-238/08, ECLI:EU:C:2010:159 = MMR 2010, 315, Rn. 89 – *Google France und Google*; vgl. dazu auch: Auer-Reinsdorff/Conrad-*Eckhardt*, Handbuch IT- und Datenschutzrecht, 2. Aufl. 2016, § 25 Rn. 59; *Schirmbacher*, GRUR-Prax 2010, 165, 166.

[439] BGH, Urt. v. 13.01.2011 – I ZR 125/07, NJW 2011, 3032 – *Bananabay II*; damit übereinstimmend: *Schirmbacher*, GRUR-Prax 2010, 165, 166.

[440] EuGH, Urt. v. 25.03.2010 – C-278/08, ECLI:EU:C:2010:163 = GRUR 2010, 451, Rn. 18 – *BergSpechte*.

[441] EuGH, Urt. v. 23.03.2010 – C-236/08 bis C-238/08, ECLI:EU:C:2010:159 = MMR 2010, 315 – *Google France und Google*; EuGH, Urt. v. 22.09.2011 – C-323/09, ECLI:EU:C:2011:604 = BeckRS 2011, 81392 – *Interflora*; vgl. dazu auch: Kur/v. Bomhard/Albrecht-*Mielke*, BeckOK MarkenR, 17. Ed. Stand: 01.04.2019, § 14 MarkenG Rn. 211; *Splittgerber*, NJW 2010, 2014, 2015; dazu jedoch kritisch: *Schirmbacher*, GRUR-Prax 2010, 165, 166.

[442] EuGH, Urt. v. 25.03.2010 – C-278/08, ECLI:EU:C:2010:163 = GRUR 2010, 451 – *BergSpechte*; vgl. dazu auch: Kur/v. Bomhard/Albrecht-*Mielke*, BeckOK MarkenR, 17. Ed. Stand: 01.04.2019, § 14 MarkenG Rn. 213; *Ott*, K&R 2010, 448; *Kunczik*, ITRB 2010, 150.

[443] *Schirmbacher*, GRUR-Prax 2010, 165, 166.

und bezüglich AdWords, die absichtliche Schreibfehler enthalten, erweitert.[444] Hinsichtlich solcher Schreibfehler kann sich der Werbetreibende ohnehin auf das Recht der Erschöpfung gemäß § 24 MarkenG berufen, da Suchmaschinenbenutzer unmittelbar über den Suchergebnissen auf die fehlerhafte Schreibweise hingewiesen werden und kein berechtigter Grund i. S. d. § 24 Abs. 2 MarkenG vorliegt.[445] Es ist indes nicht ersichtlich, wieso bei Schlüsselwörtern die Benutzung fremder – verfälschter – Kennzeichen gestattet sein soll, nicht jedoch bei sonstigen Werbeankündigungen.[446]

Eine Verletzung der Herkunftsfunktion scheidet erstrecht aus, wenn in keiner Weise erkennbar ist, welche Person bzw. welches Unternehmen eine Werbeanzeige veranlasst hat.[447] Für eine Verletzung müssen also außergewöhnliche Umstände vorliegen, die eine wirtschaftliche Verbindung zwischen Markeninhaber und Werbetreibenden aus der Perspektive des Betrachters nahelegen.

In der Rechtssache *Interflora* hat der EuGH ergänzend hinzugefügt, dass er eine Verletzung der **Investitionsfunktion** einer Marke als möglich ansieht, wenn es dem Markeninhaber wesentlich erschwert werde, für seine Marke einen Ruf zu erwerben oder diesen zu wahren.[448] Dies sei von den nationalen Gerichten im Einzelfall zu entscheiden.[449] Der EuGH bekräftigt an dieser Stelle nochmals seine Erwägungen aus dem *l'Oreal*-Urteil, in dem er statuierte, dass dem Markeninhaber das Recht zustehen muss, sich einer rufgefährdenden Markenbenutzung zu widersetzen.[450]

Demnach verbleibt den nationalen Gerichten ein erheblicher Entscheidungsspielraum hinsichtlich der markenrechtlichen Beurteilung von AdWords. Der **BGH** stellte in der Rechtssache *Bananabay II* explizit fest, dass die Herkunftsfunktion einer Marke nicht durch die bloße Verwendung als AdWord beeinträchtigt sei. Dies resultiere daraus, dass die durch AdWords generierten Werbeanzeigen räumlich klar getrennt von den sonstigen Suchergebnissen erscheinen sowie der normal informierte und angemessen aufmerksame Verbraucher daher erkenne, dass zwischen Markeninhaber und Werbetreibendem keine wirtschaftliche Beziehung bestehe.[451]

---

[444] EuGH, Urt. v. 08.07.2010 – C-558/08, ECLI:EU:C:2010:416 = GRUR 2010, 841 – *Portakabin/Primakabin*.

[445] OLG Düsseldorf, Urt. v. 24.01.2019 – I-20 U 53/18, GRUR-RR 2019, 299, Rn. 24 ff. – *Birkenstock*.

[446] BGH, Urt. v. 28.06.2016 – I ZR 221/16, GRUR 2019, 76, Rn. 33 – *beauty for less*; OLG Düsseldorf, Urt. v. 24.01.2019 – I-20 U 53/18, GRUR-RR 2019, 299, Rn. 27 – *Birkenstock*.

[447] OLG Hamburg, Urt. v. 22.01.2015 – 5 U 271/11, GRUR-RR 2015, 282 – *partnership*.

[448] EuGH, Urt. v. 22.09.2011 – C-323/09, ECLI:EU:C:2011:604 = BeckRS 2011, 81392, Rn. 60 ff. – *Interflora*.

[449] EuGH, Urt. v. 22.09.2011 – C-323/09, ECLI:EU:C:2011:604 = BeckRS 2011, 81392, Rn. 65 – *Interflora*; vgl. dazu auch: Kur/v. Bomhard/Albrecht-*Mielke*, BeckOK MarkenR, 17. Ed. Stand: 01.04.2019, § 14 MarkenG Rn. 212.

[450] EuGH, Urt. v. 22.09.2011 – C-323/09, ECLI:EU:C:2011:604 = BeckRS 2011, 81392, Rn. 63 – *Interflora*; EuGH, Urt. v. 12.07.2011 – C-324/09, ECLI:EU:C:2011:474 = GRUR 2011, 1025, Rn. 83 – *l'Oreal*.

[451] BGH, Urt. v. 13.01.2011 – I ZR 125/07, GRUR 2011, 828 – *Bananabay II*; BGH, Urt. v. 13.01.2011 – I ZR 46/08, MMR 2011, 608 – *Impuls II*.

Voraussetzung dafür sei jedoch weiterhin, dass die Anzeige keinen Hinweis auf den Markennamen enthalte und auch der zielführende Domainname den Markennamen nicht enthält.[452] Zudem muss die Werbeanzeige klar als „Anzeige" deklariert sein.[453] Taucht der Markenname oder das Markenzeichen in der Anzeige auf, so stellt es insbesondere dann eine Verletzung des Markenrechts dar, wenn suggeriert wird, hinter der Anzeige steckten nur Angebote der geworbenen Marke, tatsächlich aber auch Angebote anderer Marken in der verlinkten Angebotsliste vorzufinden sind.[454]

Wie der BGH in den späteren Rechtssachen *Beate Uhse* und *Fleurop* klarstellte, kommt für ihn eine Verletzung der Herkunftsfunktion nur dann in Betracht, wenn für den normal informierten und angemessen aufmerksamen Verbraucher nicht oder nur schwer erkennbar ist, ob die beworbene Ware oder Dienstleistung vom Markeninhaber oder einem Dritten stammt.[455] Der BGH grenzt sich insofern ausdrücklich vom österreichischen OGH und dem französischen CDC ab, die eine farbliche sowie räumliche Trennung für nicht ausreichend erachten, um den durchschnittlichen Internetnutzer über den kommerziellen Charakter eines Suchergebnisses zu informieren.[456]

Trotz der vorgenannten Dogmatik kam der BGH in der Rechtssache *Fleurop* zu dem Ergebnis, dass eine Verletzung des Markenrechts vorliegt, obgleich in der streitigen AdWords-Anzeige sowohl eine räumliche Trennung vorgenommen wurde als auch diese den Markennamen nicht enthielt. Dies resultierte aus den **besonderen Umständen des Einzelfalles**: Aufgrund des unüberschaubar großen Vertriebsnetzes von *Fleurop* und eines mangelnden Hinweises auf dieses sei für die Suchmaschinenbenutzer nicht erkennbar, ob eine tatsächliche wirtschaftliche Verbindung des Werbetreibenden zum Vertriebsnetz von Fleurop vorliege.[457] Diese Einzelfallentscheidung folgt dem Urteil des EuGH in der Rechtssache *Interflora*,[458] bei der eine nahezu identische Konstellation vom *High Court of England and Wales* gemäß Art. 267 AEUV vorgelegt wurde. BGH und EuGH lassen also durchaus Ausnahmen von ihrer Dogmatik zu, was freilich zu Rechtsunsicherheiten beiträgt.

---

[452] BGH, Urt. v. 13.01.2011 – I ZR 125/07, GRUR 2011, 828 – *Bananabay II*; BGH, Urt. v. 13.12.2012 – I ZR 217/10, GRUR 2013, 290, Rn. 27 f. – *MOST-Pralinen*.

[453] Vgl. dazu eingehend: Auer-Reinsdorff/Conrad-*Eckhardt*, Handbuch IT- und Datenschutzrecht, 2. Aufl. 2016, § 25 Rn. 48.

[454] BGH, Urt. v. 25.07.2019 – I ZR 29/18, juris – *ORTLIEB II*; OLG München, Urt. v. 11.01.2018 – 29 U 486/17, BeckRS 2018, 786 – *ORTLIEB*.

[455] BGH, Urt. v. 27.06.2013 – I ZR 53/12, GRUR 2014, 182 – *Fleurop*; BGH, Urt. v. 20.02.2013, I ZR 172/11, GRUR 2013, 1044 – *Beate Uhse*; vgl. dazu eingehend: Auer-Reinsdorff/Conrad-*Eckhardt*, Handbuch IT- und Datenschutzrecht, 2. Aufl. 2016, § 25 Rn. 63.

[456] OGH, Urt. v. 21.06.2010 – 17 Ob 3/10f, MMR 2010, 754, 755; CDC, Urt. v. 13.07.2010 – 17-10499, GRUR Int. 2011, 625; vgl. dazu auch: *Röhl*, NJW 2011, 3005, 3006.

[457] BGH, Urt. v. 27.06.2013 – I ZR 53/12, GRUR 2014, 182, 185 – *Fleurop*; vgl. dazu: Auer-Reinsdorff/Conrad-*Eckhardt*, Handbuch IT- und Datenschutzrecht, 2. Aufl. 2016, § 25 Rn. 66.

[458] EuGH, Urt. v. 22.09.2011 – C-323/09, ECLI:EU:C:2011:604 = GRUR 2011, 1150 – *Interflora*; vgl. dazu: *Clark*, GRUR-Prax 2013, 359.

▶ Nach alldem lässt sich jedoch eine dreistufige Prüfung[459] hinsichtlich potenzieller Markenrechtsverletzungen durch AdWords herleiten:

1. Sind AdWords-Treffer und gewöhnliche Suchergebnisse hinreichend räumlich und gestalterisch getrennt?
2. Enthält die Werbeanzeige oder der ihr immanente Link die als AdWord benutzte Marke?
3. Liegen besondere Umstände vor, die – wie in den Rechtssachen *Interflora* und *Fleurop* – dennoch zu einer markenrechtlichen Unzulässigkeit der Benutzung einer Marke als AdWord führen?

Passivlegitimiert für die markenrechtlichen Ansprüche ist stets der Werbetreibende selbst, da er die Marke i. S. d. § 14 Abs. 5 MarkenG „benutzt". Die zugrunde liegende Suchmaschine benutzt die Marke hingegen nicht, da dies markenrechtlich eine Nutzung in der eigenen kommerziellen Kommunikation voraussetzt.[460] Der Suchmaschinenbetreiber kann nur dann selbst passivlegitimiert sein, wenn er Kenntnis von einem rechtswidrigen AdWord-Vorgang hat.[461] Aber auch die aus dem Urheberrecht bekannte **Störerhaftung** (Abschn. 1.10.2) gilt gleichsam für die markenrechtlichen Ansprüche. **Aktivlegitimiert** ist der Markeninhaber bzw. im Falle einer Lizenzierung der Lizenzinhaber.

Die **Darlegungs- und Beweislast** für das Vorliegen einer markenrechtlichen Verletzung durch AdWords liegt nach den allgemeinen zivilrechtlichen Grundsätzen bei demjenigen, der die Rechtsverletzung geltend macht.[462] Regelmäßige Ansprüche werden der Unterlassungs- (§ 14 Abs. 5 MarkenG) sowie der Schadensersatzanspruch (§ 14 Abs. 6 MarkenG, sofern Verschulden vorliegt) sein.

Bisher noch ungeklärt ist, wie mit AdWords-Anzeigen umgegangen werden soll, die unmittelbar über den Suchergebnissen einer Suchmaschine auftauchen und nicht hinreichend farblich getrennt bzw. als „Anzeige" deklariert sind. Die bisher geäußerten Auffassungen dazu sprechen sich jedoch einheitlich für eine identische Behandlung zu den „gewöhnlichen" AdWord-Anzeigen aus, die regelmäßig neben den Suchergebnissen erscheinen.[463] Es gilt daher die oben beschriebene Dogmatik.

---

[459] Vgl. dazu auch die Checkliste bei: Auer-Reinsdorff/Conrad-*Eckhardt*, Handbuch IT- und Datenschutzrecht, 2. Aufl. 2016, § 25 Rn. 68.

[460] EuGH, Urt. v. 23.03.2010 – C-236/08 bis C-238/08, ECLI:EU:C:2010:159 = MMR 2010, 315 – *Google France und Google*; vgl. dazu eingehend: *Splittgerber*, NJW 2010, 2014, 2014.

[461] EuGH, Urt. v. 23.03.2010 – C-236/08 bis C-238/08, ECLI:EU:C:2010:159 = MMR 2010, 315, Rn. 120 – *Google France und Google*.

[462] BGH, Urt. v. 13.11.2011 – I ZR 46/08, MMR 2011, 608, Rn. 18 – *impulsonline.de*; BGH, Urt. v. 22.01.2009 – I ZR 129/07, GRUR 2009, 502, Rn. 17 – *pcb*; vgl. insofern auch § 363 BGB analog.

[463] Vgl. dazu etwa: OLG Düsseldorf, Urt. v. 23.04.2013 – I-20 U 159/12, BeckRS 2013, 11227; OLG Köln, Urt. v. 23.09.2011 – 6 U 86/11, BeckRS 2012, 11211 – *HRS*; Kur/v. Bomhard/Albrecht-*Mielke*, BeckOK MarkenR, 17. Ed. Stand: 01.04.2019, § 14 MarkenG Rn. 217; Fezer/Büscher/Obergfell-*Jung-Weiser*, UWG, 3. Aufl. 2016, S 11 Rn. 215.

5.5.2 Lauterkeitsrecht

Neben den Vorschriften des Markenrechts ist hinsichtlich des AdWords-Marketings weiterhin das Lauterkeitsrecht von Relevanz. Der BGH hat lauterkeitsrechtlichen Ansprüchen bei der bloß **beschreibenden Benutzung** von Markennamen allerdings eine klare Absage erteilt.[464] Freilich werden weder Mitbewerber noch Verbraucher oder sonstige Marktteilnehmer durch die beschreibende Benutzung eines Markennamens als AdWord beeinflusst. Auch das Interesse der Allgemeinheit an einem unverfälschten Wettbewerb wird dadurch nicht tangiert. Insofern besteht eine Parallele zur markenrechtlichen Erschöpfungswirkung.

Für den Fall der **Benutzung fremder Unternehmenskennzeichen und Marken als AdWords** stellte der BGH folgende Grundsätze für das Bestehen lauterkeitsrechtlicher Ansprüche auf:

Eine **Rufausbeutung** gemäß § 4 Nr. 4 UWG in Form der Mitbewerberbehinderung käme zwar in Betracht, erfordert aber, dass fremde Güte- oder Wertvorstellungen übertragen werden, was nur bei einer konkreten Bezugnahme auf ein fremdes Unternehmen möglich ist.[465] Dies wird i. d. R. bei der bloßen Benutzung als AdWord nicht der Fall sein, solange das fremde Unternehmenskennzeichen nicht auch in der sichtbaren Anzeige verwendet wird. Denn dann fehlt es an einer konkreten Bezugnahme auf das fremde Unternehmen.

Auch ein unzulässiger **Kundenfang** wird i. d. R. nicht gegeben sein, da der Unternehmer ein Eindringen in seinen Kundenkreis dulden muss, solange keine unangemessene Beeinflussung stattfindet. Eine solche unangemessene Beeinflussung wird bei der Benutzung von Unternehmenskennzeichen als AdWords allerdings weithin abgelehnt wird.[466] Wird hingegen ein Domainname als AdWord gebucht, um Kunden, die irrtümlich eine Domain in die Suchzeile anstatt die URL-Zeile eingeben, abzufangen, so liegt ein unbilliges Abfangen von Kunden i. S. d. § 4 Nr. 4 UWG nahe (vgl. bereits das ähnlich gelagerte Domaingrabbing: Abschn. 5.3.4).[467]

Eine unlautere Behinderung eines Mitbewerbers kann zudem dann vorliegen, wenn missbräuchlich eine **Zustimmung zur Benutzung eines AdWords nicht erteilt** wird, obgleich eine Markenbeschwerde hiergegen keinen Erfolg hätte.[468] Gleichsam kann aber auch die **missbräuchliche Erhebung einer Markenbe-**

[464] BGH, Urt. v. 22.01.2009 – I ZR 129/07, GRUR 2009, 502 Rn. 28 – *pcb*; Damit übereinstimmend aus der Literatur: Auer-Reinsdorff/Conrad-*Eckhardt*, Handbuch IT- und Datenschutzrecht, 2. Aufl. 2016, § 25 Rn. 52; *Meyer*, K&R 2010, 226, 227.

[465] BGH, Urt. v. 22.01.2009 – I ZR 30/07, MMR 2009, 329, Rn. 22 – *Beta Layout* m. Anm. *Hoeren*.

[466] Auer-Reinsdorff/Conrad-*Eckhardt*, Handbuch IT- und Datenschutzrecht, 2. Aufl. 2016, § 25 Rn. 54; *Meyer*, K&R 2010, 226, 228.

[467] Vgl. übereinstimmend noch zum UWG a.F.: *Schirmbacher*, GRUR-Prax 2010, 165, 167.

[468] BGH, Urt. v. 12.03.2015 – I ZR 188/13, NJW-RR 2015, 931 – *Uhrenankauf im Internet*.

schwerde gegen die Verwendung eines AdWords eine unlautere Behinderung i. S. d. § 4 Nr. 4 UWG sein, sofern diese keine Erfolgsaussicht hat.[469] In Betracht kommt weiterhin das Hervorrufen einer **Verwechslungsgefahr** durch AdWords gemäß § 6 Abs. 2 Nr. 3 UWG im Rahmen **vergleichender Werbung**. Für die Beurteilung der Verwechslungsgefahr gelten die oben dargelegten markenrechtlichen Grundsätze, die auf § 6 Abs. 2 Nr. 3 UWG übertragen werden können.[470] Es darf also keine gedankliche Verknüpfung mit einem fremden Unternehmen auftreten. Dies macht der EuGH nicht zuletzt durch seinen Verweis auf das Urteil in der Rechtssache *O2* hinreichend deutlich.[471] Insbesondere das Anbieten von Nachahmungen sowie die Gefahr von Verwässerungen und Verunglimpfungen der Marke können Indizien für die Unlauterkeit der Benutzung einer Marke als AdWord sein.[472]

Doch auch wenn eine Marke in einer AdWord-Anzeige nicht ausdrücklich genannt wird, so kann die Markenbenutzung dennoch Bedenken aus lauterkeitsrechtlicher Sicht begegnen: Sobald die Waren oder Dienstleistungen des Markeninhabers **in ein negatives Licht gerückt oder als stark überteuert dargestellt werden**, ist eine AdWord-Anzeige unlauter.[473]

AdWords können mithin aber **auch privilegierende Wirkung** innerhalb des Lauterkeitsrechts haben: So führen sie u. a. dazu, dass der Werbetreibende innerhalb einer AdWords-Anzeige knappe, vage Angaben verwenden darf, ohne gegen das Irreführungsverbot aus § 5 UWG zu verstoßen.[474] Keine Irreführung wurde etwa für den Fall angenommen, dass eine Lieferung „innerhalb 24 Stunden" in der AdWords-Anzeige versprochen wurde, obgleich eine solche Lieferfrist nur dann eingehalten werden konnte, wenn bis 16:45 Uhr bestellt wurde, was sich jedoch erst aus einem weiterführenden Link ergab.[475] Auch z. B. die Pflichtangaben einer Arzneimittelwirkung gemäß § 4 HWG müssen nicht direkt in der AdWords-Anzeige enthalten sein, sondern dürfen über einen nur externen Link abrufbar sein.[476]

Sobald eine Marke jedoch im **Subdomain** einer AdWords-Anzeige erscheint, darf der Nutzer erwarten, dass diese Subdomain auch auf eine Webseite führt, auf

---

[469] OLG Köln, Urt. v. 02.07.2010 – 6 U 48/10, GRUR-RR 2011, 98 – *Markenbeschwerde*; *Hühner*, GRUR-Prax 2012, 369; Fezer/Büscher/Obergfell-*Jung-Weiser*, UWG, 3. Aufl. 2016, S. 11 Rn. 218.

[470] Spindler/Schuster-*Micklitz/Namyslowska*, Recht der elektronischen Medien, 4. Aufl. 2019, § 6 UWG Rn. 89; *Glöckner/Kur*, GRUR-Beil. 2014, 29, 44 ff.; Ähnlich auch: *Schirmbacher*, GRUR-Prax 2010, 165, 166.

[471] EuGH, Urt. v. 22.09.2011 – C-323/09, ECLI:EU:C:2011:604 = BeckRS 2011, 81392, Rn. 38 – *Interflora*; mit Verweis auf: EuGH, Urt. v. 12.06.2008 – C-533/06, ECLI:EU:C:2008:339 = GRUR 2008, 698 – *O2*; vgl. dazu auch: *Splittgerber*, NJW 2010, 2014, 2015.

[472] EuGH, Urt. v. 22.09.2011 – C-323/09, ECLI:EU:C:2011:604 = BeckRS 2011, 81392 – *Interflora*; vgl. dazu auch: Kur/v. Bomhard/Albrecht-*Mielke*, BeckOK MarkenR, 17. Ed. Stand: 01.04.2019, § 14 MarkenG Rn. 218.

[473] OLG Frankfurt a.M., Urt. v. 10.04.2014 – 6 U 272/10, GRUR-RR 2014, 245 – *Beate Uhse II*.

[474] Köhler/Bornkamm/Federsen-*Bornkamm/Federsen*, UWG, 37. Aufl. 2019, § 5 Rn. 2.152.

[475] BGH, Urt. v. 12.05.2011 – I ZR 119/10, GRUR 2012, 81, Rn. 14 f. – *Innerhalb 24 Stunden*.

[476] BGH, Urt. v. 06.06.2013 – I ZR 2/12, VuR 2014, 228 – *Pflichtangaben im Internet*.

der überwiegend Waren der als AdWord benutzten Marke angeboten werden.[477] Ist dies nicht der Fall, liegt eine Irreführung i. S. d. § 5 UWG vor.

Passivlegitimation sowie **Darlegungs- und Beweislast** richten sich auch hinsichtlich der lauterkeitsrechtlichen Ansprüche nach den o.g. markenrechtlichen Grundsätzen. Die bereits aus dem Urheberrecht bekannte Störerhaftung (Abschn. 1.10.2) ist im Lauterkeitsrecht allerdings seit der Entscheidung des BGH[478] in der Rechtssache *Kinderhochstühle im Internet I* nicht mehr anwendbar. **Aktivlegitimiert** ist jeweils der betroffene Markeninhaber.

5.6   Influencer-Marketing

Ebenfalls einen engen Bezug zum Marken- und Lauterkeitsrecht hat das sog. **Influencer-Marketing**, welches zunehmende Beliebtheit genießt. Das Influencer-Marketing ist eine Untergruppe des sog. „**Native Advertising**", bei dem also werbliche Inhalte möglichst unauffällig in ein bekanntes Textumfeld eingebettet werden.[479] Früher fand der Problemkreis versteckter Werbung noch im Wesentlichen im Rahmen der „klassischen" Presse-, Print- und Rundfunkmedien statt. So bestand in Presseerzeugnissen stets die Gefahr, dass redaktioneller und kommerzieller Teil vermischt werden, etwa durch Einbindung von Werbeanzeigen in den redaktionellen Teil einer Zeitung oder Aussagen von Journalisten im TV, für die diese ein Entgelt enthielten, diese Tatsache aber nicht aufdeckten und somit den Anschein einer neutralen Meinungs- bzw. Tatsachenäußerung erweckten. Aber auch in klassischen Druckwerken (wie z. B. Büchern) fand sich vielmals versteckte Werbung: So werden teils ganze Bücher um eine zentrale Werbeaussage herum geschrieben, z. B. Kochbücher, Reiseführer, Bastelanleitungen oder Ratgebertaschenbücher.[480] Dies geschieht noch heute oft im Wege des sog. **Product Placement**, also durch die gezielte Platzierung von zu bewerbenden Produkten im Rahmen einer grundsätzlich neutralen Atmosphäre. Dies kann etwa durch die Platzierung von Produkten in TV- und Kinofilmen geschehen, die durch die Kameraführung gezielt fokussiert werden oder durch die Verwendung und Verlinkung bestimmter Markennamen als „Beispiele" in (digitalen) Informationsbroschüren.

Heute finden die Hauptanwendungsfälle und somit auch die Hauptprobleme des Influencer-Marketings jedoch im Internet statt. Dreh- und Angelpunkt dafür sind soziale Medien, die den sog. Influencern eine Plattform bieten, also z. B. Facebook,

---

[477] OLG Frankfurt a.M., Urt. v. 02.02.2017 – 6 U 209/16, MMR 2017, 417 – *Markenartikelangabe in Subdomain.*

[478] BGH, Urt. v. 22.07.2010 – I ZR 139/08, MMR 2011, 172 – *Kinderhochstühle im Internet I*; vgl. dazu eingehend: *Hess*, GRUR-Prax 2011, 25 ff.

[479] *Ahrens*, GRUR 2018, 1211, 1211.

[480] Vgl. etwa: OLG Köln, Urt. v. 17.07.1992 – 6 U 139/91, WRP 1993, 515 – *Patienten-Broschüren*; dazu eingehend: *Ahrens*, GRUR 2018, 1211, 1212.

YouTube, Twitter, Snapchat, TikTok und als wohl prominentestes und in der Rechtsprechung präsentestes Beispiel: Instagram.

Das Influencer-Marketing ist deshalb auch von besonderer praktischer Relevanz, weil es für die Influencer erheblichen Mehrwert in Form von Werbeeinnahmen und Bekanntheitssteigerung bedeuten kann. Hinzu kommt, dass die werbetreibenden Firmen durchaus auch an sog. Mikro-Influencern interessiert sind, also an Influencern, die nur eine verhältnismäßig geringe Zahl an „Followern" haben, denen dafür jedoch eine gesteigerte Glaubwürdigkeit immanent ist. Hinzu kommt die Möglichkeit, zielgruppengenaue Marketingstrategien zu verfolgen. 68 % der heutigen Unternehmen haben bereits eigens ein Budget eingeplant, mit dem Influencer-Werbung finanziert wird.[481] Während 2019 noch ca. 500 Millionen € für Influencer-Werbung allein in der DACH-Region ausgegeben wurden, wird für 2020 gar mit einem Influencer-Werbebudget von knapp 1 Milliarde € gerechnet.[482]

In diesem Kontext sind auch die Influencer schutzbedürftig: Durch inflationäre Kennzeichnungspflichten haben sie mit erheblichen negativen Rückmeldungen aus ihrer Community zu kämpfen und verlieren an Glaubwürdigkeit sowie Authentizität.[483] Nicht zuletzt aufgrund der Tatsache, dass Influencer inzwischen ein anerkanntes Berufsbild[484] ist, gebietet auch die in Art. 12 Abs. 1 S. 1 GG verfassungsrechtlich statuierte Berufsfreiheit eine angemessene Eindämmung der Kennzeichnungspflichten und damit einhergehend die Herstellung eines adäquaten Interessenausgleichs.

Startschuss für die Behandlung der rechtlichen Problematik von Influencer-Marketing machte der Fall *Flying Uwe*, bei dem der bekannte Blogger und YouTuber „Flying Uwe" 2016 von der *Medienanstalt Hamburg/Schleswig-Holstein* abgemahnt wurde, weil einzelne seiner Videos gegen die Werbebestimmungen des Rundfunkstaatsvertrages (RStV) verstießen.[485] Es folgten Abmahnungen derselben Aufsichtsbehörde für Fälle fehlenden Impressums und nicht ordnungsgemäß gekennzeichneter Werbung.[486] Aufgrund der Stellung des Influencer-Marketings als Querschnittsmaterie, kommen jedoch maßgeblich auch lauterkeitsrechtliche Ansprüche nach dem UWG in Betracht. Gegebenenfalls sind sogar markenrechtliche Ansprüche denkbar. Insbesondere wegen der enormen Tangierung von Jugendlichen durch Influencer sind hier tendenziell strenge Maßstäbe anzulegen.

---

[481] *Troge*, GRUR-Prax 2018, 87, 87.

[482] *Statista*, Prognose zum Marktvolumen für Influencer Marketing in der DACH-Region bis 2020.

[483] Ähnlich: *Leeb/Maisch*, ZUM 2019, 29, 30.

[484] LG München I, Urt. v. 29.04.2019 – 4 HK O 14312/18, MMR 2019, 544, Rn. 50 – *Cathy Hummels*; LG Berlin, Urt. v. 24.05.2018 – 52 O 101/18, MMR 2018, 543, Rn. 26 – *Produkt-Tagging*; *Willems*, MMR 2018, 707; *Lettmann*, GRUR 2018, 1206; *Gerecke*, GRUR 2018, 153.

[485] Vgl. dazu: *Troge*, GRUR-Prax 2018, 87, 87.

[486] Pressemitteilung der Medienanstalt Hamburg/Schleswig-Holstein v. 14.12.2017, abrufbar unter: https://tinyurl.com/MA-HSH-Presse.

5.6.1 Lauterkeitsrecht

Aus dem Lauterkeitsrecht standen hinsichtlich der rechtlichen Einordnung von Influencer-Marketing bisher insbesondere folgende **Unlauterkeitstatbestände** in der Diskussion:[487] § 3 Abs. 3 UWG i. V. m. Nr. 11 des Anhangs zum UWG (als Information getarnte Werbung); § 5a Abs. 6 UWG (verschleierte Werbung); § 5a Abs. 2, Abs. 4 UWG (nicht-Erfüllung der Informationspflichten); § 3a UWG i. V. m. § 10 LPresseG (Rechtsbruch durch mangelnde Kennzeichnung); § 3a UWG i. V. m. dem rundfunkrechtlichen Verbot der Schleichwerbung (Rechtsbruch durch Schleichwerbung); § 3a UWG i. V. m. § 6 TMG (Rechtsbruch durch Verletzung der besonderen Informationspflichten bei kommerziellen Kommunikationen); § 7 UWG (Werbliche Belästigung). Auf relevante Unlauterkeitstatbestände wird im Folgenden eingegangen.

Neben der unmittelbaren Haftung für die Unlauterkeitstatbestände des jeweiligen Influencers ist stets auch eine **Haftung des werbetreibenden Unternehmens** nach den Grundsätzen der **Beauftragtenhaftung gemäß § 8 Abs. 2 UWG** in Betracht zu ziehen. Je nach Fallgestaltung und individueller Einflussnahmemöglichkeit haften Unternehmen als Täter, mittelbare Täter oder Teilnehmer.[488] Nach den allgemeinen zivil- und lauterkeitsrechtlichen Grundsätzen kann der Gläubiger wahlweise den Influencer oder das werbetreibende Unternehmen in Anspruch nehmen. Öffentlich-rechtliche Sanktionen muss ein Unternehmen jedoch nicht fürchten.[489]

Solange Unternehmen lediglich als Sponsoren agieren und nicht aufgrund einer konkreten Pflichtverletzung durch ihre Influencer haften müssen, sollte eine Haftung abgelehnt werden.[490] Eine grundsätzliche Haftungsprivilegierung für werbetreibende Unternehmen besteht unterdessen nicht. Die diesbezüglich einzige Möglichkeit ist die Implementierung einer Freistellungsklausel im Influencer-Vertrag, aufgrund dessen das Unternehmen beim Influencer Regress nehmen kann. Gegebenenfalls treten sonstige Regressansprüche aus GoA und Bereicherungsrecht hinzu. Denkbar ist auch die Konstruktion einer Pflicht des Influencers, auf Bedenken hinsichtlich der Lauterkeit einer Werbung hinzuweisen.[491]

5.6.1.1 Geschäftliche Handlung i. S. d. § 2 Abs. 1 Nr. 1 UWG

Essentielle Voraussetzung für die Anwendbarkeit der Unlauterkeitstatbestände des UWG ist, dass eine geschäftliche Handlung i. S. d. § 2 Abs. 1 Nr. 1 UWG vorliegt. Dies ist jedes Verhalten einer Person zugunsten des eigenen oder eines fremden

---

[487] Vgl.: *Ahrens*, GRUR 2018, 1211, 1217; *Troge*, GRUR-Prax 2018, 87, 88.

[488] *Köhler*, GRUR-Prax 2019, 343, 345.

[489] *Suwelack*, MMR 2017, 661, 664; *Leeb/Maisch*, ZUM 2019, 29, 31.

[490] *Leeb/Maisch*, ZUM 2019, 29, 31.

[491] In Anlehnung an den Werbeagenturvertrag: *Köhler*, GRUR-Prax 2019, 343, 345; vgl. dazu: BGH, Urt. v. 25.05.1972 – VII ZR 49/71, GRUR 1974, 284 – *Bastel-Wettbewerb I.*

Unternehmens, bei oder nach einem Geschäftsabschluss, das mit der Förderung des Absatzes oder des Bezugs von Waren oder Dienstleistungen oder mit dem Abschluss oder der Durchführung eines Vertrags über Waren oder Dienstleistungen objektiv zusammenhängt (siehe dazu bereits oben: Abschn. 5.2.1).

Es wurde bereits früh festgestellt, dass Äußerungen in den sozialen Medien geschäftliche Handlungen i. S. d. § 2 Abs. 1 Nr. 1 UWG darstellen können, wenn die äußernde Person dafür Geldzahlungen oder sonstige geldwerte Produkte enthält, wie z. B. Rabatte, Zugaben oder die Überlassung präsentierter Produkte.[492] Der Einwand, ein Influencer wollte durch die Markennennung lediglich vorbeugen, dass Fans ohnehin nach der Herkunft eines Produktes fragen, greift insofern richtigerweise nicht durch. Insbesondere ist nicht zwingend erforderlich, dass der Influencer ein Entgelt für einen konkreten Beitrag erhält.[493]

▶ Der aktuellen Kasuistik der Rechtsprechung lassen sich einige Indizien ablesen, die für das Vorliegen einer geschäftlichen Handlung sprechen:[494]

- Fehlendes zu befriedigendes sachliches Informationsinteresse,[495]
- Benutzung für Marken-PR bekannter Plattformen wie z. B. Instagram,[496]
- Hohe Anzahl an Followern (entschieden für > 50.000 Follower),[497]
- Beschäftigung von Angestellten wie z. B. (Projekt-)Managern,[498]
- Kommunikationsablauf über Marketing- oder Managingagenturen inkl. dort unterhaltener Geschäftsanschrift,[499]
- Die Offenlegung, dass grundsätzlich Einnahmen aus der Zusammenarbeit mit werbetreibenden Unternehmen generiert werden,[500]
- Die geringe Wahrscheinlichkeit, dass ein Influencer geldwerte Werbedienstleistungen kostenfrei an Werbetreibende verschenkt.[501]

5.6.1.2 § 5a Abs. 6 UWG
Rechtsgrundlage der meisten lauterkeitsrechtlichen Abmahnungen war bisher § 5a Abs. 6 UWG (Abschn. 5.2.7), der eine geschäftliche Handlung als unlauter

---

[492] Aktuell: LG Karlsruhe, Urt. v. 21.02.2019 – 13 O 38/18 KfH, MMR 2019, 329 – *Tap Tags*; früher: KG Berlin, Beschl. v. 17.10.2017 – 5 W 233/17, MMR 2018, 245, Rn. 9 – *constantly challenging youself.*

[493] OLG Braunschweig, Beschl. v. 08.01.2019 – 2 U 89/18, MMR 2019, 467.

[494] Vgl. dazu eingehend: *Köhler*, GRUR-Prax 2019, 343, 344 f.

[495] LG Karlsruhe, Urt. v. 21.02.2019 – 13 O 38/18 KfH, MMR 2019, 329 – *Tap Tags*.

[496] OLG Braunschweig, Beschl. v. 08.01.2019 – 2 U 89/18, MMR 2019, 467.

[497] LG Berlin, Urt. v. 24.05.2018 – 52 O 101/18, BeckRS 2018, 12033 – *Produkt-Tagging*.

[498] LG Berlin, Urt. v. 24.05.2018 – 52 O 101/18, BeckRS 2018, 12033 – *Produkt-Tagging*.

[499] LG Berlin, Urt. v. 24.05.2018 – 52 O 101/18, BeckRS 2018, 12033 – *Produkt-Tagging*.

[500] KG Berlin, Beschl. v. 27.02.2018 – 5 W 149/18, MMR 2019, 114 – *Influencerin*.

[501] KG Berlin, Beschl. v. 27.02.2018 – 5 W 149/18, MMR 2019, 114 – *Influencerin*.

deklariert, wenn ihr kommerzieller Charakter nicht hinreichend kenntlich gemacht wird sowie sich nicht aus den Umständen ergibt und dieses Nichtkenntlichmachen geeignet ist, den Verbraucher zu einer geschäftlichen Entscheidung zu veranlassen, die er andernfalls nicht getroffen hätte. Eine Werbetarnung ist daher lauterkeitsrechtlich irrelevant, wenn es für die Markt- bzw. Verbraucherentscheidung von unwesentlicher Bedeutung ist, ob der Influencer das angezeigte Produkt positiv beurteilt.[502] Dieses spezielle Irreführungsverbot basiert unionsrechtlich auf Art. 7 Abs. 2 der UGP-RL.[503] Nach vorherrschender Auffassung kommt dem Tatbestandsmerkmal der Kommerzialität i. R. d. § 5a Abs. 6 UWG keine eigenständige Bedeutung zu, da es als solches bereits in der Definition der geschäftlichen Handlung nach Maßgabe des § 2 Abs. 1 Nr. 1 UWG enthalten ist.[504]

Vor diesem Hintergrund ist auch eine aktuelle Entscheidung des OLG Frankfurt a.M. zu betrachten. Dieses entschied, dass eine Werbung durch einen Influencer immer dann unlauter i. S. d. § 5a Abs. 6 UWG ist, wenn der Influencer vom Erbringer der beworbenen Leistung einen irgendgearteten Vorteil erhält.[505] Dabei prüfte das OLG den Tatbestand der geschäftlichen Handlung gemeinsam mit demjenigen der Kommerzialität.

Hinsichtlich der Kennzeichnung von **Blog-Beiträgen**, in denen Produkte scheinbar nur neutral vorgestellt, tatsächlich aber beworben wurden, ist bereits eine Reihe gerichtlicher Entscheidungen ergangen: So entschied das OLG Celle[506] bereits früh entgegen der medienrechtlichen Literatur,[507] dass die bloße **Kennzeichnung** als „#ad" nicht hinreichend den kommerziellen Charakter eines Blog-Beitrages kennzeichnet, sofern der Hashtag aus einem Beitrag (z. B. bei Instagram) nicht hinreichend hervortritt und auf den ersten Blick erkennbar ist. Auch der Hashtag „#sponsoredby" wurde als keine ausreichende Kennzeichnung anerkannt.[508] Es wird daher zunehmend dazu geraten, kommerzielle Beiträge mit ausdrücklichen Begriffen wie „Werbung" oder „Anzeige" zu deklarieren.[509] Als nicht ausreichend sah bspw. das LG München I den Zusatz „sponsored" bzw. „sponsored by" an.[510] Auch von der

---

[502] *Ahrens*, GRUR 2018, 1211, 1213.

[503] Richtlinie 2005/29/EG des Europäischen Parlaments und des Rates vom 11. Mai 2005 über unlautere Geschäftspraktiken im binnenmarktinternen Geschäftsverkehr zwischen Unternehmen und Verbrauchern und zur Änderung der Richtlinie 84/450/EWG des Rates, der Richtlinien 97/7/EG, 98/27/EG und 2002/65/EG des Europäischen Parlaments und des Rates sowie der Verordnung (EG) Nr. 2006/2004 des Europäischen Parlaments und des Rates (Richtlinie über unlautere Geschäftspraktiken), ABl. Nr. L 149/22 v. 11.06.2005.

[504] Statt vieler: *Fries*, Influencer-Marketing, 2019, S. 111 m. w. N.

[505] OLG Frankfrut a.M., Beschl. v. 23.10.2019 – 6 W 68/19, MMR 2020, 195 – *Die Influencerin*.

[506] OLG Celle, Urt. v. 08.06.2017 – 13 U 53/17, MMR 2017, 769 – *Hashtag #ad*.

[507] Statt vieler: *Fuchs/Hahn*, MMR 2016, 503, 507; kritisch jedoch *Suwelack*, MMR 2017, 661, 662.

[508] So bereits: BGH, Urt. v. 06.02.2014 – I ZR 2/11, GRUR 2014, 879 – *GOOD NEWS II*.

[509] *Lehmann*, WRP 2017, 772, 774; *Henning-Bodewig*, WRP 2017, 1415, 1419; *Reinholz/Schirmbacher*, K&R 2017, 753, 758; *Mallick/Weller*, WRP 2018, 155, 159 f.; vgl. dazu eingehend: *Schröder*, MMR 2018, 245, 246.

[510] LG München I, Urt. v. 31.07.2015 – 4 HK O 21172/14, WRP 2016, 132.

Verwendung der Begriffe „PR Sample" und „collaboration" wird vermehrt abgeraten.[511] Der kommerzielle Zweck eines solchen Beitrages wird dann als unkenntlich angesehen, wenn das äußere Erscheinungsbild der geschäftlichen Handlung so gestaltet ist, dass die „Follower" den kommerziellen Charakter nicht klar und eindeutig erkennen können.[512] Anzuraten ist daher die Platzierung eines entsprechenden Hinweises unmittelbar zu Beginn eines kommerziellen Beitrages; insbesondere darf ein solcher Hinweis nicht in der sonstigen Bildbeschreibung bzw. anderweitigen Hashtags untergehen. Möglich ist indes auch die unmittelbare Platzierung eines Werbehinweises im geposteten Foto. Dies bietet sich insbesondere bei den sog. „Stories" an, die nur vorübergehend angezeigt werden und i. d. R. keine Bildbeschreibung zur Verfügung stehen haben. Dann muss jedoch sichergestellt sein, dass Schriftgröße, Schriftfarbe sowie räumliche und optische Anordnung des Hinweises einer ordnungsgemäßen Kenntnisnahme nicht entgegenstehen.[513] Sofern Videos geteilt werden, könnte auch über einen diesbezüglichen mündlichen Hinweis nachgedacht werden. Da ein Großteil der Nutzer soziale Netzwerke jedoch mobil – und dabei oft stummgeschaltet – benutzt, sollte ein mündlicher Hinweis regelmäßig als nicht ausreichend angesehen werden, da eine Kenntnisnahme nicht für den überwiegenden Teil der Nutzer sichergestellt werden kann. Auch hier sollte ein schriftlicher Hinweis erfolgen.[514]

Noch nicht abschließend beurteilt ist, ob Hinweise in englischer Sprache ausreichend sind. Richtigerweise sollten jedoch Zusätze wie „Advertising" als hinreichend angesehen werden, da der Allgemeinheit – und somit auch dem durchschnittlichen Verbraucher – solch schlagwortartige Begriffe aus dem Englischen bekannt sein sollten. Dies gilt auch und gerade aufgrund der zunehmenden Internationalität von sozialen Netzwerken.

Wichtig ist indes, dass jeder einzelne kommerzielle Beitrag „getaggt" wird. Der nur generelle Hinweis – z. B. in der Profilbeschreibung – darauf, dass kommerzielle Inhalte vorhanden sind, ersetzt nicht die gesonderte Kennzeichnung jedes individuellen Beitrages.[515] Dies kann auch durch die von einigen sozialen Netzwerken (z. B. Instagram) bereits qua Programmierung angebotener Funktion der Kennzeichnung einer bezahlten Partnerschaft erfolgen.

Zu den allgemeinen lauterkeits- und medienrechtlichen Kennzeichnungspflichten können freilich auch besondere Kennzeichnungspflichten hinzukommen. So können sich zusätzliche Kennzeichnungs- und Hinweispflichten insbesondere aus branchen- und produktspezifischen Vorgaben ergeben, bspw. in der Kosmetikbranche.[516] In der Kosmetikbranche sind einschlägige Sondergesetze

---

[511] Leitfaden „Werbekennzeichnung bei Social-Media-Angeboten" der Landesmedienanstalten, abrufbar unter: https://tinyurl.com/Leitfaden-LMA; „Leitfaden zur Kennzeichnung von Werbung auf Instagram" der Wettbewerbszentrale, abrufbar unter: https://tinyurl.com/Leitfaden-WZ.

[512] Vgl. dazu: LG Hagen, Urt. v. 13.09.2017 – 23 O 30/17, MMR 2018, 106 – *Mode-Blog*.

[513] *Leeb/Maisch*, ZUM 2019, 29, 35.

[514] *Leeb/Maisch*, ZUM 2019, 29, 36.

[515] *Leeb/Maisch*, ZUM 2019, 29, 35.

[516] LG Hagen, Beschl. v. 29.11.2017 – 23 O 45/17, MMR 2018, 420.

etwa HCVO, LMIV und LFGB. Sondergesetze können aber auch aus anderen Branchen stammen: Denkbar ist etwa für den (seltenen) Fall, dass ein Influencer Werbung für ein Automobil vornimmt, in Anlehnung an die aktuelle Rechtsprechung[517] eine Bindung an die Vorgaben der Pkw-EnVKV. Regelmäßig wird bei Verstoß gegen eines dieser Sondergesetze zugleich ein Rechtsbruch i. S. d. § 3a UWG (Abschn. 5.2.3) vorliegen.

Die Ausführungen gelten gleichsam für von Influencern gesetzte sog. „**Affiliate-Links**",[518] bei denen sie eine Provision erhalten, wenn Kunden über einen solchen Link ein Produkt erwerben. Eine Kasuistik für die einheitliche Behandlung bzw. Kennzeichnung von Affiliate-Links besteht bisher in Rechtsprechung und Literatur noch nicht.

Das KG[519] entschied in einem vom *Verband Sozialer Wettbewerb e. V.* angestoßenen Verfahren, dass das Setzen sog. „**sprechender Links**", für die der Linksetzer Geldzahlungen oder sonstige geldwerte Vorteile (wie z. B. die kostenlose Überlassung präsentierter Produkte) erhält, gemäß § 5a Abs. 6 UWG unlauter ist, wenn der kommerzielle Zweck des Beitrages nicht ausreichend gekennzeichnet ist. Sprechende Links sind solche URLs, die lesbare Wörter anstatt technischer Kürzel und Datenbank-IDs enthalten (also z. B. www.onlineshop.de/produkt anstatt www.onlineshop.de/g52kn93h2), sie werden daher teilweise auch als „Pretty URLs" bezeichnet.

Jüngst stand eine weitere Funktion sozialer Medien im Zentrum der Diskussion um das Verbot getarnter Werbung gemäß § 5a Abs. 6 UWG: Das sog. **Tap-Tagging**. Dabei werden Bilder mit sog. „Tags" versehen, die einen Link zu einer Unternehmensseite beinhalten und somit die Herkunft eines Produktes kennzeichnen. Solche Tags könnten ebenfalls als kennzeichnungsbedürftige geschäftliche Handlungen angesehen werden. Einwenden könnte man gegen eine solche Betrachtungsweise, dass Benutzer bei verifizierten, professionell ausgestalteten Social-Media-Accounts bekannter Personen mit einer erheblichen Anzahl an Followern erkennen müssen, dass es sich um kommerzielle Kanäle handelt. Dies wurde in der Rechtsprechung diskutiert, eine einheitliche Linie hat sich dazu jedoch noch nicht abschließend gebildet.[520] (Vgl. dazu den abschließenden Übungsfall: Abschn. 5.6.1.4.2)

5.6.1.3 § 5a Abs. 2, Abs. 4 UWG

Aber auch eine allgemeine **Irreführung durch Unterlassen** gemäß § 5a Abs. 2, Abs. 4 UWG ist denkbar. Demnach handelt ein Influencer unlauter, wenn er im

---

[517] BGH, Urt. v. 13.09.2018 – I ZR 117/15, GRUR 2018, 1258 – *YouTube-Werbekanal II*.

[518] *Troge*, GRUR-Prax 2018, 87, 89.

[519] KG, Beschl. v. 17.10.2017 – 5 W 233/17, MMR 2018, 245 – *constantly challenging youself*.

[520] LG Karlsruhe, Urt. v. 21.02.2019 – 13 O 38/18 KfH, MMR 2019, 329 – *Tap Tags*; LG München I, Urt. v. 29.04.2019 – 4 HK O 14312/18, GRUR-RR 2019, 332 – *Cathy Hummels*; vgl. eingehend zur Diskussion: *Köhler*, GRUR-Prax 2019, 343, 344.

konkreten Fall unter Berücksichtigung aller Umstände dem Verbraucher eine wesentliche Information vorenthält, die dieser nach den Umständen benötigt, um eine informierte geschäftliche Entscheidung zu treffen, und deren Vorenthalten geeignet ist, den Verbraucher zu einer geschäftlichen Entscheidung zu veranlassen, die er andernfalls nicht getroffen hätte. Als **Vorenthalten** gilt nach Maßgabe des § 5a Abs. 2 S. 2 UWG auch das Verheimlichen wesentlicher Informationen, die Bereitstellung wesentlicher Informationen in unklarer, unmissverständlicher oder zweideutiger Weise sowie die nicht rechtzeitige Bereitstellung wesentlicher Informationen.

Als **wesentliche Information** gilt gemäß § 5a Abs. 4 UWG insbesondere auch eine Information, die dem Verbraucher auf Grund unionsrechtlicher Verordnungen oder nach Rechtsvorschriften zur Umsetzung unionsrechtlicher Richtlinien für kommerzielle Kommunikation einschließlich Werbung und Marketing nicht vorenthalten werden dürfen. Welche Vorschriften konkret erfasst sind, war im Anhang II zur UGB-RL geregelt. Allerdings sind einige der dort aufgelisteten Vorschriften weggefallen, sodass eine neue Bestimmung der anwendbaren unionsrechtlichen Vorschriften erforderlich ist.[521]

Da Richtlinien des Unionsgesetzgebers gemäß Art. 288 Abs. 3 AEUV in nationales Recht umzusetzen sind, erfasst § 5a Abs. 4 UWG freilich auch die nationalen Umsetzungen der jeweils in Betracht kommenden Richtlinie. Anerkannt ist somit etwa die Verletzung von **§ 6 TMG** (Besondere Informationspflichten bei kommerziellen Kommunikationen) und **§ 58 Abs. 1, Abs. 3 RStV** (Kennzeichnungspflicht für Werbung, Sponsoring, fernsehähnliche Telemedien und Gewinnspiele).[522]

5.6.1.4 § 3 Abs. 3 UWG i. V. m. Anhang zum UWG
Materiell-rechtlich zu berücksichtigen ist auch die sog. **Blacklist** aus dem Anhang des UWG.

5.6.1.4.1 Blacklist Nr. 11
Eng mit dem Influencer-Marketing verbunden ist dementsprechend Nr. 11 des Anhangs zum UWG, welcher über § 3 Abs. 3 UWG Einzug ins Lauterkeitsrecht findet und ein absolutes Irreführungsverbot gegenüber Verbrauchern darstellt. Demnach stellt es eine unzulässige geschäftliche Handlung dar, wenn der vom Unternehmer finanzierte Einsatz redaktioneller Inhalte zu Zwecken der Verkaufsförderung vorgenommen wird, ohne dass sich dieser Zusammenhang aus dem Inhalt oder aus der Art der optischen oder akustischen Darstellung eindeutig ergibt. Dieser Unlauterkeitstatbestand wird auch als „**als Information getarnte Werbung**" bezeichnet. Die Mög-

---

[521] Vgl. dazu die ausführliche Auflistung bei: Fritzsche/Münker/Stollwerck-*Ritlewski*, BeckOK UWG, 1. Ed. Stand: 01.03.2018, § 5a UWG Rn. 165 f.
[522] KG Berlin, Urt. v. 30.06.2006 – 5 U 127/05, GRUR 2007, 254 – *Getarnte Link-Werbung*; LG Hagen, Urt. v. 13.09.2017 – 23 O 30/17, MMR 2018, 106 – *Mode-Blog*; vgl. dazu auch: *Ahrens*, GRUR 2018, 1211, 1214.

lichkeit, dass auch Influencer redaktionelle Beiträge erbringen (und dies nicht etwa den „klassischen" Medien vorbehalten ist) wird richtigerweise anerkannt.[523]

Die Tatbestände des Anhangs zum UWG (sog. **Blacklist**) gehen den sonstigen Unlauterkeitstatbeständen des UWG vor, da es sich insofern um sog. „per-se-Verbote" ohne Wertungsmöglichkeit handelt. Insbesondere ist keine Relevanzprüfung dahingehend erforderlich, ob tatsächlich die Kaufentscheidung eines Verbrauchers beeinflusst werden kann. Als Auffangnorm fungiert im Wesentlichen § 5a Abs. 6 UWG mit seinen deutlich geringeren Voraussetzungen. Insbesondere fehlt dort als Tatbestandsmerkmal die Finanzierung durch ein Unternehmen sowie der Einsatz redaktioneller Inhalte, sodass § 5a Abs. 6 UWG insbesondere in denjenigen Fällen relevant wird, in denen Influencer ein Produkt tatsächlich eigenständig erworben haben.[524]

5.6.1.4.2 Blacklist Nr. 28

Weiterhin von Bedeutung ist Nr. 28 des Anhangs zum UWG, welcher eine unmittelbare Kaufaufforderung an **Kinder** unterbinden soll. Diese Vorschrift ist für das Influencer-Marketing von erheblicher Relevanz, da vor allem Kinder und Jugendliche Adressaten von Influencer-Kanälen auf Plattformen wie TikTok oder Snapchat sind, die vornehmlich von jungem Publikum besucht werden.

Ein Kaufaufruf an Kinder liegt nach gefestigter Rechtsprechung dann vor, wenn eine Ansprache in der zweiten Person Singular erfolgt, kindertypische Begrifflichkeiten (einschließlich gebräuchlicher Anglizismen) gebraucht werden und Kinder direkt mit Formulierungen wie „Hol Dir!", „Kauf Dir!" oder „Schnapp Dir!" angesprochen werden.[525] Bis zu welchem Alter ein Mensch „Kind" ist, legt das UWG nicht fest. Bei **richtlinienkonformer Auslegung** ist jedoch eine **Altersgrenze von 14 Jahren** anzusetzen.[526]

5.6.1.5 § 5 UWG

Denkbar ist auch ein Verstoß gegen das Irreführungsverbot aus § 5 UWG durch Influencer. Erforderlich ist dafür die Vornahme unwahrer „Angaben" i. S. d. in § 5 Abs. 1 S. 2 UWG aufgezählten – und somit geschützten – Merkmale. Fraglich ist indes, ob in Influencer-Beiträgen überhaupt „**unwahre Angaben**" gesehen werden können. Im Falle der streitigen Neutralität eines Influencers müsste dieser also explizit unwahre Angaben darüber machen, dass er neutral agiert und kein kommerzielles Interesse verfolgt.[527] Eine solche offensichtliche Lüge wird in der Praxis wohl kein Influencer vornehmen. Dennoch ist eine Irreführung nicht ausgeschlossen, da

---

[523] Vgl. dazu eingehend: *Fries*, Influencer-Marketing, 2019, S. 128 f.

[524] *Gerecke*, GRUR 2018, 153, 156.

[525] BGH, Urt. v. 17.07.2013 – I ZR 34/12, GRUR 2014, 298 – *Runes of Magic*.

[526] Ohly/Sosnitza-*Sosnitza*, UWG, 7. Aufl. 2016, Anhang § 3 Abs. 3 UWG Rn. 71; Köhler/Bornkamm/Feddersen-*Köhler*, UWG, 37. Aufl. 2019, Anhang zu § 3 Abs. 3 UWG, Nr. 28 Rn. 28.5.

[527] Ähnlich: *Ahrens*, GRUR 2018, 1211, 1214.

sie nicht zwingend schriftlich, sondern auch mündlich und gar konkludent vorgenommen werden kann.[528] Eine Irreführung kann insbesondere im **Zukauf von Followern** gesehen werden.
Die Anzahl der Follower sowie die damit verbundene Reichweite ist namentlich die
zentrale wertschaffende Eigenschaft, die einem Influencer immanent ist. Wenn er diese
durch den Zukauf von in Wirklichkeit nichtexistenten Personen erhöht, gibt er vor, eine
Reichweite inne zu haben, welche er tatsächlich nicht besitzt. Das LG Stuttgart[529] sah
in einem solchen Zukauf daher richtigerweise eine Irreführung i. S. d. § 5 UWG. Zwar
bezog sich das Urteil auf den Zukauf sog. „Likes" und „Fans" bei Facebook, die Rechtsprechung ist jedoch uneingeschränkt auf alle anderen sozialen Netzwerke übertragbar,
bei denen die Reichweite durch die Anzahl der Fans bestimmt wird.

5.6.1.6 § 3a UWG
Zuletzt kommt der allgemeine Unlauterkeitstatbestand aufgrund **Rechtsbruchs** in
Betracht. Tangierte Schutzgesetze können bei Influencern etwa § 10 LPresseG,
§§ 5, 6 TMG sowie die jeweiligen Vorschriften zum Verbot der Schleichwerbung
(sog. **Trennungsgebote**) und des RStV sein. Beiträge von Influencern in sozialen
Medien unterfallen als Telemedien sowohl dem Anwendungsbereich des TMG als
auch des RStV.[530]

5.6.1.6.1 Vorgaben des RStV
Insbesondere die §§ 7, 8 RStV enthalten wichtige Werbeverbote. Die Vorschriften
des RStV sind insofern als Schutzgesetze i. S. d. § 3a UWG anzuerkennen. Entsprechende Tendenzen lassen sich auch Rechtsprechung und Literatur entnehmen.[531]

5.6.1.6.1.1 Anwendbarkeit des RStV auf Influencer
Dafür müsste der RStV überhaupt auf Influencer anwendbar sein. Teilweise wird
hervorgebracht, die Regulierung der Influencer durch den RStV sei nicht notwendig,[532] da bereits ein ausreichendes Regelungsregime durch TMG und UWG bestehe. Dem ist jedoch nicht zuzustimmen, da keine gesetzlichen Anhaltspunkte bestehen, die Regelungen des RStV für Influencer unanwendbar zu lassen.
Fraglich ist dabei zunächst, wann der Anwendungsbereich des RStV überhaupt
eröffnet ist. Während die Telekommunikation, also der technische Vorgang einer
Kommunikation, durch das TKG geregelt werden, bezieht sich der RStV auf Telemedien und Rundfunk. Gemäß § 1 Abs. 1 Hs. 2 RStV i. V. m. § 2 Abs. 1 S. 3 RStV

---

[528] EuGH, Urt. v. 25.10.2001 – C-112/99, ECLI:EU:C:2001:566 = GRUR 2002, 354, Rn. 31 – *Tos-hiba/Katun*; vgl. dazu: Köhler/Bornkamm/Feddersen-*Bornkamm/Feddersen*, UWG, 37. Aufl. 2019, § 5 UWG Rn. 1.39.
[529] LG Stuttgart, Beschl. v. 06.08.2014 – 37 O 34/14 KfH, BeckRS 2015, 3267.
[530] Übereinstimmend: *Troge*, GRUR-Prax 2018, 87, 87.
[531] Statt vieler: KG, Urt. v. 30.06.2006 – 5 U 127/05, GRUR 2007, 254 – *Getarnte Link-Werbung*; *Ahrens*, GRUR 2018, 1211, 1213.
[532] *Gerecke*, GRUR 2018, 153, 154.

sind **Telemedien** alle elektronischen Informations- und Kommunikationsdienste. Der **Rundfunk** ist gemäß § 2 Abs. 1 S. 1 RStV ein linearer Informations- und Kommunikationsdienst, der zum zeitgleichen Empfang an die Allgemeinheit gerichtet ist. Der Begriff des Rundfunks ist somit etwas enger als der des Telemediums. Wenn z. B. ein **YouTuber** Videos auf die Plattform lädt, die zeitversetzt angeschaut werden können, handelt es sich regelmäßig um Telemedien, sodass der Anwendungsbereich des RStV eröffnet ist. Telemedien unterliegen gemäß §§ 54 ff. RStV grundsätzlich einer anderen Behandlung als klassische Rundfunkangebote.

Dennoch statuiert § 58 Abs. 3 S. 1 RStV, dass für Telemedien die §§ 7, 8 RStV gelten, sofern diese **fernsehähnlich** sind. Fraglich ist, ob dies z. B. auch für den YouTube-Kanal eines Influencers gilt. Unstreitiges und anerkanntes Beispiel eines fernsehähnlichen Telemediums sind Mediatheken wie z. B. RTL NOW.[533] Indes ist unklar, ob YouTube als Plattform mit einer Mediathek vergleichbar ist. Dagegen spricht zunächst, dass Videos auf Videoplattformen lediglich bloße Momentaufnahmen darstellen, sich nur mit einzelnen – ausgewählten – Themen auseinandersetzen und im Fernsehen daher typischerweise als unselbstständige Teile einer Sendung vorkommen würden.[534] Andererseits ist zu beachten, dass die Schutzerwartung an eine Kennzeichnungspflicht nicht an die Dauer eines Videos angeknüpft werden sollte: Auch in der Bereithaltung kurzer Videosequenzen kann eine ganze Sendung angesehen werden, z. B. wenn eine Tageszeitung auf ihrer Website aus kürzeren Sequenzen aus Nachrichten und Sport eine organisierte Programmgestaltung produziert.[535] Fernsehähnlichkeit bei Influencern kommt insbesondere dann in Betracht, wenn dieser sich verschiedensten Themen – wie z. B. Lebensgestaltung, Unterhaltung und Bildung – widmet und sich sein Kanal insofern nicht nur auf Werbung beschränkt.[536]

Weiterhin ist gemäß § 58 Abs. 3 RStV erforderlich, dass die Angebote **aus einem vom Anbieter festgelegten Inhaltekatalog bereitgestellt** werden. Der Kommunikationsanbieter muss also durch einen „Katalog" einen gewissen Zusammenhang seiner Inhalte herstellen.[537] Fraglich ist, wie streng die Anforderungen an einen solchen sind, wie streng ein solcher Katalog also im Vorhinein geplant sein muss. Dabei wird allgemein nicht verlangt, dass die Einzelbestandteile einem vom Anbieter streng erstellten Sendeplan, Katalog o.ä. folgen.[538] Ausreichend ist vielmehr, dass die einzelnen Inhalte mit Fernsehsendungen im Wettbewerb[539] stehen, ohne

---

[533] Spindler/Schuster-*Holznagel*, Recht der elektronischen Medien, 4. Aufl. 2019, § 2 RStV Rn. 49.

[534] Vgl.: Gersdorf/Paal-*Fiedler*, BeckOK InfoMedienR, 21. Ed. Stand: 01.08.2018, § 58 RStV Rn. 23.

[535] EuGH, Urt. v. 21.10.2015 – C-347/14, ECLI:EU:C:2015:709 = MMR 2015, 837, 838 – *New Media Online*.

[536] EuGH, Urt. v. 21.02.2018 – C-132/17, ECLI:EU:C:2018:85 = MMR 2018, 301, 302 – *YouTube-Werbekanal*.

[537] Binder/Vesting-*Ladeur*, Beck RundfunkR, 4. Aufl. 2018, § 58 RStV Rn. 5a.

[538] EuGH, Urt. v. 21.10.2015 – C-347/14, ECLI:EU:C:2015:709 = MMR 2015, 837, 838 – *New Media Online*.

[539] Binder/Vesting-*Ladeur*, Beck RundfunkR, 4. Aufl. 2018, § 58 RStV Rn. 5a.

dass ihr Ablauf streng redaktionell festgelegt ist. Entscheidend ist, dass überhaupt irgendeine – noch so geringe – redaktionelle Entscheidung über die Zusammenstellung des Inhalts erfolgt.[540] Auch YouTube-Videos unterfallen demnach § 58 Abs. 3 RStV.

Inhalte, die fernsehähnlich sind und anhand eines festgelegten Inhaltekatalogs bereitgestellt werden, sind gemäß § 58 Abs. 3 S. 1 RStV sog. **audiovisuelle Mediendienste auf Abruf**. Fraglich ist, ob darunter auch Kurzvideos von Influencern zu fassen sind. Nach einer Entscheidung des EuGH[541] sollen jedenfalls auch kurze Videosequenzen den audiovisuellen Mediendiensten unterfallen. Durch die Entscheidung des EuGHs[542] in der Rechtssache *Peugeot Deutschland/Deutsche Umwelthilfe* wird man jedoch Kurzvideos von Influencern vom Anwendungsbereich des § 58 Abs. 3 S. 1 RStV ausnehmen müssen, da dieser hier klargestellt hat, weder Videokanäle für kurze Werbevideos noch diese Videos an sich seien als audiovisuellen Mediendienst anzuerkennen. Ausgeschlossen sind somit auch sog. „Stories" auf Snapchat oder Instagram, die nur temporär sichtbar sind. Erfasst sein werden hingegen Beiträge von Videobloggern, die ihre Videos auf Kanälen wie z. B. YouTube oder MyVideo auf Abruf bereitstellen.[543]

5.6.1.6.1.2 Materiell-rechtliche Vorgaben des RStV

Über die Verweisnorm des § 58 Abs. 3 S. 1 RStV gelten demnach die §§ 7, 8 RStV u. a. für YouTube-Kanäle entsprechend.

▶ In § 7 RStV befinden sich zunächst Werbegrundätze und Kennzeichnungspflichten.

§ 7 Abs. 1 RStV statuiert wichtige **Werbegrundsätze**, die als *essentialia negotii* einer jeden Werbung angesehen werden können. Demnach darf Werbung nicht:

1. die Menschenwürde verletzen,
2. Diskriminierungen auf Grund von Geschlecht, Rasse oder ethnischer Herkunft, Staatsangehörigkeit, Religion oder Glauben, Behinderung, Alter oder sexueller Orientierung beinhalten oder fördern,
3. irreführen oder den Interessen der Verbraucher schaden oder
4. Verhaltensweisen fördern, die die Gesundheit oder Sicherheit sowie in hohem Maße den Schutz der Umwelt gefährden.

---

[540] Gersdorf/Paal-*Fiedler*, BeckOK InfoMedienR, 21. Ed. Stand: 01.08.2018, § 58 RStV Rn. 26.

[541] EuGH, Urt. v. 21.10.2015 – C-347/14, ECLI:EU:C:2015:709 = MMR 2015, 837 – *New Media Online*; vgl. dazu: Gersdorf/Paal-*Fiedler*, BeckOK InfoMedienR, 21. Ed. Stand: 01.08.2018, § 58 RStV Rn. 23.

[542] EuGH, Urt. v. 21.02.2018 – C-132/17, ECLI:EU:C:2018:85 = MMR 2018, 358 – *YouTube-Werbekanal*.

[543] *Troge*, GRUR-Prax 2018, 87, 87; *Gerecke*, GRUR 2018, 153, 154; a.A. Gersdorf/Paal-*Fiedler*, BeckOK InfoMedR, 21. Ed. Stand: 01.08.2018, § 58 RStV Rn. 23.

§ 7 Abs. 3 RStV legt weiterhin fest, dass Werbung als solche leicht erkennbar und vom redaktionellen Inhalt unterscheidbar sein muss. Insbesondere dürfen gemäß **§ 7 Abs. 3 S. 2 RStV** keine Techniken der unterschwelligen Beeinflussung eingesetzt werden sowie nach Maßgabe des **§ 7 Abs. 3 S. 3 RStV** auch beim Einsatz moderner Werbetechniken Werbung und andere Sendungsteile durch optische, akustische und räumliche Mittel abgegrenzt sein.

Gemäß **§ 7 Abs. 4 S. 1 RStV** ist i. R. d. Werbung eines Influencers sogar eine Teilbelegung des ausgestrahlten Bildes erlaubt. Erforderlich für die Rechtmäßigkeit ist lediglich, dass die Werbung vom übrigen Programm eindeutig optisch getrennt und als solche gekennzeichnet ist.

Influencer könnten weiterhin bspw. bei Betreiben eines YouTube-Kanals gegen den **Werbegrundsatz** aus **§ 7 Abs. 5 RStV** verstoßen. Gemäß § 7 Abs. 5 S. 1 RStV ist eine **Dauerwerbesendung** nur dann erlaubt, wenn der Werbecharakter erkennbar im Vordergrund steht und die Werbung einen wesentlichen Bestandteil der Sendung darstellt. Zudem müssen Dauerwerbesendungen gemäß § 7 Abs. 5 S. 2 RStV zu Beginn als solche angekündigt und während ihres gesamten Verlaufs als solche gekennzeichnet werden. Position, Größe, Form und Farbgebung des Kennzeichnungsschriftzugs müssen so gewählt werden, dass ein durchschnittlicher Zuschauer die Kennzeichnung bei üblicher Distanz zum Bildschirm lesen kann.[544] Nach den Werberichtlinien der Landesmedienanstalten sind Dauerwerbesendungen solche Sendungen „von mindestens 90 Sekunden Dauer, in denen Werbung redaktionell gestaltet ist, der Werbecharakter eindeutig im Vordergrund steht und die Werbung einen wesentlichen Bestandteil der Sendung darstellt".[545] Der Gesetzgeber lässt die Verknüpfung von redaktionellem Inhalt und Werbung also nur dann zu, wenn das gesamte Programm als Werbung gekennzeichnet wird.[546] Dies resultiert letzten Endes daraus, dass nicht dauerhaft vom Betrachter erwartet werden kann, sich durchgängig des Werbecharakters bewusst zu sein.[547]

Fraglich ist indes, was unter „**Werbung**" in diesem Kontext zu verstehen ist. Medienrechtlich ist der Begriff der Werbung **in § 2 Abs. 2 Nr. 7 RStV definiert**, welcher auf Art. 1 lit. I Mediendienste-RL[548] basiert. Demnach ist Werbung jede Äußerung bei der Ausübung eines Handels, Gewerbes, Handwerks oder freien Berufs, die im Rundfunk von einem öffentlich-rechtlichen oder einem privaten Veranstalter oder einer natürlichen Person entweder gegen Entgelt oder eine ähnliche Gegenleistung oder als Eigenwerbung gesendet wird, mit dem Ziel, den Absatz von

---

[544] Spindler/Schuster-*Döpkens*, Recht der elektronischen Medien, 4. Aufl. 2019, § 7 TMG Rn. 51.

[545] Gemeinsame WerbeRL der Landesmedienanstalten/FERNSEHEN (18.09.2012), Ziffer 3 Absatz 3, S. 7, abrufbar unter: https://tinyurl.com/WerbeRL.

[546] Binder/Vesting-*Ladeur*, Beck RundfunkR, 4. Aufl. 2018, § 7 RStV Rn. 38.

[547] Spindler/Schuster-*Döpkens*, Recht der elektronischen Medien, 4. Aufl. 2019, § 7 TMG Rn. 49.

[548] Richtlinie 2010/13/EU des Europäischen Parlaments und des Rates vom 10. März 2010 zur Koordinierung bestimmter Rechts- und Verwaltungsvorschriften der Mitgliedstaaten über die Bereitstellung audiovisueller Mediendienste (Richtlinie über audiovisuelle Mediendienste), ABl. Nr. L 95/1 v. 15.04.2010.

Waren oder die Erbringung von Dienstleistungen, einschließlich unbeweglicher Sachen, Rechte und Verpflichtungen, gegen Entgelt zu fördern. Hinsichtlich der rechtlichen Beurteilung des Influencer-Marketings ist an dieser Stelle besonders hervorzuheben, dass auch die Eigenwerbung eines Influencers als Werbung i. S. d. § 2 Abs. 2 Nr. 7 RStV anzusehen ist.

Die medienrechtliche Definition von Werbung überschneidet sich mit der Qualifikation als geschäftliche Handlung i. S. d. § 2 Abs. 1 Nr. 1 UWG. Sie unterscheidet sich dennoch in Nuancen von ihr, weil ein Influencer bspw. einen kommerziellen Videokanal betreiben kann, in dem er grundrechtlich geschützte Meinungsäußerungen in Form von Testberichten publiziert, ohne dafür eine Gegenleistung zu erhalten.[549]

In engem Zusammenhang mit dem Begriff der Werbung steht die Definition der **Schleichwerbung**, welche in **§ 2 Abs. 2 Nr. 8 RStV** (basierend auf Art. 1 lit. j Mediendienste-RL) gesetzlich statuiert ist. Schleichwerbung ist demnach die Erwähnung oder Darstellung von Waren, Dienstleistungen, Namen, Marken oder Tätigkeiten eines Herstellers von Waren oder eines Erbringers von Dienstleistungen in Sendungen, wenn sie vom Veranstalter absichtlich zu Werbezwecken vorgesehen ist und mangels Kennzeichnung die Allgemeinheit hinsichtlich des eigentlichen Zweckes dieser Erwähnung oder Darstellung irreführen kann. Eine Erwähnung oder Darstellung gelten insbesondere dann als zu Werbezwecken beabsichtigt, wenn sie gegen Entgelt oder eine ähnliche Gegenleistung erfolgen. Zentrales Kriterium der Schleichwerbung ist also die Werbewirksamkeit,[550] auf die maßgeblich abzustellen ist. Diese kann auch zugunsten eines fremden Unternehmens vorliegen, solange wenigstens die Gefahr einer Irreführung der Allgemeinheit besteht.[551]

Auch **Produktplatzierungen** werden seit jeher – insbesondere vom BGH[552] – als Ausfluss von Schleichwerbung anerkannt. **Schleichwerbung und Produktplatzierungen sind bereits qua Gesetz grundsätzlich unzulässig, vgl. § 7 Abs. 7 S. 1 RStV** sowie Art. 11 Abs. 2 Mediendienste-RL. **Ausnahmen** hierzu befinden sich lediglich in den **§§ 15, 44 RStV**; Produktplatzierungen sind nur unter den Voraussetzungen des § 7 Abs. 7 S. 2–6 zulässig. Diese „europarechtlichen Aufweichungen" sind zunächst von Vorteil für Influencer, jedoch ist spiegelbildlich zu beachten, dass mit der Anwendung des RStV auch der umfangreiche Bußgeldkatalog des § 49 RStV Anwendung findet.[553] Es drohen Geldbußen bis zu 500.000 €. Die konkrete Bemessung einer Geldbuße erfolgt im Einzelfall nach § 17 Abs. 3 S. 1 OWiG.

Auch die **sonstigen werberechtlichen Vorschriften des RStV** gelten für Influencer: Gemäß § 7 Abs. 8 RStV dürfen i. R. v. kommerziellen Inhalten keine Personen auftreten, die regelmäßig Nachrichtensendungen oder Sendungen zum

---

[549] Ähnlich: *Gerecke*, GRUR 2018, 153, 157; vgl. dazu auch: *Ahrens*, GRUR 2018, 1211, 1216.

[550] *Ahrens*, GRUR 2018, 1211, 1216; vgl. schon: *Sack*, AfP 1991, 705.

[551] BVerwG, Urt. v. 22.02.2016 – 6 C 9.15, MMR 2016, 698 – *Fulltiltpoker.net*; *Schaar*, Programmintegrierte Fernsehwerbung, 2001, S. 92;

[552] BGH, Urt. v. 22.02.1990 – I ZR 78/88, GRUR 1990, 611 – *Werbung im Programm*.

[553] *Troge*, GRUR-Prax 2018, 87, 88.

politischen Zeitgeschehen vorstellen. Auch die Unzulässigkeit weltanschaulicher, politischer oder religiöser Werbung gemäß § 7 Abs. 9 S. 1 RStV bleibt bestehen. Sofern Werbung für alkoholische Getränke platziert wird, darf diese gemäß § 7 Abs. 11 RStV nicht den übermäßigen Konsum solcher Getränke fördern.

▶   In § 8 RStV folgen sodann Sondervorschriften für Fälle des Sponsorings.

Sofern Influencer eine „Sendung" i. S. d. § 2 Abs. 2 Nr. 2 RStV betreiben, trifft sie gemäß § 8 Abs. 1 S. 1 RStV zudem die Pflicht zur Kenntlichmachung eines potenziellen Sponsorings i. S. d. § 2 Abs. 2 Nr. 9 RStV. Eine **Sendung** ist ein inhaltlich zusammenhängender, geschlossener, zeitlich begrenzter Teil eines Rundfunkprogramms. Inhalte von Influencern stellen nur dann Sendungen dar, wenn sie einem redaktionellen Konzept folgen.[554] Beispiele hierfür sind gemäß Art. 1 lit. b S. 2 AVMD-RL u.a. Videoclips, Spielfilme, Sportberichte und Dokumentationen. Sofern die Inhalte der Influencer an diese Art von Inhalten angelehnt sind und in ein Rundfunkprogramm integriert sind, spricht viel dafür, diese als „Sendung" i. S. d. § 2 Abs. 2 Nr. 2 RStV anzusehen, sodass die Kenntlichmachungspflicht aus § 8 Abs. 1 S. 1 RStV greift. **Sponsoring** ist jeder Beitrag einer natürlichen oder juristischen Person oder einer Personenvereinigung, die an Rundfunktätigkeiten oder an der Produktion audiovisueller Werke nicht beteiligt ist, zur direkten oder indirekten Finanzierung einer Sendung, um den Namen, die Marke, das Erscheinungsbild der Person oder Personenvereinigung, ihre Tätigkeit oder ihre Leistungen zu fördern.

5.6.1.6.2 Vorgaben des JMStV
Ebenfalls als Rechtsbruch anzusehen ist ein Verstoß gegen das Verbot der Adressierung von Kindern in der Werbung gemäß § 6 JMStV. Dieser hat dieselben Voraussetzungen wie ein Verstoß gegen § 3 Abs. 3 UWG i. V. m. Nr. 28 des Anhangs zum UWG (Abschn. 5.5.1) und ist daher analog zu diesem behandeln.

5.6.1.6.3 Vorgaben des TMG
Das **medienrechtliche Trennungsgebot** von Werbung und redaktionellen Inhalten ist für Telemedien zusätzlich in § 6 Abs. 1 Nr. 1 TMG gesetzlich statuiert. Demnach muss jede Form der kommerziellen Kommunikation als solche klar erkennbar sein. Eine Definition der kommerziellen Kommunikation findet sich in § 2 S. 1 Nr. 5 TMG; der Begriff stimmt nahezu vollständig mit dem Begriff der Werbung aus § 2 Abs. 2 Nr. 7 RStV überein. Dennoch ist er etwas weiter zu verstehen, da er insbesondere auch allgemeine Öffentlichkeitsarbeit und Imagepflege erfasst und eine bloß mittelbare Förderungsabsicht genügt.[555]

Freilich gilt auch die **allgemeine Impressumspflicht** nach Maßgabe des § 5 Abs. 1 TMG für Influencer. Für nicht-geschäftlich bzw. journalistisch agierende

---

[554] Gersdorf/Paal-*Martini*, BeckOK InfoMedR, 21. Ed. Stand: 01.08.2018, § 2 RStV Rn. 19
[555] KOM (1998) 121 endg., 24; vgl. dazu auch: *Gerecke*, GRUR 2018, 153, 155.

Influencer kann sich eine solche Impressumspflicht hilfsweise aus § 55 RStV ergeben. Indes bleibt der Regelungsgehalt des § 55 RStV hinter dem des § 5 Abs. 1 TMG zurück, da bspw. keine Kontaktadresse anzugeben ist.[556] Diese Impressumspflichten gelten freilich nur dann, wenn es sich bei den Angeboten der Influencer in Social Media um eigenständige Auftritte handelt. Dies ist dann anzunehmen, wenn eine „kommunikationsbezogene Eigenständigkeit des Auftritts" vorliegt, ein Nutzer das Angebot also als eigenständig – und nicht bloß unterordnend unter ein Angebot eines Dritten – wahrnimmt.[557] Nach einer jüngst ergangenen Entscheidung des LG Trier[558] genügt es jedoch, wenn mit zwei Klicks entsprechend der aktuellen BGH-Rechtsprechung[559] auf ein anderes Website-Impressum verlinkt wird. In der Praxis wird dies vielfach dadurch gelöst, dass Influencer auf ihren Social Media-Kanälen einen Impressums-Link hinterlegen, der auf das Impressum ihrer eigenen Homepage verweist.

5.6.1.6.4 Sonstige Schutzgesetze

Freilich können Influencer auch gegen sonstige Schutzgesetze verstoßen, sofern diese einen Rechtsbruch i. S. d. § 3a UWG (Abschn. 5.2.3) darstellen. Beispielhaft seien hier die Vorschriften der PAngV sowie die oben i. R. d. Irreführung bereits angesprochenen Vorschriften aus HCVO, LMIV und LFGB (Kosmetikbranche) sowie Pkw-EnVKV (Automobilindustrie) genannt.

Abhängig von der vom jeweiligen Influencer-Marketing im Einzelfall betroffenen Produktbranche kommen jedoch auch sonstige produktbezogene Werbebeschränkungen in Betracht. Diese können etwa dem HWG (Heilmittel), LFGB (Lebensmittel und Tierfutter), TabakerzG (Tabak), WeinG (Wein), der Health-Claims-VO (Kennzeichnung und Aufmachung von Lebensmitteln) sowie dem GlüStV (Glücksspiel) entstammen.

5.6.2 Sonstige Vorgaben

Freilich haben Influencer neben den schwerpunktmäßig zu beachtenden lauterkeits- und medienrechtlichen Vorschriften auch einen bunten Strauß weiterer Vorschriften zu beachten. Neben den **allgemeinen zivilrechtlichen Vorschriften** über Vertragsschlüsse und Leistungsstörungen (etwa im Verhältnis zu ihren Agenturen oder den sozialen Netzwerken, auf denen sie agieren) sind dies insbesondere auch das Urheber- und Markenrecht. **Urheberrechtlich** muss sichergestellt sein, dass Influencer in ihrem Content nur solche Werke verwenden, an denen sie ein Nutzungsrecht besitzen bzw. deren Nutzung durch die urheberrechtlichen Schranken gesetzlich

---

[556] Vgl. dazu: *Fries*, Influencer-Marketing, 2019, S. 98.

[557] *Fries*, Influencer-Marketing, 2019, S. 95.

[558] LG Trier, Urt. v. 01.08.2017 – 11 O 258/16, MMR 2018, 112; vgl. dazu eingehend: *Remmertz*, MMR 2018, 507, 511.

[559] BGH, Urt. v. 20.07.2006 – I ZR 228/03, MMR 2007, 40 – *Anbieterkennzeichnung im Internet.*

erlaubt ist (vgl. zum urheberrechtlichen Nutzungsrecht: Abschn. 1.7)). **Marken-rechtlich** ist denkbar, dass Markeninhaber auch einen Anspruch gegen Influencer haben, ihre Marke ggf. nicht im Rahmen ihres Contents zu nutzen, weil sie mit diesem nicht in Verbindung gebracht werden möchten (evtl. aufgrund drohender Rufschädigung, vgl. dazu die Einführung zum Markenrecht: Abschn. 5.1). Bei sog. „angemaßten Influencern", die nur vorgeben, mit einer konkreten Marke in Verbindung zu stehen, ist insbesondere eine Rufausbeutung i. S. d. § 14 Abs. 2 Nr. 1, Nr. 3 MarkenG denkbar.[560] Gegebenenfalls kann bei der Abhaltung sog. „Fantreffen" aufgrund des großen Personenkults einiger Influencer durchaus sogar das **Versammlungsrecht**[561] sowie das **Polizei- und Ordnungsrecht** tangiert werden, sofern eine Gefahr für die öffentliche Sicherheit und Ordnung zu erwarten ist.

5.7   Übungsfall 2: Der aktive Influencer A

Ausgangsfall

A ist auf der Plattform *Instagram* sehr aktiv, wo er knapp 500.000 Abonnenten (sog. Follower) hat, die stets über seine neuesten Aktivitäten informiert werden. Dort agiert er hauptberuflich als sog. „Influencer", dessen Account mit einem blauen Haken verifiziert ist. Er veröffentlicht regelmäßig Bilder von sich und seinem Leben, oft mit kurzen Begleittexten, die seine aktuelle Lebenssituation beschreiben. Sein Hauptinteresse gilt der Mode und dem Design. Auch Kinder und Jugendliche besuchen das Profil des A aufgrund ihres zunehmenden Interesses an Mode vielfach. Teilweise markiert („taggt") A auf seinen Beiträgen einschlägige Modemarken oder besuchte Lokalitäten. Durch das Anklicken dieser sog. Tags gelangt man stets auf die Präsenzen der einschlägigen Unternehmen. In der letzten Woche hat A zwei Beiträge veröffentlicht:

Im ersten Beitrag trägt er einen roten Pulli der Marke *Gymshark* (G). Dass der Pulli aus dem Hause G ist, ist nicht unmittelbar erkennbar. Sobald der Beitrag jedoch angeklickt wird, erscheint ein Link auf die Seite des G, bei dessen Anklicken man unmittelbar auf die Unternehmens-Instagramseite von G weitergeleitet wird.

Im zweiten Beitrag trägt er eine hellblaue Jeans der Marke *Levis* (L). Das Logo der Firma L ist klar erkennbar, da A das Marken-Emblem in den Fokus des Bildes gesetzt hat. Auch hier erscheint bei Anklicken des Beitrages ein Link, dieser leitet den Benutzer jedoch unmittelbar auf die Website von L weiter, nicht auf eine Instagram-Präsenz.

A kennzeichnet die meisten seiner Posts korrekterweise mit der Aufschrift „bezahlte Partnerschaft mit …". Bei den streitigen Beiträgen erzielte A indes keine Werbeerlöse und befand sich auch nicht in einer Werbekooperation – weder mit G noch mit L. Er hat sich sowohl die Produkte von G als auch von L selbst gekauft. Daher kennzeichnete er sie auch nicht als Werbung oder Kooperation.

---

[560] Vgl. ausführlich zu sog. „angemaßten Influencern": *Borsch*, MMR 2018, 127, 127 ff.
[561] *Leeb/Maisch*, ZUM 2019, 29, 37.

Beide Beiträge fallen dem Wettbewerbsverein W auf, der dem A daraufhin Verstöße gegen Vorschriften aus RStV, TMG und UWG aufgrund mangelnder Kennzeichnung vorwirft.

Frage 1
Zu Recht?
Fallfortsetzung:
A beschäftigt sich auch gerne mit Autos. Im Netz schaut er sich regelmäßig Videos darüber an, wie erfahrene Influencer neue Modelle bewerten und am eigenen Wagen schrauben. Beim Stöbern stößt er auch auf YouTube-Videos des X. Das Video „Neuer Benz" missfällt A sehr. Erzürnt kommentiert A: „Der Pumpfred hat doch keine Ahnung!". Diese Äußerung lässt X als erfahrener Influencer zunächst dahingestellt. In seiner Aufregung sieht sich A in den folgenden Wochen aber immer mehr Videos des X an. Unter ihnen hinterlässt er Äußerungen, X sei ein „Möchtegern-Mechaniker", dem „Anabolika" seine „Hohlbirne" vernebelt hätten. Nun hat X genug. Er wendet sich an die Betreiber von YouTube und möchte die ehrverletzenden Äußerungen von der Plattform entfernen. Außerdem sieht er die Gefahr, A könne weitere Kommentare hinterlassen, was sein Persönlichkeitsrecht auch in der Zukunft beeinträchtigen könnte. Erforderlich sei mithin auch ein präventives Tätigwerden.

Frage 2
Kann **X von YouTube** verlangen, es zu unterlassen, die Äußerungen des A weiter zu verbreiten?

Der Ausgangsfall ist angelehnt an: LG München I, Urt. v. 29.04.2019 – 4 HK O 14312-718, GRUR-RR 2019, 332 – *Cathy Hummels*; LG Karlsruhe, Urt. v. 21.03.2019 – 13 O 38/18, GRUR-RR 2019, 328 – *Foto-Tagging*.

Lösungsskizze
Frage 1:
Fraglich ist, ob A mit seinen Posts gegen Vorschriften des UWG, TMG oder RStV verstoßen hat und der W ihm dies daher zurecht vorgeworfen hat.
I. RStV

- A könnte gegen **§ 7 Abs. 1, Abs. 3 RStV** verstoßen haben, wenn er Werbung vorgenommen hat und diese nicht erkennbar war.
- Fraglich ist, ob seine Beiträge **Werbung** darstellen. Gemäß § 2 Abs. 2 Nr. 7 RStV ist Werbung jede Äußerung bei der Ausübung eines Handels, Gewerbes, Handwerks oder freien Berufs, die im Rundfunk von einem öffentlich-rechtlichen oder privaten Veranstalter oder einer natürlichen Person entweder gegen Entgelt oder eine ähnliche Gegenleistung oder als Eigenwerbung gesendet wird, mit dem Ziel, den Absatz von Waren oder die Erbringung von Dienstleistungen […] gegen Entgelt zu fördern.

- Das Verbot gilt für A, da Influencer sein Job ist und er somit bei der Ausübung seines Gewerbes bzw. freien Berufs agiert.
- A hat jedoch weder ein Entgelt noch eine Gegenleistung für die Beiträge erhalten und lediglich von ihm getragene Kleidung dargestellt und markiert. Auch hat er die Beiträge nicht als Eigenwerbung gesendet. Damit erfüllt er die Definition der Werbung nicht, sodass ein Verstoß gegen Vorschriften des RStV ausscheidet.
- Eine **Eigenwerbung** des A scheidet hier insbesondere deshalb aus, weil er dafür eigene Merchandise- oder Dienstleistungsprodukte absetzen müsste,[562] was jedoch nicht ersichtlich ist.

II. TMG

- Medienrechtlich könnte weiterhin ein Verstoß gegen § 6 Abs. 1 TMG vorliegen, der im Falle kommerzieller Kommunikation bestimmte Informationspflichten vorsieht. Dergleichen Informationen wurden von A indes nicht erteilt.
- Fraglich ist somit, ob die Beiträge des A **kommerzielle Kommunikation** darstellen. Gemäß § 2 Nr. 5 TMG ist kommerzielle Kommunikation jede Form der Kommunikation, die der unmittelbaren oder mittelbaren Förderung des Absatzes von Waren, Dienstleistungen oder des Erscheinungsbilds eines Unternehmens, einer sonstigen Organisation oder einer natürlichen Person dient, die eine Tätigkeit im Handel, Gewerbe oder Handwerk oder einen freien Beruf ausübt. Da hier eine etwaige Gegenleistung zunächst nicht Tatbestandsmerkmal ist, könnten die Beiträge des A kommerzielle Kommunikation darstellen.
- Angaben in Bezug auf Waren und Dienstleistungen oder das Erscheinungsbild eines Unternehmens, einer Organisation oder Person, die unabhängig und insbesondere ohne finanzielle Gegenleistung gemacht werden, stellen gemäß § 2 Nr. 5 lit. b TMG jedoch ausdrücklich keine kommerzielle Kommunikation dar. Aufgrund dieser Rückausnahme kommt somit auch kein Verstoß gegen Vorschriften des TMG in Betracht.

III. UWG

- Zuletzt ist ein Verstoß gegen Vorschriften des UWG möglich. Denkbar ist hier insbesondere Unlauterkeit aufgrund einer Irreführung durch Unterlassen nach Maßgabe des § 5a Abs. 6 UWG.

1. Geschäftliche Handlung i. S. d. § 2 Abs. 1 Nr. 1 UWG?

- Dafür müsste es sich bei den Postings von A zunächst um **geschäftliche Handlungen** i. S. d. § 2 Abs. 1 Nr. 1 UWG handeln. Dies ist jedes Verhalten einer Person zugunsten des eigenen oder eines fremden Unternehmens, bei oder nach einem Geschäftsabschluss, das mit der Förderung des Absatzes oder des Bezugs

---

[562] *Gerecke*, GRUR 2018, 153, 154.

von Waren oder Dienstleistungen oder mit dem Abschluss oder mit der Durchführung eines Vertrags über Waren oder Dienstleistungen objektiv zusammenhängt. Nach vorherrschender Auffassung ist dies immer dann der Fall, wenn eine Handlung bei objektiver Betrachtungsweise darauf gerichtet ist, durch Beeinflussung der geschäftlichen Entscheidung der Verbraucher den Absatz oder Bezug zu fördern und ein anderes vorrangiges Ziel als die Förderung des Absatzes oder des Bezugs ausscheidet.[563]

- Ein solcher objektiver Zusammenhang liegt beim – auch unentgeltlichen – Markieren von Instagram-Postings zweifelsfrei vor.[564] Dafür ist explizit eine Gegenleistung nicht erforderlich. Bereits die Verlinkung der Seiten von G und L macht den Betrachter darauf aufmerksam, um welche Kleidungsstücke es sich handelt. Dabei ist es irrelevant, ob die Herkunft eines Produktes auch ohne die Verlinkung erkennbar ist.

- Sowohl der Absatz der in den Postings präsentierten Produkte als auch das Image der beworbenen Hersteller und deren Markennamen wird regelmäßig durch Verlinkungen bekannter Influencer gesteigert.[565] Hinzu kommt, dass die Produkte und deren zugehörige Hersteller durch die „Tags" (= Verlinkungen) dem Betrachter deutlich präsenter sind und für ihn damit einhergehend leichter kennengelernt und erreicht werden können.[566]

- Daneben tritt, dass A als Influencer durch die Verlinkungen und Postings auch sein eigenes Unternehmen fördert.[567] Influencer erzielen ihre Einnahmen deshalb, weil sie einerseits einen persönlich-authentisch wirkenden Blog betreiben und andererseits im Rahmen ihrer Kredibilität Produkte vermarkten. Sie haben die kommerzielle Vermarktung ihres eigenen Images zum Geschäftsmodell gemacht und handeln daher als Unternehmer i. S. d. § 2 Abs. 1 Nr. 3 UWG.[568] Wenngleich A keine bezahlte Partnerschaft mit G oder L betreibt, so möchte er sich dennoch als potenzieller Werbepartner positionieren. Dies wird noch dadurch verstärkt, dass der Account des A mit einem blauen Haken versehen ist,

---

[563] BGH, Urt. v. 31.03.2016 – I ZR 160/14, GRUR 2016, 710 – *Im Immobiliensumpf*; LG München I, Urt. v. 29.04.2019 – 4 HK O 14312/18, GRUR-RR 2019, 332, Rn. 37 – *Cathy Hummels*.

[564] Vgl. dazu eingehend: LG München I, Urt. v. 29.04.2019 – 4 HK O 14312/18, GRUR-RR 2019, 332, Rn. 38 – *Cathy Hummels*.

[565] So auch: LG München I, Urt. v. 29.04.2019 – 4 HK O 14312/18, GRUR-RR 2019, 332, Rn. 38 – *Cathy Hummels*; LG Itzehoe, Urt. v. 23.11.2018 – 3 O 151/18, GRUR-RS 2018, 31549 – *Schleichwerbung auf Internet-Plattform*.

[566] Vgl. zuletzt: LG Karlsruhe, Urt. v. 21.03.2019 – 13 O 38/18, GRUR-RR 2019, 328, Rn. 29 – *Foto-Tagging*; KG Berlin, Urt. v. 08.01.2019 – 5 U 83/18, GRUR 2019, 543, Rn. 16 ff. – *Produkt-Tagging*.

[567] Vgl.: LG Karlsruhe, Urt. v. 21.03.2019 – 13 O 38/18, GRUR-RR 2019, 328 – *Foto-Tagging*; LG München I, Urt. v. 29.04.2019 – 4 HK O 14312/18, GRUR-RR 2019, 332, Rn. 39 – *Cathy Hummels*.

[568] KG Berlin, Urt. v. 08.01.2019 – 5 U 83/18, GRUR 2019, 543 – *Produkt-Tagging*.

der seine Persönlichkeit und damit einhergehend auch seine Identität als Werbeträger charakterisiert. Es ist dem Dasein als Influencer geradezu immanent, die eigene Community zu pflegen und am eigenen Leben möglichst authentisch teilhaben zu lassen.[569]

- Bei den Postings des A handelt es sich somit um geschäftliche Handlungen i. S. d. § 2 Abs. 1 Nr. 1 UWG.

2. Verstoß gegen § 5a Abs. 6 UWG?

- Fraglich ist jedoch, ob diese geschäftliche Handlung wegen Verstoßes gegen § 5a Abs. 6 UWG unlauter ist. Dafür müsste er den **kommerziellen Zweck** der Postings **nicht kenntlich** gemacht haben, sofern sich dieser **nicht unmittelbar aus den Umständen ergibt**, und das Nichtkenntlichmachen geeignet ist, den Verbraucher zu einer **geschäftlichen Entscheidung** zu **veranlassen**, die er andernfalls nicht getroffen hätte.
- Eine Vermutung – wie bei herkömmlichen Medienunternehmen – dahingehend, dass unternehmerisch tätige Unternehmen bzw. Influencer im Rahmen ihrer Beiträge stets kommerzielle Kommunikation i. S. d § 5a Abs. 6 UWG vornehmen, existiert für Influencer explizit nicht.[570]
- Fraglich ist indes, ob eine Kennzeichnung vorliegt. A hat in der Produktbeschreibung keine solche Kennzeichnung vorgenommen. Die bloße Verifikation seines Accounts mittels des blauen Hakens kann nicht als ausreichend angesehen werden, um den gesamten Inhalt seines Accounts als werblich zu kennzeichnen. Vielmehr müsste eine Kennzeichnung für jeden einzelnen Beitrag erfolgen. A hat den Post somit **nicht ausreichend gekennzeichnet**.
- Eine Kennzeichnungspflicht könnte jedoch entbehrlich sein, weil der Account von A ausdrücklich mit einem blauen Haken gekennzeichnet ist. Durch eine solche Kennzeichnung wird deutlich gemacht, dass ein Account von einer bekannten – verifizierten – Person stammt. Da bekannte Personen i. d. R. ein Interesse am Schutz ihrer Privatsphäre haben, könnte die Öffentlichkeit des Profils dafürsprechen, dass vornehmlich kommerzielle Zwecke verfolgt werden,[571] sodass eine Kennzeichnungspflicht entbehrlich wäre. Dies wird noch durch die Tatsache bestärkt, dass A über 500.000 Follower hat, was jedem Betrachter den Schluss aufdrängen könnte, dass dies nicht alles reale Bekannte oder gar Freunde des A sind.
- Insbesondere ist eine Kennzeichnung jedoch **nicht entbehrlich**, weil sich der **kommerzielle Charakter nicht abschließend und für alle Zuschauer aus den**

---

[569] Vgl. dazu: *Lehmann*, WRP 2017, 772; *Mallick/Weller*, WRP 2018, 155; *Lettmann*, GRUR 2018, 1206.

[570] KG Berlin, Urt. v. 08.01.2019 – 5 U 83/18, GRUR 2019, 543 – *Produkt-Tagging*

[571] LG München I, Urt. v. 29.04.2019 – 4 HK O 14312/18, GRUR-RR 2019, 332, Rn. 44 f. – *Cathy Hummels*.

Umständen ergibt. Insbesondere den oft jugendlichen und teilweise sogar kindlichen Zuschauern ist der werbliche Charakter nicht immer klar.[572] Dies gilt umso mehr, als dass das Geschäftsmodell der Influencer zu einem gewissen Grad auf Verwirrung angelegt ist und deren Tätigkeit eine besondere Gefahrgeneigtheit durch die Vermischung von privaten und kommerziellen Inhalten innewohnt.

Achtung: Ob der kommerzielle Charakter eines Influencers ersichtlich ist, wird unterschiedlich beurteilt. A.A. ist beispielsweise das LG München I,[573] welches gerade Kindern und Jugendlichen die Fähigkeit zuspricht, Beiträge von Influencern als kommerzielle Handlungen zu erkennen. Eine andere Ansicht wäre also auch hier bei entsprechender Argumentation gut vertretbar. Eine abschließende Beurteilung durch Rechtsprechung und Literatur steht noch aus.

- Die mangelnde Kennzeichnung ist insbesondere geeignet, einen **Verbraucher** zu einer **geschäftlichen Entscheidung** i. S. d. **§ 2 Abs. 1 Nr. 9 UWG zu veranlassen, die er ansonsten nicht getroffen hätte.** Denn: Es ist nicht auszuschließen, dass ein Verbraucher, gerade weil A als bekannter Influencer ein bestimmtes Produkt von G oder L trägt, ebenfalls ein solches Produkt erwerben möchte. Ein solcher Schluss liegt vielmehr sehr nah.
- Es liegt somit ein **Verstoß des A gegen die Kennzeichnungspflicht des § 5a Abs. 6 UWG** vor.

▶ Eine Verletzung von § 3 Abs. 3 UWG i. V. m. Nr. 11 des Anhangs zum UWG (sog. **Blacklist**) scheidet hier von vornherein aus, da die dort verankerte Kennzeichnungspflicht gerade nicht die **Eigenwerbung** kennt. Als Information getarnte Werbung kann nach diesem Tatbestand nur dann als unlauter belangt werden, wenn tatsächlich ein fremdes Unternehmen den Beitrag nachweislich finanziert hat.[574]

Auch eine Verletzung von § 3 Abs. 3 UWG i. V. m. Nr. 28 des Anhangs zum UWG scheidet hier aus. Dies liegt bereits darin begründet, dass kein unmittelbarer Kaufappell an Kinder festgestellt werden kann.

IV. Ergebnis

- A hat zwar nicht gegen Vorschriften aus RStV oder TMG verstoßen, dafür jedoch gegen die Kennzeichnungspflicht aus § 5a Abs. 6 UWG.
- Der Wettbewerbsverein W wirft ihm daher zurecht die Verletzung des UWG vor.

---

[572] Vgl.: LG Karlsruhe, Urt. v. 21.03.2019 – 13 O 38/18, GRUR-RR 2019, 328, Rn. 29 – *Foto-Tagging*.

[573] LG München I, Urt. v. 29.04.2019 – 4 HK O 14312/18, GRUR-RR 2019, 332, Rn. 50 – *Cathy Hummels*.

[574] Vgl. dazu: *Gerecke*, GRUR 2018, 153, 156.

Frage 2
Anspruch X gegen YouTube auf Unterlassung der Zugänglichmachung der von A getroffenen Äußerungen aus §§ 1004 Abs. 1 BGB analog, 823 Abs. 1 BGB

▶   **Vorüberlegung:** Indem A den X als „Pumpfred", „Möchtegern-Mechaniker" und „Hohlbirne" bezeichnete, traf er eindeutig ehrverletzende Äußerungen, die das Allgemeine Persönlichkeitsrecht des X verletzen. Eine ausführliche Prüfung dieser Voraussetzungen ist also entbehrlich. Fraglich ist vielmehr, ob X aufgrund dessen gegen YouTube vorgehen kann, obwohl A die Aussagen getroffen hat. Für den Unterlassungsanspruch des X gegen YouTube dürfte YouTube nicht selbst Täter oder Teilnehmer der Persönlichkeitsverletzung sein, einen willentlichen und adäquat kausalen Beitrag zur Rechtsverletzung geleistet haben und seine zumutbaren Prüfpflichten verletzt haben. Zudem dürfte die Plattform nicht haftungsprivilegiert sein.

I. Haftung als Täter oder Teilnehmer
1. Täterschaftliche Haftung von YouTube als Content-Provider, § 7 TMG

• Wer eigene Informationen bereithält, sog. **Content-Provider**, ist für seine Inhalte ohne Privileg nach den allgemeinen Gesetzen verantwortlich, § 7 Abs. 1 TMG.
• Fraglich ist, ob es sich bei den rechtsverletzenden Äußerungen des A um eigene Informationen von YouTube handelt. Schließlich werden die Inhalte auf der Plattform nicht von dem Betreiber selbst, sondern Dritten verfasst und hochgeladen. Durch die kommerzielle Nutzung, Vorsortierung und Zurschaustellung der Videos unter YouTube's Logo könnte sich die Plattform die auf ihr hochgeladenen Informationen aber „**zu eigen gemacht**" haben. Ein „Zu-Eigen-Machen" liegt vor, wenn sich ein Plattform-Anbieter derartig mit fremden Inhalten identifiziert, dass sie als seine eigenen erscheinen.[575] Bestimmt wird dies aus der Perspektive eines durchschnittlichen, objektiven Rezipienten und hängt vom Einzelfall ab.[576] Laut EuGH muss der Plattformbetreiber zudem eine aktive Rolle übernehmen, die ihm eine Kenntnis der entsprechenden rechtsverletzenden Daten oder eine Kontrolle über sie verleiht.[577] Das Kriterium, ob eine aktive Rolle vorliegt, lässt sich zumindest bei der Gesamtwürdigung heranziehen.[578]
• Grundsätzlich könnten die unter dem deutlich hervorgehobenen Logo und unter Stellung von Nutzungsbedingungen veröffentlichten Videos sich insoweit für den objektiven Nutzer als eigene Inhalte von YouTube darstellen. Dafür spricht

---

[575] BGH, Urt. v. 30.06.2009 – VI ZR 210/08, NJW-RR 2009, 1413, 1415 – *Focus Online*.
[576] OLG Brandenburg, Urt. v. 16.12.2003 – 6 U 161/02, MMR 2004, 330.
[577] EuGH, Urt. v. 23.03.2010 – C-236, 237, 238/08, ECLI:EU:C:2010:159 = MMR 2011, 596, 602 – *L'Oréal SA*.
[578] Spindler/Schuster-*Spindler*, Recht der elektronischen Medien, 4. Aufl. 2019, § 7 TMG Rn. 17.

auch der Verweis von YouTube auf andere Videos.[579] Allerdings überprüft You-
Tube die Videos seiner Nutzer vor Freischaltung auf der Plattform nicht.[580] Die
Unterstützungsmaßnahmen und Nutzungsrechte, die YouTube unterschiedslos
und automatisiert vornimmt und sich einräumen lässt, stellen vielmehr Grundvoraussetzungen für die Funktionsfähigkeit eines Telemediendienstes dar. Ein tä-
terschaftliches „Zu-eigen-machen" von Fremdinhalten kann darin nicht gesehen
werden.[581] Erst recht ist aus den Kommentaren des A erkennbar, dass sie von einem Nutzer und nicht dem Plattformbetreiber selbst vorgenommen wurden. You-
Tube ist mithin kein Content-Provider und haftet nicht nach § 7 Abs. 1 TMG.

2. YouTube als Teilnehmer

• Die Einordnung als Teilnehmer setzt Vorsatz bezüglich der Haupttat voraus.
• Dass der Plattformbetreiber YouTube einen Dienst mit einer Vielzahl von Nut-
  zungsangeboten bereitstellt, spricht gegen den tatbezogenen Vorsatz, eine Persönlichkeitsrechtsverletzung spezifisch hinsichtlich des X vornehmen zu wollen.
  Die Vielzahl von Möglichkeiten, Videos unterschiedlicher Nutzer hochzuladen,
  spricht auch gegen die konkrete Kenntnis der Plattform von der beanstandeten
  Rechtsverletzung. Die Einräumung einer allgemeinen Nutzungsmöglichkeit
  lässt sich als eine neutrale Handlung bewerten.[582] Vielmehr werden die Inhalte
  durch automatisches Verfahren auf die Website gestellt. YouTube ist mithin auch
  kein Teilnehmer der Rechtsverletzung.

II. Haftung als Störer

• Störer ist jeder, der willentlich und adäquat kausal zur Rechtsverletzung beiträgt.[583]
• Indem YouTube im Internet eine Plattform betreibt, wird bestimmten Nutzern,
  sogenannten Influencern, ermöglicht, Videos dort bereitzustellen und anderen
  Nutzern, sogenannten Followern, wiederum diese Videos abzurufen. Zudem
  wird die Möglichkeit geboten, Kommentare zu Videos hochzuladen. Die Plattform trägt mithin willentlich und adäquat kausal zur Verbreitung dieser Äußerungen bei; auch in dem Fall, wenn diese Äußerungen das Allgemeine Persönlichkeitsrecht Dritter verletzen. YouTube ist mithin Störer.

---

[579] Vgl.: LG Hamburg, Urt. v. 03.09.2010 – 308 O 27/09, CR 2010, 818, 819 f.

[580] LG Hamburg, Urt. v. 20.04.2012 – 310 O 461/10, MMR 2012, 404, 405.

[581] LG Hamburg, Urt. v. 01.07.2015 – 5 U 87/12, MMR 2016, 269, 271 f.

[582] Vgl. hierzu: OLG München, Urt. v. 28.01.2016 – 29 U 2798/15, ZUM 2016, 447, 449 ff.

[583] BGH, Urt. v. 01.04.2004 – I ZR 317/01, GRUR 2004, 693, 695 – *Schöner Wetten*; BGH, Urt. v. 25.10.2011 – VI ZR 93/10, NJW 2012, 148, 150 – *www.blogspot.com*; BGH, Urt. v. 26.11.2015 – I ZR 174/14, NJW 2016, 794, 795 – *Störerhaftung des Access-Providers*; zu beachten ist, dass der Störerbegriff aber zwischen dem ersten und dem sechsten Zivilsenat divergiert. Der sechste Zivilsenat unterscheidet zwischen mittelbarem und unmittelbarem Störer, wobei unmittelbarer Störer der Täter oder Teilnehmer einer Rechtsverletzung ist.

III. Verletzung zumutbarer Prüfpflichten

• Die Störerhaftung setzt grundsätzlich die Verletzung einer Prüfpflicht voraus. Um Internet-Dienstanbieter nicht unangemessen zu belasten, begrenzt die Rechtsprechung die Haftung eines Störers. Der Umfang seiner Prüfungspflichten wird danach bestimmt, ob und inwiefern ihm eine Prüfung nach den Einzelfallumständen unter Berücksichtigung seiner Funktion und Aufgabenstellung sowie mit Blick auf die Eigenverantwortung desjenigen, der die rechtswidrige Beeinträchtigung selbst unmittelbar vorgenommen hat, zuzumuten ist.[584] Zu berücksichtigen ist also, welche Rolle YouTube beim Hochladen der Inhalte zukommt und wozu ein Plattformbetreiber bei der Verletzung des Persönlichkeitsrechts verpflichtet ist.

1. YouTube als Host-Provider

• Die Nutzer von YouTube laden eigene Videos und Kommentare auf der Plattform hoch. YouTube wiederum speichert diese fremden Informationen für die Nutzer auf eigenen Servern. Die Plattform ist daher als Host-Provider einzustufen.

2. Pflichten eines Host-Providers bei der Verletzung des Persönlichkeitsrechts
a. Die konkreten Äußerungen

• Welche Prüfpflichten dem Host-Provider aufzuerlegen sind, ist nach einer Abwägung zwischen dem Recht des Betroffenen auf Schutz seiner Persönlichkeit sowie Achtung seines Privatlebens (Art. 2 Abs. 1, Art. 1 Abs. 1 GG) und dem Recht des Providers auf Meinungsfreiheit (Art. 5 Abs. 1 S. 1 Hs. 1 GG) zu beurteilen. Der Hostprovider kann nicht dazu verpflichtet werden, die von den Nutzern in das Netz gestellten Beiträge vor der Veröffentlichung auf eventuelle Persönlichkeitsrechtsverletzungen zu überprüfen. Die Haftung setzt erst ein, sobald er erstmalige konkrete Kenntnis von der Rechtsverletzung erlangt, weil der Betroffene ihn darauf hinweist.[585] Dabei muss der Hinweis so konkret gefasst sein, dass der Rechtsverstoß auf Grundlage der Behauptungen des Betroffenen ohne eingehende rechtliche und tatsächliche Überprüfung erkennbar ist.[586] Regelmäßig wendet sich der Host-Provider zunächst an den verantwortlichen Dritten und

---

[584] BGH, Urt. v. 25.10.2011 – VI ZR 93/10, NJW 2012, 148, 150 – *www.blogspot.com*; BGH, Urt. v. 17.08.2011 – I ZR 57/09, GRUR 2011, 1038 – *Stiftparfüm*; BGH, Urt. v. 30.06.2009 – VI ZR 210/08, NJW-RR 2009, 1413, 1415 – *Focus Online*; BGH, Urt. v. 30.04.2008 – I ZR 73/05, NJW-RR 2008, 1136 – *Internet-Versteigerung III*; BGH, Urt. v. 11.03.2004 – I ZR 304/01, NJW 2004, 3102 – *Internet-Versteigerung*.

[585] BGH, Urt. v. 25.10.2011 – VI ZR 93/10, NJW 2012, 148, 150 – *www.blogspot.com*; BGH, Urt. v. 12.07.2007 – I ZR 18/04, NJW 2008, 758, 759 – *Jugendgefährdende Medien bei eBay*; BGH, Urt. v. 11.03.2004 – I ZR 304/01, NJW 2004, 3102, 3104 – *Internet-Versteigerung*.

[586] BGH, Urt. v. 25.10.2011 – VI ZR 93/10, NJW 2012, 148, 150 – *www.blogspot.com*.

löscht den Eintrag bei Ausbleiben einer Stellungnahme. Stellt der Betroffene die Vorwürfe gegen ihn allerdings substantiiert in Zweifel, ist der Provider grundsätzlich gehalten, dem Betroffenen dies mitzuteilen und gegebenenfalls Nachweise zu verlangen, aus denen sich die behauptete Rechtsverletzung ergibt.[587]

- Es besteht also die Möglichkeit der Löschung der bereits begangenen ehrverletzenden Äußerungen des A nach Mitteilung des X. Mithin hat X gegen YouTube den Unterlassungsanspruch in Bezug auf die konkreten, bereits vorgenommenen Äußerungen.

b. Gefahr weiterer Äußerungen

- Fraglich ist, ob YouTube die Suche nach persönlichkeitsverletzenden Inhalten zumutbar ist, die Plattform also eine weitergehende Prüfpflicht hat.
- Hierfür spricht, dass A nicht nur einmal, sondern mehrmals das Persönlichkeitsrecht des X verletzt hat und, auch aus Sicht des Dienstanbieters ab Meldung erkennbar, ein Risiko künftiger weiterer Rechtsverletzungen bestand.
- Allerdings ist zu hinterfragen, wie mit zumutbarem Aufwand Vorsorge gegen weitere Rechtsgutsverletzungen getroffen werden kann. Angesichts der unübersehbar großen Möglichkeiten, Äußerungen ehrverletzend zu formulieren, bieten Filterprogramme aus praktischer Sicht keine Erfolge. Persönlichkeitsrechtsverletzungen sind kontextabhängig und erst nach einer Abwägung von Inhalt, Zweck und Begleitumständen einer Äußerung zu bemessen. Um ihnen vorbeugend entgegenzuwirken, wären Mitarbeiter in ausreichender Zahl zu beschäftigen, die das gesamte Forum rund um die Uhr überwachen.[588] Dies ist YouTube nicht zumutbar. In Bezug auf künftige Äußerungen kann die Plattform also nicht in Anspruch genommen werden.

IV. Ausschluss der Haftung, § 10 S. 1 TMG

- §§ 8- 10 TMG enthalten Haftungsprivilegierungen, deren Voraussetzungen sich nach dem Einfluss des Plattformanbieters richten.
- Da YouTube ein Host-Provider ist, wird die Haftung nach § 10 TMG eingeschränkt. Nach § 10 S. 1 Nr. 1 TMG sind Host-Provider nicht verantwortlich, sofern sie keine Kenntnis von dem rechtswidrigen Inhalt haben und sie unverzüglich tätig geworden sind, um die Information zu entfernen oder den Zugang zu ihr zu sperren, sobald sie diese Kenntnis erlangt haben. Erforderlich ist positive Kenntnis.
- Fraglich ist allerdings, ob die Haftungsprivilegierungen der §§ 8–10 TMG auf Unterlassungsansprüche anwendbar sind.

---

[587] BGH, Urt. v. 25.10.2011 – VI ZR 93/10, NJW 2012, 148, 151 – *www.blogspot.com*.
[588] OLG Düsseldorf, Urt. v. 07.06.2006 – I-15 U 21/06, MMR 2006, 618, 620.

- Hierfür spräche der **Zweck** der Vorschriften, Dienstanbieter umfassend privilegieren zu wollen sowie Dienstanbieter von Überwachungs- und Kontrollpflichten zu befreien.[589]
- Allerdings weist der **Wortlaut** von § 7 Abs. 3 S. 1 TMG gleichzeitig darauf hin, dass die Verpflichtungen hinsichtlich der Sperrung der Nutzung von Informationen nach den allgemeinen Gesetzen auch im Falle der Nichtverantwortlichkeit des Dienstanbieters nach §§ 8–10 TMG bestehen bleiben. § 10 TMG betreffe lediglich die strafrechtliche Verantwortlichkeit und die Schadensersatzhaftung.[590] Außerdem führe die Anwendung von § 10 S. 1 Nr. 1 TMG dazu, strengere Voraussetzungen an den Unterlassungsanspruch zu stellen, nämlich positive Kenntnis, als an Schadensersatzansprüche, die die bloße Offensichtlichkeit von Verletzungen, erfordern.[591]
- Auch sonst ist anzumerken, dass das TMG Unterlassungsansprüche nirgends ausdrücklich privilegiert. Somit sprechen die gewichtigeren Argumente dafür, dass die Störerhaftung nicht gem. § 10 S. 1 TMG ausgeschlossen ist. Es greift kein Privilegierungstatbestand ein.

V. Rechtsfolge

- Unterlassung der Verbreitung der begangenen Äußerungen des A durch YouTube gem. §§ 1004 Abs. 1 BGB analog, 823 Abs. 1 BGB.

Ergebnis

X steht ein Unterlassungsanspruch gegen YouTube als Störer hinsichtlich der konkret gemeldeten, bereits begangenen ehrverletzenden Äußerungen aus §§ 1004 Abs. 1 BGB analog, 823 Abs. 1 BGB zu.

---

[589] Vgl.: *Hoeren*, MMR 2004, 672.

[590] BGH, Urt. v. 25.10.2011 – VI ZR 93/10, NJW 2012, 148, 150 – *www.blogspot.com*; BGH, Urt. v. 30.06.2009 – VI ZR 210/08, NJW-RR 2009, 1413, 1414 – *Focus Online*; BGH, Urt. v. 19.04.2007 – I ZR 35/04, NJW 2007, 2636 – *Internet-Versteigerung II*; BGH, Urt. v. 27.03.2007 – VI ZR 101/06, NJW 2007, 2558 – *Meinungsforum*.

[591] BGH, Urt. v. 11.03.2004 – I ZR 304/01, NJW 2004, 3102, 3104 – *Internet-Versteigerung*.

Literatur

Ahlberg, Hartwig/Götting, Horst-Peter, Beck'scher Online-Kommentar Urheberrecht, 26. Edition, München 2019, zit.: Ahlberg/Götting-*Bearbeiter*, BeckOK UrhR, 26. Edition 2019, § Rn.

Albrecht, Jan Philipp/Jotzo, Florian: Das neue Datenschutzrecht der EU, 1. Auflage, Baden-Baden 2017, zit.: *Albrecht/Jotzo*, Das neue Datenschutzrecht der EU, 1. Auf. 2017, Teil Rn.

Auer-Reinsdorff, Astrid/Conrad, Isabell: Handbuch IT- und Datenschutzrecht, 3. Auflage, München 2019, zit.: Auer-Reinsdroff/Conrad-*Bearbeiter*, Handbuch IT- und Datenschutzrecht, 3. Aufl. 2019, Teil § Rn.

Auernhammer, Herbert/Esser, Martin/Kramer, Philipp/v. Lewinski, Kai: DSGVO/BDSG. Datenschutz-Grundverordnung/Bundesdatenschutzgesetz und Nebengesetze, 6. Auflage, Köln 2018, zit.: Auernhammer/Eßer/Kramer/v. Lewinski-Bearbeiter, DS-GVO BDSG, 6. Aufl. 2018, Art. Rn.

Backes, Timon: Der Streit- und Gegenstandswert bei Unterlassungsansprüchen im Urheberrecht, Tübingen 2018, zit.: *Backes*, Der Streit- und Gegenstandswert bei Unterlassungsansprüchen im Urheberrecht, 2018, S.

Bamberger, Heinz Georg/Roth, Herbert/Hau, Wolfgang/Poseck, Roman: Beck'scher Online-Kommentar Bürgerliches Gesetzbuch, 53. Edition, München 2020, zit.: Bamberger/Roth/Hau/Poseck-*Bearbeiter*, BeckOK BGB, 53. Edition 2020, § Rn.

Berlit, Wolfgang: Markenrecht, 11. Auflage, München 2019, zit.: *Berlit*, Markenrecht, 11. Aufl. 2019, Rn.

Berger, Christian/Wündisch, Sebastian: Urhebervertragsrecht – Handbuch, 2. Auflage, Baden-Baden 2015, zit.: Berger/Wündisch-*Bearbeiter*, Urhebervertragsrecht, 2. Aufl. 2015, § Rn.

Binder, Reinhardt/Vesting, Thomas: Beck'scher Kommentar zum Rundfunkrecht, 4. Auflage, München 2018, zit.: Binder/Vesting-*Bearbeiter*, Beck RundfunkR, 4. Aufl. 2018, § Rn.

Bisges, Marcel: Handbuch Urheberrecht, 1. Auflage, Berlin 2016, zit.: Bisges-*Bearbeiter*, UrhR, 2016, Kap. Rn.

Blachian, Heinz: Die Lehre von der Erschöpfung des Verbreitungsrechts im Urheberrecht, München 1964, zit.: *Blachian*, Die Lehre von der Erschöpfung des Verbreitungsrechts im Urheberrecht, 1964, S.

Bräutigam, Peter/Rücker, Daniel: E-Commerce – Rechtshandbuch, 1. Auflage, München 2017, zit.: Bräutigam/Rücker-*Bearbeiter*, E-Commerce, 2017, S. Rn.

Brink, Stefan/Wolff, Heinrich Amadeus: Beck'scher Online-Kommentar Datenschutzrecht, 31. Edition, München 2020, zit.: Brink/Wolff-*Bearbeiter*, BeckOK Datenschutzrecht, 31. Edition 2020, § Rn.

© Springer-Verlag GmbH Deutschland, ein Teil von Springer Nature 2020
L. Specht-Riemenschneider et al., *Internetrecht*, Springer-Lehrbuch,
https://doi.org/10.1007/978-3-662-61726-7

Bueb, Jörg: Der Veröffentlichungsbegriff im deutschen und internationalen Urheberrecht, München 1974, zit.: *Bueb*, Der Veröffentlichungsbegriff im deutschen und internationalen Urheberrecht, 1974, S.

Büscher, Wolfgang/Dittmer, Stefan/Schiwy, Peter: Gewerblicher Rechtsschutz, Urheberrecht und Medienrecht – Kommentar, 4. Auflage, Köln 2019, zit.: Büscher/Dittmer/Schiwy-*Bearbeiter*, Gewerblicher Rechtsschutz, 4. Aufl. 2019. Kap., § Rn.

v. Cramm, Cornelius: Verstoßen Blacklists gegen die DSGVO?, abrufbar unter: www.datenschutzbeauftragter-info.de/verstossen-blacklists-gegen-die-DS-GVO/, zuletzt abgerufen am 30.08.2019, zit.: v. Cramm, Verstoßen Blacklists gegen die DS-GVO?, abrufbar unter: www.datenschutzbeauftragter-info.de/verstossen-blacklists-gegen-die-DS-GVO/, zuletzt abgerufen am 30.08.2019.

David, Hans-Joachim/Breuer, Christian: FormularBibliothek Zivilprozess – Gesellschaftsrecht, Wettbewerbsrecht, 3. Auflage, Baden-Baden 2016, zit.: David/Breuer-*Bearbeiter*, FormularBibliothek Zivilprozess, 3. Aufl. 2016, Rn.

Däubler, Wolfgang/Klebe, Thomas/Wedde, Peter/Weichert, Thilo: Bundesdatenschutzgesetz – Kompaktkommentar zum BDSG, 5. Auflage, Frankfurt a.M. 2016, zit.: Däubler/Klebe/Wedde/Weichert-*Bearbeiter*, BDSG, 5. Aufl. 2016, § Rn.

Dauner-Lieb, Barbara/Langen, Werner: BGB Schuldrecht, Band 2, 3. Auflage, Baden-Baden 2016, zit.: Dauner-Lieb/Langen-*Bearbeiter*, BGB, Bd. 2, 3. Aufl. 2016, § Rn.

Dietz, Adolf: Das Urhebervertragsrecht in seiner rechtspolitischen Bedeutung, in: Beier, Friedrich-Karl/Götting, Horst-Peter/Lehmann, Michael/Moufang, Rainer, Urhebervertragsrecht, Festgabe für Gerhard Schricker zum 60. Geburtstag, München 1995, S. 1–52, zit.: *Dietz,* Das Urhebervertragsrecht in seiner rechtspolitischen Bedeutung, in: Beier/Götting/Lehmann/Moufang, Urhebervertragsrecht, Festgabe für Gerhard Schricker zum 60. Geburtstag, 1995, S. 1, S.

Dreier, Horst: Grundgesetz-Kommentar, Band 3, 3. Auflage, Tübingen 2013, zit. Dreier-*Dreier*, GG, Bd. 3, 3. Aufl. 2013, Art. Rn.

Dreier, Thomas/Schulze, Gernot: Urheberrechtsgesetz, 6. Auflage, München 2018, zit.: Dreier/Schulze-*Bearbeiter*, UrhG, 6. Aufl. 2018, §, Rn.

Dreyer, Gunda/Kotthoff, Jost/Meckel, Astrid/Hentsch, Christian-Henner: Urheberrecht, 4.Auflage, Heidelberg 2018, zit.: Dreyer/Kotthoff/Meckel/Hentsch-*Bearbeiter*, UrhG, 4. Aufl. 2018, §, Rn.

Edlbacher, Oskar: Urheberrecht und Sachwalterschaft, in: Dittrich, Robert, Festschrift 50 Jahre Urheberrechtsgesetz, Wien 1986, **S. 95–108**, zit.: *Edlbacher*, Urheberrecht und Sachwalterschaft, in: Dittrich, FS 50 Jahre UrhG, 1986, **S. 95, S.**

Ehmann, Eugen/Selmayr, Martin: Datenschutz-Grundverordnung: DS-GVO, 2. Auflage, München 2018, zit.: Ehmann/Selmayr-*Bearbeiter*, Datenschutz-Grundverordnung, 2. Aufl. 2018, Rn.

Eichmann, Helmut/von Fackelstein, Roland Vogel/Kühne, Marcus: Designgesetz, 5. Auflage, München 2015, zit.: Eichmann/von Falckenstein/Kühne-*Bearbeiter*, DesignG, 5. Aufl. 2015, § Rn.

Ekey, Friedrich L.: Grundriss des Wettbewerbs- und Kartellrechts, 5. Auflage, Karlsruhe 2016, zit.: *Ekey*, Grundriss des Wettbewerbs- und Kartellrechts, 5. Aufl. 2016, Rn.

Epping, Volker/Hillgruber, Christian: Beck'scher Online-Kommentar Grundgesetz, 42. Edition, München 2019, zit.: Epping/Hillgruber-*Bearbeiter*, BeckOK GG, 42. Edition 2019, Art. Rn.

Fezer, Karl-Heinz: Markenrecht, 4. Auflage, München 2009, zit.: Fezer-*Bearbeiter,* Markenrecht, 4. Aufl. 2009, § Rn.

Fezer, Karl-Heinz/Büscher, Wolfgang/Obergfell, Eva Ines: Lauterkeitsrecht, 3.Auflage, München 2016, zit.: Fezer-*Bearbeiter*, UWG, 3. Aufl. 2016, § Rn.

Fierdag, Hanno: Die Aleatorik in der Kunst und das Urheberrecht: Unter besonderer Berücksichtigung der computer-generated works, Berlin 2004, zit.: *Fierdag*, Aleatorik in der Kunst und das Urheberrecht, 2004, S.

Fikentscher, Wolfgang/Heinemann, Andreas: Schuldrecht – Allgemeiner und Besonderer Teil, 11. Auflage, Berlin 2017, zit.: *Fikentscher/Heinemann*, SchuldR, 11. Aufl. 2017, § Rn.

Fries, Peter J.: Influencer-Marketing. Informationspflichten bei Werbung durch Meinungsführer in Social Media, Wiesbaden 2019, zit.: *Fries*, Influencer-Marketing, 2019, S.

Fritzsche, Jörg/Münker, Reiner/Stollwerck, Christoph: Beck'scher Online Kommentar UWG, 4. Edition, Stand 01.01.2019, München 2019, zit.: Fritzsche/Münker/Stollwerck-*Bearbeiter*, BeckOK UWG, Stand: 01.01.2019, § Rn.

Fromm, Karl Friedrich/Nordemann, Wilhelm: Urheberrecht, 12. Auflage, Stuttgart 2018, zit.: Fromm/Nordemann-*Bearbeiter*, UrhG, 12. Aufl. 2018, §, Rn.

Gaster, Jens-Lienhard: Der Rechtsschutz von Datenbanken – Kommentar zur Richtlinie 96/9/EG mit Erläuterungen zur Umsetzung im deutschen und österreichischen Recht, Köln 1999, zit.: *Gaster*, Der Rechtsschutz von Datenbanken, 1999, Rn.

Geiger, Christophe: Die Schranken des Urheberrechts im Lichte der Grundrechte – Zur Rechtsnatur der Beschränkungen des Urheberrechts, in: Hilty, Reto/Peukert, Alexander, Interessenausgleich im Urheberrecht, Baden-Baden 2004, S. 143–157, zit.: *Geiger*, Die Schranken des Urheberrechts im Lichte der Grundrechte – Zur Rechtsnatur der Beschränkungen des Urheberrechts, in: Hilty/Peukert, Interessenausgleich im Urheberrecht, 2004, S. 143, S.

Geppert, Martin/Schütz, Martin: Beck'scher TKG-Kommentar, 4. Auflage, München 2013, zit.: Geppert/Schütz-*Bearbeiter*, Beck TKG, 4. Auflage 2013, TKG § Rn.

Gersdorf, Hubertus/Paal, Boris P.: Beck'scher Online-Kommentar Informations- und Medienrecht, 27. Edition, München 2020, zit.: Gersdorf/Paal-*Bearbeiter*, BeckOK InfoMedienR, 27. Edition 2020, § Rn.

Gierschmann, Sybille/Schlender, Katharina/Stentzel, Rainer/Veil, Winfried: Kommentar Datenschutz-Grundverordnung, 1. Auflage, Köln 2018, zit.: Gierschmann/Schlender/Stentzel/Veil-*Bearbeiter*, Datenschutz-Grundverordnung, 1. Aufl. 2018, Art. Rn.

Gieseke, Ludwig: Vom Privileg zum Urheberrecht – Die Entwicklung des Urheberrechts bis 1845, Baden-Baden 1998, zit.: *Gieseke*, Vom Privileg zum Urheberrecht, 1998, S.

Glas, Vera: Die urheberrechtliche Zulässigkeit elektronischer Pressespiegel – Zugleich ein Beitrag zur Harmonisierung der Schranken des Urheberrechts in den Mitgliedsstaaten der EU, Tübingen 2008, zit.: *Glas*, Die urheberrechtliche Zulässigkeit elektronischer Pressespiegel, 2008, S.

Gloy, Woflgang/Loschelder, Michael/Danckwerts, Rolf: Handbuch des Wettbewerbsrecht, 5. Auflage, München 2019, zit.: Gloy/Loschelder/Danckwerts-*Bearbeiter*, UWG-HdB., 5. Aufl, 2019, §, Rn.

Götting, Horst-Peter/Nordemann, Axel: UWG – Handkommentar, 3. Auflage, Baden-Baden 2016, zit.: Götting/Nordemann-*Bearbeiter*, UWG, 3. Aufl. 2016, § Rn.

Götting, Horst-Peter/Schertz, Christian/Seitz, Walter, Handbuch Persönlichkeitsrecht – Presse- und Medienrecht, 2. Auflage, München 2019, zit.: Götting/Schertz/Seitz-*Bearbeiter*, Handbuch Persönlichkeitsrecht, 2. Aufl. 2019, § Rn.

Gola, Peter: Datenschutz-Grundverordnung: DS-GVO, 2. Auflage, München 2018, zit.: Gola-*Bearbeiter*, DS-GVO, 2. Aufl. 2018, Art. Rn.

Gola, Peter/Heckmann, Dirk: Bundesdatenschutzgesetz: BDSG, 13. Auflage, München 2019, zit.: Gola/Heckmann-*Bearbeiter*, BDSG, 13. Aufl. 2019, Rn.

Gounalakis, Georgios: Rechtshandbuch Electronic Business, München 2003, zit.: Gounalakis-*Bearbeiter*, Rechtshandbuch Electronic Business, 2003, § Rn.

Gsell, Beate/Krüger, Wolfgang/Lorenz, Stephan/Reymann, Christoph, beck-online.Grosskommentar zum Zivilrecht, Stand: 01.10.2018, zit.: Gsell/Krüger/Lorenz/Reymann-*Bearbeiter*, BeckOGK, § Rn.

Hacker, Franz: Markenrecht, 4. Auflage, Köln 2016, zit.: *Hacker*, Markenrecht, 4. Aufl. 2016, Rn.

Harte-Bavendamm, Henning/Henning-Bodewig, Frauke: UWG: Gesetz gegen den unlauteren Wettbewerb, 4. Auflage, München 2016, zit.: Harte-Bavendamm/Henning-Bodewig-*Bearbeiter*, UWG, 4. Aufl. 2016, § Rn.

Härting, Niko: Datenschutz-Grundverordnung. Das neue Datenschutzrecht in der betrieblichen Praxis, Köln 2016, zit.: *Härting*, Datenschutz-Grundverordnung, 2016, Rn.

Härting, Niko: Internetrecht, 6. Auflage, Köln 2017, zit.: *Härting*, Internetrecht, 6. Aufl. 2017, Rn.

Haug, Volker M.: Grundwissen Internetrecht, 3. Auflage, Stuttgart 2016, zit.: *Haug*, Grundwissen Internetrecht, 3. Aufl. 2016, Rn.

Heintschel-Heinegg, Bernd von: Beck'scher Online-Kommentar Strafgesetzbuch, 45. Edition, München 2020, zit.: v. Heintschel-Heinegg-*Bearbeiter*, BeckOK StGB, 45. Edition 2020, § Rn.

Hermann, Tobias: Der Werbewert der Prominenz – Vermögenrechtliche Ansprüche bei werblicher Zwangskommerzialisierung insbesondere von Politikern, 1. Auflage, Baden-Baden 2012, zit.: *Hermann*, Der Werbewert der Prominenz, 2012, S.

Hoeren, Thomas: Internetrecht – Ein Grundriss, 3. Auflage, Berlin 2018, zit.: *Hoeren*, Internetrecht, 3. Aufl. 2018, Rn.

Hoeren, Thomas: Internet- und Kommunikationsrecht, 2. Auflage, Köln 2012, zit.: *Hoeren*, Internet- und Kommunikationsrecht, 2. Aufl. 2012, S.

Hoeren, Thomas/Sieber, Ulrich/Holznagel, Bernd: Handbuch Multimedia-Recht – Rechtsfragen des elektronischen Geschäftsverkehrs, 50. Auflage, München 2020, zit.: Hoeren/Sieber/Holznagel-*Bearbeiter*, Multimedia-Recht, 50. Aufl. 2020, Teil Rn.

Hubmann, Heinrich: Der Erschöpfungsgrundsatz und das Recht der öffentlichen Wiedergabe, in: Herschel, Wilhelm/Hubmann, Heinrich/Rehbinder, Manfred, Festschrift für Georg Roeber zum 10. Dezember 1981, Freiburg 1982, **S. 181–192**, zit.: *Hubmann*, Der Erschöpfungsgrundsatz und das Recht der öffentlichen Wiedergabe, in: Herschel/Hubmann/Rehbinder, Festschrift für Georg Roeber zum 10. Dezember 1981, 1982, **S. 181, S.**

Ingerl, Rheinard/Rohnke, Christian: Markengesetz: MarkenG, 3. Auflage, München 2010, zit.: Ingerl/Rohnke-*Bearbeiter*, MarkenG, 3. Aufl. 2010, § Rn.

Jacoby, Florian/v. Hinden, Michael: Bürgerliches Gesetzbuch: BGB, 16. Auflage, München 2018, zit.: *Jacoby/von Hinden*, Studienkommentar BGB, 16. Aufl., 2018, BGB § Rn.

Joecks, Wolfgang/Miebach, Klaus: Münchener Kommentar zum StGB, Band 7, 3. Auflage, München 2019, Joecks/Miebach-*Bearbeiter*, MüKo StGB, 7. Bd, 3. Aufl. 2019, § Rn.

Joos, Ulrich: Die Erschöpfungslehre im Urheberrecht, München 1991, zit.: *Joos*, Die Erschöpfungslehre im Urheberrecht, 1991, S.

Köhler, Helmut/Bornkamm, Joachim/Feddersen, Jörn: Gesetz gegen den unlauteren Wettbewerb, 38. Auflage, München 2020, zit.: Köhler/Bornkamm/Feddersen-*Bearbeiter*, UWG, 38. Aufl. 2020, § Rn.

Köhler, Markus/Fetzer, Thomas: Recht des Internet, 8. Auflage, Heidelberg 2016, zit.: *Köhler/Fetzer*, Recht des Internet, 8. Aufl. 2016, Rn.

Kraßer, Rudolf/Ann, Christoph: Patentrecht, 7. Auflage, München 2016, zit.: *Kraßer/Ann*, Patentrecht, 7. Aufl. 2016, §

Kröger, Jens/Kummermehr, Michael Jean/Sternemann, Heinrich/Zittel, Kathrin: FormularBibliothek Vertragsgestaltung – Schuldrecht, 3. Auflage, Baden-Baden 2018, zit.: Kröger/Kummermehr/Sternemann/Zittel-*Bearbeiter*, FormularBibliothek Vertragsgestaltung – Schuldrecht, 3. Aufl. 2018, § Rn.

Kropp, Jonathan: Die Haftung von Host- und Access-Providern bei Urheberrechtsverletzungen, Frankfurt a.M. 2012, zit.: *Kropp*, Die Haftung von Host- und Access-Providern bei Urheberrechtsverletzungen, 2012, S.

Kühling, Jürgen/Buchner, Benedikt: Datenschutz-Grundverordnung, Bundesdatenschutzgesetz: DS-GVO/BDSG, 2. Auflage, München 2018, zit.: Kühling/Buchner-*Bearbeiter*, DS-GVO BDSG, 2. Aufl. 2018, Art. Rn.

Kühling, Jürgen/Klar, Manuel/Sackmann, Florian: Datenschutzrecht, 4. Auflage, Heidelberg 2018, zit.: *Kühling/Klar/Sackmann*, Datenschutzrecht, 4. Aufl. 2018, Rn.

Kühnl, Christina: Persönlichkeitsschutz 2.0. Profilbildung und -nutzung durch Soziale Netzwerke am Beispiel von Facebook im Rechtsvergleich zwischen Deutschland und den USA, Berlin 2016, zit.: *Kühnl,* Persönlichkeitsschutz 2.0, Diss. Köln 2016, S.

Kur, Annette/v. Bomhard, Verena/Albrecht, Friedrich: Beck'scher Online-Kommentar Markenrecht, 18. Edition, Stand 01.07.2019, München 2019, zit.: Kur/v. Bomhard/Albrecht-*Bearbeiter*, BeckOK Markenrecht, 18. Edition, Stand: 01.07.2019, § Rn.

Lauber-Rönsberg, Anne: Urheberrecht und Privatgebrauch – Eine rechtsvergleichende Untersuchung des deutschen und des britischen Rechts, 1. Auflage, Baden-Baden 2011, zit.: *Lauber-Rönsberg*, Urheberrecht und Privatgebrauch, 2011, S.

Leible, Stefan/Sosnitza, Olaf: Versteigerungen im Internet, Heidelberg 2004, zit.: Leible/Sosnitza-*Hoffmann*, Versteigerungen im Internet, 2004, Teil Rn.

Lettl, Tobias: Urheberrecht, 3. Auflage, München 2018, zit.: *Lettl*, Urheberrecht, 3. Aufl. 2018, S.

Lettl, Tobias: Wettbewerbsrecht, 3. Auflage, München 2016, zit.: *Lettl*, Wettbewerbsrecht, 3. Aufl. 2016, S.

Linardatos, Dimitrios: Daten als Gegenleistung im Vertrag: Modell der Richtlinie über digitale Inhalte, in: Specht-Riemenschneider, Louisa/Werry, Nikola/Werry, Susanne: Datenrecht in der Digitalisierung, Berlin 2019, **S. 506–559**, zit.: *Linardatos*, Daten als Gegenleistung im Vertrag: Modell der Richtlinie über digitale Inhalte, in: Specht/Werry/Werry, Handbuch Datenrecht in der Digitalisierung, 2019, **S. 506, S.**

Loewenheim, Ulrich: Handbuch des Urheberrechts, 2. Auflage, München 2010, zit.: Loewenheim-*Bearbeiter*, Handbuch des Urheberrechts, 2. Aufl. 2010, § Rn.

Medicus, Dieter/Petersen, Jens: Bürgerliches Recht. Eine nach Anspruchsgrundlagen geordnete Darstellung zur Examensvorbereitung, 26. Auflage, München 2017, zit.: *Medicus/Petersen*, Bürgerliches Recht, 26. Auflage 2017, Rn.

Mes, Peter: Patentgesetz, Gebrauchsmustergesetz, 5. Auflage, München 2020, zit.: *Mes*, PatG, GebrMG, 5. Aufl. 2020, § Rn.

Möhring, Philipp/Nicolini, Käte: Urheberrecht, 4. Auflage, München 2018, zit.: Möhring/Nicolini-*Bearbeiter*, UrhR, 4. Aufl. 2018, UrhG § Rn.

Müller-Broich, Jan Dominik: Telemediengesetz, 1. Auflage, Baden-Baden 2012, zit.: *Müller-Broich*, TMG, 2012, § Rn.

Nazari-Khanachavi, Arian: Zulässigkeit von Zugangserschwerungsverfügungen gegen Access-Provider bei (drohenden) Urheberrechtsverletzungen, Baden-Baden 2015, zit.: *Nazari-Khanachayi*, Zulässigkeit von Zugangserschwerungsverfügungen gegen Access-Provider bei (drohenden) Urheberrechtsverletzungen, 2015, S.

Neuner, Jörg: Allgemeiner Teil des Bürgerlichen Rechts, 12. Auflage, München 2020, zit.: Neuner-*Bearbeiter*, Allgemeiner Teil des Bürgerliches Rechts, 12. Auflage 2020, § Rn.

Ohly, Ansgar: „Volenti non fit iniuria": die Einwilligung im Privatrecht, Tübingen 2002, zit.: *Ohly*, „Volenti non fit iniuria": die Einwilligung im Privatrecht, 2002, S.

Ohly, Ansgar: Gesetzliche Schranken oder individueller Vertrag?, in: Dreier, Thomas/Hilty, Reto, Vom Magnettonbad zu Social Media, Festschrift 50 Jahre Urheberrechtsgesetz (UrhG), 1. Auflage, München 2015, S. 379–398, zit.: *Ohly*, Gesetzliche Schranken oder individueller Vertrag?, in: Dreier/Hilty, Vom Magnettonbad zu Social Media, Festschrift 50 Jahre Urheberrechtsgesetz (UrhG), 2015, S. 379, S.

Ohly, Ansgar/Hofmann, Franz/Zech, Herbert: Fälle zum Recht des geistigen Eigentums, 2. Auflage, München 2018, zit.: *Ohly/Hofmann/Zech*, Fälle zum Recht des geistigen Eigentums, 2. Aufl. 2018, S.

Ohly, Ansgar/Sosnitza, Olaf: UWG: Gesetz gegen den unlauteren Wettbewerb, 7. Auflage, München 2016, zit.: Ohly/Sosnitza-*Bearbeiter*, UWG, 7. Aufl. 2016, § Rn.

Paal, Boris P./Pauly, Daniel Andre: Datenschutz-Grundverordnung und Bundesdatenschutzgesetz, 2. Auflage, München 2018, zit.: Paal/Pauly-*Bearbeiter*, DSGVO, BDSG, 2. Aufl. 2018, DS-GVO Art. Rn.

Palandt, Otto: Bürgerliches Gesetzbuch, 79. Auflage, München 2020, zit.: Palandt-*Bearbeiter*, BGB, 79. Aufl. 2020, § Rn.

Paschke, Marian/Berlit, Wolfgang/Meyer, Claus: Hamburger Kommentar s Medienrecht, 3. Auflage, Baden-Baden 2016, zit.: Paschke/Berlit/Meyer-*Bearbeiter*, GesMedR, 3. Aufl. 2016, § Rn.

Peifer, Karl-Nikolaus: Übungen im Medienrecht, 3. Auflage, Berlin 2017, zit.: *Peifer*, Übungen im Medienrecht, 3. Aufl. 2017, S.

Plath, Kai-Uwe: DSGVO/BDSG. Kommentar zu DSGVO, BDSG und den Datenschutzbestimmungen des TMG und TKG, 3. Auflage, Köln 2018, zit.: Plath-*Bearbeiter*, DS-GVO BDSG, 3. Aufl. 2018, Art. Rn.

Plett, Konstanze: Urheberschaft, Miturheberschaft und wissenschaftliches Gemeinschaftswerk, München 1984, zit.: *Plett*, Urheberschaft, Miturheberschaft und wissenschaftliches Gemeinschaftswerk, 1984, S.

Prinz, Matthias/Peters, Butz: Medienrecht – Die zivilrechtlichen Ansprüche, München 1999, zit.: *Prinz/Butz*, Medienrecht, 1999, Kap. Rn.

Prütting, Hanns/Wegen, Gerhard/Weinreich, Gerd: BGB Kommentar, 14. Auflage, Neuwied 2019, zit.: Prütting/Wegen/Weinreich-*Bearbeiter*, 14. Auflage 2019, BGB § Rn.

Raue, Benjamin: Die dreifache Schadensberechnung – Eine Untersuchung zum deutschen und europäischen Immaterialgüter-, Lauterkeits- und Bürgerlichen Recht, 1. Auflage, Baden-Baden 2017, zit.: *Raue*, Die dreifache Schadensberechnung, 2017, S.

Redeker, Helmut: IT-Recht, 6. Auflage, München 2017, zit.: Redeker-*Redeker*, IT-Recht, 6. Aufl. 2017, Rn.

Rehbinder, Manfred/Peukert, Alexander: Urheberrecht und verwandte Schutzrechte, 18. Auflage, München 2018, zit.: *Rehbinder/Peukert*, Urheberrecht, 18. Aufl. 2018, Rn.

Riesenhuber, Karl: Der Schutzgegenstand und die Rechtsinhaber, in: Riesenhuber, Systembildung im Europäischen Urheberrecht, in: Schriften zum europäischen Urheberrecht, Band 5, Berlin 2005, S. 113–155, zit.: *Riesenhuber*, Der Schutzgegenstand und die Rechtsinhaber, in: Riesenhuber, Systembildung im Europäischen Urheberrecht, 2007, S.

Röhricht, Volker/Graf von Westphalen, Friedrich/Haas, Ulrich: HGB – Kommentar, 5. Auflage, Köln 2019, zit.: Röhricht/Graf von Westphalen/Haas-*Bearbeiter*, 5. Aufl. 2019, § Rn.

Roßnagel, Alexander: Das neue Datenschutzrecht. Europäische Datenschutz-Grundverordnung und deutsche Datenschutzgesetze, Baden-Baden 2018, zit.: Roßnagel-*Bearbeiter*, Das neue Datenschutzrecht, 2018, § Rn.

Säcker, Franz Jürgen/Rixecker, Roland/Oetker, Hartmut/Limperg, Bettina: Münchener Kommentar zum Bürgerlichen Gesetzbuch, Band 1, 8. Auflage, München 2018, zit.: Säcker/Rixecker/Oetker/Limperg-*Bearbeiter*, MüKo BGB, Bd. 1, 8. Aufl. 2018, § Rn.

Säcker, Franz Jürgen/Rixecker, Roland/Oetker, Hartmut/Limperg, Bettina: Münchener Kommentar zum Bürgerlichen Gesetzbuch, Band 6, 7. Auflage, München 2017, zit.: Säcker/Rixecker/Oetker/Limperg-*Bearbeiter*, MüKo BGB, Bd. 6, 7. Aufl. 2017, § Rn.

Saenger, Ingo: ZPO: Zivilprozessordnung, 8. Auflage, Baden-Baden 2019, zit.: Saenger-*Bearbeiter*, ZPO, 8. Aufl. 2019, § Rn.

Sassenberg, Thomas/Mantz, Reto: WLAN und Recht – Aufbau und Betrieb von Internet-Hotspots, Berlin 2014, zit.: *Sassenberg/Mantz*, WLAN und Recht, 2014, Rn.

Schack, Haimo: Urheber- und Urhebervertragsrecht, 9. Auflage, Tübingen 2019, zit.: *Schack*, Urheber- und Urheberverlagsrecht, 9. Aufl. 2019, Rn.

Schantz, Peter/Wolff, Heinrich Amadeus: Das neue Datenschutzgrundgesetz. Datenschutz-Grundverordnung und Bundesdatenschutzgesetz in der Praxis, München 2017, zit.: Schantz/Wolff-*Bearbeiter*, Das neue Datenschutzrecht, 2017, Rn.

Scheurle, Klaus-Dieter/Mayen, Thomas: TKG: Telekommunikationsgesetz, 3. Auflage, München 2018, zit.: Scheurle/Mayen-*Bearbeiter*, TKG, 3. Aufl. 2018, TKG § Nr.

Schmidl, Michael: IT-Recht von A-Z, 2. Auflage, München 2014, zit.: Schmidl, IT-Recht von A-Z, 2. Aufl. 2014, Stichwort.

Schneider, Ruben: Zur Entwicklung des Kommerzialitätsbegriffs im deutschen und europäischen Urheberrecht, München 2019, zit.: *Schneider*, Zur Entwicklung des Kommerzialitätsbegriffs im deutschen und europäischen Urheberrecht, 2019, S.

Schricker, Gerhard: Verlagsrecht, 3. Auflage, München 2001, zit.: *Schricker*, VerlG, 3. Aufl. 2001, § Rn.

Schricker, Gerhard/Loewenheim, Ulrich: Urheberrecht, 6. Auflage, München 2020, zit.: Schricker/Loewenheim-*Bearbeiter*, UrhG, 6. Aufl. 2020, §, Rn, zit.: Schricker/Loewenheim-*Bearbeiter*, UrhG, 5. Aufl. 2017, § 2 Rn.

Schulze, Reiner/Dörner, Heinrich/Ebert, Ina u.a.: Bürgerliches Gesetzbuch. Handkommentar, 10. Auflage, Baden-Baden 2019, zit.: Schulze-*Bearbeiter*, BGB, 10. Aufl. 2019, § Rn.

Schulzki-Haddouti, Christiane: Implodierende Aufsichtsbehörden, abrufbar unter: https://www.pingdigital.de/blog/2019/03/29/implodierende-aufsichtsbehoerden/1626, zuletzt abgerufen am 14.10.2019, zit.: *Schulzki-Haddouti*, Implodierende Aufsichtsbehörden, abrufbar unter: https://www.pingdigital.de/blog/2019/03/29/implodierende-aufsichtsbehoerden/1626, zuletzt abgerufen am 14.10.2019.

Schwartmann, Rolf/Jaspers, Andreas/Thüsing, Gregor/Kugelmann, Dieter: Handkommentar DS-GVO/BDSG, 1. Auflage, München 2018, zit.: Schwartmann/Jaspers/Thüsing/Kugelmann-*Bearbeiter*, HK DS-GVO/BDSG, 1. Aufl. 2018, Art. Rn.

Soergel, Hans-Theodor: BGB: Bürgerliches Gesetzbuch mit Einführungsgesetz und Nebengesetzen, Band 2, 13. Auflage, Stuttgart 1999, zit.: Soergel-*Bearbeiter*, Band 2, 13. Auflage 1999, BGB § Rn.

Simitis, Spiros: NomosKommentar Bundesdatenschutzgesetz, 8. Auflage, Baden-Baden 2014, zit.: Simitis-*Bearbeiter*, NK-BDSG, 8. Aufl. 2014, § Rn.

Simitis, Spiros/Hornung, Gerrit/Spiecker, gen. Döhmann, Indra: Datenschutzrecht. DSGVO mit BDSG, 1. Auflage, Baden-Baden 2019, zit.: Simitis/Hornung/Spiecker gen. Döhmann-*Bearbeiter*, Datenschutzrecht, 1. Aufl. 2019, Rn.

Specht-Riemenschneider, Louisa: Rechte an **Arbeitserzeugnissen** von KI in: Bitburger Gespräche: Jahrbuch 2020, München 2020, zit.: *Specht-Riemenschneider*, Rechte an Arbeitserzeugnissen von KI, in: Bitburger Gespräche: Jahrbuch 2020, 2020, S.

Specht-Riemenschneider, Louisa/Bienemann, Linda: Informationsvermittlung durch standardisierte Bildsymbole – Ein Weg aus dem Privacy Paradox? in: Specht-Riemenschneider, Louisa/Werry, Nikola/Werry, Susanne: Datenrecht in der Digitalisierung, Berlin 2019, **S. 324–344**, zit.: *Specht/Bienemann*, Informationsvermittlung durch standardisierte Bildsymbole – Ein Weg aus dem Privacy Paradox?, in: Specht/Werry/Werry, Handbuch Datenrecht in der Digitalisierung, 2019, **S. 324**, S.

Specht-Riemenschneider, Louisa/Bienemann, Linda: Datenübertragbarkeit anleger- und anlagerelevanter Daten, in: Linardatos, Dimitrios: Rechtshandbuch Robo Advice. Automatisierte Finanz- und Versicherungsdienste, München 2020, **S. 261–283**, zit.: *Specht/Bienemann*, Datenübertragbarkeit anleger- und anlagerelevanter Daten, in: Linardatos, Rechtshandbuch Robo Advice, 2020, **S. 261, S.**

Specht-Riemenschneider, Louisa/Mantz, Reto: Handbuch Europäisches und deutsches Datenschutzrecht, München 2019, zit.: Specht/Mantz-*Bearbeiter*, Handbuch Europäisches und deutsches Datenschutzrecht, 2019, § Rn.

Specht, Louisa: Diktat der Technik – Regulierungskonzepte technischer Vertragsinhaltsgestaltung am Beispiel von Bürgerlichem Recht und Urheberrecht, 1. Auflage, Baden-Baden 2019, zit.: *Specht*, Diktat der Technik, 2019, S.

Specht, Louisa/Kerber, Wolfgang: Gutachten: Datenrechte – Eine Rechts- und Sozialwissenschaftliche Analyse im Vergleich Deutschland zu den USA, ABIDA-Gutachten im Auftrag des Bundesministeriums für Bildung und Forschung, 2019, abrufbar unter: http://www.abida.de/sites/default/files/ABIDA_Gutachten_Datenrechte.pdf, letzter Zugriff am: 07.04.2020, zit.: *Specht/Kerber*, Datenrechte, 2019, S.

Spindler, Gerald/Schuster, Fabian: Recht der elektronischen Medien, 4. Auflage, München 2019, zit.: Spindler/Schuster-*Bearbeiter*, Recht der elektronischen Medien, 4. Aufl. 2019, § Rn.

Spindler, Gerald/Schmitz, Peter: Telemediengesetz: TMG, 2. Auflage, München 2018, zit.: Spindler/Schmitz-*Bearbeiter*, TMG, 2. Aufl., 2018, TMG § Rn.

Staudinger, Julius von: Kommentar zum Bürgerlichen Gesetzbuch: Staudinger BGB – Buch 2: Recht der Schuldverhältnisse: §§ 823 A-D (Unerlaubte Handlungen 1 – Rechtsgüter und Rechte; Persönlichkeitsrecht; Gewerbebetrieb), Neubearbeitung 2017, Berlin, zit.: Staudinger-*Bearbeiter*, § 823 BGB, Neubearb. 2017, Rn.

Staudinger, Julius von: BGB. Eckpfeiler des Zivilrechts, 6. Auflage, Berlin 2018, zit.: Staudinger-*Bearbeiter*, Eckpfeiler des Zivilrechts, 6. Aufl. 2018, S.

Stieper, Malte: Rechtfertigung, Rechtsnatur und Disponibilität der Schranken des Urheberrechts, Tübingen 2009, zit.: *Stieper*, Rechtfertigung, Rechtsnatur und Disponibilität der Schranken des Urheberrechts, 2009, S.

Ströbele, Paul/Hacker, Franz/Thiering, Frederik: Markengesetz, 12. Auflage, Berlin 2018, zit.: Ströbele/Hacker/Thiering-*Bearbeiter*, MarkenG, 12. Aufl. 2018, § Rn.

Stürner, Rolf: Jauernig – Bürgerliches Gesetzbuch, 17. Auflage, München 2018, zit.: Stürner-*Bearbeiter*, Jauernig BGB, 17. Aufl. 2018, § Rn.

Sydow, Gernot: Europäische Datenschutzgrundverordnung – Handkommentar, 2. Auflage, Baden-Baden 2018, zit.: Sydow-*Bearbeiter*, EU DSG-VO, 2. Aufl. 2018, Art. Rn.

Taeger, Jürgen/Gabel, Detlev: DSGVO – BDSG, 3. Auflage, Frankfurt a.M. 2019, zit.: Taeger/
Gabel-*Bearbeiter*, DSGVO – BDSG, 3. Aufl. 2019, § Rn.

Ulmer, Eugen: Urheber- und Vertragsrecht, 3. Auflage, Berlin 1980, zit.: *Ulmer*, Urheber- und
Verlagsrecht, 3. Aufl. 1980, S.

Ulmer, Eugen: Die Immaterialgüterrechte im internationalen Privatrecht: Rechtsvergleichende
Untersuchung mit Vorschlägen für die Vereinheitlichung in der Europäischen Wirtschaftsge-
meinschaft, München 1975, zit.: *Ulmer*, Die Immaterialgüterrechte im internationalen Privatrecht, 1975, S.

Umbach, Dieter C./Clemens, Thomas: Grundgesetz, Band 1, 1. Auflage, Heidelberg 2002, zit.:
Umbach/Clemens-*Bearbeiter*, GG, Bd. 1, 1. Aufl. 2002, Art. Rn.

Vedder, Christoph/Heintschel von Heinegg, Wolff: Europäisches Unionsrecht. EUV, AEUV,
Grundrechte-Charta. 2. Auflage, Baden-Baden 2018, zit.: Vedder/Heintschel von Heinegg-
Bearbeiter, Europäisches Unionsrecht, 2. Aufl. 2018, Art. Rn.

Wandtke, Artur-Axel: Urheberrecht, 7. Auflage, Berlin 2019, zit.: *Wandtke*, Urheberrecht, 7. Aufl.
2019, S.

Wandtke, Artur-Axel/Bullinger, Winfried: Praxiskommentar Urheberrecht, 5.Auflage, München
2019, Wandtke/Bullinger-*Bearbeiter*, UrhR, 5. Aufl. 2019, UrhG §, Rn.

Wenzel, Karl Egbert: Das Recht der Wort- und Bildberichterstattung – Handbuch des Äußerungs-
rechts, 6. Auflage, Köln 2018, zit.: Wenzel-*Bearbeiter*, Das Recht der Wort- und Bildberichterstattung, 6. Aufl. 2018, Kap. Rn.

Westermann, Harn Peter/Grunewald, Barbara/Maier-Reimer, Georg: Erman BGB, Band 1, 15.
Auflage, Köln 2017, zit.: Westermann/Grunewald/Maier-Reimer-*Bearbeiter*, Erman BGB,
Bd. 1, 15. Aufl. 2017, § Rn.

The manufacturer's authorised representative in the EU is Springer
Nature Customer Service Centre GmbH, Europaplatz 3, 69115 Heidelberg,
Germany. If you have any concerns regarding our products, please
contact ProductSafety@springernature.com

Printed and bound by CPI Group (UK) Ltd, Croydon, CR0 4YY
24/04/2026
02096347-0004